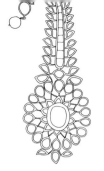

让　我　们　　　　一　起　追　寻

〔英〕
威廉·达尔林普尔
作品一

何畅炜 李飚 译

RETURN OF A KING

王的归程：阿富汗战记：

The Battle for Afghanistan

阿富汗战记

by
William
Dalrymple

(1839-1842)

社会科学文献出版社
SOCIAL SCIENCES ACADEMIC PRESS (CHINA)

献给爱子亚当

同样献给悉心教诲我珍视历史的四位师友：

韦罗妮卡·特尔弗（Veronica Telfer）

天主教本笃会的爱德华·科博尔德神父（Fr Edward Corbould OSB）

露西·沃拉克（Lucy Warrack）

埃尔西·吉布斯（Elsie Gibbs，1922 年 6 月 10 日生于北贝里克，2012 年 2 月 4 日卒于布里斯托尔）

杰出的帝王——记载当政时期的重大事件。一些天赋异禀的人亲自书写，大多数人则交由史官和文人撰写。随着时光流转，著作得以在历史长卷中留下永恒不朽的印记。

是故，苏丹苏贾·乌尔木尔克·沙·杜兰尼（Sultan Shuja al – Mulk Shah Durrani），仁慈真主朝堂上的这位谦卑祈请者萌生此想法，记载在位期间的战役和大事件，俾使呼罗珊（Khurasan）的历史学者知悉这些事件的真实始末，善于思辨的读者亦能由这些先例鉴往知来。

沙·苏贾，《沙·苏贾实录》（*Waqi'at-i-Shah Shuja*）

目　录

示意图 ·························· 001

人物介绍 ·························· 001

萨多扎伊氏族和巴拉克扎伊氏族世系表 ·········· 001

致　谢 ·························· 001

第一章　桀骜难驯之邦 ·················· 001

第二章　心意未决 ···················· 033

第三章　"大博弈"发轫 ················· 081

第四章　地狱之口 ···················· 161

第五章　圣战的旗帜 ··················· 221

第六章　我们败于蒙昧 ················· 286

第七章　秩序荡然无存 ················· 330

第八章　号角哀鸣 ···················· 398

第九章　王之驾崩 ···················· 438

第十章　浑噩之战 ···················· 479

作者按语 ·························· 552

注　释 ·························· 568

参考文献 ·························· 614

示意图

1839~1842年英军入侵阿富汗

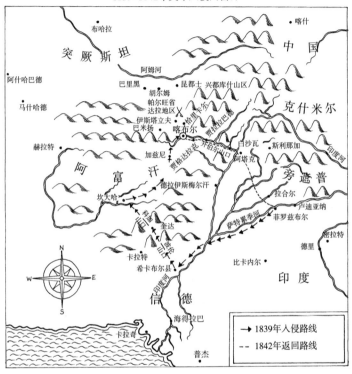

布哈拉 · 喀什 ·
中 国
突 厥 斯 坦
阿姆河
阿什哈巴德 · 巴里黑 · 昆都士 兴都库什山区
胡尔姆
马什哈德 · 帕尔旺省 克什米尔
达拉地区
伊斯塔立夫 恰里卡尔
赫拉特 · 巴米扬 喀布尔 贾拉拉巴德
加兹尼 贾格达拉克 白沙瓦
阿 富 汗 开伯尔山口 斯利那加
坎大哈 德拉伊斯梅尔汗 阿塔克
旁 遮 普
科贾 拉合尔
奎达 卢迪亚纳
博兰 萨特累季河 菲罗兹布尔
卡拉特 密拉特 ·
希卡布尔县 德里 ·
比卡内尔 ·
印度河 印 度
信 德
海得拉巴
卡拉奇 ·
普杰 ·

→ 1839年入侵路线
‑‑‑ 1842年返回路线

1839~1842年的喀布尔

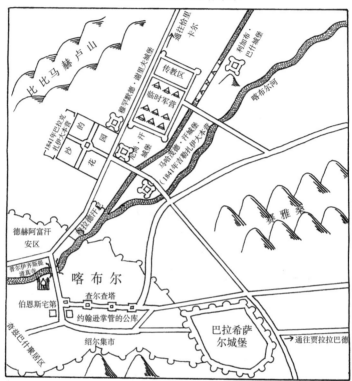

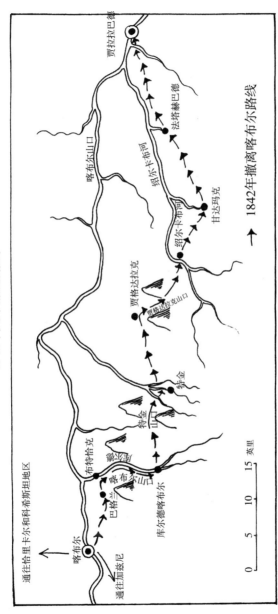

人物介绍

阿富汗方面

萨多扎伊氏族（The Sadozais）

艾哈迈德·沙·阿布达里（Ahmad Shah Abdali，1722—1772）：生于木尔坦（Multan），在为波斯军阀纳迪尔·沙（Nadir Shah）效力的过程中逐渐掌权。纳迪尔·沙死后，艾哈迈德·沙攫取了故主财宝箱中的莫卧儿（Mughal）珍宝，其中包括"光之山"（Koh-i-Nur）钻石，用以资助对坎大哈（Kandahar）、喀布尔（Kabul）和拉合尔（Lahore）的征战，随后接连进入印度大肆抢掠，获利颇丰。在其他三个瓦解的亚洲帝国——北边的乌兹别克（Uzbek）帝国、南边的莫卧儿（Mughal）王朝以及西边的波斯萨法维（Safavid）王朝的基础上，艾哈迈德·沙创建了一个被他命名为"杜兰尼"（Durrani，意为"无上明珠"）的帝国。鼎盛时期的帝国疆土自现代伊朗的内沙布尔（Nishapur）起，横跨阿富汗、旁遮普（Punjab）和信德（Sindh），一直延伸至克什米尔（Kashmir），并与莫卧儿帝国都城德里（Delhi）接壤。因肿瘤侵蚀鼻部并最终扩散至脑部，艾哈迈德·沙·阿布达里不治身亡。

帖木儿·沙（Timur Shah，1772~1793年在位）：艾哈迈

德·沙·阿布达里之子，沙·马哈茂德、沙·扎曼和沙·苏贾之父。帖木儿成功守护了先帝遗留的杜兰尼帝国的阿富汗中心领地，但丢掉了位于波斯和印度边境的领土。他将都城从坎大哈迁至喀布尔，远离动荡不安的普什图族（Pashtun）腹地。帖木儿死后，他的二十四位子嗣激烈地争权夺利，杜兰尼帝国深陷内战。

沙·扎曼（Shah Zaman，1793～1800 年在位，卒于 1844 年）：1793 年帖木儿·沙驾崩，沙·扎曼即位。虽殚精竭虑，扎曼仍无法遏制祖父创建的杜兰尼帝国的衰败。1796 年扎曼企图入侵印度斯坦（Hindustan）受阻，于 1800 年冬失去王权，被两大仇敌——巴拉克扎伊氏族和同父异母的兄弟沙·马哈茂德——俘获致盲。1803 年沙·苏贾登基，沙·扎曼获释并长住喀布尔，直至 1809 年内姆拉（Nimla）之战失利，被迫逃亡印度。1841 年扎曼重返阿富汗，因喀布尔起义而与其弟苏贾短暂会合。次年苏贾遇刺后，他最终告别阿富汗，在卢迪亚纳（Ludhiana）继续过着流亡生活，直到 1844 年离世，葬于锡尔欣（Sirhind）的苏菲派圣地（Sufi Shrine）。

沙·苏贾（Shah Shuja，1786—1842）：1800 年兄长沙·扎曼被仇敌捉拿、刺瞎双眼后，苏贾初露头角。他逃脱追捕，游荡于群山中，直到 1803 年宗派暴乱期间返回喀布尔夺取政权。他的统治延续至 1809 年内姆拉之战爆发，此战中苏贾被巴拉克扎伊族人以及同父异母的兄弟沙·马哈茂德击败。随后几年，他亡命天涯，漂泊在北印度，财富遭肆意掠夺，就连最宝贵的珍藏"光之山"钻石也在 1813 年被夺走。1816 年，他接受英属东印度公司邀请，在卢迪亚纳接受庇护。苏贾三次试图夺回王权，均以失败告终，随后在1839年做出第四次尝试，总算得偿所愿。不过这一次，东印度公司扶持他为傀儡政权首脑，决定将他安置回喀布尔以达成自己的战略目的。苏贾试图独立行使主权时，英国人随即排斥并羞辱他。1841年11月喀布尔爆发人民起义，苏贾回绝了接任抗英领袖的提议。与临时军营中的英国人不同的是，他凭自己的力量成功守住了巴拉希萨尔城堡（Bala Hisar）。到1842年2月时，驻喀布尔的英军弃他而去且被打得溃不成军。此后，看似通过操控不同派系叛军，苏贾或能设法保住王位，怎奈4月5日遭其教子暗杀。苏贾死后，萨多扎伊氏族的统治宣告终结，巴拉克扎伊氏族开始掌权。

沙·马哈茂德（Shah Mahmoud，1800～1803年、1809～1818年在位，卒于1829年）：1800年沙·马哈茂德俘获并弄瞎同父异母的兄弟沙·扎曼后，成功攫取了喀布尔的控制权。其统治延续至1803年，遂遭另一位同父异母的兄弟沙·苏贾颠覆而下台。苏贾没有弄瞎马哈茂德，只是将其监禁。1808年马哈茂德逃离巴拉希萨尔城堡，与自家兄弟的死敌巴拉克扎伊氏族联合并发动了一次成功的叛乱，在1809年的内姆拉之战挫败苏贾后，马哈茂德掌控了杜兰尼王朝剩余疆域。1818年马哈茂德用酷刑折磨、弄瞎并最终杀害了巴拉克扎伊权宦维齐尔法特赫·汗（Wazir Fatteh Khan），这让法特赫·汗的诸位兄弟大为震怒，随即将马哈茂德逐出喀布尔。马哈茂德退守赫拉特（Herat），直到1829年离世。其子赫拉特的卡姆兰·沙·萨多扎伊王子（Prince Kamran Shah Sadozai of Herat,

1829～1842年在位）继位，其统治延续至1842年，后被有权有势的维齐尔亚其·穆罕默德·阿里库扎伊（Yar Mohammad Alikozai，1842～1851年在位）废黜并绞死。

帖木儿王子（Prince Timur）、法特赫·宗王子（Prince Fatteh Jang）、沙普尔王子（Prince Shahpur）、萨夫达尔宗王子（Prince Safdarjang）：他们是沙·苏贾的四位子嗣，前三位由瓦法女王（Wa'fa Begum）所生。四人之中无一人承袭父亲的雄心壮志和母亲的足智多谋。帖木儿王子被公认极其缺乏感召力。法特赫·宗王子主要因鸡奸麾下坎大哈卫戍部队成员而被世人牢记。沙·苏贾死后，法特赫·宗王子在喀布尔统治了五个月，得知英国方面不会继续让自己掌权后于1842年10月逊位，传位给弟弟沙普尔王子。沙普尔即位不足一个月，朝中显贵在维齐尔阿克巴·汗（Akbar Khan）的要求下，将沙普尔王子驱逐。肤色黝黑、外形俊美的萨夫达尔宗王子，为一名卢迪亚纳舞女所生，鲜有令人印象深刻的作为。这四位王子在英国撤军后均未能保住王位，都在卢迪亚纳流亡时谢世。

巴拉克扎伊氏族（The Barakzais）

哈吉·贾迈勒·汗（Haji Jamal Khan，卒于1771年）：艾哈迈德·沙·阿布达里属下炮兵总管①。纳迪尔·沙死后，哈吉成为艾哈迈德·沙·阿布达里的对手。在阿布达里领受乌理玛（'ulema）赐福之后，哈吉接受了阿布达里晋位，以拥护其统治换取了陆军指挥官的职位。

---

① 原文Topchibashi，疑为Topchubashi。——译者注

帕因达赫·汗（Payindah Khan，1774～1799年在任）：哈吉·贾迈勒·汗之子。帕因达赫·汗是帖木儿·沙①朝廷（durbar）里最有权势的贵族，正因为有他的支持，沙·扎曼才得以掌权。沙·扎曼试图削弱世袭贵族的权力，双方因此反目。帕因达赫·汗企图策划政变将沙·扎曼驱逐下台，沙于1799年将其正法。处决帕因达赫·汗非但没有削弱巴拉克扎伊氏族的势力，反而最终导致沙·扎曼倒台。帕因达赫·汗的21位子嗣由此崛起，尤其是长子维齐尔法特赫·汗及其弟兼盟友多斯特·穆哈迈德·汗（Dost Mohammad Khan）。帕因达赫·汗之死引发了巴拉克扎伊氏族与萨多扎伊氏族间长达半个世纪之久的仇杀，给整个地区蒙上一层阴影。

维齐尔法特赫·汗（1778—1818）：帕因达赫·汗的第一个孩子。父亲被处死后，他设法逃往伊朗，随后几年里向萨多扎伊氏族展开复仇行动。首先，沙·扎曼被同父异母的兄弟沙·马哈茂德致盲、其王权遭颠覆，就是由法特赫精心策划的。其次，1809年法特赫凭借内姆拉之战挫败沙·苏贾。法特赫一直是沙·马哈茂德身边显赫的维齐尔，但因1817年在赫拉特协助强暴萨多扎伊王族女眷（harem）而被沙·马哈茂德于1818年弄瞎双眼、剥去头皮、酷刑折磨并处死。残杀法特赫，再次引发巴拉克扎伊氏族与萨多扎伊氏族间的仇杀。杀戮加剧地区分裂，直至1842年萨多扎伊王族统统被逐出阿富汗。

---

① 原文 Timur Khan，疑为 Timur Shah。——译者注

多斯特·穆哈迈德·汗（1792—1863）：帕因达赫·汗的第十八子，生母是一个卑微的奇兹巴什人（Qizilbash）。他之所以能够掌权，起初是靠兄长维齐尔法特赫·汗提携，法特赫死后，则完全有赖于自己的果断、高效和狡黠。自 1818 年起，多斯特·穆哈迈德逐步独揽大权。他于 1826 年登基，1835 年宣告对锡克人（Sikh）发动圣战，并正式宣称自己为"埃米尔"（Amir）。亚历山大·伯恩斯（Alexander Burnes）非常赏识他，撰写急件盛赞他为人公正、声望显赫。尽管伯恩斯努力游说，但加尔各答（Calcutta）方面始终将多斯特视为阻挠英国实现自身利益的敌对方。在他召见俄国公使伊万·维特科维奇（Ivan Vitkevitch）后，1838 年奥克兰勋爵（Lord Auckland）决定以其宿敌——萨多扎伊氏族的沙·苏贾取代他。英国人进占喀布尔后，他逃亡了 18 个月，最终于 1840 年 11 月 4 日向威廉·麦克诺滕爵士（Sir William Macnaghten）投降，随后被遣送至印度，开始其流亡生涯。1842 年沙·苏贾遭暗杀，英国从阿富汗撤兵，多斯特因此获释并获准重返喀布尔。接下来在位的 21 年间，他成功拓展疆域，由他界定的阿富汗国境线延续至今。攻占赫拉特后不久，多斯特于 1863 年溘然长逝。

纳瓦布贾巴尔·汗（Nawab Jabar Khan，1782—1854）：帕因达赫·汗的第七子，明显的亲英派，其弟多斯特·穆哈迈德·汗的亲密盟友。尽管热衷西派作风，对诸多英国官员亦颇有好感，但他自始至终都对多斯特·穆哈迈德赤胆忠心。1839 年英军入侵阿富汗后，贾巴尔·汗成为杰出的抗英斗士。

瓦法女王（卒于 1838 年）：帕因达赫·汗之女，法特赫·

汗和多斯特·穆哈迈德同父异母的姊妹。1803 年沙·苏贾初登王位，为缓和巴拉克扎伊氏族与萨多扎伊氏族间的敌对关系而迎娶瓦法为妻。1813 年，正是凭借着被英国人大为称颂的"沉着冷静和勇敢无畏"，她向兰吉特·辛格（Ranjit Singh）奉上"光之山"钻石，成功地将被软禁在克什米尔的丈夫营救出来。据某些史料记载，1815 年她再次协助苏贾逃离拉合尔。抵达卢迪亚纳后，她设法说服英国人为其提供庇护，如此一来就给萨多扎伊族人提供了重振旗鼓、最终夺回王权的根据地。1838 年瓦法女王辞世，有些人将苏贾接下来在政策上的失败归因于少了她的睿智谏言。

维齐尔穆罕默德·阿克巴·汗（Wazir Mohammad Akbar Khan，1816—1847）：多斯特·穆哈迈德最能干的第四子，由多斯特与来自普帕扎伊部落（Popalzai）的妻子所生。阿克巴为人精明练达、个性复杂多变，在喀布尔被看作抵抗组织领袖中最具锋芒的一位。《阿克巴本纪》（Akbarnama）甚至还绘声绘色讲述了他洞房花烛、鱼水相欢的情景。1837 年的贾姆鲁德（Jamrud）之战让阿克巴崭露头角，他协同作战，击败了锡克将军哈里·辛格（Hari Singh）。据某些史料记载，正是他亲手将锡克首领杀死并将其斩首。其父于 1840 年向英国人投降，他本人从布哈拉（Bukhara）地牢获释后，基本上都待在兴都库什（Hindu Kush）山区领导抗英武装力量。阿克巴于 1841 年 11 月 25 日抵达喀布尔，令抗英起义局势完全改观，并且主导了英国撤军谈判。在 1841 年 12 月 23 日喀布尔河畔的一次会谈中，阿克巴亲手杀死英国公使威廉·麦克诺滕爵士，紧接着又率军围攻贾拉拉巴德（Jalalabad）。1842 年 9 月 13 日，他指挥阿富汗武装力量奋力阻止波洛克（Pollock）重夺喀布尔。英国撤军后，阿克巴收复都城。1843 年 4 月其父多斯特·穆哈迈德归来，在此之前，阿克巴一直都是最高掌权者。四年后阿克巴离世，传闻称多斯特·穆哈迈德觉察到阿克巴是自己统治的潜在威胁而将其毒死。

纳瓦布穆罕默德·扎曼·汗·巴拉克扎伊（Nawab Mohammad Zaman Khan Barakzai）：多斯特·穆哈迈德·汗的侄子兼亲密谋士，1809～1834 年在其麾下担任贾拉拉巴德督抚。1839 年他与多斯特·穆哈迈德一起逃离喀布尔，不过在莫罕·拉尔·克什米尔（Mohan Lal Kashmiri）的协助下，1840 年流亡归来，在沙·苏贾的朝廷里任职。战事爆发初期扎曼·汗有支持英国人的迹象，但很快被游说，担任了抗英起义领袖。尽管扎曼·汗是被公认的"有钱的游牧民"和乡巴佬，11 月初仍被冠以"埃米尔"名号。其堂兄弟阿克巴·汗1841 年 11 月底抵达喀布尔后，扎曼·汗遭对方冷遇。到了1842 年 2 月，扎曼·汗与沙·苏贾结盟，同意担任苏贾的维齐尔。由于苏贾明显偏祖内布阿米努拉·汗·洛伽尔（Naib Aminullah Khan Logari）之子纳斯鲁拉（Nasrullah）而非扎曼·汗的爱子苏贾·乌德道拉·巴拉克扎伊（Shuja ud-Daula Barakzai），扎曼·汗与洛伽尔之间激烈对抗，致使同盟关系破裂。正是苏贾·乌德道拉刺杀了自己的教父沙·苏贾。

抵抗组织其他领袖

内布阿米努拉·汗·洛伽尔：出身相对卑微的帕坦人（Pathan）阿米努拉·汗属于尤素福扎伊（Yusufzai）氏族，

其父曾是帖木儿·沙时代克什米尔总督的助手。他因聪颖机智、对萨多扎伊族人忠心耿耿而一路高升。到 1839 年，阿米努拉·汗纵然年事已高，却依旧有权有势：除了旗下部族民兵外，还掌握大量资金，控制大片战略重地。尽管是萨多扎伊氏族的忠诚拥护者，但他坚决反对异教徒英国人踏足自己的领地。在遭到一名英军基层军官——特雷弗上尉（Captain Trevor）羞辱，并因拒绝向王国政府缴纳重税而失去领地后，阿米努拉·汗便与阿卜杜拉·汗·阿查克扎伊（Abdullah Khan Achakzai）一起，成为抗英武装力量的领导核心。在库尔德喀布尔山口（Khord Kabul）大肆屠戮英国人后，他重新效忠沙·苏贾，在苏贾死后转而投靠巴拉克扎伊族人。1843 年多斯特·穆哈迈德归国，旋即以"煽动爱好和平的人民制造事端"的罪名让他锒铛入狱。阿米努拉·汗最终死于巴拉希萨尔城堡地牢。

阿卜杜拉·汗·阿查克扎伊（卒于 1841 年）：阿卜杜拉·汗是名年轻的武士贵族，出身于当地最显赫的名门望族。杜兰尼帝国初期，其祖父与多斯特·穆哈迈德的祖父是死对头，因此，阿查克扎伊（Achakzai）族人从未对巴拉克扎伊族人表现出多大热忱。但就像其友人内布阿米努拉·汗·洛伽尔一样，阿卜杜拉·汗强烈反对英军进驻阿富汗。其情妇被亚历山大·伯恩斯诱奸后，他在设法寻回她时遭嘲弄，阿卜杜拉·汗由此成为抵抗组织的两位主要领袖之一。1841 年 11 月战事爆发，他被委任为抗英武装力量的最高统帅。具有非凡军事才能的阿卜杜拉·汗成为挫败英军的主要幕后推手，直到 11 月 23 日死于比比马赫卢（Bibi Mahru）

高地之战。由于莫罕·拉尔·克什米尔之前悬赏缉杀反对派领袖，一名刺客随后自称从背后击毙阿卜杜拉·汗，以赢取赏金。

穆罕默德·沙·汗·吉勒扎伊（Mohammad Shah Khan Ghilzai）：权贵穆罕默德·沙是拉格曼省（Laghmanat）吉勒扎伊部落（Ghilzai）巴布拉克海勒次部落（Babrak Khel）首领，也是维齐尔阿克巴·汗的岳父。1839年沙·苏贾重返喀布尔，劝说他为朝廷效力，还委以清贵要职——君王的首席行刑官。1841年10月威廉·麦克诺滕爵士削减吉勒扎伊部落津贴，穆罕默德·沙遂加入抵抗组织。原因在于：历朝历代君王都要向吉勒扎伊部落支付买路钱（*rahdari*），以保持前往印度的道路畅通、保护军队及商旅往来，麦克诺滕却向吉勒扎伊部落诸位首领宣布废除该协议。1841年阿克巴·汗返回喀布尔，此后英军撤退期间，穆罕默德·沙·吉勒扎伊亲自督导屠杀英国人。1843年多斯特·穆哈迈德·汗归来，如同武装起义的其他首领一样，穆罕默德·沙发觉自己备受冷遇。他被流放到努尔斯坦省（Nuristan），处身于异教徒（Kafir）中，并在那里撒手人寰。

米尔·马斯吉迪（Mir Masjidi，卒于1841年）、米尔·哈吉（Mir Haji）：大权在握、备受敬重的两兄弟是科希斯坦（Kohistan）纳克什班迪教团（Naqsbandi）的世袭教主。米尔·哈吉还是普尔伊齐斯提（Pul-i-Khishti）星期五清真寺的世袭教首"伊玛目"（Imam）、喀布尔的乌理玛领袖，以及喀布尔著名的苏菲派圣地阿什川瓦阿里藩（Ashiqan wa Arifan）

的"皮尔扎达"①。1839年韦德（Wade）允诺赠予大量财物，被收买的兄弟俩率领塔吉克（Tajik）族人反抗多斯特·穆哈迈德，这对促成沙·苏贾登基起到决定性作用；一年后英方许诺的钱财分文未付，两人遂奋起抵制苏贾及其英国赞助人。正当发起抗议的米尔·马斯吉迪打算屈服时，有悖共识的是，英国人袭击了他的城堡，屠杀了他的家人，其领地随后也被仇敌瓜分。此后，兄弟俩便与英国人不共戴天，他们亲率科希斯坦的塔吉克人反抗盖格鲁-萨多扎伊政权。起义的星星之火始于尼杰若（Nijrow）山谷，旋即蔓延至恰里卡尔（Charikar）和喀布尔。11月23日，米尔·马斯吉迪在比比马赫卢高地阵亡，米尔·哈吉却活了下来，继续鼓动喀布尔民众对抗沙·苏贾。正是米尔·哈吉在贾拉拉巴德宣布向英国人发动圣战，最终将沙·苏贾从巴拉希萨尔城堡诱骗出来，使其于1842年4月5日走上死亡之路。

英国方面

蒙特斯图尔特·埃尔芬斯通（Mountstuart Elphinstone，1779—1859）：埃尔芬斯通是个学问精深的低地苏格兰人，1809年被明托伯爵（Lord Minto）选中，领导派往阿富汗的首个英国外交使团。尽管从未冒险跨出沙·苏贾的白沙瓦（Peshawar）要塞半步，他却在之后出版了一部关于阿富汗的非同寻常、影响深远的书。这部名为《喀布尔王国纪事》（*An Account of the Kingdom of Caubul*）的书成为几代人了解该地区

---

① pirzada，苏菲派圣墓守墓人的后裔。——译者注

的主要英语资料来源。

威廉·埃尔芬斯通少将（Major-General William Elphinstone，1782—1842）：威廉·埃尔芬斯通是蒙特斯图尔特的堂弟[①]，58岁那年获任驻喀布尔英军总司令，此前最近一次参加战斗是在滑铁卢（Waterloo）指挥第 33 步兵团。在多年靠领取半薪度日之后，1837 年，55 岁的威廉·埃尔芬斯通为了偿清日益增长的债务才又回到军中服役。在奥克兰勋爵（Lord Auckland）这些友人眼中，埃尔芬斯通极具人格魅力，然而他对印度以及自己必须领导的印度部队没有丝毫好感与同情，他将麾下印度兵称为"黑鬼"。埃尔芬斯通抵达阿富汗时患严重痛风，随后健康状况急剧恶化。诺特将军（General Nott）认为他"无能"，事实很快证明该评价千真万确：埃尔芬斯通在起义初期无所作为，而后陷入沮丧彷徨。撤离喀布尔时埃尔芬斯通受伤，拖了三个月后，在重伤、抑郁和痢疾的共同侵扰下，于1842 年 4 月 23 日命丧特金（Tezin）。

威廉·海·麦克诺滕爵士（Sir William Hay Macnaghten，1793—1841）：麦克诺滕是名学究气十足的学者、语言学家，曾任阿尔斯特（Ulster）的法官。获提拔后他离开法庭，管理英属东印度公司的官僚机构。"我们的巴麦尊勋爵（Lord Palmerston），"埃米莉·艾登（Emily Eden）如此称呼他，"戴着一副巨大的蓝色眼镜，是个枯燥乏味而又慎重理智的人。"麦克诺滕天资聪颖、广受敬重，但有些人反感他的自命不凡，

---

① 原文 elderly cousin，疑为 younger cousin。——译者注

还有些人质疑这个"书桌前的男人"到底能否胜任总督的首席顾问这个新职务。然而，正是麦克诺滕教导奥克兰勋爵将多斯特·穆哈迈德视为英国国家利益的敌人，他还与克劳德·韦德（Claude Wade）携手，辅佐沙·苏贾重夺王位，推动喀布尔政权更替。谋划好武装入侵阿富汗的策略后，麦克诺滕自告奋勇前往喀布尔，亲自参与政策实施，不过由于监管并不成功，没过多久他便发觉自己陷入尴尬境地：面对属下官员从全国各地发来的写满焦虑的报告，麦克诺滕却在向奥克兰勋爵发送盲目乐观的急件，谈及阿富汗的"安谧至极"。1841年11月叛乱期间，麦克诺滕未能激励诸将领有效作战。1841年12月23日，麦克诺滕在临时军营外的谈判中遭阿克巴·汗杀害。

克劳德·韦德少校（Major Claude Wade，1794—1861）：韦德是生于孟加拉（Bengal）的波斯学者，作为英国特工出没在卢迪亚纳期间，其职责由只与兰吉特·辛格的锡克王廷互利互助，转变为管理覆盖喜马拉雅山区及中亚地区的"情报员"网络。这样一来，韦德实际上将自己变成"大博弈"（Great Game）的首位间谍组织首脑。韦德最先建议利用沙·苏贾来实现阿富汗政权更迭，在萨多扎伊族人复辟的过程中起了推波助澜的作用。这在某种程度上是出于与亚历山大·伯恩斯竞争的目的，因为伯恩斯支持与多斯特·穆哈迈德·汗结盟。1839年武装入侵阿富汗期间，他本打算领导一支由东印度公司士兵和兰吉特·辛格旗下旁遮普穆斯林组成的联军北上开伯尔（Khyber）山区，但只召集到寥寥数名旁遮普人。尽管如此，7月23日韦德还是强行通过开伯尔山口。兰吉特·辛格死后，韦德与锡克教团（Khalsa）反目，锡克教众请求奥克兰撤换他。韦德被调派到不那么敏感的岗位，常驻印多尔（Indore），职业生涯就此完结。1844年韦德退隐，迁居怀特岛（Isle of Wight）。

亚历山大·伯恩斯爵士（Sir Alexander Burnes，1805—1841）：伯恩斯是个精力充沛、朝气蓬勃、足智多谋的高地苏格兰青年，自身的语言天分令他平步青云。1830~1832年、1836~1838年，他两次率远征探险队进入阿富汗及中亚地区，每次都打着商业的幌子，以掩饰为东印度公司搜集详细情报的政治目的。第二次远征过程中，发现对手俄国代表团也在拉拢喀布尔的多斯特·穆哈迈德，伯恩斯随即敦促加尔各答方面签署友好条约，可是奥克兰勋爵非但不理会该建议，反倒决定弃用多斯特·穆哈迈德，以个性更温顺的沙·苏贾取而代之。伯恩斯坚决反对这种处理方式，但在获授准男爵爵位并获任公使威廉·麦克诺滕爵士的副手之后，他答应予以支持。由于麦克诺滕在喀布尔独揽大权，无用武之地的伯恩斯转而全情投入地与阿富汗女子寻欢作乐。时至今日，伯恩斯仍旧是阿富汗人民憎恶的人物。据阿富汗方面史料记载，这也促成喀布尔起义最终灾难性大爆发，致使他本人惨死于11月2日。

查尔斯·马森（Charles Masson，1800—1853）：在1826年围攻珀勒德布尔县（Bharatpur）期间，马森制造自己死亡的假象并逃离所在部队，此后他横渡印度河（Indus），在阿富汗境内徒步探险。马森成为首个进行阿富汗考古研究的西方人，他探明巴克特里亚王国①辉煌一时的巴格兰（Bagram）古城遗址，并发掘佛教寺塔。克劳德·韦德不知从何处获悉马森真实身份这一秘密，得知他是一名逃兵后，便以此胁迫马森成为"情报员"，要求他定期提供一系列来自阿富汗的精确情报。1837～1838年伯恩斯与多斯特·穆哈迈德·汗的谈判，正是在马森协助下进行的。与伯恩斯不同的是，尽管马森比其他英国人都更了解阿富汗，但在后来的入侵及占领阿富汗的军事行动中，他却未能找到一席之地。马森最终回到英格兰，1853年在波特斯巴（Potters Bar）附近，因"一种病因不明的脑部疾病"于贫困潦倒中离世。

第44步兵团的约翰·谢尔顿准将（Brigadier General John Shelton of the 44th Foot，卒于1844年）：性情乖戾、粗鲁无礼的谢尔顿在半岛战争（Peninsular War）中失去右臂，他刻板固执、纪律严明，被公认为"团里的暴君"。抵达喀布尔后，谢尔顿马上就与温文尔雅的埃尔芬斯通少将发生争执，即刻招致临时军营众将士的反感。埃尔芬斯通后来写道："自打来的那天起，多数情况下他都抱持抗命不从的态度，从不提供情报或给予建议，却总是对已经过去的大情小事吹毛求疵。"1841年11月起义爆发，这两位水火不容的指挥官未能在战略问题上达成一致意见，不过埃尔芬斯通最终还是听从了谢尔顿的建议。1842年1月6日，驻喀布尔英军撤离临时军营，在高海拔山口隘路的积雪中全军覆没。谢尔顿被扣作人质，之后遭军事法庭审讯，但仍能体面地获判无罪。1844年谢尔顿在都柏

---

① Bactria，即中国古代历史记载中的大夏。——译者注

林（Dublin）摔下马气绝身亡后，其帐下士卒倾巢而出，在练兵场上欢呼三声庆祝他殒命。

科林·麦肯齐（Colin Mackenzie，1806—1881）：出身自佩思郡（Perthshire）的麦肯齐享有"印度军队最英俊的青年军官"的美誉。1841年，麦肯齐以驻白沙瓦助理政治专员的身份奔赴喀布尔，正好赶上起义爆发。他是少数几个在战斗中因智勇双全而威名远扬的英国军官，最终被阿克巴·汗扣作人质。战后生还的麦肯齐在边境地区招兵买马，亲自指挥一个锡克团。

乔治·劳伦斯（George Lawrence，1804—1884）：乔治·劳伦斯的两个弟弟亨利·劳伦斯（Henry Lawrence）和约翰·劳伦斯（John Lawrence），被誉为英属印度（Raj）的英雄而为后人称颂。乔治是个机灵的阿尔斯特青年，很快就被威廉·麦克诺滕爵士提拔为军事秘书。正因如此，乔治参与了1839年武装入侵阿富汗以及追击多斯特·穆哈迈德·汗的战斗，1840年11月4日多斯特归降时他也在场。乔治有三次死里逃生的经历，分别是在1841年11月起义爆发时和12月23日麦克诺滕遇害时，再就是英军撤离喀布尔之际被扣作人质时。战后生还的乔治，却在接下来的1846年锡克战争中再次被俘。

埃尔德雷德·砵甸乍（Eldred Pottinger，1811—1843）：砵甸乍是普杰（Bhuj）的间谍组织首脑、伯恩斯的前任上司亨利·砵甸乍准男爵（Sir Henry Pottinger）的侄子。1837～1838年波斯人围攻赫拉特，埃尔德雷德乔装出现在城中或许并非偶然，他为英国人提供了一系列急需的情报。关于这次围攻，尽管众多波斯及阿富汗编年史中没有任何一部认同英国方面的说法，对砒甸乍更是只字未提，但英国方面普遍认为，赫拉特人之所以能够如此坚决地捍卫城池，则要归功于他。1841年11月起义爆发时，砒甸乍再次被围困在喀布尔以北的恰里卡尔，他差不多是当地卫戍部队中唯一活着回到喀布尔临时军营的人。有悖他的建议，英方向叛军做出让步，他作为人质之一遭阿克巴·汗囚禁九个月，直到1842年9月波洛克将军夺取喀布尔后才获释。埃尔德雷德随后接受军事法庭审判，尽管完全免于罪责，但也未因在阿富汗的工作受到任何奖励。嗣后，他辞去东印度公司职务，前往香港与叔父亨利·砒甸乍准男爵团聚，直至1843年去世。

威廉·诺特将军（General William Nott，1782—1845）：诺特来自威尔士（Welsh）边界地区，是个直言不讳的自耕农之子。1800年诺特到达印度，逐步晋升为东印度公司最资深的将军之一。诺特是位杰出的战略家，对帐下印度兵丹诚相许。他与那些"精壮的优等兵"极为投缘，与上司打交道却没多大天赋。奥克兰勋爵认为他易怒、难相处，亦远非绅士。因此，喀布尔英军总司令一职再三与他擦肩而过，最终坎大哈交由他镇守。当阿富汗其他地方遭遇暴力反抗时，诺特的辖区仍能保持风平浪静。后来证明，诺特差不多是英国军事指挥官中最有实战能力的一位。1842年8月，他横扫阿富汗，挫败所有奉命阻击他的武装力量，并于9月17日，即波洛克成功收复城池的两天后，抵达喀布尔。诺特经由贾拉拉巴德返回印度，作为在阿富汗服役的奖励，他被委任为驻勒克瑙（Lucknow）常驻代表。

亨利·罗林森中尉（Lieutenant Henry Rawlinson，1810—1895）：罗林森是位颇具才华的东方学家，协助破解了古波斯楔形文字。1837 年 10 月，罗林森作为英国军事代表团成员前往波斯，在波斯与阿富汗的边境争议地区偶遇伊万·维特科维奇及其哥萨克（Cossack）卫队，正是他最先提醒英国人警惕维特科维奇的俄国使团。之后，罗林森被调往坎大哈，在诺特将军手下担任政治专员，并与诺特一起组建了阿富汗最有实效的政府管理部门。1842 年 8 月，罗林森跟随诺特横扫阿富汗，却被英军在喀布尔和伊斯塔立夫（Istalif）犯下的战争罪行深深震骇。他途经开伯尔返回印度，在波斯及阿拉伯国家度过余下的职业生涯。

罗伯特·塞尔爵士（Sir Robert Sale，1782—1845）：塞尔是东印度公司军队的一名老兵，部下之所以称他为"好斗的鲍勃"（Fighting Bob），是因为他拒绝留守后方，总是投身于最激烈的肉搏战中。塞尔参与了攻占加兹尼（Ghazni）的战斗，正是他 1840 年在科希斯坦的残暴讨伐，才坚定了塔吉克人团结起来反抗盐格鲁－萨多扎伊政权的决心。1841 年 10 月底，他奉命返回印度，沿途惩戒殊死抵抗的吉勒扎伊部落民。塞尔率军沿库尔德喀布尔山口和特金山口向下推进时，遭遇一连串干脆利落的伏击，原本要严惩部落民的远征，最终却有了截然不同的结局：进入山口纵横交错的羊肠小道，猎人们发现自己反倒成了猎物。11 月 12 日塞尔带领残部抵达贾拉拉巴德，此后其麾下旅一直被围困，直到 1842 年 4 月 7 日才终于突围，击退阿克巴·汗。九天后塞尔被波洛克麾下"惩戒之师"（Army of Retribution）解救，并随之一同前往喀布尔。9

月 18 日，塞尔与他令人敬畏的夫人弗洛伦蒂娅（Florentia，人称"塞尔夫人"，1790—1853）团聚。英军撤离喀布尔时塞尔夫人虽幸免于难，但随后作为人质被阿克巴·汗扣押了九个月。三年后，1845 年英国－锡克战争期间，"好斗的鲍勃"遇难。遗孀塞尔夫人移居南非，1853 年在开普敦亡故。

乔治·波洛克爵士（Sir George Pollock，1786—1872）：东印度公司将军波洛克是个一丝不苟、锲而不舍、雷厉风行的人。波洛克驻守印度三十余载后，奉命解救被围困在贾拉拉巴德的英国驻军。他因周密筹划、统筹兼顾而建立声望，决不会迫于压力而贸然行事。在白沙瓦精心搜集作战补给后，波洛克率领"惩戒之师"强行挺进开伯尔，终于在 4 月 16 日收复贾拉拉巴德。经过再一次短暂休整、积聚更多的运输装备和武器弹药后，部队继续向前推进，在特金山口击败阿克巴·汗，9 月 16 日夺回喀布尔。摧毁伊斯塔立夫、烧毁喀布尔大部分地区后，波洛克撤离阿富汗。1842 年 12 月 19 日，他在菲罗兹布尔（Ferozepur）受到埃伦伯勒勋爵（Lord Ellenborough）的迎接。

奥克兰勋爵（1784—1849）：乔治·艾登（George Eden），即奥克兰勋爵，是位机智而又踌躇满志的辉格党（Whig）贵族。这位 51 岁的坚定的独身主义者抵达加尔各答时，对印度的历史与文明几乎一无所知，也不愿去了解。他对阿富汗更是知之甚少，1838 年任由鹰派顾问操纵，发动了一场毫无必要的武装入侵行动，以沙·苏贾取代埃米尔多斯特·穆哈迈德。奥克兰非但不愿为这次不得人心的占领行动调配必要资源，而且对接下来英方的失败毫无准备。喀布尔驻军全军覆没后，正如埃米莉·艾登所写，"可怜的乔治"在十小时内老了十岁，就像中风发作了一样。埃伦伯勒勋爵接任总督后，奥克兰在肯辛顿（Kensington）忍垢偷生。1849 年谢世，终年仅 65 岁。

埃伦伯勒勋爵（Lord Ellenborough，1790—1871）：埃伦伯勒是沃伦·黑斯廷斯（Warren Hastings）的辩护律师之子，他才华横溢却乏味、难相处。据说埃伦伯勒的样貌可憎至极，以至于乔治四世（George Ⅳ）宣称看他一眼就令自己作呕。埃伦伯勒利用恐俄症获得事业上的成功，他在许多方面堪称"大博弈"之父。"大博弈"是一场发生在大英帝国与沙皇俄国之间的竞赛，是不列颠与俄罗斯参与的帝国间的角逐、谍报活动及武力征服大赛，直至各自的亚洲帝国瓦解为止。1841 年 10 月埃伦伯勒获任总督，接替奥克兰勋爵的职务。他抵达印度时正好赶上"惩戒之师"奏凯而还，埃伦伯勒以此邀功。借由这次胜利，英国在从阿富汗撤军后仍能挽回一些军事声望。一位观察员写道，他"在所有分内事上反复无常、无所措手"，但"对于一切军事问题非常热衷，单单这些事似乎就吸引了他全部的注意力，让他兴会淋漓"。

其他方面

瓦西里·阿列克谢耶维奇·佩罗夫斯基伯爵（Count Vasily Alekseevich Perovsky，1794—1857）：驻守干草原边境地带的沙俄奥伦堡（Orenburg）总督佩罗夫斯基，是俄国的"克劳德·韦德"。佩罗夫斯基决心要以自己的情报工作，与在中亚地区运作的英国情报机构较量。他寄希望于伊万·维特科维奇，让后者"充当亚历山大·伯恩斯的角色"。英国人即将武装入侵阿富汗的消息一经确认，佩罗夫斯基就开始游说，宣称要以征服土库曼希瓦汗国（Turkman Khanate of Khiva）来恢复俄国在该地区的威望。正如英国人最终撤离喀布尔，俄国人进攻希瓦同样一败涂地，佩罗夫斯基损失了半数驼队和近一半的将士。这也将俄国在干草原的战略抱负推延了近30年——直到1872年，希瓦才落入俄国手中。

伊万·维特科维奇（1806—1839）：维特科维奇是个信奉罗马天主教的波兰贵族，生于维尔纽斯（Vilnius，现为立陶宛首都），取名为扬·普洛斯珀·维特基耶维茨（Jan Prosper Witkiewicz）。扬协助成立了名为"黑暗兄弟会"（Black Brothers）的秘密社团，这一地下"民族革命"抵抗运动由一群波兰学生发起，旨在光复俄国占领下的祖国。维特基耶维茨和其他五名首领遭逮捕和审讯，被剥夺贵族衔位，随后分别被遣送至哈萨克（Kazakh）干草原的不同要塞。维特基耶维茨那时刚满14岁，他屈从于命运的安排，决定善用自己的境遇。他学会了哈萨克语和察合台突厥语（Chagatai Turkish），将自己的名字改为听起来更加俄国化的伊万·维克托罗维奇·维特科维奇（Ivan Viktorovitch Vitkevitch），一跃成为"大博弈"的首位俄方参与者。他两次去布哈拉考察，之后奉派前往喀布尔与多斯特·穆哈迈德结盟。在喀布尔，他智胜其英方对手亚历山大·伯恩斯。但是当维特科维奇达成的同盟关系遭上级废弃，英国人又武装入侵阿富汗时，他遂返回圣彼得堡。1839年5月8日，维特科维奇被发现死于酒店房间里，从表面上看是自杀。

穆罕默德·沙二世·卡扎尔（Mohammad Shah Ⅱ Qajar, 1808—1848）：波斯卡扎尔王朝（Qajar）的君王。他支持亲俄联盟，力图收复有争议的阿富汗边境城市赫拉特，这些行为都加深了英国人的忧虑，促使英国 1839 年入侵阿富汗。

兰吉特·辛格大君（Maharajah Ranjit Singh, 1780—1839）：英明狡诈的锡克统治者兰吉特·辛格，在旁遮普建立了一个国富兵强、组织完善、秩序井然的锡克王国。在 1797 年阿富汗人撤退期间，他帮助沙·扎曼抢救出在混乱中遗失于杰赫勒姆河（River Jhelum）泥浆中的部分大炮。年仅 19 岁的兰吉特·辛格随后接管了旁遮普的大部分地区。在接下来的几年里，他从昔日领主那儿逐步谋取了杜兰尼帝国东部的膏腴之地，成为旁遮普的统治者。1813 年兰吉特·辛格从沙·苏贾手中攫取了"光之山"钻石，还将他软禁了起来。次年，沙·苏贾成功脱逃。1838 年兰吉特·辛格与威廉·麦克诺滕爵士谈判时智胜英国人，设法将原本计划的锡克大军远征行动变为英国武装入侵阿富汗，军事行动的获益方也由英国变成锡克王国。兰吉特·辛格死于 1839 年，当时，入侵其大敌多斯特·穆哈迈德领地的英国人恰好征途过半。

莫罕·拉尔·克什米尔（Mohan Lal Kashmiri, 1812—1877）：莫罕·拉尔是伯恩斯无比重要的门士（munshi，即秘书）和最亲密的谋士。20 年前埃尔芬斯通执行任务时，莫罕·拉尔的父亲就曾任门士。父亲一回来就决定把莫罕·拉尔送进新的德里学院，使他成为北印度首批按照英式课程设置接受教育的男孩之一。莫罕·拉尔聪明、有抱负，通晓英语、乌尔都语、克什米尔语和波斯语。他陪同伯恩斯展开布哈拉之行，随后又在坎大哈作为"情报员"为韦德工作了一段时间。伯恩斯对莫罕·拉尔委以心腹，1839年英军武装入侵阿富汗期间，莫罕·拉尔作为情报首脑随行。伯恩斯未听从莫罕·拉尔关于起义即将爆发的警告，从而直接将自己推上了死亡之路。起义爆发时，莫罕·拉尔以个人名义借取大笔贷款，以帮助被围困的麦克诺滕；1842年他再一次增加借款，以确保人质获释。他估算出的79496卢比欠款不曾获偿，结果余生都债务缠身。为了讨还公道，莫罕·拉尔前往英国，试图游说东印度公司董事，其间还亲临苏格兰，把伯恩斯的日志转交给蒙特罗斯市（Montrose）的伯恩斯家人。莫罕·拉尔在英国出版了两部著作：一部英文回忆录，讲述他与伯恩斯游历中亚的经历；另一部卷帙浩繁的英文巨著是900页、两卷本的多斯特·穆哈迈德传记。他甚至还觐谒了维多利亚女王。然而，阿富汗战争困扰了他一生，实际上也断送了他的事业。

萨多扎伊氏族世系表

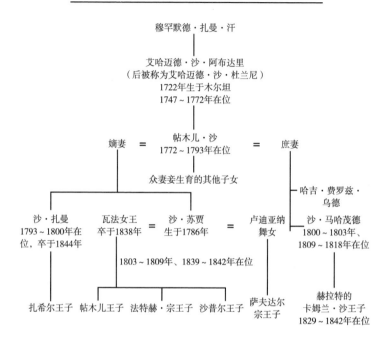

穆罕默德·扎曼·汗

艾哈迈德·沙·阿布达里
（后被称为艾哈迈德·沙·杜兰尼）
1722年生于木尔坦
1747～1772年在位

嫡妻 ＝ 帖木儿·沙 ＝ 庶妻
1772～1793年在位

众妻妾生育的其他子女

哈吉·费罗兹·
乌德

沙·扎曼　　　瓦法女王　＝　沙·苏贾　＝　卢迪亚纳　　沙·马哈茂德
1793～1800年在　卒于1838年　　生于1786年　　舞女　　　1800～1803年、
位，卒于1844年　　　　　　　　　　　　　　　　　　　　　1809～1818年在位

1803～1809年、1839～1842年在位

扎希尔王子　　帖木儿王子　法特赫·宗王子　沙普尔王子　萨夫达尔　　赫拉特的
　　　　　　　　　　　　　　　　　　　　　　　宗王子　　卡姆兰·沙王子
　　　　　　　　　　　　　　　　　　　　　　　　　　　1829～1842年在位

巴拉克扎伊氏族世系表

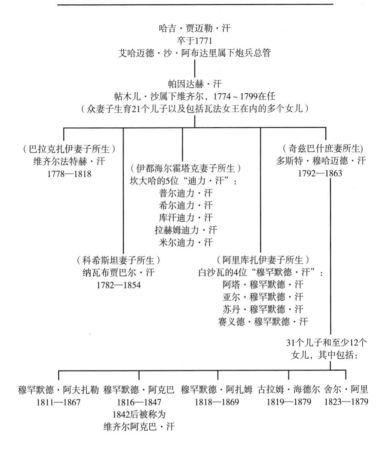

哈吉·贾迈勒·汗
卒于1771
艾哈迈德·沙·阿布达里属下炮兵总管

帕因达赫·汗
帖木儿·沙属下维齐尔，1774~1799在任
（众妻子生育21个儿子以及包括瓦法女王在内的多个女儿）

（巴拉克扎伊妻子所生）
维齐尔法特赫·汗
1778—1818

（伊都海尔霍塔克妻子所生）
坎大哈的5位"迪力·汗"：
普尔迪力·汗
希尔迪力·汗
库汗迪力·汗
拉赫姆迪力·汗
米尔迪力·汗

（奇兹巴什庶妻所生)
多斯特·穆哈迈德·汗
1792—1863

（科希斯坦妻子所生）
纳瓦布贾巴尔·汗
1782—1854

（阿里库扎伊妻子所生）
白沙瓦的4位"穆罕默德·汗"：
阿塔·穆罕默德·汗
亚尔·穆罕默德·汗
苏丹·穆罕默德·汗
赛义德·穆罕默德·汗

31个儿子和至少12个
女儿，其中包括：

穆罕默德·阿夫扎勒
1811—1867

穆罕默德·阿克巴
1816—1847
1842后被称为
维齐尔阿克巴·汗

穆罕默德·阿扎姆
1818—1869

古拉姆·海德尔
1819—1879

舍尔·阿里
1823—1879

致　谢

　　在其他地方展开对史书的调研工作或许会比在阿富汗和巴基斯坦容易得多，不过鲜有这般地方，能在搜寻文献、信件和手稿时有如此多峰回路转的意外收获。在为本书搜集素材的过程中，很多朋友为我提供安保、让我神志清明，这一路走来我欠下累累的人情债。

　　在阿富汗：我留宿于罗里·斯图尔特（Rory Stewart）的喀布尔城堡，绿松石山（Turquoise Mountain）的所有人都对我关怀备至、体贴入微，他们是：绍莎娜·科伯恩·克拉克（Shoshana Coburn Clark）、塔利亚·肯尼迪（Thalia Kennedy）、威尔·比哈莱尔（Will Beharel）和露西·比哈莱尔（Lucy Beharel）。一个周末，斯利·庄·卡尔萨（Siri Trang Khalsa）带我实地探察伊斯塔立夫和恰里卡尔，还帮我与坎大哈瓦坦（Watan）方面取得联系。米奇·克赖茨（Mitch Crites）以及英国文化协会（British Council）的保罗·史密斯（Paul Smith）的陪伴令我安心，他们的睿智忠告让我知晓诸事宜忌。

　　不是每天都有秘密警察局长仔细阅读你的作品。我很感激阿富汗国家安全局①的阿姆鲁拉·萨利赫（Amrullah Saleh），时任卡尔扎伊总统的安全部门负责人，他对《最后的莫卧儿人》

---

　　①　NDS，即 National Directorate of Security。——译者注

一书作出很多评论，认为扎法尔（Zaiar）是个缺乏爱国热忱、不值得同情的卑鄙懦夫。我尤其要感谢他为我联系到安瓦尔·汗·贾格达拉克（Anwar Khan Jagdalak）。在安瓦尔的保护下我得以追寻英军当年的撤军路线，安瓦尔·汗冒着生命危险带我参观其家乡，这份人情终生难还。

我还欠下纳吉布拉·拉扎齐（Najibulla Razaq）莫大的人情，他与我同游贾格达拉克、贾拉拉巴德和赫拉特，这位临危不乱的向导在面对阿富汗各种突发状况时安之若素。我永生难忘我们的第一段旅程。我们结伴降落在赫拉特，却发现20世纪50年代兴建的旧机场航站楼大门紧锁，而拿钥匙的人已离开大楼去做午祷。此前办理登机手续时，我拿到的登机牌标示着"喀布尔—利雅得（Riyadh）"，我言明要去赫拉特，航空公司的职员回答说那无伤大雅，"无论如何他们都会让你上飞机的"。飞机降落后驶来一辆老旧的拖车，将我们的旅行袋丢在停机坪边上。由于没有手推车，纳吉布拉迅速找来两个持独轮手推车的小男孩，他们将行李运至一排弹痕累累的汽车旁，这些车充当赫拉特的出租车队。另外，在赫拉特圣战博物馆，纳吉布拉同样是个出色的向导。这座博物馆收集了蚩蚩蠢蠢试图征服阿富汗的形形色色的外国人的遗留物品，从第一次英国阿富汗战争（后文简称为第一次英阿战争）残存的英国大炮到俄国的坦克、喷气式飞机及武装直升机，一应俱全。可以肯定的是，用不了多久就会有数辆被击毁的美国悍马车和英国路虎车加入馆藏之列。

英国特别代表谢拉德·考珀科尔斯爵士（Sir Sherard Cowper-Coles）带我到潘杰希尔（Panjshir）参加他的告别野餐会。我们在河畔柳树下顶着蒙蒙细雨享用了一顿古怪的英式午餐，有地毯，还有黄瓜三明治和塑料杯装的夏敦埃酒。若是对那昼警夕惕的警卫方阵、噼啪作响的步话机、上膛待发的突击步枪，以及被毁的苏联装甲运兵车①残骸和坠毁的武装直升机碎片视若无睹，我们则俨然置身于科茨沃尔德（Cotswolds）。谢拉德向我简要介绍了当前政局及其与第一次英阿战争的相似之处。他给予详尽的安全忠告，还送给我一台微型高科技卫星追踪装置以备不时之需——去甘达马克（Gandamak）途中若遭绑架，只要按下上面的紧急按钮，就会显示我的位置并传送数秒音频记录，以通过音频确认想要抓捕我的人。我随身携带该装置，谢天谢地还能原封不动地物归原主。

西蒙·利维准将（Brigadier General Simon Levey）赠予的当年撤军路线的卫星地图，对我大有助益。在印度驻阿富汗大使馆，贾扬特·普拉萨德（Jayant Prasad）和乔达摩·穆古巴陀耶（Gautam Mukhopadhaya）古道热肠地接待了我。萨阿德·穆赫辛尼（Saad Mohseni）和托马斯·鲁蒂希（Thomas Ruttig）向我提出有益的建议，并提供了阿富汗各地联络人的名单。我对在喀布尔结交的其他诸友感恩怀德，其中包括乔恩·李·安德森（Jon Lee Anderson）、乔恩·布恩（Jon Boone）、哈亚特·乌尔拉·哈比比（Hayat Ullah Habibi）、埃卡特·席韦克（Eckart Schiewek）和萨默·科伊什（Summer Coish）。

前任财政部长阿什拉夫·伽尼博士（Dr. Ashraf Ghani）是位博学的历史学家，功德无量地帮我处理波斯和阿富汗方面的史料。加旺·希尔·拉西赫（Jawan Shir Rasikh）则带我去喀

---

① APC，即 Armored Personnel Carrier。——译者注

布尔朱伊希尔（Jowy Sheer）图书集市，我们在那儿找到许多史料。联合国教科文组织的安迪·米勒（Andy Miller）协助我进入巴拉希萨尔城堡，实地勘察时还帮我们避开苏联时代布设的雷区。赛义德·马克图姆·拉希姆（Sayed Makdoum Rahin）和奥马尔·苏丹博士（Dr Omar Sultan）领我去喀布尔档案馆，古拉姆·萨希·穆尼尔（Ghulam Sakhi Munir）也协助我进去过一次。法国考古队赴阿富汗代表团①的菲利普·马奎斯（Philip Marquis）是个极好的人，他邀我探访他那妙不可言的书斋，此外还备好法式佳肴、卡门培尔奶酪和阿富汗上好的红葡萄酒款待我。

乔利恩·莱斯利（Jolyon Leslie）不吝学识和经验予以指教，协助我进入帖木儿陵寝和赫拉特城堡，他应阿迦汗②之邀，对这两处建筑进行修缮并使它们完美告竣。此项工程中召集的无数工匠千辛万苦地搬运大量封土，其间参与的人数比起《圣经》史诗通常的描述有过之而无不及，从而使被掩埋了数个世纪的帖木儿时代绝妙的瓷砖拼花工艺重见天日。修缮过程中，乔利恩不得不移走被废弃的苏联大炮和高射炮掩体，以及苏军给赫拉特留下的饯别礼——大规模诡雷陷阱，一个连接在六角塔楼顶部旧坦克电池上的未爆弹网络。那座 13 世纪的楼堡最初是赫拉特人为抵抗蒙古游牧部落而建的，差不多 20 年前，俄国人仍用它来抵御圣战者组织。

热情大胆的南希·哈奇·杜普里（Nancy Hatch Dupree）伴我漫步喀布尔临时军营遗址和比比马赫卢山（the hill of Bibi

① DAFA, 即 Délégation Archéologique Française en Afghanistan。——译者注
② Aga Khan, 伊斯兰教伊斯玛仪派领袖称号。——译者注

Mahru）一带，而且以各种不同的方式帮助了我。南希以 84 岁高龄继续往返于喀布尔和白沙瓦两个家，有时亲自驾车沿开伯尔山口南下，有时搭乘红十字会的班机。最近在喀布尔机场与她不期而遇，她告诉我："我是他们唯一的常客。"首次喀布尔调研之旅中最令我津津乐道的回忆之一便是邀约南希在甘达马克旅馆共进晚餐，当时我们主菜吃到一半时突发枪炮声，自动武器就在旅馆外开火。于是乎，所有"久经沙场"的文人政客皆丢下饭菜扑向桌底，只有南希若无其事地坐在椅子上，郑重其事道："我想我要把炸薯条吃完。"

在坎大哈，我得到哈兹拉特·努尔·卡尔扎伊（Hazrat Nur Karzai）的照顾；亚历克斯·施特里克·冯·林斯霍滕（Alex Strick von Linschoten）通过电话、哈比卜·扎霍里（Habib Zahori）亲自上阵为我指路；瓦坦风险管理公司的马克·阿克顿（Mark Acton）、威廉·吉夫斯（William Jeaves）和戴夫·布朗（Dave Brown）慷慨地将我留宿于瓦坦别墅并予以守护，整栋房子满是苏格兰前卫兵，生存处境如此紧张，谁会想到他们能一连数周滴酒不沾？不过我深感欣慰：不借助些许帮助，在坎大哈寸步难行。

在巴基斯坦：正是一边与卓尔不群的艾哈迈德·拉希德（Ahmed Rashid）谈话，一边在其书斋的文山书海中东翻西找的时候，我第一次意识到当前的局势与 1839～1842 年的情势是何其惊人地相似。在拉合尔调研时，穆赫辛（Mohsin）和扎赫拉·哈米德（Zahra Hamid）收留了我，晚上还为我准备了有趣的消遣活动和旁遮普的珍馐美馔（Khana）。我尤其感谢穆赫辛的父亲，他让出自己的书房供我架设行军床。在拉合尔期间，旁遮普档案馆的法基尔·艾贾祖丁（Fakir Aijazuddin）、阿里·赛蒂（Ali Sethi）、苏哈比·侯赛因·舍尔扎伊（Sohaib Husayn Sherzai）和阿巴斯先生各抒己见、不吝赐教，并允许我翻阅相关文献以及波斯语和乌尔都语的新史料。法鲁赫·侯赛因（Farrukh Hussein）帮我找到穆巴拉克·哈维利（Mubarak Haveli），还向我讲述了自己的先祖如何帮助沙·苏贾通过地下室（taikhana）逃离。

在印度：邻居让－玛丽·拉丰（Jean-Marie Lafont）向我讲授锡克历史以及法国将领在锡克特勤旅中的角色；迈克尔·阿克斯沃西（Michael Axworthy）将卡扎尔王朝的知识传授给我；詹姆斯·阿斯蒂尔（James Astill）与我分享了弥足珍贵的阿富汗方面联络人的信息。卓绝群伦的 B. N. 戈斯瓦米（B. N. Goswamy）教授在昌迪加尔（Chandigarh）寻获若干非同寻常的图像，他不厌其烦地将 JPG 格式的文件发给我，还帮我取得使用许可。礼萨·侯赛尼（Reza Hosseini）无私地与我分享他在国家档案馆的重大发现——《喀布尔和坎大哈的战斗》[1] 波斯语手抄本，更为贴心的是，他还给我带来 1851 年坎普尔发行版的副本。法扎勒·拉赫曼（Fazal Rahman）和萨钦·穆吉（Sachin Mulji）也在国家档案馆发现了若干惊人的素材。帕亚姆·亚兹丹朱（Payam Yazdanjoo）协助翻译了《战地书》[2] 正文。1816 年沙·苏贾试图翻越比尔本贾尔岭（Pir Panjal range）高海拔诸山口入侵克什米尔，怎奈铩羽而还。班扬（Banyan）的露西·戴维森（Lucy Davison）巧妙组织后勤工作，让我们得以循此路线展开调研之旅。

---

① *Muharaba Kabul wa Qandahar*，同 *Muharaba Kabul wa Kandahar*。——译者注
② *Jangnama*，同 *Jangnameh*。——译者注

在英国：戴维·洛恩（David Loyn）、詹姆斯·弗格森（James Ferguson）、菲尔·古德温（Phil Goodwin）以及我的表兄弟安东尼·菲茨赫伯特（Anthony Fitzherbert）皆畅所欲言，指导我如何在现代阿富汗各地实现我的目标。查尔斯·艾伦（Charles Allen）、约翰·凯伊（John Keay）、本·麦金太尔（Ben Macintyre）、比尔·伍德伯恩（Bill Woodburn）和索尔·戴维（Saul David）与我分享了阿富汗过去历史的宝贵知识，使我得以寻获新的史料。著有"丝路丛书"（Silk Road Books）的法鲁赫·侯赛因给我寄来一批批维多利亚时代的战争记录，他还在英国皇家地理学会档案馆和国家军事博物馆（National Army Museum）帮我发掘、誊写了若干惊人的新素材。彼得·霍普柯克（Peter Hopkirk）及凯斯·霍普柯克（Kath Hopkirk）关于大博弈的史诗般巨著，让我和诸多同辈对第一次英阿战争有了初步认识，也有助于我了解亚历山大·伯恩斯。在该方面同样给予帮助的是为伯恩斯撰写新传记的克雷格·默里（Craig Murray），颇具魅力的克雷格的这部即将出版的重量级著作，看来是要重新审视这个饶有趣味的人物。萨拉·沃林顿（Sarah Wallington）和马里亚姆·菲尔波特（Maryam Philpott）在大英图书馆寻获了异常宝贵的史料。英国国家军事博物馆的皮普·多德（Pip Dodd）、英国国立维多利亚与艾尔伯特博物馆①的苏·斯特朗（Sue Stronge）以及大英图书馆的约翰·福尔克纳（John Falconer）均不惮其烦地让我查看馆藏艺术品。最幸福的回忆不外乎，某天下午与伊丽莎白·埃林顿（Elizabeth Errington）在大英博物馆的储藏室里仔细查阅查尔

---

① V&A，即 Victoria & Albert Museum。——译者注

斯·马森在阿富汗的研究成果精华。马森当年将自己的种种发现悉心装箱、详细分类。

莫斯科的亚历山大·莫里森博士（Dr Alexander Morrison）和奥尔加·贝拉尔德（Olga Berard）为我成功搜寻到失传的伊万·维特科维奇情报报告。数名学者帮我处理波斯语和乌尔都语史料：布鲁斯·瓦奈尔（Bruce Wannell）来到我德里的家中，一连数周待在花园帐篷里与我一同研究《沙·苏贾实录》《喀布尔和坎大哈的战斗》及《战斗之歌》（the Naway Ma'arek）；阿莉娅·纳克维（Aliyah Naqvi）暂停手头关于阿克巴朝廷的论文工作，让我认识了一个迥然有别的阿克巴，还协助处理哈米德·克什米尔毛拉（Maulana Hamid Kashmiri）所著的《阿克巴本记》（Akbarnama）；汤米·维德（Tommy Wide）致力于《战地书》和《编年史》（'Ayn al-Waqayi）的研究工作，此外还帮助复核帖木儿陵寝内及周边各萨多扎伊坟墓的墓主身份；丹尼什·侯赛因（Danish Husain）与其母赛义达·毕勒吉斯·法蒂玛·侯赛因（Syeda Bilqis Fatema Husaini）教授一起对《苏丹日记》（Tarikh-i-Sultani）以及阿米努拉·汗·洛伽尔的信札展开研究；尤其感谢罗伯特·麦克切斯尼（Robert Mcchesney）无私赠予我他自己翻译的《历史之光》（Siraj ul-Tawarikh）。

数位良善可亲的友人仔细阅读了本书部分文稿，并提出有益的评论。这些人是克里斯·贝利（Chris Bayly）、艾莎·贾拉勒（Ayesha Jalal）、本·霍普金斯、罗伯特·尼科尔斯（Robert Nichols）、亚历山大·莫里森、阿什拉夫·加尼（Ashraf Ghani）、安东尼·菲茨赫伯特、企鹅印度公司才华横溢的团队成员齐季·萨卡尔（Chiki Sarkar）和南迪尼·梅赫塔（Nandini Mehta）、阿卡什·卡普尔（Akash Kapur）、弗勒尔·哈维尔（Fleur Xavier）、戴维·加纳（David Garner）、莫尼夏·拉杰什（Monisha Rajesh）、詹姆斯·卡伦（James Caron）、加旺·希尔·拉西赫、马亚·亚桑诺夫（Maya Jasanoff）、约诺·沃尔特斯（Jono Walters）、萨姆·米勒（Sam Miller）、乔利恩·莱斯利、詹尼·杜比尼（Gianni Dubbini）、西尔维·多米尼克（Sylvie Dominique）、皮普·多德、汤米·维德、尼莱·格林（Nile Green）、克里斯蒂娜·诺埃勒（Christine Noelle）、迈克尔·森普尔（Michael Semple）和沙·马哈茂德·哈尼菲（Shah Mahmoud Hanifi）。乔纳森·李（Jonathan Lee）耗费数周时间给本书的初稿仔细加注，还帮我大致弄明白了这场起义错综复杂的驱动因素——那曾是我有意避开之处。为写本书而做准备的过程中最有趣且颇具成效的日子之一便是冬季到新西兰拜望乔纳森，我们沿着奥克兰以北惊涛骇浪的海滨漫步，我听着乔纳森剖析阿富汗部族历史的复杂性。

　　一如既往地有幸请到卓绝群伦的戴维·古德温（David Goodwin）担任我的代理人，倾力襄助的还有布鲁姆斯伯里出版社（Bloomsbury）卓越的出版人迈克尔·菲什维克（Michael Fishwick）、亚历山德拉·普林格尔（Alexandra Pringle）、奈杰尔·牛顿（Nigel Newton）、理查德·查金（Richard Charkin）、菲利普·贝雷斯福德（Phillip Beresford）、凯蒂·邦德（Katie Bond）、罗拉·布鲁克（Laura Brooke）、段簪英（Trâm-Anh Doan）、戴维·曼（David Mann）、保罗·纳什（Paul Nash）、阿曼达·希普（Amanda Shipp）、安娜·辛普森（Anna Simpson）、亚历克萨·冯·希施贝格（Alexa von Hirschberg）、

沙·肖·斯图尔特（Xa Shaw Stewart）以及蒂雅·哈扎拉（Diya Hazra），他们皆以极大的活力与热情全情投入此项目。还要感谢彼得·詹姆斯（Peter James）、凯瑟琳·贝斯特（Catherine Best）、马丁·布赖恩特（Martin Bryant）和克里斯托弗·菲普斯（Christopher Phipps），诺夫出版社（Knopf）的桑尼·梅赫塔（Sonny Mehta）、黛安娜·科格里安内斯（Diana Coglianese）和爱琳·B. 哈特曼（Erinn B. Hartman），比谢夏斯戴尔出版社（Buchet Chastel）的维拉·米哈尔斯基（Vera Michalski）以及意大利阿德尔菲出版社（Adelphi）才华出众的罗伯托·卡拉索（Roberto Calasso）。十分感激理查德·福尔曼（Richard Foreman）自《最后的莫卧儿人》以来为我的多本书做出的贡献。

家人的爱与包容胜过世间万物，作家奋笔疾书仰仗于此。身为丈夫和父亲的我日渐沉迷于手头事，游历兴都库什山区后归家，却只是坐在花园尽头不断敲击笔记本电脑键盘，心思常游离于家庭生活之外，沉湎于19世纪40年代阿富汗的烦恼与创痛中，奥利芙（Olive）、伊比（Ibby）、萨姆（Sam）和亚当（Adam）自始至终知疼着痒。对此，我满怀愧疚和感激之情。

谨以本书献给我们最小的孩子——我挚爱的幼子亚当，他仍长年居住在德里。

第一章　桀骜难驯之邦

1809 年新年伊始，沙·苏贾·乌尔木尔克可谓前景光明。3 月的阿富汗正进入短暂春季，万物复苏，冰封的美景被齐腰深的积雪遮蔽许久后逐渐显现出来。此刻，小巧芬芳的伊斯塔立夫鸢尾花从冰冻的地下破土而出；喜马拉雅雪松树干上的凝霜开始融化；吉勒扎伊部落的游牧民将肥尾羊赶出御冬的圈栏，拆卸山羊毛帐篷，准备就绪后便开始首次春季迁徙，前往满是初生嫩草的高原牧场放牧。就在这冰雪消融、生机盎然的时节，沙·苏贾收到两条喜讯——苏贾统治时期政局纷乱，此等好事的确罕有发生。[1]

第一条喜讯是一些祖传家产失而复得。世界上最大的钻石"光之山"遗失十余载，其间由于时局动荡，沙·苏贾家族成员无心寻找。苏贾的兄长沙·扎曼是阿富汗逊位君主，据说他在被仇敌俘获、致盲前匆忙将宝石藏匿起来。同时失踪的还有另一件家传稀世珍宝：一颗硕大的被称作"荣耀"（Fakhraj）的印度红宝石。

沙·苏贾为此召见盲兄，查问名闻天下的家传珍宝的下落——他果真知晓它们被藏匿何处？沙·扎曼透露，九年前即将被俘时，他把红宝石"荣耀"藏在开伯尔山口附近的一条小溪中的岩石下。后来，他又将"光之山"钻石塞进自己最初遭捆绑扣押的堡垒牢房的墙缝中。御用史官后来记载道："沙·苏贾立即遣派数名最可靠的手下，命他们不遗余力、千方百计寻回这两枚宝石。他们在辛瓦里部落酋长（Shinwari sheikh）那儿找到了'光之山'钻石——无知的酋长将钻石用作公文镇纸。至于红宝石'荣耀'，则在一名塔利布①那儿找到，这个塔利布去溪边洗衣服时发现了'荣耀'。他们以国王的名义予以征用，将两枚宝石没收并带了回来。"[2]

第二条喜讯是：之前敌对的邻国使团来访，这对沙更具潜在的实用价值。年仅24岁的苏贾现已执政七年。就秉性而言，他是书生与思想家，喜好诗歌与学问而非征战和政治活动。但命运使然，他年未及冠就继位并接管疆域辽阔的杜兰尼帝国。这个由祖父艾哈迈德·沙·阿布达里一手创建的帝国，是在其他三个瓦解的亚洲帝国——北边的乌兹别克帝国、南边的莫卧儿王朝以及西边的波斯萨法维王朝的基础上建立的，疆土最初自现代伊朗的内沙布尔起，横跨阿富汗、俾路支斯坦（Baluchistan）、旁遮普和信德，一直延伸至克什米尔，并与莫卧儿帝国都城德里接壤。而现在，祖父亡故不过30年，杜兰尼帝国已彻底走上瓦解之路。

这其实并非异事。过去2000年来，阿富汗人将该地域的大片土地称为"呼罗珊"。回顾阿富汗源远流长的历史，

① Talib，意为学生。——译者注

只有极少时间达成过政治或行政上的统一。³国家通常处于"中间地带"：断裂破碎、所属权争议不断的绵延群山，以及漫滩和荒漠将其与井然有序的邻国隔开。其他时间，王国诸省互为敌对、冲突的酋邦，深陷战火窘境。只在极少数的情况下，各方才团结在一起，凭借自身力量成为任意形式的单一民族国家。

所有的一切都在阻碍阿富汗崛起：地形地貌，尤其是兴都库什山区高峻的石山构造。起伏的山峦如同巨大的岩石胸廓骨骼将国土分隔开来。在遭冰川蚀刻、积雪覆盖的山峦映衬下，嵯峨崎岖的圆穹状山坡上的黑色碎石格外醒目。

还有不同的部族、种族及语言分歧分裂着阿富汗社会：塔吉克族、乌兹别克族、哈扎拉族（Hazara）以及普什图族的杜兰尼部落与吉勒扎伊部落间的对抗；逊尼派（Sunni）和什叶派（Shia）的教派分裂；氏族及部族内部地方派系的冲突，特别是嫡系宗族内部的世仇。这些血仇宿怨如恶咒般世代相承，标志着政府的司法制度早已形同虚设。在许多地方，氏族间的仇杀几乎成为一种全民性的消遣方式——就等同于英格兰各郡的乡间板球运动，也时常引发惊人的大规模杀戮。沙·苏贾手下的一位首领打着和解的幌子，邀请约60名结怨的堂表亲"共享盛宴"——一位目击者写道："他事先在房间下面放置许多火药，然后在宴会期间找借口出去，将来的人全部炸死。"这样一个国家只能通过巧妙手腕、深谋远略和丰盈财宝来治理。

因此，1809年初当信使从旁遮普带来消息称东印度公司使团从德里北上，力求与沙·苏贾紧急结盟时，沙理当欣喜。东印度公司过去一直是杜兰尼族人的心头大患。由于东印度公司拥有训练有素的印度兵部队，族人已无法南下至印度斯坦平原劫掠牟利，而数百年来这都是阿富汗主要的收入来源。现在看来，东印度公司想要拉拢阿富汗人——沙的新闻撰稿人来函告知，该使团已渡过印度河，正在前往冬都白沙瓦的途中。这使惯常的轮番围攻、抓捕及讨伐行动得以暂缓，苏贾不仅能稍做喘息，而且有可能拥有一个强大盟友——这是他迫切需要的。之前从未有英国使团造访过阿富汗，双方几乎互不了解，因此，使团来访作为新鲜事，对大使一行来说格外有利。沙·苏贾在回忆录中写道："我们委派公认谦恭有礼的皇室仆人迎接大使一行，命他们负责接待贵客，要他们审慎行事，有礼有节地小心侍候。"[4]

报告传来，沙·苏贾得知英国人满载各式礼品而来："驮着金质象轿的象群，罗伞高挂的轿子，黄金镶饰的枪支和前所未见的精巧六弹巢转轮手枪，昂贵的钟表，双筒望远镜，能够映现世界万物真实原貌且款式精美的镜子，钻石镶嵌的灯具，来自罗马和中国的嵌金瓷花瓶和瓷器，树形烛台以及其他美丽奢华的礼品，如此光彩夺目、超乎想象又妙不可言。"[5]多年之后，苏贾回忆起一件令他尤为欢喜的礼物："一个能发出歌声般声响的大盒子，这种有着不同音色、和声和旋律的奇怪响声十分悦耳动人。"[6]大使带来的正是阿富汗的第一架管风琴。

沙·苏贾在自传中缄口不提是否对这些携带礼品的英国人起过疑心。但是，年过不惑回头书写这段历史时，他深知正要开始协商的同盟关系将永远改变自己的生命历程和阿富汗的发展进程。

　　派遣首个英国使团前往阿富汗——背后真正的肇因远不在于印度及兴都库什山脉诸山口——本与沙·苏贾、杜兰尼帝国乃至印度斯坦的王公贵族间错综复杂的政治纷争毫不相干。个中缘由要追溯到漂浮在普鲁士（Prussia）东北部尼曼河（River Nieman）中央的一只木筏。

　　一年半前，登上权力巅峰的拿破仑与俄国沙皇亚历山大一世①在此会晤，商讨缔结和约。会晤发生在 1807 年 6 月 14 日俄国在弗里德兰战役（Battle of Friedland）惨败之后。当时在拿破仑炮兵部队的猛烈攻击下，俄军损失惨重，2.5 万人战死疆场，不过俄国人仍能井然有序地撤退到边境地区。此刻，双方军队正在蜿蜒曲折的尼曼河两岸的牛轭"U"形河湾处对峙。俄军新增援的两个师，加上 20 万民兵，在附近的波罗的海岸边待命。

　　当俄国人得知拿破仑不只想要和平，还想要结盟时，僵局终被打破。7 月 7 日两国皇帝在一只木筏上碰面，木筏上搭有一顶传统的白色帐篷，帐篷上饰有巨大醒目的花押字母"N"。谈判签署的条约日后被称作《提尔西特和约》（Peace of Tilsit）。[7]

　　和约中大部分条款涉及战争与和平的问题——托尔斯泰将其巨著《战争与和平》的首卷命名为《提尔西特之前》（Before Tilsit）并非无缘无故。磋商的许多议题都关系到法国占领下的欧洲的命运，特别是普鲁士的未来。未获准参加会谈的普鲁士国王在河岸上焦急地徘徊观望，想知道会谈结束后他还能否拥有自己的王国。在和约的所有公开条款背后，有数条秘密条

————————

① 原文 Alexander Ⅱ，疑为 Alexander Ⅰ。——译者注

款并未披露。这些秘密条款为法俄联合进攻拿破仑认定的英国的财源宝地奠定了基础，而印度当然是其大敌最富饶的领地。

占领印度，作为一种使英国经济陷入困顿、削弱其日益增强的经济实力的手段，长期以来一直是拿破仑以及早前数名法国战略家的痴心妄想。差不多恰好是九年前的 1798 年 7 月 1 日，拿破仑麾下部队在亚历山大港（Alexandria）登陆，对埃及内陆展开攻击以夺取开罗。他写道："我们将经由埃及入侵印度。我们会重建穿过苏伊士运河的旧航道。"迈索尔（Mysore）的蒂普苏丹（Tipu Sultan）恳请拿破仑协助抗击英格兰人，拿破仑自开罗回函给蒂普苏丹："您已经获知我亲率一支所向披靡的军队到达红海沿岸，满怀渴望想将您从英格兰这具铁轭下解放出来。愿全能的主赐予您力量，消灭您的敌人！"[8]

然而，在 8 月 1 日的尼罗河河口海战（Battle of the Nile）中，英国海军舰队司令纳尔逊（Admiral Nelson）几乎让整支法国舰队全军尽没。拿破仑原本打算将埃及作为稳固基地，借由埃及进攻印度，但计划幻灭迫使他改变战略，不过他从未背离初衷——拿破仑认为印度是英国的经济实力之源，就如同拉丁美洲的印加帝国（Inca）和阿兹特克帝国（Aztec）的黄金曾是西班牙的经济来源一样——他想要通过夺取印度，使英国陷入衰退。

这样一来，拿破仑立即谋划经由波斯和阿富汗入侵印度。他早与波斯大使缔结协定，声明如下："如果法国皇帝陛下打算派遣军队由陆路攻击英格兰在印度的领地，波斯帝国皇帝陛下作为忠诚的亲密盟友，将准予通行。"

在提尔西特签订的秘密条款阐明了完整的侵略计划：拿破

仑将仿效亚历山大大帝（Alexander the Great），率领由五万名法国士兵组成的大军（Grande Armée）出征，横穿波斯入侵印度；俄国则在同一时间穿过阿富汗向南进发。加尔达纳将军（General Gardane）奉派前往波斯联络沙，以查明哪些港口可供停泊且能为两万名将士提供饮用水和补给，并且草拟可能的入侵路线图。*与此同时，驻圣彼得堡的大使科兰古将军（General Caulaincourt）奉拿破仑之命与俄国人进一步探讨该提议。法国皇帝写道："越是听起来异想天开，越要试着去做（又有什么是法国和俄国做不到的？），这样才越能令英格兰人恐慌，让英属印度胆战心惊，让伦敦混乱不堪；而且，毋庸置疑的是，取道君士坦丁堡、被波斯予以放行的四万法国人，与途经高加索（Caucasus）的四万俄国人会合，将足以威胁并征服亚洲。"[9]

　　但英国人亦非措手不及。一位理想破灭的俄国贵族成为英国军情局的一名线人，他藏匿于驳船下，虽然脚踝在河中晃晃荡荡，但他不畏寒冷，将这一切听得真真切切。他马上向伦敦发送急件，内容包括拿破仑的计划梗概。英国情报部门仅用六周时间就获取了秘密条款的确切措辞。上述情报迅速被转达至印度，同时英方命总督明托伯爵通知印度与波斯间诸国，对各国所处险境加以警告并商议缔结同盟，以反抗法国或法俄为讨伐印度而发动的任何远征行动。各大使馆还接到搜集战略情报及对英国原有的上述地区地图进行查遗补漏的指令。与此同

---

*　拿破仑从莫斯科撤退时，俄国人在缴获的行李中发现一个装满"报告、地图和加尔达纳将军奉命草拟的路线图"的公文包。虽然俄国制伏，拿破仑仍计划征服印度。参见 NAI, Foreign, Secret Consulation, 19 August 1825, nos 3-4。后文中的"＊"均为作者注。

时，增援部队要在英格兰随时待命，若有迹象显示远征军准备从法国港口启航，将即刻兵发印度。[10]

明托伯爵并不认为拿破仑的计划是空想。法国经由波斯入侵印度未"超出以精力和毅力著称的法国现任统治者的能力范围"，明托伯爵写道。他还敲定最终的计划，以还击"法国在波斯十分积极的外交手段，亦即不知倦怠、想方设法将阴谋诡计加诸印度斯坦诸朝廷"。[11]

明托最终选派四个使团分头行动，每个使团均携带厚礼出发，以警告、收揽身处拿破仑军队进军路线上的当权者。第一个使团奉派前往德黑兰（Teheran），以尽力打动波斯的法特赫·阿里·沙·卡扎尔（Fatteh Ali Shah Qajar），令其背弃法国新盟友。第二个使团前往拉合尔，与兰吉特·辛格及其旗下锡克教徒结盟。第三个使团受派联络信德诸埃米尔。拉拢沙·苏贾及其臣民的任务就落在冉冉升起的年轻新星、效力于东印度公司的蒙特斯图尔特·埃尔芬斯通身上。

埃尔芬斯通是低地苏格兰人，年少时是个引人注目的亲法分子。父亲是爱丁堡城堡（Edinburgh Castle）司令官，埃尔芬斯通在城堡中法国战俘的陪伴下长大，跟他们学唱法国革命歌曲，长长的雅各宾式（Jacobin）金色卷发披在背上，以表达对他们的理想的支持。[12]14岁时，年纪轻轻的埃尔芬斯通就被送往印度，以免他招惹是非。埃尔芬斯通熟练掌握波斯语、梵文和印度斯坦语（Hindustani），很快就成为一名雄心勃勃的外交官、一位求知若渴的历史学家和学者。

埃尔芬斯通踏上征途前往第一站浦那（Pune）时，预留了一头大象专门运载书籍，其中有多卷波斯诗人的诗集、《贝奥武甫》（Beowulf），以及荷马、贺拉斯（Horace）、希罗多德

（Herodotus）、忒奥克里托斯（Theocritus）、萨福（Sappho）、柏拉图、马基雅维利（Machiavelli）、伏尔泰、霍勒斯·沃波尔（Horace Walpole）、德莱登（Dryden）、培根、鲍斯威尔（Boswell）、托马斯·杰斐逊（Thomas Jefferson）的著作。[13]自中印度的马拉塔（Maratha）战争起，埃尔芬斯通就与后来的威灵顿公爵（Duke of Wellington）亚瑟·韦尔斯利（Arthur Wellesley）并肩作战。埃尔芬斯通早已放弃追求更为平等的人类社会的理想，他写道："以傲慢著称的喀布尔宫廷想必对欧洲各国持有鄙薄的看法，因此，这次出使注定是一项壮举。"

1808年10月13日，西方强国派往阿富汗的第一个使团离开东印度公司的德里常驻代表官邸。与大使同行的有200名骑兵、4000名步兵、12头大象以及不下600峰骆驼，着实令人眼花缭乱。但显而易见的是，英国人试图向阿富汗人伸出橄榄枝、与沙·苏贾建立友谊，并非在意苏贾的自身利益，而只是想智胜大英帝国的敌手：英国人只不过将阿富汗人视为西方政治棋局棋盘上的卒子，可以任人差遣、随意牺牲。此后数年乃至数十年，多个强权三番五次循此先例，阿富汗人每次都能成功地捍卫自己的荒蛮领地，展现出的战力远远超出任何自许的操纵者的预料。

通常认为沙·苏贾的祖父艾哈迈德·沙·阿布达里于1747年建立了现代阿富汗国家。艾哈迈德·沙的家族来自旁遮普木尔坦，为莫卧儿王朝效力是其由来已久的家族传统。他之所以有权有势，某种程度上是得到了装满莫卧儿珍宝的巨大财宝箱。这些珍宝是波斯大寇纳迪尔·沙60年前从德里红堡（Red Fort）劫掠而来的，纳迪尔·沙遇刺身亡后不足一小时，艾哈迈德·沙就将珍宝据为己有。*

艾哈迈德·沙将这笔财富投入麾下铁骑部队，这让他几乎战无不胜，最后却被一个比任何军队都更难对付的敌人打败。他的面部遭莫名疾病侵蚀，阿富汗方面的史料称之为"坏疽性溃疡"，也许是麻风病或某种恶性肿瘤。艾哈迈德·沙连续八次成功突袭印度北部平原，最终在1761年的巴尼伯德战役（Battle of Panipat）中击溃一群群马拉塔骑兵，登上权力顶峰。与此同时，疾病也吞噬了他的鼻子，艾哈迈德·沙将一个镶钻的替代品固定在鼻部。在麾下军队人数增至12万之多、帝国版图继续扩张之际，他的肿瘤亦不断生长，不仅损伤大脑，还扩散至胸部和喉部，四肢也受损致残。[14]他到苏菲派圣地寻求治疗，未能如愿治愈顽疾。1772年，病入膏肓的艾哈迈德·沙长眠不起，正如一位阿富汗作家所述："椰枣树的叶和果落在地上，他魂归来处。"[15]新兴的杜兰尼帝国的一大悲剧，就是奠基者还未来得及划定国家疆界，建立有效的行政管理，适当巩固新征服的领地，就与世长辞。

五短身材的帖木儿·沙是艾哈迈德·沙之子，他成功守住了父亲留下的帝国腹地，并将都城从坎大哈迁至喀布尔，远离动荡不安的普什图族核心区，还以奇兹巴什人组建了宫廷卫队。这些什叶派奇兹巴什拓殖者最初跟随纳迪尔·沙的军队从

---

* 纳迪尔·沙的莫卧儿王朝战利品中剩余的珍宝依然被紧锁在德黑兰梅里银行（Bank Meli）的保险库中，其中包括"光之山"的姊妹巨钻"光之海"（原文 Dariya Nur，疑为 Darya-i-Nur——译者注）。

波斯来到阿富汗。与奇兹巴什人一样，帖木儿·沙治下的萨多　10
扎伊王朝也讲波斯语，文化上同样波斯化，其本人也以帖木儿
帝国（Timurid）先祖作为自己的文化典范。罗伯特·拜伦
（Robert Byron）戏称帖木儿帝国王族为"东方的美第奇
（Medici）家族"。帖木儿·沙以自己的非凡品位为傲，他修缮
了喀布尔巴拉希萨尔城堡的花园，这座布局匀称的花园最初由
沙·贾汗（Shah Jahan）属下的喀布尔总督阿里·马尔丹·汗
（Ali Mardan Khan）修建。帖木儿·沙的嫡妻是位在德里红堡
长大的莫卧儿公主，红堡庭院中喷泉林立、果树成荫，这次竭
力修缮花园就是受妻子所述启发。

　　与其莫卧儿姻亲一样，帖木儿·沙善于炫耀，往往令人目
眩神迷。据后来的一部宫廷史书《历史之光》记载："他仿效
伟大统治者的所作所为来塑造自己的政府。他的头巾上别着镶
钻饰针，肩部搭一条饰以珠宝的肩带，外套以名贵宝石装饰，
'光之山'钻石置于右前臂，红宝石'荣耀'系于左臂。帖木
儿·沙殿下还在坐骑的前额挂上另一枚镶饰饰针。因身材矮
小，他又定制了一张饰有宝石的上马凳。"[16]帖木儿·沙虽然失
去了父亲所创立的帝国位于波斯的领地，但他鏖战疆场守住了
阿富汗的核心地域。1778～1779年，他平息了父亲的出生地
旁遮普木尔坦的叛乱，驼队运载着数千个锡克教叛乱分子的首
级凯旋，并将那些头颅作为战利品示众。[17]

　　帖木儿身后留下24位子嗣，在继承权的争夺战中，这
些继承人你抓我捕、彼此残害、蓄意谋杀，逐步动摇了杜兰
尼统治的权威。帖木儿·沙的最终继任者是沙·扎曼，帝国
在后者的统治下分崩离析。1797年沙·扎曼决定步父亲和祖
父的后尘，他下令全面入侵印度斯坦，以改变运势、填满国　11

库——阿富汗以此方法消除资金危机的传统由来已久。在蒂普苏丹的邀约鼓动下，沙·扎曼循着开伯尔山口的"之"字形坡路盘桓而下，进入拉合尔的莫卧儿城堡。城堡旧城墙因遭季风侵蚀早已颓败不堪，他打算由此奇袭富饶的印度北部平原。然而，时至1797年，印度已逐渐受制于进占该地区的外国机构——闻者觳觫的东印度公司。此时掌管东印度公司的是最具进取精神的总督韦尔斯利勋爵（Lord Wellesley），他是后来的威灵顿公爵的兄长，在他的领导下东印度公司迅猛扩张，乐此不疲地开设沿海工厂、降服内陆土邦。韦尔斯利征战印度最终吞并的领土，比拿破仑在整个欧洲征服的地域还要广。今非昔比，印度不再是阿富汗人肆意劫掠之地，韦尔斯利更是位狡黠至极的对手。

韦尔斯利决定不通过直接使用武力，而是借由外交策略阻挠沙·扎曼。1798年，韦尔斯利派一支外交使团前往波斯，为其提供武器和培训，怂恿波斯人向沙·扎曼毫无防御能力的后方发起攻击。1799年，沙·扎曼被迫撤退，后撤过程中委任雄才大略、野心勃勃的年轻锡克邦主（Rajah）兰吉特·辛格为拉合尔行政长官。阿富汗人撤退期间，沙·扎曼在混乱中遗失于杰赫勒姆河淤泥中的一些大炮，在兰吉特·辛格的帮助下得以保留下来。兰吉特·辛格施展个人魅力，以能力打动了沙·扎曼，虽然年仅19岁，却接管了旁遮普的大部分地区。[18]接下来的数年间，在沙·扎曼来回调兵、奋力坚守趋于分裂的帝国之时，兰吉特·辛格从昔日霸主那儿逐步攫取了杜兰尼帝国东部的膏腴之地，跃身成为旁遮普的统治者。

阿塔·穆哈迈德王子（Mirza 'Ata Mohammad）是沙·苏

贾所处年代最具洞察力的作家之一，他写道："呼罗珊的阿富汗人有此名声由来已久：权力之灯在何处大放光明，何处就如飞蛾云集；丰裕的桌布在哪儿铺开，哪儿就似苍蝇聚首——呼罗珊的阿富汗人有此名声由来已久。"[19]反之亦然。沙·扎曼劫掠印度受挫，无奈撤退，却遭锡克教徒、英国人和波斯人包围，威信由此下降。其手下贵族、家族成员，最后甚至就连同父异母的兄弟都一个接一个地起来反对他。

　　沙·扎曼的统治终结于1800年冰冷的冬季，喀布尔人最终拒绝为不幸的国王开启城门。一个寒冷的冬夜，飞雪轻盈地飘落于睫毛上，沙·扎曼在贾拉拉巴德与开伯尔山区间的一座堡垒中躲避猛烈的暴风雪。那一夜，他遭堡垒主人囚禁。这个辛瓦里部落的黑心汉锁紧大门，杀害其侍卫，而后用一枚烧热的针刺瞎了沙·扎曼。阿塔王子写道："针尖刺穿他的双眼，酒红色液体从眼窝中迅速涌出。"[20]

　　兄长被弄瞎、废黜时，骄傲而又书生气的苏贾王子年仅14岁。苏贾是沙·扎曼"一生的忠实伙伴"。在随后的政变（coup d'état）中，政敌派出军队追捕他，苏贾躲过搜索队，几个人结伴在没有标志的小径上迤逦而行。穿过山谷的杨树林和冬青栎林，踏过高海拔山口的晶莹积雪，攀上群山断裂带和突出的岩石，他风餐露宿、等待时机。苏贾是位聪明睿智、温文尔雅、知书达理的少年，憎恶围绕在自己身边的暴力活动。逆境中的苏贾，从诗歌中寻求慰藉。在忠心耿耿的部落民的保护下，苏贾走过一座又一座山村，他这时写道："面对坎坷不气馁，乌云即将散去，清净的雨水终将来临。"[21]

　　像莫卧儿王朝的第一位皇帝巴卑尔（Babur）一样，沙·苏贾以优美的文笔精心撰写了一本自传，书中谈及自己在萨费

12

德岭（Safed Koh）银装素裹的山坡上流浪徘徊、无家可归的日子。苏贾在碧蓝如洗的高海拔湖泊寂静的湖畔轻步徐行，等待并计划在适当的时机重获其与生俱来的王位继承权。他写道："此时此刻，命运让我们饱受磨难。但求真主赐予我们力量，唯有真主能授予我们胜利的荣光与王权。蒙受祂的恩泽，从登上王位的那一刻起，愿以公正仁爱之心统治朕的臣民，让他们在朕的庇护下喜乐生活。因为圣君的天职在于照拂子民，保护弱者免受欺凌。"[22]

三年后，苏贾祈盼的时刻终于来临。1803 年爆发宗派暴乱，沙写道："喀布尔民众忆念我的兄长扎曼温和慷慨的执政方式，相较之下，傲慢的篡位者及其旗下残暴的士兵让民众忍无可忍。人们以宗教分歧为托辞谋求改变。逊尼派与什叶派之间冲突再起，喀布尔街头很快爆发骚乱。"[23]

什叶派奇兹巴什人与其逊尼派阿富汗邻居之间发生争斗。据一份逊尼派方面的史料所载：

> 一个奇兹巴什恶棍将一名居住在喀布尔的逊尼派男童引诱至家中，还邀请另一些鸡奸者参与这一罪大恶极的勾当，他们对这个无助少年做出种种猥亵行为。一连数日不停给他喂药、灌酒，之后将他弃于街头。男孩回到家中将自己的遭遇告诉父亲，其父转而要求讨还公道……周五，男孩的家人赤足脱帽、衣兜外翻，聚集在普尔伊齐斯提清真寺。他们让男孩站在讲坛下，要求大掌教除邪惩恶。大掌教遂向奇兹巴什人宣战。[24]

阿富汗的多数深重世仇往往牵涉骨肉至亲，上次政变的"篡位者"正是与沙·苏贾失和的同父异母兄弟沙·马哈茂德。
马哈茂德拒不惩罚权势过于强大的奇兹巴什人，只因其御前侍
卫和行政精英均为奇兹巴什人。义愤填膺的逊尼派部落民从周
围山区涌向喀布尔，包围围墙高筑的奇兹巴什聚居区。混乱之
际，身为伊斯兰教多数派——逊尼派的捍卫者，沙·苏贾从白
沙瓦抵达喀布尔，将一位兄弟（沙·扎曼）从监禁中解救出
来，转而将另一位兄弟（沙·马哈茂德）关押起来。苏贾宽
恕了所有反叛沙·扎曼的人，唯一严惩的是辛瓦里部落酋长的
家族成员，是他们弄瞎了苏贾的兄长。"军官们逮捕了肇事者
及其追随者，将肇事者的城堡洗劫一空并夷为平地。他们把肇
事者拖至苏贾的朝堂之上，惩罚其罪过的方式就是往他口中塞
满火药，将他炸得血肉横飞。其手下被关进监狱，严刑拷打，
以儆效尤，震慑那些自称无所畏惧、能忍受酷刑折磨的人。"[25]
据穆哈迈德·汗·杜兰尼（Mohammad Khan Durrani）称，最
后，军官们将五花大绑的犯事者的妻小押送到苏贾的炮队，对
他们施以炮刑。[26]

    杜兰尼王朝统治下的阿富汗处于各种内战及骨肉相残的
争斗中，很快就分裂并陷入无政府状态。也正是在这一时
期，阿富汗国家加速转变，从曾经让大莫卧儿帝国的某些臣
民自诩的远比印度文明高雅的顶尖学术与艺术中心，变成破
败不堪、饱受战争摧残、落后闭塞的荒蛮之地。与父亲治下
的帝国相比，沙·苏贾统治的王国徒负虚名。像赫拉特的戈
哈尔沙德（Gauhar Shad）这样的优秀院校早已缩减规模，学
术声誉也有所下降。帖木儿统治时期驰名呼罗珊的诗人和艺
术家、书法家和细密画画家、建筑师和砖瓦匠不断向东南移
居到拉合尔、木尔坦及印度斯坦各城市，向西迁移至波斯。

14

阿富汗人依旧认为自己精于世故，当时最善于表达的阿富汗作家阿塔王子自豪地谈起自己的祖国，语气好似巴卑尔，他盛赞阿富汗"远比困窘悲惨的信德优雅高尚许多，在信德无人知晓白面包和文雅谈吐"。他还在其他地方提及祖国："这片土地盛产 44 种不同的葡萄，此外还有苹果、石榴、梨、大黄、桑葚、甘甜的西瓜和香瓜、杏、桃等其他水果，以及整个印度平原都找不到的冰水。印度人既不懂穿着也不懂饮食。真主保佑我远离印度木豆和糟糕的薄煎饼（chapatti），那里委实是人间炼狱！"[27]

　　但实际上，高度文明的帖木儿帝国文化和典雅优美的波斯化风雅的黄金岁月稍纵即逝。这一时期的阿富汗几乎没有细密画作品流传下来，与之形成鲜明对比的是，旁遮普的帕哈里（Pahari）艺术家创作出一批印度艺术史上最伟大的杰作。曾经的大都市赫拉特，现已穷困潦倒、污秽不堪。反复爆发的霍乱疫情使大批人丧生，赫拉特人口数量从人们记忆中的 10 万锐减至不足 4 万。[28]制度存在严重缺陷的杜兰尼王国政府濒临瓦解，由苏贾的支持者组成的小规模军队无论碰巧在哪儿安营扎寨，苏贾的权力范围均鲜有超出一天行程的情况。混乱而动荡不安的局势，不断给往来中亚各城市的大篷车商队（kafila）增添麻烦。由于缺乏中央集权机构，任何部族首领都能随意向商队征税、收取通行费或大肆抢掠。这就阻塞了阿富汗政府的财政命脉，转而严重威胁阿富汗的政治经济。

　　阿富汗仍能为整个地区提供三种利润丰厚的特产：水果、毛皮和马匹。克什米尔的织布机能织出全亚洲最好的披巾，此地还出产最优质的番红花。木尔坦俗丽的印花棉布远近闻名。

好年景时，阿富汗人还能从大篷车商队商贾那儿征收到税款。商队途经阿富汗商道，将丝绸、骆驼和香料从中亚运往印度，运回棉布、靛蓝、茶叶、烟草、印度大麻和鸦片。但是在扎曼和苏贾执政期间，由于政局动荡，越来越少的大篷车商队领队（kafilabashi）愿意冒险穿越艰险的阿富汗诸山口。[29] 相较前几代人的自信，越来越多的阿富汗人开始觉得贫困的祖国正走向穷途末路。沙·苏贾的一位继任者后来如此评价阿富汗："一片产出甚微的土地，只盛产男人和石头。"[30]

鲜有赋税或关税收入，苏贾仅有的真正财富是盲兄沙·扎曼的忠诚以及能干的妻子瓦法女王的忠告，有人认为瓦法女王才是幕后掌权者。他额外的财富就是家族流传下来的装有莫卧儿珠宝的财宝箱，不过珠宝数量已在不断减少。

因此，与东印度公司结盟对沙·苏贾而言至关重要。苏贾希望借此获得资源，用以团结分裂中的帝国。从长远来看，英国人的确成功地将阿富汗人团结在单一的统治者之下，只不过并非依照苏贾的计划，而是以一种颇为不同的方式。

1808 年 10 月底，埃尔芬斯通及其外交使团的大篷车车队通过谢卡瓦蒂（Shekhawati）前往比卡内尔（Bikaner）。他们走出东印度公司的控制区域，步入漫天风沙的荒漠——塔尔沙漠（Thar Desert），一片英国人从未踏足的处女地。16

这支由马匹、驼队和象群组成的 2 英里长的使团队伍，很快就进入了"如海浪般起伏的沙丘，风在沙土表面吹积而成的沙堆好似积雪……我们的马偏离道路，陷入过膝的流沙"。[31]

经过两周的艰难跋涉，他们穿过"大片异乎寻常的荒芜之地，才发现比卡内尔的城墙和塔楼，这座屹立在荒野中的城市无比恢宏壮丽"。[32]

过了比卡内尔就是苏贾治下杜兰尼王朝所剩疆域的边境，没多久埃尔芬斯通一行人就遇上第一批阿富汗人——"一支由150名骆驼骑兵组成的骑兵队"，穿过空旷的沙漠懒散地向他们走来。"每只骆驼上有两名士兵，每名士兵挎一杆颀长锃亮的火绳枪。"[33]通过杜兰尼的要塞德拉伊斯梅尔汗（Dera Ismail Khan）后不久，埃尔芬斯通收到了苏贾的欢迎函和赐授的朝服，苏贾还派100名骑兵前来迎接，这些骑兵"打扮得像波斯人，穿着色彩鲜艳的衣服、长靴，戴低檐绵羊皮帽"。1809年2月下旬，使团经过戈哈特（Kohat）。远处高耸着斯宾格尔赫（Spin Garh）白雪皑皑的山峰，低矮的山地上是一座座堡垒，埃尔芬斯通看见堡垒周围有"很多劫匪……不过，我们的行李被严密看守，他们无从下手"，掠夺成性的部落民只能眼睁睁地看看，"神情惆怅地任由驼队经过"。

这里的河谷看似如丘陵般亲切怡人，实则荒蛮凶险。外交使团经过栽满杨树和桑树的笔直林荫道，沿着纵横交错的小溪迂回前行。横跨小溪的桥上建有莫卧儿风格的薄砖墙拱门，柽柳成荫。偶尔会见到狩猎的人群，男人拳头上立着鹰、脚后跟着向导犬，还有成群结队的捕鸟人外出抓鹌鹑和山鹑。不一会儿，英国使节们发现自己正穿过片片封闭的庭园，园内种满了他们熟悉的植物："野生树莓和黑莓灌木丛……李树和桃树、垂柳以及枝叶繁茂的梧桐树"。就连鸟儿也唤起了这些英国人对家乡的记忆："几位绅士认为自己看见了画眉鸟和黑鹂，还听到了它们的叫声。"[34]

当时的白沙瓦"人口稠密、广袤富饶",不仅是杜兰尼治下阿富汗的冬都,还是重要的普什图文化中心。[35]这里也是17世纪两位最伟大的普什图诗人的根据地,两位诗人的作品埃尔芬斯通都拜读过。拉赫曼老爹(Rehman Baba)是一位用普什图语写作的优秀苏菲派诗人,被誉为"边远地区的鲁米(Rumi)"。他写道:"撒下花种子,花园环绕你。种下荆棘树,划破你双脚。你我本一体,伤人终伤己。"不过,较为世故练达的胡沙尔·汗·哈塔克(Khushal Khan Khattak)更能吸引埃尔芬斯通那颗明朗开悟的心。作为部族首领的胡沙尔曾反抗莫卧儿君王奥朗则布(Aurangzeb),皇帝派军队穿越兴都库什的山口隘路追捕他,但他成功逃脱。埃尔芬斯通在日记中将胡沙尔比作中世纪苏格兰的自由斗士威廉·华莱士(William Wallace):"时而成功歼灭皇家军队,时而孑然漫步群山。"但与华莱士不同的是,胡沙尔·汗还是位杰出的诗人。

> 红扑扑粉嫩嫩的艾丹海尔(Adam Khel)姑娘……
> 柳腰袅袅,丰乳挺秀,
>
> 我如雄鹰飞越群山,
> 这许多俏丽山鹑便是猎物。
>
> 爱的韵事好比熊熊烈火,啊!胡沙尔,
> 掩藏激情的火焰,却挥不去滚滚浓烟。[36]

或有更简洁的诗句:

> 游过河的男孩，那蜜桃般的臀
>
> 唉！我不会游泳。[37]

18　离开德里半年后，使团进驻白沙瓦，住在主集市不远处的一座大型庭院式住宅中。正如埃尔芬斯通所受的苏格兰启蒙运动的熏陶决定了他对阿富汗诗歌会有怎样的反应，当他终于有机会初次拜会沙·苏贾时，大使读过的书也影响到他如何感知杜兰尼王朝的君主。前往白沙瓦途中，埃尔芬斯通沉浸于塔西佗（Tacitus）描述的日耳曼部落面对罗马帝国的情境中，他依据当前的情势对情节加以转换，在日记中记载到，料想中的阿富汗人就像野蛮的日耳曼部落民，而"堕落的波斯人"正如温和放浪的罗马人。然而最终入朝面圣时，令埃尔芬斯通大为惊诧的是，温文尔雅的苏贾与自己预期中粗鄙凶残的山野部落首领天差地别。埃尔芬斯通写道：

> 喀布尔的君主是位俊美的男子，有着橄榄色的肌肤和乌黑浓密的胡须。他的面部表情威严但令人愉悦，嗓音清澈、谈吐高雅。我们最初以为他会身着镶满珠宝的铠甲，但经仔细观察，发觉我们错了。他实际上穿着一件绿色束腰长袍，上有大大的金色花朵和贵重宝石，外罩嵌有钻石饰物的大件胸甲，那件钻石饰物状似两朵压扁的鸢尾花（fleur de lis）；两边大腿各有一件同类饰物，双臂各戴巨大的祖母绿宝石手镯，身上其他部位还佩戴许多珠宝，其中一只手镯上镶嵌着"光之山"钻石……令人难以置信的是，这位东方君主虽然看起来一心急于讨好我们，却具有如此绅士派头，能这么恰如其分地维

护自己的尊严。[38]

然而，关于阿富汗人与英国人的首次会晤，最好的，无疑也是最全面的记载并非由埃尔芬斯通撰写，而是出自他手下一位资历较浅的使团成员威廉·弗雷泽（William Fraser）之手。来自因弗内斯（Inverness）的年轻波斯学者弗雷泽，被沙的欢迎仪式惊得目瞪口呆，在给远在苏格兰高地的双亲的回信中，他清晰聚焦处于权力巅峰的苏贾，让苏贾最鲜活的形象留存于世。弗雷泽描绘了盛大的队伍护送身着饰有盘花纽扣和饰带的英式燕尾服（pigeon-tailcoat）的英国官员行进在白沙瓦街头的情景。他们经过成群身披飘逸斗篷、头戴黑色绵羊皮帽的阿富汗男子，一些女眷不似乡野农妇那样揭开面纱，而是身裹白色蒙面长袍（burkha），这在英国人眼中颇为新奇。

　　被传唤入宫的英国人穿过白沙瓦城堡的外廷，这座宏大的城堡与远在喀布尔的城堡同名，都被称作"巴拉希萨尔城堡"。他们列队行经国王的象群和一只宠物老虎，"到目前为止，这只老虎是所谓的皇宫庭院中最美妙的稀罕物"。不觉间已到觐见殿前的主庭，庭院中央三座高低错落的喷泉正在喷水，"射向高空的液体形成薄雾"。庭院尽头是一栋两层高、绘有桧柏图案的建筑，开放式的上层以支柱支撑，中央建有一座带穹顶的亭子。镀金穹顶下，端坐在被架高的多边形宝座上的正是沙。弗雷泽写道："两名侍者双手握持亚洲君主通用的象征王权的旗帜——蝇拂（由马鬃制成的苍蝇掸子），我即刻断定这无异于阅读神话故事或《天方夜谭》（Arabian Nights）时脑海中勾画的场景。我们一进去，就被要求行脱帽礼三次，还要将双手合并做捧水状，承托在面颊底部，轻声低语一段应

19

该是祈祷文的话，而后手抚胡须作为结束。"

　　荷枪实弹的士兵并列于林荫道两旁，半数奉旨退下的士兵一路小跑离开，胸甲与下凹的肩铠相互碰撞、叮当作响，"盔甲的脆响与脚踩踏路面的咔嗒声此起彼伏、不绝于耳"。他们离开后，一名朝廷官吏站到埃尔芬斯通前面，"仰望国王高声喊道，这位是大使艾芬尼斯坦·巴哈杜尔·富林治（Alfinistan Bahadur Furingee）先生，愿主保佑他，接下来这位是艾斯达尔吉·巴哈杜尔（Astarji Bahadur，指 Mr. Strachey）。这名朝廷官吏如此依次介绍列队官员，不过越来越难应付那些陌生的名字，譬如坎宁安（Cunninghame）、麦卡特尼（McCartney）、菲茨杰拉德（Fitzgerald）。等差不多介绍完，他已贸然喊出能想到的任何读音"。

　　名字宣读完毕，英国外交官们纹丝不动站立片刻，四周鸦雀无声，直到沙·苏贾"以分外洪亮的嗓音"从高处说了句"欢迎你们（Khush Amuded）"，然后在两名宦官的搀扶下，从位于该建筑前部高高在上的镀金宝座上下来，走到楼下大厅一角的宣讲台（takht）。苏贾落座后，众外交官顺着柏树林荫道，进入带有拱廊的觐见殿。"一入大厅，我们就沿房间一侧排列整齐，大厅地面铺有最贵重的地毯。国王首先打破沉默，询问英国国王陛下（Padshah o Ungraiseestan）及其治下国家是否安好，他指出英国人及其民族历来都享有得天独厚的条件，他坚信会永远如此。埃尔芬斯通答道：'只要上帝悦纳。'"

　　"接着，将总督的信函呈送给苏贾……埃尔芬斯通解释了使团到访的动机和目标，沙欣然给予最亲切的答复和奉承的允诺。"英国访客领受苏贾赐授的朝袍后起身告退，身着朝袍驱马返回下榻处。

当天，弗雷泽熬夜给双亲写信，诉说苏贾给他留下的印象。弗雷泽潦草写道："令我深有感触的是他外表的尊贵，他的境遇、为人以及作为一国之君的一言一行，让我铭记那罗曼蒂克式的东方式威严。"他继续写道：

> 国王盘腿而坐，身体挺直而非斜倚，双手分别放在两边大腿上部，手肘向外伸展。这是凶悍又特立独行的家伙坐在椅子上常有的姿势——独断专行地弓身向前恫吓其余同伴，譬如我曾见过下议院的福克斯（指查尔斯·詹姆斯·福克斯［Charles James Fox］）准备起身恶言怒骂、猛烈抨击腐败的大臣时，会摆出这种姿势。我们所站之处正是其治下臣民初次觐见、谦卑恭候的地方，是他满足民众诉求、主持公道的地方，或许也是暴政迅速得以实行的地方……我的目光停留在脚边地面上那块被鲜血玷污的地方。

苏贾从御座上下来步入觐见殿之际，弗雷泽目测他大约五英尺六英寸高，形容他的肤色"十分白皙，惨白而毫无血色。浓密乌黑的胡须用剪刀稍微修剪过。眉毛高挑但没有眉峰，斜向上倾斜且在眉梢处又略微下弯……睫毛和眼睑边缘用锑涂黑，眉毛和胡须同样被描画加黑"。他的嗓音"高亢嘹亮"，弗雷泽补充道：

> 他的服饰华丽异常，饰有珠宝的王冠造型甚为奇特。我觉得王冠是六角形的，每个角上都竖着用大量黑鹭羽毛制成的羽饰……以及一枚象征最高统治权的徽章和一个表

21

明君权神授的标志。王冠的边框是黑色天鹅绒，但是羽毛
和黄金完全遮盖住了底部，所以我不能准确找出王冠上每
一块珍贵宝石。不过，触目皆是祖母绿、红宝石和珍珠，
全都硕大无比、精美绝伦。[39]

苏贾与英国人就结盟议题进行了为期数周的谈判。

苏贾热衷于与东印度公司结成联盟，是因为拿破仑已将这
片土地许诺给波斯人，苏贾尤为渴盼英国人协助自己守疆卫
土。从四面八方传回白沙瓦的坏消息让他心烦意乱，尽管苏贾
的宫廷富丽堂皇，但是沙作为一国之君的处境远比英国人所认
为的更岌岌可危。埃尔芬斯通和弗雷泽很快就开始怀疑，沙·
苏贾所沉迷的宫廷大戏，在某种程度上是掩饰其势穷力蹙的
幌子。

苏贾声称要为阿富汗政治带来新尊严，他所面临的麻烦事
或多或少源于此。1803 年苏贾首次掌权，将沙·扎曼解除监
禁，却不屑于因循惯例弄瞎落败的同父异母兄弟沙·马哈茂
德。他在回忆录中写道："宽恕比复仇更美妙，遵循神圣《古
兰经》（Holy Quran）关于慈悲的教诲，听从我们自身温良仁
慈天性的召唤，承认人类是错误与疏忽的混合体。我们善意聆
听他的辩解，赦免他的罪过，深信这种不忠行为不会再次
发生。"[40]

因此，苏贾将马哈茂德软禁在巴拉希萨尔城堡顶部的宫
殿中。然而，该策略完全事与愿违：1808 年沙·马哈茂德设

法逃脱，加盟苏贾最大的敌手——巴拉克扎伊氏族。巴拉克扎伊氏族与萨多扎伊间氏族的纷争早已激烈血腥，不久后引发的冲突会让整个国家水火倒悬、部族分裂，为强邻的介入创造一系列机会，很快就演变为 19 世纪初阿富汗的核心冲突。

帕因达赫·汗是巴拉克扎伊氏族族长，曾是苏贾父亲帖木儿·沙的维齐尔。1793 年帖木儿死后，他作为拥立者负责辅佐沙·扎曼上台执政。维齐尔帕因达赫起初忠心耿耿，六年后两人产生严重分歧。[41] 数月后，沙·扎曼发现维齐尔为保护贵族遗老的利益，密谋宫廷政变。此后，沙·扎曼的失误之处不仅在于杀了协助自己登基的维齐尔，还将所有主谋一并处死，而这些人大多是资深的部族长老。沙·扎曼未能保护维齐尔的21 位子嗣中的任何一位，这令局势更加恶化。沙·扎曼非但未消除来自巴拉克扎伊氏族的威胁，实际上还捅了马蜂窝，从而引发阿富汗最显赫的两大家族间的仇杀，沙·扎曼在当权阶层敲开的裂缝将很快扩大为内战的深谷。

维齐尔的长子法特赫·汗接替父亲担任巴拉克扎伊氏族族长。不过逐渐明朗的是，巴拉克扎伊小伙子中意志最坚定、最具威胁性的是其年幼得多的弟弟多斯特·穆哈迈德·汗。多斯特由帕因达赫的奇兹巴什庶妻所生，自幼担任维齐尔的斟酒人，年仅 7 岁就亲眼看见父亲被朝廷处死，这次可怕的经历似乎给他留下终生伤害。[42] 长大成人后，多斯特成为沙·苏贾的所有仇敌中最危险的一位。1809 年，17 岁的多斯特不仅成长为一名残酷无情的战士，而且还是一位狡黠机警、深谋远虑的战略家。

1803 年沙·苏贾首次执政，他千方百计想要终止与巴拉克扎伊族人间的仇杀，设法将他们拉回自己阵营：得到宽恕的巴拉克扎伊诸兄弟可随时回归朝廷，与此同时，为了确立新的同盟关系，苏贾迎娶了他们的姊妹瓦法女王。起初一切看似平安无事，但巴拉克扎伊族人只是在等待时机替父报仇。沙·马哈茂德一逃出巴拉希萨尔城堡，法特赫·汗和多斯特·穆哈迈德立即就团结在他的旗帜下犯上作乱。

埃尔芬斯通的外交使团抵达白沙瓦后不久，沙·马哈茂德和巴拉克扎伊反叛分子就攻占了阿富汗南部都城坎大哈。一个月后的 1809 年 4 月 17 日，正当埃尔芬斯通和苏贾最后敲定条约措辞之际，叛军占领了都城喀布尔，随后还准备向白沙瓦的沙·苏贾发起攻击。事实上，苏贾麾下的大部分将士已出征抗击克什米尔的另一场叛乱，这就使局势更加危急。喀布尔沦陷的消息传来，克什米尔的战报也纷沓而至——克什米尔的战役挫折重重，派去负责指挥进攻的两名贵族反目，其中一人投靠了反叛分子。

24　　国王心神不宁，听任埃尔芬斯通一行人自行展开情报搜集工作。他们盘问来自阿富汗不同地区的商人和学者，打探地形、贸易惯例和部落习俗，派遣多位密使，譬如以 50 卢比为酬劳，派纳吉布毛拉（Mullah Najib）搜集有关卡菲尔斯坦的什雅巴什部落（Siyah Posh of Kafirstan）的情报，该部落据说是亚历山大大帝的希腊军团的后裔。埃尔芬斯通发现，可以从沙·苏贾的门士那儿获取格外丰富的情报："他习惯隐居又勤奋好学，但的确是个有天赋的人，永无休止地渴求知识。虽然其因精通玄学、伦理学而名扬国内，但他酷爱的是数学，也正在学习梵文，以便研习并发掘印度教的文化瑰宝。"宫廷里还有其他思想家和知识分子；介于两者之间，有"通晓这个国家最重要的学问……的毛拉①——有些博学，有些老成练达，有些是自然神论者，有些是思想僵化的伊斯兰教徒（Mahommedan），还有一些满脑子都是苏菲派②神秘教义"。43

沙恩准埃尔芬斯通一行人自由出入御花园，他们早起继续探查情报，下午则在沙·扎曼花园（Shah Zeman Bagh）里稍做休息。那里栽种了茂密的果树，"正午的阳光无法穿透繁茂的枝叶，因而提供了一片阴凉静谧的休憩地……用罢午餐，我们会去其中一个铺满地毯的凉亭，凉亭墙面上写有许多波斯诗句，我们读诗来消磨时光。诗文大多暗指命运无常，有一些诗句显然适用于国王的境况"。44

此刻，埃尔芬斯通会坐下草草书写日记。阿富汗人的性格有太多自相矛盾的地方，他正试着去理解。埃尔芬斯通写道："他们的缺点是报复心强、妒忌、贪婪、掠夺成性和固执己见；而另一方面，他们又热爱自由、忠于朋友、善待侍从、热情好客、勇敢无畏、吃苦耐劳、克勤克俭、审慎精明。"45他十分敏锐地留意到，在阿富汗，战争的胜利极少取决于直接的军事胜利，更多的是通过改变部落拥戴格局的谈判来获取胜利。埃尔芬斯通写道："胜利通常取决于某位首领的投敌之举，在这种情况下，军队的大部分人员要么效仿，要么逃跑。"46*

苏贾目前正为政权延续谈判。威廉·弗雷泽写自白沙瓦的家书显示出外交使团最初的乐观情绪如何迅速被焦虑之情取

---

① Moolla，同Mullah。——译者注
② Soofee，同Sufi。——译者注
* 这在印度也较为普遍：克莱武（Clive）在普拉西（Plassey）和布克萨尔（Buxar）的"胜利"，其实更像是英国银行家和印度政治掮客之间成功协商的结果，而非后来的帝国宣传活动所说的那样，以武力和勇猛制胜。

代。4月22日,弗雷泽写道:"今日,对不幸的朋友苏贾·乌尔木尔克非常不利的传闻满天飞,据说喀布尔和加兹尼均被叛乱分子夺取,克什米尔(Kashmerian)的军队估计也已挫败。这些都是城镇上的传闻,但大体上是可信的,我担心事实完全如此。因此,这个男人不再真正为王,他得赶紧离开,至少短期内如此,否则就要孤注一掷地与敌决战。"[47]

英国人渐渐了解,阿富汗是桀骜难驯之邦。过去2000年来,阿富汗只在短暂时期由强大的中央集权控制、不同部族同奉共主,更短暂的瞬间算得上拥有统一政治体制。阿富汗在许多方面都不像国家,更像是瞬息万变的多部族诸侯国。相互竞争的酋邦由马利克(malik)或瓦齐勒(vakil)统治,各路诸侯效忠谁纯属个人意志,可谈判可收揽,而非理固当然。部族传统主张相互平等、独立自主,部族成员只会依照个人意愿屈从权威。金钱赏报或可实现合作,但罕能确保忠诚——阿富汗战士首先效忠于养育自己并支付酬金的当地酋长,而非远在喀布尔或白沙瓦的杜兰尼王国沙。

然而,即便是部族首领也常常无法保证族人言听计从,因为部族权威本身就含混不清、难以捉摸。正如谚语所说:每座小山丘后都坐着一位皇帝(pusht-e har teppe, yek padishah neshast),或者人人皆是可汗(har saray khan deh)。[48]在这样一个国度里,国家从未有过权力垄断,统治者不过是诸多相互竞争的僭位者中最受众人拥戴的一位。俗语有云:"阿富汗埃米尔睡在蚁丘上。"[49]观察到沙·苏贾的统治在其身边瓦解,埃尔芬斯通领悟到了这一点。他写道:"若部落内部的治理完全自给自足,那么王国政府就算极度混乱,既不会打乱部落的运作,亦不会干扰部族民的生活。"[50]阿富汗人骄傲地认为巍巍群山是反叛之地

（Yaghistan）也就不足为奇了。[51]

很多部族数百年来都以向邻近帝国提供服务为生，以此换取作为保护费的政治等价物。举例来说，纵然是在莫卧儿帝国鼎盛时期，远在德里和阿格拉（Agra）的君主都明白就连尝试向阿富汗部族征税的想法都是徒劳。相反地，要与莫卧儿王族的中亚故土保持开放交通，唯一途径就是向各部族支付大笔年度津贴。奥朗则布统治时期，莫卧儿国库每年向阿富汗各部族首领支付 60 万卢比，以确保其忠心不二，仅阿夫里迪（Afridi）一个部落就得到 12.5 万卢比。然而即便如此，莫卧儿王朝对阿富汗的控制充其量也只是间歇性的。1739 年获胜的纳迪尔·沙从德里抢掠归来时，连他本人都要向部族首领支付巨额金钱，以保障来往自如地安全通过开伯尔山区。[52]* 当然也有其他选择：若用劫掠来的财物和征战所得战利品的五分之四来收买阿富汗人，他们或会接受某位领袖的权威，正如艾哈迈德·沙·阿布达里和帖木儿·沙两人所为。[53] 但如果缺少一位拥有丰盈财宝的统治者，抑或未能以劫掠物利诱国家的不同利益集团，阿富汗通常都会趋向分裂——鲜有的一统天下是基于军队的连串胜利，绝非成功施政。

毫无疑问，祖父创建的帝国的沉疴宿疾给沙·苏贾惹来不少麻烦。时至 1809 年 5 月，在埃尔芬斯通及其使团到来两个月后，苏贾所面临的全面灾难跃然眼前。弗雷泽写道："国家前途未卜，政权曾有的少许管束力已荡然无存，获解脱的所有氏族及部族首领肆意劫掠、彼此反目、相互对抗。"

27

---

* 英国人后来仿效了莫卧儿模式。据一段皇家打油诗记载，这成了英国的策略："痛打信德人，结交俾路支人（Baluch），但要收买帕坦人（Pathan）。"

　　国王的军队在克什米尔被彻底打垮……1.5 万名将士只撤回 3000 人，其余人员要么丧生，要么投敌……与此同时，沙·苏贾①竭力筹措资金：挖空心思好以索取一些，巧言以骗取一些，剩下的就只能靠开空头支票弄到手。他还与对手派系的长老（sardar）私下密谋。面对空虚的国库、溃散的军队以及一帮傲慢不羁的贵族，作为一位勇者、一个忧心忡忡的国王，沙·苏贾尽其所能，甘愿牺牲一切。[54]

情急之下，沙从开伯尔山区诸部族招募了一支新军，整个 5 月都在操练能养得起的新兵；还有一些士兵零零落落地从克什米尔陆续加入进来，他们"下马徒步，手无寸铁，几乎一丝不挂"。[55]白沙瓦的局势相当紧张：满城谣言四起，说英国人一直与反叛分子保持联系，还说苏贾下令洗劫英国人的居所，之后便有一群愤怒的暴民聚集在使团住所外。[56]英国使团目前身处危境，道路也变得日益艰险。6 月 12 日，埃尔芬斯通及其随从遂与沙道别，前往东南方向的德里和加尔各答。

　　此时苏贾准备全力抵抗。据苏丹·马哈茂德·杜兰尼（Sultan Mahmoud Durrani）所著《苏丹传记》（*Tarikh-i-Sultani*）记载："尽管来自四面八方的灾难性消息笼罩着沙，他无可奈何地看着恶行和厄运腐蚀自己的政府，但他未被恐惧击垮，反而立场坚定地率军抵抗沙·马哈茂德的进攻。"[57]

28　　不过一周，英国人就在印度河左岸宿营，宿营地恰好位于阿塔克（Attock）的巨大城堡掩蔽墙下方，该城堡由阿克巴大

---

　　①　Shah Shooja，同 Shah Shuja。——译者注

帝兴建。就在那时,他们见到一辆污浊不堪的皇家大篷车抵达北岸,匆忙准备渡河。那是失明的沙·扎曼和瓦法女王带着萨多扎伊氏族女眷前往更安全的地方。弗雷泽写道:"向你们讲述这样的偶遇对我们一行人心灵的触动,就如同诉说愁思一样难以言表,许多人努力抑制住泪水。失明的君主坐在低矮的帆布床上……距离适度的话不会察觉到他双眼的缺陷,每只眼睛上仅像有一个表面稍许不平整的斑点。我们落座后,他以惯常的方式欢迎我们,说他只是对苏贾当前的逆境感到惋惜,并坚信这将取悦真主,祂将再次施恩于苏贾。"[58]

沙·扎曼带来的消息糟糕透顶——苏贾的失败毋庸置疑。他率军从贾拉拉巴德向喀布尔推进,就在尖兵刚抵达内姆拉莫卧儿花园的柏树林、整支军队仍沿道路鱼贯而行之际,便遭遇伏击。叛军手持长矛和锋利的开伯尔短刀骑马冲下来,呼啸着用长矛刺、用火枪枪托猛击。被长矛掷中、刺穿的身体仿佛突然泄了气般地倒下。骑手紧接着翻身下马,挖出阵亡者的内脏,割下生殖器塞入尸体口中。转眼间,苏贾属下将军阵亡,新兵抱头鼠窜。苏贾手下许多权贵被法特赫·汗·巴拉克扎伊(Fatteh Khan Barakzai)收揽,临阵倒戈。[59]沙·苏贾一直行进在队伍尾后,等他获悉前面有伏兵时,伏击战已结束。苏贾麾下新军瓦解,在仓皇奔逃的混乱中他甚至与御前侍卫跑散了。

随后,在雷声滚滚的薄暮中,一场暴风雨彻底击溃了这支败军,风雨声淹没了精疲力竭的战马沉闷的蹄声。据《苏丹传记》记载:"这般天灾。那日的豪雨令河水泛滥,几乎不可能渡河。然而沙·苏贾将自己托付于全能的真主,策马涉水而渡。"一开始,马腹仅触到水面,牡马还能在满是沙砾的喀布尔河(Kabul River)河床上站稳。但在苏贾"渡河半途中,

29

一阵激流涌来，他从马背上滑落下来。他和坐骑历经千辛万苦终于游到对岸，不过其余将士拒绝渡河。于是，沙遭到所有侍臣仆从遗弃，最终独自一人过夜"。[60]苏贾自己的记述更为简洁："我们孑然寡处，无人守护，如同镶台上的珍贵宝石。"[61]

新年伊始国王好似前景光明，就在几周前还上演了令人目眩神迷的戏剧性场面来展现他的绝对权威。此刻，如年少时一样，苏贾再次成为一位孤独的逃亡者，在阿富汗的夜色中漫无目的地驱马缓缓穿行于愈发昏暗的乡间。

第二章　心意未决

内姆拉之战失利后，沙·苏贾开始了旷日持久、含污忍垢
的流亡生涯。由于怀揣举世无双的珍贵宝石，他流离转徙的生
活也愈发艰险。

苏贾耗费数月时间走访各位盟友的宫廷向其求助，意欲发
动战役光复故国、罢黜沙·马哈茂德及巴拉克扎伊族人。一天
晚上，一位名叫阿塔·穆哈迈德（Atta Mohammad）的昔日朝
臣邀请苏贾留宿于宏大的阿塔克堡垒，该堡垒守卫着横渡印度
河的主要渡口。据阿塔王子记载：

> 在那儿，沙·苏贾受邀参加一个私人聚会，主人用香
> 甜的西瓜款待宾客。起初，宾主嬉闹着相互丢掷瓜皮，怎
> 料玩笑渐渐演变成粗鲁鄙薄的对峙。沙·苏贾很快就遭拘
> 禁，先是被扣押在阿塔克，而后在严密监视下被遣送至克
> 什米尔，囚禁于当地的一座城堡里……小刀动辄在他眼前
> 挥舞。看守人曾将双臂遭捆绑的苏贾带到印度河中，威胁
> 说若不交出那颗名满天下的钻石，就立即将他处死。[1]

其间，侠肝义胆的瓦法女王为营救苏贾四处奔波。夫君战败后，她前往拉合尔。据锡克方面的史料记载，瓦法女王在拉合尔独当一面，与锡克大君兰吉特·辛格达成交易：如果兰吉特协助她解救囚牢中的夫君，她就奉上"光之山"钻石。[2] 兰吉特·辛格接受该条件。1813 年春，锡克教首领向克什米尔派遣一支远征军，军队击败了拘押苏贾的地方长官，将苏贾从地牢中营救出来。遭废黜的沙随后被兰吉特·辛格带到拉合尔。兰吉特将苏贾与其女眷隔离开来，要求遭软禁的苏贾依照其妻的协定履行承诺——交出钻石。苏贾在回忆录中写道："后宫女眷被安置在另一所宅邸，最令人气恼的是，兰吉特禁止我们入内。食物和水的配给遭缩减或肆意中断，有时允许我们的仆从外出，有时又禁止他们进城办事。"苏贾认为这有悖于约定俗成的待客之道，"只能彰显他的鲁钝无礼"，苏贾对独眼俘获者兰吉特·辛格不屑一顾，认为他"不仅样貌丑陋、秉性下贱，还粗鄙暴虐"。[3]

兰吉特有条不紊地逐步施压。处于运势最低潮的苏贾被关进牢房，据苏贾自己讲述，当着他的面，其长子帖木儿·沙遭严刑拷打，直到他答应舍弃最宝贵的财物方才停手。[4]1813 年 6 月 1 日，兰吉特·辛格偕数名侍从亲临位于围墙高筑的城市中心的穆巴拉克哈维利[①]拜谒沙。* 苏贾甚为尊贵体面地接见了兰吉特。

---

① Mubarak Haveli，意为胜利公馆。——译者注

* 穆巴拉克哈维利仍在拉合尔旧城区，距离阿纳纳带伽利（Anarkali）的旁遮普档案馆步行只需五分钟。本书的大部分调研工作就是在旁遮普档案馆完成的。这座哈维利（意为庭院式住宅）仍保留着沙·苏贾时代的原貌，一个接一个的庭院通过木质浮雕栅格和雕花露台直接与生活区相连。第一次英阿战争后，英国人将穆巴拉克哈维利赠予喀布尔的奇兹巴什流亡首领，那儿现今仍是什叶派的活动中心，最深处的庭院是什叶派会堂（ashurkhana）。我上次去那儿时，当一支什叶派穆哈兰姆月（Muharram，即伊斯兰教历一月——译者注）游行队伍离开哈维利之际，一枚炸弹在这栋建筑外爆炸。该区域现已加强警力戒备。

　　二人落座，稍做停顿，全场肃静无声。持续了近一小时后，兰吉特开始不耐烦，低声让侍从提醒沙自己此行的目的。沙未作答，却见他向太监递了个眼色。太监退下，拿来一个小卷摆于地毯上，不偏不倚就在二位首领正中间。兰吉特·辛格命手下太监将那小卷摊开，钻石跃然入目。锡克人细瞧慢看，而后手握战利品匆促告退。[5]

虽然沙遵守了瓦法女王缔结的协议，但此时此刻，得偿所愿的兰吉特·辛格背信弃义，拒不释放苏贾。沙·苏贾的珠宝并非他的全部价值所在，遭废黜的沙本身亦属奇货可居。因此，大君一直将他软禁，仅偶尔允许他在严密看守下去夏利马尔花园（Shalimar Gardens）野餐。苏贾写道："这与我们之前达成的协议完全相悖。现已得知，每当我们想要外出漫步于花园或参拜圣地，密探都会暗中尾随。我们不屑于理会他们。"[6]

　　至少，苏贾获准传召拉合尔的诗人以消解烦闷。那个时期的著名诗人——"生花妙笔"（Mukammal）努罕乌·丁·拉合尔（Rukn-ul Din Lahori）在回忆录中描述了被苏贾传召至穆巴拉克哈维利的情景，他没想到自己的诗句所唤起的记忆竟让沙失声痛哭。"清风啊，何以撩拨我心上人的翩翩秀发？"苏贾写下相同格律的诗句以作回应。

　　　　你扰我心绪。

　　　　心中的鸟儿吟颂忆念故土的悲歌
　　　　离别花园的夜莺发出阵阵哀鸣。[7]

数月后，兰吉特·辛格决定把沙·苏贾的其余珍宝都夺过来。苏贾应邀参加锡克人对白沙瓦发起的攻击，与其失和的妻兄法特赫·汗·巴拉克扎伊正试图巩固对该地的掌控。苏贾写道："纵因咽喉发炎而身体极为不适，可我们还是留女眷在夏利马尔花园安营扎寨，强行军去跟锡克人会合。"苏贾被诱骗出拉合尔进入乡野地区后，战役蹊跷地中止了，表面上是因为法特赫·汗撤回喀布尔。归程中，苏贾的兵营遭一帮武装劫匪洗劫。夜半时分，匪徒突袭王帐，苏贾手下的阿富汗侍卫擒获一名盗贼，据他透露，自己是为兰吉特·辛格效力。苏贾评述道："遭这些愚钝粗鲁的锡克无赖残忍背叛，在证据面前我们深感惊骇。"苏贾随后致函兰吉特："此乃何等卑劣之举！不管你在密谋什么，竟敢如此堂而皇之行事。请停止此般阴险刁滑的骚扰！这简直可耻！"

次日晚上，苏贾失窃的旅行箱被送回兵营。"场面十分喧嚣，我们的锡克护卫带着旅行箱、毛毡旅行袋和财宝箱前来觐见皇室成员，但它们都是空的！"苏贾痛惜道：

> 除了几件派不上用场的旧衣衫外，其他所有东西都不见了。那些行李箱曾装满闪耀的珍珠、奥斯曼（Ottoman）和信德制造的镶金饰枪支、精美的波斯剑、镶满珠宝的镀金手枪、大量的纯金与白金硬币、上等的山羊绒及丝绸披巾，所有这些都杳无踪影！黑心肠的伪君子竟还厚颜无耻道："我们带回了你们的财物，我们勇敢地从强盗那儿夺了回来！恭请陛下即刻查验是否丢失任何物品！"如此恬不知耻地强取豪夺，作恶后还厚颜申辩自己披肝沥胆，这简直让人恨之入骨！真主庇佑我们远离此般劣行！

知悉兰吉特·辛格本人就是抢劫的幕后指使，苏贾补充道：

> 内心而言，我们将被盗窃财物的经历视为一种幻觉或 34
> 一场噩梦而不予理会……屡遭背叛后，我们再也不奢求这
> 些恶魔的任何帮助。不过考虑到女眷和名誉都被挟持在拉
> 合尔，尽管心中苦闷，也只得无奈屈从。接下来的五个月
> 里，我们受到了最严密的监视，这令人极为恼火，好似炎
> 炎酷日紧裹衣衫。坚韧的双脚踢到千钧磐石，而我们只能
> 椎心泣血以解心中悲苦。8

然而，沙·苏贾并不会包羞忍耻、任人肆意扣押，不久后便想
出一个脱逃计划。正如当初战败时一样，他首先要确保女眷安
全，此次逃脱前，他决定先把女眷秘密送出拉合尔。在普什图
马贩子以及前来向女眷兜售杂货的拉合尔商人的帮助下，女眷
被送出城。据后来《历史之光》收集的传说记载：

> 他从先前遇到的几名印度女人那儿秘密购买了若干辆
> 四轮马车，她们那种大家庭惯常是女人往返各地兜售货
> 物。女眷分四次出行，每次运送十人出城。她们穿着印度
> 教女子的衣服，看起来要么是依照印度教徒的习俗去河里
> 游泳，要么是去乡间郊游。家臣奉旨将其妻眷送往位于东
> 印度公司领地边境的卢迪亚纳。9

听闻瓦法女王及其他女眷逃跑的消息，兰吉特·辛格"错愕
地用牙齿紧咬手指，痛悔不已"，他将守卫人数增至四千，
"遍布城区大街小巷，看守各个大门、各座宅邸，乃至厨房和

厕所，尤其是我们居住的区域……士卒烧热油锅以酷刑要挟
道：'把珠宝交出来，否则让你下这沸油锅！'"若是一时兴
起，他们还会把苏贾关进庭院中的铁牢笼。"无论走到哪儿，
就连沐浴净身，他们都会监视。对我及家眷而言，世界变得愈
发狭窄，我们很快就厌倦了观察这些没教养又下贱的锡克人的
种种行为。"沙及其家眷开始定时诵读《古兰经》中的韵文，
"它将我们从压迫者的部族中拯救出来"。

　　子夜绝望的呼喊终有回应，指引我们想出下述计划：皇
家藏衣室就在我们夜间睡觉的寝室下方，那是忠实的皇室仆
人的住处。我们吩咐他们在正对我们床铺下方的下层房间天
花板上凿一个洞，不然警卫会有所察觉；还指示他们从我们
租用的相邻七栋房屋底部的下层房间挖一条隧道，而且务必
凿裂墙壁，挖通地下通道。在三个月时间里，他们先后凿穿
七面墙，挖出的地道一直通到集市附近的一条边沟①。*

在留下一名忠实仆从代他躺在床上后，苏贾假扮成一名云游苦
行僧——"我在脸上身上擦满灰，头发扎成凌乱不堪的骇人
长发绺，裹上黑色包头巾"。苏贾偕两名辅臣通过地道逃走，
接着穿过城市，成功蒙骗过"异教徒警卫和其他恶毒的人。
感恩真主令他们有目不见、有耳不闻"。

　　我们终于到达城堡的峙水沟。这个季节水沟干涸，黑

---

① side-gulli，疑为 side-gully。——译者注
* 穆巴拉克哈维利有一间大型地下纳凉室（tykhana），显然可追溯到这一
　时期，它的存在想必让出逃比起初看起来更可行。

暗狭窄而难以通行，不过我们决意逃出去。我们将自己交托给真主及真主派来的先知，努力穿过水沟，沿途不断被划伤，浑身血迹斑斑，最终踏上河岸。仆人带着得体的衣服在河边恭候，还预先付钱给船夫并租下小船。我们迅速登船，横渡到河对岸。尽管一路或骑马或步行，不眠不食，但我们丝毫未觉不适与危险……于是，我们就这样赤手空拳、勉强活着从拉合尔逃了出来。但我们无钱无物、供给无继，很快就再次陷入近乎绝望的境地。[10] *

36

沙·苏贾逃出拉合尔后，数月内就着手收复故国的第一次尝试。

苏贾争取到旁遮普山区若干邦主的支持，这些心怀不满的邦主是兰吉特·辛格的政敌。他打算集结一支小规模军队，突袭克什米尔，攻占山谷地区。这算得上明智之举，因为这里可以成为一个富饶的根据地，由此发轫夺回失去的王位——正如

---

* 阿富汗战争艺术家詹姆斯·拉特雷（James Rattray）在其著名的阿富汗石版画的注解中声称，是瓦法女王而非苏贾策划了他（以及她自己）的出逃。拉特雷认为她的行为是"沉着冷静与刚勇无畏的典范"。已越过东印度公司领地边界、置身卢迪亚纳的瓦法女王，似乎不大可能组织挖掘地道、安排船夫，但这至少展现出关于瓦法卓绝才能的传说如何盛极一时，以至于30年后拉特雷还能听闻这段传奇，尽管那时她已故去许久。参见詹姆斯·拉特雷的著作《各部族的风俗习惯、有身份的女士的肖像、著名君王与诸侯、主要要塞及城市风光以及阿富汗城市与庙宇内部一览》（*The Costumes of the Various Tribes*，*Portraits of Ladies of Rank*，*Celebrated Princes and Chiefs Views of the Principal Fortresses and Cities*，*and Interior of the Cities and Teples of Afghaunistaun*，London，1848，p. 29）。

威廉·弗雷泽观察到的，苏贾仍"受爱戴，因为这位君主练达老成、仁慈宽厚"。[11]此外，政治时机亦无可挑剔：在兰吉特·辛格奇袭克什米尔解救苏贾后，克什米尔谷地少了一位明确的统治者，目前正处于多个势力集团争夺之中。不过，沙·苏贾的征战生涯一贯匮缺一样东西，亦即拿破仑的名言所说的对一名将军而言至关重要的特质：运气。

首场劫难发生在苏贾设法改善资金状况之际。他派人前往拉合尔取回之前存放在城区钱商那儿的 15 万卢比，但兰吉特·辛格通过密探打探到苏贾的计划，截获了这笔钱，存入自己的金库。[12]筹措更多资金延误了军事行动，这就使克什米尔总督有时间驻防并对苏贾所有可能的入侵路线增筑防御工事。等到沙以瓦法女王私运至卢迪亚纳的珠宝作为交换，成功筹集到足够资金资助一支军队并着手招募和训练雇佣军时，秘密早已泄露，征战季也随之宣告结束。

但苏贾一意孤行，不愿等到开春。冬季初雪开始洒落喜马拉雅山脉山巅时，他亲率新军穿越扎特山口（Jot Pass），北上恰姆巴河谷（Chamba Valley）。苏贾试图经由一条未设防的路线出其不意地抵达克什米尔谷地，决意带领部队横穿比尔本贾尔岭高峰。此刻，在喜马拉雅雪松林黑暗尖顶之上的荒凉山脊，从斯利那加（Srinagar）开拔后仅行军数日，军队就遭遇了一场暴风雪。苏贾手下将士被困在山口顶峰的正下方，被大雪围住，强忍暴风骤雪侵袭却无以遮挡。苏贾后来写道："进退维谷，很快就断水断粮，印度斯坦士兵不知如何在暴雪中生存，相继死于严寒。"没过多久，这支小部队几乎全军尽没，仅有沙·苏贾和少数幸存者成功翻越山口顶峰，得以返回平原地区。[13]正如一位听闻此事的英国作家所言："不幸似乎追随着这位君王的足迹……他仿佛只是在与自己的命运做斗争,屡次三番经历那些只降临在少数人身上的苦难。"[14]

面对如此困境,苏贾唯有孤注一掷。他再次乔装改扮,偕残余的数名侍从翻山越岭,取道陡峭迂回的山路,终在1816年雨季抵达素巴杜(Subbathu)的英国边防站。一支小型护卫队在边境接驾,将他护送到卢迪亚纳。这座城市主要集市附近的一座简朴的哈维利便是其女眷的栖身地。苏贾写道:"如今,我们将忧恼抛诸脑后。感谢全能的真主让我们摆脱仇敌,引领我们穿越荒无人迹的雪地,将我们带至吾友的领地。我们头一回没有恐惧,无比舒适地度过了一夜。"[15]

1816年,位于东印度公司西北领地边界的卢迪亚纳仍是 **38** 英国派兵驻守的城镇,常驻代表处的旗杆上飘扬着英国国旗。这是东印度公司的印度领地与英国驻圣彼得堡大使馆之间的最后一面英国国旗(Union Jack)。

沙·苏贾到来前,卢迪亚纳主要以皮肉交易中心而闻名。来自旁遮普山区诸邦以及克什米尔地区的年轻女子(被公认为该地区最白皙美丽的女人),经由此地进入锡克人治下的旁遮普和印度斯坦奴隶市场。[16]在沙·苏贾及其流亡朝廷到来后,卢迪亚纳逐渐由奴隶贸易中心转变为政治阴谋和谍报活动的重要枢纽。在接下来的数十年里,它将成为英国针对旁遮普、喜马拉雅山脉和中亚地区的首要情报站:是投机分子、欺诈者、逃亡者、雇佣兵和间谍的聚集地,是阿富汗的阴谋分子及不满现状的反叛者的聚会场所,也是兰吉特·辛格统辖的疆域,还是克什米尔有争议的山谷地区以及东印度公司的领地。[17]

身着宽松裤、叼着水烟的戴维·奥克特洛尼爵士（Sir David Ochterlony）是驻卢迪亚纳的首位英国代办。奥克特洛尼生于波士顿（Boston），正是他确立了东印度公司领地与兰吉特·辛格的领地在卢迪亚纳的精确边界。边境地区由隶属于詹姆斯·斯金纳（James Skinner）的非正规骑兵（Irregular Horse）团驻防。风度翩翩的拉其普特（Rajput）－苏格兰混血军阀斯金纳是奥克特洛尼的好友，他统领的"黄衫军"来自汉西（Hansi）和卢迪亚纳两个基地。作为东印度公司西北领地边界上的首支军队，该团是对抗任何南下开伯尔山口、跨越萨特累季河①的敌对势力的第一道防线。[18]斯金纳麾下将士佩戴标志性的猩红色头巾、镶银边腰带，手持黑色盾牌，穿着明黄色束腰短外衣。据一位同时期的观察员称，他们是"我所见过的最别致惹眼的骑士"。

1812年瓦法女王首度遣派太监去请求英国人庇护，奥克特洛尼及其同僚在是否收留垮台的沙的家人的问题上产生分歧。德里常驻代表查尔斯·梅特卡夫（Charles Metcalfe）强烈反对收留他们。拿破仑计划入侵印度期间，他曾代表东印度公司与兰吉特·辛格就最初的条约进行谈判。梅特卡夫称，这会导致与重要盟友关系紧张，对东印度公司也罕有裨益。他写道，这是"一件饱含不便、难堪及潜在花销的事，因此应加以杜绝，防患于未然。考虑到女王的地位与不幸境遇，劝阻此事时也应尽量给予必要的尊重"。[19]

奥克特洛尼决不妥协，他的亲身经历使他更能体会到身为

---

① Sutlej，流经中国境内河段又被称作象泉河。——译者注

战败方难民的个中滋味。奥克特洛尼的父亲是移居马萨诸塞州的高地苏格兰人，美国独立战争期间以亲英派身份参战。华盛顿的爱国者打败英国人后，奥克特洛尼一家被迫逃往加拿大，从那儿取道不列颠。1777 年奥克特洛尼加入东印度公司军队。他也比大多数同辈人更懂得保护穆斯林女性的相关礼仪——德里的小道消息称，他至少有 13 名印度妻眷。据说在德里的那些年，他每天傍晚都带齐 13 位妻子在红堡的城墙与河岸间闲逛，每位妻子各骑一头专属的大象。[20]

而今，以其特有的殷勤周到，奥克特洛尼为瓦法女王的事奔忙，他谴责梅特卡夫冷酷无情地背弃失势的王后。奥克特洛尼写道，女王"处于凄凉悲切、孤立无援的苦境……这样一位素昧平生的外国人、一个出身高贵的女人深陷不幸，请求以仁慈慷慨闻名的政府庇护。作为该政府的代办，我欲极力彰显政府的凛然浩气"。他还颇有预见性地补充道："英格兰长期以来一直为流亡君王提供庇护与援助，而且是最出人意料的革命将那些君王重新扶上宝座，那情形远比沙·苏贾复辟不可思议得多。如若那样的话，尽管那些君王非知恩图报之辈，但英国政府的殷勤款待，有朝一日或能在该地区为我们带来急需的盟友。"[21]总督被奥克特洛尼的论点说服，应允为女王提供庇护。

1814 年 12 月 2 日，瓦法女王及众女眷从拉合尔步履蹒跚地进入卢迪亚纳。当天留守城内的一名英国官员禀报称，她们狼狈不堪地到来，无护照亦无通关文书，诚惶诚恐地穿越英国边境。他写道："我以为捎话给她们，她们就可不必为自身安全问题担忧，或能消除其疑惧。深感遗憾的是，我们不能给她们提供更好的住所，只有一顶事先准备好的帐篷。

她们对我们的友善接待表示感激，但婉拒再给我添任何麻烦，并称英国政府的保护就是她们对我们的全部要求，除此之外，别无他求。"[22]

然而，英国政府接纳瓦法女王的消息一经传开，女王仆从的数量在数月内就增至 96 人，她搬进奥克特洛尼寻得的一座损毁近半的哈维利。由于女王无收入来源，奥克特洛尼最初是自掏腰包替她付账，后来设法从政府那儿为她争取到少量年金。

两年后，苏贾宣布意旨要与瓦法女王会合，称"此举是出于对我们高贵王后（August Consort）的爱意，以及拜会我们的支持者——杰出的英格兰人的渴望"。奥克特洛尼的慷慨大度与战略远见，再次胜过梅特卡夫的谨小慎微。奥克特洛尼获准派助手威廉·弗雷泽在边境迎接苏贾。[23]

弗雷泽即刻留意到，自上次白沙瓦会面后沙的巨大变化。七年的战败、背叛、羞辱、折磨和监禁留下恶果，苏贾显然受到了伤害，变得既难相处又消沉抑郁。他还近乎病态地铁了心要撑住皇室身份的门面（façade），尽管事实上，此刻的苏贾不过是奥克特洛尼所称的"著名的逃亡者"，一位仰仗昔日盟友施舍的避难者。但如果弗雷泽料想见到的是落魄潦倒之辈，那他理应惊诧。弗雷泽致函奥克特洛尼："沙昨日抵达边境，我遗憾获悉他的愿望与期盼显然极具皇家派头。沙传召您的门士，称希望该国子民与他的身体保持半个古斯①的距离，那是面觐国王陛下约定俗成的惯例。"就像莫卧儿末代皇帝一样，失去治下帝国，朝廷就变成了梦想的焦点所在——越是无权无

---

① coss，近代印度里程单位。——译者注

势，就越执着于公众对其皇室身份的认可。然而在虚张声势背后，他的处境实则危如累卵：

> 没了50名全副武装的侍从，相较上次会面，他已判若两人——体重大幅增加，神情变得颓丧，整个人死气沉沉。他已遭大多数同期到达的人离弃，只剩区区数名侍从，我认不出其中有在喀布尔执行任务时见过的显要人物，亦无先前确实见过的人。这场景在我看来难堪至极。逆境本稀松平常，但遭到忘恩负义的抛弃，那悲惨境地的确叫人目不忍视。因为前者是所有人都会遇到并需面对的，而后者悲凉孤寂的本质会撼动最高尚的人生信条的根基。[24]

1816年9月底，苏贾抵达卢迪亚纳，比其妻眷晚了近两年。他从一开始就明确表示住宿安排不足以满足需要。作为一国之君以及受条约约束的盟友，他要求英国人不应只提供避难所和津贴，而是该有一所体面的住处，院墙要高得足以将其女眷隔绝于世，以免受街头骑坐在象背上的男子眉眼传情。苏贾亦表明自己无意长期驻留城内，正如他写给奥克特洛尼的信函所言："逗留此地，于我何益？"[25]

沙虽有诸多缺点，但缺乏活力与过度自我怀疑并不在其中。他屡战屡败却未知难而退，在被迫流亡的头几个月里，就已着手制订计划、招募新军以复辟王位，"梦想着重新征服呼罗珊王国"。苏贾在回忆录中讲述自己如何效法先代帝王以求慰藉：他们都曾

42 失去治下王国，却在随后的人生中收复了更广阔的疆域。他写道："在近代统治者中，埃米尔帖木儿①被赶出撒马尔罕（Samarkand）12次之多。古人当中，阿弗拉斯雅布②与卡维·库思老③激战70次，一次又一次战败，但永不言弃。同样地，继承印度诸省的（莫卧儿皇帝）胡马雍（Humayun），被舍尔·沙（Sher Shah）打败后，被迫逃往伊朗求助于沙·阿巴斯·萨法维（Shah 'Abbas Safavi）。事实上，除非真主的旨意，天下无可成之事。真主旨意如此，我们定获成功。"[26]

这一时期，沙·苏贾的情绪时常在激昂振奋与自欺、消沉间急剧波动。头一天，他还凭空构想奥克特洛尼所谓的"显然痴心妄想的"打算，意欲取道"雪山和西藏（Thibet）"返回阿富汗突袭对手。[27]第二天，他就又因计划明显不切实际而深陷愁闷。一名卢迪亚纳军官写道："沙的心绪一直处于纷繁紊乱、焦躁不安的状态，他时常评述称，壮志难酬、碌碌无为与自己性格的基调格格不入。"该军官继续补充道：

> 尽可能安抚心烦意乱的沙，这是并将一直是我职责的一部分……我用脑海中浮现的每一条令人信服的论据，劝他不要心存无法满足的念想，譬如在英国的协助下复辟的想法，前往加尔各答的愿望，又或者是定居于英国领地内其他辖区的强烈渴望。我甚至还委婉慎重地告诉沙的谋士，这些都源自一颗动荡不安的心，除了喀布尔，不会有别的地方能全然满足沙的期许。[28]

---

① Amir Timur，即 Timurlane，人称瘸子帖木儿。——译者注
② Afrasyab，图兰王朝始祖。——译者注
③ Kai Khusro，《阿维斯陀》传说中的国王。——译者注

即便如此，沙·苏贾到来仅一年，具体计划就已酝酿就绪。忧扰人心的报告纷纷传至加尔各答，称为数众多的骑兵突然造访卢迪亚纳为沙效力。英国政府向奥克特洛尼发回请求："应劝 43 说国王陛下依靠配给继续与家人一起在卢迪亚纳安静生活。"[29] 不过人人都清楚，这是痴人说梦。

冬季突袭克什米尔惨败后，苏贾审慎选择时机。1817年，阿富汗两大家族巴拉克扎伊与萨多扎伊之间突然再次爆发氏族仇杀，这次仇杀的导火线是萨多扎伊公主遭巴拉克扎伊族人凌辱。显赫的巴拉克扎伊两兄弟维齐尔法特赫·汗与多斯特·穆哈迈德，受沙·马哈茂德及其子嗣卡姆兰·萨多扎伊王子委派，前往阿富汗西部最壮丽的城市赫拉特执行任务。叛乱的总督密谋将帖木儿帝国重要的城堡要塞拱手让给波斯人，弟兄俩前去发动奇袭，以夺取要塞。他们的确不辱使命，但在随后的劫掠中，多斯特·穆哈迈德及其随从抢劫女眷财物时，"夺走了一位公主系于腰间、镶满宝石的绑带，其夫君正是"赫拉特总督。[30]他们未曾想到，这位公主是沙·马哈茂德的侄女。

一周后卡姆兰王子抵达赫拉特，接见了女眷派出的代表团，她们要求为名誉受辱雪耻。就像从前的沙·扎曼一样，卡姆兰早已对权势日渐膨胀的巴拉克扎伊族人心存顾虑，而亵渎萨多扎伊女眷一事给了他可乘之机。

到达赫拉特数日后，王子宣布要在堡垒外的皇家园林举行宴会，邀请法特赫·汗及其兄弟出席，为占领赫拉特庆功。阿塔王子写道：

舞者和乐师齐聚果树林，大盘的烤肉串（Kabab）已预先备好，细颈瓶盛满红葡萄酒，舞女婆娑起舞暖场，维齐尔和众兄弟步入花园，一边推杯换盏，一边吃着烤肉串。他们惊叹且沉醉于迷人的赫拉特女乐师的翩然舞动，很快就酩酊大醉。鸟儿般的机敏从维齐尔头脑中飞走，他烂醉如泥，昏昏沉沉地倒下。卡姆兰王子预先安排好一切，示意出席宴会的其余人起身捉拿维齐尔，捆手绑脚后准备将其弄瞎——他们拔出匕首，用刀尖划过他的双眼，透明的液体涌上失明的黑暗眼底。[31]

随后他们剥下法特赫·汗的头皮并对他严刑拷打。一段时间后，双目失明、鲜血淋漓的法特赫被带入一顶帐篷，帐中聚集着一帮宿敌。法特赫被命令给弟弟多斯特·穆哈迈德写劝降书，但他断然拒绝，说自己只是个毫无号召力、可怜至极的瞎眼俘虏。一众打手围了上来。第一个是阿塔·穆哈迈德，这名贵族曾监禁苏贾并威胁要将他淹死在印度河中。法特赫·汗曾指控阿塔的父亲密谋造反并将其父处死。阿塔一边诉说怨愤，一边砍下法特赫的一只耳朵。第二个砍下其另一只耳朵，口吐另一段怨言。第三个削掉他的鼻子。他的一只手先被割下，另一只手接着也被割掉。鲜血如泉涌般喷薄而出之际，每位贵族都讲出自己所受的轻慢，声称现在是来复仇的。"如此一来，法特赫·汗就丧失了一个人在遭受刑罚时，心灵深处所能获得的莫大慰藉——无亏的良心。"维齐尔毫无怨言地忍受折磨，直至胡须被割下，眼泪这才夺眶而出。在双脚均被砍下后，阿塔·穆哈迈德最终割断了法特赫·汗的喉咙。[32]

一如从前沙·扎曼杀害法特赫的父亲帕因达赫·汗那样，处死巴拉克扎伊族长是一回事，围捕整个氏族则完全是另一回事。兄弟中有几人设法逃离花园宴会，杀开血路冲出赫拉特。仍在土耳其浴室里享乐的另外两人"得知发生之事后，迅速逃离蒸汽浴室。他们抢走了巴扎①里商贾的两匹马，朝坎大哈狂奔而去，在纳德阿里（Nad Ali）堡垒与维齐尔的母亲会合，决心要为惨死的兄弟报仇"。³³尽管法特赫·汗已遭杀害，但其他族人现已向沙·马哈茂德和卡姆兰王子宣战。他们开始在其领地四处活动，煽动叛乱。

随着叛乱蔓延，部族长老纷纷向驻留在卢迪亚纳的沙·苏贾发来邀请，鼓动他夺回王位、恢复秩序。这正是苏贾梦寐以求的时刻。在瓦法女王的协助下，他设法筹集武器、征募散兵游勇来组成雇佣军，其中包括美籍雇佣兵乔赛亚·哈伦（Josiah Harlan）"将军"。尽管一直被假扮成廓尔喀人（Gurkha）的英国情报官罗斯上尉（Captain Ross）及其两名助手盯梢，苏贾还是设法秘密到达信德的金融中心希卡布尔县（Shikarpur）。³⁴他从信奉印度教的放贷者那儿获得贷款，* 很快就招募到一群士兵。苏贾率军向北挺进，几周内便成功夺回了昔日的根据地白沙瓦。

不过，他的胜利颇为短暂。苏贾傲慢的态度以及对陈旧宫廷礼仪的坚持，疏远了该地区的部族长老。结果没多久，由于苏贾"操之过急地展示自己对帝王威严的崇高理念，使他与拥立者之间发生了一场战斗"。³⁵紧要关头，一枚炮弹击中沙的火药库，大爆炸令大批士卒阵亡。沙·苏贾回忆道："滚滚浓

---

① 有顶篷遮掩的集市。——译者注

* 希卡布尔县的信德信贷社团长期以来专门从事战争资助和军火交易，该传统延续至今，目前行业内最著名的希卡布尔人是辛杜佳（Hinduja）兄弟。据说他们曾卷入20世纪80年代将博福斯（Bofors）高射炮出售给拉吉夫·甘地（Rajiv Gandhi）执政的印度政府这桩极富争议的买卖，当然还有许多其他类似交易。

烟升上天空，大腿、胳膊、手臂和躯干四下散落。在敌军的强攻下，我们被迫躲避于开伯尔的群山中。"[36]

苏贾再次草草收兵。被现已日渐强大的巴拉克扎伊兄弟逐退，万般无奈之下，他只好返回东印度公司领地。他鲁莽地在夏季穿越希卡布尔县与杰伊瑟尔梅尔（Jaisalmer）间的沙漠页岩地区，因遭遇沙暴而损失了更多士卒。苏贾亦无力偿还信德钱商的贷款，众钱商发誓不再借钱给他。正如阿塔王子引用波斯谚语所言："一朝被蛇咬，十年怕井绳。"[37]

46　　1818 年 10 月，结束了在阿杰梅尔（Ajmer）闻名遐迩的苏菲圣祠的朝觐之旅，拜望过德里的莫卧儿皇帝阿克巴·沙二世（Akbar Shah Ⅱ）之后，苏贾返回卢迪亚纳，伺机而动。

沙现在别无选择，只好忍受即将开始的长期流亡生活。情非得已之下，他无可避免地接受将流亡朝廷设在卢迪亚纳的现实。

不过，沙在帝王礼仪方面绝不妥协，谒见室一如既往地恢宏盛大、巨细无遗。值得一提的是，幸亏奥克特洛尼的介入，东印度公司才不仅愿意容忍这场闹剧，而且每年提供的资助金额还高达 5 万卢比。苏贾及其随从迁往更大、更坚固的居所，访客在卢迪亚纳尘土飞扬的集市就能观赏到这出政治剧的奢华片段。美籍雇佣兵乔赛亚·哈伦写道："几乎每天都能见到国王陛下以堂皇的姿态出现在卢迪亚纳①一带。长长的队伍列队

---

① 　Loodhiana，同 Ludhiana。——译者注

行进，昭示国王到来。他向着倦怠的风儿与无人驻留的大道呼喊，仿佛置身忠顺的臣民当中。他以深沉洪亮的声音发出妄自尊大的命令，但无人听从。"[38]

一群形象怪异的廷臣宦官聚集在遭废黜的沙周围。苏贾的王室总管是沙库尔·伊沙克扎伊毛拉（Mullah Shakur Ishaqzai）。哈伦写道："一个矮小肥胖的人，（他的）圆胖程度……被那一阶层特有的巨大头巾充分彰显出来。浓密长发的蓬松轮廓在头巾下隐约可见，厚重的花白卷发搭落在肩上。"卷发意在遮盖失去的双耳——苏贾下令切除的，作为早前在战场上缺乏勇气的惩罚。至少据哈伦称，很多人与毛拉有着相同经历。每当家仆未能尽责，苏贾惯常的做法是去除其身体的某些部位——苏贾的许多家仆都没有了耳朵、舌头、鼻子或生殖器等不同部位，结果是"一群无耳的哑巴和一众太监服侍着前国王"。

倒霉的总管太监是一位名叫火者·米呷（Khwajah Mika）的非洲裔穆斯林，据说他遭阉割是因为用以遮护瓦法女王及其他妃嫔的后宫帐幕被狂风吹倒。哈伦报道称：不过"行刑者有一副慈悲心肠，只让火者·米呷失去了器官的下半部分"。继此后，失去双耳对他来说不过是轻微打击。与沙库尔毛拉不同的是，总管太监"剃光头发，无畏地展示皇家恩赐的标志"。[39]

与苏贾相处一段时间的访客，会继续被其个人魅力、举止和威严打动。譬如中亚旅行的先驱者戈弗雷·瓦因（Godfrey Vigne）就报告称：苏贾"温厚和善……看上去更像丧失一宗财产的绅士，而非失去一个王国的君主"。[40]此外，苏贾亦超越所处的时代，为其扈从的家属创建了一所学校：至1836年，约有3000名学龄男童登记入学。[41]但是，完整留存于拉合尔档案馆的卢迪亚纳联络处案卷，似乎证实了哈伦的暗示：苏贾在其他方面并不比旁遮普地区的其他雇主更开明。举例来说，其手下婢女经常被报逃跑，有时是为了逃避苏贾的责罚，不过在有些情况下，是去驻守城镇的英国卫戍部队英俊的年轻军官那儿"寻求保护"。这就不可避免地多次在卢迪亚纳军营与阿富汗流亡朝廷间引发外交僵局。[42]

1825 年奥克特洛尼死后，不得不处理此类争端的是新任卢迪亚纳代办克劳德·马丁·韦德上尉（Captain Claude Martin Wade）。

生于孟加拉的波斯学者韦德，是法国探险家克劳德·马丁（Claude Martin）的教子。克劳德·马丁曾借钱给韦德一贫如洗的父亲，父亲便以他的名字为儿子命名。韦德的法国人脉帮他获得了与锡克宫廷打交道的工作，原因在于，兰吉特·辛格仰仗的是其麾下所向披靡的军队——锡克教团（Sikh Khalsa），军中 8.5 万名精兵强将相应地由一小撮法国裔与意大利裔的拿破仑时代的老兵训练和指挥。这些老兵全都在当地成家立室，造就了大量半旁遮普血统家庭。多亏韦德，这些拿破仑时代的旧军官成为英国人了解中亚的重要情报来源。* 韦德特意与他们交好，一位法国旅行者赞赏他是"边境之王、一个杰出的家伙……聪明而见闻广博，与他交往不仅有益，相处起来也同

---

* 19 世纪 20 年代，东印度公司花 5000 卢比巨款购得其中一名军官克劳德·奥古斯特·考特将军（General Claude August Court）的日志，其中记述了他横跨阿富汗的陆路旅程经历。

样惬意"。[43]然而，透过韦德本人的急件所描画出的却是另一番更为复杂的写照：韦德固然谦和，但也精于盘算、枯燥无趣、敏锐犀利、愤世嫉俗。有人唱对台戏时，他会咄咄逼人地自我保护。他在英国与锡克人和阿富汗人的关系问题上独揽大权，强烈抵制任何打破其垄断地位的企图。

自1823年到达驻地首日起，韦德就致力于恢复覆盖广泛的新闻撰写及谍报网络。埃尔芬斯通撤离白沙瓦时曾将情报网留于当地，在拿破仑的威胁过去后，该网络因被视为不必要的开支而遭长期忽视。韦德还建立了自己的通讯员网，从旁遮普和阿富汗一直延伸至希瓦、布哈拉及更远的地区，其情报搜集工作主要依靠"特派的本地情报员"。[44]这些情报经核查、筛选和分析后，被送达加尔各答的上级主管。尽管这一时期的新闻撰稿人、"情报员"与纯粹的间谍之间界限模糊，但韦德其实是"大博弈"中头两个间谍组织首脑之一。后世所谓的"大博弈"是不列颠与俄罗斯参与的帝国间的角逐、谍报活动及武力征服大赛，直至各自的亚洲帝国瓦解为止。"大博弈"的帷幕在这一时期就此掀开。[45]

49

这项工作中韦德主要的竞争对手是固执己见的亨利·砵甸乍准男爵。这位英裔爱尔兰人来自古吉拉特邦（Gujarat）喀奇地区（Kutch）的普杰市，他代表孟买管辖区（Bombay Presidency）运作一项竞争性行动，这一活动特别关注印度河三角洲（Indus Delta）、信德、俾路支斯坦和锡斯坦（Sistan）地区。砵甸乍年轻时曾假扮成穆斯林商人游遍波斯和信德，对这片地域的熟悉程度不亚于任何一个东印度公司的雇员，他占地为王的倾向与韦德别无二致。

除了在沙·苏贾有名无实的朝廷里恪尽职守，工作之余，韦德花时间整理错综复杂的消息和闲言碎语，它们来自日渐壮大的线人队伍，印度职员、商人、过路的雇佣兵和惺惺相惜的贵族都被招募进来，提供各路消息和市井闲话（gup-shup）。韦德最得力的通讯员大概是一名天赋异禀的英国逃兵，原名詹姆斯·刘易斯（James Lewis），他逃避为东印度公司服役，后以假名查尔斯·马森在喀布尔安顿下来。

马森是一个有着强烈的追根究底探索精神的伦敦人。1826 年围攻珀勒德布尔期间，他擅自从军团逃跑并伪造死亡假象，之后便在阿富汗展开徒步探险，走过北印度、横渡印度河，犹如云游苦行僧般地生活。马森随身携带着一本阿利安（Arrian）所著《亚历山大大帝传记》（*Life of Alexander the Great*），他是第一个进行阿富汗考古学研究的西方人。沿着亚历山大的足迹，马森在舒马里平原（Shomali Plain）探明了巴克特里亚王国辉煌一时的希腊城邦巴格兰古城遗址，同时在其他地方有条不紊地发掘佛教佛塔和贵霜（Kushan）王宫，还尽职地将所有发现的精髓部分发送给新的加尔各答亚洲学会（Asiatic Society）。韦德不知从何处获悉马森的真实身份，得知他是一名逃兵后，便以此胁迫马森成为一名"情报员"。马森面前既有死刑的威胁，又有皇家赦免的诱惑，韦德的软硬兼施使得来自阿富汗的定期精确的系列情报头一回有了保证。

50　　逐步壮大的谍报网络在地缘政治瞬息万变的时期发展起来。拿破仑的威胁现已结束。到 19 世纪 20 年代，反倒是俄国继续让品着马德拉酒的东印度公司鹰派人物烦闷焦灼。

自 1812 年挫败拿破仑以来，俄国人将疆界向南、向东扩张，速度不亚于韦尔斯利向北、向西扩充东印度公司领地。至少对于身处伦敦、纸上谈兵的战略家而言，形势已变得愈发明朗：两大帝国将于某个时刻在中亚爆发冲突。鹰派人物埃伦伯勒勋爵是东印度公司管理委员会新任主席，亦是威灵顿公爵内阁的印度事务大臣，是他最先将这一日益严重的焦虑变成公共政策。埃伦伯勒勋爵在日记中写道："我们的亚洲政策必须遵循的唯一路线就是制约俄国势力。"他稍后补充道："从希瓦出发只需四个月时间，敌人就能到达喀布尔。诸董事非常担心……（但）对于必须在印度河迎战俄国人，我满怀信心。长久以来的预感告诉我，我会在那儿与他们相遇，赢得此次重大战役的胜利。"[46]

埃伦伯勒是沃伦·黑斯廷斯的辩护律师之子，他才华横溢却又乏味、难相处。一位观察员称，埃伦伯勒的外貌受制于他"骇人的灰白头发"。据说他样貌可憎至极，以致乔治四世宣称看他一眼就令自己作呕。埃伦伯勒的第一任妻子是貌美任性的简·迪格比（Jane Digby）。简离他而去，走马灯似的更换情人，让他蒙受奇耻大辱。这些情人包括与埃伦伯勒决斗的奥地利施瓦岑贝格亲王（Austrian Prince Schwarzenberg）、巴伐利亚国王、希腊国王、阿尔巴尼亚将军，最终，她与巴尔米拉（Palmyra）的一位贝多因（Bedouin）酋长幸福美满地步入婚姻殿堂。埃伦伯勒遭受的嘲弄，在他的性格上留下无法磨灭的印迹，让他遁入自尊与野心的保护壳。不过，尽管为人傲慢嚣张，但他精力充沛又精明能干，一跃成为首位凭借反对俄国帝国主义而成就一番事业的英国政客。[47]

51

尽管埃伦伯勒夸大了英属印度领地所面临的威胁（圣彼得堡实则未打算对那儿的英国人发动袭击），但俄国近来在与奥斯曼土耳其和卡扎尔波斯（Qajar Persia）打交道的过程中表现得极具侵略性，却是不争的事实。1812 年拿破仑从莫斯科撤退，此后仅一年，俄国炮兵就对法特赫·阿里·沙·卡扎尔的波斯军队进行大屠杀，并宣布"解放"亚美尼亚（Armenia）和格鲁吉亚（Georgia）的东正教徒。俄国随后吞并了现代亚美尼亚和阿塞拜疆（Azerbaijan）的大片土地，该地区此前一直是波斯帝国在高加索（Caucasus）的属地。"将束手束脚的波斯拱手赠予圣彼得堡宫廷"，英国大使修书给德黑兰方面如是说。[48]

事实证明，这只是奥斯曼和波斯将要面对的一长串败仗之肇端，标志着俄军持续不断地向南推进。[49]雪上加霜的是，英国人未出手援助盟友波斯，波斯人只能孤军迎战俄国人。随后，在 1826 年至 1827 年的俄波战争中，波斯又连遭惨败，失去了高加索帝国遗留下来的所有属地，其中包括控制往来阿塞拜疆的要道上的所有关口。[50]

若不是俄国一直要与奥斯曼人作战，投降条款或许会更加严苛。不过俄国还是挫败了土耳其人，以致威灵顿公爵认为这些毁灭性打击标示着"对奥斯曼宫廷独立性的致命一击，预示着它的丧权失地"。[51]到 19 世纪 20 年代末，俄国人攫取德黑兰和君士坦丁堡，将波斯和土耳其变成幅员广阔的沙皇保护国，看来也是迟早的事。在车臣和达吉斯坦（Daghestan），俄国人接连进行种族灭绝性征讨，其间大肆洗劫村庄、残杀妇孺、砍伐森林、损毁庄稼，[52]随后更进一步南下。英国领事收到情报，称"俄国特工"在耶路撒冷集结，以为"俄国人征服圣地"做准备。至少在外交政策方面的鹰派人物看来，俄

国表现出意欲在奥斯曼帝国的废墟上重建昔日拜占庭帝国
(Byzantine Empire)的宏图大愿,让种种阴谋看似合情合理。[53]　52

俄国很快就战果累累,俄国人在所控制的国度暴戾恣睢、残民害理。相关报告给伦敦的政客带来强烈震动。他们在拿破仑驾崩后已渐渐认定,英属印度的安稳对于维持不列颠的世界强国地位起到至关重要的作用。1823 年喜马拉雅探险家威廉·莫尔克罗夫特(William Moorcroft)设法拦截了俄国外交大臣内塞尔罗德伯爵(Count Nesselrode)写给兰吉特·辛格的一封信,信中似乎也证实了所有鹰派人物最担心的事。这些忧惧以及由此产生的政治妄想,在英国及英属印度的报刊上引发恐俄浪潮,媒体逐渐将俄国的野蛮凶残与暴虐专制视为对自由与文明的威胁。

德莱西·埃文斯上校(Colonel De Lacy Evans)风声鹤唳的论著《论入侵英属印度的可行性》(*On the Practicability of an Invasion of British India*)的出版,进一步推动了这股浪潮。这本书概述了一种假定情况:6 万俄国士兵会浩浩荡荡进军兴都库什山区,夺取赫拉特,而后到达开伯尔山口底部,横扫千军大获全胜。在这一时期,该计划其实如同沙·苏贾想经由"西藏"入侵喀布尔的图谋一样荒诞。此外,书中呈现的俄国威胁过于夸大其词:中亚地区实则仅有寥寥可数的俄国人,布哈拉 1000 英里范围内没有一个俄国人,更不用说喀布尔。然而,此书却在伦敦政界被广泛传阅,尽管埃文斯上校从未踏足印度,甚至不曾造访过该地区,但这并不妨碍书中危言耸听的文字继续成为整整一代恐俄人士的"实用宝典"。[54]埃伦伯勒勋爵对这本书尤为赞赏,他钟爱此书的原因在于,它证实了自己现有的一切偏见。

埃伦伯勒读完这本书当晚就步入书房修书给威灵顿公爵：
"俄国或征服或施压，企图牢牢掌控波斯，为踏足印度河铺
路。"次日，即 1828 年 10 月 29 日，埃伦伯勒将德莱西·埃文
斯的著作寄给德黑兰和孟买的同僚，他留意到书中提议：应向
布哈拉派驻"某种特工"，以便预先通报俄国可能发起的进
攻。埃伦伯勒在日记中写道："我们理应完全掌握有关喀布
尔、布哈拉和希瓦的情报。"[55]

53

随后数周，埃伦伯勒着手制订计划，筹议英国该采取何种
措施，先发制人地阻止俄国继续向前推进。他致函印度总督：
"我们不那么担心俄国真对印度发动武装入侵"，令我们忧心
如焚的是：

> 在道义层面上对我国臣民，以及与我们结盟的君王造
> 成的影响……（由）诸如俄国人挺进印度北部此类事件
> 引发的影响。采取措施遏止俄国方面跨越目前的势力范围，
> 对我们大有裨益。但是，此类措施奏效与否，取决于是否
> 及时执行措施，以及能否始终了解俄国边境发生的一切。[56]

埃伦伯勒的急件将产生深远影响。现阶段设法迎击的威胁，不
管在多大程度上是英国杯弓蛇影的臆想，但是新的重大方案授
权情报机构齐聚中亚，仍给"大博弈"注入了巨大的新动力，
俄国人后来称之为"影子骑士大比武"。这场竞赛在喜马拉雅
山脉引发了一场空前的英俄对抗，英国方面为此投入大量资
源，任由韦德和砵甸乍支配，还加强了印度边境地区的驻防力
量。自此开始，奉命前往喜马拉雅山脉、兴都库什山区和帕米
尔高原（Pamirs）的年轻陆军军官和政治专员接踵而至，他们

时而乔装出行，时而以"狩猎假期"为由，学习当地语言和部族习俗，绘制河流和关口地图，实地评估穿越群山和荒漠的难度。[57]

在未来数年里，帝国角逐的进程导致了大规模的死亡、战争、侵略和殖民，深远地改变了成千上万阿富汗和中亚居民的生活。更直接的是，它从根本上改变了沙·苏贾对英国人的重要性：他不再只是英国出于对垮台盟友的责任感而供养的、有着不切实际远大构想的前任君主，而是一跃成为对抗俄国侵犯的重要战略性资产。英国渴求拥有阿富汗统治者盟友，苏贾亦是关键所在。埃伦伯勒的急件还促成了两个秘密情报机构的紧急部署。

第一支远征队由阿瑟·康诺利中尉（Lieutenant Arthur Conolly）带领，旨在徒步考察能否由莫斯科出发到达英属印度。康诺利前往俄国奥伦堡边境，随后乔装改扮，取道布哈拉和阿富汗抵达赫拉特和印度河。结果证明，至少对意志坚定的人来说，旅程完全可行。整段旅程比康诺利预想的轻松许多，他用了一年多一点儿的时间就从容不迫地走完全程。

第二支远征队的行动更奸巧诡诈、使人劳神费力，他们要前往相反方向搜集印度河的相关情报。埃伦伯勒相信可将印度河作为英国进入中亚的主要运输路径，一如早前恒河开辟了印度腹地至英国的贸易通道。

就像许多同时代的功利主义者一样，埃伦伯勒深信贸易通商具有文明开化的特质："运离我国海岸的不只是一捆货品，它还为某个不那么开明进步的群体成员带去智慧的种子和丰富的思想。"[58]他料想英国的工业品会成为抵御俄国继续推进的第

54

一道防线：苏格兰粗花呢面料和一捆捆曼彻斯特棉制品，不但有助于传播来自阿尔比恩①的启蒙教化，还能在某种程度上增强阿富汗抵制圣彼得堡沙皇专制统治的决心。因此，他提议派一艘船沿印度河溯流而上，船上有一组乔装改扮的制图员、地图测绘员及海军与陆军勘测人员。他们将精确绘制河流两岸的地图，探测河流深度，勘察英国向上游派遣蒸汽机船的可行性。埃伦伯勒希望以这种方式展开英国在中亚地区的贸易征服。不过为隐瞒真实目的，掩护木筏行动的官方说法是向兰吉特·辛格运送外交礼品，由于礼物过于精贵易碎而无法通过陆路运输。

55　　鉴于大君如痴如醉地迷恋宝马良驹，埃伦伯勒赞同如下计策：从萨福克郡（Suffolk）发运一组英格兰大挽马，这是印度前所未见的品种。一辆笨重的英格兰镀金四轮马车随后也被纳入礼品之列，以防兰吉特·辛格下令由陆路运送役马。随后获准扩大探险考察范围，一名英国情报官员将"扮作商人"，穿过阿富汗前往布哈拉，考察"将英格兰的制造品引入中亚"的可能性。这名军官自然要边走边暗中记录并测绘地图，他将检验俄国对中亚绿洲诸城镇的影响程度，探查哥萨克骑兵队能否轻而易举疾速横渡阿姆河（Oxus）进入阿富汗，并由此南下印度。[59]

　　由于需要"审慎能干的军官"带领远征探险队，埃伦伯勒的首选是威廉·弗雷泽的兄弟詹姆斯·贝利·弗雷泽（James Baillie Fraser）。身为艺术家、作家和间谍，他十年前就游遍波斯，不仅与沙结交为友，还会说一口流利的波斯

---

① Albion，英格兰或不列颠的雅称。——译者注

语。[60]不过当时詹姆斯·弗雷泽正忙着尽力挽救家族在因弗内斯（Inverness）的财产：为了恭迎波斯君王驻跸，他大规模扩建自家住宅，因此负债累累。于是，埃伦伯勒退而选择砵甸乍的门徒（protégé）——一位名不见经传但雄心勃勃的 25 岁语言学家。自 1783 年亚历山大·达尔林普尔（Alexander Dalrymple）绘制著名的航海图之后，他是制作出全新的印度河河口地图的第一人，并且刚刚因此获奖。

这位青年军官名叫亚历山大·伯恩斯。

1830 年夏，历时半年的航行过后，五匹深灰色、身上带有斑纹的萨福克役马在孟买码头靠岸——原本有六匹马，其中一匹母马死于海上。接着在马拉巴尔山（Malabar Hill）郁郁葱葱的牧场放牧两周，养精蓄锐后再次将马装船，连同大型镀金四轮马车一起被送往印度河河口。

等待登陆许可的船只在狂风中颠簸，其中两艘船的桅杆折断，伯恩斯搭乘的第三艘船的船帆亦被撕裂。马匹现已适应惊涛骇浪的生活，看起来完全安之若素，不过四轮马车遭海水侵蚀损毁严重，早已面目全非。[61]远征探险队两次起航，但信德诸埃米尔拒绝给予许可，船只无法继续前行，只得被迫返航。

兰吉特·辛格被诱导，对诸埃米尔进行百般恶意威胁后，1831 年 3 月 4 日，远征探险队终于获得必要许可。自那时起，远征探险队徐徐逆流而上 700 英里，前往拉合尔。伯恩斯一边闪避沿岸的乱弹散射，一边简短细致地记录一路经过的乡野景致、民族和政治活动。与此同时，同伴们小心翼翼地探测水

56

深、确定方位、观测河流流量、绘制详细的地图与流程图。结果表明印度河浅得出人意料，很快就证明埃伦伯勒意图效仿恒河模式，将蒸汽机船驶入印度河的提议纯属无稽之谈。不过，远征探险队也证实平底船确实可沿印度河水域一直航行至拉合尔。驳船能将英国制造品运送到锡克都城，货品在拉维河（Ravi）两岸卸载，再从那儿被徒步转运至通往阿富汗和中亚的各个关口。唯一需要面对的只是政治障碍。

获选领导该项重要任务的亚历山大·伯恩斯，是个坚韧不拔、朝气蓬勃、足智多谋的高地苏格兰青年，他是蒙特罗斯市市长的第四子。宽脸盘、高额头、双眼深嵌、嘴角带着嘲弄的微笑，暗示出伯恩斯勤勉好学、追根究底的天性和丰富的幽默感，这些是他与其堂兄弟——苏格兰民族诗人拉比·彭斯（Rabbie Burns）共有的特质。[62]

57　　在兄弟几人求学的国立蒙特罗斯预科学校，伯恩斯"主要以勇于冒险"被人牢记，而非学术成就。不过学校的正统教育激发了伯恩斯对亚历山大大帝的痴迷，这最先将他引向阿富汗和印度河。[63]

伯恩斯16岁那年与兄长詹姆斯一同乘船前往印度，现年26岁的他已在印度度过了10个年头。他习得一口流利的波斯语和印度斯坦语，精于明朗生动的行文风格，还发展了早期对历史学的兴趣——处女作发表在《孟买地理学会会报》（*Transactions of the Bombay Geographical Society*），题为《印度河研究》（On the Indus），文章更多地关注希腊化先例，而非当代政治。

　　就像其后许多参与"大博弈"的人一样，正是目达耳通和语言能力让伯恩斯扶摇直上。尽管来自苏格兰相对偏远地区的一个相对普通的家庭，他升职的速度却比任何更富有、人脉更广的同辈都快。襄助伯恩斯平步青云的还有其才华横溢的兄长詹姆斯的建议，以及兄弟俩凭借在共济会会员（Freemasons）中的声望建立的人脉。*

　　"又高又瘦"的伯恩斯有五英尺九英寸高，棱角分明、清瘦结实、机智诙谐，胸怀壮志而又意志坚定，能够临危不乱、处变不惊。朋友钦佩他丰富的想象力与机敏的才智，一位友人写道，他"敏锐机警、当机立断、处事果决、富于表现力和洞察力"。此次旅程，伯恩斯有充足机会施展自己的百龙之智，尤其是越过边境进入旁遮普之际，役马缓慢笨拙的步态让兰吉特·辛格手下官员一片哗然。伯恩斯写道："头一回，不只是期待挽马疾驰慢跑，还指望它表演最灵巧的动物方能胜任的各种花式动作。"

　　1831 年 7 月 18 日，伯恩斯及所携礼物在拉合尔受到隆重欢迎。一名骑兵队哨兵和一个步兵团奉旨恭迎，伯恩斯记述道："队首是一驾富丽堂皇的四轮大马车，我们骑坐在象背上跟在挽马后，与大君麾下军官一同行进。我们紧紧循着城墙前进，由宫门进入拉合尔。骑兵队、炮兵及步兵部队沿街道两旁

58

---

　　* 詹姆斯·伯恩斯（James Burnes）的著作《圣殿骑士团历史概略》（*A Sketch of the History of the Knight's Templars*，1840）最早将共济会与圣殿骑士团及爱丁堡附近的罗斯林教堂（Roslyn Chapel）联系起来。这部著作是诸如《圣血和圣杯》（*The Holy Blood and the Holy Grail*）、《达芬奇密码》（*The DaVinci Code*）等大批荒谬的通俗小说的始祖。

排列，沿途一一向我们行军礼致敬。大批民众聚集围观，皆恭
肃静默地坐于房屋阳台上。"英方一行人在引领下穿过莫卧儿
旧城堡的外部庭院，进入带拱廊的大理石谒见厅——贵宾厅
（Diwan-i-Khas）。伯恩斯写道："正当我俯身脱鞋时，突然发觉
自己被一位身材矮小、面色苍老的人揽入怀中，紧紧拥抱。"[64]

此人正是"旁遮普雄狮"兰吉特·辛格。兰吉特拉着伯
恩斯的手将他领入宫中，"我们在殿下面前的银制座椅上悉数
落座"。兰吉特·辛格帮助沙·扎曼挽救了陷入杰赫勒姆河淤
泥中的大炮从而逐步掌权，迄今已三十余载。沙·苏贾经由城
市下水道逃脱兰吉特的强行软禁，亦是 13 年前的事了。自那
时起，这位锡克首领就趁着阿富汗内战创造的良机，吞并了印
度河以东杜兰尼帝国的大部分领地，在该地区建立起一个国富
兵强、管理完善、中央集权的锡克国。除了旗下训练有素的精
兵强将外，兰吉特还实现了官僚体系的现代化，掌控着一个庞
大的谍报网络，不时与卢迪亚纳的韦德共享情报。

英国人大体上能与兰吉特·辛格和睦相处，然而他们不会
忘记，兰吉特麾下军队是印度仅存的能与东印度公司在战场上
一决高下的军事力量；时至 19 世纪 30 年代，东印度公司已沿
旁遮普边境地区部署了近半数孟加拉军队，士兵总数超过 3.9
万人。[65]正因如此，伯恩斯与兰吉特建立和谐良好的关系就显
得极为重要。

伯恩斯抵达拉合尔的数月前，法国旅行家维克托·雅克蒙
（Victor Jacquemont）一语道破大君的为人。雅克蒙将兰吉特·
辛格描述成一个精明能干、魅力十足的恶霸，称他私下的恶习
为人不齿，公然的陋习同样令人咋舌。他写道："兰吉特·辛格
是个老狐狸，我们最老谋深算的外交官相较于他，也只能算不

谙世事……"雅克蒙陈说了若干与大君碰面的情形:"与他谈话好似噩梦一场。他几乎是我所见过的第一个喜欢刨根问底的印度人,仅凭他的好奇心就足以弥补举国上下的冷漠。他的'十万个为什么'涉及印度、英格兰人、欧洲、波拿巴(Bonaparte)、人间与阴间、地狱与天堂、灵魂、上帝、魔鬼以及不相干的千百种事儿……"兰吉特·辛格深感遗憾的是,女人"带给他的愉悦已不及花园里的花朵"。

> 为了向我展示自己有充分的理由怏怏怏怏,昨日当着满朝文武的面——确切说来,我们置身旷野,蹲坐在一块精美的波斯地毯上,四周环绕数千名战士——瞧!这个上了年纪的酒色之徒(roué)派人从后宫找来五位年轻姑娘,让她们坐在我面前,喜笑颜开地问我意下如何?我至诚至真地答道,我认为她们都很标致,这当然与我的真实想法大相径庭……

雅克蒙也留意到大君"如醉如痴地迷恋宝马良驹。他曾发动代价高昂、血腥残暴至极的战争,只为抢夺邻邦早前拒绝出售或赠予其的一匹骏马……他还是个不知廉耻的无赖,炫耀恶行的举动与亨利三世(Henri III)在我们国家的所作所为如出一辙……兰吉特经常在大庭广众之下,当着拉合尔良善子民的面跟穆斯林妓女厮混,与她在象背上沉溺于最淫邪的玩乐……"[66]

就像雅克蒙一样,伯恩斯也被兰吉特·辛格迷住了,两人很快就成为知己。伯恩斯写道:"大君无比殷勤友善,他滔滔不绝地讲话,晤谈持续了约一个半小时。他特别询问了印度河河水的深度,以及在河上航行的可能性。"兰吉特接下来便仔细端详挽马和四轮马车："他一见到马儿就惊叹不已，马的身型和毛色都合他心意，说它们就像小象。挽马逐一从面前经过时，他喊来各位长老和军官与自己一同观赏赞叹。"[67]厚礼及埃伦伯勒勋爵附呈的信函的确令兰吉特欢喜非常，他破天荒地下令由 60 门大炮组成的礼炮队鸣 21 响礼炮，以向拉合尔子民昭示自己对英格兰新盟友的满腔热忱。

一连两个月，兰吉特为伯恩斯提供了一系列娱乐活动：舞姬表演、各部队军事演习、猎鹿、参观名胜古迹以及盛宴款待。伯恩斯甚至还浅尝了兰吉特自制的"鬼府神酿"（hell-brew），这种将无水酒精、珍珠粉、麝香、鸦片、肉汁以及多种香料的混合物蒸馏提纯、酿制而成的烈酒，通常只需两杯就足以令英国最强健的酒徒不省人事。不过，兰吉特把酒推荐给伯恩斯是为了治愈他的痢疾。苏格兰人伯恩斯与锡克人兰吉特，因对烈酒的共同喜好而变得亲密无间。伯恩斯写道："从各方面而言，兰吉特·辛格[①]都是超绝群伦的人物。我曾听其手下法裔军官评述称，从君士坦丁堡到印度，他无可匹敌。"[68]

告别晚宴上，兰吉特同意向伯恩斯展示"光之山"钻石。伯恩斯写道："这颗举世无双的宝石妙不可言，美得超乎想象。它拥有最好的光泽度，约半枚鸡蛋大小，总重量相当于 3.5 个 1 卢比硬币。若要给这样一件珍宝估价，我获悉市值是 350 万。"[69]

兰吉特随后将两匹装饰华丽的骏马送给伯恩斯，马儿身披昂贵的克什米尔披巾，颈部佩戴玛瑙项圈，双耳之间高耸着苍鹭羽饰。伯恩斯对兰吉特的厚礼表达谢意之际，一匹挽马招摇

---

① Runjeet Singh，同 Ranjit Singh。——译者注

而行接受最终检阅。它现已被金色布料装扮一新，并装上了象轿。[70]

像兰吉特·辛格一样，伯恩斯显然具有巨大的个人魅力。　61
正是这一点，令他能够屡次三番地力挽狂澜。

伯恩斯起程当日，生性多疑的兰吉特修书给总督：结识伯恩斯是人生乐事，他是"花园中能言善辩的夜莺，这只鸟儿投机的言语道出中肯的话"。总督批准伯恩斯深入阿富汗继续展开探险之旅，阿富汗人依旧欢欣鼓舞。伯恩斯踏上阿富汗境内印度河河岸时，偶遇的第一位部族首领告诉伯恩斯，自己与诸友"感觉像是母鸡正在孵化的蛋一样安全"。伯恩斯恰如其分地回报这份钟爱之情，一个月后修书给远在蒙特罗斯的母亲："我之前认为白沙瓦是赏心宜人之地，来到喀布尔后发现，这儿才真是天堂……我向他们讲述蒸汽船、陆军部队、轮船、医学以及欧洲所有的奇观。作为回报，他们向我阐明自己国家的风俗习惯、历史、国内派系斗争、商贸等其他事情……"[71]伯恩斯由衷热爱当地民众，他们"善良仁慈、热情好客，对基督教徒毫无偏见，对我们国家亦无成见。他们问我是否喜欢猪肉，我当然浑身一激灵，说只有贱民才会犯下如此暴行。上帝宽恕我！因为我太喜欢培根了，就连写下这两个字都会令我垂涎欲滴"。

伯恩斯热爱喀布尔，喜欢这儿的人民，喜爱当地的诗歌和自然风光，钦慕这片净土的统治者。伯恩斯继续讲述巴拉克扎伊主人多斯特·穆哈迈德·汗的热情款待，称他是"喀布尔疆土冉冉升起、最受瞩目的后起之秀"。伯恩斯如实描绘了巴拉希萨尔城堡花园与果树林的美景，以及多斯特侃侃而谈时闪现的智慧火花。[72] 如果说伯恩斯迷住了多斯特·穆哈迈德及其手下的阿富汗人，那么反之亦然，他们也令伯恩斯倾倒。

只有一个人对伯恩斯的魅力无动于衷，他就是沙·苏贾的监护人——卢迪亚纳间谍组织首脑克劳德·韦德。有人踏足自己所辖地区，韦德自然怏怏不乐，他总是小心翼翼地守护这片土地，就像阿富汗马士提夫獒犬（mastiff）保护自己的领地一样。韦德绝不会容忍一个攀龙附凤往上爬的二十来岁毛头小子超越自己，成为总督首选的阿富汗事务顾问。不过，埃伦伯勒的备忘录的确无形中给了韦德更大的权力：东印度公司正准备增补大量资源投入喜马拉雅地区的情报搜集工作，增加韦德可雇用的特工人数，同时批准一项直接深入韦德辖区的军事行动。不过韦德对军事行动没有任何控制权，该行动由竞争对手砵甸乍的普杰代表处发起，由差堪比拟的孟买管辖区控制运作。韦德很快就将伯恩斯视为其自身地位的主要威胁。随着伯恩斯发自喀布尔的报告数量与质量大幅提升，韦德总是在它们经过卢迪亚纳时附上冷嘲热讽、盛气凌人的批注，幸灾乐祸地逐一指摘所能发现的任何错误。[73]

韦德从未亲临阿富汗，如今却摇身一变成为文牍主义作风的阿富汗专家，他自己对此心中有数。因此，当伯恩斯就英国在该地区的利益的论题逐渐得出与他的代表处探研的结论判然不同的论断时，无怪乎韦德对这个冲劲十足的年轻对手火冒三丈。韦德一直把与兰吉特·辛格的合作视为东印度公司在北印度的首要同盟关系，他坚信迄今为止锡克大军是该地区最强大的军事力量。纵观 19 世纪 20 年代，韦德确实在锡克宫廷度过大段时间，几乎成为锡克宏图大业的强硬支持者，他的上司"委实机警"地觉察到了这一切。韦德对阿富汗不大感兴趣，对听闻的有关多斯特·穆哈迈德的事亦深感嫌恶。如有必要的话，韦德已暗自将卢迪亚纳的伙伴兼邻居沙·苏贾列为不列颠在喀布尔的潜在傀偶。

不过，韦德的观点未能与时俱进。苏贾上一次试图复辟告败，沙·马哈茂德也已长逝。此后，阿富汗几乎完全落入巴拉克扎伊兄弟的控制中，唯有沙·马哈茂德的子嗣卡姆兰王子坚守着萨多扎伊统治的最后一座棱堡——赫拉特。尽管如此，韦德依旧像苏贾一样，将巴拉克扎伊族人看作狼子野心、卑鄙龌龊的篡位者。

以新眼光看待问题的伯恩斯持不同见解。辞别兰吉特·辛格、动身前往阿富汗之前，伯恩斯途经卢迪亚纳前去拜会总督。他在卢迪亚纳殷勤讨好沙·苏贾，不过对苏贾印象平平。尽管苏贾告诉伯恩斯"我唯一拥有的就是治下王国，若能在喀布尔见到英格兰男子，还能开放欧洲与印度之间的商道，该是多么喜乐融融"，但是伯恩斯无法信服。他在急件中写道："我认为沙具备的能力不足以让他登上喀布尔宝座。若真能重祚，他亦缺乏必要的机智圆通，无法在如此困厄的局势下履行职责。"稍后，伯恩斯对同一个话题条分缕析，他将报告整理成一本旅行叙事《布哈拉游记》（*Travels into Bokhara*），在这本畅销书中继续论辩道：

> 苏贾·乌尔木尔克作为最高统治者的身份是否恰当，似乎一直存疑，他的言谈举止温文尔雅，怎奈凡夫肉眼、见识平平。若非如此，我们现也不会见到一位背井离乡、

63

丢权失位的流亡者。退隐 20 年后，想在年届五旬前重返祖国践祚，看似毫无希望……整个王朝被彻底推翻，归因于前几任国王妄自尊大，被赶下台的国王不会从阿富汗人那儿博得一丝一毫同情。诚然，要不是在坐稳王位前鲁莽地试图行使国王的权威，苏贾或会重新掌权。阿富汗人对当权者有着不能自已的妒忌之情：过去 30 年来，哪位当权者得以善终？要令阿富汗人对政权满意，要么由一位精力充沛的专制君主统治，要么分裂成诸多小邦国。[74]

然而伯恩斯在喀布尔不期而遇的，正好是一位精力充沛的专制君主。伯恩斯在旅途中结识巴拉克扎伊诸兄弟，其心目中最引人注目者毫无悬念。而今，多斯特·穆哈迈德·汗是喀布尔和加兹尼的唯一统治者。尽管年纪轻轻，诸兄长对其地位攀升也妒火中烧，多斯特还是渐渐被公认为氏族首领。伯恩斯在《布哈拉游记》中明确表达了对多斯特的钦佩之情：

> 旅人入境该国前早早知悉威名赫赫的多斯特·穆哈迈德·汗，他所具备的高尚品格无人能出其右。他恪尽职守、毫不懈怠，每日亲临法庭……此般决断力深得人心。他大力提倡商贸往来……这位首领的公平正义成为各阶层大为称道的永恒主题：让农民欢欣鼓舞的是不再有苛政；城镇居民安居乐业；商人可公平决策，财产亦受到保护；拖欠士兵的薪资定期得到清偿——对当权者的盛赞莫过于此。多斯特·穆哈迈德·汗未满 40 岁，母亲是波斯人（奇兹巴什人），早年与波斯国民一同接受教育，因此具备深刻的理解力，是众兄弟中最具优势的一位。他所展现

出的非凡智慧、博学多识、求知欲以及优雅举止与不凡谈吐，可以打动任何人。多斯特无疑是阿富汗境内最有权势的首领，所具备的才能最终会将其推向该国更显要的高位。[75]

伯恩斯写道，听闻多斯特·穆哈迈德年少时狂野放浪，掌权后改过自新——戒了酒，自学读书写字，趋于虔敬，喜好率真的举止和质朴的着装。他向所有人敞开大门，任何人都能来申雪冤屈。伯恩斯不但认为多斯特·穆哈迈德头角峥嵘，显然还将他看作不列颠在阿富汗获取影响力的最佳赌注。在伯恩斯看来，萨多扎伊族人的全盛时期早已过去，由于多斯特·穆哈迈德对英国人颇有好感，故而有可能"不必花费大量公帑"便与之结盟。[76]

该策略完全有悖于韦德给加尔各答的建议，韦德只有两种选择：要么接受这个年轻人的主张，小伙子初来乍到，与自己不同的是，他已亲自探访喀布尔；要么摆出 20 年的地区问题 65 专家的权威姿态，继续支持沙·苏贾，坚称苏贾才是不列颠最大的财富。韦德选择了后者。1832 年 5 月，此时伯恩斯仍在喀布尔，韦德写道："民众厌倦了战争与派系之争，期待恢复昔日（萨多扎伊）政权，借此昙花一现的机会，确保一方安宁。"[77]这与伯恩斯自现场禀报的情况迥然有别，但是韦德懂得如何力陈主张以在加尔各答的争论中大获全胜，他完全依此行事。伯恩斯离开喀布尔继续向北行进，打算穿越兴都库什山区勘察地图上未标明的路径，韦德等到那时才有所动作。

阿富汗西部发生的一系列事件助了韦德一臂之力。萨多扎伊统治的最后一座棱堡——赫拉特即将陷入波斯人的包围。

1826～1827 年的俄波战争中，英国人没有出手援助波斯人，波斯人由此断定更明智的做法是紧密联系其敌国沙俄，而不愿再与英国人逢场作戏。事实证明，英国人不会冒险站在波斯人一边，与俄国正面开战。如今，波斯人正谋划一场重夺赫拉特的战役，加尔各答的鹰派人物强烈怀疑，打着波斯的幌子的事件实为俄国的倡议，是早前沙俄帝国战略的一部分，目的是在阿富汗建立一个前沿基地——基于五年前签订的一份条约中嵌入的一项条款，波斯人若占领赫拉特，将给予圣彼得堡在当地设立领事馆的权利。这些担忧其实都是秕言谬说：事实上，1832 年俄国人曾极力劝阻波斯皇太子阿巴斯亲王（Abbas Mirza）发起进攻。尽管如此，此时的韦德仍利用这些杞天之虑致函总督："认为俄国与诸事件有关联的看法，在人们心中占了上风……"[78] 韦德措辞强烈：假若袖手旁观、听之任之，假若苏贾无法重登沙的宝座，俄国将赢得赫拉特的控制权，亦会把该地区作为入侵印度的理想的前沿基地。

韦德向总督随函附上一份沙·苏贾用波斯语手书的彩饰稿本，苏贾在手稿中正式请求英国在其所谓的"奋力阻挠俄国介入阿富汗事务"上给予协助。苏贾在文中写道，自己早已摒弃与宿敌兰吉特·辛格原有的分歧，现在想重返阿富汗，领导祖国人民抵御新一轮的俄波联合威胁。兰吉特·辛格将通过进攻白沙瓦牵制住敌方，自己则会率军由南线围攻坎大哈。苏贾写道："征服敝邑易如反掌，60 万卢比在手，我定能在阿富汗树立自己的权威……阿富汗子民焦盼我的到来，他们会齐聚在我的旗帜下，公认我为独一无二的首领……阿富汗人不会团结在巴拉克扎伊族人周围……若能筹到哪怕二三十万卢比的借款，蒙主恩惠，我满怀期望，定能实现自己的目标。"[79]

1832 年 12 月 1 日，新近上任的德里常驻代表威廉·弗雷泽开始收到城内线人线报，称有阿富汗人在市集大肆抢购武器弹药。尚不清楚出售这批军火是否正当合法，也不了解军火的用途，弗雷泽拘捕了交易商并扣押了他们采购的货品。他随后致函加尔各答方面，询问该如何处置这些人。[80]

　　回函直接由总督本廷克勋爵（Lord Bentinck）的办公室送达弗雷泽的常驻代表处。信中解释说，诸交易商的确如其所称是沙·苏贾的代理人，他们奉旨前往德里购买火枪、军服、弹药、燧石、推弹杆头和弹药盒，以实现苏贾光复王国的长远大计。总督暗中批准并协助了这一切。沙·苏贾准备向阿富汗发起的军事远征，秘而不宣地得到了本廷克本人亲自认可。

　　直到 1828 年，总督还拒绝沙·苏贾的请求，甚至不愿与他晤谈。如今波斯人对赫拉特构成威胁，埃伦伯勒又决意抗击俄国人，这都改变了政治考量的角度。本廷克现酌定：尽管英国的官方立场会保持既定的中立态度，但也会给予沙·苏贾审慎的帮助以使他发起远征，其中包括预付其四个月津贴，总计 1.6 万卢比。[81]

　　就在同一个月，多斯特·穆哈迈德·汗收到本廷克发来的措辞友善的电文，以感谢多斯特盛情款待伯恩斯，并表示自己"强烈渴望本届政府与贵方建立友好关系并缔结同盟"。与此同时，本廷克的新任私人秘书威廉·麦克诺滕秘密指示弗雷泽，不但要求他将苏贾的军火商从狱中释放，还要德里海关免

除其所购物品的全部关税，以推动萨多扎伊氏族对抗巴拉克扎
伊政府。[82]

　　这项新的秘密行动的幕后推手是麦克诺滕。这名学究气
十足的东方学家是阿尔斯特前法官，获提拔后离开法庭，管
理东印度公司的官僚机构。麦克诺滕原是圆滑而有抱负的海
得拉巴（Hyderabad）常驻代表亨利·罗素（Henry Russell）
的门徒，他为人聪颖、广受敬重，不过许多人反感他的自命
不凡与趾高气扬，还有些人质疑这个"书桌前的男人"到底
能否胜任总督的私人秘书兼首席顾问的新职务。* 相比之下，
麦克诺滕非但毫不怀疑自己的能力，反倒认为自己很有玩弄
政治阴谋的才能。尽管压根儿没去过阿富汗，所知悉的一切
都源自阅读韦德的急件，但他同样高估了自己对该地区的了
解。像韦德一样，麦克诺滕可能对平步青云的伯恩斯有些妒
忌：作为一个天生的官僚主义者，他始终希望维持现有的礼
仪，不赞同伯恩斯不经由常规渠道，就设法向总督和伦敦内
阁直抒己见的做法。麦克诺滕与韦德相识多年，喜欢他的为
人，相信他的判断力，赞赏其较为传统的工作方法与思维
方式。

　　由此产生的英国对阿富汗的政策具有两面性，充满了危险
的矛盾：伯恩斯向多斯特·穆哈迈德及巴拉克扎伊族人友善示
好，与此同时，英国政府又暗地里支持旨在推翻多斯特的起
义。历史终会证明，这种两面三刀的手段酿成的外交灾难，不
久将在每位参与者面前爆发。

68

---

　　* 关于亨利·罗素的更多介绍，可参阅我的著作《白莫卧儿人》（*White
Mughals*, London, 2002）。

1833 年 1 月 28 日，距离沙·苏贾上一次尝试复辟已有十载，旗下将士配备了新购自德里的武器，他一马当先，亲率一支小型罗希拉社团（Rohilla）骑兵队自卢迪亚纳出发。苏贾对重夺呼罗珊王位的第三次尝试抱有必胜的信心，他在回忆录中写道：

> 我毫不犹豫主动挑战荆棘载途，
> 只为收复王国，
>
> 愁肠百结终有宝藏相报，
> 宝藏之钥握在全能的真主手中：
>
> 苏贾啊，只要一息尚存、骏马犹在，就该驰骋，
> 砺戈秣马，永存希望。
>
> 纵然心伤千百次，
> 苏贾啊，坚持依旧！
>
> 乘着真主的恩泽与宽宏大爱，
> 因祂无所不成。[83]

苏贾雇用了一名年长又有些固执的英裔印度雇佣兵威廉·坎贝尔（William Campbell）指挥训练旗下士兵。他们的首个目的地仍是位于旁遮普与信德边界的金融中心希卡布尔县。英国人

69　只预支给苏贾一小部分作战所需钱款。此次苏贾下定决心：必要时会心狠手辣，务必确保自己立于不败之地。苏贾一离开英国领地，就伏击了一支前往信德的大篷车商队，强夺货物及运送行李的驼队，以实际行动彰显必胜的决心。[84]因有钱财分发，追随者的人数开始激增。

　　在远方密切关注事态发展的韦德发回报告，对沙取得的进展颇为乐观。他写道，苏贾现已召集到3000名"外表得体"的士兵，此外还有"4门马拉炮以及20万卢比库存现金"。他相信沙此次无可置疑定会成功。而伯恩斯认为巴拉克扎伊族人享有声望，针对此观点，韦德继续不指名道姓地加以讥讽："近来游历阿富汗的欧洲人普遍存在这样的观念，认为阿富汗人或反对昔日国王复辟，或保持中立。应当铭记的是，但凡口出此言的旅行者，皆为该统治家族（巴拉克扎伊族）的宾客和至交，当政者肯定乐于用对自己声誉有益的观点来打动旅行者。"[85]

　　到了5月中旬，未遭抵抗的苏贾跨过印度河，长驱直入希卡布尔县。苏贾接着向城镇的银行家征税，钱币上缴金库，同时开始演练部队。半年后的1834年1月9日，坎贝尔麾下将士挫败了俾路支部落民兵发动的袭击。这些部落民是奉信德诸埃米尔之命前来缉拿苏贾的。据目击者阿塔王子记载：

　　　　一群俾路支人挥刀舞剑投入战斗，手刃了很多皇家军队将士，他们发出阵阵呼啸，直到自己也血染沙场。为他们的勇猛喝彩，却也悲叹他们在战术上的蒙昧无知！他们在交战中途跳下马，一边如恶魔般吼叫着，一边挥舞刀剑徒步冲上山，怎料未到山顶就被敌军炮火射杀殆尽。如此一来，不分贵贱高下，许多俾路支人倒毙疆场。生命的果实四散风中，幻化为虚无……

听闻他们战败，苏贾立即下令禁止任何人渡河，还缴 70
扣了所有船只。困于水火之间的俾路支人惊慌失措，那些
不敢回去面见指挥官的人宁可投河。目之所及全是溺水的
俾路支人恳求摆渡者和水手相救，其他人则紧抓马尾不
放，直到马和人一同被河水卷走。[86]

苏贾取得节节胜利。一个月后北伐终于开始，军队人数已增至3
万，精神饱满的沙在回忆录中写道："思及我雄兵在握，突然想
问，哪位统治者麾下有这般人海？坐拥百万雄师，谁人能与争
锋？"[87]困兽犹斗的信德诸埃米尔仍设法招募新军，苏贾向他们发
出挑战书，字里行间显露出空前高涨的信心。苏贾写道："可恶
的卑鄙小人！如果天从人愿，我将狠狠施以颜色，杀一儆百。
对待疯狗唯一的办法就是用狗索套牢狗脖子。你们若要来袭，就
尽管来吧，我才不惧怕你们。真主自有安排，胜者方能为王。"[88]

是年4月，苏贾率军经波伦山口（Bolan Pass）向前挺进，
兰吉特·辛格依照协定自拉合尔出发向西北开进。锡克教团大
军在阿塔克横渡印度河，夺取白沙瓦，成功牵制住敌军。巴拉
克扎伊部队被迫两线作战，但无法有效抵御任何一支入侵军
队。仅此一次，一切按部就班地顺利进行。苏贾此时得意扬扬
修书给韦德，喜不自禁地奚落信德诸埃米尔："这些目光短浅
的人忘记了我有真主的眷顾与庇护。"苏贾还表达了胜利在望
的乐观情绪，坚信战胜巴拉克扎伊族人指日可待："蒙受神
恩，胜利之门将继续为我敞开。"[89]

比及1834年5月，苏贾旗下官兵总算长驱直入坎大哈绿
洲，但他的连串好运逐渐消失殆尽。巴拉克扎伊族人对苏贾的

71 到来早有准备：兵临城下之际，他们已完成物资储备工作，城市防御工事也为抵御长期围攻做足了准备。此外，苏贾旗下官兵鲜有围城作战经验，攻城训练、火炮及登城装备严重不足。阿塔王子写道：

> 围城部队攻城失败，损失惨重，攻城方试图借助云梯连夜攀上堡墙。他们悄无声息地摸黑将云梯运至墙下，静静等待堡墙内的哨兵弃械酣睡，打算那时再竖起云梯，对毫无戒备的城堡发起猛攻。怎奈睡意先向皇家攻城部队席卷而来……日出时分，国王急不可耐地等待进攻的消息，未听闻城堡内传出喧嚣声，遂命大炮发射起床号。攻城部队突然从睡梦中惊醒，眼见旭日初升，堡墙上的卫兵早已醒来，正在敲响警钟。但出于对国王陛下的敬畏，攻城部队赶忙升起云梯一拥而上，不料却遭密集射击，纷纷被甩下云梯，跌落壕沟而命赴黄泉。[90]

两个月后，围攻陷入僵持，双方各自坚守阵地。就在此时消息传来，称多斯特·穆哈迈德亲率两万名巴拉克扎伊精兵，自喀布尔挺进坎大哈，以援助城内遭围困的同父异母兄弟。尽管苏贾在人数上占巨大优势（有人估计其麾下大军当时已增至 8 万人），但他担心多斯特·穆哈迈德切断部队水源，于是便从城墙前以壕沟防护的安全阵地，退至东北方向阿尔甘德河（Arghandab River）沿岸水源充足的园林地带。听闻此事，多斯特·穆哈迈德策马独自去侦查。阿塔王子记述道：

> 多斯特风闻撤退传言，庆幸自己运气好。他乔装改

扮，亲自探查传闻是否属实，骑马望见疲惫不堪的皇家战
士全都在树荫下休息，还以为喀布尔大军仍在迢迢千里之
外。多斯特随即带领 3000 精兵一拥而上，分散在园林中
的皇家部队还未意识到发生了什么，就遭迅猛攻击。激战
正酣时，受命于多斯特·穆哈迈德、于数日前投靠国王的
沙·阿伽希酋长（Shaikh Shah Aghasi）抛开伪装，高呼
"国王逃跑了，国王逃跑了"。他利用随后的骚乱，从内
部袭击皇家军队。苏贾旗下官兵大惊失色地听着战败的嚎
叫，看着酋长趁哄掳掠。坎贝尔带领一个排的士兵坚守阵
地，一时间枪炮齐鸣，滚滚浓烟翻卷入云。但是喀布尔小
伙子们毫不畏惧……他们向炮台冲锋，打伤并俘虏了坎贝
尔，缴获了全部大炮。苏贾旗下大军现已仓皇失措，很快
就落荒而逃。皇家军队彻底溃散于丘陵和平原中。沙思忖
良久，眼见官兵丢盔弃甲，别无选择，只得逃走。[91]

苏贾再次被迫撤退。多斯特方面在散落于坎大哈园林的行李中
起获多封韦德的支持函，这证明英国串谋了此次失败的政变。
韦德尽量装作若无其事，称没人能预料到结局如此，不过现在
看来彰彰在目的是：伯恩斯关于巴拉克扎伊族人声望高远、雷
厉风行的说法颇有道理，而韦德一直以来都在支持一个接连败
北的输家——沙·苏贾。

　　一份应总督要求草拟的密报分析了阿富汗政策失误的原
因，言简意赅地总结了当前处境："沙·苏贾参与了一系列旨
在重祚的不走运的尝试。"报告列举了苏贾的四次惨败：第一
次，军队在内姆拉的莫卧儿花园遭伏击；第二次，被克什米尔
的冰雪围困；第三次，在白沙瓦遭己方弹药爆炸摧毁；目前的

第四次，在坎大哈园林突遇奇袭。"他在筹备指挥远征时表现出巨大的活力与进取心，面对失败时也有着坚韧不拔的毅力，但在危急关头总是缺乏勇气，他的厄运归因于这一性格缺陷。"[92]

73

眼下，就连韦德都打算承认，门徒苏贾好似强弩之末。不过，在与美籍雇佣兵乔赛亚·哈伦的私下交流中，韦德仍预言，还有一件事能让老友再次粉墨登场："苏贾目前不可能有机会复辟，除非在喀布尔外泄有关俄国外交秘密的貌似真实的佐证。"[93]

俄国人若在巴拉克扎伊族人的协助下对阿富汗采取直接行动，那么苏贾就依然是英国实现帝国野心不可或缺的一环。

第三章 "大博弈"发轫

波斯与阿富汗边境争议地区的低矮的荒漠山丘绝非夜间迷途的好地方。时至今日，唯有翱翔的鹰、一群群冬狼和取道古老商路的鸦片走私贩子，还经常出没于这片贫瘠干旱的龙荒蛮甸。斑驳的身影在太阳暴晒下广袤无垠的荒漠上缓缓移动。两个世纪前，即便是在日间，旅行者亦会尽量避开此地。这里的山谷和山口是土匪的庇护所，他们充分利用敌对酋邦间的争议地区从事各自的营生。

1837年10月中最热的日子，对亨利·罗林森中尉来说，漫长的一周即将结束。三年来，他一直在波斯西部克尔曼沙赫省（Kirmanshah）附近的偏僻兵营为波斯军队训练一个新兵团。其间，他渐渐痴迷于贝希斯敦山（Behistan）不远处的罗塞塔石碑（Rosetta Stone）上用三种语言镌刻的碑铭。这些碑铭是奉古波斯帝国阿契美尼德王朝（Achaemenid）国王大流士（Darius）之命雕刻而成的。罗林森每晚都会攀上近乎垂直的岩壁，甚至还坐进洗衣篮垂岩而下拓印碑文。随后他便返回营帐潜心钻研至深夜，最终成功破译绝壁上的波斯楔形文字。[1]他后因紧急任务被遣往波斯东北部，研究工作就此中断。收到英国驻德黑兰公使馆的命令后，罗林森六天骑行了 700 多英里。德黑兰通往与阿富汗接壤的圣城马什哈德（Mashhad）的军用道路沿线驿站林立，通常有充足的驿马供公务旅客使用。但是，由于波斯的沙正赶去围攻赫拉特，军营与朝廷间有大量信使往来，罗林森在整段旅程中始终未能更换坐骑。

正如罗林森所述，一行人马此时"精疲力竭，我们半睡半醒摸黑前行，终迷了路"。就在此刻，正当破晓的晨光笼罩着沙贾汉山（Kuh-e-Shah Jahan）嶙峋的山缘，罗林森透过半明半暗的光线望见另一群骑士策马迎面而来。罗林森后来报告称："我极不希望与这群陌生人搭讪，但在擦肩而过的时候，我惊诧地见到身着哥萨克服装的男子。一名侍从认出这伙人中有一人是俄国使团的仆役。"[2]

罗林森即刻觉察到自己意外地发现了些什么。一群全副武装的哥萨克人无缘无故地由偏远的荒漠小径前往阿富汗边界，值此特殊时刻行进在至关重要的边境地带，身为一名英国情报官，他有充分理由对俄国的任何此类行动产生怀疑。被从印度驻军招募进新组建的情报队的罗林森，早前奉派专程前往波斯，设法削弱该地区日益增长的俄国势力。他在波斯度过三载，其间训练波斯军队并向他们提供大量英国武器，以此作为蓄谋已久的策略的一部分，意在将波斯赢回英国阵营。

到达后数月内，罗林森等一行人就意识到他们受到了俄国人的严密监视。1834 年 10 月，罗林森汇报称："一名俄国军

官今日来军营，他是（俄国驻高加索总督）冯·罗森男爵　76
（Baron Von Rosen）的副官（aide de camp，ADC），将军派他
来向埃米尔致意。他的真正目的当然是探明我方在军中的地
位、波斯士兵的现状，以及可能刺探到的对其国家利益产生影
响的其他此类事情。"[3]

　　1833 年 3 月，温和练达的伊万·西蒙尼奇伯爵（Count
Ivan Simonitch）抵达德黑兰。随着西蒙尼奇伯爵的到来，19 世
纪 30 年代俄罗斯与不列颠在波斯的冷战变得格外寒意瑟瑟。
就像投奔兰吉特·辛格宫廷的法国军官一样，西蒙尼奇也是拿
破仑时代的老兵，滑铁卢战役惨败后，拿破仑流亡，西蒙尼奇
则积极寻找更广阔的天地。他本是土生土长的扎拉①人，入伍
参加拿破仑的大军（Grande Armée）后恰好赶上入侵俄国，而
法军在隆冬时节一溃千里，与其他许多人一样，他在撤离莫斯
科时遭沙皇军队俘获。比及获释，其祖国已被奥匈帝国
（Austro-Hungarian Empire）吞并，于是西蒙尼奇决定转换阵营
加入俄国军队。获授少校军衔的西蒙尼奇被派往格鲁吉亚掷弹
兵团，在俄波战争中英勇作战，因在一场对阵波斯皇家卫队的
白刃战中身受重伤但仍坚守阵地而被提升为少将。此后不久，
西蒙尼奇便迎娶了"格鲁吉亚最美丽的女人"——芳龄 18 的
孀妇奥尔贝莲妮公主（Princess Orbeliani），短时间内就成为俄
国第比利斯（Tiflis）政府中的首要人物之一。[4]以大使身份被
调驻德黑兰后，西蒙尼奇很快就把智胜英国大使约翰·麦克尼
尔爵士（Sir John MacNeill）视为己任。正如麦克尼尔是坚定

---

①　Zara，位于现代克罗地亚（Croatia）达尔马提亚（Dalmatian）海岸的里
　　雅斯特（Trieste）以南。

的恐俄派，西蒙尼奇则是顽固的反英派。

自罗林森及其军事代表团到来，西蒙尼奇就设法赢得沙的信任，他远比呆头呆脑的麦克尼尔有更多的访晤机会与影响力。麦克尼尔来自外赫布里底群岛①，原为公使馆医生。事实证明，就精明老辣与运筹帷幄而论，麦克尼尔绝非西蒙尼奇的对手。到了 1837 年，西蒙尼奇以资助 5 万金托曼（gold toman）以及代为清偿债务为饵，劝诱新加冕的沙调动旗下英式装备的部队再次进攻有争议的赫拉特城。作为交换，沙允诺一旦完成征服大业，将准许俄国在赫拉特设立公使馆。这招妙棋鼓动起沙的勃勃野心，以此威胁英国在印度的利益，让英国人训练的诸团反戈一击，转而直接妨害其军事教练与武器供应者的利益。西蒙尼奇希望借此方式将沙用作沙皇的傀儡，尽管事实上，新登基的穆罕默德·沙二世（Mohammad Ⅱ）无论如何都对收复赫拉特乐此不疲——甚至在自己的加冕典礼演说中亦提到此事，重占赫拉特的图谋根本无须俄国多作鼓励。[5]

西蒙尼奇还承诺，俄国将提议沙与坎大哈的多斯特·穆哈迈德的巴拉克扎伊同父异母诸兄弟签署共同防御条约。西蒙尼奇深知这会对英国的恐惧产生怎样的影响。1841 年凯旋后回顾四年前的这一刻，西蒙尼奇在回忆录中夸耀道：这一时期，波斯已成为令伦敦内阁寝不安席的"幽灵"，明了自己稍有松懈，俄国便能轻而易举从赫拉特发起突袭，点燃印度斯坦的战火。"只要愿意，俄国随时能让印度烽烟四起"，他写道。[6]

麦克尼尔别无选择，唯有坐在德黑兰书房里匆匆写就一部危言耸听、以匿名发表的论战性著作《俄国在东方取得的进

---

① Outer Hebrides，即埃利安锡尔。——译者注

展与当前的地位》（*The Progress and Present Position of Russia in the East*）。他怒斥："在欧洲，唯一试图通过损害邻邦利益来扩张本国势力的国家就是俄国，只有俄国威胁要推翻王权、颠覆帝国、征服迄今仍独立自主的国家……为了维护印度和欧洲的安全，就必须保持波斯的独立与完整。企图颠覆一方，就会给另一方带来沉重一击。对英格兰而言，这无疑是一种敌对行为。"然而，此番激烈抨击无视一个显见的事实：纵观19世纪上半叶，英国一直持续不断地在印度扩张其领地，相较俄国的暴取豪夺，英国吞并了更多土地、颠覆了更多王权。但在伦敦，这本书仍深受好评并被广泛传阅，威斯敏斯特（Westminster）的政要们更深信不疑：英国即将在波斯和阿富汗与俄国爆发重大冲突。[7]

不管何等谨小慎微地看待圣彼得堡的沙皇尼古拉（Tsar Nicholas）及其属下大臣，麦克尼尔的观点确有道理。对手西蒙尼奇伯爵肯定胸怀战略野心，其核心政治期望就是在距英国边境的卢迪亚纳仅六周行程的赫拉特建立俄国基地。麦克尼尔安插在俄国驻德黑兰公使馆的间谍最近传来令人费解的情报——"关于一位莫斯科亲王的荒诞传闻"，据传亲王有望率一万兵士集结在伊朗边境，为波斯人围攻赫拉特助阵。情报详情虽听来可疑，但似乎暗示了俄国的确会经由波斯对阿富汗采取某种行动。罗林森意识到，刚才驭马慢跑经过的一群哥萨克人中领头的金发碧眼军官"可能就是情报中谈及的那位亲王……这当然激发了我的好奇心。在此般情势之下，就在围攻赫拉特前，一名俄国男士在呼罗珊[①]旅行，单凭这一事实

---

① Khorasan，同 Khurasan。——译者注

就让人疑窦丛生。不过就目前情形来看，他肯定希望潜踪隐迹……我认为试着揭开谜团是职责所在"。[8]

于是，罗林森命手下护卫迅速调头"跟着那伙人，我沿大道追踪了他们一段路，发现他们在山间峡谷处转弯，终于在那儿碰见这伙人。他们坐在一汪波光粼粼的清澈溪水旁享用早餐。由此看来，那青年显然是名军官，他体态轻盈、皮肤格外白皙、明眸灵动、表情活跃非常"。罗林森继续记述道：

> 这位俄国人在我骑马上前时，站起身向我躬身行礼，但一言不发。我用法语与他攀谈（法语是身处东方的欧洲人相互交流的通用语言），他却摇摇头。于是我用英语发话，他则以俄语作答。我试着说波斯语，但他似乎只字未明。最后，他用土库曼语抑或乌兹别克突厥语（Usbeg Turkish）支支吾吾地表述自己的意思。对于这种语言，我所掌握的程度只限于进行非常简单的对话，无法刨根问底。这明显是这位朋友所希望的，因为当发觉我用察合台语（Jaghetai，实为Chagatai）讲话不够自信、不能快速流畅表达时，他就用生涩的突厥语连珠炮似的唠叨个没完。我能得悉的只是：他确实（bona fide）是俄国军官，负责将（俄国）皇帝的礼物交与（波斯统治者）穆罕默德·沙，除此之外一概否认。因此又与他抽了一斗烟后，我便再次骑马上路。[9]

鲁德亚德·吉卜林（Rudyard Kipling）描写"大博弈"的小说《基姆》（*Kim*）中有一个著名场景，英属印度的间谍组织首脑克赖顿上校（Colonel Creighton）通过游戏来训练基姆对于细节的记忆力——这种游戏日后被称作"基姆的游戏"，即在指定的短时间内记忆一托盘随机物品，之后熄灯拿走托盘，让学员试着列出所有细节的完整清单。我们根本无从得知罗林森是否也接受过此类技能训练，不过，在随后送往加尔各答的报告中，罗林森对这位神秘军官做了极为细致的描述，"以防他企图乔装深入印度"，这就表明罗林森或曾受训。他写道：

> 这名军官是个中等身材的年轻人，短颈细腰、双肩阔平，皮肤极为白皙、双颊毫无血色，前额十分宽阔，拥有一对明眸，双眉间距较宽、鼻形端正、上唇短小、嘴角挂笑。蓄淡褐色胡须，髭须密而短，遮住面颊下部及整个下巴的络腮胡子格外浓密、短而丛生……头戴一项白色哥萨克圆帽，身穿黛绿色格鲁吉亚式上衣，胸前交叉斜挎饰银窄皮带，其中左侧皮带依照格鲁吉亚风格挂有子弹筒[①]，钢鞘宝剑挂在黑色腰带上，一块质朴的银牌紧扣腰带。身穿宽大的深灰色布质土耳其灯笼裤（shulwars），脚踏做工考究的俄国皮靴。有两匹外形俊朗高大的灰骏马，一骑一备……坐骑配有素净的波斯马鞍，马鞍上盖有一块深色布料及短小的黑色布制鞍褥（shabrac）。随身佩戴波斯手枪皮套，黑檀镶银的手枪枪托貌似为土耳其工艺。能讲流利的波斯语，不过有短促尖锐的外国口音，不能像波斯人那样清晰饱满地发出字母"a"的音。极为精通察合台突

80

---

① 原文 furshung，疑为 feshang。——译者注

厥语，但不会说君士坦丁堡或波斯的突厥语方言。[10]

罗林森天黑后抵达内沙布尔城外的波斯驻营，请求紧急谒见沙。获准进入穆罕默德·沙的大帐后，罗林森谈及途中偶遇俄国人的情形，复述了俄国人亲口言明的来意。沙愕然惊叹道："带礼物给我！呦，我与他毫无干系。（俄国）皇帝遣派他直接前往喀布尔拜谒多斯特·穆哈迈德，只不过是请我在途中给予协助。"[11]

罗林森即刻明白沙方才所言的重要性，它首次证实了英国情报部门一直担心的事：俄国人试图通过与多斯特·穆哈迈德及巴拉克扎伊族人结盟而在阿富汗立足，还将协助他们及波斯人消灭沙·苏贾的萨多扎伊王朝在赫拉特的最后一座棱堡。罗林森意识到必须尽快将这一情报带回德黑兰。

不一会儿，这些俄国人亦亲临波斯驻营。对军中普通波斯人，这位俄国军官"自称是伊斯兰教的逊尼派①信众，宣称自己的伊斯兰教名是奥马尔·贝格（Omar Beg）。军营中无人质疑他是否真为伊斯兰教徒②"。这些俄国人浑然不知罗林森对其真实使命已有所觉察。现经介绍，这名军官是"维特科维奇上尉（Captain Vitkevitch）……他立即用流畅的法语与我交谈，对于我们先前的偶遇，他只是含笑说'总不能与荒漠中的陌生人太过亲密'"。[12]

日后罗林森将以两件事闻名于世：首先是破译了楔形文字，其次是与阿瑟·康诺利一道创造了"大博弈"这个词。

---

① Soonee，同 Sunni。——译者注
② Musselman，同 Mussalman。——译者注

然而就目前来看，罗林森作为一名骑手的本领最有用武之地。他毕竟是纽马克特（Newmarket）的赛马驯养师之子，在马背上长大，有着非凡体格——"六英尺高、双肩宽阔、四肢健硕、肌腱强壮"。[13]

罗林森当晚径直折回德黑兰，在最短的时间内行进 800 英里横穿波斯，于 1837 年 11 月 1 日向麦克尼尔带去消息，称俄国确有派代表团前往阿富汗。麦克尼尔随即遣两名专差，分别向伦敦的巴麦尊子爵以及加尔各答的新任印度总督奥克兰勋爵递送急件。他写道："俄国人已正式开启与喀布尔的外交往来。维科维奇（Vicovich）上尉，或称比戈维奇（Beekavitch）上尉，别名奥马尔·贝格，是俄国的逊尼派伊斯兰教徒。我获悉他已被委任为埃米尔多斯特·穆哈迈德·汗的临时代办（chargé d'affairs）。"麦克尼尔在急件中附上罗林森对于这名军官的细致描述，又添加了手下使节在波斯军营刺探到的些许详情："他自称皇帝的随从参谋，不过据我所知其实为奥伦堡总督身边的副官……他正式受雇于俄国政府，前年在布哈拉待了一段时间。他在奥伦堡和布哈拉习得波斯语和察合台突厥语。"[14]

罗林森亲眼见到维特科维奇，这似乎证实了其上司所有的杞天之虑。麦克尼尔、埃伦伯勒勋爵以及英国的其他政策制定者一直担忧俄国人意欲接管阿富汗，将阿富汗作为进攻英属印度的基地。罗林森对维特科维奇的描述立刻被分送给驻白沙瓦、开伯尔山口及通往印度的其他过境站的情报官，以防这名俄国人打算继续前往英属印度或与兰吉特·辛格进行谈判。

然而，这位神秘军官并非要前往印度。他的使命是暗中损害英国在阿富汗的利益，促使沙皇与多斯特·穆哈迈德缔结同盟。

82   罗林森对于这名军官的猜测有一两点是正确的，但大部分是错的。他不是穆斯林，也不是俄国人，更不是俄国边疆据点奥伦堡的总督副官；他的本名既非比戈维奇，亦非维特科维奇。这位军官其实是个信奉罗马天主教的波兰贵族，生于维尔纽斯（现为立陶宛首都），原名扬·普洛斯珀·维特基耶维茨。

在克罗扎克文理中学（Krozach Gymnasium）就读时，扬协助成立了一个名为"黑暗兄弟会"（Black Brothens）的秘密社团。那场由一群波兰和立陶宛学生发起的地下"民族革命"抵抗运动，旨在光复俄国占领下的祖国。1823 年，黑暗兄弟会致函文理中学的校长及老师，煽动他们抗俄，并且开始在城镇的著名公共建筑上张贴革命标语和诗歌，身份遂遭暴露。维特基耶维茨及其他五名首领遭逮捕和审讯。1824 年 2 月 6 日，意在根除波兰学生界对民主政体的进一步热望，三人被判处死刑，另外三人被鞭笞并终生流放于干草原。维特基耶维茨当时刚满 14 岁。

紧要关头，多亏波兰摄政王帕夫洛维奇大公（Grand Duke Pavlovitch）插手，才将死刑减判为无期徒刑，并将三名重犯押送到博布鲁伊斯克要塞（Bobruisk Fortress）服苦役，其中一人最终精神失常，死于狱中。维特基耶维茨与另外两人被褫夺了贵族衔位，被发配至哈萨克干草原的不同要塞充军，作为列兵无权获晋升，十年内禁止与家人有任何进一步联络。他们戴上镣铐徒步长征，被遣往南部地区。[15]

甫抵干草原，扬立即制订逃跑计划。他串通黑暗兄弟会同仁阿洛伊齐·佩斯利雅克（Aloizy Peslyak），暗中规划出一条穿越兴都库什山区南下印度的逃亡路线，但是逃跑计划败露，密谋者遭严惩。[16]随后几年里，佩斯利雅克险些饮弹自绝，不过遭流放的另一名波兰同伴的确举枪自尽。维特基耶维茨屈从于命运的安排，决定善用自己的境遇。他学会了哈萨克语和察合台突厥语，将名字改为听上去更俄国化的伊万·维克托诺维奇·维特科维奇。

他后来的一位庇护人嗣后写道：

> 遭流放至奥伦堡堡垒线上的偏远地区守备部队，维特科维奇作为列兵服役十余年。在纵情酒色的军官麾下，维特科维奇不但设法秉持纯洁高尚的灵魂，而且还开发培养个人的聪明才智。他学习东方语言。自奥伦堡行政区成立以来，唯有他敢断然声称熟悉干草原，这一带没有人比他更了解哈萨克人……维特科维奇不仅举止端正，还不止一次在深入干草原远足时表现出坚韧不拔的品格，因而广受哈萨克人敬重。[17]

维特科维奇很快就将整本《古兰经》熟记于心。他邀请游牧部落的哈萨克长老到自己的居所，奉上茶水、肉饭和羔羊肉，向他们学习当地的风俗习惯、礼仪和丰富多彩的方言土语。他还搜集书籍，尤其关注干草原与探险等相关内容。正因如此，他最终在俄军中仕途坦荡、步步高升。

维特科维奇对文学的热爱引起了乌拉尔河（Ural River）奥尔斯克（Orsk）要塞司令官的注意，司令官聘请维特科维奇担任自己孩子的家庭教师。1830 年司令官款待著名的德国探险家亚历山大·冯·洪堡（Alexander von Humboldt），洪堡惊诧地看到自己的最新著作、讲述其游历拉丁美洲经历的《自然的画卷》（*Tableauxdela Nature*）摆放在屋内桌上。这位伟大的旅行家询问此书怎会在那儿，得悉一位波兰青年完整收藏了他的全部著作，洪堡随即求见。维特科维奇被带了进来：

84　　　　　尽管身穿粗陋的列兵外套，但是年轻人外表和善、样貌俊美、举止谦恭、博学多闻，给这名杰出的科学家留下了深刻印象。结束西伯利亚（Siberia）之旅返回奥伦堡后，洪堡立即将维特科维奇的悲惨境遇禀告总督帕维尔·苏克特仑伯爵（Count Pavel Suhktelen），恳请伯爵点亮这名青年的命运之光。伯爵在奥伦堡召见维特科维奇，晋升他为军士①，委任他为自己的传令兵，将他调任至奥伦堡哥萨克部队，后来又在吉尔吉斯（Kirghiz）事务办公室帮他找了份差事。[18]

此后不久，维特科维奇就担任译员，随后又奉命穿越哈萨克干草原独自执行任务。他事业有成，只不过是以加入自幼就憎恶的俄罗斯帝国机构为代价，诚心诚意效忠曾毁掉自己的生活与家庭的国家，对此，维特科维奇想必还是满腹怨愤。

如果说是洪堡最初提拔了维特科维奇，那么，完全不知不觉地对维特科维奇的坦荡仕途发挥最大作用的人却是亚历山大·伯恩斯。远赴布哈拉考察归来后，伯恩斯出版了一本

---

① NCO，即 Non-Commissioned Officer。——译者注

《布哈拉游记》，由此一夜成名。他获邀去伦敦谒见埃伦伯勒勋爵和国王，一跃成为社交名人。伯恩斯获得皇家地理学会（Royal Geographical Society）颁授的金奖，在地理学会发表演讲时全场爆满，只设站位。不久后出版的《布哈拉游记》法文译本再次成为畅销书，伯恩斯前往巴黎领受了更多奖赏和奖章。

正是此书的法文译本让俄国当局注意到了伯恩斯的旅行。伯恩斯的远征探险旨在秘密侦查俄国在阿富汗和布哈拉的活动，而在19世纪30年代初期，圣彼得堡对这两个地区其实并无野心，其密切关注的是波斯和高加索地区。饶有讽刺意味的是，似乎是伯恩斯的著作首先激起了俄国对阿富汗和布哈拉的兴趣，俄国尤其要阻止英国在如此接近自己国境的地方搞阴谋诡计。正如国际事务中常见的状况，鹰派对遥远威胁的疑惧恰好令心中最惧怕的洪水猛兽应劫而生。据驻守干草原边境地带的沙俄奥伦堡总督瓦西里·阿列克谢耶维奇·佩罗夫斯基①属下参谋长伊万宁将军（General Ivanin）称，来自中亚的粗劣情报让圣彼得堡变得像伦敦一样懊丧。"俄国设法获取的令人费解的寥寥情报皆由亚洲人提供，他们出于无知或胆怯，未能呈送真正有用的报告"，伊万宁写道，字里行间流露出与英国对手共有的偏见。

我们收到可靠情报称东印度公司特工频繁出没于希瓦和布哈拉②，我们还觉察到这个锐意进取的公司拥有可随

---

① V. A. Perovsky，即 Vasily Alekseevich Perovsky。——译者注
② Bokhara，同 Bukhara。——译者注

意支配的巨额资产。该公司不仅竭力构建遍及全亚洲的商业影响力，而且意欲扩大其亚洲属地范围……1835 年为了监视英格兰特工、挫败其一系列行动，俄国决定遣派特工进入中亚。维特科维奇少尉作为特工奉派前往该地，以便密切关注中亚事态发展……[19]

维特科维奇两次奉派前往布哈拉。第一次，他乔装与两名吉尔吉斯商人结伴同行，穿过厚厚的积雪，跨过冰封的阿姆河，仅用 17 天就完成了旅程。维特科维奇在那里逗留一个月，发觉该地与伯恩斯所描绘的富于浪漫气息的"东方妙趣府"（Oriental Wonder House）相去甚远。他在发往奥伦堡的回函中写道："我必须强调的是，相较伯恩斯出版的布哈拉旅行记事所讲述的故事，我在此地有机会见闻的全部事实都呈现出匪夷所思的差异。他透过某种迷人光环看待万事万物，而我亲眼所见的不过是令人憎恶、丑陋荒谬、可悲可怜的一切。伯恩斯先生若非刻意夸大渲染布哈拉的魅力，就是对此地有着强烈的嗜痂之癖。"[20]尽管心存嫌恶，维特科维奇还是在未暴露身份的情况下，设法草拟了一组针对布哈拉的行动计划。一位仰慕者写道："没有人，尤其是盲信的布哈拉人，能认出一个身着哈萨克服装、讲哈萨克语言、习得哈萨克风俗习惯的人是欧洲基督教徒。再者，那乌黑俊美的双眸、胡须及短发，让他看起来像极了亚洲穆斯林。"[21]

　　1836 年 1 月，维特科维奇公然以俄国军官的身份第二次到访，要求释放遭布哈拉埃米尔扣押的若干名俄国商人。他记述称，甫抵商队之城就有人向他询问："你认识伊斯坎德尔（Iskander）吗？我以为对方是指亚历山大大帝，但其实是指亚历山大·伯恩斯。"英国的影响力初露端倪，但这未能阻止维特科维奇旋即力挽狂澜，他仅用数周时间就发现了伯恩斯用来将消息送回印度而建立的情报网络。维特科维奇马上禀报圣彼得堡方面：

> 英国人在布哈拉安插了眼线，这位名叫尼扎姆乌丁（Nizamuddin）的克什米尔人以经商为名在布哈拉生活了四个年头……为人十分机敏，与所有人都有往来，还时常款待布哈拉贵族。他每周至少一次遣秘密信差前往喀布尔送信给英格兰男子马森，再由马森负责转送信函。最不可思议的是，多斯特·穆哈迈德对马森的间谍活动有所觉察，甚至截获了相关信函，但还是对他听之任之，称"区区一人，能奈我何"。总的来说，出于对欧洲人的尊重，多斯特·穆哈迈德显然不想惹其不满，遂容忍打着寻觅古钱币幌子滞留喀布尔的马森。

维特科维奇补充道：

> 尼扎姆乌丁在布哈拉有个亲戚，这名亲戚帮他完成所有的文书工作。他们留宿于首席大臣（Koosh Begee）的驿站，就当地标准而言颇为奢侈。他们在那儿招待贵族宾客。尼扎姆乌丁衣着华美，拥有旷世绝美的身形，他的同伴貌似有失体面但异常聪明，虽然这位同伴无疑才是负责事务运作的人，但表现得像一名下属。他们的钱款来自印度银行家。我甫抵布哈拉，尼扎姆乌丁就试图与我结识，还问了一大堆问题，比如涉及新亚历山德罗夫斯克（Novoalexandrovsk）、新堡垒线、我们与希瓦的关系

87

等。我预先收到警告，所以并未给他任何明确答复。尽管如此，次日他还是往喀布尔送了封信。[22]

维特科维奇第二次出访布哈拉有惊人突破。机缘巧合的是，他到访时恰逢阿富汗特使侯赛因·阿里王子（Mirza Hussein Ali）奉多斯特·穆哈迈德·汗之命前去拜会沙皇尼古拉。1834 年在坎大哈城外战胜沙·苏贾后，多斯特·穆哈迈德缴获来自韦德的信函，信中鼓动阿富汗众部族首领支持萨多扎伊王族复辟、拥护苏贾掌权。不列颠暗中襄助沙，这一事实令多斯特·穆哈迈德大为震惊，他本以为自己与英属印度总督相处融洽。多斯特·穆哈迈德决定向俄国求助，以预防性外交策略作为回应，以防英国人试图更进一步干涉阿富汗事务。多斯特·穆哈迈德致函沙皇："英国的扩张威胁到了阿富汗的独立自主，这种扩张亦对俄国在中亚的贸易活动以及中亚以南的周边国家构成威胁。阿富汗若在独自反击不列颠的斗争中挠败，也将意味着俄罗斯与布哈拉贸易往来的终结。"[23]

维特科维奇恰巧与侯赛因·阿里王子投宿于布哈拉的同一家驿站，他意识到机不可失，遂提议亲自护送大使先去奥伦堡，再去圣彼得堡。维特科维奇兴冲冲地汇报称："喀布尔斯坦（Kabulistan）的统治者多斯特·穆哈迈德·汗正在寻求俄国赞助，准备依我方所愿行事。"

不过，维特科维奇必须先从布哈拉杀出一条血路——埃米尔突然在其住所周围安置了哨兵，扣押了他的驼队，拒绝给予出境许可。维特科维奇后来写道：

> 我抓起手枪，把它们别在腰带上，将外套甩于肩上，

戴上旅行用的皮帽，奔向首席大臣。我进去时，尽管未听真切，仍发觉他们在谈论我以及我的离去。

> 我直接跑进房间……（言道：）"我再次告诫你，这 88
> 也是最后的警告，就算拼了这条命我也绝不会滞留此地。
> 谁敢阻止我上路，哪怕只是打探我的去向，正如我早前告
> 诉你以及一直以此搅扰我的百来号人的，任何挡我去路的
> 人都将得到如下答复"——此时，我掀开上衣衣襟，指
> 着手枪。此举惊得首席大臣目瞪口呆。我要他签发一张盖
> 有其本人印章的通行证，以免有人斗胆敢阻拦我。他不肯
> 从命，只说了句：走吧。我辞别告退，并再次重申：途中
> 如遇挑衅将以"子弹"作答，只此二字足矣。首席大臣
> 再也无法彻底遮掩下去，说"咱们走着瞧"，不过，他似
> 乎乐见我离开。[24]

接下来的数月里，维特科维奇和侯赛因·阿里缓缓穿越干草原到达奥伦堡，接着继续横跨整个俄国抵达圣彼得堡。侯赛因·阿里在途中感染痢疾，不过得到维特科维奇的照料与鼓励。维特科维奇利用被迫休整的那段时间，从同伴那儿学会了流利的达里语（Dari）。1837年3月，二人最终抵达俄国首都。14年前，维特科维奇作为一名戴着镣铐的囚犯离开欧洲。这一次，沙皇尼古拉亲自祝贺他归来，晋升为中尉军衔的维特科维奇被直接迎进俄国帝国大臣委员会副主席兼外务大臣内塞尔罗德伯爵（Count Nesselrode）的办公室。

侯赛因·阿里王子亲率使团到来的消息令关注"大博弈"发轫的全体官员群情激越。西蒙尼奇伯爵自德黑兰公使馆修书，敦促朝廷务必把握机会。他写道，英国在波斯的影响力已江河日下，现在有机会将阿富汗纳入俄国、波斯及"喀布尔斯坦"组成的三方同盟中，由此俄国势力范围将由喀布尔一直延伸至大不里士（Tabriz）。随着俄国人在阿富汗拥有至高无上的影响力，英国人将为竭力维持其在印度河的地位而采取守势，也就不可能在俄罗斯帝国的中亚固有势力范围内制造更多麻烦。此外，俄国在喀布尔的政治影响力将为俄国农产品开辟阿富汗市场。[25]

奥伦堡总督对此表示同意。他写道：

> 绝对有必要支援喀布尔的领导人（多斯特·穆哈迈德·汗）。原因在于，倘若英国傀儡苏贾成为阿富汗统治者，整个国家就将处于英国势力控制之下，英国人距离布哈拉也就只剩一步之遥了。届时，中亚会完全受控于英国，我们与亚洲的贸易往来将中止，英国人亦能把邻近的亚洲国家武装起来，为它们提供军力、武器和金钱以对抗俄国。若俄国赞助并辅佐多斯特·穆哈迈德稳居王位，毋庸置疑，他将感恩戴德，继续作为我们的益友、英格兰人的仇敌，会切断英格兰人与中亚的联系，为他们钟爱的贸易权设置一道屏障。[26]

总督还极力主张由维特科维奇承担护送阿富汗大使归国的任务，因为他是"个精明能干的人，十分懂行、本性务实，更倾向于实际行动而非纸上谈兵。他对干草原及当地居民的熟悉程度亦是绝无仅有的"。[27]

抵达圣彼得堡后，来自多斯特·穆哈迈德的函件即遭严密核查，证实一切正如所期。多斯特·穆哈迈德写道，英国人行将征服整个印度，俄国人只要像对待波斯人那样，为他提供武器和金钱，他孤军奋战也能阻挡英国人推进。"我们期盼你们慷慨施予波斯朝廷的无比宽厚的恩泽亦会涌向阿富汗政府及我们的王朝。在你们伟大帝国的仁慈目光的注视下，我们无疑将恢复昔日平顺喜乐的景况。"[28]

是故，内塞尔罗德劝谏沙皇派遣所谓的"贸易与外交代表团"前往阿富汗。他写道："无论上述国家（阿富汗和印度）离我们多么遥远，无论我们对它们的认识多么有限，但确凿无疑的是，贸易关系的任何拓展都是有利可图的。"[29]不过唯一的问题是，侯赛因·阿里王子毫无病愈迹象。经多轮会议商讨，最终决定让维特科维奇先于大使动身。大使身体欠安，至少要静养一个月方可尝试南行。

1837 年 5 月 14 日，维特科维奇接到一组手谕，里面论及开放与多斯特·穆哈迈德的贸易关系。据俄方一份史料记载，他还获授一系列秘密口谕，内容涉及向多斯特·穆哈迈德提供 200 万卢布经济援助，用以对抗兰吉特·辛格统领的锡克人，以此赢得多斯特·穆哈迈德的全面支持；亦承诺向阿富汗人提供所需军用物资以助其夺回冬都白沙瓦——自 1834 年沙·苏贾远征失败后，白沙瓦一直处于沦陷中。[30]除此之外，维特科维奇还要设法将坎大哈的巴拉克扎伊诸兄弟拉进新同盟，敦促他们与喀布尔的同父异母兄弟多斯特·穆哈迈德团结一心、行动一致。维特科维奇被告知，至关重要的是"在阿富汗统治者间谋求和平……让他们明白亲密友好的关系对彼此都大有裨

90

益，无论个人抑或疆土均会受益。如此一来才能更好地抵御内忧外患"。维特科维奇自始至终都做了详细记录，一回来就写了份全面的报告，汇报"阿富汗及其贸易、资产和军队现状，以及阿富汗统治者对英国人的看法"。[31]

维特科维奇打算偕伊万·布拉兰贝格上尉（Captain Ivan Blaramberg）游历高加索地区。布拉兰贝格上尉刚被委派至俄国驻德黑兰代表团担任西蒙尼奇的副官。[32]在第比利斯稍做休整后，他们谨言慎行，乔装秘密前往德黑兰。"甫抵德黑兰，"维特科维奇就被告知，"要向西蒙尼奇伯爵报到，并听命于他。他将决定是否继续派你前往阿富汗，他若认为这与波斯政局相抵触或出于任何其他原因不可行，将随时中止你的任务。阿富汗大使侯赛因·阿里进一步的行程安排亦由他来决定。"[33]内塞尔罗德伯爵在手谕末尾写道："我们无须再次提醒你，上述所有内容务必严格保密，除我们派往波斯的公使西蒙尼奇伯爵及冯·罗森男爵外，任何人不得知晓这些指示。你亦需谨慎行事，动身去阿富汗时，要将所有指示留与西蒙尼奇伯爵处理。如此一来，倘遭不测，亦不会泄露此行使命的机密。"内塞尔罗德警告称，尤为重要的是绝不能让英国人发现这些计划。他还含蓄警告道：英国人若有所觉察，圣彼得堡会否认与维特科维奇有干系。

维特科维奇的南行笔记在他蹊跷身亡前遭焚毁，而布拉兰贝格上尉的回忆录却留存了下来。他写道："在圣彼得堡待了两个月后获指示，在准备动身前结识了此行的旅伴维特科维奇中尉。结果发现，他是位讨人喜欢的 28 岁波兰青年，面部表情丰富、有教养、精力充沛……这些都是在亚洲充当亚历山大·伯恩斯的角色必备的素质。"[34]

二人乘坐四轮马车南行，车上满载为波斯及阿富汗官员准备的礼物和贿金。抵达第比利斯后，他们晋见了总司令冯·罗森男爵，还拜望了西蒙尼奇伯爵夫人，"成为伯爵夫人的常客。迷人的女儿们像极了她们那了不起的母亲大人"。

从第比利斯出发，越往南走，乡野的田园风光越浓郁。两位旅行者露宿星空下，在游牧民的营地过夜。布拉兰贝格写道：

> 7月11日穿越埃里温（Yerivan）省边境，闷热难耐的高温迫使我们滞留在一座荒废的清真寺，在此，我们初次见到雄浑壮美的阿勒山（Mount Ararat）：熠熠生辉的积雪覆满双峰，山峰自南面崛起，延绵至整个平原。13日，我们翻过最后一道山脊，下山走进阿拉斯河谷（Araxes valley）。那日天气真好，晴空万里，潺潺流淌的小溪边有一片小树丛，我们安坐于树荫下欣赏面前耸立的阿勒山壮丽的美景。亚美尼亚男仆煮好美味的肉饭，我们兴味酣然地喝光一瓶马德拉酒。[35]

跨越波斯边境后，性情无常的维特科维奇变得阴郁起来。布拉兰贝格回忆道："我们穿行波斯的旅程中，维特科维奇时常陷入一种哀伤情绪中，说自己已经活够了。"一行人抵达德黑兰时，维特科维奇才重新振奋起精神。

西蒙尼奇此时告知维特科维奇的两条情报，让这位波兰人心潮澎湃。第一条（后来被证实是虚假情报）：侯赛因·阿里王子的使团已引起英国情报机构的怀疑，西蒙尼奇称，英方从喀布尔一路跟踪这两位旅行者。西蒙尼奇还进一步警告说：故此，维特科维奇目前或会成为"英国特工阴谋挑峥"的目标。这绝非事实，现阶段英国人浑然不知阿富汗使团觐见沙皇。但为保护使团安全，在维特科维奇继续前往内沙布尔继而赶赴沙的赫拉特军营之际，大使馆为其配备了一支哥萨克护卫队以作照应。正是这支护卫队最终引起英国情报员罗林森本人的警觉，让英国人意识到维特科维奇及其使团的存在。

　　第二条情报可谓正中维特科维奇下怀。西蒙尼奇安插在阿富汗的间谍刚巧禀报称，维特科维奇在喀布尔不会形单影只，英方可堪比拟的对手亚历山大·伯恩斯第二次奉命前往中亚，正向同一方向行进。与维特科维奇一样，伯恩斯也接到明确指示，欲赢得多斯特·穆哈迈德·汗的支持。维特科维奇密切追踪、在某种程度上加以仿效的对象，正与他肩负完全相同的任务向着同一个目的地进发。

　　此二人其实有诸多共同点。他们几乎同龄，均来自各自帝国的偏远地区，在统治精英阶层人脉不广。他们被褐怀玉、大智大勇，具有超卓的语言才能。二人数月内相继到达亚洲，均从底层做起，一路青云直上。如今两人即将在喀布尔宫廷碰面，这场较量的结局将在很大程度上决定阿富汗甚至中亚近期的前途。"大博弈"就此发轫。

　　1837 年 10 月亚历山大·伯恩斯抵达白沙瓦。自上次参访以来，整座城市有了沧海桑田之变，但他对此很不以为然。

　　1834 年沙·苏贾向坎大哈发动攻击之际，兰吉特·辛格占领了白沙瓦。随后三年里，兰吉特·辛格把半数军队调驻城内，将昔日杜兰尼王朝的冬都变成一座规模宏大的旁遮普兵营。在改建过程中，锡克教团摧毁了白沙瓦诸多赏心悦目的风景名胜。一座新建的巨型砖砌堡垒，矗立在巴拉希萨尔城堡雅致的御花园和凉亭之上，1809 年沙·苏贾曾在那儿接见埃尔芬斯通及其使团。另一座布满火炮的新堡垒在开伯尔山口的贾姆鲁德镇突兀而起。伯恩斯记述到，兰吉特·辛格麾下一名拿破仑时代的旧军官保罗·阿维塔比莱（Paolo Avitabile）现统辖白沙瓦，"锡克人改变了一切：许多环绕城镇的精美花园被改造成驻军营地，树木遭砍伐，整个城市连同周边地区变成一座庞大军营。伊斯兰教的习俗消失殆尽，当年随时随地都能听闻和看见音乐舞蹈妙韵喧阗"。[36]

伯恩斯还记述称，尽管有庞大的占领军驻守白沙瓦山谷，锡克人仍觉难以统驭聚居当地的桀骜不驯的普什图人——城市及周边地区有太多部族暴乱、暗杀及叛乱行径，因此，占据白沙瓦严重消耗锡克人的资源。伯恩斯意识到，就其使命而言，这其实是喜讯，因为这事关白沙瓦城的前途，只会令兰吉特·辛格更心甘情愿地与多斯特·穆哈迈德达成和解。若一切顺利的话，由伯恩斯调和敌对双方，终将促成二者与英国人结盟。

新任总督奥克兰勋爵决定派遣伯恩斯重返喀布尔。麦克尼尔在报告中称俄国人在波斯的活动愈发频繁，其所谓的野心直指赫拉特及阿富汗其余地区，这令奥克兰勋爵惴惴不安。奥克兰刚到加尔各答，对该地区知之甚少，不过两年前，他于博伍德宫（Bowood）的乡村招待会上与伯恩斯相识，伯恩斯当时正欢欣鼓舞地为自己的新书举行巡回宣传活动。奥克兰认为伯恩斯为人可靠、处事老到，于是派他再次沿印度河溯流而上。伯恩斯此次遵照指示更全面细致地考察印度河，沿途放下浮

94

标、设置导航地标。随后他继续前往喀布尔，奉命搜集如下情报："阿富汗诸邦国与波斯统治者之间新近建立的联系"，阿富汗民众对待俄国的态度，俄国在该地区的活动以及"俄国为扩大在中亚的贸易规模所采取的措施"。这与内塞尔罗德交托给维特科维奇的任务甚为相似。[37]

奥克兰身边墨守成规的政治秘书威廉·麦克诺滕同时下令：依照加尔各答的官方观点来看，篡夺了阿富汗真正君主沙·苏贾的王位的喀布尔巴拉克扎伊统治者心性暗昧、不堪大用，鉴于此，英方将遵循"厉行节约"的原则。伯恩斯的使团此行远不及埃尔芬斯通一行人气势盛大，所携礼物也少得多：伯恩斯实际上只有一把手枪和一副望远镜可转交给多斯特·穆哈迈德。鉴于上一个使团赠予沙·苏贾奢华厚礼的记忆还存留在阿富汗人心中，麦克诺滕的指令对于伯恩斯及其使团来说实在不是好兆头。锡克人与阿富汗人爆发激战的消息，对于奔赴新的开伯尔边境分隔冲突双方的伯恩斯而言，亦非吉兆。

自兰吉特·辛格侵占白沙瓦，三年来阿富汗人与锡克人间的敌对行动逐步升级，在1837年4月30日爆发的贾姆鲁德之战中达到高潮。1834年，多斯特·穆哈迈德抵御了沙·苏贾的武装入侵，随即倾注全力设法将阿富汗冬都从锡克人的控制下解放出来。不管是出于虔敬之心还是战略考量，抑或两者兼具，1835年2月，多斯特·穆哈迈德授予自己伊斯兰封号"信士的领袖"（Amir al-Muminin）。仿效1747年6月苏菲派圣人为沙·苏贾的祖父艾哈迈德·沙·阿布达里举行的祝圣仪式，喀布尔的一位乌理玛（'ulema，神职人员）——城中最资深的逊尼派阿訇米尔·维兹（Mir Waiz）引领多斯特·穆哈迈德走向城镇边缘的伊德戈赫清真寺（Id Gah），并将大麦苗放入他的包头巾。* 正如《历史之光》记述的：

> 多斯特·穆哈迈德将周边地区的人们召集到喀布尔，宣布发起圣战，声称要收复旁遮普、白沙瓦及其他地区。
>
> 呼吁发动圣战的宗教学者认为此乃对真主应尽的义务，他们把殉教看作催生更美好的时代、获得永生的途径。他们欢聚一堂，宣告道："有一位埃米尔且建立一个酋长国，就能发出圣战号令。无论谁背弃埃米尔的成命或禁令，都等同于违抗真主及其派来的先知之命。旁人绝对有必要令其就范，对违抗者严惩不贷。"多亏这份宣言……多斯特·穆哈迈德首先为治下酋长国奠定了基础。他在短时间内准备就绪，登上御座，命钱币和呼图白讲道（khutbah，星期五布道）冠以自己的名号。硬币上刻有如下诗句：
>
> 埃米尔多斯特·穆哈迈德决定发动圣战，
> 铸币为证：愿真主赐予他胜利。
>
> 登基典礼后，埃米尔多斯特·穆哈迈德决意实施圣战，他亲率由皇家骑兵与步兵以及部落民兵组成的六万大军离开喀布尔，挺进白沙瓦。[38]

96

---

* 塔利班（Taliban）的奥马尔毛拉（Mullah Omar）后来获同样封号。1996年受到感召的奥马尔毛拉毫不隐讳地效法多斯特·穆哈迈德，宣布成立阿富汗塔利班伊斯兰酋长国（Taliban Islamic Amirate of Afghanistan）。

抗击锡克人的圣战宣言，对多斯特·穆哈迈德夺权行为的合法化颇有助益。他一直不敢僭夺萨多扎伊"沙"的称号，迄今为止，仅有的正当性在于大权在握的事实和为人公正的声誉。现在却能诉诸更高的《古兰经》权威将其统治正当化，并履行作为一名虔诚穆斯林的职责——发动圣战对抗异教徒，从理论上而言，就此迎接千载难逢、纯净虔诚的伊斯兰鼎盛时期。而且，多斯特·穆哈迈德将圣战的领导权作为赢得阿富汗各民族统领权的途径，他修书给总督："这些民众来自祖国的各个部族，他们给予的庇护与支持既是义务亦是责任……思忖再三，阿富汗人面对迫害会否束手就擒、坐以待毙？只要生命不息，我将与祖国共存亡。"[39]

当月晚些时候，多斯特·穆哈迈德召集了一批各形各色的圣战分子向白沙瓦发起首次攻击，怎奈铩羽而归。据乔赛亚·哈伦记载："这些来自偏远山区的野蛮人——其中许多人身形高大、体格健硕——被杂乱地装备了剑与盾、弓箭、火绳枪、步枪、矛和手铳等各色武器，准备为真主及其派来的先知屠杀、劫掠并彻底消灭蒙昧无知的旁遮普异教徒。"结果，乌合之众不敌训练有素、纪律严明的教团军，除了激怒一名狂暴的锡克士兵，令其大肆杀戮白沙瓦的穆斯林居民之外，几乎毫无斩获。不过，此次突袭也让多斯特·穆哈迈德神不知鬼不觉地吞并了两块将喀布尔与开伯尔山区及锡克边境隔开的阿富汗领土：瓦尔达克省（Wardak）和加兹尼省。自 11 年前君临天下、掌控喀布尔周边地区以来，多斯特·穆哈迈德现今的岁入相较当初增加五倍之多，毋庸置疑成为阿富汗最具权势的统治者。

1837 年 2 月底，埃米尔再次公然对抗锡克人，他致函兰吉特·辛格派驻白沙瓦的锡克军队指挥官哈里·辛格将军：
"开伯尔山谷边境地区的贾姆鲁德镇归属于我的臣民——开伯
尔人（Khyberi），你们对该镇的侵占大大激怒了当地居民，他
们当然会尽其所能加以阻挠，我的子嗣穆罕默德·阿克巴·汗
亦将竭尽全力予以襄助……你若愿亲自向大君施压，以将白沙
瓦拱手归还于我，我定会赠他本国出产的骏马及其他厚礼。你
若达成既定目标，我将应允你的任何提议。如若不然，你知道
我将以何作答。"[40]

锡克人对此番警告不予理会。两个月后，兰吉特·辛格撤
走了由欧洲人训练的精锐部队——特勤旅①，以便让他们在拉
合尔的王室婚礼上充当仪仗队。此后不久，两万阿富汗铁骑涌
下开伯尔山区，4 月 30 日，在贾姆鲁德镇新砌堡垒的城墙附
近成功包围了哈里·辛格。据《历史之光》记载："鏖战正酣
时，阿克巴·汗迎战哈里·辛格。互不相认的二人激烈厮杀，
经过多回合刺击格挡，阿克巴·汗最终获胜，他把哈里·辛格
击倒在地并将其杀死。指挥官战死沙场，伊斯兰教徒的军队又
如洪潮般席卷而来，锡克人被迫逃离战场。众将领一路追杀锡
克人到贾姆鲁德堡垒（Jamrud Fort），锡克人在那儿构筑临时
防御工事，闭守城内。"[41]迅速回师的特勤旅两周后击退了围城
的阿富汗人。这一战极大地提升了多斯特·穆哈迈德的威望，
同时也是阿克巴·汗的第一场大胜仗。阿克巴·汗展现出的军
事才能深得其父真传，此后逐渐成为阿富汗最令人敬畏的指
挥官。

伯恩斯沿印度河溯流而上，半途听闻此次战役的消息，暂

---

① Fauj-i-Khas，锡克教团军最精锐的一个旅。——译者注

98　　不清楚战事会否阻断进入阿富汗的道路，导致其使命中止。不管怎样，他意识到这场战斗无疑将令英国人陷入尴尬境地，如若它试图与交战双方都维持同盟关系的话。伯恩斯到达白沙瓦时，但见锡克人防守该地困难重重，锡克人发觉"难以在这方土地上维持秩序"。伯恩斯转而深信，占领白沙瓦确实让锡克人面临艰巨挑战和高昂代价，从而给他留有足够空间以协商解决办法。在给德黑兰的约翰·麦克尼尔的信中，伯恩斯反复斟酌能否达成一项协议，让白沙瓦名义上继续处于兰吉特·辛格的控制之下，兰吉特·辛格死后，白沙瓦复归阿富汗人所有。[42]

　　伯恩斯想必雄心万丈地切望自己的使团能令锡克人与阿富汗人达成某种妥协，8月30日，他穿过分隔交战双方的无人区，向开伯尔山口进发。他后来写道：

　　　　我们从白沙瓦动身，M. 阿维塔比莱（M. Avitabile）驾驶自己的马车载着我们前往贾姆鲁德镇，该地正是锡克人与阿富汗人近期交战的战场……我们认为当前的情势委实难以令人满意。奉派前来护送我们通过开伯尔山口的代表团尚未到达。尽管战役爆发至今已有数月之久，但是人和马的尸体散发出的阵阵恶臭仍令人作呕。就在我们到达当日，在几名战士护送下离开该地的若干养驼人，遭遇阿夫里迪部落山民袭击。山民从天而降，驱散驼队并将其中两人斩首，两具血肉模糊的躯体随后被带入营地……（攀到开伯尔山隘半山腰时）他们指着堆建在路旁的诸多小土丘给我们看——那些土丘是用来标记埋有锡克人头颅的地点。这些头颅都是最近一次获胜后被砍下的，一些土丘上尚可见到缕缕发丝。

他们接连经过不同部族领地，"当我们置身同一部落的不同支系时，会在每一条僻径隘路前稍做停留"，慢条斯理地步入多斯特·穆哈迈德所辖地界。数日后，行经沙·贾汗的内姆拉大莫卧儿花园的法国梧桐林及柏树林时——1809年多斯特·穆哈迈德正是在此地首次挫败沙·苏贾——伯恩斯随后遇到了将在其生命中扮演重要角色的两个人。

首先骑马来到营地的是摇身一变成为间谍与考古学家的英国逃兵查尔斯·马森。伯恩斯在报告中讲述了结识马森的愉悦心情。马森在喀布尔与贾拉拉巴德周围发掘出巴克特里亚希腊人及贵霜帝国佛教遗址，这项开拓性工作为其在印度赢得了一些声望。伯恩斯在日记中称马森是"大名鼎鼎的巴克特里亚遗迹解读者"，盛赞他"文艺造诣高，并在阿富汗长久居住，对当地的人与事有准确认识"。[43]马森多年来谙熟阿富汗，还成为多斯特·穆哈迈德的密友。然而马森对这位野心勃勃、自吹自擂的知名访客却不怎么感兴趣。不过基于仅有的一次布哈拉之旅，伯恩斯成为名扬四海的旅行家，像许多人一样，马森对此深恶痛绝。马森对伯恩斯的地理知识和外交技巧疑窦满怀，他随后写道："我必须承认，依据他的行为举止抑或'把阿富汗人当儿童对待'的主张，我料想他此番使命收效甚微。"[44]不过，二人在一个问题上意见一致：事实证明，占领白沙瓦让锡克人面临财政灾难，"无利可图不说，还持续成为兰吉特·辛格忐忑忧惧之源"；现有机会通过将锡克人、阿富汗人及东印度公司联合起来，共结同盟消解冲突，这将阻止俄国和波斯的阴谋得逞。马森断言："阿富汗事务能够协商解决，当时我们

99

有能力达成和解。"[45]

其次进入伯恩斯营地的是位更显贵的要人。是夜，"一群阿富汗精锐铁骑"在前开道，来人骑坐于象背之上到临，此人正是多斯特·穆哈迈德权势渐盛的第四子穆罕默德·阿克巴·汗。两个月前杀死哈里·辛格，他的成名之路才刚刚开始。阿克巴·汗是位体格健壮硬朗、面若鹰隼的青年，他的勇敢无畏、魅力十足、冷酷无情和不世之略，与其父格外相似。身为阿富汗诗歌和史诗中的英雄人物，他的这些优秀品格为后世称颂。诗歌与史诗中描绘的阿克巴·汗，集达里语叙事诗中的阿喀琉斯（Achilles）、罗兰（Roland）和亚瑟王（King Arthur）的优点于一身：[46]

> 剑圣勇者阿克巴
> 征服疆场挫敌寇
>
> 迎战凶师旁遮普
> 苏赫拉布（Sohrab）美少年
>
> 威武神勇树传奇
> 盛名堪比鲁斯坦（Rustam）
>
> 及冠之年气宇昂
> 风姿俊逸如翠柏
>
> 天文地理无不知
> 通晓百艺融古今

熠熠面庞露圣光
皇冠宝座受无愧

举世青睐人中杰
万众瞩目美名传[47]

在 19 世纪 30 年代的喀布尔，阿克巴·汗俊美的样貌似乎在某种程度上的确令其成为性感的象征。哈米德·克什米尔毛拉（Maulana Hamid Kashmiri）所著《阿克巴本记》（*Akbarrlama*），是为纪念阿克巴·汗而撰写的第一部史诗。书中专门用了一些篇幅描绘洞房花烛夜阿克巴与娇俏新娘鱼水相欢的情景。新娘是穆罕默德·沙·吉勒扎伊之女，"这个袅娜娉婷的女子宛若天仙，闭月羞花之貌如骄阳般明艳"。

情迷意乱两相投
目光触处欲火燃

101

矜持尽褪罗裙散
吐气如兰紧缠绵

傍款香肌酣乐极
贴身交颈唇相合

瑶台月下飘兰麝
蜜唇痴吻酣醉深

云雨浓时勤播种

巫山深处结珠胎[48]

虽拥有此般迷人魅力，阿克巴却无疑是个复杂睿智的人。相较
多斯特·穆哈迈德而言，阿克巴的情绪更善变，审美敏感度也
更高。他与马森相熟相知，实则是将马森置于自己的庇护下，
而且对于马森从贾拉拉巴德周围的贵霜帝国佛教寺院挖掘出的
希腊化犍陀罗佛教雕塑，阿克巴比其他任何阿富汗人都感兴
趣。马森在回忆录中写道：

> 两尊女性头像令他如痴如醉，他哀叹大自然未造就出
> 如雕塑般完美的容颜。嗣后，我们之间有了几分熟悉，这
> 位年轻将领频频派人传召我。作为茶桌旁颇为固定的常
> 客，我鼓动他向几名马利克①及部落酋长传话，要求他们
> 协助我从事种种研究工作……目睹这位年轻将领对我的研
> 究工作的本质与目的展现出的深远见识，我无比欣慰亦深
> 感惊诧。他身边有人暗指我或在探寻宝藏，可他对那些人
> 说我唯一的目标是推动科学进步，因为只有那样才能荣归
> 祖国。他还留意到，尽管在杜兰尼族人中战士享有殊荣，
> 但在欧洲人当中拥有科学和"伊勒木"② 才会备受敬重。[49]

据另一位欧洲旅行者戈弗雷·瓦因称，在所有阿富汗贵族中，

---

① 部族首领，malek 同 malik。——译者注
② 即知识，illam 同 ilm。——译者注

阿克巴最开明进步、勇于探索、善于钻研、聪明睿智。阿克巴曾询问瓦因猪肉的味道——所有虔诚的穆斯林都禁食猪肉，"他非但不是盲信者，反倒好几次命仆役用他自己的杯子递水给我喝"，而在当时，大多数阿富汗人拒绝与基督教徒一起吃喝。[50]

第二天，阿克巴·汗骑坐在象背上将伯恩斯领进喀布尔城。伯恩斯写道："迎接场面极为盛大壮观，他安排我与其本人骑乘同一头大象，这让我倍感荣幸。他引领我们进入其父的宫廷，我在宫中受到诚心挚意的接待。喀布尔的巴拉希萨尔城堡内紧邻王宫的一座宽广庭园被指派为使团居所。"[51]

次日上午，旧交埃米尔多斯特·穆哈迈德在正殿接见了伯恩斯。一如往昔，伯恩斯的个人魅力很快就赢得埃米尔的欢心。尽管多斯特·穆哈迈德谴责英国人言行相诡——援助沙·苏贾不说，居然事先知晓兰吉特·辛格计划夺取白沙瓦，但埃米尔显然决计不让此事妨碍自己与伯恩斯的友情。再者，埃米尔盘算着只有开放与不列颠的外交关系才有击败锡克人的胜算。没过多久，二人就如从前那般敦睦融融。相较1831年，伯恩斯对这位东道主的钦佩之情丝毫未减，他写道："权力通常会腐蚀人心，可是面对日益盛大的权势和'埃米尔'的新称号，多斯特·穆哈迈德身心泰然，反倒比上次见他时愈发敏锐机警、智慧满盈。"伯恩斯被引入谒见殿，正式递交国书并呈上略微败兴的礼物，多斯特·穆哈迈德客气地收下。"我禀告称自己给殿下带来的礼物是欧洲的一些稀罕物件。他立即回答说我们本身就可谓稀罕，见到我们最令他欢喜。"[52]

伯恩斯后来对这次会晤的反思颇有见地：

103

多斯特·穆哈迈德见微知著、一闻千悟，对人的脾性有入木三分的认识，不可能长期受蒙蔽。他倾听每个人申诉，他的淡定性情与克制包容，比其公平公正的作风更受称颂……他发动宗教战争、组建政府，是归因于强烈的伊斯兰正统派道统精神还是野心作祟，这个谜团尚待解答……（阿富汗人）实现共和政体的意愿未改变，无论执政的是萨多扎伊族人还是巴拉克扎伊族人，唯有不侵害各部族的权利，依法保护各部族的自治权，方能确保政权得以维系。[53]

多斯特·穆哈迈德或许被伯恩斯打动，反之亦然，不过阿富汗的各类史料证实，即便是在初始阶段，亦非所有廷臣、贵族和部族首领都对埃米尔与洋人（Firang）异教徒日渐深厚的友情感到满意。更多伊斯兰正统派人士对这种同盟关系尤感不安，怀疑这背离了埃米尔所宣称的向伊斯兰的敌人宣战的意旨。

在阿富汗方面的史料中，伯恩斯始终被描绘成魅力超凡、精明狡黠的欺诈者，说他八面玲珑（zarang），是阿谀奉承与背信弃义的能手。反观英国方面关于东方人阴险狡猾的陈词滥调，这一与之相对的成见的确引人关注。阿塔王子在《战斗之歌》（Naway Ma'arek）中提及伯恩斯沿印度河溯流而上巡游：

刺探信德和呼罗珊的现状，亏得他有柏拉图般的智慧，才终偿所愿。伯恩斯认识到，这一地区诸多酋邦均建立在极不牢固的地基上，只需一阵狂风便能将之吹倒。当人们聚拢围观洋人的时候，伯恩斯从帐中冒出来，冲着人

群戏言道:"来瞧瞧我的尾巴和犄角!"众人大笑,有人
高声喊道:"你的尾巴一路伸回英格兰,你的犄角即将出 104
现在呼罗珊!"54

克什米尔毛拉在 1844 年所著《阿克巴本记》中进一步阐释了
这种形象。在下面这首诗中,阿克巴·汗的死敌伯恩斯,是十
字军时代基督教世界(Crusading Christendom)具有恶魔般慑
人魅力、惯于背叛欺诈的所有两面派的化身:

> 声名赫赫洋大人
> 名叫伯恩斯,人称斯干达①
>
> 聚齐贸易必需品
> 犹若商贾启程
>
> 火急火燎赶到喀布尔城
> 假意与城中显贵丹诚相许
>
> 厚礼相赠,公然炫耀恩惠
> 摄魂夺魄,收买片片痴心
>
> 埃米尔雍容尔雅,宽厚仁爱
> 奉他若贵宾,给予无上礼遇

---

① Sikandar, 同 Sikunder, 普什图语的"亚历山大"。——译者注

> 捧在万人之上
> 赐他千般荣耀
>
> 怎奈伯恩斯口蜜腹剑
> 他向伦敦索金要银
>
> 用邪恶巫术和诡诈骗术深挖陷阱
> 扼住人们咽喉抛入万丈深渊

105 伯恩斯用"金锁链"束缚诸汗，他们"皆宣誓效忠于他"。最终，有人劝谏埃米尔：

> 诛戮雄狮、誉满寰中的指挥官啊！
> 煽动叛乱的伯恩斯是大敌
> 他外表好似谦谦君子，内心暗藏恶魔
>
> 请提防这个散播邪恶的冤家
> 你难道忘记（诗人）萨迪①的忠告了？
>
> 对陌客讳莫如深为上策
> 打着友情幌子的乃劲敌
>
> 你不舍昼夜滋养敌人
> 在他楗仁提义前，请远离叛贼。55

------

① Sadi, 同 Sa'adi。——译者注

据阿富汗方面的几份史料记载，伊朗卡扎尔王朝的沙——穆罕默德·沙也致函多斯特·穆哈迈德，劝诫多斯特慎防伯恩斯的恶毒阴谋。《历史之光》提及此函，书中写道："磋议建立亲密友好关系的会谈尚未开始，此时，奉派替穆罕默德·沙递送短笺的密使前来，获准谒见埃米尔。伊朗的沙力陈亚历山大·伯恩斯的两面派行径，毫不隐讳地断言：因他表里不一的欺诈行为，在骗局被揭穿前，这片土地将不得安宁。"[56]对于沙所谓的干涉之举，哈米德·克什米尔毛拉的记述最为详尽：

> 一日，妄自尊大的奸人得意忘形地坐于宫中
> 在朝廷尊享特权，他习以为常
>
> 洪福齐天的埃米尔
> 将一封有彩色插图的函书递到他手中
>
> 对他说：大声念出来，别停顿
> 伯恩斯拆开此函，朗读起来
>
> 信中，沙先表明深切关爱之情
> 而后发出警告：伟大的统治者啊，我听说
>
> 散播邪恶的魔鬼伯恩斯
> 来到宫廷，日夜坐镇朝中
>
> 你对他千恩百宠，视为己出
> 奉为尊贵的座上客

106

要知道，他在洋人中独占鳌头
无论是欺天诳地还是诡诈无信

众人惨遭杀害，他是幕后黑手
偌多心灵伤痕累累，只因暗箭难防

血债本该血偿，你缘何向他抛金撒银？
我得知此事，唯恐他令纷争蔓延

他能驱使僵尸叛乱
这个洋人甚至可以扰乱坟墓的安宁

洋人没有荣誉忠诚可言
他们不尊神明，只敬奸狡诡谲

听我话语，谨记在心
遵从我的忠告，警惕啊，警惕

克什米尔毛拉还暗示，引领他人误入歧途已成为伯恩斯的个人癖好。受他诱惑的不只是男人，还有喀布尔的女人。毛拉在一组对句中提到伯恩斯告知洋人的国王：

论美貌，喀布尔人
正是天园女神（houri）与古拉姆（ghilman）*

---

*　伊斯兰教天园中的 18 岁俊美猛男，是与超级典范天园女神相对应的男性角色。

那片土地上的女子

如此袅娜妖娆

娇臀盈盈，销魂摄魄

一人足以令百名洋人醉死裙下[57]

107

这显然不只是毛拉作品中的丰富想象，马森也心怀些许焦虑地注意到，伯恩斯对喀布尔女子太过沉迷，尤其是身为特派使节，这远非明智之举。马森写道，埃米尔了解伯恩斯与克什米尔毛拉书中所提到的"喀布尔袅娜妖娆的天园女神纵乐狂欢"的最新情况，"庆幸特使的阴谋诡计或许不具政治色彩，而是另有原因"。马森记述道，因为伯恩斯有此嗜好，不久后多斯特·穆哈迈德手下大臣萨米·汗王子（Mirza Sami Khan）亦来造访，"提议我应仿效那位显达的长官，让黑眸少女挤满一屋子。我评述称这房子不够大，再说，少女从何来？他答道，只要中意，任我挑选，保证让我得偿所愿。我告诉他，对于他的宽厚仁慈，钦敬之情无以言表，但我认为继续一如往昔地平静度日较为安妥"。[58]

这不是马森唯一的忧虑。不但伯恩斯的行为举止有失"体统……（由此）人们会认为整个英国使团皆这般行事"。马森对伯恩斯的外交才能也心存顾虑，担心他对待埃米尔的态度过于"唯唯诺诺、谄媚逢迎"，趋奉地"总以'济贫拔苦的恩主（Garib Nawaz），卑下禀奏'作开场白"，此举着实过火。[59]马森还担心伯恩斯助长了埃米尔意图通过英国从中斡旋、全面收复白沙瓦的期望，因为目前一切尚无定论。兰吉特·辛格是否愿意全然接受提议，加尔各答方面是否准备就此事对兰吉特·辛格施压，均无定数。又或者，这位年轻大使压根儿就无权展开此类磋商。

尽管如此，抵达喀布尔仅十天后，伯恩斯就动身前往阿富汗郊野暂作苏息。他意气风发，乐观十足地认为自己能不辱使命。再度游历日思夜恋的美景让他兴奋不已。次日，伯恩斯从舒马里平原愉快地来信："一片广袤的园圃长 30 ~ 40 英里，绵延伸展至白雪皑皑的兴都库什山区①才戛然而止，每座朝南的山丘上都有一片葡萄园。"

伯恩斯坚信，建立反俄同盟已似囊中取物。这甚至比眼前的美景，抑或亲临莫卧儿王朝皇帝巴卑尔最喜爱的游乐胜地伊斯塔立夫憩息一周，更令他惬意。翌日，伯恩斯从伊斯塔立夫写信给其姻兄：

> 多斯特·穆哈迈德·汗认同我方的所有观点，照目前情况来看，我认为我方即将与兰吉特国王展开谈判。谈判的基本条件是：兰吉特撤离白沙瓦，由一位巴拉克扎伊统领接管并且将白沙瓦作为拉合尔的藩属，喀布尔的首领遣子嗣去俯首乞饶。（韦德和麦克诺滕）之前竭力劝谏，说什么多斯特·穆哈迈德·汗显得过于自命不凡。哈！你们现在还有什么好说的！我确信兰吉特会应诺此计划。我代表英国政府应承尽力从中斡旋。多斯特·穆哈迈德已彻底斩断与波斯和俄国的联系，沙派来的大使眼下就在坎大哈，多斯特拒不召见。[60]

---

① Hindoo Koosh，同 Hindu Kush。——译者注

伯恩斯并不知晓，就在自己写信之际，在南方数百英里处，他的使命正遭蓄意阻挠，令其几乎无法调停冲突双方。伯恩斯当时更未察觉，派出使团的新任总督奥克兰勋爵其实亦正是彻底扼杀其使命的人。

正当伯恩斯洋洋得意地自伊斯塔立夫修书，维特科维奇及哥萨克骑兵队驭马慢跑穿越赫拉特南部的阿富汗边境，约莫同时，仪仗骑兵队已在加尔各答总督府大门与胡格利河（Hoogly）河边石阶拍岸的河水之间列队整齐，形成一道红色的警戒线。

奥克兰勋爵即将离开加尔各答，首次出巡孟加拉以外地区。在帝国发展擘画的驱策之下，奥克兰将视察爆发饥馑的印度斯坦平原，巡视范围涵盖阿瓦德土邦①至英国控制的西北诸省。此行先乘坐由蒸汽机船牵引的总督专用驳船；接着在贝拿勒斯②搭乘四轮马车和轿子，经由陆路继续前行；然后骑象穿过旁遮普地区，循山而上到达新建的西姆拉（Simla）山间避暑地。

奥克兰勋爵本名乔治·艾登，这位辉格党贵族机智能干，却有些自鸣得意、超然冷漠。他身材纤弱，面容清瘦稚气，嘴唇薄狭，十指修长优雅。这位51岁的坚定独身主义者，看起来要比实际年龄年轻10岁。对于被迫在中产阶级文官和逢迎

① Kingdom of Avadh，现位于北方邦。——译者注
② Benares，印度东北部城市瓦拉纳西的旧称。——译者注

谄媚的印度各邦王公中间周旋，他几乎从不掩饰自己的厌烦之情。虽然在英格兰时怯于玩弄权术，此外还是个糟糕的演说家，但奥克兰之所以接任总督一职，是因为这是他能获任的最好的行政职位，尽管他对印度的历史与文明近乎一无所知亦无兴趣，到达后也鲜有寻根究底的尝试。

之前任职海军大臣时，他信赖手下幕僚的作风，令其在英国海军部深得人心。但事实证明，调任印度后同样的做法后患无穷。奉派统治一个自己懵然无知的世界，奥克兰很快就陷入以威廉·麦克诺滕为首的一帮聪明但缺乏经验的鹰派恐俄顾问和两名私人秘书——亨利·托伦斯（Henry Torrens）和约翰·科尔文（John Colvin）的股掌之中。麦克诺滕还曾暗中支持沙·苏贾1834年的远征。正如总督的政务委员会成员之一索比·普林塞普（Thoby Prinsep）所说："奥克兰这个人办事出色，一丝不苟地审阅所有文件，经他核准通过的任何草案均准确无误、周密细致。但他太想速战速决，而又过于忌惮承担责任，致使所下达的指示不尽如人意，所以各地常驻代表在困境下通常只得自行决定如何行事。"普林塞普补充道："有人认为他过多地受私人秘书约翰·科尔文的支配，此人在总督召集政务委员会成员进行私下磋商时，间或掌握着讨论的主动权，而勋爵大人只是将双手置于脑后，安坐倾听，就这样把如此多的事务丢给约翰·科尔文处理，年轻文官们遂赠予他'科尔文勋爵'的浑号。"[61]

"沿该国北上"的悠闲旅程中，伴奥克兰出行的有两位尖刻又讨喜的待嫁姊妹埃米莉·艾登和范妮·艾登（Fanny Eden），自命不凡而又吹毛求疵的政治秘书麦克诺滕，总督府的其他各级各类官员、参赞（attachés）及一众妻小，此外还

有以蛮横苛刻著称的麦克诺滕夫人弗朗西丝（Frances）以及
与她随行的一只波斯猫、一只玫瑰鹦鹉和五名随侍女仆。

启程之日拂晓时分，天色清新明朗，麦克诺滕家族的世交
托马斯·巴宾顿·麦考利（Thomas Babington Macaulay）早早
起身为他们送行。埃米莉·艾登在日记中讲述道：幕僚早已安
排好一支"十分悦目的队伍……两列士兵自总督府门口至河
边一字排开"。埃米莉·艾登的日记后来成为那一时期最著名
的游记之一。[62] 夜幕降临，埃米莉稍晚才又讲到规模惊人的总
督随行人员及所携物品，她在写给英格兰的另一位姊妹的信中
说道："我们骑乘大象下行，经过营地前哨。东边天际红彤彤
一片，河滩是深沙色的，河面布满低矮的平底船。沿河岸散布
着帐篷、骆驼驮箱，当地人在点点炊火旁烹饪。或已上船或等
候装船的有：850峰骆驼、140头大象、几百匹骏马，禁卫军
和护送我们出行的整团将士以及一众随营人员，大约总计1.2
万人。"[63]

总督一职威风八面、位高权重，彰显了奥克兰的奇特地
位。正如其任军事秘书的外甥威廉·奥斯本上尉（Captain
William Osborne）所言："纵观人类种种境遇，最显赫辉煌而
又最不寻常的身份大概就是英属印度总督。一位内敛的英格兰
绅士，任职于一家股份公司（即东印度公司），在总督的短暂
任期内获封为世界最大帝国的最高统治者，成为一亿人的统治
者，此般权倾天下之职亘古未有……"[64]

然而，尽管有这些侍从随员陪伴，有美景奇观、壮美恒
河，还有历经热带季风洗礼、绿意盎然的孟加拉郊野，但此次
出行远非一场开心的聚会。埃米莉压根儿不想来印度，最初启
航时她感到"一阵绝望猛烈来袭"。所搭乘的船只从孟加拉湾

111

转入胡格利河时因无风而停航，从那一天起，她就开始厌恶自己的新家。她甚至还未看到加尔各答就恼怒地写道："我想我们该带着此前赚到的大笔钱打道回府，不过……凭着极大的忍耐力，伴着微风，我们终于到埠……周围围绕着黑人操控的船只，他们出于某种怪异的懒怠而一丝不挂。"[65]继后，让埃米莉深感惊骇的不只是为数众多、紧随左右的侍从随员，还有总督府内繁杂的礼仪和恪守礼节的氛围。她在家信中写道："我完全不知所措地度日……（感觉好像）身边发生的一切都是无休无止的戏剧再现……"[66]

其间，范妮早已被麦克诺滕一家惹恼。她在日记中将奥克兰属下这位戴眼镜的政治秘书描述成恼人的腐儒，还说即便按照英属印度政府的标准来看亦如此。奥克兰要求船只停靠在布克萨尔（Buxar），以便能跳上岸看一眼英国人首次挫败莫卧儿人的战场所在地。埃米莉记述称，此时麦克诺滕几乎"半疯了……竟然在甲板上气急败坏地蹦来蹿去"，只因奥克兰的举动有违外交礼仪。[67]"由于乔治一时兴起冒险上岸，托伦斯先生和麦克诺滕先生险些在甲板上晕厥过去"，范妮的口吻与她一致。次日在加齐普尔（Ghazipur），艾登一家"没有副官陪同，亦未佩戴其他任何表明乔治总督身份的徽章就贸然上岸，再次令麦克诺滕先生的健康遭受冲击。到达营地后我们打算改过自新、检点行为，尽管照目前的情形看来，我觉得我们会一直在诸多孔雀翎、银手杖和金罗伞中游来逛去"。[68]埃米莉承认，麦克诺滕尽管虚夸自负，但身为助手，他的聪明睿达是有口皆碑的。埃米莉称呼他为"'我们的'巴麦尊勋爵，这个枯燥乏味而又慎重理智的男人，戴着一副巨大的蓝色眼镜……他的波斯语比英语流利得多，而阿拉伯语比波斯语好，不过他更倾向于用梵语闲谈"。[69]

麦克诺滕夫人此时正忙着设法阻止波斯猫吃掉鹦鹉，她雇了一名女仆专责守护、喂食鸟儿。麦克诺滕夫人还担心拦路贼会在夜间偷偷爬上船来打劫："上一年，拦路贼闯入麦克诺滕夫人的帐篷，偷走了所有衣服，结果麦克诺滕只好将她缝进一张毯子里，然后驾车带她去贝拿勒斯选购新衣物。"[70]

在恒河沿岸间歇举行的正式谒见期间，范妮发觉麦克诺滕一家让人忍无可忍：

> 这一事务唯一逗趣的部分是麦克诺滕庄严至极、拿腔作调地逐字传译，他僵硬的面庞毫无表情。"他说，大人，您是他的生身父母、他的伯父伯母，您为他的日夜增色，您是他唯一可以依赖的栋梁。"在所有用到玫瑰精油的庆典上，他的举止都这般一本正经。他就是为这个职务而生，据我所见无人能出其右。

随后一行人拜望一位年长的邦主妃，其间"麦克诺滕的举止极为庄重，他如此呈奉答复：'大人，邦主妃说自己完全无法表达您亲临其居处给她带来的超乎想象的美好感受……她觉得自己就像一只面对大象的蚱蜢……'麦克诺滕夫人其实也不太懂这种语言，她充当（我和范妮的）译员。我的天哪！这样的女人会要了我的小命"。[71]

从一开始，奥克兰勋爵、两个姊妹以及一众宾客就饱受令人委顿、无以复加的倦怠情绪折磨。若含蓄谐谑言之，这源自一种对迫不得已行经的遥远殖民地屈尊俯就的轻蔑不屑。出行第二日，埃米莉述说，宾客们"都像至尊至贵的主人家一般

113　百无聊赖，他们 8 点就寝息去了"。至于自己的兄弟，历经一
周的旅行后埃米莉写道："乔早就腻烦死了，嫌恶令他面色蜡
黄。"[72]范妮亦有同感："我们前进的速度比预期慢得多。远离
了文件、办公文具和他的'政务委员会成员'，乔治有种总督
被罢免的感觉，这让他焦躁不安……他越来越痛恨住在帐篷
里的生活，每天早上都因景色没变得更优美而斥责我。"[73]唯有
对上游地区的若干场聚会的憧憬能让姊妹俩打起精神："理查
德准将（Brigadier Richards）发来的舞会请柬已送到我们手
中……我猜想这只是个开始。到达喜马拉雅山脉前，我们要走
马灯似地参加一连串的舞会……我认为乔治若能学着在宫廷小
步舞（delacour）中走个过场，才是适恰之举。接着我或者埃米
莉就可以轮流与统领驻军的准将相伴起舞……"其间，供给部
门也有麻烦事要处理："凯斯门特将军（General Casement）和
麦克诺滕先生今晚上船来。我们觉得他们早餐享用的苹果果冻
有些不对劲。麦克诺滕先生诡秘地间接提及此事，凯斯门特将
军赶紧将这个话题扼杀在萌芽状态。"[74]

　　正为此类事情操心的奥克兰勋爵被迫将注意力转向阿富汗
事务。

　　奥克兰对阿富汗了解与关心的程度甚至还不及对印度。从
一开始，他就对该国最具权势的统治者多斯特·穆哈迈德·汗
表露出明显的反感。相形之下，多斯特·穆哈迈德倒是不惮其
烦地向新任总督大献殷勤。他一听闻奥克兰到任，立即致函告
知："阁下尊临时机巧妙，先前严寒时节冷风袭来的阵阵寒意

一扫而光,我那片希望的田野已然变成天园乐园的艳羡之
所……我切盼阁下能把我当作自己人,能将敝邑视为阁下自己
的家园。"[75]多斯特·穆哈迈德接着切入正题,请求奥克兰代他
出面,调停他与兰吉特·辛格间的争端,并运用影响力帮助阿
富汗收复白沙瓦,给该地区带来和平。

　　然而麦克诺滕很快就说服奥克兰勋爵,让他不要与埃米尔
缔结任何形式的协定。"唯有出于对其他强国的攻击和猜忌,
我们才会与多斯特·穆哈迈德在名义上结盟。"收到埃米尔来
函后不久,奥克兰在备忘录中写道。[76]他接连数月未回信,而
后友好却毫不令人鼓舞地予以答复。他说,自己对多斯特·穆
哈迈德打算与东印度公司建立良好关系深感欣慰,不过遗憾的
是,自己无法调解他与兰吉特·辛格间的争端,希望他俩能自
行解决分歧。他还说自己企盼"阿富汗成为一个繁荣昌盛、
团结一致的国家",通过"深入拓展贸易往来"获益。接下来
是结案陈词,很快被证明言行相诡。奥克兰总结道:"吾友
啊,你是知道的,干涉其他独立国家的事务并非英国政府的惯
常做法。我确也无法立刻想出,我方政府该以何种方式进行干
涉才能使你方受益。"[77]

　　此般僵局源于部门间的政治斗争及争风吃醋。奥克兰所掌
握的关于阿富汗的情报都是经由麦克诺滕和韦德呈达,可二人
均未造访过阿富汗。伯恩斯从喀布尔送回的急件对该国真实的
势力制衡状况做出更为准确的评估,但那些谏言只能通过麦克
诺滕的摘要以及韦德盛气凌人的评注这两重透镜畸变、严密过
滤后禀呈总督,而此二人都倾向于颠覆伯恩斯的所有提议。伯
恩斯从喀布尔发回的首批急报中,有一份急件盛赞埃米尔的统
治实力强大、根基稳固。韦德在增补的附函中刻薄地写道,多

114

斯特·穆哈迈德"保有的权力其实非常不牢固。民众骚乱间
或爆发，他难以镇压……我自己的情报来源使我坚信，埃米尔
的权威绝非众望所归……其麾下军队的大多数官兵都心怀不
满、抗命不从。虽然武器装备精良，但他们普遍严重匮缺优秀
战士必备的素质"。[78]

韦德和麦克诺滕以这种方式渐渐让奥克兰勋爵确信，伯恩
斯对多斯特·穆哈迈德的评价大错特错：他们坚称，埃米尔是
不得人心的非法篡位者，其所执掌的政权岌岌可危。与伯恩斯
的急件所述内容相悖的是，他们断言多斯特·穆哈迈德其实是
阿富汗形形色色的统治者中最势单力薄的一位，其影响力不及
他坎大哈的同父异母兄弟，甚至比不上赫拉特"最受人尊敬
的统治者"卡姆兰·沙·萨多扎伊——沙·苏贾无能的侄
子①。这些言论其实都背离了事实，相较以往任何时候，现状
更非如此：多斯特·穆哈迈德已在兴都库什至开伯尔山区的大
片疆域上确立起自己的宗主地位；他将坎大哈的同父异母兄弟
从沙·苏贾的围攻中解救出来后，诸兄弟承认了他的领导地
位；更妙的是，他现已获封埃米尔和阿富汗圣战领袖之衔。伯
恩斯所持的是不刊之论：多斯特·穆哈迈德是阿富汗的霸主，
要是加尔各答改弦易辙接纳他，他将是东印度公司在北边潜在
的有权有势的亲英盟友。

伯恩斯身历其境，显然比其他任何英国官员都更有资格掂
掇各股势力的相对强弱。不过麦克诺滕从来没有喜欢过这位野
心勃勃的苏格兰青年，他认为伯恩斯幼稚、缺乏经验、擢升过
快，故此反倒鼓动奥克兰听信卢迪亚纳的资深间谍组织首脑。

---

① 原文 cousin，疑为 nephew。——译者注

麦克诺滕修书给奥克兰："只要二人存在意见分歧，我会倾向于赞同韦德上尉，因为他的论据和结论都基于记录在案的事实，而伯恩斯上尉的论据和结论似乎多半由别人的观点拼凑而成，抑或来自他所观察到的情形在头脑中形成的印象，他由此得出推断，通常又以此来证明其推断合理。"[79]

与此同时，韦德继续鼓动奥克兰让沙·苏贾再次粉墨登场。他建议："通过推动沙·苏贾复辟，而不是强迫阿富汗人屈从于埃米尔的最高统治权，将减少对人民造成的伤害，较少危及我们与其他掌权者建立的亲睦友好关系。近来与锡克人兵戎相见之后，喀布尔各方纷争愈演愈烈。据我所掌握的情况，沙若在国内现身，两个月内便能成为喀布尔和坎大哈的主宰者。"[80]

除了如此这般歪曲事实外，韦德和麦克诺滕似乎都不曾向奥克兰勋爵简要汇报兰吉特·辛格最近如何侵占白沙瓦，也未向他说明白沙瓦在阿富汗人心中占据着怎样重要的核心地位——阿富汗人仍将白沙瓦视为自己的第二首都。因此，奥克兰站在了与事实有出入的错误立场上，认为白沙瓦确凿无疑归锡克人所有，多斯特·穆哈迈德想要收复城池是无理挑衅。职此之故，奥克兰不断阻挠伯恩斯对现状做出任何形式的改变。

奥克兰也开始接受韦德的观点——让阿富汗保持分化，而非帮助多斯特·穆哈迈德巩固统治地位并接纳其为盟友，这样才符合锡克人的利益，故此对英国人有利。奥克兰告知伦敦方面："过于强大的伊斯兰教国家位于我方边境，可能终会成为无休无止的骚乱乃至严重的祸殃之源。各酋邦首领相互制衡，依据所处的地位环境一决高下，努力争取与我方

116

交好，想必才是无害得多的如意睦邻。"与所有证据相悖的是，奥克兰勋爵不相信波斯人让赫拉特陷入危险境地，也不认为巴拉克扎伊族人或会与波斯的沙结盟。他写道："这些阿富汗人与波斯政府天生不投契，若其剩余领地的安全有保障，他们便不会与波斯政府保持紧密联系。"[81]他完全误读了形势：由于低估了多斯特·穆哈迈德的实力，奥克兰及其属下鹰派顾问歪曲了多斯特·穆哈迈德对兴都库什山区以南的阿富汗疆土的掌控稳步增强的事实，误解了锡克人与阿富汗人之间的势力制衡。他们还低估了西蒙尼奇伯爵，西蒙尼奇凌驾于莫斯科的指示之上，通过巧妙地操纵局势，将整个地区纳入俄国领导的反英同盟。俄国公使期望中的这一同盟很快笼括的不仅是波斯与阿富汗，还有布哈拉与希瓦。[82]英方的这些失误转而导致更严重的误判。

　　奥克兰勋爵毫无紧迫感，这给伯恩斯又添难题。奥克兰更关注总督露营之旅历经的磨难以及印度斯坦的饥荒。如今，每天早上都有饿死的饥民沿恒河顺流而下漂过他的船边。只有喀布尔的伯恩斯渐渐留意到奥克兰身处险境，奥克兰正梦游般地踏入一场重大的外交灾难。伯恩斯敏锐觉察到，英国人若不立刻采取行动争取与巴拉克扎伊族人确立友好关系，波斯人和俄国人将取而代之。如若那样，阿富汗将不再受英国势力支配，英国轻易就把阿富汗拱手让与竞争对手。因此，接连收到的总督来函让伯恩斯疑窦丛生，总督明令禁止承诺多斯特·穆哈迈德任何事情，还拒绝充当白沙瓦争端的调解人。

　　伯恩斯试图让奥克兰回心转意，临近11月底，他向加尔各答发送了一篇冗长的报告，论及"喀布尔的政治状况"。报告雄辩强据，阐述了以巩固扩大多斯特·穆哈迈德的权力作为将俄国人障蔽在阿富汗之外的最可靠手段。他再次强调,不必在东印度公司与兰吉特·辛格的长期同盟以及自己与多斯特·穆哈迈德拟议的结盟之间做出选择,只需运用少许想象力、对白沙瓦迅速采取行动,英国人就有可能同时与双方交好。伯恩斯不得而知的是,大约就在此时,麦克诺滕正在加尔各答给韦德写信,坚决支持韦德那截然相反的策略:鼓吹抱持一种完全排他的亲锡克立场,听任兰吉特·辛格侵占白沙瓦,计划让软弱无能的沙·苏贾取代埃米尔在喀布尔重新登基,以使白沙瓦以北的阿富汗地区走向分裂。[83]

此外,奥克兰对多斯特·穆哈迈德怀有的古怪偏激的敌意 118 也日渐根深蒂固。他致函伦敦方面,称多斯特"应当心满意足,我们允许他继续保持平宁,又让他免遭实际的武装入侵。不过他胆大妄为、诡诈多端,断难安分守己……这是一个要巧妙运用外交手腕和谋略的复杂局面……"[84]

12月初,阿富汗迎来冬季初雪之际,传到喀布尔的一些坏消息让伯恩斯愈发坐立不安。

报告称波斯军队现已倾巢出动,全力赶赴赫拉特包围帖木儿时期修建的巨型城墙。这是意料之中的事:长久以来,波斯人一直声称对阿富汗西部拥有主权,他们曾于1805年占领赫拉特,1832年密谋再次发动袭击。为发起此次进攻,波斯已谋划数年,其实根本无须俄国施压鞭策。但是,兵力三万余人的大军浩浩荡荡挥师夺取阿富汗西部首府,还有大量俄国军事顾问、雇佣兵及逃兵进驻波斯军营为波斯人效力,这一切仍令伯恩斯闻之骇然。

伯恩斯之所以如此了解赫拉特此时的情形，原因在于一名英国青年军官埃尔德雷德·砵甸乍中尉当时恰巧在赫拉特城中。这位"大博弈"的参与者先伪装成穆斯林马贩子，然后假扮作赛义德①。埃尔德雷德是普杰的间谍组织首脑亨利·砵甸乍准男爵的侄子，亨利·砵甸乍是伯恩斯的前上司。埃尔德雷德出现在赫拉特或非偶然，围城期间他为英国人提供了急需的一连串情报。在英方记事中，埃尔德雷德是"赫拉特的英雄"（莫德·戴弗［Maud Diver］在其沙文主义的维多利亚时代小说中如此称呼砵甸乍），赫拉特人之所以能以钢铁般的意志坚守城邑，通常都被归功于他，他的功劳还在于单枪匹马地多多少少地牵制住了波斯人。不过，这与诸多波斯或阿富汗编年史的说法相悖。

119　　在这些编年史中，围城行动被视为逊尼派信众与什叶派信众之间的一场大搏斗，赫拉特守卫者蒙受最可怖的物资匮乏，其坚忍刚毅的壮举被描述成一部阿富汗人英勇抗敌的史诗。岂止如此，当时在世的两位最具权威的阿富汗历史学家几乎用同样多的篇幅记述了赫拉特围城战和随后发生的英国武装入侵行动。就对呼罗珊独立构成的威胁而论，这两场战争在阿富汗人眼中不相伯仲。

据阿富汗的上述史料记载，波斯军队向赫拉特挺进的消息一经传来，赫拉特的沙卡姆兰即刻下令将粮食和草料搬入城内，把城墙外园林中的果树砍倒。自萨多扎伊族人的乌兹别克

---

① sayyid，即圣裔，是伊斯兰教对先知穆罕默德之女法蒂玛与阿里所生后裔的专称，后亦用作对贵族出身或有功勋的伊斯兰教徒的尊称。——译者注

族及哈扎拉族盟友中征募兵丁，这些士兵对城邑大量的土墙进行修葺加固，还修缮了伊赫蒂亚尔乌丁城堡（Ikhtiyaral-Din）的城墙。这座巨大的赫拉特堡垒占地面积相当于城邑面积的三分之二。[85] 11 月 13 日，波斯军队前哨抵达古里安（Ghorian）边界堡垒之外。赫拉特的编年史家里亚兹（Riyazi）在《编年史》（'Ayn al-Waqayi）中记载了波斯人如何借助英国人训练出来的炮兵部队，在 12 小时之内夺取了这座巨大的城堡："偌多大炮向着古里安堡垒（Qala'-i Ghorian）开炮，堡垒三面完全崩塌。"法耶兹·穆罕默德（Fayz Mohammad）写道，由此"点燃了战争的导火索，伊朗军队严阵以待，准备向赫拉特发起一轮大规模猛攻"。

数日后，雄兵三万的波斯大军的头几个师循着哈里河（Hari Rud）河谷进逼至赫拉特城墙之下，轻而易举地击退了奉派前来截击的骑兵中队。法耶兹·穆罕默德写道："展开了一场小规模战斗，许多人命丧黄泉。当数目庞大的伊朗主力军跃入眼帘时，赫拉特人无力继续作战，只得撤回城邑……鉴于在开阔地带抵御伊朗人毫无胜算，卡姆兰全力以赴构筑防御工事。沙的军队有如滚滚海浪环绕城邑，层层包围赫拉特。"[86]

这条令人不悦的消息传至喀布尔两天后，即 12 月 19 日星期二早晨，伯恩斯及其副手在巴拉希萨尔城堡的居所向外张望，等待信使从印度带来最新的急件。伯恩斯企望奥克兰看过自己的长篇呈文后能改变在阿富汗问题上的立场，他切盼能向多斯特·穆哈迈德传达一些好消息。自从赫拉特被围的消息传来，伯恩斯的劲敌——初来乍到的波斯公使的影响力就与日俱增。伯恩斯知道亟须提升英国的人望与威信——唯有承诺从中斡旋归还白沙瓦一事，才有可能做到这一点。

反倒是多斯特·穆哈迈德命人传话邀见伯恩斯。埃米尔在正式谒见室向伯恩斯转达了所能想象的最糟糕的消息：奉沙皇之命前来与阿富汗开启外交关系的俄国代办刚抵达加兹尼，预计本周内到达喀布尔。伯恩斯得悉，此人是伊万·维特科维奇中尉。[87]

此后不久，伯恩斯在写给姻兄霍兰少校（Major Holland）的信中说道："我们在此陷入困境，赫拉特遭围困并有可能沦陷，俄国皇帝向喀布尔派出公使，要资助多斯特·穆哈迈德·汗与兰吉特·辛格作战!! 我简直无法相信自己的所见所闻。不过，这位名叫维特科维奇的上尉代办带着一封三英尺长、言辞大胆的书函来这儿，他立即呈送此函以表达对我的敬意。我当然接见了他，还邀请他共进晚餐。"[88]

两位卓尔不群的竞争对手共赴的晚宴于1837年圣诞节那天举行，这是"大博弈"史上首次此类聚会。两人任职大使前都是特工，他们相处融洽，发现彼此有许多相似之处。不过，二人的穿着、进食的食物、谈话的内容以及维特科维奇透露了多少自己混乱的背景等诸多细节，我们知之甚少。这的确令人懊恼。伯恩斯只是记述称，波兰人是：

121　　　　一个彬彬有礼、蔼然可亲的人，大约30岁，能说流利的法语、波斯语和突厥语，身着哥萨克军官制服，这在喀布尔颇为新奇。他曾去过布哈拉，故而无须涉及政治，我们的交谈也有了共同话题。我发现他才智过人，对北亚的问题了如指掌。他很坦率地说，俄国循例不会向世人公布自己在外国的调研结果，正如在法国或英格兰的情形一样。

伯恩斯接着补充道："我再也没见过维特科维奇先生，尽管我们互换了'字斟句酌'的各种消息，但我不无遗憾地发觉自己无法由着性子与他结下友谊，既然公务在身就要甄心动惧。"[89]此非虚言，伯恩斯已经开始拦截这位餐伴送回德黑兰和圣彼得堡的信函，反之亦然。

随后几周里，伯恩斯强作笑颜面对愈发尴尬的处境。他非常清楚此行的使命濒于土崩瓦解，尤其是仍无迹象表明奥克兰勋爵已领会喀布尔当前事态的严重性，奥克兰似乎未意识到波斯和阿富汗即将被俄国人夺走。就目前状况来看，维特科维奇慷慨赠予埃米尔的礼物，伯恩斯难与之比肩。1838 年 2 月 18 日伯恩斯写道："维特科维奇上尉禀告埃米尔，皇帝送给他的稀世珍品价值 6 万卢比。反对派定会不失时机地拿这个与我递呈给埃米尔的微薄礼物相比，以此证明吾国对他们的漠视。英国以慷慨宽厚著称，在阿富汗尤甚……在此情势之下理应预料得到，我是何等亟待政府下达指令以做指引。"[90]

但因伯恩斯发出的信函用了三到四周时间才送抵印度，不仅加尔各答方面尚未回复这些公函，赫拉特传来的消息也变得愈发严峻，伯恩斯决定夺取主动权。他在当月做出承诺：倘若赫拉特沦陷，沙的军队长驱直入阿富汗，英方将出资 30 万卢比，资助坎大哈的巴拉克扎伊族人抵御波斯人。

伯恩斯还决定违背上下级的礼节，越过韦德和麦克诺滕直接修书给奥克兰勋爵。他慷慨陈词，恳求奥克兰勋爵理解情势岌岌可危，并明确告知订立密约仍是唾手可得的事，借此方式，英国不用耗费精力与财力便可达成既定目标，亦能一举扼

122

杀俄国和波斯的野心。他谴责锡克人夺取白沙瓦并在贾姆鲁德镇修筑堡垒的侵略行径，他重申尽管蒙受百般冷遇，多斯特·穆哈迈德仍切盼与英国结盟。他还指出，多斯特·穆哈迈德之所以迫不得已另觅盟友，原因在于锡克强夺白沙瓦。最重要的是，他强调维特科维奇的出现意味着危险迫在眉睫，他着重指出白沙瓦悬而未决的状态"搁置待定时，便将鬼蜮伎俩引到我们门前。若听之任之，不久或会招来敌人而非信使"。他总结道："政府必须采取比迄今所展现的原本希望或深思熟虑的必要之举更强有力的行动，以挫败俄国和波斯在这一地区的阴谋。毋庸置疑的是，我们确实有兰吉特·辛格大君这位相识已久的忠实盟友，但此类同盟不会让这些强国敬而远之，亦不能保证所有盟友、吾国及邻地的和平繁荣终将走向何方。"[91]

伯恩斯的确还有一招杀手锏：多斯特·穆哈迈德昭然明示自己本更愿意与不列颠而非俄罗斯缔结同盟，他还特意不惮其烦地展示这一点。维特科维奇几乎是被软禁在多斯特·穆哈迈德手下大臣萨米·汗王子的哈维利，那儿远不及提供给伯恩斯的居所富丽堂皇。多斯特·穆哈迈德仍未接见维特科维奇，两人之间照旧通过大臣联系。维特科维奇还一直受监视，他致函西蒙尼奇称多斯特·穆哈迈德表现得"十分冷淡，待我漠然"。正如伯恩斯在写给密友的信中所述：

123　　　　埃米尔突然造访，主动提出依我所愿行事，撵走他（维特科维奇）或怎样都行。我说不用做那种事情，不过可将代办带来的信函给我，他迅即将所有函件交了出来。我立刻向上司奥克兰勋爵发送快信，附上一封写给总督本人的密函，恳求他看看诸前任都给他招惹了些什么，告诉他我不知道自此之后会发生什么事，让他明了俄国人现与我们旗鼓相当。[92]

奥克兰勋爵于 1 月 21 日答复伯恩斯的连番恳求，回函恰在一个月后送达喀布尔。终于接获的奥克兰勋爵异常缺乏外交智慧的指令，一下子就让伯恩斯所有的努力和希望付诸东流。在附函中，麦克诺滕对伯恩斯的种种忧虑置若罔闻，辩驳称自己不相信波斯或俄国能让赫拉特陷入任何实际危险，还令人费解地声言："大人认为俄国代办的使命不具什么紧迫性与重要性。"伯恩斯亦受告诫，称他无权向坎大哈的巴拉克扎伊族人提供任何资助抑或提议结盟，他首倡的尽力以金钱拉拢的做法也被否决和撤销。

尤其是，奥克兰对与喀布尔结盟的想法仍未表现出丝毫兴趣，这在写给多斯特·穆哈迈德的信中表露无遗。奥克兰告诉埃米尔，务必忘掉白沙瓦并且"摒弃统御该地的念头"，还必须"停止与波斯、俄国和突厥斯坦（Turkistan）的一切交往"。作为回报，"我所能想到的就是予以公正对待"，英国人将劝说锡克人放弃对喀布尔发动武装入侵，使埃米尔因此免于搅进"一场毁灭性战争"。就兰吉特·辛格而言，"凭着宽容大度的天性，他已慨然应允遂我之愿停止冲突，只要你能迷途知返。望你深思熟虑自己的所作所为，如此行事或会影响与那位显赫的君主达成和解。我国通过直接建立的友谊纽带与他团结一致。你要摒弃不切实际的愿望"。

最后发出警告：多斯特·穆哈迈德若继续与波斯和俄国来往，印度政府将支持锡克向阿富汗扩张，"伯恩斯上尉……将撤离喀布尔，因为继续逗留当地不会多有助益"。[93]奥克兰毫无

124

妥协迹象，非但没有迎合多斯特·穆哈迈德合情合理的忧虑和正当愿望，反倒坚定了反对埃米尔的立场，还告知埃米尔唯有得到英国许可方能与波斯和俄国通信，要求他务必放弃索取白沙瓦和克什米尔的所有权，最令人难以接受的是，还要乞求兰吉特·辛格宽恕。

难以想象伯恩斯面对这一系列自掘坟墓的指令如何能力挽狂澜，尤其是在俄国人准备任埃米尔恣意索取之际——不仅建立友谊、提供保护，还资助 200 万卢布现金供其招募军队对抗锡克人，而这一切正是多斯特·穆哈迈德梦寐以求的。显然出于一时漫不经心，奥克兰一举就将自波斯贯穿中亚直至阿富汗的大片地域让给了俄国人。维特科维奇后来得悉信函内容，立即领悟到其中深意，他写道："英国人正逐渐丧失并会长时间失去在该地区重建影响力的一切希望。"[94]

伯恩斯不知所措，他的所有见解均被束之高阁，他的一切努力都付诸东流。马森随后报告称，伯恩斯一度"沉湎于绝望中。他将湿毛巾和手绢绑在头上，开始频频使用嗅盐瓶。目睹如此洋相以及由此招惹来的奚落嘲弄，我自是羞辱难当"[95]。不过在随后几周里，伯恩斯重拾斗志，勇敢地背水一战。他全神贯注地推敲上峰旨意，看看有无漏洞可钻，以将维特科维奇逼入绝境。

伯恩斯与更亲英的贵族合作，想弄清楚可否说服多斯特·穆哈迈德满足于英方有意提供保护的承诺。所有阿富汗方面的史料都有提及，伯恩斯似乎还四处打点，力图斩获强援。阿塔王子回忆道："伯恩斯开始与喀布尔的达官显贵及部族首领私下会面。这些人皆笃好钱财，痴迷于金币的叮当声，所以很快就被他引入歧途。他纳以贿金笼络人心。"[96]然而，大势已定，尽管包括多斯特·穆哈迈德的亲英派兄弟纳瓦布贾巴尔·汗（Nawab Jabar Khan）在内的中间人力图撮合双方。纳瓦布贾巴尔·汗还曾将子嗣送往卢迪亚纳受教于韦德，但奥克兰来函出言不逊、屈尊俯就的腔调，如同信函的实际内容一样令人无法妥协。正如埃米尔本人评述，他唯一永不放弃的就是个人尊严（izzat）。他告诉伯恩斯："是奥克兰背弃阿富汗人，而非自己抛弃英国人。"[97]

正当英国人自毁长城时，赫拉特爆发的事件逐步强化了俄罗斯帝国的支配力。围城局势渐趋紧张。埃尔德雷德·砵甸乍致函伯恩斯，汇报称：

> 来年乡村会彻底荒废。没有种子可供播撒，即便有种子亦无耕牛播种。我真担心（城镇内）不幸的什叶派教徒成批被卖为奴……城内笼罩着悲痛欲绝的气氛，因为几乎无人预料到会被围困数周以上……城内的绵羊几乎已绝迹，供水也中断了。公共蓄水池和地下储水箱变得污秽不堪，简直无法使用。[98]

此外，西蒙尼奇伯爵现已抵达沙的军营，愈发积极地参与指挥围攻行动。正如麦克尼尔的报告所述："证据显示，波斯与俄国同心协力意图损害英国的利益，这一事实毋庸置疑。据我看来，我方面临累卵之危，兵挈祸结之强度不可估量。"[99]

情势峰回路转，3月20日初现端倪，是日多斯特·穆哈迈德手下大臣萨米·汗王子邀请维特科维奇作为嘉宾一同庆祝波斯新年——纳吾肉孜节（Nauroz），他刻意等到聚会开始才约请伯恩斯。伯恩斯拒绝出席，委托印裔助手莫罕·拉尔·克什米尔代为参加。

126　　　　1831 年伯恩斯在德里初识年仅 20 岁的莫罕·拉尔，自那时起，莫罕·拉尔一直是伯恩斯无比珍贵的门士（即秘书）和谋士，如今已有七个年头。20 年前埃尔芬斯通执行任务时，莫罕·拉尔的父亲曾任门士。父亲一回来就决定把莫罕·拉尔送进新的德里学院，使他成为北印度按照英国式课程设置接受教育的首批男孩之一。莫罕·拉尔聪明、有抱负，通晓英语、乌尔都语、克什米尔语和波斯语。他陪同伯恩斯踏上布哈拉之旅，随后又在坎大哈作为"情报员"为韦德工作了一段时间，与其在喀布尔的搭档马森通信频繁。伯恩斯之所以对莫罕·拉尔委以心腹，很重要的原因是莫罕·拉尔用行动表明为效忠伯恩斯、维系两人之间的友情，付出多大代价也无怨无悔。由于公开表达宗教怀疑论思想，屡有违犯种姓规定的行为，1834 年 12 月莫罕·拉尔被所属的克什米尔班智达①社团正式逐出种姓。现禁止他"与他们用同杯共饮……将我摈除出他们的社群……是故，如今我在故乡德里无朋无友，亦无处可居"。[100]

莫罕·拉尔后来用英语撰写了一部举世瞩目的游记和一部学术性的两卷本多斯特·穆哈迈德传记。这部传记谈及莫罕·拉尔在萨米·汗王子的纳吾肉孜节聚会上与维特科维奇碰面的情景。一到那儿，他就发现大臣和维特科维奇：

> 坐在略高于众人的坛座（nihali）上，大臣彬彬有礼……安排我在俄国公使身边落座。伴着缭绕耳畔的乐

---

① Pundit，同 Pandita，学识渊博的大学者。——译者注

声，大臣时而与维特科维奇阁下、时而与我谈论政治话题。他询问驻扎在卢迪亚纳的英格兰士兵的人数，驻卡尔纳尔①、密拉特（Meerut）和坎普尔（Kanpur）各师间的距离，军队大部分成员是伊斯兰教徒还是拉其普特人（Rajput），以及印度当地居民对伟大的帖木儿家族（莫卧儿皇族）的衰败做何感想。我对这种查问方式心领意会，并由此断定，向我提出的每个问题都是有备而来，都是在我来参加聚会前就事先编排好的……

127

话题随后转到俄国与克什米尔之间蓬勃发展的商贸往来上，维特科维奇称希望这能有助于将阿富汗人从锡克人的渊薮中拯救出来。维特科维奇声称自己"被授权告知那位部落首领兰吉特·辛格大君，若不能对阿富汗人友好相待，俄国将易如反掌地资助……喀布尔方面招兵买马迎战锡克人，收复疆土……"他补充道："俄国诸团的 5 万将士严阵以待，随时准备在阿斯塔拉巴德（Astarabad）登陆……继而向旁遮普地区进发。这般举动势必鼓舞所有心怀不满的印度部族首领揭竿而起。英格兰人并非战士，不过是些重商主义的投机分子，得知阿富汗人有尚武的俄罗斯民族援助，他们岂敢助阵兰吉特·辛格。"[101]

维特科维奇行将在争夺喀布尔的角逐中获胜。3 月 23 日多斯特·穆哈迈德最后一次拜会伯恩斯。希望幻灭的埃米尔告知此友："我唯望得到英格兰人而非其他人的支持，但你拒不兑现一切誓言与承诺，不打算为我做任何事。"[102]同时，日渐确

---

① Kurnal，同 Karnal。——译者注

定无疑的是，波斯人及其俄国盟友即将夺取赫拉特，继而挺进阿富汗。作为回应，喀布尔的奇兹巴什什叶派波斯族信众重拾信心，耀武扬威地列队穿行于喀布尔的大街小巷。伯恩斯写道："此类事件就连最年长的居民都不曾听闻，嗣后不久可能引发一场宗教骚乱。"[103]

一个月后的 4 月 21 日，多斯特·穆哈迈德终于传召维特科维奇。维特科维奇在一支御用骑兵队的护送下穿过喀布尔街头，多斯特·穆哈迈德在巴拉希萨尔城堡以最高礼遇接见了他。其时，伯恩斯孤坐于宫殿群另一端的房中。维特科维奇在正式谒见室里告知埃米尔，俄国并不认可锡克在阿富汗国土的占领地，在俄国看来，白沙瓦、木尔坦和克什米尔在法律上仍归属阿富汗。他表示俄国乐见一个强大统一的阿富汗，俄国会作为一道牢不可破的屏障，通过外交途径予以保护，阻止英国向中亚扩张。他承认俄国距阿富汗遥遥千里，难以一获通知就即刻调动兵力，不过允诺资助多斯特·穆哈迈德迎战兰吉特·辛格。据莫罕·拉尔记述，他还跟埃米尔讲了诸多"对英国人的贬抑之辞"，亦承诺俄国将保护本国境内的阿富汗商人。作为回应，多斯特·穆哈迈德提议派遣子嗣穆罕默德·阿扎姆·汗（Mohammad Azam Khan）前往赫拉特城外的波斯军营会晤西蒙尼奇伯爵，以便亲自确认埃米尔欲与俄国开启长期友好关系的意愿。

对伯恩斯而言，一切都结束了。维特科维奇旗开得胜。苏格兰人延期逗留喀布尔，现已无任何意义。4 月 25 日，伯恩斯与多斯特·穆哈迈德互换短笺，彼此伤感道别。次日早上，伯恩斯、莫罕·拉尔和马森驱马离开喀布尔。马森写道，英国人突然起程"略带些许逃遁的性质"。哈米德·克

什米尔毛拉在著作《阿克巴本记》中，竟然将伯恩斯说成
是仓皇逃命：

> 他的面颊黄若藏红花
> 暗自思忖只剩死路一条
>
> 埃米尔言道："去吧！逃离此地！
> 速速动身上路
>
> 如若不然，对金银财宝溪壑无厌的你
> 只能从我这儿得到苦楚苛罚
>
> 恐怕这将有悖众望
> 世人坚信你会饱受涂炭
>
> 我把那看作无信无义
> 青睐恩宠，而后置之死地
>
> 焉能丢下千金不换的尊严
> 将我的座上客交予旁人"
>
> 斯干达（伯恩斯）本无生的寄望
> 岂料如此便能侥幸脱身
>
> 从喀布尔启程一路奔向印度次大陆（Hind）
> 好比绵羊走避怒吼的雄狮

129

> 一步一回头
>
> 唯恐猎鹰再将他攫[104]

实际情形完全不像阿富汗人马后炮般的回忆那么糟糕。英国人是在埃米尔的小儿子古拉姆·海德尔·汗（Ghulam Haidar Khan）的护送下出城的。作为私人友情的最后表示，多斯特·穆哈迈德随后又遣萨米·汗王子偕三匹牡马，在距喀布尔12英里的布特恰克（Butkhak）村赶上伯恩斯一行人。接下来的三年，伯恩斯与多斯特·穆哈迈德未再相会。当他们再次相遇时，情境已截然不同。

未到贾拉拉巴德伯恩斯就登上一支木筏，他将顺着喀布尔河航行至白沙瓦。至此阶段，维特科维奇已踏上前往坎大哈的坦途，下一阶段的使命是跟多斯特·穆哈迈德的巴拉克扎伊同父异母兄弟拟定盟约——诸兄弟曾被奥克兰拒之门外，现同意与多斯特·穆哈迈德、波斯人及俄国人一道围攻赫拉特。

赫拉特是维特科维奇阿富汗之行的最终目的地。在来自喀布尔和坎大哈两地的巴拉克扎伊众亲王陪同下，维特科维奇抵达当地，6月9日西蒙尼奇伯爵在波斯军营欢欣鼓舞地接见了他。维特科维奇为俄国收获的成果甚至比所有上司的奢念都丰厚，他彻底战胜了伯恩斯和英国人。[105]此后不久，波斯的沙将"太阳雄狮皇家勋章"（Order of the Lion and the Sun）授予维特科维奇。[106]

彼时伯恩斯已返回白沙瓦，静候进一步指示。其间，他向霍兰少校宣泄挫败感，写道："大势已去，俄国人给了我致命一击（coup de grâce），我不能再逗留喀布尔，转而退守白沙瓦。我国政府无所作为，俄国公使团甫一降临，直接出资并提

供支援。因我无权给予类似承诺，无法与之抗衡，自然被迫 130
认输。"[107]

　　不过，伯恩斯发往西姆拉的公开信更委婉练达。颇具讽刺
意味的是，他认识到此行使命宣告失败就意味着现在比以往任
何时候都更迫切需要一名阿富汗问题专家。他深知如今与喀布
尔开战的可能性越来越大，尽管对英国的政策取向疑虑重重，
但无论奥克兰勋爵目前做何打算，伯恩斯仍野心十足地想成为
掌舵人。

　　甚至在伯恩斯到达白沙瓦前，东印度公司就剑拔弩张地着
手采取行动以将多斯特·穆哈迈德妖魔化，其行为被奥克兰解
读为蓄意挑衅，故此遭受责罚。"多斯特·穆哈迈德·汗的言
行昭显愤懑不平之气和狼子野心，我们无法与之结成尽如人意
的关系"，奥克兰向伦敦方面的呈报严重失实。[108]倘使埃米尔不
肯配合奥克兰的期求，显然需以沙·苏贾取而代之，奥克兰相
信沙·苏贾会更通情达理、俯首听命。这一切到底该如何发
生，又以何种形式发生，奥克兰尚迟徊不决。

　　奥克兰及其姊妹现已抵达印度之旅的终点站西姆拉，发觉
这儿是他们在印度首个真心喜爱的地方。埃米莉写道："气候
恰似英格兰，让人神清气爽，千辛万苦的确值得。这般美妙之
地……西向的客厅一侧是深山幽谷，餐厅一侧是积雪的山脉，
我的房间也在这一侧。"[109]

　　西姆拉的存在本身就反映出这一时期身处印度的英国人令
人匪夷所思的妄自尊大情绪。一年中有七个月的时间，喜马拉

雅村落五分之一的人任由东印度公司支配。这座村落俯瞰西藏边界地区，仅有一条几乎无异于羊肠小径的道路与外界相连。自查尔斯·肯尼迪上尉（Captain Charles Kennedy）1822年"发现"此地以来，过去20年间，东印度公司在喜马拉雅山脉高海拔的狭长鞍部，着手建造了一个梦幻般的小英格兰——一种他们想象中的维多利亚时代早期的主题公园，配套建筑包括哥特式教堂、半木结构的乡间小屋以及富丽堂皇的苏格兰式宅邸。西姆拉的一切都与背井离乡的思乡怀旧情怀有关，这是一块避暑胜地，不言而喻亦是回避印度之所。正如一位对此不以为然的官员后来表述："印度其他地方可能继续有煽动叛乱的言行，或者爆发骚乱乃至血腥暴乱，但在西姆拉，最热门的问题却是马球决赛、赛马以及令人神魂颠倒的板球锦标赛。"

在西姆拉，奥克兰勋爵终于前所未有地决意关注阿富汗诸事件。过去两个月他严重低估了维特科维奇及俄国人造成的威胁，如今读着白沙瓦和赫拉特传来的最新情报，方才遽然陷入极度焦虑之中，转而又变为强烈的过激反应。其中一个原因是麦克尼尔从赫拉特城外发回的预言将大难临头的连串急件。麦克尼尔正打算撤离波斯军营，以抗议沙对他本人及其属下的忽视和羞辱，西蒙尼奇伯爵对此自是喜出望外。与波斯断绝外交关系并撤回奥斯曼土耳其帝国之前，麦克尼尔吹响战斗的号角，他建议："奥克兰勋爵现应做出明确指示，声明不与我们为伍便是与我们为敌，并将受到相应对待。沙若攻占赫拉特，我们就应刻立即行动。依我看来，这是攸关存亡的放手一搏……我们必须保卫阿富汗。"[110]

初步举措如下：奥克兰命一支海军舰队从孟买启航驶向波斯湾（Persian Gulf），占领设拉子（Shiraz）西南海岸外的哈尔克岛（Kharg），以此对沙发出警告。于是，当埃米莉在客厅一侧筹备业余戏剧演出——"为阿格拉饥民谋福利上演的六部戏剧"——的时候，客厅另一侧的乔治则将注意力转到替换阿富汗统治者的问题上。

奥克兰先是指望沙·苏贾或兰吉特·辛格除掉恼人难缠的埃米尔，这样就不必劳烦他亲自处理此事。正如埃米莉致函英格兰的姊妹时所述："无论何时想吓唬邻居，让他们安分守己，我们都有一个立竿见影的办法。我们手头常备众多各形各色的王位觊觎者，他们或被挖去双眼，或有子女被扣作人质，或者亲兄弟就是篡位者，或受困于林林总总的此类不利因素，但依然俯拾皆是，这对我们大有助益。多斯特·穆哈迈德若不守规矩，我们已准备好让一个名叫沙·苏贾的人取而代之（lacher）。兰吉特即将加入我们的行列，一起从事所有此类事业……"[111]奥克兰致函伦敦的主子，措辞更为正式地写到自己正在探究如下构想的可行性："我们出手相助并与兰吉特·辛格同心协力，以恢复沙·苏贾·乌尔木尔克在阿富汗东部区域的最高统治权。立约在先以安抚锡克统治者的情绪，约束复辟君主拥护我方利益。"[112]

故此，麦克诺滕5月10日奉遣奔赴拉合尔，奥克兰勋爵的外甥兼军事秘书威廉·奥斯本上尉随行，前去探询"旁遮普雄狮"的意见。吃一堑长一智，此行非但没有缩减礼品开支，反而携带一批厚礼："一把宝剑，据传做工精湛；两匹骏马，适宜纵情驰骋且拥有备受尊崇的英格兰血统；又在礼品中加入总司令特意精选的两把手枪，据他所知必受殿下钦慕。"除此之外，奥克兰还安排几峰骆驼满载佳酿馈送给嗜酒的大君。据埃米莉称，兰吉特"曾请求乔治把所有藏酒的样品都

132

送他品尝，乔治的确这么做了，因为知晓兰吉特·辛格的饮酒习惯，所以未雨绸缪地添了些威士忌和樱桃白兰地。兰吉特对威士忌极为赞赏，他对麦克诺滕说，既然一杯威士忌就能奏效，不明白总督缘何自找麻烦地喝七八杯其他酒"。[113] 途中，旁遮普的拦路盗匪劫走了一些板条箱以及与大队人马同行的助理医生包内的各类物品。听闻遭遇抢劫，埃米莉写道："盗贼将胃唧筒割碎，这对兰吉特手下侍臣来说是何等幸事。兰吉特在周遭人身上尝试各类医学实验，不知他们会被洗胃折磨成什么样子！"[114]

5 月 20 日，麦克诺滕穿过边界进入锡克领地。依照惯例，兰吉特·辛格在自己最喜爱的阿迪那加（Adinagar）夏宫接见使团。奥斯本描述了受兰吉特接见的情景：

> 盘腿坐在一把金色椅子上，身着一袭简朴的白衫，一串巨大的珍珠环绕腰间，手臂上是鼎鼎大名的"光之山"① 钻石，除此之外未佩戴其他饰物。那枚宝石不停地来回打转，不时从他的独眼中映射出的夺目光芒，即便不能超越也绝对可以媲美烈火闪耀的光彩。兰吉特落座后，除了迪安·辛格（Dheean Singh，兰吉特的长子）继续站在主人身后，旗下部族首领皆蹲坐在他的椅子周围。尽管自己与英俊二字天悬地隔，但被样貌俊美的人环绕，兰吉特似乎颇以为傲。我认为纵使其他任何欧洲或东方宫廷，亦很少能像这位锡克行政首脑的宫中一样，有一群如此仪表堂堂的男子。

---

① Koh-i-Noor，同 Koh-i-Nur。——译者注

接下来同样因循惯例，兰吉特·辛格连珠炮似地询问访客，奥斯本写道：

> 我们大部分时间都忙于回答兰吉特不计其数的问题，但根本不可能满足他的好奇心。兰吉特缘何无休止地迅速发问，问题源源不绝，我们对此不解。这些问题涵盖内容的无限多样性，亦令我们一头雾水。"你们喝不喝酒？""酒量多少？""我昨天送你们的酒，你们尝了吗？""那些酒，你们喝了多少？""你们带来什么炮？""那些炮有没有炮弹？""有多少？""你们喜欢骑在马背上吗？""你们更喜欢哪个国家的马？""你们在军队效力吗？""你们最喜欢骑兵还是步兵？""奥克兰勋爵喝酒吗？""喝多少杯？""他早上喝酒吗？""东印度公司军队实力如何？""他们是不是训练有素？"经过一个多小时的交谈后，兰吉特·辛格站起身，然后依照惯例，用檀香精油把我们熏得几近窒息，拥抱并准许我们离开……[115]

134

大君尤为津津乐道的话题是英国人的私生活。由于正在进行磋议，英俊的奥斯本上尉只得忍受大君断断续续盘问自己的性取向：

> "你看见那些克什米尔的（Cachmerian）姑娘了吗？""你觉得她们怎么样？""她们比印度斯坦①的女子俊美吗？""她们如英格兰女子一般俏丽吗？""她们之中你最倾慕哪位？"我回答称自己对她们都很倾慕，并指出我觉

---

① Hindostan，同 Hindustan。——译者注

得最俊俏的两位。他说："是的，她们很漂亮。但我还有些更标致的，今晚给你送去，你最好把最喜欢的都留下。"我表达了对此般无限慷慨之举的感激。他答道："我尚有许多。"接着就将话题引到骏马上。[116]

奥克兰勋爵的癖性也没逃过兰吉特细致的审查：

> "奥克兰勋爵结婚了吗？"
>
> "没有。"
>
> "什么！他连一个妻子都没有？"
>
> "一个也没有。"
>
> "他为什么不结婚？"
>
> "我不知道。"
>
> "你为什么不结婚？"
>
> "我负担不起。"
>
> "为什么负担不起？迎娶英格兰妻子花费很大吗？"
>
> "是的，花费很大。"
>
> "前些日子我自己也想要一个英格兰妻子，并为此致函英国政府，他们一个也没给送来。"[117]

诸如此类的戏谑调笑在某种程度上是一道烟幕，以消解英国人的敌意，掩饰兰吉特·辛格在谈判中一再展现的敏锐政治智慧。奥斯本对此有鞭辟入里的认识："兰吉特·辛格的确相貌丑陋，但他①的面容不能不让所有人感觉到他是个卓绝群伦

---

① Runjeet Singh，同 Ranjit Singh。——译者注

的人……富于智慧，独眼滴溜溜转不停，从眼神中可看出他对一切兴味盎然。无论他的首次亮相多么怪异，你都不得不承认那神情显露出的非凡才智与敏锐洞察力绝非平庸之辈所能及。"

兰吉特·辛格的谈判技巧很快彰显无遗，老谋深算的锡克领袖不久就把墨守成规的麦克诺滕比了下去。一位同僚写道："可怜的麦克诺滕本不该离开秘书室。他不懂人情世故，即便是简单的道理也一窍不通，完全没能力制定行政管理措施并指导实施。在司法界任职或许最适合他，即便那样，其能力也仅限于在上诉法院裁决书面证据。"[118]

奥克兰起初并不打算派英军士兵参与实施推翻多斯特·穆哈迈德的计划，而是指望将所有战斗交由兰吉特·辛格和沙·苏贾完成，就像苏贾上一次远征一样，英国人只提供资金、装备以及道义上和外交上的支持。不过，考虑到掌管新征服的白沙瓦领地困难重重，兰吉特对奥克兰勋爵武装入侵喀布尔的邀请没太大热情。兰吉特渴望除掉多斯特·穆哈迈德，希望在此过程中有机会增加个人财富，但又不愿卷入阿富汗战事，于是便施展高明手腕，玩弄诡诈伎俩。

6月初，麦克诺滕沮丧地禀报，称兰吉特"不会考虑派兵开赴喀布尔"。[119]不过大君又慢条斯理地暗示说若能得到金融中心希卡布尔县、开伯尔和贾拉拉巴德，他或会乐意听从劝说参与征伐，严惩并推翻自己的阿富汗宿敌。麦克诺滕对此予以回绝，一连两周会谈陷入僵局。事实上，兰吉特大概只是将上述要求作为讨价还价的筹码。因为当他做出让步时，声称现在只希望其永久拥有白沙瓦和克什米尔的权利得到保证；得到英国人给予的两万英镑现款，以及信德诸埃米尔以现金支付的大笔款项；至于沙·苏贾，则另需缴纳年贡，包括"55匹拥有受称许的毛色和怡人步态的纯种马"、骆驼驮载的"香甜美味的瓜"以及"101 张波斯地毯"。麦克诺滕立即接受提议，应允向苏贾及诸埃米尔施压以兑现承诺。随着谈判缓缓推进，最初计划好的一场对英国有利的锡克远征，在数周之内渐渐转变成为锡克牟取私利的英国远征。

直到 6 月底，谈判移师拉合尔，伯恩斯和马森已从白沙瓦赶来加入英国代表团，兰吉特这才确认将与大规模英军会合，联手将苏贾捧上王位。

麦克诺滕问兰吉特："殿下前段时间（1834 年）曾与沙·苏贾·乌尔木尔克达成协议，要是该协议仍然生效，是否对你方有利？你会否欣然应许英国政府成为协议缔约方？"

兰吉特答道："这将是锦上添花。"[120]

直至此刻，仍无人想到要告知沙·苏贾，他即将被捧上昔日御座。麦克诺滕经多方努力硬是让退隐的苏贾重新粉墨登场，他其实也不曾与自己长久以来一直拥护的人谋面。

苏贾流亡卢迪亚纳已有三十载，荒度大半生。但他自认君权神授，一刻都不曾放弃重返故土、稳坐江山的希望。佼佼不群、令人敬畏的妻子瓦法女王最近撒手人寰，雪上加霜的是，狂热的锡克教团成员（akali）几乎立刻就亵渎了苏贾为妻子在锡尔欣圣祠（dargah）建造的坟冢。[121]

137　　1838 年 7 月 14 日，麦克诺滕抵达卢迪亚纳，最终与兰吉特·辛格达成协议，这让他如释重负。苏贾不断收到己方情报网的密探和线人发回的简报，十分清楚自己被当作傀儡，用阿富汗人的说法就是"小萝卜"（mooli）。尤为羞辱的是，苦等30年的行动最终却背着他暗自筹备，对于如何实施行动，甚至连只言片语的请示都没有。纵使协议中将贡物变相称作"津贴"，但他压根儿不乐意向兰吉特·辛格奉上任何贡物，那厮曾严刑拷打他的儿子，还窃取了他最宝贵的财产。

第一部讲述英国武装入侵阿富汗的史诗《战地书》将英国人与沙·苏贾的会晤想象成麦克诺滕（"他的心没有透明物质，只有烟雾"）和伯恩斯（"那个煽风点火的人"）施展邪恶魔法、行尽阿谀逢迎之能事，征服了对于以英国傀儡身份重返阿富汗持保留意见的沙（"粗鄙龌龊的苏贾"）：

> 他们说："苏贾啊，我们是你的忠仆！
> 我们卑躬屈膝，俯首听命。"
>
> 沙听信他们的谎言
> 打开话匣子。
>
> 他对他们说："我的伙伴们啊！
> 让我们在埃米尔的王国掀起事端。
>
> 我将占领国家，夺取皇冕
> 我会把绞索套在他的颈上。
>
> 剑芒凌厉，他能逃往何方？
> 他定将逊位于我。

> 届时，喀布尔王国当即
> 成为你们洋大人（sahib）的掌中物。"

138
> 那睿智狡诈的大人（Lat，指麦克诺滕）
> 听闻此番话
>
> 变得热血沸腾，说道：
> "苏贾啊！祝你洪福齐天！
>
> 若合你意
> 那就厉兵秣马奔赴喀布尔
>
> 我唯一担心的是，当地臣民
> 或觉我手中雪葩味道苦涩。
>
> 但如今逐鹿中原正当时
> 何年何月才能再有这样一场狩猎？"[122]

实际情形似乎稍有差别。麦克诺滕对这位年近花甲的尊贵长者刮目相看，"被年长的觊觎王位者威严的外表深深触动，尤其是那垂至腰间、飘逸的黑色长髯……他耐心等候天命（kismet）的降临，让他复辟王位"。[123]不过，麦克诺滕无意让萨多扎伊族人的敏感情绪进一步拖延计划执行，因为萨多扎伊族人根本没资格像锡克人那样叫板。苏贾简略得知相关计划，获悉允许由他来统治疆界遭截头去尾、版图略有缩小的阿富汗。英国人向苏贾保证，未经皇室许可，不干扰其亲族、不干涉其内政，许诺解囊援助阿富汗重建，应承战后协助他巩固统治地位。鉴于卢迪亚纳长期存在宫婢逃跑的难题，据苏贾本人对此次谈判记述，他要求在协议中追加一项条款，确保"由本地逃往外地的婢女必须进行交换并遣返。国王若没了宫婢服侍，荣誉与尊严何在"。[124] 此外英国人保证，准许他采用与1833~1834年相同的路线，亲率旗下部队领先进入阿富汗，而不仅仅是尾随在英军诸团后黯然登基。最后，与先前征战的做法如出一辙，英方允诺给予额外经费以训练苏贾旗下军队。

7月16日，在与麦克诺滕首次会晤48小时后，苏贾就签署了后来广为人知的、被称作"三方联盟"（Tripartite Alliance）的协议。

埃米莉·艾登觉得西姆拉社交季开始得尽如人意，她愉快地给英格兰的姊妹写信："我们举办各式各样的晚宴，间或有舞会，无意中还发现了一种颇受欢迎的做法。我们的乐队每周在当地山丘上演出一次，我们给听众送去冰糕和茶点，几乎毫不费力就有一次美好的小团圆。"[125] 而埃米莉唯一抱怨的是，"塞米勒米斯"（Semiramis）号汽船理应将她的信件运往伦敦，不料却出海运送海军中队前往波斯湾（Gulf）的哈尔克岛，她的邮件仍滞留于孟买。"我们用尽千方百计。然而，首先是季风让一艘汽船陷入瘫痪，第二艘船返航归来时所有信件依旧在船上，我们还天真地认为信早到英格兰了。随后尝试用阿拉伯帆船，但我始终深信阿拉伯船员只会四处野蛮航行，喝着咖啡劫掠其他船只……"[126]

其间，埃米莉的兄弟在喜马拉雅山脉高耸的岩脊上最终敲定了英国全面入侵阿富汗的计划。不过，奥克兰仍穷思竭虑、举棋不定，他开始收到精通印度事务的老手们发来的颇有微词的信函，为此慌乱焦躁。查尔斯·梅特卡夫在奥克兰到任前的那段时间任职代理总督——许多人认为该是他获任总督一职，而非奥克兰。查尔斯·梅特卡夫表达了自己对奥克兰的阿富汗政策的强烈不祥预感，他写道："我们全无必要而又不以为意地陷入困境与窘境，根本不能从中解脱，除非有失体面地撤退。我们唯一的行动方针是抵制俄国的影响力，但我们所采取的措施几乎确保了其影响力的建立……必然的结果只会是：即便在乍看起来成就辉煌的情况下，我们仍会在政治及财政上长期面临窘境与困难……"

不列颠首屈一指的阿富汗问题专家蒙特斯图尔特·埃尔芬斯通同样持怀疑态度，他评述道："若能调派 2.7 万名将士沿波伦山口奔赴坎大哈①（我们听闻你正有此意），还能保证食物供给的话，我毫不怀疑你将夺取坎大哈和喀布尔②，并能让苏贾即位。但是，在一个贫穷寒冷、强硬刁悍的遥远国度，置身蛮横粗暴的阿富汗民众当中，想让他稳坐江山，我承认在我看来注定会失败。若成功达成既定目标，恐怕亦将削弱对抗俄国的有利地位。阿富汗人抱持中立立场，他们过去曾满怀感激地接受你的援助，对抗侵略者，现在同样会愤懑不平地积极联手任何侵略者将你逐出去。"[127]

东印度公司在当地的盟友也认为武装入侵根本不会是轻而

---

① Candahar，同 Kandahar。——译者注
② Cabul，同 Kabul。——译者注

易举之事。英军士兵必须穿过巴哈瓦尔布尔（Bahawalpur）的纳瓦布①的领地，纳瓦布表达了深切的焦虑之情，手下臣僚皆随声附和。正如奉派前去交涉的英国官员禀报：

> 他们详述了入侵该国的难度，谈到我们对道路山口情况一无所知，并依据自己的深刻见解表示，在英国政府看来稳操胜券的计划，实施起来会异乎寻常地困难。谈及沙的时运，他们认为他时乖命蹇。至于多斯特·穆哈迈德·汗，这儿的普遍观点似乎是：在众叛亲离、走投无路之前，他绝不可能妥协乞和。[128]

7月20日伯恩斯被传召进西姆拉总督府出谋划策之际，遭警告切莫令奥克兰胡思乱想，也不要试图让奥克兰改变主意。据马森所述："我们到达时，托伦斯和科尔文跑来找他，恳求他不要讲令勋爵大人心神不宁的话。他们费尽心思才让大人参与此次行动，即便是现在，大人亦乐于有任何托辞退出行动。"[129]直至8月，奥克兰仍迟疑不决，依旧反复推敲各种可选方案。

　　虽然如此，如今一切都已有条不紊地慢慢走上正轨。尽管奥克兰顾虑重重、疑信参半，但是麦克诺滕及管理层的鹰派人物仍不懈地推进入侵计划。[130]入侵的规模和英国的参与程度与日俱增，最终英国政府决定调遣整整两万士兵。这是20年来东印度公司军队承担的最大规模的军事行动，也是40年前蒂普苏丹落败之后首次真正的重大冲突。

141

------

　　① Nawab，土邦君主。——译者注

9 月 10 日下达动员令，奥克兰勋爵正式要求总司令召集军队挺进阿富汗。印度各地寂静的兵站渐渐开始行动。身处兰多乌尔（Landour）的威廉·丹尼上尉（Captain William Dennie）在日记中草草写道："我们行将面对重大事件。据说我们要跟俄国人或波斯人交战。"[131] 同一日，伯恩斯奉命制订军队穿越信德的路线。他写信给霍兰："现在两万将士奉命去做早前或许一句话就能做到的事，还必须投入 200 万现金去做我只用 20 万卢比就能做到的一切！"[132] 伯恩斯却也并不难过。他收到一个题写着"亚历山大·伯恩斯爵士"的信封，里面装着下发的命令。他起初以为出了差错，怎料打开信封发现自己获授爵士头衔。他的使命或已受挫，麦克诺滕或已如愿获得远征的政治指挥权，但是伯恩斯心甘情愿公开支持自己一贯反对的政策，对抗一个自己颇有好感并尽享其盛情款待的统治者，这些情况一众上司都留意到了。确切来说，伯恩斯发自喀布尔的急件在以《议会蓝皮书》（Parliamentary Blue Book）的形式面世之前遭肆意编撰，弄得好似他自始至终支持苏贾复辟，对此他一直三缄其口。* 对于最近数月所有的挫折失意，他亦守口如瓶。伯恩斯的缄默受到奖赏，他依然官运昌隆。

142　　10 月 1 日奥克兰发表了后来被广为人知的《西姆拉宣言》（Simla Manifesto），宣布不列颠动用武力让沙·苏贾在阿富汗复辟王位的意图。"亲爱的乔治爱好和平，却不幸要参战了，

---

* 为了赢得议会批准发动战争，严格筛选伯恩斯的急件编撰成《议会蓝皮书》一事，后来成为一场重大丑闻，堪称那个时代的"伪材料"（dodgy dossier）事件。参见 G. R. Alder, "The Garbled Blue Books of 1839", *Historical Journal*, Vol. VX, no. 2 (1972), pp. 229–259。

这的确与他的性格相悖。"埃米莉致函舅父——前任总督明托伯爵,正是明托伯爵最早派遣埃尔芬斯通前往阿富汗。[133]

奥克兰的宣言多多少少纯属宣传。这份宣言对获知的情报公然蓄意指鹿为马,立即被印度媒体看穿,称其"虚伪至极,歪曲事实"。[134]一位印度文官指出,这份宣言使用"'正义''必要'字眼,以及'边境''英王国属地的安全'和'国防'措辞,从某种意义上说,幸而在英语语言中尚无用这些词的先例"。[135]

奥克兰在宣言中指斥多斯特·穆哈迈德"力推最不可理喻的主张,公然宣称的扩张阴谋和野心计划损害了印度边境地区的和平与安全",为了实现该主张,"他悍然威胁……要招来所有可能得到的外援"。奥克兰谴责多斯特·穆哈迈德"向我们由来已久的盟友兰吉特·辛格大君无缘无故发动突然袭击",还指控他给予"波斯毫不掩饰的支持,协助波斯实现图谋……力求将波斯的势力与权威延伸至甚至超越印度河两岸"。奥克兰声称这场战争旨在"建立一道持久屏障,以对抗进犯我西北边境的种种阴谋"。这当然完全歪曲了事实,但奥克兰即便想改变立场,如今也为时已晚。由于他喜欢让鹰派人物相伴左右,诸事件现继续以不可遏止的势头向前发展。

公文接着写道,沙·苏贾的名望"已经由最权威的人士的强有力的一致证词向勋爵大人证实"。职是之故,英国人将协助喀布尔的合法统治者"在其旗下将士的簇拥下踏入阿富汗"。而这亦远非事实。历经30年安逸的退隐生活,沙现已年近花甲,他即将领导第四次远征以复位秉政。不过这一次,他将带领英属印度军队,在英国官员的严密监督下为英国

143

谋利。

此次远征无论如何都算不上苏贾数十年来朝思暮想的荣归故土。然而，对迟暮之年的长者而言，这并不重要。对苏贾及其侍臣来说，这不是英国对独立国家发动的一场不正当、不必要的无端侵略，而是国王身返故国。

第四章　地狱之口

沙·苏贾第四次重夺王权的尝试，像先前三次一样，自一开始就混乱不堪。此次远征拉开了第一次阿富汗战争（First Afghan War）的序幕，从而被英国历史学家铭记。

就理论而言，这是个好计划。首先，在旁遮普的菲罗兹布尔举行送行仪式，三方联盟作为缔约方均出席。继后，正如沙·苏贾五年前的上一次远征，此次远征亦经由两条路径武装入侵阿富汗。一支军队由沙的长子即王储帖木儿率领，在韦德上校和兰吉特·辛格调派的一个团的旁遮普穆斯林的襄助下，穿过白沙瓦，沿开伯尔山口向北行进，由此逼近贾拉拉巴德。另一支规模大得多的军队，在麦克诺滕的监管下，在东印度公司孟加拉及孟买军队官兵的协助下，名义上由沙·苏贾率领。由于兰吉特现禁止英军将士穿行其领地，这支军队将绕行旁遮普南下，接着经波伦山口向前进发，对坎大哈以南的阿富汗南部地区发动进攻，随后继续挺进加兹尼。两支军队将在喀布尔会师，以辅佐苏贾在巴拉希萨尔城堡重祚。与此同时，沙·苏贾的诸多殷殷热望的阿富汗盟友将揭竿而起以助其一臂之力，驱逐"篡位者"多斯特·穆哈迈德。韦德向奥克兰保证："沙·苏贾踏入该国前，大抵每位显要的部落首领都会纷纷呈请、争相效忠于他。"[1]但从一开始，就几乎没有一件事按计划进行。

《西姆拉宣言》明确言明，沙将"在旗下将士簇拥下"返回祖国。问题是苏贾此时无一兵一卒，确切说来，他仅有的随从照常是屈指可数的残废家仆。因此，首先要招募一支新军——沙·苏贾分遣队。1838 年整个夏季，准新兵陆续抵达卢迪亚纳，其中少数人是承袭了罗希拉血统的印裔阿富汗人，他们的先祖于 18 世纪移居恒河流域，不过大多数人是当地的"印度教徒……随营人员来自东印度公司的军事驻地"。然而新兵如此蒙昧不羁、缺乏训练，以致英方很快就断然认定：这些"衣衫褴褛、肮脏不堪的乌合之众"不适宜在菲罗兹布尔盛大的远征启动仪式上公开接受检阅。[2]正如一名英国官员在信中所述，还有一个重要问题：要"沙在旗下将士的簇拥下踏入故国疆域，显然是'天方夜谭'。鉴于事实昭彰，根本无法掩人耳目而不使内情毕露，他们中无一人是沙的臣民或阿富汗人"。[3]

故此，8 月下旬苏贾率旗下分遣队先于其余军队悄悄出发，远离众人视线，经由菲罗兹布尔前往希卡布尔县，在那儿展开集中演练。但没过多久，分遣队就偏离了拟议的路线，横行无忌、肆意砍杀，将拉尔卡纳（Larkana）洗劫一空。[4]*这在信德各地唤起人们昔日的记忆——事关苏贾手下士卒上一次沿印度河闲逛时的暴戾恣睢和所犯下的"惨无人道的暴行"，以致信

---

* 拉尔卡纳是未来的布托王朝（Bhutto dynasty）的发源地。

德诸埃米尔愈发不愿出手相助。雪上加霜的是，经由海路最先到达卡拉奇（Karachi）的孟买部队，误以为灯塔上炮兵的鸣炮致礼是发起攻击，遂将料想中的信德盟友的沿岸主要堡垒夷为瓦砾。

这不是唯一问题。厄兆连连的是，时来运转的苏贾似乎已被幸运冲昏头脑。长期蒙受厄运，沙的温厚性情显然已被侵蚀，他变得冷酷无情，很快就与属下所有英国军官失和。他傲慢不逊，执意要求英国军官在自己面前保持站立，令他们避而远之。[5] 他还将未来的阿富汗臣民称作"一群卑鄙小人，无一例外"，这亦令其英国监护人恐慌不安。[6] 麦克诺滕恼怒地记述道："我们务必试着循循善诱，让他对其臣民抱持更赞许的看法。"其间，帖木儿王子根本未能从卢迪亚纳发兵。"王子如此愚蠢，竟不动窝"，其父自希卡布尔县向韦德发送数封怒不可遏的短笺，其中一封如是写道。[7]

是故，远征本以沙·苏贾的名义进行，苏贾却未能出席为奥克兰勋爵的战争举行的送行仪式，确切说来，萨多扎伊王朝的任何人均未到场。艾登一家代替萨多扎伊族人，冒着滂沱的季风雨从西姆拉启程。埃米莉压根儿不乐意离开自己钟爱的喜马拉雅休养地。到达平原后不久，她就满腹牢骚：

> 军营中潮湿至极的一天，那污秽不堪的悲惨处境真是无以言表。仆役们全身湿透，看起来颇为凄惨。烹饪锅具并非来自上一次露营。帐篷四处漏水，哪儿有接缝，哪儿就有水流……骆驼不断滑倒，奄奄一息。双轮牛车陷入河中，动弹不得。个人安逸从何谈起！每顶帐篷都被小沟渠环绕，泥浆泼溅（slosh），人总是滑进烂泥……我撑着伞

146

离开自己的营帐走到乔治的大帐，换乘轿子去营地一侧的帐篷用餐，而餐食则由轿子从营地的另一侧送来……[8]

147 途中他们在卢迪亚纳稍做停留，面见了帖木儿王子。帖木儿仍未动身开赴白沙瓦。范妮写道："昨日，我们在韦德少校的帐中举行了盛大晚宴，盏盏小灯依照当地的做法排成长龙，整座城市灯火通明……苏贾的儿子前来出席晚宴，他既无所辖王国，亦无大象，他们派我的专属大象去接他。"[9] 席间，麦克诺滕手忙脚乱地打翻了自己的餐碟与餐具，对一个如此沉迷于诸多礼仪细节的人而言，这引发重重焦虑。范妮报告称："由于那件事，军营笼罩在极其恐怖的氛围中。如遇相同状况，用手抓食的沙·苏贾①会对麦克诺滕有何看法？"[10]

总督潮湿的驻营地不过是遍及整个印度北部和西部的更大规模的雨季部队调动的一部分。

孟买诸团将士冒雨从营房中涌出，走下海滩登上兵员运输舰，横渡波浪滔天的大海，前往卡拉奇、特达县（Thatta）和印度河河口周围的其他登陆点。德里岭（Delhi Ridge）下方的军营里，试验性的新式骆驼炮台驭手——炮台配有骆驼搭载的轻巧白炮和康格里夫（Congreve）火箭系统——正吃力地给执拗的骆驼套上挽具。在汉西，詹姆斯·斯金纳上校试图从哈里亚纳邦（Haryana）蒙受水灾的牧场召集后备部队，勤务兵则

---

① Shah Soojah 同 Shah Shuja。——译者注

忙着擦亮锈迹斑斑的骑兵头盔和锁子甲。密拉特和鲁尔基（Roorkee）的军营泥泞不堪，东印度公司的印度兵已打点好行装开拔上路，沿北疆商道（Grand Trunk Road）向卡尔纳尔（Karnal）和菲罗兹布尔进发，偌多满身污泥的妻子和情妇跨过他们背后的泥潭蜂拥而至。

率整团将士穿越雨季泥沼的威廉·诺特，来自威尔士边界地区，是个直言不讳的自耕农之子，40年前自卡那封郡（Caernarvon）抵达印度，随后逐步晋升为东印度公司驻印度最资深的将军之一，他与手下那些"精壮的优等兵"极为投缘。他带领麾下印度兵离开德里基地，一路坎坷地向卡尔纳尔推进。诺特与妻子携手二十载，刚在德里为"令他扼腕痛惜的爱妻利蒂希娅（Letitia）"举行了葬礼。诺特写道："道路上满是士兵、枪支、炮车、弹药及金银财宝，这就需要耐心等候人员和马匹在双轮牛车及作战用具间穿行。"

如果说年轻战士指望战争给他们带来荣耀和劫掠物，使他们加官晋爵，那么诺特只不过希望战争能帮他忘却某些记忆。到达卡尔纳尔当晚，他在给女儿们的信中写道："想到岁月流逝，忆念那些我所珍爱的旧时光，度过苦不堪言的一天。"他补充道，"说来也怪，我的心绪多多少少释然了"，即将投入的战斗分散了他的注意力，只是有个念头让他不寒而栗——他在页边空白处潦草地写道："人类何时才能停止自相残杀？"[11]

诺特总算被晋升为少将，这给他带来稍许安慰。要不是那么快就对当权者吐露真言，他本该更早获此殊荣。诺特不是一个即便发觉遭受蔑视亦缄口不言的人，不断给予初来乍到的英军指挥官优先权，这种做法早就让他大为恼火。尽管这些人通常比东印度公司军中同等职位的人更富有、人脉更广，但他们不会讲印度斯坦语，也没有任何在印度战斗或与印度兵并肩作战的经验。诺特听闻，总司令约翰·基恩爵士（Sir John Keane）打算抽调几个团的印度兵脱离东印度公司诸将军的控制，诺特已拉开架式，准备就此问题跟对方拼。他向女儿们解释道："事实上，他是女王任命的军官，而我隶属东印度公司。我断然坚信女王任命的军官即便有雄才伟略，也完全不能胜任统率东印度公司的军队。"

令所有人如释重负的是，到11月上旬，如今已被堂而皇之地命名为"印度河之师"（Army of the Indus）的军队陆续集结在菲罗兹布尔平原的时候，雨季已结束。为了试着让营地官兵振作起来，兰吉特·辛格调派600名园丁用盆栽玫瑰在军官的营帐周围布置临时花园。不过要打响这场战争，集结的军队目前面临一个更为严重的阻碍。让奥克兰困窘的是，正当紧锣密鼓筹备武装入侵时，消息传来称英国海军占领哈尔克岛令波斯人惶恐不安，他们出人意料地中止了赫拉特攻城战，撤退至马什哈德。此后不久，有消息证实圣彼得堡的内塞尔罗德伯爵也做出让步，这次是迫于英国外交大臣巴麦尊子爵施加的外交压力。而西蒙尼奇伯爵——俄国为在波斯和阿富汗智胜英国人而开展的一系列外交活动的发起人——遂成为牺牲品：以擅越职权为名被免去了俄国驻波斯宫廷大使的职务。[*] 维特科维奇亦被召回圣彼得堡，他之前一直在坎大哈忙于强化俄国与巴拉克扎伊的同盟关系。维特科维奇允诺，倘若英国实施武装入侵，

---

[*] 至少内塞尔罗德是如此告知巴麦尊的。实际上，西蒙尼奇显然心甘情愿与美丽的奥尔贝莲妮公主及十名子女重聚第比利斯。自俄国驻伊朗前公使格里博耶多夫（Griboyedov）遇害身亡，德黑兰公使馆就被看作不适宜配偶及子女逗留的危险之地，其情形正如现今的英国和美国驻巴基斯坦大使馆一样。西蒙尼奇返回格鲁吉亚后，他的继任者迪阿梅尔（Duhamel）最初采取了与西蒙尼奇类似的外交路线。

俄国将为多斯特·穆哈迈德的同父异母兄弟提供军事支持。

最初令奥克兰宣战的两起事件（casus belli）现已平息：俄国和波斯已公开做出让步。即便曾有对英属印度的任何真正威胁，此刻也已消解。这本该是与多斯特·穆哈迈德重新展开谈判的最佳时机，一枪不发就能达成所有战争目标。毕竟，印度北部仍蒙受严重饥荒，导致数万甚至很有可能是数十万饥民被活活饿死，具体死亡人数无官方统计数字。英国人鼓励当地人种植罂粟而不是粮食作物，这大大加剧了饥荒惨状。此外，奥克兰选择在另一条战线发动第二场非法侵略战争的可能性与日俱增，此次欲与中国开战，只为保护令东印度公司获利丰厚的鸦片贸易，而鸦片正是产自印度的罂粟田——那些曾经五谷丰登的肥沃良田。再者，阿富汗社会能否接纳苏贾，一切未成定数。一旦复辟王权，是否有可能让他稳坐江山，同样难以预料。然而令人错愕的是，在菲罗兹布尔，似乎无人刹那转念，考量重新开启谈判的可能性。

相反地，在阿富汗遭遇哥萨克骑兵或波斯帝国军队的危险既已不复存在，英方遂发布通告，称将从"印度河之师"撤回几个团，派遣一支规模大幅缩减的军队参与行动。尽管如此，奥克兰还是措辞强烈地公开声明，意欲"精神抖擞地继续实施"现有计划。他坚称："行将遵循的行动方针，其正义性毋庸置疑。我们为自身安全考虑，就应协助阿富汗的合法君主重新践祚。"英方会履行《三方协议》（The Tripartite Treaty），沙·苏贾仍将被"辅佐登基，继承先祖的王位"。

11 月 27 日，锡克及东印度公司的各路军队终于在菲罗兹布尔平原会合。所集结部队的庞大规模让奥克兰勋爵属下惯常愤世嫉俗的副官威廉·奥斯本大为震惊，他记述道："在菲罗兹布尔的'金缕地'（*Champs de Drap d'Or*），奥克兰勋爵一出现，已然就是威势赫赫的印度君王。尽管锡克将领的珠宝和链甲让副王幕僚的军服黯然失色，但总督麾下浩浩荡荡 1.5 万名侍从护卫与旁遮普君主旗鼓相当。"[12]埃米莉亦一反常态，被如此壮观的场面彻底征服，她写道："我们身后是巨大的圆形露天场地，我们自己营地的象群立于其中。"面对它们的是"数千名兰吉特的臣下，他们皆身着或黄或红的锦缎衣衫，大量备用马被金银色薄绢包裹，个个珠光宝气。我真的从未目睹如此令人眼花缭乱的景象。三四个锡克人看起来就好似出逃的阿斯特利马戏团（Astley's Circus）成员，不过，他们硕大的身躯免于让绚丽辉煌的场面过分戏剧化。"[13]

尽管如此，其他人却不为所动。日后的阿富汗战争史学家约翰·凯爵士（Sir John Kaye）当年是炮兵部队的一名青年军官，他回忆道，奥克兰勋爵与兰吉特·辛格的首次会晤"处于不可名状的喧嚣纷乱的场面当中"。如此混乱的局面实际上是由两排发出喇叭似吼叫声的大象相互冲撞，随后又争前恐后地跟随两位领袖进入王帐（Durbar Tent）造成的。许多锡克骑兵怀疑这或是英国人图谋不轨，要对他们敬爱的首领狠下毒手，"于是开始吹亮火绳（更确切地说，是给火绳枪装上弹药），紧握武器，神情中掺杂着重重疑忌和雕悍狼戾"。[14]此番喧哗令奥克兰勋爵意气风发，继而对兰吉特的欢迎词"做出尤为引人注目的回答，称他们的联军会征服世界。他们携手并进占领莫特坎比（Motcombe）的时候，我认为你会大为惊愕。"范妮写信给英格兰的姊妹如是说道。[15]

当晚盛宴，范妮坐在兰吉特·辛格身旁。这个一起用餐的同伴激起了范妮的好奇心，亦令她着迷。兰吉特出席晚宴时身着纯白色无领长袖汗衫和宽松裤子，唯一佩戴的珠宝"光之山"钻石在手臂上熠熠生辉。考虑到兰吉特如何逐步将它据为己有，这枚钻石或许并非那个场合最得体的配饰。席间大部分时间，锡克君主都在设法让范妮饮用他家酿的美酒范妮后来记述道：

> 他称之为酒的混合物好似燃烧的烈火，比白兰地浓烈得多。他起初满足于让乔治和威洛比·科顿爵士①吞下这种酒，随后开始硬劝我喝下用金制酒杯盛装的一杯杯烈酒。有那么一段时间，我应对得宜，假装一饮而尽，然后将酒杯递给他的斟酒人。但他渐渐起了疑心，把酒杯举到自己的独眼前，朝酒杯里细细端详，摇摇头又将酒杯递回给我。接下来干脆把手指伸进酒杯，查看我喝了多少。我让韦德少校解释说，在英格兰，女士不喝这么多酒。于是他等乔治转过头去，才从手臂下递了杯酒给我。他认为乔治是个阻止我饮酒的可怖暴君。[16]

席间，乔治一直在回避这位新同伴三番五次的盘问——他为什么连一位妻子都没有。埃米莉讲述道："乔治说在英格兰只允许有一位妻子，到头来若发觉是个恶妻，他可没那么容易摆脱她。兰吉特说那是个陋俗，锡克人获准有 25 个妻子，她们不敢不守规矩，若那般放肆，他可以打她们。乔回答说那是极好的习俗，归家后会试着推而广之。"

次日早上，锡克人炫耀了自己的演练成果，他们训练有

① Sir W Cotton，即 Sir Willoughby Cotton。——译者注

素，特别是弹无虚发的炮队，给盟友留下深刻印象。接着轮到英国人，凯写道："英国长官对假想敌发动攻击的精湛本领，不亚于其挫敌制胜的英勇气概。他的确在平原上打了一场漂亮仗，只需另一支军队打前哨便可大获全胜。"[17]

两天后，在进一步展示军事造诣和高超骑术、发表更多的演说以及举办另外几场宴会之后，部队终于启程出征。身着猩红色斗篷、头戴笔挺的有檐平顶高筒军帽的枪骑兵在前开路，骑兵团和步兵团各纵队朝下游方向行进，开赴希卡布尔县。他们要在那儿与孟买军队和沙·苏贾的分队取得联系。与此同时，锡克人一路北上，向拉合尔进发。

"印度河之师"现包括大约 1000 名欧洲人和 1.4 万名东印度公司印度兵（不包括苏贾雇佣的 6000 名非正规军），至少有 3.8 万名印裔随营人员同行。出征人员的行李由 3 万余峰骆驼驮载，这些骆驼是专门从远至比卡内尔、杰伊瑟尔梅尔以及东印度公司在哈里亚纳邦希萨尔（Hisar）的骆驼养殖场募集而来的。

无人打算轻装上路。一名准将声称需要 50 峰骆驼驮载行装，科顿将军一人就占用了 260 峰骆驼，还指定 300 峰骆驼驮运军队的藏酒。即便是基层军官，亦有多达 40 名仆佣相伴同行，从厨师和清洁工到挑夫和运水夫一应俱全。[18] 按诺特少将的话来说，很明显，这支军队从未推行军人应有的艰苦朴素精神。诺特的整个职业生涯不得不凭借其个人努力才得以步步高升，而非利用人脉关系、恩惠或金钱，所以不免以偏见的眼光看待女王诸团的富贵年轻军官。许多基层军官将战争视为狩猎之旅一般轻松惬意。实际上，有一个团的确带着猎狐犬同赴前线。诺特写道："很多青年军官宁可考虑丢弃刀剑和双筒手枪，也不愿没有镜匣、香水、温莎香皂和古龙水（eaude Cologne）就贸然出征。一个团有两峰骆驼驮载绝好的马尼拉雪茄，其他骆驼则被用来驮运果酱、泡菜、方头雪茄烟、罐装鱼、密封的咸肉、餐具、玻璃杯、陶器、蜡烛、餐布等。"[19]

这预示着要形成有效战斗力，前景的确不容乐观。"印度河之师"不同派系间缺乏沟通亦非吉兆。到目前为止，亚历山大·伯恩斯理应结束与信德诸埃米尔的磋议，使军队获得必要许可，溯河而上穿越诸埃米尔领土。然而，袭击卡拉奇外加洗劫拉尔卡纳，反倒险些在迎战多斯特·穆哈迈德的计划付诸实施前，在英国人与信德人之间引发第二场战争。信德人不想让英国军队徒步横穿领地，这的确合情合理。是故，他们在发放通行许可一事上故意拖延，还拒绝为孟买部队寻觅骆驼和驮畜。部队官兵仍滞留登陆地，在疟疾肆虐的印度河三角洲（Indus Delta）海岸上坐困愁城。

形势未见好转，反倒愈加恶化。在接下来的一周里，麦克诺滕陪同锡克领袖返回拉合尔，随后急忙追赶军队。范妮和埃米莉在拉合尔拜会了"被挑选出来的几位兰吉特夫人"。麦克诺滕在途中听闻将军威洛比·科顿爵士未获指令就擅自离开商定的集结地，现正偏离阿富汗，急速向南推进，即将对信德都城海得拉巴发动非法攻击。麦克诺滕深感震惊，无可奈何地致函西姆拉方面："科顿显然枉费心机、徒劳无功，他选取的行进路线好像根本无路可走，恐怕很快就会身陷丛林。倘若这样下去，我们的阿富汗远征会变成什么样子？"阿塔王子似乎对

154

沙·苏贾的分队怀有深厚感情，他报告称，时下萨多扎伊军营谣言四起，称科顿四处游荡、深陷迷途，一位圣人奇迹般地显灵才让他迷途归返。阿塔王子写道："军队在灌木丛林中迷了路，张皇失措地徘徊了整整四个小时，直到一位貌似先知希治尔（Khizr）的白胡子长者出现，指引他们回到了河畔宿营地。"[20]

麦克诺滕用骆驼快速发送连串愈发令人绝望的短笺，敦促科顿悬崖勒马。就在按预定计划发动袭击前数小时，科顿将军才勉强同意取消进攻，不过前提条件是诸埃米尔彻底屈从于他。正如阿塔王子所述："众米尔①是一群粗野的危险分子，总是热衷于寻衅滋事。看到一波又一波英军战士如滚滚浪潮般，或者说恰似暴风雨来临前的乌云般，经由陆路和水路向其领地汇聚而来，他们遂魂惊胆战地缴械投降。"[21]尽管如此，这起事件却使科顿将军在麾下士卒面前颜面扫地，因为他们都切盼劫掠理当蕴藏巨大财富的信德都城。

麦克诺滕与身为主要指挥官之一的科顿的重逢绝非欢欢喜喜的。麦克诺滕向科尔文抱怨道："威洛比爵士显然有意将陛下和我视为无足轻重的小人物。无论我多么含蓄谦逊地给予忠告，他均报以倨傲轻慢的态度。他直截了当地言明，说我想摆出统率全军的架势；说他本人身为威洛比爵士，虽不认识其他上司，但与（总司令）约翰·基恩爵士相熟；还说他不会让别人干涉自己的事，如此云云。这一切皆起因于我索要1000峰骆驼以供沙及其旗下军队使用。"[22]该请求反映出日益严重的驮畜危机，当时问题恰巧变得更严重。由于误食了信德的一种

---

① Mir，社区组织领袖。——译者注

毛地黄属有毒植物，沙的驼队有半数骆驼暴毙。于是，就如同 155
对待仍炙烤在潮湿的印度河三角洲的将士那般，英军弃沙及手
下士卒"于进退维谷的险境坐视不管"。

苏贾与麦克诺滕的关系也未现良好开端。公使写道："不
无遗憾地说，每当拜会沙，谈及如何限定领土疆域的问题，他
的言论都荒谬至极，动辄就说自己若一直留在卢迪亚纳，情况
会好得多。下次他再触及此话题，我打算用萨迪（Sa'adi）的
诗句提醒他：'君王纵然征服七方圣土，仍热望踏足另一片疆
域。'"麦克诺滕对前景怀有不祥预感，他再作补充："我认为
每月 5 万卢比难以满足沙的开销。"[23]

此外，麦克诺滕与伯恩斯的关系一如既往的紧张。当权者
将伯恩斯梦寐以求的工作给予麦克诺滕，将极度势利的麦克诺
滕钟爱的爵士头衔授予伯恩斯，这一事实令二人的关系持续恶
化。故此，麦克诺滕不时对伯恩斯摆出一副屈尊俯就的样子，
常常把伯恩斯当作擢升过快的愣头青对待；伯恩斯则认为麦克
诺滕"与当地人打交道毫无经验且相当缺乏技巧，而且采纳
或抛弃计划皆颇为草率"。[24]

于是，1839 年 2 月底，一支怏怏不悦、四分五裂的军队
终于渐渐汇聚在希卡布尔县同一地点，比预定发动武装入侵的
时间晚了整整三个月。唯有阿富汗人对"印度河之师"钦佩
有嘉，他们不仅未觉察到这支军队缺乏协调、纪律涣散、前瞻
规划不足，也浑然不知诸位指挥官为琐事争执不休。他们听闻
的只是夸大其词的传言，陈说规模庞大的军队正步步逼近。多
斯特·穆哈迈德的同父异母兄弟身处坎大哈，深觉处境危如累
卵：正如 1834 年一样，任何军队经由波伦山口挺进阿富汗，
他们都将成为首个攻击目标。此时此刻，维特科维奇已撤离坎

大哈，俄国亦否认承诺提供军事支持。这些巴拉克扎伊族人非常清楚自己准备严重不足，无法迎战一支现代化、训练有素、装备精良的殖民地军队。多年后，阿富汗咏史诗人回忆起散播四方的传言，述说规模庞大的英国侵略军开赴阿富汗的群山幽谷：

> 良辰吉日，盛食厉兵
> 军队浩浩荡荡启程开赴喀布尔
>
> 那方土地兴师动众时
> 地动山亦摇
>
> 跟随沙途经信德的
> 是 15 万精锐之师
>
> 帖木儿、韦德和洛德博士（Daktar Lord）沿另一路线
> 与其余 5000 名战士同行
>
> 犹如两条来自不同方向的湍急河流
> 从卢迪亚纳奔往喀布尔
>
> 各省各地区的统治者
> 对沙俯首帖耳，好似火漆遇到印章戒指
>
> 马不停蹄赶往信德山区
> 踏足印度次大陆荒漠

大汗淋漓、重担压身的驼队
如潮水般涌过山间险径

大炮与战象并进
宛若翻滚的尼罗河冲走高山[25]

　　没有更多骆驼运输战争补给品，于是仓促征用驳船组成船队。英军在希卡布尔县搭建起军营和桥头堡后，船队便开始沿印度河顺流而下送来弹药和食物储备。奉派掌管一艘供应船的年轻步兵托马斯·西顿（Thomas Seaton）回忆道："驳船平底、极浅，艉比艏宽，最高处约高出水面 14 英尺。这种奇特的运输工具上建有一座有两个房间的茅屋，由于船队中所有船只（约略 50 艘）都跟我这艘一模一样，因此看起来就像一座漂浮的村庄。"[26]到了 2 月底，全部武器装备均送达希卡布尔县。截至月末，最后一支孟买部队也已进城。

　　目前仅需一座桥。河宽超过 1000 码，"有一股急流，类似推动水车的水流"。工兵起初只有 8 艘船，"我们附近也只有一座小村庄……首先，我们用尽浑身解数夺取了约 120 艘船"，负责该项工程的奥克尼人（Orcadian）詹姆斯·布罗德富特（James Broadfoot）汇报称：

　　然后砍伐了很多树木，将这些树木做成坚固的横梁。

157

没有绳索，不过我们用草制作了 500 条缆绳，这种特殊的草生长在 100 英里开外的地方。把小树连接起来，装上半吨石头做成锚。所有钉子都是现场制作的。随后将这些船抛锚停泊在河流中央，船一字排开，间隔 12 英尺，横跨整条河溪。坚固的横梁与船只交叉放置，接着将厚木板钉在上方作为通道。这是我们架设过的最大型的军用桥梁，可想而知，要付出怎样的辛劳，才得以在 11 天内竣工。[27]

2 月的最后一天，侵略军终于横渡印度河。阿塔王子被深深折服，他写道："英军惊人的专业技能会让柏拉图和亚里士多德都自愧不如。确切说来，见过这一建造物的人莫不为之震惊。"[28] 然而在接下来的日子里，英国人技能的局限亦彰显无疑。

158   150 英里的贫瘠盐沼将希卡布尔县和波伦山口分隔开来。跨过印度河进入这片盐沼之后，麦克诺滕和诸位将军似乎才渐渐明白自己到底肩负怎样的重任：穿行一处险恶、焦干且大都未在地图上标明的景观，展开一场远离自己领地的战役，基地与前线之间的交通系统脆弱至极，驻守各地的是一众不情不愿不可靠的盟友。

由于行动延误，此时临近夏季，荒漠开始迅速升温，因此他们只能在夜间穿行于空旷荒野。拟议路线前对水和给养状况勘察不足，这就意味着无人知晓将需要多少食物和水。部队官兵对炎热天气更是毫无思想准备。西顿从一开始就觉得几乎难以忍受，离开希卡布尔县两天后，他写道："我们日落时分开始行军。一进入盐漠，就刮起一阵风，起初徐徐吹拂，接着炙热猛烈，刮来如同最微细的粉末般细密的粒粒尘埃。它们无孔

不入，还带着土壤中散发的热气，让人口渴难耐。"他接着
写道：

> 每位印度兵均携带笨重的火枪、60发子弹、衣物、
> 装有生活必需品的帆布背包、配套装备，以及装满水的自
> 用铜壶，对此类行军而言负载沉重。紧身羊毛军服带来的
> 压迫感本已令人不堪忍受，如此重担使压迫感倍增。士兵
> 陷入这般境地，其状况着实可悲可怜，他们蒙受的苦难更
> 是有加无已。士兵壶中的水很快就喝完了，午夜时开始体
> 力不支，而后低声抱怨，不多时便全都叫嚷"水……
> 水!"许多人神智半昏……一名印度兵处在这种状态
> 下——我跟他讲话时，他几乎无法作答，他的舌头在口中
> 发出嘎嘎声，整个面庞痛苦地扭曲着。

经受艰难困苦的不只是印度兵：

> 可怜的随营人员负载沉重，一些人把婴幼儿带在身　159
> 边，相较而言，他们的处境更为悲惨。孩子们的哭喊声令
> 人心碎。壮汉背负重载精疲力竭，散乱地瘫倒在地上捶胸
> 哀吟……军营中的一名本地军官带着年幼的独生女出征，
> 小女孩的母亲已离世。这个年约六岁、活泼漂亮、叽叽喳
> 喳的小家伙是众人的开心果。我过去每天都见她与父亲说
> 个不停，帮他生火做饭，目睹她那些可爱的小把戏也是一
> 桩乐事。10点还看到她时尚无恙，下午3点她就殒命，
> 被安排下葬……（他们拂晓到达营地时），在深谷底部挖
> 掘的32口井中只有6口有水。当中一口井被坠入其中的

动物污染，其余几口井中的水太苦太咸，以致人们都说井
水使铜壶（lotas）变黑了。[29]

此外，俾路支土匪的袭击狂潮愈演愈烈。英方蹩脚的外交
手腕、专横跋扈、与当地酋长缺少协调，都意味着该地区各部
族将势单力薄的英国纵队视为可随意攻击的目标。士兵通常不
会受到搅扰，可是渐渐地，每天都有未设防的随营人员遭抢劫
杀害。

内维尔·张伯伦（Neville Chamberlain）是首次出征的年
轻骑兵军官，离开希卡布尔县一周后，他在一洼水坑旁初见伤
亡人员："一个女人卧在水坑边缘，真可怜！长长的黑发浮在
清澈的溪流泛起的阵阵涟漪上。"她遭割喉致死，割痕贯穿双
耳根部。其他许多死伤者紧随其后。"未埋葬的死者被丢弃途
中，任其腐烂。透过月光散发的光芒，看不到一株乔木和灌
木，抑或一根草。一望无际的沙海上连一只鸟甚至一只豺狗都
没有。因为我们时常经过开始腐烂的骆驼，若有豺狗，它们必
定早已发现这些骆驼。我们的驼队断食数日，一夜之间，就有
45 峰骆驼死于饥饿和长时间行军。"[30]

160　在炎热月夜的行军中，许多士兵头一回亲眼看见自己为之
出生入死的人。张伯伦写道："沙·苏贾是位年约花甲的长
者，长髯垂至腰间，胡须本是白色，不过为了让自己看起来更
年轻而将其染黑。他乘坐一种由 12 个人扛着的肩舆（tonjon）
出行，伴其同行的有骑士、快速行进的仆从、大象、马匹及
100 名印度兵。"

苏贾乐观面对艰苦的行军，不过像所有人一样担心行动

缺乏规划，日益严重的俾路支掳掠者问题以及驮运辎重的骆驼濒临死亡的难题亦令他忧虑不安。苏贾发出信函恳求未来的臣民团结在自己旗下，他们回复迟缓，这让他忧心忡忡。自从麦克诺滕把复辟王位的计划告知苏贾，苏贾就积极主动地忙着与昔日所辖疆土的各部族首领通信，恳请他们"秉承家族传统挺身而出、遵从臣道，确保他们自古以来拥有的权利与国土世代永存"。不过阒寂无声，响应者寥寥，仅有吉勒扎伊部落及开伯尔山区的若干部族首领予以答复，要求苏贾送钱来。[31]

军队现正挺进卡拉特（Qalat）梅赫拉布·汗（Mehrab Khan）的领地，这位领袖的缄口无言亦非吉兆。卡拉特的汗过去一直是苏贾忠心耿耿的臣下，五年前苏贾从坎大哈落败而逃，正是他给予苏贾庇护。但他强烈反对苏贾作为英国人的傀儡重新掌权。伯恩斯奉派设法赢得梅赫拉布·汗的支持，争取为部队弄到一万只绵羊。士兵的口粮配给现已减半。其时，梅赫拉布·汗坦率言明自己认为该策略不机智、计划不当、战略上一意孤行。伯恩斯禀报：

> 汗语重心长地细述了英国人着手的事业，断言这是一项事关重大、难以完成的艰巨任务，他说英国政府没有依靠阿富汗国民，而是将他们抛弃，让整个国家充斥着外国士兵。倘若我们的目的是在阿富汗立足，让沙·苏贾对喀布尔和坎大哈拥有名义上的主权，那么我们是在追寻一条纰缪之路。全体阿富汗人皆对沙心怀不满，正在发生的事情让所有伊斯兰教徒悬心吊胆、群情激愤。若不向沙·苏贾指明他的错误，我们或会发觉自己陷入尴尬境地。喀布

尔的首领（多斯特·穆哈迈德）是个有才干又足智多谋的人。以目前的方式方法，我们就算能轻而易举地以沙·苏贾取代多斯特·穆哈迈德，也根本不可能赢得全体阿富汗国民的支持。[32]

这实属睿智箴言。伯恩斯未获所需的任何补给，甚至没得到梅赫拉布·汗的绵薄支持。准备打道回府时，主人家最后的警告颇具先见之明："你们把军队引入国门，可是打算如何再将它领出去？"[33] *

行经达杜（Dadur）刺眼的白色盐沼后，沙漠平原上蒸腾着层层氤氲的摇曳热浪，慢慢被绵延起伏的山麓小丘阻断。一场夏季沙尘暴让一切依次向上翻卷至远处高耸的龙脊的银色轮廓——阿富汗南部巍峨的山峦。这一地区仍炙热焦灼，呈灰白

---

* 即便今时今日，这已然成为一句名言广为世人铭记。2003 年，贾韦德·帕拉查（Javed Paracha）向我复述了这句话。这位老谋深算的普什图族律师在白沙瓦高等法院成功地为基地组织（al-Qaeda）嫌疑犯辩护。位于戈哈特的帕拉查大宅像堡垒一样坚固，它深处天高皇帝远的部落地带，该地带充当巴基斯坦与阿富汗之间的缓冲区。帕拉查曾窝藏受伤的塔利班战士，还为他们受冻伤的妻小提供庇护。那些战士翻山越岭逃避美国在托拉博拉山脉（ToraBora）投下的巨型温压炸弹（daisy-cutter）。他两次被关押在臭名昭著的德拉伊斯梅尔汗监狱，在接受中央情报局（CIA）审讯人员审问期间被单独监禁，他指称自己遭到了拷问。尽管近距离目睹了现代西方武器装备的强大威力，但他了解历史，从不相信北大西洋公约组织（NATO）能成功占领阿富汗。在总统卡尔扎伊（Karzai）宣誓就职后不久，我去戈哈特采访帕拉查，他向我引述了梅赫拉布·汗的这句名言，以此为证，说明试图安排另一位普帕扎伊族人掌权纯属徒劳。

His Majesty Shah Shoojah-ool Moolk.

少·苏贾是艾哈迈德·沙·阿布达里的孙子、萨多扎伊氏族族长，自1803年起统治祖父创建的帝国之残余领地。他写道："从登上王位的那一刻起，愿以公正仁爱之心充治朕的臣民，让他们在朕的庇护下喜乐生活。"六年内他就被巴拉克扎伊宿敌打败，不得不逃往印度流亡。

多斯特·穆哈迈德，其父的第18子，由其父卑微的庶妻所生，之所以能够掌权，全凭自己的果断、高效、狡黠。多斯特·穆哈迈德逐步独揽大权，1835年宣布对锡克人发动圣战，如奉圣意般正式宣布自己为"埃米尔"。

阿克巴·汗（上方两图）是多斯特·穆哈迈德众子嗣（下图）中最精明能干的一个。

阿富汗人民

来自卡菲尔斯坦的一家人（左上图），一名吉勒扎伊部落卡洛蒂次部落成员（右上图）
普什图马贩子（下图）。阿富汗是一个严格依照部族、民族和语言加以划分的国家。

三位温文尔雅的阿富汗骑士。
埃尔芬斯通使团的艺术家绘于
1809 年。

一位杜兰尼绅士

身着官服的乌姆拉博士
（Umla Baushi）

身着官服的查奥斯博士
（Chaous Baushee）

锡克统治者兰吉特·辛格，多斯特·穆哈迈德的劲敌，他在旁遮普创建了一个强大的王国。

"旁遮普雄狮"兰吉特·辛格及属下权贵

兰吉特·辛格旗下特勤旅步兵团的两名步兵，这支所向披靡的军团由昔日拿破仑时代的老兵代为训练。

锡克骑士

克劳德·韦德爵士，生于孟加拉的波斯学者，"大博弈"最初的间谍组织首脑之一。"大博弈"是不列颠与俄国参与的帝国间的角逐、谍报活动及武力征服大赛，直至各自的亚洲帝国瓦解为止。"大博弈"的帷幕在这一时期就此拉开。

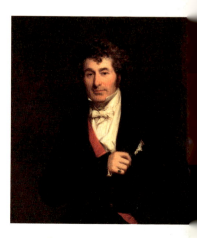

爱德华·劳，即第一代埃伦伯勒伯爵，最先将对俄国的焦虑变成公共政策。他在日记中写道："我们的亚洲政策必须遵循的唯一路线就是制约俄国势力。"

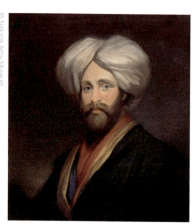

埃尔德雷德·砵甸乍少校，韦德最大的竞争对手亨利·砵甸乍爵士的侄子。卡扎尔波斯军队进攻赫拉特时，他在城中伪装成穆斯林马贩子。

麦克尼尔，恐俄的英国驻德黑兰大使，其在电报中所声称的"俄国人已正式开启与喀布尔的外交往来"，让英国人确信有必要替换多斯特·穆哈迈德。麦克尼尔建议："奥克兰勋爵现应做出明确指示，声明不与我们为伍便是与我们为敌……我们必须保卫阿富汗。"

莫罕·拉尔·克什米尔，亚历山大·伯恩斯手下出类拔萃的印裔助手兼情报首脑。他比任何英国人都了解阿富汗，英国人只要听从他的建议便诸事随顺。

"大博弈"的苏格兰裔间谍亚历山大·伯恩斯，在战地身着阿富汗民族服装。他总是抱怨这张著名的肖像画看起来一点儿都不像自己。

亨利·罗林森在晨光熹微之际偶遇维特科维奇手下哥萨克骑兵，眼见他们消失在波斯与阿富汗交界地带。他以破纪录的速度策马扬鞭由马什哈德赶赴德黑兰，送去消息称俄国的秘密使团正前往阿富汗。随后英国占领期间，他成为驻坎大哈政治专员。

伊万·维特科维奇是名年轻的波兰贵族，被流放至哥萨克干草原时，逐渐痴迷于突厥文化，即现在的乌兹别克斯坦 (Uzbekistan)、哈萨克斯坦 (Kazakhstan) 及塔吉克斯坦 (Tajikistan) 一带的文化。他是与伯恩斯差堪比拟的绝佳谍报员。常常尾随彼此足迹的此二人，最终在 1838 年的喀布尔圣诞晚宴上聚首。

锐意进取的苏格兰情报军官亚历山大·伯恩斯奉派去东方搜集情报，探查子虚乌有的俄国对英国利益构成的威胁。他讲述自己旅行经历的著作大获成功时，俄国人看了此书的法文译本，受到鼓动亲自着手展开情报收集工作，特派维特科维奇先去布哈拉再去喀布尔。于是乎，伦敦鹰派人物对威胁的疑惧最终令心中最惧怕的洪水猛兽应劫而生。"大博弈"就此诞生。

佩戴这副出名的蓝色眼镜的威廉·海·麦克诺滕爵士。这位来自阿尔斯特、学究气十足的前法官，获提拔后离开法庭，管理英属东印度公司的官僚机构。恐俄又墨守成规的麦克诺滕担任奥克兰勋爵的政治秘书。对擢升神速的伯恩斯的妒忌之情，促使他支持以沙·苏贾取代多斯特·穆哈迈德·汗的想法——伯恩斯对此极力反对。不咬弦的此二人成为运转不良的英国驻阿富汗行政管理部门的核心。

艾登家族成员

英国总督乔治·艾登，即奥克兰勋爵，为人机智但过于自鸣得意，对这一地区鲜有了解。

埃米莉·艾登，奥克兰勋爵未嫁的姊妹之一英属印度遗存下来的一些最妙趣横生、尖言冷语的信札出自她手。

奥克兰勋爵依赖经恐俄的韦德和麦克诺滕过滤后的情报，未能留意到伯恩斯实地获取的更准确的信息，他渐渐对多斯特·穆哈迈德的反英立场深信不疑。妹妹埃米莉写道："亲爱的乔治爱好和平，却不幸要参战了，这的确与他的性格相悖。"

萨多扎伊族人

© National Army Museum

838 年 7 月，麦克诺滕在卢迪亚纳拜
谒沙·苏贾及其朝臣，三言两语告知
苏贾，经历 30 年的流亡生活后，后者
将在英国人的辅佐下于喀布尔重新登
基。

©British Library

流亡中的沙·苏贾及其朝臣。从左至右：帖木儿王子、沙·苏贾、萨夫达尔宗王子、
沙库尔·伊沙克扎伊毛拉。

孟加拉本土步兵团的两名印度兵

巴焦尔地区 (Bajaur) 杰撒伊步枪兵

喀布尔步兵团

斯金纳的骑兵团骑马出征

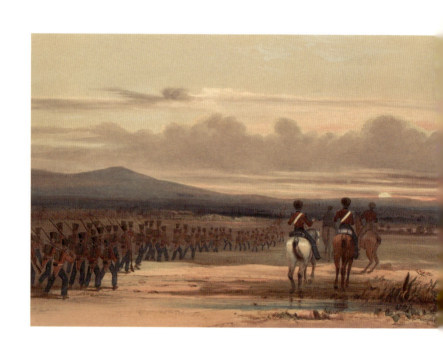

英印军队"印度河之师"东进

色，干旱贫瘠依旧，路面坡度却变得愈发陡峭，道路蜿蜒曲折，直到幽暗深广、呈漏斗状的波伦山口霍然展现在部队官兵面前。 162

山口全长 70 英里，起初 4 英里纵向延伸的山路太过狭窄，只能供一匹骆驼逐一行进。崩落的岩石阻塞了干涸的河床，骑兵蹄声铮铮、忐忑不安地越过这些岩石。指挥官的失误使伤亡人数大幅增加：步兵身着令人窒息的冬季军服，在盛夏酷暑急剧升高的气温下行军实在是太热了。就算开始有垂直峭壁遮蔽，使印度兵免受阳光直射，但岩石将热气反射至面庞，就像敞开盖的印度筒状泥炉。日间，密不透风的帐篷里气温高达 119 华氏度。

由于道路未经工程兵的适当勘测与改良，几乎无法运输火炮。一开始，每门炮必须套上八匹马，外加手握牵引绳索的几排印度兵，继后，由于道路变得愈发陡峭多石，只得将大炮拆卸开来进行人工搬运。威廉·霍夫少校（Major William Hough）记述道："每门炮、每辆双轮弹药车、每驾四轮运货马车，等等物品都要分别经由人力传送。上坡路异常险峻，有些人不愿骑马上山。几峰骆驼跌倒，阻塞了后方队伍的去路……在波伦山口顶端，辎重遭遇锐不可当的（俾路支人）袭击，他们抢走了 49 峰骆驼驮载的谷物……（后卫部队）沿途发现了很多随营人员残缺不全的尸首。"[34]

入夜，空气中弥散着垂死的骆驼和随营人员嘈杂喧扰的呻吟。许多印度兵精疲力竭地瘫倒在地，吮吸着稀薄、干燥、炙热的空气，叫喊着要水喝，却被告知无水可饮。西顿写道，除了千辛万苦外，"死去的骆驼散发出的阵阵恶臭也让我们的生活变得不堪忍受。我们饱受炎热、沙尘、沙漠狂风、不计其数的苍蝇折磨，种种苦难无以言喻。整个军营闻起来就像一座藏骸所。在营地任何地方，无人能在三步之内不撞见死亡或濒死的人或动物"。[35]

给养不足意味着士兵目前的口粮配给须由减半变为减少四分之三。随营人员沦落到进食"油炸绵羊皮、凝固的动物血以及可就近挖到的根茎类食物"。[36]偶有发生的凶残暴力事件让每个人都日益身心交瘁。4月3日，威廉·霍夫在日记中记述道："炮兵部队的两名中士外出狩猎时落入圈套，正要取一撮鼻烟时身受重伤。"[37]不得已将大量虚弱得无法继续前行的马匹击毙，许多辎重也必须丢弃焚毁，以防落入俾路支人手中。[38]

163

印度兵悉达·罗摩（Sita Ram）回忆道：

> 这是地狱之口。为数不多的几口井里的水苦涩杂陈，即便是柴薪也得由驼队运送。俾路支人现在开始夜间偷袭，还驱赶成群的驼队，以此骚扰我们。很多人因炙热难耐而丧生，一日之内便有35人成为酷暑的牺牲品。眼下，东印度公司军中印度兵几已决意折返印度，数个团有哗变迹象。怎奈得，部分原因是沙·苏贾的慷慨允诺，部分原因是惧怕与日俱增的俾路支人，军队继续向前推进。许多人遭部落民杀害。只要有机会，他们就大开杀戒并将巨砾滚下山腰。[39]

阿塔王子称，得以活着穿越该地，沙·苏贾的随从深感幸运。藏匿于上方岩石断层及裂缝中的俾路支狙击手朝纵队射击，众随从有幸躲开如雨点般散落的子弹。阿塔王子写道：

军队进入波伦山口隘路，关隘崎岖多石，周围峰峦叠嶂、劈地摩天，全军人马懊丧地凝视着这一切。俾路支山地部落民急不可待地发动伏击，肆意劫掠。数以千计的驮畜、骆驼、马匹、大象以及所驮载物品统统丢失。

穿越山口难如登天。英格兰人早在两个月前就将两门大炮和用数千头驴驮载的火药送至山口，以便扫清道路，他们还不得不用绳索将这些物品逐一拖拽上来。运送其他补给同样艰辛，代价是损失了大批骆驼、马、犍牛，此外还有因缺乏食物和水而惨死的战士，更不消说被夺走的军事装备。他们在地狱般的干旱隘路度过三日三夜，供给严重稀缺，一枚金卢比连半西尔①面粉都买不到。[40]

苏贾从波伦山口致函韦德，称自己意欲针对该地区部落民"可耻的态度，在适当时候"予以惩罚。苏贾还在信中提到，他担忧"篡位者"利用学者和乌理玛让民众与自己为敌"并引发骚乱"。[41]他的忧惧合情合理。与令人憎恶的外国异教徒合作，仍将是苏贾最薄弱的软肋。宗教仇外情绪一直都是其巴拉克扎伊敌手锦囊中的杀手锏。

奎达（Quetta）位于波伦山口另一边，当时"只是一个约有500座房舍、凄凉破落的村庄"。经过奎达，便是另一个艰险的山口——科加山口（Khojak）。这个山口比波伦山口距离短，也没那么陡峭险峻，但更干旱贫瘠。阿塔王子回忆道："他们一夜无水，能找到的水污秽腐臭不堪，水中有坠落的动物尸体，饮用这种水会即刻胃痉挛并伴有腹泻。他们

① seer，印度重量单位，1 西尔等于 2.057 磅。——译者注

饱受缺水的煎熬，整整两天人畜都好似柳树般东摇西晃。"[42]
至此阶段，随营人员享有的食物几已全部耗尽。一名军官禀
报称，有些人"被目睹剐取动物尸体的腐肉，从动物粪便中
挑拣谷粒。某日，我看到一具男尸，他在路边啃食犍牛死尸
的软骨时死去"。[43]军队还未迎战阿富汗的一兵一卒，就已蒙
受重创。

不过，前方终得解脱。在科加山口那一边，侵略军置身绵
延起伏的牧场，矮树草场上丛丛簇簇的矮栎和冬青星罗棋布，
165 间或有包裹白色头巾、身着紫色长袍的高个男子放牧一群群肥
尾羊和毛茸茸的棕色山羊，高大的马士提夫獒犬紧随其后。这
些羊群属于库奇（Kuchi）游牧民。天气依旧干燥，仍有热风
扑面袭来，但有水的地方就能找到一片杨树树荫，一些杨树的
树干有藤蔓盘绕而上。*

军队现已越过无形边界，离开俾路支人的领地，踏入普什
图人的邦土。见识过鬼鬼祟祟的俾路支土匪后，阿查克扎伊部
落民的勇敢无畏令诺特刮目相看。他们以主人翁的傲然姿态阔
步迈入英军军营，开口质问那些自许的拓殖者。诺特在给女儿
们的信中写道："这些人的确一表人才，相当彬彬有礼。"一
名阿富汗人询问英国人因何而来，诺特答称沙·苏贾归来索回
合法继承权，多斯特·穆哈迈德无权问鼎御座。阿富汗人反驳
道："你们对贝拿勒斯和德里又有什么权利？简直一派胡言。

---

* 现今这片土地看上去干燥得多。自坎大哈以南山麓的斯平布尔达克（Spin
Boldak）延伸开来的盐漠（'Dasht）现在实际上是荒漠，唯有山坡上留有
小片春季牧场和矮栎林。不过，"印度河之师"成员遗留下来的文字却描
绘出一派绿意盎然的景致，正如该地地名所揭示的，"恰门"（Chaman）在
波斯语中意为"牧草地"，如今是巴基斯坦与阿富汗在这一地带的边防哨
所所在地。

我们的多斯特·穆哈迈德①对喀布尔拥有并将继续保有同等权利。"经过此番邂逅，诺特对沙·苏贾将蒙受何等冷遇益发怀疑，他评述道："我与政府及其他人的看法不同，我的确认为阿富汗民众不会放弃自己的国家，他们会为祖国而战。处在同样的情势之下，我知道自己不会轻言放弃。"44

其他军官也亲历类似交谈。一名来到军营的普什图访客问托马斯·盖斯福德中尉（Lieutenant Thomas Gaisford）手下的印裔传令兵："'他们真的称呼这些洋人②为大人？'询问者如此查问，仿佛觉得'异教徒狗东西'或许才是更恰当的称呼。"45机灵的阿尔斯特青年乔治·劳伦斯刚被麦克诺滕提拔为军事秘书，他写道："我们偶遇一位衣着考究的阿富汗骑士，他告诉我说自己参访过我方军营，见过我们的骑兵，他以鄙夷不屑的口吻说：'你们的军队有帐篷和驼队，我们的军队却有骏马和战士。'他又补充道：'什么能诱使你们挥霍数千万卢比来到像我们这样无木柴亦无水的贫瘠山地国家，难道只为了强迫我们接受一个倒霉蛋（kumbukht）称王？你们一转身离去，他就会被我们自己的国王多斯特·穆哈迈德推翻。'"46事实终将证明，这位骑士的预言完全正确。叛乱果真爆发时，这一地区的阿查克扎伊族人将当仁不让，一马当先。

诺特或许被阿富汗人打动，对己方同僚却兴味索然。约在此时抵达军营的总司令约翰·基恩爵士，决意拔擢女王任命的军官威尔希尔将军（General Willshire），而非资深老道许多的诺特。如此一来，将由威尔希尔统领整个东印度公司的孟买印

166

---

① Dost Mahomed，同 Dost Mohammad。——译者注
② Feringhee，同 Firangi。——译者注

度步兵部队。尽管诺特早已察觉会有此类事情发生——到目前为止，由于他出身卑微，再加上相较正规军诸团而言，东印度公司各团缺乏威望，为此对他置若罔闻，他都习以为常——不过这一次诺特还是非常愤怒，他立即到总司令帐中当面对质。晤谈很短暂，也很不顺利：

"我明白自己要成为牺牲品，因为我恰巧比女王任命的军官资深"，诺特说道。

"这是悖谬的想法，阁下！"基恩答道，"你冒犯了我的权威。只要我还活着，决不原谅你的行为！"

"阁下，既然话已至此，我只能祝您度过一个美妙的夜晚。"[47]

诺特将为这场争斗付出高昂代价。尽管到目前为止，他是"印度河之师"最具声望和才干、最见多识广的将军，但从这一刻起，他逐渐有了性情乖戾、爱与上级争执的恶名。奥克兰和基恩现已认定诺特太难相处、不够圆滑机敏，绝不能全权统率军队。如此盖棺定论将进一步导致一连串灾难性的职务委任。一再将诺特束之高阁，支持庸碌无能之辈，不久便给占领行动带来毁灭性后果。

167　　"印度河之师"现正逐渐逼近首个严峻挑战——坎大哈。谣传巴拉克扎伊骑兵分队就在附近，已包围"印度河之师"，准备发动猛烈突袭。一日夜里，讹传袭击迫在眉睫，熟睡中的战士慌里慌张地从帐中起身，排成防御性方阵。他们将火枪上好膛，待在那儿直至破晓时分。为营地供水的溪流夜间被人改道，麦克诺滕的两头大象也神秘失踪，这表明周围仍有看不见的敌对势力伺机而动。

对侵略者来说，幸好阿富汗人没有全力进攻，因为整支军队刚经历了穿越山口的行程，多多少少萎靡颓丧。托马斯·盖斯福德在日志中记述道："我们此时此刻完全不适宜主动作战。每一名官兵都亟须休整。马匹举步维艰，几乎无法再次行军。至于随营人员，他们差不多要饿死了。我们的给养供应严重枯竭。对一支向前挺进的军队而言，处境着实窘迫。"[48]

尽管如此，在 4 月 20 日上午 10 点左右，"印度河之师"首次迎来了真正转机。一名信使来到伯恩斯的情报主管莫罕·拉尔·克什米尔的帐中，声称多斯特·穆哈迈德手下最显赫的权贵中的一位，已亲率 200 名部下等候在军营外，准备归顺沙·苏贾。[49]沙发送的偌多信函总算有一封见了成效。[50]莫罕·拉尔奉派护送这位显贵进入营地，将其领入沙的帐中。

即便是依照 19 世纪阿富汗强权政治的标准来看，哈吉·汗·卡卡尔（Haji Khan Kakar）也是个滑头、野心勃勃、寡廉鲜耻的人物，其先辈长期充当这一地区的政治掮客和拥王者角色。哈吉·汗·卡卡尔为多斯特·穆哈迈德效力，从而步步高升。多斯特·穆哈迈德先是委任他为巴米扬（Bamiyan）总督，随后又任命他为麾下精锐骑兵队的指挥官。他已两次背弃埃米尔，最近一次是在 1837 年的贾姆鲁德镇之战时，不过哈吉·汗·卡卡尔总能巧妙地耍手腕。他设法在最佳时刻紧握倒戈契机，相继的背叛行为每每能提升自身的权势地位。哈米德·克什米尔毛拉在《阿克巴本记》中将他称为"局外人、奸逆、背信弃义的行家里手"，施展个人魅力阿谀奉迎以达成

168

阴险狡诈的目的，"口蜜腹剑"。在此紧要关头，他以挥师向
英军军营发动突袭为托辞，趁机亲率全体部下变节投敌，以期
从富有而暧昧不明的外国人那儿发财致富，他还接受了在苏贾
政府担任资深要职的书面提议。在此过程中，以哈吉·汗·卡
卡尔为首的倒戈投诚，导致守军人员及资源大量流失，瓦解了
坎大哈守城官兵早已摇摆不定的军心。

　　浑然不知侵略军潦倒落魄、饥肠辘辘的现状，在随后四天
里，越来越多的坎大哈显贵倒戈投向苏贾阵营，欲效忠归来的
国王。对苏贾来说，这简直就是他不敢奢望发生的奇迹。坎大
哈城中，多斯特·穆哈迈德的同父异母兄弟对此束手无策，这
两名巴拉克扎伊族人只能日益绝望地看着众人变节：

　　　　如狂怒的大象，方寸大乱
　　　　他们眦裂发指，煎熬在怒火中

　　　　那两头凶猛的雄狮，只想
　　　　拔剑出鞘，报仇雪恨

　　　　怎奈哈吉·卡卡尔变节通敌后
　　　　他们无友相助，兵微将寡

　　　　他们坐在紧锁的堡垒城门后
　　　　悲恸欲绝，哀叹时运不济、命途多舛

　　　　眼睁睁看着自己的队伍分崩离析
　　　　沙所属的普帕扎伊氏族尤为甚之

别无办法 169

唯有迁往异国他乡

他们趁夜偕至爱亲朋

动身前往伊朗……

方其时，沙·苏贾满心欢喜会见暴戾恣睢的哈吉

逐渐摆脱了对敌人的所有恐惧

慷慨给予险恶的哈吉偌多财宝

似以黄金砸其身[51]

五天后，即 1839 年 4 月 25 日，当沙·苏贾耀武扬威地骑马穿过一片片成熟的小麦田和大麦田，经过依旧环绕坎大哈城郊的大片狭长肥沃、围墙高筑的花园和果园时，哈吉·汗身居其左。沙·苏贾沿途接见了一个又一个代表团，这些代表团由出城恭迎的市民组成。伯恩斯写道："贫民围拢着他，敬奉鲜花，在他即将行经的道路上撒满玫瑰。每个人，不论高低贵贱，都力求让萨多扎伊族人重新掌权，最大限度地表露出赤胆忠心与不胜欣忭。"[52]沙·苏贾毫不设防地骑马通过坎大哈开敞的城门和街道，伯恩斯、麦克诺滕以及唯一一支由亲近的支持者组成的小型护卫队跟随其后。只不过五年前，坎大哈还成功地公然反抗沙·苏贾。

沙的祖父艾哈迈德·沙·阿布达里复苏了坎大哈古来的命运。1738 年纳迪尔·沙焚毁古城后，阿布达里规划设计了新城，还选择将自己安葬于城镇中心一座仿效莫卧儿风格、精妙

雅致的陵寝。苏贾进城后的首个举动便是前往陵园，他脱下马靴，独自进入穹顶内庭。苏贾在墓前祷告，诚请祖父庇佑（barakat），而后走向隔壁建筑物。那是阿布达里建造的圣陵，用以存放阿富汗最神圣的圣髑——据称是先知穆罕默德（Prophet Mohammad）披戴过的羊毛斗篷①。苏贾用双手捧起斗篷紧抱于胸前，泪水潸然。

170

三年前，多斯特·穆哈迈德来到这里，意图宣布向锡克人发动圣战，还获封"信士的领袖"。150年后的1996年，奥马尔毛拉亦会到来，普什图乌理玛将授予他相同封号，奥马尔也将在这里身裹先知的斗篷，赋予自己神权，以便把阿富汗全体民众置于塔利班的控制之下。苏贾现在披挂同一顶斗篷，以此为象征，标志着承袭兄长、父亲及祖父的王位，重登杜兰尼王朝御座君临天下的合法性。内姆拉之战溃败，苏贾失去王位，至今已有三十余载。苏贾从未丧失信念，尽管历经四次尝试，但他现已身归故国，行将挫败不共戴天的巴拉克扎伊宿敌。

接下来的一周，托马斯·盖斯福德在信中写道：

> 这是个非常宜人的地方，景致极富浪漫情调，天气晴朗。水果丰富多样、品质优良，价格低廉得难以想象。绝好的鲜桃，有些周长有9.5英寸和10.5英寸，一便士能买到六个！红扑扑、圆滚滚的苹果仅需半便

---

① *khirqa*，先知的斗篷。——译者注

士。桃干、杏干、葡萄干、梅子干和桑葚干应有尽有。
每个角隅都有便宜透顶的冰镇雪葩、烤肉串、面包、蜜
饯及其他珍馐出售。饥肠辘辘的军队将士在这种地方补
充给养，前所未有。不过，我们蒙受了何等磨难才来到
这儿！我们挺进坎大哈的最后两三百英里艰辛路程，唯
有法国人撤离莫斯科之举堪可比拟。[53]

"印度河之师"排除万难远征至坎大哈，对其军事实力与数量
优势夸大其词的传闻让敌人焦躁气馁，以致他们不费一枪一弹
就侥幸占领了阿富汗南部古都。麦克诺滕尤为欢欣鼓舞，他降
服了批评者，自从五年前跻身总督幕僚之列，他一直拥护沙·
苏贾。在麦克诺滕看来，苏贾受到的欢迎正是其声望显赫的明
证。麦克诺滕认为这表明自己是正确的，而伯恩斯自始至终都
是错误的——苏贾是正统合法、众望所归的君主，巴拉克扎伊
族人是令人憎恶的篡位者。麦克诺滕在坎大哈宫中意气扬扬地
致函奥克兰，声称军队好似霍然"落入天堂……我很高兴能
做出汇报，坎大哈城及所辖地区一派恬静安谧。着实奇妙的
是，城镇人口如此稠密、鱼龙混杂，本该发生些严重骚乱[①]。
沙的权威正在举国上下逐步树立起来"。

171

　　麦克诺滕补充道，苏贾的性情变得稍稍温和些，行为举止
更悠然自在，不那么专横跋扈了。他写道：

　　　　此刻我不无欢喜言明，为期四到五个月时间引领沙的
　　亲身经历，让我对陛下的人格品性有了极为良好的印象，

---

　　① 　原文 should not have occurred，疑为 should have occurred。——译者注

陛下奋力光复王国之际，蒙受逆运、败北频仍，结果招致许多人猜测，认为要么是他所从事的事业不得人心，要么是他缺乏气魄、能力不足，但是此类人未虑及付诸努力需面对的险峻形势。陛下屡屡受挫的事业很少有人去尝试……沙至少精力充沛、意志坚决。据我对其性格的观察，我可断言他是个温文尔雅、仁慈可亲、聪明睿智、大公至正、坚韧不拔的人。他的失误是自尊与悭吝之过。巴拉克扎伊篡位者为了维护自身权势，不得不将自己及其党羽凌驾于众人之上。相较那些篡位者的所作所为，沙的前一个不足之处在部族首领看来，笼罩着更耀眼的光芒。

172　麦克诺滕称有理由冀望"陛下逐渐展现出不那么居高临下、纡尊降贵之风范，不奢求臣民在任何情况下都甘于接受君主的冷淡拘礼"。至于他的悭吝，"纵可力陈诸多言辞为之辩护，但在当前紧要关头，悭吝无疑不合时宜。陛下资产微薄，要他慷慨解囊的索求却多不胜数"。[54]

　　十天后的5月8日，孟买纵队的最后一支后卫部队终于步履蹒跚地进入城外营地，麦克诺滕遂为苏贾筹办了一场庄严盛大的谒见仪式，旨在公开宣告苏贾复辟王权，以此为契机让坎大哈民众正式宣誓效忠。一座富丽堂皇、华盖遮顶的宝座高置于城墙外伊德戈赫清真寺的一方小泥台上。宝座远眺驼峰山①，坎大哈旧城土建筑的断壁残垣疏疏落落散布在40级石阶（Forty Steps）和巴卑尔石室（Cave of Babur）下方。五年

---

①　Camel's Back，坎大哈旧城外状似驼峰的连串小山，巴卑尔在其中一座名为支尔济纳（Chilzina）的小山山顶凿刻一间石室，安放自己征服世界的功绩石碑，需攀爬40级石阶方可到达石室。——译者注

前沙正是在此落败。苏贾在麦克诺滕引领下，步出帖木儿帝国城堡大宫殿的拱形游廊。麦克诺滕借此机会，首次穿上副王的崭新华服。一名军官记述道：

> 在英格兰，官吏们通常在女王陛下举行的招待会上穿着此类宫廷礼服，亚历山大·伯恩斯爵士身着一套素色衣衫紧跟在后，阿富汗部族首领簇拥着伯恩斯，他看似在与众首领进行亲密友好的交谈。这位谦谦君子迷人的笑容、坦诚谦恭的态度似乎在一定程度上为他赢得了敬重，没有其他欧洲人能对此吹嘘自夸……众部族首领身上的华丽装束绚烂夺目、无与伦比，他们的包头巾和武器上镶满钻石饰物及其他宝石，所骑乘的良驹更是骏美无瑕。[55]

基恩、科顿、诺特以及形形色色的英军指挥官跟随哈吉·汗·卡卡尔和其他声明拥护苏贾的部族首领，走出赫拉特门，穿过沙·苏贾分遣队衣衫褴褛的骑兵列队围成的通道。伴着印度团部军乐队演奏的英格兰国歌《天佑吾王》（*God Save the King*）的乐声，破衣烂衫、参差不齐的"印度河之师"踌躇满志地列队行进，接受检阅，苏贾正式登基称王。大炮鸣放 101 响礼炮，一袋袋印度卢比被抛撒向少得令人失望的阿富汗民众。这一小群民众为观看壮观的大典聚集而来。"人人都能发财致富！"赫拉特商人穆罕默德·侯赛因（Mohammad Husain）如是写道。穆罕默德·侯赛因是更为热忱的苏贾追随者之一，也是身后首个为其作传的人。

> 陛下敕令分发 20 万卢比救济贫民。那些在巴拉克扎伊族人统治时期穷得甚至无法在自家后院拴头毛驴的人，

如今买得起奢华的马鞍和骆驼鞍。他们的钱袋装满银币，内心无忧无虑。岂止如此，钱币如此稀疏平常，里弄小巷的幼童都拿着金币银币嬉戏玩耍。这便是陛下和英格兰人对军人及农民的仁慈善举！[56]

尽管沙的支持者态度乐观，但谒见仪式结束后随即发生的事件在英国方面的史料中虽未被提及，不过据阿富汗方面的记载称，该事件作为至关重要的导火索，开启了沙·苏贾在新臣民心目中逐渐威风扫地的进程。穆罕默德·侯赛因·赫拉特（Mohammad Husain Herati）最早也最详尽地记述了所发生之事，他写道：

> 这个时候发生了一起不幸事件，一位名门闺秀忙于手头事务之时，一名醉酒的外籍士兵与她不期而遇。士兵捉住她，将她强行拽入近旁的水渠，在那儿夺走了她的童贞。少女的尖叫声让路人对其悲惨厄运有所警觉，他们跑去通知她的家人。包括赛义德和阿訇在内的大批民众集结而来，前去要求陛下主持公道。虽说对方赔了不是，也表达了悔意，但阿富汗人在这类名誉攸关的问题上尤为敏感，他们满腔怨愤地言道："倘使外国占领伊始，就能纵容对名门望族的千金小姐施此暴行，那么长此以往，还有谁的名誉能够安然无损！愈发明晰的是，陛下只不过是个傀儡，是徒有虚名的君主！"

穆罕默德·侯赛因·赫拉特继续阐述：

坎大哈的黎民百姓一向引以为傲的是自己的骁勇善战、自尊自重，他们认为这起事件太过严重，不能只道个歉就草草了结。尽管少女的家人及支持者屈服于英国人的凌人威势而噤若寒蝉，但此事件玷污了杜兰尼氏族的名誉和尊严，众人无不扼腕切齿。他们热血沸腾、怒火中烧，羞辱困窘形之于色。即便是杜兰尼诸汗中像哈吉·汗·卡卡尔这样的忠实盟友，也对本部族遭受的凌辱表露出怨恼愤恨——纵然强压怒火，行为举止却透露着不满。[57]

《历史之光》的表述更为精练："复仇的种子播撒在荣誉感强烈的阿富汗人胸中的沃土，最终结出骇人恶果。众部族首领渐渐觉得皇帝[①]只想尽享权力这杯美酒，对个人美名弃置不顾。这起事件离间了杜兰尼诸汗与沙的关系，他们暗自怀揣怨尤，直待恰当时机到来。"[58]

最先开始行动的是一位名叫阿米努拉·汗·洛伽尔（Aminullah Khan Logari）的显赫地主。阿米努拉是位上了年纪、出身相对卑微的尤素福扎伊帕坦人，其父曾是帖木儿·沙时代克什米尔总督的助手，阿米努拉为萨多扎伊王族效力得以擢升。就像当时身处坎大哈的许多人一样，他对国王复辟本无异议，但是国王紧随外国异教徒大军归来重掌大权，这让他惊悸骇然。强奸事件过后，阿米努拉前往喀布尔，以纳瓦布花园（Nawab Bagh）为根据地，"寻找机会与志同道合的圣战者组织（Mujehedin）结盟，以将英国人逐出国门"。[59]

反抗英国人的首次行动很快就付诸实施。第 16 枪骑兵团

175

---

① Padishah，同 Padshah。——译者注

（16th Lancers）的两名军官离开营地沿阿尔甘德河河岸钓鱼时，在归家途中遭一群杜兰尼族人袭击，一人被刺，随后身亡。通往科加山口的道路沿途，对英国哨兵发起的攻击有所增加，对信差及通信兵的袭击亦渐频繁。200 名随营人员试图返回印度，可"无一例外均遭出卖，悉被缴械屠戮。每一支运送金银财宝、弹药及补给品的护送队都被迫杀出重围，方能穿越诸山口，性命和辎重皆蒙受惨重损失"。[60]

军队逗留坎大哈休整的两个月中，印度兵悉达·罗摩感受到气氛的突变，他回忆道：

> 起初，民众似乎欣然接受沙重归故国，不过，据说他们打心底里蔑视他，他与外国军队偕同归来，冲犯触怒了他们。他们说沙将英格兰人引入国门，英格兰人不久便会占领整个国家并且照搬在印度斯坦的所作所为，推行英格兰人那些遭人憎恶的法律法规——正是这一点激怒了民众。他们说，沙若只是亲率旗下军队归来，本该海晏河清。但他们发觉英格兰军队不会返回印度，遂怒火中烧……虽然一再被告知，英国人不是来从他们手中夺取国家的，他们却无法将印度斯坦的历史抛诸脑后。[61]

不久后一个规定被颁布，即印度兵和英国士兵不得远离营地，"除非全副武装、集体行动"。[62] 占领阿富汗的余下时间里，这项规定从未废除。尽管英国人声称自己正在使阿富汗恢复和平安宁，而且是应国家合法君主之邀置身此地，但他们非常清晰地认识到自己是多么不得人心，深知自己踏出戒备森严的临时军营那一刻，就有可能遭刎颈。

作为对愈演愈烈的袭击事件的回应，奥克兰勋爵迈出毁灭性的一步——决定在襄助沙·苏贾重新登基后，让英军留守阿富汗。奥克兰致函伦敦方面，称"我们必须做好准备，在辅佐沙即位之地支援他一段时间"。[63]

尽管在坎大哈成功扶植沙·苏贾即位，韦德和帖木儿王子在白沙瓦却鲜有进展。韦德虽已支付5万余卢比贿赂，但无迹象表明开伯尔山区各部族心甘情愿让苏贾旗下军队通行，更无迹象显示他们乐于将韦德提议的诡诈伎俩付诸行动，譬如夺取坐落于山口顶端正下方的阿里清真寺（Ali Masjid）城堡，抑或"入侵占领贾拉拉巴德，损毁掳掠财物"，洗劫当地巴拉克扎伊族人。[64]一位部族首领直言不讳地答说，沙现与异教徒为友，"就算巴拉克扎伊族人被斩尽杀绝，也要为捍卫自己的信仰而战"。[65]

就像卡拉特的梅赫拉布·汗一样，阿夫里迪部落民及其他边疆部族民一直都是苏贾忠心耿耿的追随者，在苏贾四面楚歌、穷途末路之际，屡次三番保护了他。最起码，马利克丁海勒部落（Malikdin Khel）的汗·巴哈杜尔·汗（Khan Bahadur Khan）通过联姻与苏贾保持密切关系。但所有人都对苏贾与锡克及英国异教徒缔结新同盟满腹狐疑。多斯特·穆哈迈德对此成功加以利用，他逐个传话，称"如果想要更多钱财只管开口，但请牢记你是阿富汗人，是穆斯林。沙现在是异教徒的奴仆"。[66]为了预防血脉及信仰的召唤不足以博取忠心，多斯特·穆哈迈德还从所有领头的马利克那儿扣留人质，谨慎确保各部族首领忠心不二。身处喀布尔的多斯特戒慎地将人质留在自己身边。

于事无补的是，帖木儿王子远非富有感召力的人物。无能又神经质的王储本应充当拉拢开伯尔山区各部族首领的诱饵，怎奈帖木儿天生不是领袖，其肖像显示他是个身形瘦小、神色焦虑的人。在韦德组织的旨在将他引见到白沙瓦的正式谒见仪式上，帖木儿困窘颠踬的表现绝非吉兆。一位目击者写道："我们一进王帐就发现可怜的世子（Shahzada）站着主持仪式，他还不适应自此以后要担当的皇室角色……上校（韦德）一个手势，世子即刻加以矫正，嗖地一下坐到宝座（gadi）上。"但他很快就兴致索然，坐在那儿"颓唐漠然地面对自己的景遇，对周围的一切视若无睹、置若罔闻……近来才走出相对寂寂无闻的状态，尚不习惯处在陌生人众目睽睽之下，如此公然展示自身的尊崇地位似乎令他局促不安，他显然乐见仪式结束"。[67]

时至今日，兰吉特·辛格早前允诺参与武装入侵的锡克军队仍踪影全无。此前两个月的情况已表明，奥克兰勋爵销声匿迹返回西姆拉后，老奸巨猾的大君就尽其所能拖延行事，并未提供先前许诺的士兵和补给。1839 年 3 月 19 日韦德致函大君，对于"尚未调派穆斯林军队及一位穆斯林指挥官之事"深表遗憾，请求他"立刻关注此事"。[68]两天后韦德再次修书，指出"印度河之师"离开菲罗兹布尔已有四个月，到目前为止，仅有兰吉特·辛格手下两名权贵的亲军前来报到。[69]

春去夏至。随着盛夏来临，种种牢骚纷至沓来：印度河河畔阿塔克的锡克官员不肯勠力同心渡送帖木儿王子的军队过印度河；其他官员亦未提供兵员、住所和粮秣补给；部队仍未到位。"急需穆斯林战士听命效力，"韦德屡次三番写道。一个月后他又抱怨称："由于未向士兵支付薪俸，调派至白沙瓦的军队处境困窘……依照协定征募新军的工作至今尚未完成。"[70]

直至 4 月末，命令才最终传达给兰吉特派驻白沙瓦的总督阿维塔比莱将军（General Avitabile），要他组织一个团的本地穆斯林协助武装入侵。[71]到 5 月中旬，沙·苏贾及主力部队官兵已在狼吞虎咽坎大哈的桃子、杏和苹果的时候，仍有一个营的非正规骑兵未现身白沙瓦。该营约有 650 名骑兵[①]。[72]整个 5 月，开伯尔山区各部族首领不断下达请求，要求预支更多礼品和酬金。一位部族首领写道："我已成功赢得手下山地居民支持，现需两万卢比。"与此同时，兰吉特传话给现已狂乱失措的韦德，叫他稍安毋躁，问他能否返回拉合尔，就计划中的攻击展开进一步磋商。[73]

一个月后，韦德收到益发糟糕的消息。"一阵晕厥后"，兰吉特·辛格倒卧在床，并于 6 月 27 日亡故，终年 58 岁。疾终正寝前兰吉特最后的举动是连串慷慨无比的馈送。威廉·奥斯本汇报称："辞世前两小时，他派人取来自己所有的珠宝。将闻名遐迩的'光之山'钻石赠予一间寺院，把声名远播的珍珠链送往另一间寺院，将自己宠爱的骏马和所有珠光宝气的马饰捐赠给第三间寺院。四位俊俏秀美的妻子皆自焚殉夫，手下五名克什米尔婢女亦一同殉葬……竭尽所能阻止这一切，怎奈徒劳无功……"[74]

178

---

① sower，同 sawar。——译者注

埃米莉·艾登正在西姆拉欢庆占领坎大哈。"我们明天的舞会华丽欢愉，我刚安排好在其他彩灯对面竖起一幅大大的'坎大哈'。""兰吉特夫人们"的厄运令埃米莉惊骇万分，仅仅数月前她才拜访过她们。埃米莉写道："我们觉得她们那么美丽，那么快活。那些可怜女子的弃世实在令人哀伤，如此欢悦的妙龄可人儿以坚忍不屈的胆魄舍生取义。"她补充道："我渐渐认为'一夫多妻制'优于纯粹的一夫一妻制，众妻更情意绵绵，也更忠贞不渝。"[75]

韦德即刻意识到这对武装入侵阿富汗产生的更严重影响。兰吉特·辛格在世时都难以信守承诺召集军队，他撒手人寰后此事更是难于上青天。兰吉特手下权贵几乎无人赞同他与英国人结盟的热忱。伴随着继承权纷争，内战可能一触即发，或许得一段时间后英国方能对最终接替长逝大君的继任者施展外交手腕。

更危急的仍是对"印度河之师"的食物和补给产生的影响。旁遮普平原将侵略军与英属印度补给基地阻隔开来，骚乱看来几乎无疑会席卷旁遮普平原，那时焉能将食品、武器、钱款和援兵送入阿富汗？后方的旁遮普地区实施封闭，早就孤立无援的"印度河之师"看似愈发与外界隔绝。军队现正向前推进，越来越深入中亚的崇山峻岭，补给线不断延长亦更脆弱，若有任何闪失则无法轻易获得援助。

这场艰难的远征能否大功告成仍是未知数，恰又变得益发举步维艰。

1839 年 6 月 27 日，正当拉合尔的兰吉特·辛格弥留之际，"印度河之师"离开坎大哈，继续挺进喀布尔。

军队现被拆分成三个分队，以每天大约 10 英里的速度稳步向前推进。基恩决意舍弃体型巨大、在各山口引发诸多麻烦的攻城炮，故此行军速度比先前略有提升。基恩做此决定的原因在于，有人建言称加兹尼和喀布尔的防御工事不堪一击，苏贾也向基恩保证自己所属的普帕扎伊氏族族人会夺取控制权，在军队抵达时开启加兹尼城门。驻留坎大哈的卫戍部队有3000 将士，名义上由苏贾的次子法特赫·宗王子享有统领权，实则处在诺特少将的军事管控之下。刚宣誓效忠苏贾的杜兰尼王朝权贵大多选择留下来，唯有野心勃勃欲飞黄腾达的哈吉·汗随军同行。

西部的赫拉特和东边的加兹尼都传来堪忧的情报，军队在坎大哈为期两个月的短暂休整至此结束。英国人的介入终止了波斯对赫拉特城展开的猛烈骇人的攻击，赫拉特的维齐尔亚尔·穆罕默德·阿里库扎伊对此未表露出感激之情。英国人本料想他会感恩戴德。波斯撤退后不过数周，维齐尔反倒与此前刚为赫拉特城支出三万英镑善款的英国公使埃尔德雷德·砵甸乍发生口角，他砍下了砵甸乍一位仆佣的手，还试图行刺公使本人。继后，维齐尔便与波斯的穆罕默德·沙展开秘密磋商。穆罕默德·沙麾下军队不久前还一度在赫拉特城下安营。维齐尔宣称："我向真主起誓，我宁愿选择王中之王（沙）的怒目横眉，也非英格兰人的千好万好。"[76]

麦克诺滕未确知关系破裂的责任在于亚尔·穆罕默德还是缺乏经验的砵甸乍，就决定派大使及僚属千方百计地赢回赫拉特。麦克诺滕请求伯恩斯带领使团，伯恩斯机敏地予以辞绝，他打算留在喀布尔一带，在麦克诺滕归来时插手干预并取而代之。伯恩斯觉得派往赫拉特的使团不可能有所斩获，事实的确如此。因此，麦克诺滕差遣讲波斯语的达西·托德（D'Arcy Todd）取而代之。达西·托德是亨利·罗林森昔日的同僚，两人曾是英国派往德黑兰的军事使团成员。伯恩斯致函友人："他们为威胁要杀砵甸乍致歉，年轻的砵甸乍接受了道歉。托德少校明日动身前往赫拉特，预计将束手无策，因为他们已无药可救。"[77]

托德所受指令简单明了：与亚尔·穆罕默德为友，将赫拉特变成波斯边境地区的亲英盟邦，与沙·苏贾就疆域边界问题达成协议。然而适得其反，托德不久后回函，惊骇于"专横跋扈、残酷暴虐的敲诈勒索"。不列颠徒有虚名的盟友亚尔·穆罕默德恣意妄为，悉力充盈赫拉特金库：

181

> 被选中的人通常是曾备受宠幸、理当腰缠万贯的汗，或是因徇私舞弊、贪赃枉法被定罪的行刑者。犯人随后接受严刑拷问，最寻常的办法是用火慢慢煮、炙或烤。在这些场合施虐的装置精巧新颖，令人触目惊心、嫌恶至极，只能点到为止。那可怜人痛苦不堪地扭曲挣扎，被迫逐步交出财产，在临终前得知妻女已被卖给土库曼人（Turkoman），或被分给杀害其本人的凶手手下的清扫工及仆佣。新近的两位受害者，一位被炙烤到半焦继而碎尸万段，另一位被煮至半熟后施以烤刑。[78]

赫拉特让英国人面临进退维谷的困境。英国占领期间，此般跋前疐后将变得愈来愈司空见惯，该地区后来的殖民者也不得不

面对同样的窘境。正如托德在写给麦克诺滕的信中所述：是否
应当殚精竭虑"为人类谋福利"，拥护社会革新，取缔诸如以
石击毙通奸妇人一类的陈规陋习？举例来说，情报处的韦德就
对自己在该问题上的立场一清二楚。英国人开赴阿富汗是出于
战略上的利己主义，而非推进民族国家建构、促进性别变革。
韦德写道："最为可怕并需有所警惕的莫过于妄自尊大。我们
如此目中无人，往往习以为常地将自己的制度习俗视为佼佼不
群，一心想把它们引入未经开垦的处女地。如此干涉即便未促
其诉诸暴力，也总会引发激烈争议。"[79]

　　其间，韦德派驻喀布尔的间谍汇报称多斯特·穆哈迈德果
真名不虚传，行事卓有成效。他一直劲头十足地集结军队、修
缮加兹尼防御工事，积极备战，以应对英军进逼。他将大批储
备物资沿喀布尔河顺流而下送至贾拉拉巴德，还得到喀布尔的
乌理玛发布的伊斯兰教令（fatwa），呼吁发动圣战对抗沙·苏
贾。多斯特·穆哈迈德致函德黑兰方面，极力劝说穆罕默德·
沙重返战场，"敦促陛下刻不容缓地予以协助"，宣称此刻是
英国人在阿富汗立足前所能抓住的最后契机。多斯特·穆哈迈
德写道："起初也许一枚针就能塞住喷泉泉眼，可当泉水漫溢
时，就连大象也无力阻止其奔流泛滥。"[80]关于上述种种活动的
情报约在 6 月 20 日被送达英军军营，英方断定越快向多斯
特·穆哈迈德发动进攻越好。

　　从坎大哈到加兹尼的 200 英里行程，部队起先穿过丰裕富
饶的阿尔甘德河谷（Arghandab Valley），河谷中有褐色水流和
银柳树，泥墙围筑的片片果园种植着石榴树，葡萄藤蔓和绛色
桑葚沿灌溉沟渠排列成行。不过在河谷另一边，部队渐渐远离
阿尔甘德河河岸和渠水潺潺流动的灌溉沟渠网。这些灌溉沟将

182

种植区延伸至河谷边缘的一畦畦瓜田。部队越是向前推进，土地就变得越干旱。吉勒扎伊的卡拉特（Qalate-Ghilzai）周围随风飘摇的白色牧草地慢慢被岩石嶙峋、丘陵起伏、更加瘠薄不毛的石英及页岩灌丛景观取代，白色罂粟和麝香飞廉星罗棋布。军队现已进入吉勒扎伊部落民领地。威廉·泰勒（William Taylor）写道：

（这是一片贫瘠萧疏）、偏远荒凉的山区，整段路途无比艰辛，有时几乎寸步难行。丘陵上到处都是不可胜数的泥堡，随着我们大军压境，吉勒扎伊部落民①望风而逃，鲜有人斗胆追踪我们。在部落民遗弃的住所里仅发现几位风烛残年的干瘪老媪和几只饿犬，他们均以某种嚎叫的方式迎接我们到来……我们十分幸运，竟能寻获储备的谷物和草料（bussorah）。当地人得知我们逼近的消息，第一时间将它们埋藏起来。我们的供水也很充足，这一地区江河溪流纵横交错。喜忧参半的是，我们被成群蝗虫烦扰。黑压压的蝗虫简直遮天蔽日，还一直在我们耳畔无休无止地嗡嗡作响。蝗虫看来是阿富汗人最喜爱的美食，他们用文火烤熟蝗虫，遂迫不及待地大快朵颐。尽管我们的口粮并非最优质、种类亦非繁多，但还是无法强迫自己品尝这种匪夷所思的珍馐佳馔。[81]

7月18日，基恩收获两则情报。第一则，普帕扎伊族人密谋开放加兹尼城门一事败露，对苏贾忠心耿耿的臣僚已被忠于巴

---

① Ghilzie，同 Ghilzai。——译者注

拉克扎伊族人的吉勒扎伊部落民取代。第二则，据悉巴拉克扎伊族人准备在加兹尼周遭负隅顽抗。谨慎持重的基恩决定稍做停歇，好让沙·苏贾率领的中央纵队和威尔希尔麾下的殿军跟上来。[82]基恩将麾下军队集中起来，随后以密集队形向前挺进。20日黎明时分，他们望见灌木丛中高耸的加兹尼清真寺宣礼塔，宣礼塔另一边是巍峨的堡垒，这是中亚最大、最固若金汤的堡垒之一。基恩写道："我们发觉出现在面前的是另一座直布罗陀（Gibraltar），而非众人口中所称的岌岌可危、不堪一击之地。修缮完好、巍然耸立的壁垒建在斜坡式土堤上，两侧是为数众多的塔楼，周围环绕着构建完善的（栈道）和一条宽广潮湿的壕沟。总之，我们大吃一惊。"[83]存在如此牢不可破的防御工事，对英国人而言就意味着严重的情报失察。由于将攻城炮留给了在200英里开外镇守坎大哈的诺特，目前尚不清楚还能做些什么。侵略军不可能对加兹尼卫戍部队置之不理而继续向前推进，任其对自己的交通安全构成威胁，但他们也没有充足的补给撤军或展开一场旷日持久的围城战。

果不其然，英国人刚逼近加兹尼，卫戍部队就顽强抵抗。他们派骑兵一再骚扰向前推进的印度兵。侵略军试图占据堡垒周围阵地，却遭来自壁垒的猛烈炮火压制。悉达·罗摩回忆道："敌军大举出动，枪炮轰鸣、战火连天，阿富汗人成竹在胸，深信此地坚不可摧。城墙高不可攀，我方的轻骑兵火炮毫无用武之地，根本无力还击。自踏足阿富汗，这是我们首次投身战斗。"[84]

阿富汗人第一次展示了长筒杰撒伊步枪的弹无虚发。这种19世纪狙击步枪的狙击手在确定射程后，动手击毙了大批暴露的印度兵。阿塔王子写道："从加兹尼城堡射出的子弹弹无

184

虚发地击中英国士兵，好似天谴神罚。战士们依然饥火烧肠，经历长途跋涉的驮畜精疲力竭、驻足不前，英国人到了晚上才终于在临时防御工事和堑壕后安营扎寨，直至那时才卸下驮畜身上驮载的重荷。一种被称为'打击手'（Zuber Zun）的大型加农炮自城堡开炮射击，骆驼、士卒和马都被炸飞到空中，有如纸鸢般随风飘舞。"[85]

那夜，英国人看到从壁垒发出蓝光传递信号，东边群山上有其他光的信号做出回应。这些信号意图何在，直至翌日清晨才水落石出。2000名身骑骏马、怒目圆睁的勇士（ghazi，即圣战武士）成群结队自后方袭击侵略军。拂晓后不久，他们扛着绿色圣战旗帜出现在营地后的高地上。当号角发出警报，为首的圣战武士（jihadi）骑马成功跨越防御性壕沟，径直进入沙·苏贾营地中央。他们高呼"真主至大（Allah hu-Akbar）！"后舍生忘死地投入战斗，直到被团团围住。

最终仅有50人缴械投降。纵然被拖拽到苏贾面前，他们仍辱骂他"本质上是个异教徒，是异教徒的帮凶"。[86]正当沙怒气冲冲地站在那儿，其中一名勇士掏出暗藏的匕首，试图猛刺向沙。那人被制伏并遭处决，苏贾的侍卫随后将整批战俘统统斩首，这让麦克诺滕惊骇万分。据悉，苏贾的行刑官一边嘻哈打趣，一边开始行刑。战俘被捆住双臂躺倒在地，双手被反绑于背后。莫罕·拉尔写道：行刑官"用长刀长剑恣意乱砍乱劈，肆无忌惮地残害那些可怜的人。在英军军营附近处死众多人犯，为我们的讨伐进程投下一道不悦之光。想必没有哪个国家会因触犯一个人，就允许或批准以最残暴野蛮的方式屠杀50个人吧"。[87]

在接下来的数小时里，正是门士莫罕·拉尔发挥了最为关键的作用，让英国人免于陷入自己一手造成的烂摊子。侵略军即将到达堡垒的前一日，阿卜杜勒·拉希德·汗（Abdul Rashid Khan）——德高望重地巴拉克扎伊亲王，多斯特·穆哈迈德的敌手越过防线向莫罕·拉尔投诚，19 世纪 30 年代中叶，门士在坎大哈充当"情报员"为韦德效力，阿卜杜勒·拉希德·汗与莫罕·拉尔相识于那个时期。莫罕·拉尔在自己帐中向他查问敌情，据这位亲王所言，得悉堡垒的重大薄弱处。英国人逼近时，堡垒的大多数城门都用砖块砌死，唯独"喀布尔门"（Kabul Gate）是敞开的，以便继续与多斯特·穆哈迈德保持联络。伯恩斯将此情报传达给基恩，总司令当机立断，别无选择只能连夜发动攻击，希望突袭能弥补情报匮乏与规划不周的怠忽之处。

计划很快就被制订出来：在南边以密集炮火打击，发动佯攻以作掩护，让一队工兵悄悄逼近"喀布尔门"，安放炸药将门炸毁，接着以刺刀冲锋，发起大规模猛攻。自告奋勇带领爆破队的亨利·杜兰德（Henry Durand）写道："此类作战行动充满风险。即便获胜，预计唯有以惨重人员伤亡为代价。"杜兰德向基恩提及这些风险隐忧，总司令回答说根本别无他法，因为军需部仅剩两三天的口粮。[88]

当天剩余时间都用于侦查，基恩和工兵骑马绕行城堡外城墙，以城墙根下围墙高筑的杏树及胡桃树园林地带作为掩护，躲避城垛上杰撒伊步枪狙击手的子弹。命令在午夜将至时发布，要求士兵凌晨 4 点集合，还让他们取下军帽上的白色遮盖

186

物，以免在壁垒上观望的守军有所察觉。凌晨2点，苏贾被麦克诺滕带到"喀布尔门"正上方的山丘上。据苏贾的传记撰写人穆罕默德·侯赛因·赫拉特所载："威廉·麦克诺滕不胜荣幸地觐见国王，邀请陛下前往贤明睿智的苏菲派圣人巴鲁（Bahlul）的圣祠所在的山丘，在那儿便于察看奇袭加兹尼城堡。一俟陛下就位，顿时炮火烛天、硝烟滚滚。"[89]苏贾所处位置无遮无掩，遭到壁垒的猛烈炮火攻击，但他漠然视之，英勇无畏地留在那儿，这让手下英国护卫刮目相看。他们早先曾听闻引人误解的传言，讲述苏贾先前如何提早退离战场。

身为执行牵制任务的部队一员，悉达·罗摩写道："奉命保持猛烈炮火连绵不绝，以此蒙蔽城中勇士并分散其注意力。当晚狂风大作，沙尘滚滚。漫天飞舞的沙尘，让一切都比平时更昏暗。枪炮齐鸣之际，望见勇士们手持火把奔跑。蓦然间，此地看似排灯节祭奠仪式（Diwali puja）。"[90]

与南边的枪林弹雨、炮火轰鸣不同的是，堡垒北侧寂静无声，杜兰德与其他工兵此时开始摸黑悄悄逼近城墙。他们惴惴不安，因为麦克诺滕已将整个计划透露给苏贾的僚属，"成功实施进攻方案有赖于秘而不宣，此方案在沙的营地却众所周知"。不过，该计划尚未传至守军耳中。杜兰德借着破晓前的微光蹑手蹑脚靠近，到了距城门不足150码的地方，才引起一名哨兵的怀疑。杜兰德后来写道："鸣枪和叫嚷表明一行人已被发现。卫戍部队立即处于警戒状态。他们的步枪自壁垒肆意射击，枪声密集，城垛顶部突然蓝光闪耀，把通往城门的道路照得灯火通明。来自下层外部工事的扫射将桥梁纳入手枪的一半射程内。扫射本可歼灭工兵及众士卒，不过说来也怪，尽管壁垒的每个枪眼都闪烁着炮火，士兵们穿越桥梁却未被来自下层工事的一枪一弹击中。"

火药包被安放就位，导火索也已点燃，"此时，无法忍受枪眼制约的守军已蹿上胸墙顶部，猛烈的炮火向墙根倾泻而下，他们还奋力投掷石头和砖块"。伴着爆炸的轰然巨响，跑回隐蔽处的工兵跃入护城沟堑，前进的号角同时吹响。[91]威廉·丹尼带领士卒进入城门裂口，片刻后，罗伯特·塞尔将军率一个纵队跟随进城。罗伯特·塞尔被部下称为"好斗的鲍勃"，因为他拒绝留守后方，总是投身最激烈的肉搏战当中。

穆罕默德·侯赛因·赫拉特在临近沙·苏贾的山顶观望，他记述道："堡垒城门被炸毁，英格兰人冲了进去，两军短兵相接，直至弃械投降的哀号响彻天际。阿富汗战士一边丢下武器，一边叫嚷着：'救命啊（al-Aman）！饶了我们吧！'那些年逾古稀的人惨遭杀害，其他男男女女都沦为阶下囚，他们的财物和牲畜悉遭掠夺。"[92]阿塔王子越来越对守军心生恻隐，他写道：

当他们点燃导火索，爆破卷起的滚滚沙尘铺天盖地而来，遮蔽了四方八面万事万物，城门被炸成满是空洞的栅格，随后彻底坍塌。沙的士兵一拥而上，向城堡发起猛攻。迎战的 300 名勇士（信义的斗士）拔剑出鞘捍卫自己的信仰，三度将英国人逐退到城门外。英方士兵被迫后退，在 1000 英尺以外的地方射击。不过，塞尔将军和总司令重整旗鼓，再次召集进入城堡砍杀勇士的士兵，孟加拉军队再度冲锋陷阵。背信弃义的诸同伴离弃了堡垒指挥官纳瓦布古拉姆·海德尔·汗（多斯特·穆哈迈德之子，一年前曾护送伯恩斯离开喀布尔），他们希望自保，还想赚取龌龊的英格兰金币。他们收受英格兰人的贿赂不战而逃，因变节通敌而面色暗黑。残余的勇士投身战斗，直到饮下天园溪流中殉道的琼浆，被带至天园花园。"花园下方江河奔流，滔滔不竭"，愿真主垂怜他们的灵魂！众勇士阵亡后，英格兰人才占领了加兹尼堡垒。英军大获全胜。[93]

就在堡垒低层区域劫掠猖獗之际，英勇无畏的阿富汗人继续在堡垒顶部负险固守、殊死一搏。"阿富汗人[①]挥刀弄剑、顽强搏杀，甚至自己被刺刀戳穿后还能成功刺伤数名我方士卒"，乔治·劳伦斯写道。[94]其友内维尔·张伯伦则对英军官兵的行为不以为然。随处都有滔天暴行发生，"军人闯入民宅，找寻可掠夺的战利品，许多人就这样被杀害……我不该细述当日目睹的残暴行径，因为我能肯定那只会让你对人类倍感嫌恶，不过我很高兴地告诉你，遇害的妇孺寥寥可数。那的确是个奇迹，因为每每听到房间里有任何动静，立即就有十到十二支火枪朝屋内射击，许多无辜庶民因此被杀"。[95]

拂晓时分，守军已一败涂地、溃不成军，官兵四散遁逃。托马斯·盖斯福德评述道：

> 眼见若干敌匪从壁垒上缒绳而下，以此方式下落时有些人中枪，顺利逃脱的人有许多在战场上遭骑兵手中的军刀斩杀。堡垒终被我军占领，成群结队的卫戍部队官兵将自己关在屋内，继续向我方士兵开火。投降的人获饶恕，但渠魁以及其他在我们占据该地后还继续屠戮诸多我方将士的人，一经俘获立即被枪毙。一切都安静下来后，一群

---

① Affghan，同 Afghan。——译者注

人突然冲出屋宇，奋力杀出一条血路，这次尝试让许多人
受伤……

盖斯福德补充道：

189

> （大屠杀令人）毛骨悚然，在通往壁垒的宽阔楼梯后
> 方的游廊上，我发现三四十具尸体躺在一起，许多尸体在
> 燃烧，部分已被烧焦……搬动尸体时出现好些动人场面。
> 一群人将一具死尸从房中运出去，一转身就发觉尸体被拽
> 了回去，见到一对母子在为逝者恸哭。每一间屋宇和商铺
> 都被洗劫一空，罕有一户人家不被鲜血玷污。被堆入坑内
> 的尸体共计五六百具，死者统共至少 1000 余人。伤者身
> 陷悲苦境地，这让其余人等见证了我们驻足城镇的印
> 记……一些人被烧伤，一些人遭子弹射伤、被刺刀刺伤，
> 另一些人肢残臂断。单次炮击爆炸甚至炸死 13 个人。堡
> 垒总督海德尔·汗①是多斯特·穆哈迈德②之子。在大门
> 上方的塔楼俘获海德尔·汗，他弃剑投降以保性命。[96]

上午 9 点前，顽抗宣告结束。现在轮到战利品搜剿人员有计划
地着手收集战争劫掠品，这些劫掠品将被部队官兵瓜分。据阿
塔王子称，他们耗费五天时间才把所有物资运出城。他们搬运
"至己方仓库的有：3000 匹拥有土耳其、阿拉伯和伊朗血统的
骏马，2000 峰来自喀布尔、巴里黑（Balkh）、布哈拉和巴格

---

① Hyder Khan，同 Haidar Khan。——译者注
② Dost Mahomed，同 Dost Mohammad。——译者注

达（Baghdad）的骆驼，产自伊斯法罕（Isfahan）和伊朗德黑兰的剑柄，数百条克什米尔出产的山羊绒披巾，成千上万莫恩德①的葡萄干、杏仁、盐焗开心果、酥油、稻米和面粉，数千支手枪"。学识渊博的阿塔王子对部分战利品尤感兴趣，英国方面的史料对此似乎均未特别提及：坎大哈宫廷藏书楼"几千册珍稀的波斯语和阿拉伯语书籍，内容涵盖各门科学、逻辑学、文学评论、法学原理、句法及语法"。[97]

这是一次辉煌的胜利。军队初见固若金汤的加兹尼堡垒后不足 72 小时就将其攻克。除了有 1000 名阿富汗人战死沙场外，还有大约 300 人受伤、1500 人被俘。相较之下，英国人蒙受的损失只是 17 人阵亡，约略 65 人受伤。[98]不过，正如杜兰德随后指出的，此番突击的成功主要靠运气，因为将攻城炮留在后方、未有充足补给就贸然行军，基恩"犯下重大军事错误。但是，仿佛是嘲弄人类的谨小慎微和深谋远虑，战争偶有提供某些实例，在玄妙莫测的上天旨意下，一个错误却成为辉煌卓绝的惊人胜利的直接诱因。这次失误最终证明确也如此"。[99]

如果说英国人排除万难赢得非凡胜利，那么阿富汗人也丝毫不令自己蒙羞。守军将士展现了惊人的作战能力，呈现出大无畏的英雄气概，纵然一败涂地仍能创造传奇，这些事迹旋即被人们广为传颂。就像许多阿富汗人一样，阿塔王子渐渐感到耿耿忠心就此逆转，声言很多人坚信阵亡战士的躯体显露神迹。他写道：

---

① maund，重量计量单位。——译者著

殉难的勇士恰似卡尔巴拉（Kerbela）的殉道者，被弃置疆场，无坟安葬亦无寿衣裹身，尽管虔诚的穆斯林恳请妥善安葬逝者，英格兰人却拒不批准。感谢全能的真主，殉道者的尸体一夜之间统统消失不见，地面也未遗留丝毫血迹。另一个匪夷所思的传说讲述一名勇士在堡垒塔楼内逗留三日，狙击并杀死了所有靠近他的人。他消灭了70名东印度公司战士，接着突然消失，无人知晓他去向何方。加兹尼堡垒内部有许多大型地道，英格兰人数月来对此浑然不知，据说直到大约800名童女和婴幼儿、300匹马、500名阿富汗男子突然冒出来而后离去，英格兰人才有所觉察。占领军中无人试图阻拦一行人马，亦无人上前盘查。英格兰的统治如此这般降临加兹尼。[100]

加兹尼失守的消息48小时内就传到喀布尔的多斯特·穆哈迈德耳中。他耗费三个月时间修复加固的这片国土之上最宏伟的堡垒，不足三个小时就落入异教徒侵略者手中。接下来的几天里进一步有噩耗传来，这不仅让他渐失信心，也逐步动摇了其支持者的决心。

首先，让埃米尔蒙受最大重创的是其最宠爱、最能干的子嗣阿克巴·汗突然病倒。埃米尔早前遣派阿克巴·汗守卫开伯尔山区，阻止韦德和帖木儿王子向前推进。风闻阿克巴·汗是中毒，一连两日命悬一线。据阿富汗方面的史料记载，这比其他任何事都更令多斯特·穆哈迈德失魂落魄。"埃米尔见到被自己视若挚宝的爱子，悲痛得心如刀绞、肝肠寸断，他绝望地不停用双手捶打头部。"[101]

阿克巴·汗病魔缠身，终为韦德提供了梦寐以求的机会。虽然只成功集结到不足 5000 名素质庸劣的士兵，韦德仍决定兵行险着，趁乱突袭开伯尔山区。此次强攻遭到当地阿夫里迪部落民和吉勒扎伊部落巴布拉克海勒次部落的穆罕默德·沙·汗手下部落成员的猛烈反抗。穆罕默德·沙·汗正是阿克巴·汗貌美倾城的新娘的父亲。7 月 26 日韦德攻取山口顶峰下的阿里清真寺，不久后继续挺进贾拉拉巴德。因病元气尽失的阿克巴·汗被迫匆促乘轿迁离贾拉拉巴德。

48 小时内接连攻陷阿里清真寺和加兹尼，激励了其他心怀不满的部族成员。在喀布尔 35 英里外的伊斯塔立夫，科希斯坦的塔吉克人（Tajik）在宗教领袖米尔·哈吉的领导下起义反抗巴拉克扎伊族人。米尔·哈吉是纳克什班迪教团的导师（Pir），也是普尔伊齐斯提清真寺的世袭伊玛目。起义者驱逐巴拉克扎伊地方长官舍尔·阿里·汗（Sher 'Ali Khan）将军。舍尔·阿里·汗是多斯特·穆哈迈德的小儿子①。舍尔·阿里·汗在追赶之下进入恰里卡尔由泥墙围筑的自家宅院，起义者随后包围院落"将其绞死"。[102]多斯特·穆哈迈德年轻时曾帮同父异母兄长法特赫·汗管辖该地区，诛戮了诸多科希斯坦的马利克。如今，又有韦德一再的经济利诱，米尔·哈吉遂怂恿手下民众揭竿而起，一雪埋藏 20 年的深仇宿怨。[103]

一支军队从加兹尼挺进喀布尔，另一支军队自贾拉拉巴德渐渐逼近，科希斯坦人又在后方掀起叛乱，多斯特·穆哈迈德

---

① 原文 eldest son，疑为 younger son。——译者注

现有的选择顿时所剩无几，他的第一反应是普什图人应对挫败的传统方式——谈判。纳瓦布贾巴尔·汗是喀布尔权贵中最亲英的一位，他曾款待伯恩斯，资助查尔斯·马森的古迹挖掘工作，此外还将儿子送往韦德在卢迪亚纳开办的学校接受英式教育。而且①，上一年与维特科维奇对峙期间，纳瓦布曾极力劝说弟弟支持英国的千秋大业。

于是，贾巴尔·汗奉派前往加兹尼献上提议。第一，萨多扎伊族人当政期间，多斯特·穆哈迈德若能继续担任维齐尔，沙·苏贾即可重返王位，因为"凭借世袭的权利，他有权获任该职位"。归根结底，同父异母兄长法特赫·汗曾是沙·扎曼的维齐尔，其父帕因达赫·汗亦为苏贾的父亲帖木儿·沙的维齐尔。在普什图人看来，这种解决问题的办法本习以为常、不言而喻，所以，当英国人断然拒绝该提议时，贾巴尔·汗错愕不已。第二个请求是"释放自己的侄女，亦即海德尔·汗的妻子"，也遭一口回绝，贾巴尔·汗大为震惊。正如英国青年军官亨利·哈夫洛克觉察到的，贾巴尔"遭拒后深感或佯装激忿填膺"。[104]唯有对阿富汗人的荣辱观有日积月累丰富经验的莫罕·拉尔深知此番回绝是何等侮慢无礼，他写道：

> 　　值此危急之秋，完全不必冒犯纳瓦布这样可贵的朋友。……（贾巴尔）的确对我们失去信任、失望透顶。在交谈中，话题转到沙·苏贾·乌尔木尔克身上，我们毕恭毕敬提及沙的名字，纳瓦布对此浅笑作答，接着对公使言道："沙·苏贾若真是一国之君，要来继承祖辈的王

---

① 原文 Morever，疑为 Moreover。——译者注

193

国，你们的军队作何用途？你们用金钱和武器将他引入阿富汗，待他慷慨友好、面面俱到。现在就把他交给我们阿富汗人，他若有本事就让他来统治我们吧。"如此坦率直白的言辞让我们难以接受……我们以敌意的态度冷漠对待良善正直的纳瓦布，失望悲愤沉浸在他的心头。7 月 29日，约莫正午时分，纳瓦布离开营地。我奉命护送纳瓦布越过我方哨位，路上听到自加兹尼堡垒俘获而来的某位女子的尖叫声。纳瓦布转头面向我，点了点头……返回喀布尔途中，纳瓦布对我们的言谈语气并不友好。[105]

因谈判宣告失败，多斯特·穆哈迈德现只剩一个选择。他将支持者集结到喀布尔，在环绕未竣工的帖木儿·沙陵寝的花园中召集公众集会。多斯特·穆哈迈德在那里发表了感人至深的演说，数次谈及绝处逢生的经历。他告诉残余的追随者："过去 13 年间你们仰仗我的滋养，回报年深月久的供养与恩泽，只需应承帮我一个忙——让我荣耀而归，死得其所。身为法特赫·汗的亲兄弟，在我最后一次诛讨洋奴骑兵队之际，请支持我。我若在进攻中血染沙场，你们遂可自行前去与沙·苏贾妥协。"[106]此番恳求遭静默以对。哈米德·克什米尔毛拉在《阿克巴本记》中敷陈接下来发生的事，细述多斯特·穆哈迈德与众追随者辩论其身份的合法性。埃米尔宣称自己代表伊斯兰教法的规条与正义，但那些见风使舵的追随者答说，他们素来应当首先听命加冕的一国之君召唤，效忠合法国王而非埃米尔。职此之故，众追随者对多斯特·穆哈迈德的争辩置若罔闻。多斯特认为苏贾选择与外国异教徒结盟遂失去法律的保护。

埃米尔问道：今时今日世界变成何等模样？
当朋友百人却无一人友情依旧？

"当男儿汉变得比女娇娃还不仗义
然则，缘何女人的信念要背负恶名？

我怕吾国落入洋人之手   194
届时，他们的法律、教义和宗教将置立此地

人人荣誉受损
无人得免"

他们答说："此次集会的领头人啊
这场战争，你不会觉得我们相助……

因为反叛国王天理不容
埃米尔与沙，犹若天冠地屦

我们岂敢对他刀剑相加
该来的就让它来吧"

埃米尔作答："顺从国君理所应当
但他须走上伊斯兰教法（Shari'a）指引的正确道路

已信仰全无的君主
会令遏抑之下的浩浩尘寰悚然

现有异教徒襄助
他率大军有备而来

遵照穆罕默德言行录（hadith）的圣训，异教徒的帮凶
也是邪恶不净的异教徒

处死这般污秽不洁的沙合情合理
助他一臂之力则罪孽深重"

奇兹巴什首领汗·希林·汗（Khan Shirin Khan）对此做出了
答复。多斯特·穆哈迈德的母亲是奇兹巴什人，他期待奇兹巴
什人能与他立场一致、并肩作战，但他们像所有人一样，只会
见风使舵。

195

"肃静！（汗·希林·汗答道。）莫说出这般邪恶的话语
因为我们毕竟都承蒙沙的恩泽

别再虚张声势自我吹嘘！你自高自大的光阴不再
你嚣张浮华的时代已逝"

夜幕降临，袭来千般狂暴万般僭越
奇兹巴什人和其他人等该被送上绞刑架和十字架……

他们像胆大包天的盗贼，劫掠金库
带走大量钱财和战利品

　　　　一夜之间一溜儿烟奔去

　　　　加入洋人的大军

遭麾下军队背叛的埃米尔哀哀欲绝。

　　　　眼见诸友形同陌路

　　　　面对自己的处境，他渐渐陷入焦虑

　　　　正如诗人萨迪所言："眼见友人友情不再

　　　　远走高飞便是有所得"

　　　　他遂将决战的念想抛下

　　　　远离武器、战事和那些他所珍视的事

　　　　拿走能随身携带的物品，其余的统统丢弃

　　　　接着敲响半球形铜鼓出发，他高举旗帜

　　　　率本部族 1500 人启程

　　　　取道巴米扬，奔赴胡尔姆（Khulm）[107]

　　1839 年 8 月 3 日，多斯特·穆哈迈德溃退的消息传至英　196
军军营。部队又花了三天时间走完最后的数英里，抵达喀布
尔。8 月 7 日，在"印度河之师"离开菲罗兹布尔八个月后，

身居队首的沙·苏贾终与军队一起挺进阿富汗国都。他"头顶小冠冕，佩戴宝石镶饰的腰带和手镯，璀璨炫目"。麦克诺滕也不甘示弱，头戴"一顶边缘饰以鸵鸟羽毛的三角帽，身穿蓝色双排凸扣长礼服，衣领及袖口上的刺绣繁复华美，绚丽的肩章不比陆军元帅逊色，长裤以甚为宽阔的金饰带镶边"。对沙而言，自上次目睹巴拉希萨尔城堡磐石上恢宏壮丽的帖木儿王宫算起，迄今已有三十载。巴拉希萨尔城堡几乎占据了喀布尔四分之一的面积。喀布尔街头挤满静默的人群，沙经过时众人起立，英国官员跟随而来时他们又再坐下。不过，没有欢呼雀跃，也没有欣喜欢腾。据乔治·劳伦斯记载，喀布尔人流露出"（对沙的归来）彻头彻尾的淡漠，没有任何蛛丝马迹表明他们乐于接受或心满意足于沙即位称王。不言而喻，他们钟爱与心系的是上一位君主。那位君主现已是兴都库什山区外的游子"。[108]另一位青年军官进一步说明："这更像出殡，而不像收复疆土的国王迈入都城。"[109]

唯有沙本人略显愉悦、情绪激昂。霍夫少校写道："在陛下的引领下进入王宫和庭园。时光飞逝三十载，王宫此般破败不堪，这位耆老泪水潸然地给孙儿及家人讲述它昔日的辉煌盛景。"登上熟悉的楼梯前往王宫高层区域，喀布尔的轮廓绵延伸展、尽收眼底。此时，沙的精神为之一振，因为他意识到受挫 30 年的梦想终被实现。"登上巨大的楼梯，沙如孩童般急切奔跑，逐一奔向日思夜念的皇家宫室的一个个小房间。他高声哀叹随处可见的疏于维护及惨遭损坏之处，尤为痛惜镜之宫（sheesh mahal）的镜面镶板被人移走。"[110]

尽管声声抱怨，沙·苏贾仍觉幸福，他终于归家。

第五章　圣战的旗帜

1839 年 5 月 8 日上午，正当沙·苏贾耀武扬威地骑马穿
过坎大哈城门时，一名清洁女工在圣彼得堡窗板紧闭的后街小
巷的一座名为"巴黎公寓"（Paris Boarding House）的客栈顶
层房间发现一具三十出头的男性尸体。该男子看上去是从屋内
锁住房门，而后枪击头部自尽的。

尸首旁边的桌上放着一张简短平淡的便笺，内容如下：

没有人会以任何方式在意我的命运，我觉得讲明我自
愿了断性命就已足够。因我目前受雇于外交部亚洲司
（Asian Department of the Ministry of Foreign Affairs），我谦
卑恳请该司以下列方式处置奥伦堡第 1 团（1st Orenburg
Regiment）欠付我的两年薪资：第一，结清军官制服用品费
用，总金额约 300 卢布；第二，给裁缝马尔克维奇
（Markevitch）500 卢布，支付我向他订购但未取回的服装
费用；第三，准许男仆德米特里（Dmitry）使用我此刻随

身携带的全部财物。我已将上一次旅行的相关文件悉数焚
毁，故此，任何搜寻工作都是徒劳的。我已与巴黎客栈
（Paris Inn）的店主结清 5 月 7 日之前的账单，不过他若有
任何其他要求，我谦卑恳请我司从上述款项中予以满足。

1839 年 5 月 8 日凌晨 3 点，维特科维奇[1]

关于伊万·维克托罗维奇·维特科维奇引人瞩目的陀思妥耶夫
斯基（Dostoyevskian）小说式的弃世方式无理可循。几乎从尸
体被发现的那一刻起，"大博弈"中首位俄罗斯特工神秘辞世
就成为众人揣测臆断的话题。英国人认为这起自杀事件是对冷
酷无情的沙皇专制政权最忧惧嫌憎的一切的佐证。归根结底，
维特科维奇年仅 14 岁就被蛮横粗暴地驱离祖国波兰，发配流
放至遥远的干草原受罚。继后，他披荆斩棘、步步攀升，身为
一名情报特工表现出色。在高奏凯歌之际，就在他智胜敌手伯
恩斯并赢得巴拉克扎伊族人支持之时，俄国主子绝情寡义地与
他脱离干系并将他抛弃。

英国驻圣彼得堡大使致函巴麦尊："据说诱因是俄国政府
对他在阿富汗的所作所为不赞成、不认可，而非他预期中的奖
赏擢升。"[2] 据 19 世纪 40 年代末查究此事的约翰·凯爵士联络
到的俄国"难民及流亡者（émigrés）"称，维特科维奇抵达首
都时"满怀憧憬，因为他以令人叹服的巧妙手腕履行了交托
给自己的职责"。但是内塞尔罗德伯爵拒不接见维特科维奇，
维特科维奇出现在外交部时也被拒之门外。伯爵传话称自己
"对维特科维奇上尉一无所知，只知道一位同名的探险家，据
闻他近来一直在喀布尔和坎大哈从事若干未经批准的阴谋活
动"。维特科维奇"即刻领会到这条讯息的可怕征兆。他了解

本国政府的品性"，意识到在英国显然成功入侵阿富汗的情势
之下，他已被伯恩斯彻底挫败。除此之外，维特科维奇如今还　200
"了然洞彻"自己已被他披肝沥胆、卓有成效效忠的政客"弃
如敝履"。[3]

英国驻布哈拉特工兼新闻撰稿人纳齐尔·汗·乌拉
（Nazir Khan Ullah）在一封发自中亚的机密急件中独立证实了
对该事件的这一说法。上司未能兑现维特科维奇向巴拉克扎伊
族人做出的提供军事援助的承诺，让巴拉克扎伊族人独自面对
英国人，维特科维奇深感名誉受损。纳齐尔·汗在写给联络人
伯恩斯的信中禀报："此地俄国特工与我相熟，他说维特科维
奇从喀布尔返回俄国时见告俄当局，称自己曾多次致函恳求军
事及财政援助，但他们从未给予任何答复且延误要务，如此怠
忽令其在喀布尔及坎大哈地区成了说谎者。故而自觉蒙羞，得
悉圣彼得堡内阁的答复后随即举枪自尽。"[4]

不过，对许多俄国观察家而言，维特科维奇的蹊跷殒命
以及所持阿富汗文件的可疑失踪，具备英国卑劣行径的所有
特征。归根结底，维特科维奇所持文件包含成功渗透刺探到
的英国在中亚的情报及新闻撰写网络的详细资料。正如亚细
亚司（Asiatic Department）新晋司长 L. G. 西尼亚温
（L. G. Sinyavin）嗣后不久在一封信中所述：

　　他未移交就焚毁了我们的文件。那些文件构成的各式
各样的观察所得，对他就阿富汗事务以及英国特工向阿富
汗各行各业的人发送的急件副本拟订报告颇有帮助。总而
言之，他销毁了关于阿富汗的一切有价值的情报，这些情
报现对我们尤为珍贵、大有助益，而依据他明察秋毫的非

凡才性禀赋，我们有充分理由推断他持有的文件包含珍贵情报。仅凭他私下里如何千方百计与我取得联系就可见一斑。[5]

这一切引发猜疑，也有推测认为维特科维奇枪击事件实际上是英国情报特工实施的一次隐秘的暗杀行动。维特科维奇终归没有理由引决自裁。依据俄国对事件的官方说法，他受到荣耀接待，获得提拔，还被告知即将获得一枚勋章，而且就在毙命当天上午行将受到沙皇尼古拉一世（Tsar Nicholas I）亲自接见。这样一个人因何在无比荣耀的美妙时刻前夕自寻短见？西尼亚温正是其中一位对此深感疑惑的人，他致函维特科维奇在奥伦堡的靠山佩罗夫斯基："维特科维奇八天前甫抵圣彼得堡，并受到外交部的盛情接待，况且就在其身亡当日，批准将他调任至禁卫军的报告就已下达。非但如此，他还得到擢升、荣誉和金钱等多重犒赏。"西尼亚温继续说道：

> 与他会面期间，我陈说了你对他何等地赞许关心，细述了你听闻他前去希瓦并遇害的假消息时的焦虑不安，以及如何在他登程前特别托付我为他此番艰难的远征探险筹备合宜的奖赏。他看上去志得意满、愉悦非常。溘然长逝前一日我在剧院见到他，他整晚都坐在那儿，还与萨尔特科夫亲王（Prince Saltykov）闲谈。自戕前夕，他们中午时分再次见到他，他同样欣忻欢悦。晚间他拜见了西蒙尼奇伯爵……这一切都颇为诡异……[6]

依照俄国人的这种说法，维特科维奇对自己的圣彼得堡之行自始至终都兴致勃勃。奥伦堡的友人 K. 布赫（K. Bukh）讲述了那天上午他们如何聚首，接着"在岛上骑马兜风"，随后在卡缅诺奥斯特罗夫斯基剧院（Kamennoostrovsky Theatre）看了场戏。布赫后来写道："他未流露出丝毫郁郁寡欢的迹象。悲惨殒命前夕我去见他，一家德国报纸登载了某篇提及他的文章，他为此兴奋不已。他向我展示在东方购得的步枪和手枪，那是他一生深嗜笃好的东西。他返回旅馆时神采奕奕，还要求9 点叫醒他。"

绝命书怪异唐突的语气同样激起众人忖度：缘何只字不提自己的母亲、兄弟以及任何同僚友人？沙皇时代的军事史学家 M. A. 特伦特耶夫（M. A. Terntyev）率先著书立言，表述重重疑窦。他写道："调查毫无斩获，不过令人难以置信的是，偌多年来埋头苦干、悉力推进个人事业发展的人会在自己翘首企盼的梦想实现前夕舍弃这一切……许多人猜测英国人与这起诡秘莫测的事件有牵连……除了英国人还有谁会对维特科维奇持有的文件感兴趣？除了英国人又有谁会对伯恩斯的失败拊膺切齿，对维特科维奇怒火中烧……维特科维奇撒手人寰令我们丧失了有关阿富汗的重要情报，他与埃米尔多斯特·穆哈迈德签署的盟约也一并消失了。"对于事件的此般解读无疑迎合了冷战（Cold War）时期苏联的"大博弈"史学家 N. A. 哈尔芬（N. A. Khalfin）的观点，他诘问道："那么这又算什么？奉某个外国势力之命在圣彼得堡市中心实施的谋杀？"[7]

对于巴黎公寓发生的事件还有第三种诠释。这种说法在维特科维奇的故国波兰被普遍信以为真，或许听来也最真实可靠。据一位奥伦堡的同僚称，离世前一晚维特科维奇（更确切地说是扬·普洛斯珀·维特基耶维茨，波兰同胞所熟知

的名字）在剧院巧遇一位来自维尔纽斯的故知特什科维奇
（Tyshkevitch）。这位友人厉声斥责他，愤然表示一度以祖国之
名心甘情愿舍生忘死的维特科维奇现已尽失满腔雄心壮志，为
赤裸裸的野心丢弃了昔日最珍视的操守。

此番言论的最初出处是 P. I. 孙古罗夫上校（Colonel P. I.
Sungurov）的若干笔记。他在奥伦堡供职 30 年，熟谙维特科
维奇。据孙古罗夫所载，戏剧散场后维特科维奇返回旅馆，他
将自己的计划和笔记整合起来，为翌日上午觐见沙皇做准备。
是日深夜，正当游子坐于房中、周围堆满文件日志之际，前来
拜会维特科维奇的特什科维奇敲响了房门。维特科维奇的游历
故事、为俄国做出的"丰功伟绩"及其激动人心的未来事业
生涯的传言，招致特什科维奇激愤应答："你理应愧悔无地，
潘·维特科维奇（Pan Vitkevitch）……你张口闭口自己的使
命，一如某项神圣壮举……那个为了将亲爱的祖国从奴役中解
放出来，牺牲个人生命、财富和地位也在所不惜的你……如今
是奴役独立国家的帮手。那个过去一向鄙夷间谍和叛徒的你，
已然身为其中的一分子……"特什科维奇斥责了友人一段时
间，语毕时，维特科维奇颓唐懊丧、心灰意懒、萎顿消沉。
"他低语道，叛徒，是的，叛徒！让这一切都见鬼去吧！"特
什科维奇一离开，懊悔不已的维特科维奇就点火焚毁了手中文
件，随后从旅馆房间地板上的旅行箱中取出一把手枪，伸入口
中并扣动了扳机。[8]

这种看法认为，羞愧难当、内疚自责所引发的抑郁症
（或者像维多利亚时代的人们那样称之为精神忧郁症）是导
致维特科维奇暴殒轻生的原因。这亦是在其生前最后几个月
与之相熟的旅伴伊万·布拉兰贝格所推许的阐释。布拉兰贝

格后来在回忆录中写道：

> 4月，我们获悉友人维特科维奇自戕的噩耗。一位青年就这样悲惨辞世，他原本还能对我国政府大有裨益。他精力充沛，有进取心，具备不可或缺的一切优良品质，足以在亚洲充当亚历山大·伯恩斯的角色。在我们波斯之行的旅程中以及逗留该地期间，他时常郁郁寡欢，总说已厌倦尘世。他曾指着一把后膛装填式贝尔特兰（Bertran）手枪说："有了这把枪，有一天我会轰掉自己的脑袋（Avec ce pistolet-là, je me brulerai unjour la cervelle）。"他竟言出必行，出于一时彻骨惆怅饮弹自绝，用的正是这把手枪。[9]

维特科维奇举枪自戕只是沙·苏贾重登阿富汗王位的诸多深远影响之一。

在奥伦堡，维特科维奇的追随者佩罗夫斯基伯爵决意不让英国技高一筹的诡诈图谋在中亚挫败俄国。英国人行将武装入侵阿富汗的形势已渐趋明朗，佩罗夫斯基遂着手进行游说，冀望通过征服土库曼希瓦汗国重振俄国在该地区的威望——自1835年以来他一直不懈力推此事。希瓦人多年来不断买入遭绑架和贬身为奴的俄国农奴，这些农奴由哈萨克人自边境地区劫持而来。英国人挺进中亚给了佩罗夫斯基梦寐以求的借口，以将自己的入侵计划付诸行动。一个委员会鸠集在圣彼得堡，

204

商酌佩罗夫斯基的提案。委员会做出裁决，称远征希瓦将"巩固俄国在中亚的影响力，改变希瓦人长久以来逍遥法外的状况，尤其是能撼动英格兰政府有损我国工业与贸易发展、坚定不移地力求在上述地区扩展霸权的图谋。借此观点看待该项事业，本委员会完全坚信计划势在必行。"[10]

与此同时，维多利亚女王（Queen Victoria）统治时期进行的首次军事远征如此易如反掌，让伦敦方面踌躇满志。在伦敦社交界出现了一种名为"攻陷加兹尼"①的加洛普新舞步，其趾高气扬的步态在当季风靡一时。[11]年轻的女王在日记中写道，入侵行动是"掌控中亚的重要一击"。属下政客也向女王保证，这场战争权且解决了是不列颠还是俄罗斯"占有东方"的问题。正如首相墨尔本子爵（Lord Melbourne）所评述的，自沙·苏贾重返巴拉希萨尔城堡之日起，麦克诺滕就是当今真正的阿富汗之王。[12]英国政府授予麦克诺滕、韦德和基恩准男爵爵位，授予奥克兰伯爵爵位。

战役的进展情况也让西姆拉方面如释重负。埃米莉·艾登写道，总督的庆功舞会"圆满举行、大获成功，有夺取加兹尼的幻灯片、到处都是奥克兰像、花卉搭成的拱门和游廊，以及一张为大人准备的惠斯特牌桌。西姆拉的每个人都亲临现场"。[13]

喀布尔当地同样有庆祝活动，至少在支持萨多扎伊族人的保皇党以及从占领中攫取利益、加官晋爵的那些人当中。沙·苏贾迁入巴拉希萨尔城堡安顿下来，复辟昔日朝廷，任命赤胆忠心的卢迪亚纳随从参谋沙库尔毛拉为幕僚长，传召始终不渝

---

① Ghuznee，同 Ghazni。——译者注

的拥护者韦德上校前来领受为他专门定制的御赐朝袍。沙·苏贾向济济一堂的权贵宣告阿富汗迈入新纪元，他将宥赦仇敌，还将信守对英国人的承诺，因为在一切尽失之际英国人对他照顾有加。正如忠心耿耿的传记撰写人穆罕默德·侯赛因·赫拉特所述：

> 陛下时常反复重申，自己作为英格兰人的座上客度过30个春秋，从他们身上感受到的唯有仁慈和尊重，与之相应，他及其后嗣乃至千秋万代都会对英格兰人丹诚相许。他将自己的境遇与胡马雍皇帝相比，胡马雍曾到伊朗的萨法维宫廷寻求庇护，获助再次征服自己的王国。陛下还当着满朝文武大声宣告，任何逃离家园的巴拉克扎伊汗重返喀布尔即可得到恩赦，其财产亦将交还本人。数位汗，诸如纳瓦布扎曼·汗·巴拉克扎伊，偕同子嗣、兄弟及所有眷属仆从和部族成员，利用和解提议的契机官复原职。[14]

其间，英国兵和印度兵乐不思蜀地徜徉在金秋御花园和喀布尔硕果累累的果园，他们还"成群结队，策马四处寻访那些别人向他们指述过的林林总总奇闻异物"。[15]英国人适才从多斯特·穆哈迈德手中夺取的这座都城，其时如日中天、繁荣富足，人口约七万，时至 1839 年或已成为中亚最大的货物集散地和该地区的商队贸易中心。多斯特·穆哈迈德能在所辖王国内提供安全保障，对宗教少数派也宽容有加，这就意味着喀布尔已然成为来自信德，特别是信德金融之都希卡布尔县的印度教商人的主要聚集地，兴盛的犹太人、格鲁吉亚人和亚美尼亚人的商业社团亦占得一席之地。[16]

深巷窄道通向富贾泥墙高筑的院落以及地主和部族首领的联排住宅。不过，自街头巷尾望见的只是富丽堂皇、精雕细琢的木制大门，悬伸出来的楼上房间的木制百叶窗板和格构式窗，以及高出围墙落入眼帘的桑树树梢。若大门开敞，来往的路人则能瞥见一座座大型庭院，庭院里凸起的平台中央是细流涓涓的喷泉，庭院铺满地毯，上面散布垫枕，果树成荫，拱廊壁龛装饰有繁复精细的石膏饰件。晚间，部族首领们慵懒地凭倚在棚架下，抽着烟斗，或聆听乐师演奏拉巴琴（rabab），或倾听诗人吟诵伟大的波斯叙事诗。

砖砌的集市处于深宅大院之间，熙熙攘攘延伸数英里，依照行当排列，不同街巷分别是披巾商人，香料和玫瑰花露卖家，以及布哈拉丝绸、俄罗斯茶叶、勒克瑙[①]靛蓝、鞑靼（Tartar）皮草、中国瓷器和驰名的伊斯法罕尖利匕首的进口商。青年军官詹姆斯·拉特雷（James Rattray）后来继续为喀布尔描绘最为精妙的掠影，他记述道：

> 商店的开放式落地橱窗内陈列着琳琅满目的货品、水果、猎物、甲胄和刀具，包罗万有、难以尽表。这些物品被大摞大摞地自地面码放至天花板，各类物品前或坐着工匠，或有商人从堆积如山的货品当中向外窥视自家访客。街巷异常狭窄，一列满载货物的驼队耗费数小时才能挤过熙来攘往、川流不息的人群。大街上终日挤满形形色色的人……身披尸衣般罩纱的女子或在人潮中穿进穿出、曲折

---

① Lucknav，同 Lucknow。——译者注

前行，或尝试跨坐马背这种更轻松自若的方法强行通过……奄忽间，人群被一长串步卒推挤到一旁，他们是某位达官显贵的先头卫队。首领意气扬扬策马前行，一队骑士身着华丽夺目的绣花斗篷和服饰，挥舞着手中长矛和火绳枪跟随其后……沙的象群摇摇摆摆尾随，大象扯下屋顶平台上凸出的水管，或退到冰室及水果店外。[17]

207

透过喧闹声和拥挤的人群，传来携带黄铜杯和皮水囊的卖水人"水（Ab）！水！"的叫喊声，以及一排排盲眼乞丐索要施舍的呼喊声，夏末还有大黄商贩的吆喝——"绝好的大黄（Shabash rawash）！"。

历尽千辛万苦后，英军士兵欣喜若狂，甚至有点儿目眩神迷。"他们对绝妙的巴扎惊叹不已"，阿塔王子写道，这里的巴扎指的是沙·贾汗属下总督阿里·马尔丹·汗建于17世纪40年代的大型拱廊市场，大约同一时期，泰姬陵①在阿格拉崛地而起。

他们叹赏着琢石围砌而成的精巧池塘和蓄水池、可与天园园林相媲美的庭园、都城考究的建筑，以及库存丰富的商铺……为数众多、如海如潮的英军士兵在挺进呼罗珊途中饱经磨难，正于喀布尔憩息。他们吃着肉和米饭、杏仁蛋白软糖、法禄达（faluda，即米粉布丁）、烤肉和烤肉串，搭配各种各样的水果，其中葡萄品种有萨赫比（sahebi）、哈利利（khalili）以及美妙绝伦的"小伙儿的

① Taj，即 Taj Mahal。——译者注

辜九"（khaya-eghulaman）。在以糟糕透顶的印度辣椒、木豆羹和薄煎饼为食、处于半饥饿状态之后，他们细咬慢嚼葡萄干而日显富态。俗语有云："喀布尔女子皆有情人，犹如白沙瓦的小麦粉全都掺杂玉蜀黍粉。"这亦很快得到证实，因为军人们不舍昼夜地乘着欲望的骐骥恣意驰骋。[18]

洋洋自得的团级随军牧师 G. R. 格莱格牧师（Rev. G. R. Gleig）在回忆录中描述了让喀布尔的英军士兵冗忙至极的五花八门的有益身心健康、颇具男子气概的活动，对后一种消遣避而不谈。他写道：

208

英格兰男子无论去哪儿，迟早会在自己造访的民众当中推广合宜男子的运动。赛马和板球运动皆在喀布尔邻近地区被组织起来，部族首领及民众很快都试着对此抱持浓厚兴趣。沙·苏贾亲赐一把价值连城的宝剑以供角逐，第四轻龙骑兵团（4th Light Dragoons）的戴利少校（Major Daly）有幸赢得宝剑。这一嗜好的感染力如此之大，以至于数名本地乡绅贵族亦参与赛马。然而，板球比赛就不那么契合阿富汗人的品位。嗜赌成性的阿富汗人有自己的方式，他们惊诧地旁观英格兰选手投球并以球棒击球。不过，阿富汗人看来绝无兴趣将飘逸的长袍和巨大的包头巾放在一旁，以参赛者身份上阵。但相反，我们的同胞却欣然参与到他们的斗鸡、斗鹌鹑及其他动物的打斗活动中，用卢比慷慨下注，以无比盎然的兴致决一输赢。[19]

更出人意料的是，格莱格声称阿富汗人还培养出对业余戏剧表演的兴趣。他写道：

> 英国军官组织了一些戏剧演出，建造戏院，绘制舞台布景，备好服装，还有优秀乐队出席。选取的几出戏主要是喜剧，譬如《爱尔兰大使》以及其他同类戏剧作品，给观众带来无尽愉悦。在这些场合，他们改换了剧中人物头衔，以便让当事人的头衔与职务符合阿富汗人的理解水平，台词一经说出伯恩斯就进行翻译。阿富汗人是个欢乐的民族，深嗜笃好滑稽讥讽。解说每每能令他们体会演员的嬉笑嘲谑，故此，阿富汗人爆发出阵阵笑声以表欢愉。[20]

正值夏末秋初，夜晚渐渐变得更漫长寒冷，士兵们配发了羊皮衣服、保暖手套和被褥。现在被视作狩猎时节，那些未被饿死、未被随营人员吃掉且活着穿过波伦山口的猎狐犬，如今每天都被带出去猎杀豺狗；猎鹬和猎鸭同样成为大众化消遣，正如之后的溜冰和堆雪人。托马斯·西顿写道：“我们穿着自制的溜冰鞋出现在远处冰面上，喀布尔民众惊得目瞪口呆，由于从未见过如此奇观，他们奔跑着聚拢过来围观表演。只要环境允许，我们就尽可能地充分享受冬季——狩猎、滚雪球、堆大雪人以及在湖畔野餐。天气时常惬意非常，天空何等清澈湛蓝、万里无云！”

　　其间，苏贾忙于重修巴拉希萨尔城堡，设法重现青春年少时就镂心刻骨的辉煌景象，努力将城堡改造成与自己的崇高王权理念相符的皇宫。巨石环绕、巍峨耸立的城墙和棱堡已修葺完好，不遂心意的是对城堡内坐落于阶地上的皇宫建筑群的细

209

微改良。于是，苏贾先从朝廷大殿入手，修整并重新粉刷石膏饰件，修缮栏杆和连拱廊，补种莫卧儿皇家园林。女眷从卢迪亚纳到来时，还为她们准备好了一座重新设计建造的后宫（haremsarai）。同时，更改宫廷礼仪，恢复遭巴拉克扎伊族人摒弃的更拘谨庄重的萨多扎伊王族宫廷风貌。复原昔日政府职务，文武百官的精致朝服令英国旁观者大为惊愕。艺术家詹姆斯·拉特雷写道："老实说，臣僚该被视为数百人的整体。他们穿着深红色短上衣，压在头上怪诞的高帽子的外观无奇不有：有些装饰着状如驴耳的大耳朵，或安上类似豪猪身上的尖刺；另一些呈现山羊和水牛犄角的形状；然而多数是圆锥形、螺旋状或钟形。这些帽子多多少少均以图案和纹章装饰，有些带有矛尖以作位高权重的象征。"[21]在正式谒见室，苏贾本人的穿着同样引人注目——长长的有袖礼服（choga）松松垮垮搭在肩上，扣襻以珠宝点缀，总督式样的帽子边角以天鹅绒坠饰镶边。接见请愿者时，他始终端坐在八角形的汉白玉宝座上，唯有接待最高级别的英国官员时才会起身。在那些场合，他会倚着根长而弯曲的羚羊角，"面部神情庄严肃穆，忧心忡忡"。

随着严冬渐盛，冬日变得愈发寒冷，低云密布、云融雪盈，雪迟迟不降，苏贾决意以自己创造的新式勋章犒赏选定的诸位军官。勋章定名为"杜兰尼帝国勋章"，形状与外观似乎效仿了共济会勋章和皇家圭尔夫勋章①。伯恩斯自布哈拉归国领受的正是皇家圭尔夫勋章。[22]就在首批诸团踏上重返印度的征途之际，在最初的阵阵冬雪厚厚堆积起来、封闭更高海拔诸山口之前，苏贾颁发了这批勋章。正如麦克诺滕手下年轻的军

---

① Guelphian Order，疑为 Royal Guelphic Order。——译者注

事秘书乔治·劳伦斯指出的：“治下臣民被视为不配获此殊荣，领受者完全由军中英国军官组成。”[23]

11月下旬，首批归来诸团抵达西姆拉。埃米莉·艾登写道：“他们看上去生龙活虎。现已无法证明他们蒙受了报纸描述的种种苦难，他们看起来异常肥胖，而非饱尝艰辛。岂止如此，奥克兰勋爵的一名侍卫道金斯上尉（Captain Dawkins）已归来，他看似比大多数福斯塔夫①都胖。”[24]

沙·苏贾在巴拉希萨尔城堡就任之际，城堡先前的占有者多斯特·穆哈迈德·汗正尽可能快地向北方遁逃。就像30年前内姆拉之战败北的沙·苏贾一样，丧失权力遂令一切大相径庭。随之而来的接二连三的包羞忍耻，险些导致多斯特·穆哈迈德全盘覆灭、命丧黄泉。

巴拉克扎伊族人举步维艰挣扎前行，穿越冰雪覆盖的诸山口，仓皇逃避奉命前来缉拿他们的英国追捕者。但是多斯特·穆哈迈德根本无法极速行进，因为与他“偕行的有一大群妻室、婴幼儿、兄弟、子嗣及仆佣”。[25]再者，中毒的嗣子阿克巴·汗仍在康复中，他显然是在开伯尔山区被人投毒，投毒人很可能是奉韦德之命。阿克巴·汗无法骑马，只得以轿子抬运。阿富汗咏史诗人以悲悯之情忆念多斯特·穆哈迈德铩羽而逃的情景，堪可比拟苏格兰咏史诗人满怀同情地为在卡洛登

211

---

① Falstaff，莎士比亚笔下最著名的喜剧人物之一，他的名字已成为体态臃肿的牛皮大王和老饕的代名词。——译者注

（Culloden）之战中败北的俊美王子查理（Bonnie Prince Charlie）的溃逃赋予浪漫传奇的色彩。古拉姆·科希斯坦（Ghulam Kohistani）在著作《战地书》中写道：

> 于是，英勇无畏的君主一往无前，
> 1000 名骁勇铁骑相伴。
>
> 身后跟着一众女眷
> 她们谨记古风遗俗
>
> 动产和黄金随他而去
> 机警的哨兵夕惕若厉
>
> 寻仇者一路追踪
> 双脚疾如闪电
>
> 他们不舍昼夜策马扬鞭
> 恰似云朵奔涌掠过天际[26]

追踪队由两名坚韧不拔、足智多谋的青年军官詹姆斯·乌特勒姆（James Outram）和乔治·劳伦斯带领，哈吉·汗·卡卡尔及沙·苏贾旗下 1000 名骑兵奉派担任向导和护卫。他们快马加鞭，本不难追上缓慢行进的巴拉克扎伊大篷车队。但是，乌特勒姆一行人虽竭忠尽智、不辞劳苦，却不曾成功俘获埃米尔。很快就趋于明朗的是，两面三刀、口蜜腹剑的哈吉·汗蓄意引领英国人偏离目标，不遗余力地延缓追捕行动。

展开抓捕行动两周后，搜寻队发现了巴拉克扎伊族人的踪迹。其时，搜寻队擒获数名来自多斯特·穆哈迈德侍卫队的逃兵，得悉自己只比逃亡者落后一天。筋疲力尽的劳伦斯写道：

下午 5 点我们继续前行，有悖于哈吉①的异议——他言明自己极不情愿继续向前推进，托言道路陡峭艰险不便夜间行军。* 哈吉显然心怀两端。不听他二言，我们循着一条颇为糟糕的道路继续行进，翻越高山，顺着山溪干涸的河床，我们行进了 10 英里，在那儿停了下来，靠着马躺下……不足 50 名随行的阿富汗人也与我们一起抵达该地，不过他们均于日间到来。此时收到情报称多斯特在一个名为尤克（Youk）的地方，只比我们领先一程。哈吉·汗再次表示极不乐意向前推进，恳求乌特勒姆暂作停留，因为多斯特有 2000 名骑士同行。乌特勒姆仍命一行人下午 4 点前进，召集阿富汗人时才发现仅余 350 人，且都鲁钝地骑在马上。[27]

随后几天里，哈吉仍沿用这些拖延战术，坚称必须等候援军。乌特勒姆依然试图乘着夜色策马起程，"不管是出于机缘巧合还是蓄意而为，我们向前推进不足 4 英里就获报称听命于哈吉·汗手下人员的诸向导临阵脱逃。当时漆黑一片，

---

① Hadjee，同 Haji。——译者注
* 哈吉其实言之有理。即便是在夏日白天，哈吉加克山口（Hajigak Pass）也极为艰险难行。再者，他有格外充分的理由审慎从事：该山口由哈扎拉人控制，若干年前哈吉·汗曾镇压哈扎拉人，哈扎拉人无疑会乘机对先前的迫害者实施报复。

我们被遗弃在漫无尽头的深谷沟壑中，甚至没有一条小径可
循。我们别无选择唯有停下脚步，直待拂晓"。[28]次日晚上，
英国人打算奋勇前行时，哈吉·汗抓住乌特勒姆的胳膊，
"高声央浼我莫考虑向前推进，威胁说宁愿以武力扣留我，
也不愿应允我因仓促行事而遭毁灭"。他还警告乌特勒姆，
无疑是据实而言：

> 若果真与多斯特·穆哈迈德狭路相逢，没有一个阿富
> 汗人会拔剑对抗他，我亦不能担保他们会否在混战中与你
> 本人反目为敌……未能达成动摇我们决心的目的，汗最终
> 告退。他在离我帐门几码远的地方坐下，摸黑与手下三四
> 位部族首领嘀嘀咕咕地交谈一个多小时。有人听见众部族
> 首领斥责他帮助洋人竭力缉拿多斯特·穆哈迈德，质问哈
> 吉·汗埃米尔可曾伤害过他……还听到哈吉·汗承认他们
> 所推动诸事的真相。[29]

翌日雪花开始飘落时，追踪队中的阿富汗人变得益发桀骜不
恭。乌特勒姆写道："我们意识到我方阿富汗人是叛徒，根本
不能信赖。"乌特勒姆和劳伦斯随后决定继续执行看似自取灭
亡的任务，仅在13名英国军官的陪同下，穿越暴风雪前去缉
拿多斯特·穆哈迈德。当晚，乌特勒姆睡在厚厚的积雪中，知
晓自己次日上午很可能丧命，但决意尽其所能拘捕埃米尔或取
其性命。嗣后忆念于斯，乌特勒姆称自己从未"比这一夜更
快乐，意气风发地渴盼早上展开此般辉煌的斗争"。然而这场
斗争却不曾发生。乌特勒姆率手下部卒策马飞奔下山口，进入
宽广的巴米扬山谷，这才发现多斯特·穆哈迈德当日上午刚逃

离兴都库什山以北地区，越过赛干（Saighan）前往塔什库尔干县（Tash Qurgan），遁入乌兹别克①独立派首领米尔·瓦利（Mir Wali）的领地。"米尔·瓦利与沙·苏贾嫌怨甚深"，这令乌特勒姆一行人瞠乎其后、望尘莫及。现别无他法，乌特勒姆只得回函给麦克诺滕，称"在此情形之下，目前在沙的领地内追上逃亡者毫无希望，而我们的行动范围仅限于沙的领地。我方骑兵队军官也指出，坐骑缺乏进食休息无法即刻进一步强行军。我们迫不得已在此放弃追捕行动"。[30]

当晚，多斯特·穆哈迈德及其属下平安抵达哈马尔德（Khamard）地区的避难所——从事奴隶贸易的乌兹别克首领米尔·瓦利的堡垒。阿塔王子写道：

> 他埃米尔作为乌兹别克人的贵客度过了接下来的两个月，由该地继续前往巴里黑，总督在当地优美园林中的贵宾宅邸接待了他。滞留巴里黑期间，驿驼送来布哈拉统治者纳斯鲁拉·汗的书函，恳请埃米尔大驾亲临，以令自己的宫廷蓬荜生辉。埃米尔把家人亲眷留在巴里黑，偕同嗣子阿克巴·汗驱马前往伊斯兰科学之城布哈拉。他在当地受到盛情款待，有一座私人宫殿供其下榻，还有少量津贴以满足其日常开销。[31]

214

虽不全然明了在布哈拉出了什么岔子，但数周后多斯特·穆哈迈德就与主人家不欢而散。阿塔王子暗示起因是埃米尔性情暴烈的子嗣阿克巴·汗出言不逊。不过也有可能是因为多斯特·

---

① Uzbek，同 Uzbeck。——译者注

穆哈迈德早前试图夺取存在争议、双方埃米尔争夺不下的边境城市巴里黑，纳斯鲁拉现打算让布哈拉的乌理玛代表他宣布圣战，遭多斯特·穆哈迈德反对，招致纳斯鲁拉怨愤不平。总之，二人恶言相向，巴拉克扎伊族人深深冒犯了纳斯鲁拉·汗，遂离城而去。狡诈残暴（甚至有可能患有轻度精神病）的布哈拉统治者随后企图暗杀多斯特·穆哈迈德。法耶兹·穆罕默德在《历史之光》中写道：

> 布哈拉的埃米尔下密令让护送队在这一行人横渡阿姆河时，凿沉多斯特·穆哈迈德及诸王子乘坐的船，令他们溺水而亡，就这样在监护下将阿富汗人带至阿姆河河岸并安排他们登船。埃米尔选乘的扁舟被偷偷摸摸凿了个洞。启航时，布哈拉埃米尔的一名属下浑然不知主子的阴谋，身为埃米尔的护卫者，他与埃米尔坐于同一艘船上，打算同舟共渡后折返。另一个知晓此事原委的人用突厥语提醒他并叫他下船，以免与埃米尔一同溺毙。埃米尔听得懂突厥语，因为其母身为喀布尔权倾一方的奇兹巴什显贵之女，亦是突厥人。听闻那人所言，埃米尔便下了船，拒不渡河。无论布哈拉埃米尔的部下如何苦心孤诣地劝他上船渡河，他皆断然拒绝。埃米尔对同伴言道："与其淹死，不若浴血而亡。因为死于剑刃之下，会始终提醒人们勿忘布哈拉埃米尔无可辩驳的不义恶行。但若溺亡，他施予我这名来客的凌虐苛待恐将无人提起。"*

---

* 此言出自多斯特·穆哈迈德之口颇为荒谬。在其一生中，多斯特·穆哈迈德曾在承诺给予安全通行许可后杀害过多名仇敌，值得一提的有塔加布（Tagab）、科希斯坦和戴孔迪（Deh Kundi）的诸位米尔。

埃米尔偕一行人掉头返回布哈拉，现严加戒备。"一场凛冽至极的暴风雪肆虐而来，将所有人引向死亡边缘。许多较年幼的王子甚至因彻骨严寒而无法言语。埃米尔命贴身仆佣每人抱起一位王子，对着王子重重哈气给他们取暖"，以挽救诸王子性命。

　　长话短说，他们饱尝千辛万苦，步履蹒跚地回到布哈拉。如今就连初来乍到时予以划拨的微薄生活津贴亦遭布哈拉埃米尔停扣。最终，群体中约有70人遁逃……纳斯鲁拉·汗得知他们脱逃，遂命7000名骑兵前去追捕——他们受命切断众将领的逃路，若遇顽抗，就让其血染沙场，否则可上镣铐将其押送回来。布哈拉人在彻拉格奇村①追上众将领，将他们团团围住并发起攻击。枪炮齐鸣、硝烟弥漫之际，阿富汗人抵挡住布哈拉人，布哈拉人血花飞溅、伤亡惨重。但最终，阿富汗人的弹药消耗殆尽，布哈拉人发动进攻将阿富汗人俘获。阿夫扎勒·汗（Afzal Khan）和阿克巴·汗均在战斗中负伤，其他几人被杀，其余许多人受重伤。布哈拉人将多斯特·穆哈迈德及其属下押回布哈拉，奉布哈拉埃米尔之命，把他们全都丢入黑暗的地牢。[32]

---

① Chiraghchi，同 Cheraghchi。——译者注

216 　　1839 年 11 月 2 日，喀布尔巴扎的水洼已封冻，喀布尔河河畔柳树上的冰霜也熠熠生辉，沙·苏贾离开巴拉希萨尔城堡，前往贾拉拉巴德过冬。没了白沙瓦，苏贾现钦定贾拉拉巴德为冬都。同行的麦克诺滕先于苏贾到达，沙因为要在内姆拉花园的杨树林中安葬一位年幼的王子，行程有所耽搁，麦克诺滕遂将城中最佳住所据为己用，让沙栖身一位英国旁观者所谓的"棚舍"中。[33]

　　在喀布尔，沙库尔毛拉奉旨全权负责，伯恩斯则暂时接替麦克诺滕。岁末最后一夜，在冬季严寒日渐彻骨之际，伯恩斯举办苏格兰除夕聚会（Hogmanay party），他自始至终身着苏格兰褶裥短裙和毛皮袋主持聚会。当周自坎大哈北上的内维尔·张伯伦是嘉宾之一，他次日早上写道：

　　　　我们的聚会欢快淋漓，尽管除了白兰地和杜松子酒，别无其他饮品。凌晨 2 点左右，我们走向餐桌，开始跳起里尔舞，穿着苏格兰高地服装的辛克莱上尉（Captain Sinclair）站在桌上演奏风笛。伯恩斯对我们极其彬彬有礼，所有人都喜欢他，因为他不像在那儿任职的大多数人一样满口政治谎言……（他实际上是）大众的宠儿。我有充足理由认为，他是我有幸遇到过的最自然率真、温文尔雅、和蔼可亲、诙谐风趣的人。[34]

在喀布尔持续了整个冬季的庆祝活动并非合乎每个人的心意。美国探险家乔赛亚·哈伦"将军"曾先后为东印度公司、沙·苏贾及锡克人作战，最终为多斯特·穆哈迈德而战。他声称自己一度被冠以"古尔亲王"（Prince of Ghor）的头衔。乔赛亚·哈伦以一种与日俱增的偏颇眼光看待英国人的嬉闹玩乐，最终满怀嫌恶地离开阿富汗。伯恩斯命人将"不受欢迎的外族人"乔赛亚·哈伦从印度驱逐出境。在归家的轮船上，乔塞亚·哈伦写道："千园之城喀布尔昔时是一座天堂。我见证了这个翼翼虔心、神圣清幽、敦睦亲亲的国家遭愚昧无知的粗野陌生人无礼侵扰、亵渎，他们邪恶、卑劣成性，品味鄙俗，恶名昭彰。冷酷无情的领袖们残暴血腥地向前开进，漫不经心地征服异邦，他们摧毁了柔弱的心灵，寂灭了快活嬉戏、怡悦融融的欢愉之声……"乔赛亚·哈伦预言性地补充道："众志成城决意独立自主之际，动用军事力量征服镇压一个国家的黎民百姓，妄图禁锢全体国民。一切此类规划必定是短视的权宜之计，终将酿成一场祸殃……"[35]

217

　　占领期间的首个冬季，几乎没有迹象表明哈伦所言非虚，他在众人眼中不过是个眼睁睁看着自己的伟大时刻逝去而愤世嫉俗的阿富汗通。喀布尔的权贵显宦并非不友善，这反倒让许多人大为惊诧。阿富汗人对作为个体的英国军官流露出"强烈的个人好感"，这不是 G. R. 格莱格牧师一人的想象，但他引述一位部族首领所言："真希望你们以友非敌的姿态来到我们中间。因为你们个个都是好小伙儿，可是作为一个整体，我们却憎恶你们。"[36]

　　有所助益的是，施行铁腕统治的多斯特·穆哈迈德向民众强征异常沉重的赋税，此外还征用大量个人财产为自己的圣战计划提供资金援助，这就令刚刚拉开序幕的沙·苏贾的统治看似相对温和，起初许多喀布尔人和大多数杜兰尼中坚分子似乎也乐于对重祚的统治者采取宁纵毋枉的态度。正如阿塔王子所述："在占领喀布尔的最初数月里，英格兰人让大多数部族首领、整个都城及其周边地区都屈服顺从。寥寥可数顽抗不从的人锒铛入狱,他们的城堡及财产遭东印度公司统治机构查抄。"[37]此外,麦克诺滕明智地择取了一项宽厚的政治协议。南部地区有名望的杜兰尼权贵显宦皆被收买,向东部地区吉勒扎伊部落首领支付巨额酬金以赢取支持,亦如此对待乌理玛。这对印度国库造成巨大消耗,很快就显而易见的是,侵占阿富汗不会是廉价的。不过,这一战略在沙·苏贾统治之初的秋冬两季成功维持了和平安宁。[38]故此,奥克兰颇为志得意满地向伦敦方面汇报:"据说国家安宁,道路安全,商贸活动逐步复苏。君主制和政府更替仍深得人心……罗伯茨上校(Col. Roberts)写道:'我结识了许多部族首领,他们大抵都急欲与纡朱曳紫的大人们(Sahib Loge)深交。返回喀布尔时我的宅院会向他们开放,他们很高兴与我们一同用餐,也乐于在自己家中会见我们。'"[39]

巴拉克扎伊族人与萨多扎伊族人的宿怨经精心滋养,现已延续两代人。归来的巴拉克扎伊族人能否捐弃前嫌接受苏贾的橄榄枝,对此普遍存在的质疑令英国人的欢愉情绪稍有淡化。穆罕默德·侯赛因·赫拉特汇报称:"许多萨多扎伊权贵显宦发觉自己难以接受苏贾的和解政策,他们出行或上朝时互相发牢骚,称'巴拉克扎伊氏族既已如此受尊崇,恢复了昔日所有的特权和地位,用不了多久,纷争不睦的邪恶火焰就会熊熊燃烧。那些自称对科学与理性博识多通、政治经验丰富的英格兰人,焉能扶植朋友的仇敌?他们认为一切将如何终结?一切终以悲痛悔恨收场!'"自白沙瓦甫抵当地的一位旅行者讲述道:

　　该城的锡克总督阿维塔比莱将军询问了喀布尔的事态，得知包括巴拉克扎伊族人在内的所有团体均享同等优待，他立即转向随从喟然长叹："祈求沙·苏贾得真主襄助，蒙真主宽恕！"在场的人对平素用于逝者的此等措辞颇感诧异，遂问："国王不是还活着吗？"阿维塔比莱答道："对不共戴天的死敌高抬贵手、安心接纳，不管是谁都命不久矣。正如菲尔多西（Firdawsi）所言：

　　　　诛杀其父撒下复仇的种子，
　　　　丧父之人何时得安宁？

　　　　杀蛇而亲养幼蛇，
　　　　何等愚蠢之举？

　　　　所有的仇怨终有一日瓜熟蒂落。你们不久便会闻知苏贾·乌尔木尔克遭这帮巴拉克扎伊族人弑杀！"[40]

亦有其他不祥预兆。重返印度的一个团的官兵沿开伯尔山口向下行进时，后卫部队受伏击并遭屠戮，损失 150 峰辎重骆驼。嗣后不久，阿里清真寺卫戍部队不得不撤离当地，退守白沙瓦。[41]与此同时，高级军官赫宁上校（Colonel Herring）在瓦尔达克省外出散步时遭一群阿富汗人残杀。赫宁上校违命不从，偏离大道去跟小山上的若干阿富汗人闲谈，岂料被他们碎骨分尸。"发现他的尸体是我们的悲戚宿命"，托马斯·西顿写道。尸首"骇人观瞻，以最令人毛骨悚然的方式被猛

219

砍乱劈，除衬衫的两个袖口外，每一寸衣衫皆被撕裂。尸体差不多是在耻骨区被切开，一道深长切口横跨胸膛斩断肋骨，让人不寒而栗。总共有十六七处伤，每处伤都足以致命"。[42]不过总的来说，举国上下承平祥和。吉勒扎伊部落首领收到麦克诺滕发放的津贴，遂履行协议规定的己方职责。《苏丹传记》细述道："自开伯尔山区至喀布尔的道路上土匪强盗猖獗，威胁到所有沿该路线往来的行客旅人。吉勒扎伊部落诸位汗接手管理该道路后，这些祸根即被铲除，冬季余下的时间里天下太平。"[43]

更让人忧心的是布哈拉的纳齐尔·汗·乌拉发回的情报，其称俄国人就要完成武装入侵希瓦的准备工作。他写道："俄国人在里海（Caspian Sea）海岸聚集了大批骆驼、四轮马车和船艇，他们决意取道里海，将军队和补给送往距离希瓦三日路程的基尔（Kir）邻近地区。"[44]对多斯特·穆哈迈德被扣押在布哈拉一事仍不知情的麦克诺滕唯恐俄国人再度与埃米尔秘密共谋，筹划让埃米尔在赫拉特就职，而那里现正处于"一种相对而言毫无防御能力的状态"。[45]

似乎唯有伯恩斯明了，俄国的举动无非是对英国侵略阿富汗的直接回应。伯恩斯致函友人 G. L. 雅各布上尉（Captain G. L. Jacob）："俄国炫耀武力纯粹是为了让我方政策受阻。我们进逼喀布尔，从而加速了重大危机的演变。"甚至在此阶段，伯恩斯凭直觉就领悟到，无论是俄罗斯还是不列颠，对像阿富汗人这般独立自尊的人民的掌控总是转瞬即逝。伯恩斯预言性地写道："英格兰和俄罗斯将在亚洲平分秋色，两个帝国的地盘就像水中泛起的圈圈涟漪般蔓延开来，终会荡然无存。子孙后代将在这些地区搜寻双方的陈迹，正如我们此刻探寻亚历山大及其麾下希腊人的遗踪一般。"[46]*

1839～1840 年冬季，此般务实精神日渐枯窘。英国已在慎重讨论永久吞并阿富汗的构想，甚至谈到将英属印度的夏都由人迹罕至的喜马拉雅山脊上的西姆拉迁至富庶的喀布尔河谷庭园，正如莫卧儿王族一度每年 5 月自德里和阿格拉移居至克什米尔和贾拉拉巴德附近怡人的内姆拉花园。[47]妄自尊大如斯，不久便引发连串重大战略性失误。

首先，奥克兰勋爵并未专心致志巩固沙·苏贾在阿富汗的薄弱统治，提供必要资源让占领安如磐石地维持下去，反倒像近期的入侵者一样，草率认定武力征服大功告成，故而将注意力分散至不同战区，发动另一场侵略战争。大约同一时间，奥克兰的妹妹埃米莉在一封发人深思、轻口薄舌的信函中写道："中国有望妙趣横生。中国人正在武装自己，他们蓄意栽赃清白无辜的美国小船，还在募集作战用的中式平底帆船。我个人坚信，自命不凡的中国人定会谋划某种怪招，用红红蓝蓝的焰火将我们的 74 艘炮舰一一炸毁，把我们的水手和战士统统俘虏，教他们雕刻镂雕象牙球。"[48]奥克兰将孟买军队大部分人员撤离阿富汗，巩固对阿富汗的占领所急需的资源转而被用于新发动的鸦片战争（Opium War），此举使得麦克诺滕绝不会拥

221

---

* 俄国进攻希瓦以惨败收场，就像英国人终将溃不成军地撤离喀布尔一样。中亚寒冬的暴风雪令佩罗夫斯基损失了半数骆驼和近半的手下士卒，这使俄国在干草原的种种抱负延后了一代人。直至 1872 年，希瓦才被俄国收入囊中，正如将近 40 年没有一支英国军队重返阿富汗。参阅即将出版的亚历山大·莫里森（Alexander Morrison）新作《无独有偶的帝国灾难：1839～1842 年俄国和英国在官方意志下对希瓦和阿富汗发动的武装入侵》（Twin Imperial Disasters: The Invasion of Khiva and Afghanistan in the Russian and British Official Mind, 1839–1842）。

有令沙·苏贾的统治大获成功所需的兵力和资金。

奥克兰对英军总司令的种种请求概不照准，指望苏贾和麦克诺滕用有限资金治理国家，其直接后果随即呈现出来。奥克兰既不赞同在喀布尔兴建要塞，也不应许在坎大哈修筑堡垒，"能比眼下更清楚地看到阿富汗终将以何种形式存在，我才会承担即便是作此用途的任何庞大建筑的开支"。[49]这让军方进退维谷、首尾狼狈。随着喀布尔河谷严冬渐盛，一些士兵奉派投宿于巴拉希萨尔城堡，另一些士兵则零零落落地遍布于围墙高筑的都城内的多个寄宿点，还有更多的士兵在城外科希斯坦路（Kohistan Road）的营帐里瑟瑟发抖。此外，苏贾正在敦促麦克诺滕调走易守难攻的巴拉希萨尔城堡驻军，称女眷最终从卢迪亚纳归来时，英国军人若还在那儿，就会玷辱自己在阿富汗人心目中的形象。由于奥克兰禁止军队修筑具备适当防御能力的新堡垒，诸将军别无选择，只好建造一座稍具防御功能的临时军营安置麾下士兵，仿佛他们正置身于孟加拉宁静祥和的稻田，而非阿富汗危机四伏的崇山恶岭。

尚未可知是谁做此决定，在一片肥沃的平原上建造临时军营。这片平原四面八方均以灌渠和围墙高筑的庭园为界，数位阿富汗权贵显宦的防御工事可远眺它。正如一位旁观者所述："这谅必始终是桩匪夷所思的事。不知会有哪个具备科学知识和作战经验的政府、哪位军官或一群军官，会在半臣服的异邦他国失算地将己方军队安顿在如此奇特的位置。"就连绝非战术奇才的格莱格都即刻发觉，该地根本不具备防御能力。他写道，在此发现一座防御工事令人始料未及：

周围城堡塔楼纷繁林立，一座或多座城堡塔楼俯瞰座座保护英军防线的圆形棱堡……此外，似乎要让民众深信征服者对他们既不忧惧亦无猜忌，最重要的存储弹药给养的弹药库和仓库皆未被转移至以壕沟环绕的营地内；恰恰相反，与临时军营和巴拉希萨尔城堡隔绝、易攻难守的一座旧城堡里满满当当尽是储备物资。军队得以生存仰仗军需物资的安全储备，1 名中尉军官率 100 名印度兵岂足以捍卫。为高地俯瞰、被塔楼远眺的营地好似遭人扼吭拊背。营地与都城一河之隔，对维护城内秩序毫无用处。[50]

临时军营不单选取了糟糕透顶的地点，还依照拙劣至极的设计建造而成。在格莱格看来，仓促规划的兵营布局显然存在严重失当之处。兵营近乎 2 英里的围墙延伸过长，守备部队无法进行有效的人员配置。兵营仅有的防御工事是一道低矮易攀爬的壁垒和一条狭窄的壕沟。[51]

不过值得注意的是，虽有猎豝和剧场初次登台分散军官们的注意力，仍有多名军官做出相同的简单推断。斯金纳骑兵团（Skinner's Horse）的英裔印度青年詹姆斯·斯金纳上尉奉派掌管军需处，他的确指出应将仓库迁至临时军营围墙内，却得到威洛比·科顿爵士（Sir Willoughby Cotton）于事无补的答复，称"无法向他提供这样的地方，他们正忙着为士卒建造兵营，无暇考虑给养储备的问题"。另一位对兵营规划设计提出质疑的是沙·苏贾分遣队的指挥官阿伯拉罕·罗伯茨上校（Colonel Abraham Roberts）。临时军营崛地而起时他就意识到，不但该位置完全无法防守，而且兵营兵道的设计未留有枪眼或垛口，若遭受攻击，几乎不可能进行防御作战。他写信给正在设计临时军营的孟加拉工程师学会（Bengal Engineers）的约

223

翰·斯特尔特中尉（Lieutenant John Sturt）指明这一点，却收到唐突无礼的回应，称莫可奈何。斯特尔特写道："你的建议来得太迟，我早已铺设好一半地基。我对什么便利、什么不便知之甚少。我将设计方案呈报威廉·麦克诺滕爵士，我不敢断言方案能否经军事委员会核准并进一步实施，不过既然未闻知更多此方面消息，我便将沉默视为赞同，继续埋头苦干。现应善加利用，质疑便利与否无济于事。"[52]

雪上加霜的是，由于英国军官与阿富汗女子间的风流韵事日渐增多，阿富汗人的廉耻心开始遭受严重冒犯。最引人注目的或许是罗伯特·沃伯顿上尉（Captain Robert Warburton）与标致的沙·贾汗女王（Shah Jahan Begum）喜结连理。沙·贾汗女王是多斯特·穆哈迈德的外甥女，伯恩斯和斯特尔特中尉均为婚礼见证人。[①] 同样敏感微妙的是英国驻卡拉特政治专员林奇中尉（Lieutenant Lynch）与当地吉勒扎伊部落酋长瓦鲁·汗·沙马勒扎伊（Walu Khan Shamalzai）美丽的姊妹间的情事。不过，最为昭彰的举动无疑发生在喀布尔。为满足寄宿于城镇各处的单身军人的需要，繁盛的卖淫行当在当地迅速涌现。[53]阿塔王子写道："寡廉鲜耻的英格兰人喝下粗鄙低贱的浊酒，将因果报应之事抛诸脑后。结果不多久，国王治下的满园春色便因这丑陋诸事的寒秋而败落凋零……权贵显宦相互抱怨，称'一天天地，我们因英格兰人而蒙受欺诈、谎言和羞

---

① 沃伯顿夫妇生育的孩子后来成为上校罗伯特·沃伯顿爵士。1879～1898年，他在开伯尔山区指挥边防军（Frontier Force）时，对自己的混血血统和双语能力善加运用，在当地成立了开伯尔来复枪团（Khyber Rifles）。可参阅 Robert Warburton, *Eighteen Years in the Khyber, 1879 – 1898*, London, 1909。

辱。喀布尔女子很快就会生出混血的山公。此乃奇耻大辱！'
他们唾面自干。"⁵⁴

充分把握喀布尔赋予的良机的人当中就有亚历山大·伯恩
斯。伯恩斯现已迁入城中心的昔日住所,他依照某种风格修缮
这些房间,在集市购置俄国产的镜子,刮去背面的水银,给住
宅装上喀布尔前所未有的玻璃窗。鉴于贾拉拉巴德的麦克诺滕
日渐接管更多施政职责,伯恩斯发觉自己有了许多可自由支配
的时间。他在给友人的信中写道:

> 我现在是个尊享厚禄的游手好闲之徒,我提供书面意
> 见,但从不予以处置……我的座右铭是:缄舌闭口;薪俸
> 落袋为安;除奉命行事外概不作为,遂皆大欢喜……不
> 过,我活得非常惬意。如果圆滚滚和热心肠是健康的佐
> 证,我皆有之。我早就让早餐成为共同享用的一餐。摆放
> 八个人的餐具,六名军官可随意造访,顺便品评一顿罕有
> 的包含熏鱼、鲑鱼肋、香辣烤肉和果冻的苏格兰早餐。他
> 们一口口地喷着雪茄烟,直至 10 点钟……我每周举办一
> 次八人聚会。秀美宜人的印度河既是奢华享受的途径又是
> 商贸渠道,故此我能以超出孟买当地三分之一的价钱将香
> 槟、霍克酒、马德拉白葡萄酒、雪利酒、波特酒、波尔多
> 红葡萄酒,当然还有从阿伯丁(Aberdeen)远道运来、密
> 封包装的鲑鱼和苏格兰式肉汤统统摆放在诸友面前。美妙
> 至极……⁵⁵

依照阿富汗的街谈巷议,伯恩斯的赏心乐事绝不仅限于"香
辣烤肉和果冻"。自始至终赤胆忠心的莫罕·拉尔毫不隐讳地

言明伯恩斯将一群群"在自家帮佣"的克什米尔女子带来，他声称伯恩斯与阿富汗女子并无奸情。但是，喀布尔的闲言碎语有与之不同的断言。[56]阿塔王子深信："伯恩斯尤为伤风败俗。私宅中，他与阿富汗情妇在情欲快意的热水中共浴，二人佻达地以法兰绒浴巾相互厮磨，缱绻缠绵鱼水尽欢。同样是其情人的两位贵妇人（memsahib）亦加入其中。"[57]

　　这类传闻逐渐令喀布尔民众与占领军起初建立的良好关系迅速恶化。喀布尔早有一条不起眼的花街柳巷，位于巴拉希萨尔城堡城墙近旁的印度乐师和舞者居住区。但周遭的印度舞妓（rundis）远不足以应付4500名驻军印度兵和1.55万名随营人员的需求，越来越多的阿富汗女子似乎自愿进入临时军营，投身赚钱的短途出游。岂止如此，这变得此般稀疏平常，就连英国人都开始创作押韵诗，吟咏阿富汗女子如何唾手可得：

> 喀布尔细君，罩袍蔽肤
> 尽人皆知，必有情夫。[58]

穆罕默德·侯赛因·赫拉特写道：

　　善意人禀告陛下称，存在一个方兴日盛的皮肉市场，明目张胆、不分昼夜地用马驮送妓女进入英格兰人的军营。这些娼妓衣着考究、翠绕珠围、妆容精致，可肆无忌惮地进出而不受盘查，故此无从分辨她们是名门闺秀还是普通娼妇。这一切有损社会公德，暗中破坏吾国立国之本。此乃巴拉克扎伊派系的假道学所为，他们首先为堕落之举指点迷津，进而怪罪陛下，期望借此激起庶民义愤。陛下向麦克诺滕提及此事，麦克诺滕并不深谙这些人揣奸把猾的卑劣行径，只是答说："我们若阻止军人行房，可怜的小伙子们会患重病！"陛下答道："很可能确也如是。但至少在这个国度，莫如让军人严明军纪，遵从外在道德规范！"[59]

法耶兹·穆罕默德后来在《历史之光》中写道，对阿富汗人　226
的名誉廉耻愈益明显的侮慢，是阿富汗人与新政府离心离德的最大诱因。

　　沙的祝福者身为先知伊斯兰教法①的信众，觉察到这可耻的营生撕裂了宗教尊严的面纱……他们向沙倾吐怨言，沙将原话转告麦克诺滕："你最好予以惩戒，制止皮肉市场的非法色情交易。否则，这棵邪恶之树终将结出残败恶果。"但是，威廉·麦克诺滕爵士对沙的言辞置若罔闻，很快就忘得一干二净……在那之前，沙在有关朝政及军队事务上毫无影响力这一点并非人所共知，但巴拉克扎伊族人现已着手披露事实真相，他们宣称："沙不过徒有虚名，根本无法插手国家大事。"此外，出于个人目的，他们还对英格兰人的角色大肆渲染。巴拉克扎伊族人铤而走险地煽动叛乱的激情，甚至对街坊四邻嘲弄道："就连你们的妻眷也不归你们所有。"[60]

---

①　Shar'ia，同Shari'a。——译者注

1840 年 3 月，沙·苏贾自冬季营舍返回喀布尔，他在巴拉希萨尔城堡的亭阁中重新召集满朝文武。由于多斯特·穆哈迈德目前被监禁在布哈拉地牢，沙·苏贾及其后台绝对有机会巩固联合统治。但恰恰相反，在春季雪融冰消时，英国与萨多扎伊的两个争权夺利的行政机构开始竞相争夺国家控制权。与此同时，众人日渐意识到真正运作新政权的是麦克诺滕而非苏贾，这种认识逐渐四散传播。

　　意见分歧的起因并非性格不合。麦克诺滕仍一如既往地仰慕沙。从贾拉拉巴德归来后，麦克诺滕致函奥克兰：

227　　　　越长时间亲身感受陛下的品性，我就越发彻底信服，在浩浩疆域之内唯有他本人最富才干、最为优秀，除周四外，陛下每日上午坐朝约两小时，以极大的耐心倾听属下部族首领上奏陈情。留出的一天时间用来听取那些指称讼案呈交当局却未获官方平反昭雪的人陈诉冤苦。尽管陛下凛然严苛地伸张正义，近日处决曾大力施加影响以求特赦的凶犯即为例证，但是陛下宽仁善良至极。如果说君主的个人素质能博得人望，那么沙·苏贾①定获万众敬仰。[61]

权力四分五裂已成事实，此外，若干有争议的政策问题即将使沙与其英国后台慢慢分化开来。正如莫罕·拉尔记述："我们

---

　　①　Shah Shoojah，同 Shah Shuja。——译者注

既不大权在握，也不将它们完整交付到沙·苏贾·乌尔木尔克手中。有悖于与沙达成的契约条款，我们背地里暗自插手干预一切事务，表面上却摆出中立的姿态。"这惹恼了苏贾，也让民众大失所望。"沙渐渐妒忌我们的权力，对我们的影响力妒火中烧。他认为我们与日俱增的影响力是出于自身利益考量，这违背了条约。他还怀疑举国上下都将我们视为这个国度的最高统治者。"[62]

　　第一点异议是在军队问题上产生越来越大的分歧。奥克兰早就意识到戍守阿富汗花费高昂，察觉到此做法让东印度公司账目上的少量盈利变为大幅亏损。伦敦方面严令要求奥克兰在阿富汗为沙·苏贾培训一支有实力的阿富汗国民军，俾使东印度公司将部队官兵撤回印度，使苏贾高枕无忧且有能力自卫。总督写道："我已恳请麦克诺滕牢记，务必倾尽所能、全力以赴巩固沙·苏贾的权力，令其麾下军队效率攀升，令其政府人望提高。（因为）此季一过，我方正规部队便不再逗留当地……"[63]奥克兰对沙同样直言不讳："只要任何人看似构成威胁并制造事端，我就准备听任英军驻留阿富汗。不过陛下深知，一旦撤兵安全可行，陛下能够完全依靠麾下秩序井然的军队维护合法的阿富汗君主国长治久安，我冀望旋即撤兵。"[64]

　　这在西姆拉方面看来或是一计良策，不过，喀布尔的苏贾深谙麦克诺滕将资源从昔日的部族骑兵征募转移到职业化常备步兵部队的策略，将自己向部族首领施以资助的最主要手段消弭殆尽。对权贵显宦而言，沙责无旁贷应向他们分发钱财土地、给他们加官晋爵，他们则提供骑兵以作回报。这项制度无疑存在营私舞弊，"吃空饷"泛滥，听任部族领袖以比实际募

228

集兵员数目大得多的人数索要财政补贴的弊端，但这不过是巩固本地及特定地区的部族领袖对中央政权耿耿忠心的黏合剂。以损害部落酋长的利益为代价，旨在创建一支训练有素的现代化军事力量，麦克诺滕实则剥夺了沙·苏贾对属下贵族的支持予以犒赏的唯一真正的机会，也逐渐贬损了举足轻重的朝中臣僚的权力和财富。

尽管如此，麦克诺滕仍坚持彻底推进改革，断言好处和节余的重要性有甚于改革所涉及的风险。支付给部族首领的款项金额适当减少四分之一，从 1839 年的 130 万卢比变为两年后的 100 万卢比，大部分削减落到东部地区吉勒扎伊各部落头上。喀布尔与开伯尔山区之间至关重要的诸山口就是由吉勒扎伊各部落控制并维持治安。雪上加霜的是，部族首领们自然而然地盼望财大气粗的洋人增加而非削减津贴，这些厚望加剧了被出卖的感觉，尤其是眼见新的乌兹别克老兵团（Uzbek Janbaz）和哈扎拉族国王卫队（Hazara Hazirbash）诸团征募的新兵，不是来自贵族阶层而是"卑贱的无名鼠辈"，莫罕·拉尔如是言道。麦克诺滕委派伯恩斯手下粗莽拙笨、不得人心的年轻门徒 R. S. 特雷弗上尉（Captain R. S. Trevor）推进改革。当部族首领抱怨此事时，特雷弗上尉直截了当地写道："在两年时间里，所有军官级别的部族首领都应被遣散，不再受雇于（沙）。彼时之前，他们得到的任何资助都该被视为恩赐。"这个问题事关重大、非同小可。麦克诺滕此举威胁到整个传统秩序，剥夺了阿富汗部族领袖的收入，成功离间了沙的诸多固有支持者，而他们在此之前还十分乐见萨多扎伊王族归来。该政策无疑让不遗余力从中作梗的人对沙·苏贾的统治愈加嫌恶。[65]

对于英国人损害阿富汗人眼中的因袭权利，两名坚定的保皇党权贵尤为怒不可遏。两人家世不同。年轻的武士贵族阿卜杜拉·汗·阿查克扎伊来自该地区一个威势赫赫的高门巨族，艾哈迈德·沙·阿布达里治下的杜兰尼帝国初期，其祖父曾与多斯特·穆哈迈德的祖父互争维齐尔一职。阿查克扎伊族人从未对巴拉克扎伊族人表现出多大热忱，但雄踞坎大哈以南固若金汤的阿卜杜拉城堡（Qila Abdullah）的阿查克扎伊掌控着大片狭长领地，多斯特·穆哈迈德始终审慎地赢取他的支持。相较阿查克扎伊而言，年长的阿米努拉·汗·洛伽尔差不多是个白手起家的人。其父曾是帖木儿·沙时代克什米尔总督属下的高级行政官员，阿米努拉凭借自身才智和对沙·扎曼、沙·马哈茂德以及末后的沙·苏贾领导下的萨多扎伊王族的赤胆忠心，逐步掌控了包括喀布尔以南的洛伽尔省（Logar）和喀布尔以北的科希斯坦在内的战略要地的大片地区，此外还控制着至关重要的库尔德喀布尔山口（Khord Kabul Pass）。这座山口俯瞰由南进入喀布尔的诸多路径。阿米努拉现已是耆耄长者，但仍有权有势，除了统率麾下私人民兵组织外，还掌控大量资金。

二人皆是丹诚相许的亲萨多扎伊勤王者，自然偏好沙·苏贾执政的政府甚于多斯特·穆哈迈德执政的政府，但强烈反对英国异教徒进驻自己的祖国，执意认定异教徒新制度无权剥夺他们效忠君主以及向众属下支付酬劳的权利。据莫罕·拉尔称，他们向特雷弗上尉投诉薪俸削减一事时，特雷弗侮辱了他们，还将他们撵了出去。[66] 对于拥有如此身份地位的人而言，无奈遭受无名小辈这般对待，关乎名誉廉耻，二位权贵断难接受。他们向沙诉苦，沙深表同情，转派他们向麦克诺滕讨还公

230

道，麦克诺滕不予相助。嗣后不久，阿米努拉"被要求要么放弃首领地位"并交出所辖地区，"要么增加需缴纳的岁入总额"。[67] 阿米努拉断然拒绝，他对辖区的控制权不久便被夺走。[68] 从那一刻起，阿卜杜拉·汗·阿查克扎伊和阿米努拉·汗·洛伽尔就成为对抗喀布尔英国驻军的反对派中两位最活跃的核心人物，他们暗中谋划、伺机报复。

苏贾谨慎提防麦克诺滕组建阿富汗新国民军也有其他理由，尤其是尚不知晓由英国训练、英国指挥的军队会否真的对他俯首帖耳。正如苏贾向奥克兰言明的，沙·苏贾分遣队看来早就无意听命于他。苏贾写道："我与军中许多军官并无私交，也不了解他们各司何职。他们看似甚至不晓得自己归属我麾下。我切盼你体贴安排的任我差遣的诸军官和各营兵士了然于心自己受雇于我，以使土生土长的吾国人将配属于我的官兵视为我属下扈从。"沙补充道："吾国被剥夺皇权已有约二十九载，导致叛乱频发，家家户户独立自主……是故，我希望诸军官及各营兵士完全听命于我，这将令他们与土生土长的吾国人互生好感，打消他们心头所有不祥疑虑。"[69]

对沙而言，无力掌控军中各军团，唯此最能彰显他本人的软弱无能。这一时期，沙逐渐陷入深深的惆怅。杜兰德写道："他时常坐在皇宫窗口打发时间，目光在都城及周边平原所呈现的不同事物上来回游弋。在一个此类的场合，沙·苏贾沉默良久之后，述说了这番话语：'在他眼中一切都缩水了，积贫积弱、百业凋敝。垂暮之年的喀布尔与追忆中青春芳华的喀布尔已无任何相似之处。'"[70] 就连始终麻木不仁的麦克诺滕也觉察到"陛下近来蒙受颓丧情绪困扰"。[71]

尽管苏贾意欲掌控新军诸团、展示君权，但他也痛苦地意识到，没有英国的财政支持，自己根本负担不起供养一支规模可观的军队。保卫这般穷困潦倒、支离破碎、桀骜不驯的国家需要一支庞大军队，在阿富汗筹集钱款支付军队开支一如既往地艰难。昔日杜兰尼帝国的军队一直靠向信德、克什米尔等富裕的附庸地区征收税赋供养。自失去上述地区，留存下来的皆是相对贫瘠的不毛之地。阿富汗的所有统治者都想方设法避免强征令部落民难以接受的税赋，就得以支付旗下部队的开支。苏贾向奥克兰解释道："在萨多扎伊时代，各氏族各部族都有一位德隆望尊之人，麾下骑兵队的开销于仰仗附属国旁遮普、信德、克什米尔①和木尔坦②，以及呼罗珊③部分地区的岁入。如今每家每户涌出一二十人，人人恳请赐予自己首领头衔。我想不出任何解决良策，唯有请求阁下给予友好援助。"苏贾补充道：

　　虽暴虐成性、巧取豪夺，多斯特·穆哈迈德·汗仍入不敷出。终年有六个月无饷可领，能得到的酬劳亦是以呢绒偿付，臣下皆感不悦，背弃了他。我的军队兵力若与多斯特·穆哈迈德的军队兵力不相上下，我与他本人便无差别。若兵员数量过大，国家岁入无法与开销对等，将不足以养活部队官兵。雇佣的军队规模若小于多斯特·穆哈迈德的军队规模，会令土生土长的吾国人大失所望，自告奋勇投军从戎者人数日渐膨胀。我为此深陷忧恼，心烦意乱

232

①　Cashmere，同 Kashmir。——译者注
②　Moultan，同 Multan。——译者注
③　Khoorasan，同 Khurasan。——译者注

地苦度日夜。我把目光投向需支付给军人的款项时，找不到其他财源，唯有仰仗阁下恩惠。[72]

如果说起初是军队改革导致麦克诺滕与苏贾陷入冲突，那么随后还有苏贾忠心耿耿的幕僚长沙库尔毛拉引发的问题。伯恩斯和麦克诺滕发觉沙库尔毛拉越来越抗拒他们的主张。莫罕·拉尔写道：

> 借由公开或私下途径获取的任何钱款，他都添入沙的金库，是故对国王信心满怀。不过沙库尔毛拉年事已高，完全不适宜身居高官要职。他的记忆力消退到如此地步，以至于即便一日不见，就无法辨认自己之前很相熟的人。但他全然领会我们与国王缔结条约的本旨所在，据此知晓我们无权接管该国政务。[73]

沙·苏贾很久之后才对麦克诺滕和伯恩斯干涉本国内政失去耐心。在此之前，沙库尔毛拉已想方设法抵制英国侵蚀日常治国理政，不遗余力地维持苏贾果真掌控一切的表象。穆罕默德·侯赛因·赫拉特写道：

> 只要沙库尔毛拉在任，就会继续冠冕堂皇地营造陛下在王国及军队事务上确实享有一定话语权的假象。譬如说，假若小麦的价格固定在特定价位，对于违反规则的商人，沙库尔毛拉均以喀布尔助理总督的角色予以惩罚。不过每当亚历山大·伯恩斯打发手下信差（chaprasi）前去提出异议，称涉案商人在自己的庇护之下，犯规者会

随即获释。借由此类手段，沙库尔毛拉试图维持政府合 233
法性的表象。伯恩斯和麦克诺滕都不愿遭受任何形式的
反驳，也不愿关注错综复杂的政务，他们一天天愈发敌
视毛拉。[74]

1840 年春末夏初之际，并非只有这些事逐渐削弱了沙·苏
贾政府的人望和效力。如今许多人都对苏贾拒人千里之外
的作风牢骚满腹，多斯特·穆哈迈德有意采取的平等主义
处事之道与之形成鲜明对比。苏贾越是觉得自己威望受损，
就越想公开展示自身地位，这已是积习成常的行为模式。
1840 年，就在苏贾渐渐觉察到权力慢慢脱离自己掌控时，
谈及国王和朝臣在喀布尔及邻近地区四处举行规模盛大、
夸夸其谈的演说的报告纷至沓来。大约这一时期与他们偶
遇的艺术家詹姆斯·拉特雷写道：苏贾一行人"恣意所欲、
威严堂皇，非笔墨所能尽表"。最前面是皇家单峰骆驼队，
"挽具上悬挂着驼铃，摇响的驼铃配合驼队轻柔曼妙的步
态，伸长的脖颈饰有缨穗和装饰物。骆驼数以百计"，许多
都驮载着饰有绿色及猩红色旗帜的小型加农炮，骆驼驮手
将炮火漫天乱射，"炸飞了羽饰，燎焦了络腮胡，怪异可怖
的神射手甚感欣喜"。震耳欲聋的驼队走过之后，接着走来
皇家种马，它们"身披金线编织、宝石镶饰的马衣，闪闪
发光"。

　　随后紧跟御林军官：行刑者、头戴猩红色多角尖头军
帽的执杖侍卫、御剑侍卫、半球形铜鼓鼓手和掌旗手，他
们借由阻塞道路来开道，凭借制造混乱来恢复秩序。大批

全副武装、浑身上下饰有羽毛的阿富汗①骑兵咔嗒咔嗒跟随其后。疾速行进时，他们的半球形铜鼓咚咚作响，雕花嵌饰的全副装备叮叮当当。随后是一大群赤腿长发的仆童信差。在他们身后昂首阔步走来一中队身着蓝银相间军服的公使骑兵卫队。之后便是陛下本人。

沙骑在马上，正襟危坐，全然一副国王派头。天鹅绒皇冠环绕高额头，嵌有绿宝石的花瓣坠饰自皇冠上部分枝垂下，一堆昂贵宝石令皇冠熠熠生辉。他身穿一件绣着黄金饰物和宝石的紫色缎面束腰紧身上衣，肩部至腕部缠着镶有珠宝的巨大金属片制成的臂钏。尖头铁跟的鲨革靴和一条平展紧实、挂有绝好伊斯法罕弯刀的山羊绒缠腰带，令一身盛装完美无缺。沙极具仪表之美，装扮得体，无人能猜中他的年龄。他独有一种掺杂着阴郁哀伤又倨傲至极的面部表情，齐整的双眉、长长的黑眼睛和乌黑至极的胡须将这种神情强化十倍。

拉特雷看得眼花缭乱，他留意到喀布尔民众并非不感兴趣。"一长列皇家队伍继续席卷蜿蜒狭窄的街道时，每扇窗户、每道门口、每个屋顶，旁观者肩摩踵接。"他们没有为自己口中"洋人的国王"欢呼，丝毫未显露"愉悦忠贞"的迹象，只是"缄默执拗"地从旁观看，"双臂交叉抱于胸前，一动不动地站在那儿数念珠。除了一名遭驱逐的诉愿人希图上达圣听的呼声、骑兵队沉重的马蹄声，以及军官昭示'杜兰尼王朝的明

---

① Afghaun，同Afghan。——译者注

珠'沙中之沙的权力、卓着和威严的叫嚷声之外，依旧一片死寂"。身为前军官的艺术家洛克耶·威利斯·哈特（Lockyer Willis Hart）进一步评说："让阿富汗人此般深恶痛绝的这种礼节和仪式是国王的怪癖，有时达到荒诞的地步。"[75]

苏贾唯我独尊的作风气焰万丈、拒人于千里之外，不只黎民百姓，许多部族首领也蒙受屈辱藐视。韦德上校的门士沙哈迈德·阿里（Shahamat Ali）记述道："前任统治者对权贵显宦体贴周到、以礼相待，他们几乎平起平坐，享有显赫权势。如今……他们发觉很难获准上朝觐见。那些凭谄谀传召者得以谒见陛下的人，被迫要以一种极为谦卑恭顺的方式合拢双手，站立时与陛下保持恭敬的距离，屡屡未被允许对国王说上只言片语，就迫不得已退下。"[76]正因如此，苏贾分遣队的英国军官不愿侍候这位名义上的雇主。就像伯恩斯试着向沙解释的："不妨通过一周固定一个接见日，补救英国军官不在朝中露面的问题。他们前去谒见，长久等待后未能拜谒就得离开，这已是家常便饭。"[77]

正如麦克诺滕开诚布公承认的，重中之重的问题无非是苏贾继续联合英国异教徒让自身声誉受到越来越严重的玷污，四散传播的消息坚称苏贾不过是英国异教徒的傀儡。麦克诺滕致函奥克兰：

陛下苦于异乎寻常的复杂难题，首要难题是他与我们的关系。我们已辅佐他登基，此举的动机需假以时日才能为人了悟，但有许多人蓄意曲解。宗教信仰的不同当然是引发那部分民众抵触情绪的主要诱因。阿富汗人是偏执盲信的民族，除了对我们的教义偏狭不容外，亦无法忍受我们的风俗习惯。故此，我们应机警审慎地革新破旧，任何时候都不应忘记，一种制度本身纵然卓越，但未必就适切该国，至于能否获认同也未见得遂愿。这就需要兢兢业业掌舵，一方面抑遏对大众偏见的惊扰，另一方面避免令政府处于我们之前发现的同一低能状态。[78]

麦克诺滕向科尔文阐释类似话题："你准确忖测巴拉克扎伊族人有最火爆易怒的特质，需努力予以开导。在种种人格中，贪得无厌、轻信盲从、顽固偏执这三点最易致怒，阿富汗人将这三者完美集于一身。"虽然麦克诺滕准确指出宗教信仰差异是阿富汗人反对新政权的核心所在，也正确认识到穆斯林乌理玛正迅速将自己确立为对抗苏贾的中心，但他错误地将他们的异议阐释为纯粹的"顽固偏执"。众毛拉起初一直被益格鲁-萨多扎伊政权笼络吸纳，政权自一开始就向乌理玛中挺身而出支持沙的人支付薪俸。随着时间推移，众毛拉渐渐有充分理由憎恶一个隔三岔五对他们的制度摆出屈尊俯就姿态、时断时续帮他们修缮清真寺的政权，一个为一己私利就大量扣押他们获捐教产（waqf）以增加税收收入的政权。英国人"甚至篡夺伟大的苏菲派圣地阿什川瓦阿里藩获捐善款的支配权，引发严重恐慌，而历朝历代统治者都将该款项登记在案"。此举格外冒失愚钝。原为佛教寺院的阿什川瓦阿里藩圣祠是老喀布尔最重要、最古老的祭仪中心，也是好几代巴拉克扎伊族人的墓地。此外，圣祠由来自科希斯坦的世袭纳克什班迪教团首领米尔·马斯吉迪和兄弟米尔·哈吉掌控，两兄弟有权有势、广受敬重。米尔·哈吉还是普尔伊齐斯提星期五清真寺的世袭伊玛目及喀布尔乌理玛的首领。[79]兄弟俩是有巨大影响力的人物，益

格鲁 – 萨多扎伊政权本该尽一切可能让他们留在沙的核心集团内，岂料却尽其所能地疏远他们。

令事态进一步恶化的是，英国人干涉众毛拉执法。乌理玛理所当然不愿就伊斯兰教法①问题遭自命不凡的麦克诺滕训诫。麦克诺滕写道："我大获全胜，诸毛拉自此坦率承认我比他们更精通伊斯兰教法（Mahomedan Law）。"[80]最重要的是，他们嫌恶"荒淫自恣的异教徒"令都城日渐堕落的所作所为，强烈反感纵酒狂欢的英国及印度新兵天天在街头巷尾明目张胆地饮酒作乐、寻花问柳的愚蠢场景。

保守派反对英国人驻扎，所持异议与贵族阶层观点一致。1840 年夏，英国人拦截了一封来自资深的巴拉克扎伊首领苏丹·穆罕默德·汗（Sultan Mohammad Khan）的书函。这位白沙瓦前任总督修书给同父异母兄弟多斯特·穆哈迈德诉苦："我无从告知洋人施以何种压迫。一些民众公然转变成基督教徒，一些则沦为娼妓。谷物价格高昂。愿真主将这帮挨千刀的煞星逐出吾国，他们的出现令国人摒弃了宗教信仰和庄敬恭谦。"[81]

1840 年 7 月，这一切濒临危急关头。在米尔·哈吉的教唆下，乌理玛以真正的统治者是异教徒为由，开始在星期五祷告仪式上故意略去称颂沙·苏贾的名号。据伯恩斯称，沙立即在巴拉希萨尔城堡召见自己，述说：

> 他在都城喀布尔日夜遭受毛拉及其他人猛烈抨击，那些人声称现状看起来根本不像是伊斯兰王国（Mahommedan

---

① Sharia，同 Shar'ia。——译者注

Kingdom），诘问沙是否持相同观点——掀起一场叛乱或起义反抗英国人易如反掌。陛下说，我当然向他们保证，我与英格兰人就如两心一体，竭力纠正这些人的秕谬看法。但考虑到城中士卒非我所有，他们进行的种种活动我亦不知情，我不指望能让他们依此看待此事……陛下评说道，将总督交由他随意支配的官兵称作部下是彻头彻尾的虚妄之辞，不曾有任何军官接近他，甚至无人表现得像从属于他，难怪治下臣民渐渐将他视为傀儡（他所用字眼为"小萝卜"），他在祖国名誉尊严尽失亦不足称奇……[82]

大约此时，身处阿富汗的英国人当中更具洞察力的人，开始认识到自己的处境微妙至极的特质以及自己所建立政权的脆弱性。阿伯拉罕·罗伯茨开始忧心诸如前方与后方交通线过长、英国卫戍部队大幅缩减规模，以及零星散布的士兵留守易受起义攻击的关键城区等问题。他即刻致函奥克兰表达个人忧虑，称"为数众多的军团遍布于整个不受任何军事管制的国家，军团由政治部掌管，其判断力有限且全无军事经验"。[83]同一时间，坎大哈的诺特将军谴责麦克诺滕及其属下政治顾问，他向女儿们抱怨：

> 他们喝着法国波尔多红葡萄酒，领取丰厚薪俸，走到哪儿都有一名贱民紧随身后。优厚薪酬待遇皆由英国政府（John Bull）负担，更确切地说是由印度斯坦良田上受压迫的耕者买单。加尔各答国库卢比枯竭，"温厚和善"的奥克兰勋爵批准认可了这一切。其间，这里一团糟，民众憎恶我们……就这样，受雇人员依据互惠互利原则挑选。

　　无数政界人士的所作所为断送了我方事业，将身处该国的每个欧洲人的喉咙暴露于仇恨满腹的阿富汗人的刀剑之下。除非急速调派数团官兵，否则无人能活着见证战友倒下。唯有武力能让他们再度屈从于广受怨恨的沙。[84]

就连平素乐观的伯恩斯都焦虑起来，他私下里向友人雅各布发牢骚，称"目标两日必有一变，内政外务的政策规划没有一条能坚持一周。现行体制踢一下动一下的现象随处可见。没有总体方针可循……于我而言，渐渐觉得韦德（已撤回卢迪亚纳）会是所有人当中最幸运的，因为他将远离此番垮台。若不洗心革面，我们必将失败"。[85]

　　同心协力发起武装抵抗的迹象初步显露于 1840 年 5 月，从坎大哈开赴加兹尼的一个纵队遭 2000 名吉勒扎伊骑士袭击。吉勒扎伊部落民迅速被击退，丢下 200 名死者。他们吸取教训，深知在平坦开阔地区展开正面攻击的做法对付不了英国人。8 月中旬，在沙·苏贾耀武扬威地踏入喀布尔不足一年后，英国人最惧怕的消息传至都城，称多斯特·穆哈迈德已从布哈拉地牢获释。阿塔王子写道："喀布尔的英格兰人浸沐欢愉、疏懒憩息，此时消息传来，称埃米尔多斯特·穆哈迈德·汗在一位平民商人的襄助下逃出了布哈拉。那商人收买了奉派看守埃米尔的警卫，据说贿金约一万卢比。"

　　报告开始纷至沓来，称埃米尔已返回阿富汗北部高举圣战旗帜。8 月下旬，英国派驻赛干小型前哨站的士兵被迫后退 20 英里，转移到巴米扬一个更易防御的阵地。赛干处于昆都士（Kunduz）米尔·瓦利的领地边境，谷地在此下降延伸至北部平原。更糟糕的是，隶属沙·苏贾麾下部队、奉派进

239

攻埃米尔的一支分遣队哗变并参加叛乱。大约同一时间另有消息传来，称距喀布尔以北仅数小时行程的科希斯坦爆发了一场完全独立的叛乱。当地塔吉克人在 1839 年曾协助夺取喀布尔，沙却未予以适当酬报，他们就此认定沙背弃了向他们许下的所有承诺。[*]

耗时一年，阿富汗人才揭竿而起闹革命。但是，抗击英国人的圣战现已拉开序幕。

咏史诗人巨细无遗地讲述了埃米尔逃脱布哈拉的经过。哈米德·克什米尔毛拉细述了颇有名望的喀布尔商人汗·卡比尔（Khan Kabir）如何携骆驼商队抵达布哈拉，并听闻埃米尔被打入地窖。他深深感激多斯特·穆哈迈德当权时给予的恩惠：

> 殚谋毅力以求埃米尔如愿获释
> 他不舍昼夜探寻出路

240

> 仗义疏财襄助埃米尔，他一掷千金
> 让看守埃米尔的狱卒成为他的囚徒

> 狱吏被埃米尔手中绞索捆绑如斯

---

[*] 韦德曾鼓动科希斯坦人起义，允诺支付他们的导师米尔·马斯吉迪及其兄弟米尔·哈吉每年 500 托曼酬金，劝诱他们依此行事。但这笔钱从未兑现。于是，正是刚刚在喀布尔星期五祷告仪式上除去沙·苏贾名号的一众乌理玛领导了塔吉克人叛乱。

有如黄金收买的奴隶，对埃米尔竭尽忠心

得悉大门开敞

埃米尔伺机匆促夜遁逃[86]

一起出逃的阿克巴·汗还未离城很快就被再次擒获，但其父成功脱逃。在汗·卡比尔的帮助下，多斯特·穆哈迈德乔装改扮成苏菲派托钵僧（fakir）——30年前沙·苏贾在拉合尔正是如此逃脱了兰吉特·辛格的扣押。埃米尔起初选取了错误路线，骑着获赠的骏马翻越贫瘠荒芜的崇山峻岭，张皇失措下终将马累毙。迷了路的埃米尔在高海拔荒漠独自游荡，即将绝望之际被一支前往巴里黑的骆驼商队救起。莫罕·拉尔嗣后成为首个为多斯特·穆哈迈德著传的人，他写道：

> 为埃米尔备好一峰两侧均有驮篓的骆驼，埃米尔借口身体微恙，置身其中一只驮篓中。在彻拉格奇村（上一年他在此被包围并遭擒获），事先获悉埃米尔从城中逃跑的布哈拉政府官吏，怀疑他混入骆驼商队。他们仔细检查每只骆驼驮篓，但一无所获，因为狡黠的埃米尔已将银色胡须用临时找来的墨汁染黑。告密者因以讹传嘲弄诸军官而遭惩罚。[87]

接下来的数周里，埃米尔与骆驼商队结伴同行，由于身无分文，他只能以讨来的吃食过活。阿富汗的口头传说充牣着埃米尔此行受尽千磨万劫的故事，法耶兹·穆罕默德将其中一些收集到自己的史书中，他记载到"埃米尔在沙赫里

241

萨布兹①的一家破旧不堪的托钵僧客栈前翻身下马"，几名男子正围坐于此享用奶茶。

埃米尔饥肠辘辘，盘算着或能从他们那儿弄到些茶点，他靠近客栈门口坐下。那些毫无恻隐之心的人对他只字不语，什么都没给他。他们自称卡兰达尔②，但肯定不具备圣人的品格。依然饥火烧肠的埃米尔随后进城求见一位名叫卡比尔毛拉（Mullah Kabir）的商人。这名商人来自喀布尔，在沙赫里萨布兹有个家……见到埃米尔，卡比尔毛拉行吻手礼，而后带他步入自家宅院。进到屋中，眼见埃米尔装扮成托钵僧，毛拉情不自禁心生悲悯、潸然泪下。他听凭埃米尔差遣，鞠躬尽瘁亦所不惜。

养精蓄锐之后，埃米尔遣卡比尔毛拉告知沙赫里萨布兹总督自己抵城。

总督听此消息，立即赶到卡比尔毛拉宅中向埃米尔致以崇高敬意，让埃米尔迁居皇家宾馆。尽地主之谊后，总督谈及布哈拉埃米尔的可耻行为，主动提出派遣军队前往该地实施报复。多斯特·穆哈迈德谢绝提议，转而请求总督提供 700 名骑士伴其横渡阿姆河。总督慨然应允，准备好必要的补给和装备，选派 700 名骑兵组成护卫队。[88]

---

① Shahr-iSabz，旧称竭石，乌兹别克南部城镇，距撒马尔罕 80 公里，始建于约 2700 年前，为帖木儿帝国缔造者帖木儿的诞生地。——译者注
② qalandar，苏菲派流浪圣人。——译者注

埃米尔的命运自此逐渐转好。他渡过阿姆河，想方设法平安抵达巴里黑。途经阿富汗北部村落时，他意识到自己在押期间，整体氛围已有所改变，如今国人普遍对盎格鲁－萨多扎伊政权不再抱有幻想。克什米尔毛拉在《阿克巴本记》中写到"他询问沿途的旅行者"，打探来自喀布尔和布哈拉的消息。

一日，他在旅人中见到 242
一位自喀布尔动身上路的青年

他询问青年："喀布尔大地情势如何？
他们对沙和洋首领有何看法？

或战或和，他们做何打算？
诸汗近况怎样？一如既往否……？"

青年说道："吉星高照的强大统治者啊！
此苏贾非昔时彼苏贾，他的心异于前

一如列王端坐宝座上
但此国度不由他统治，他亦无权过问国库

背地里苦不堪言，灵魂枯竭
未若一名看守，他就是这样一位国王"[89]

埃米尔最终设法到达先前东道主米尔·瓦利所在的卡赫马尔德区（Khamard），发现子嗣阿夫扎勒·汗在此守望他归来。

米尔·瓦利能有这般权势地位完全仰仗多斯特·穆哈迈德大力栽培，这位乌兹别克首领又一次主动提出拔刀相助，但他亦带来凶讯：埃米尔的兄弟纳瓦布贾巴尔·汗对埃米尔脱身牢狱不抱任何希望，他刚偕埃米尔的女眷向英国当局投降。百折不挠的埃米尔心意已决，别无他法，唯有浴血奋战，他再次公开宣布向洋人发动圣战。在阿富汗诗人看来，这是壮烈的一刻：

> 他磨砺以须迎战敌军
> 搜寻旗下溃散的军队

> 众兵士及挥舞利刃的各营将士
> 他成功集结骑士 500 人

243

> 穷兵黩武之霸主（Laat Jangi）麦克诺滕在喀布尔闻讯
> 得知无畏的埃米尔率军征讨，大兵压境

> 厉兵秣马，整装备战
> 埃米尔随乌兹别克各营官兵一同出征

> 穷兵黩武之霸主麦克诺滕遂命博士（Daaktar，指珀西瓦尔·洛德博士 [Dr Percival Lord]）
> 率 4 万人，偕 40 名指挥官

> 展开追击，犹如残暴的恶虎
> 他们决计穷追猛打那英武的雄狮

> 群情激昂，咆哮向前
> 策马奔赴巴米扬[90]

多斯特·穆哈迈德现掌控一支由乌兹别克骑士组成的不足千人的小规模武装力量。在向南推进的过程中，他设法驱散偶遇的首个英军前哨站的印度兵。嗣后不久，萨利赫·穆罕默德领导下的巴米扬驻军擅离职守，加入埃米尔麾下。

报告迅速送抵喀布尔，称危机日盛。阿塔王子写道："这些消息让英格兰军人心生惶恐，国王内心忧惧更甚。埃米尔进逼的消息令他这般踟蹰，夜不能寐的国王宁可外出漫步于巴拉希萨尔城堡底层的皇家御花园中，还命人在宝座平台下方开了条地道，以作脱逃之用。"这是否属实未有定论，不过据说许多英国军官安排家人携行李财物去巴拉希萨尔城堡避难。麦克诺滕起初拒不派兵增援巴米扬，称喀布尔无多余援军可供调派，随后又向西姆拉方面发送连串惶惶不安、疑神疑鬼的急件，他写道："阿富汗人是火药，多斯特是一根点燃的火柴……我们被间谍围绕。"[91]

尽管忧惧重重，但是埃米尔集结的骑兵部队与训练有素的东印度公司军队正面交锋仍相形见绌。威廉·丹尼终率英国援军奉派北上巴米扬，对战双方于 9 月 18 日星期五相遇。多斯特·穆哈迈德占据俯瞰山谷入口的联排城堡，他命手下骑士在中央地带整齐列队，遣子嗣阿夫扎勒·汗踞守左侧高地顶端以控制战场一翼，米尔·瓦利则占领山谷右侧高地。[92]但是，阿富汗人依然吃堑不长智。英国人既已装备新式大炮，阿富汗人将部队集结在平原上无一例外是错误的。冲锋的阿富汗骑兵还未来得及掏枪射击，英军马拉炮兵便将他们统统撂倒：

244

> 洋人的军队丧心病狂、怒不可遏
> 合力攻敌，片刻不误
>
> 密密匝匝一拥而上
> 宛若滔天疠风席卷而来
>
> 枪炮轰鸣，战火连天
> 天地为之震颤
>
> 洋人在烈焰中现身
> 恰如走出地狱之火的恶魔。

眼见这场战役大势已去，大腿负重伤的多斯特·穆哈迈德遂鸣金收兵，丢下战死沙场的 100 名将士，欲保存大部分兵力改日再战。他依旧不屈不挠，非但没有撤退，反倒迎头而上，循着羊肠小径和干涸的河床翻山越岭奔赴喀布尔，决意与科希斯坦的塔吉克族叛乱者会合。

　　这一谋略既勇敢又冒险。麦克诺滕遣派伯恩斯和"好斗的鲍勃"塞尔率两个团将士占领恰里卡尔地区首府，部队官兵现正封锁埃米尔与科希斯坦反叛者之间的交通要道。再者，多斯特·穆哈迈德有许多科希斯坦仇敌。一年前英国人进逼喀布尔时，科希斯坦人曾起义反抗他。埃米尔孤注一掷，指望此举会有胜算，希冀对异教徒新政府共同的仇恨聊且胜过先前的敌意。他差遣密使先行接洽塔吉克部族首领，委派盟友塔加布的萨菲·米尔（Safi Mir）前去说服科希斯坦及古尔班德（Ghurband）的诸位酋长和米尔，劝说他们在自己的领导下联合抗敌。这项友好提议立即获答复，埃米尔如释重负。《战地书》的作者古拉姆·科希斯坦就来自上述地区，他陈说本地往事，追忆多斯特·穆哈迈德驾临塔加布受到何等的欢迎：

第一位走上前的是来自帕尔旺省（Parwan）洋洋自得的勇士
睿智博学，名叫拉杰卜·汗（Rajab Khan）

他言道："你尊为埃米尔，我们是你属下仆众
我们俯首帖耳听命于你

我们卑下的寒舍陋室，这片岩石蓟花遍布之地
因你大驾光临蓬荜生辉"

埃米尔一声令下，骁勇的反叛者
扬鞭奋蹄，穿山越岭

一刻不停歇，毅然出征
不怯不畏洋人的攻击

不忧不惧恰里卡尔的恶棍伯恩斯
会占了上风[93]

紧接着是持续数周的游击战。多斯特·穆哈迈德尽管通过奇袭政府前哨站使英军蒙受人员伤亡，却无力与东印度公司的赫赫大军抗衡。其间，塞尔将军按既定计划摧毁叛军占领的村庄，

246 毁坏反叛者的树木庄稼，还对达曼山（Koh Daman）周围叛军占据的城堡展开围攻。伯恩斯则尝试贿赂科希斯坦众部族首领，让他们背叛埃米尔并将他交出来。到了9月底，伯恩斯设法让米尔·瓦利及其手下乌兹别克人抛离多斯特·穆哈迈德倒戈投诚。遭背弃的埃米尔仅余区区数百名科希斯坦支持者，不过他仍成功逃脱抓捕。阿塔王子写道："埃米尔与英格兰人之间的战斗持续了两个月，有13次冲突和小规模战斗。那段时间，英格兰人连美妙胜利的影儿都瞥不见，埃米尔反倒在战场上赢得制胜球。英格兰人最终中止搜寻，稀稀拉拉、半死不活地撤回恰里卡尔，丢下大量补给和装备。"

据莫罕·拉尔称，不管怎样，许多此类战斗和大肆破坏都缘于判断失当且毫无必要。科希斯坦部族首领已明确表示愿意停止叛乱，只盼英方履行上一年向他们做出的承诺。一位尤为显要的部族首领米尔·马斯吉迪·汗（Mir Masjidi Khan）实则行将投降，应允前往喀布尔，"在帖木儿·沙的陵寝避难，继而晋谒沙和公使"。这位备受尊崇的纳克什班迪教团导师是该地区最具影响力的领袖。伯恩斯赞同此举，但"与早前协议相悖"的是，塞尔和太子帖木儿动身前去围攻米尔·马斯吉迪的城堡。城堡牢不可破，英军久攻不下。受伤的米尔·马斯吉迪怨愤不已，设法逃往尼杰若山谷。趁米尔·马斯吉迪不在，他的城堡被摧毁，家人遭屠杀，所拥有的地产被仇敌瓜分。把城堡夷为平地并将全体居民诛杀殆尽的暴虐行径，让科希斯坦人惊悸骇然。古拉姆·科希斯坦写道：

　　　　他们捣毁城墙
　　　　金光闪烁的座座宅院

装点得宛如春色满园

点燃门和屋顶，火光烛天
他们向上苍捎去口信

摧毁中央拱门
他们让城堡一若荒芜废墟

247

无人眼见任何生命的痕迹
不，不曾有人耳闻更惊悚惨烈的传说[94]

故此，莫罕·拉尔断言称"我们让米尔成为永远的仇敌"。[95]米尔·马斯吉迪会在适当时候归来，成功将英国人驱离科希斯坦，把驻防部队最后的残存者逐退至喀布尔。此番化友为敌是英国人在整场战役中所犯下的最严重的错误之一。

10月中旬，事态急转直下。其时，恰里卡尔的一支由英国训练的科希斯坦骑兵中队全体士兵投诚，加入多斯特·穆哈迈德旗下。[96]莫罕·拉尔认为这是英国人占领阿富汗以来所面临的最严重威胁之一。原因在于，埃米尔逍遥法外，科希斯坦陷入火海，其余部族首领静观谁将获胜，"民众和部族首领对我们未能恪守向他们做出的约定和承诺而心怀不满"。[97]

终于交锋时，双方皆始料未及。1840年11月2日，在埃米尔的巧妙引诱下，塞尔和伯恩斯横穿潘杰希尔省（Panjshir），那儿远离位于恰里卡尔的基地。他们行经有着成排泥墙高筑的城堡和丰饶杏园的帕尔旺省达拉地区（Parwan Darra）林木茂盛的山谷，继续前去攻击一座远方的叛军堡垒。此时收到情

报，称多斯特·穆哈迈德就在前方，正快马加鞭疾驰而来。不
出几分钟就见到埃米尔率麾下 400 名骑兵出现在英国人正前方
的一块高地上。塞尔的枪械留在殿后部队，不等枪炮送上前
来，纵队队首包括伯恩斯的密友珀西瓦尔·洛德博士（阿富
汗诗人称他为"博士"）在内的人就决定打头阵。英国军官已
策马飞奔发起突击，这才意识到为时已晚，麾下印度骑兵中队
早就掉头鼠窜。在阿富汗诗人看来，继之而来的是多斯特·穆
哈迈德赢取胜利的紧要关头。

248　　　　　　"博士"一溜烟蹿过来
　　　　　　　　一众尚武好战的骑兵相随左右

　　　　　　　　埃米尔细细端详"博士"
　　　　　　　　那卑鄙小人

　　　　　　　　埃米尔纵身上马
　　　　　　　　火速疾驰

　　　　　　　　奔下花岗岩丘陵
　　　　　　　　麾下骑兵紧随其后

　　　　　　　　从剑鞘中拔出仇怨的利剑
　　　　　　　　毅然冲锋

　　　　　　　　他们猛扑向基督徒
　　　　　　　　洋人的鲜血暖了战场

> 勇士的呐喊响彻云霄
> 滚滚沙尘蒙蔽了太阳与木星

大地旋即"沾满英雄的鲜血，呈现玫瑰红色"。

> 英雄们尽情诛杀洋人兵卒
> 激战那日如天启降临

> 阿夫扎勒从马鞍下掏出枪
> 扣动扳机，一枪射入"博士"身体

> 子弹穿透胸膛，从背部飞出
> 他的身体爆裂开来，灵魂出窍

英国人开始撤退，"喀布尔众勇士穷追不舍"。

> 伯恩斯随即做出决定
> 命将士携火炮投入战斗

> 大炮轰鸣似天国之音
> 炮声隆隆撼天动地

249

> 信徒心生错愕
> 天昏地也暗

> 知晓回天乏术

一滴水怎能征服暴涨成灾的河流？

阿夫扎勒和埃米尔遂撤离战场
匆匆退却，登上巍巍群山

选址安营暂作歇息
远离舛途平息怒火[98]

两日后，11 月 4 日晚，焦灼不安的麦克诺滕在军事秘书乔治·劳伦斯及一支小型骑兵护卫队的陪同下，在喀布尔市郊骑马夜游。洛德博士及其他数名军官阵亡的消息前一日送达，那日下午又收到伯恩斯发来的急件，警诫大难临头。伯恩斯敦促英国人放弃喀布尔以北诸阵地，将各部队集结至都城。这一天在紧张讨论中度过——部队该不该回师？该不该召集另一支军队并将之派往北部地区？从喀布尔抽调更多士兵是否明智？劳伦斯回忆道："我们走近官邸时，一名骑士霍然策马赶上来，让我们大吃一惊。他驱马上前，驻足公使与我之间，问我'那是不是领主阁下（Lord Sahib）？'"

我给予肯定答复，他即刻抓住威廉爵士的缰绳高声喊道："埃米尔①，埃米尔！"错愕焦躁的公使大叫："谁，

---

① Ameer，同 Amir。——译者注

什么人？哪里，在哪里？"我立刻回头望去，只见我们近旁的另一位骑士策马上前。他纵身下马，握住公使的马镫皮带，抓过公使一只手置于自己的前额和双唇上，以示归顺。威廉爵士立即下马，连声说"欢迎，欢迎"，继而带埃米尔穿过官邸花园，进入自己房间。多斯特·穆哈迈德一进屋就行东方式跪拜礼，他脱下包头巾，前额触地叩拜。起身后立即交出佩剑以示投降，说"自己不再需要它"。公使随即将剑交还埃米尔并向他保证：尽管与英国政府对抗这么久，但英方还是会对他百般体恤。对此，埃米尔答说"天命在身，自己无从违抗"。

多斯特·穆哈迈德"身材魁梧、体格强健，有着尖尖的鹰钩鼻、高拱形的双眉"和参差不齐的髭须长髯。"他……告诉我们，在帕尔旺省达拉地区①交战前已拿定主意投诚，自己在那件事上的短暂胜利丝毫未改变其归附的决心……"劳伦斯补充道："搭好帐篷接待埃米尔，他由我直接照管，这是个极令人忧虑的差事。由我看管的那两夜，我几乎未合眼，不时起身向帐中望去，看他是否尚在。这一切看起来太像一个梦，终于能让多斯特安然落入我们手中，我简直无法相信，唯有频繁造访其营帐才得以心安。"[99]

　　如果说英国方面对埃米尔的到来措手不及，据此推测他尚未意识到自己如此接近胜利，那么从多斯特·穆哈迈德本人的角度来看，望风纳降遵循了常规的突厥－波斯礼仪。落败的邦国统治者归顺获胜且日益强大的地域大国以期成为封臣，此类

---

①　Purwan Durrah，同 Parwan Darra。——译者注

事件屡见不鲜。17 世纪末，杜兰尼族人和吉勒扎伊霍塔克子部落（Hotaki Ghilzai）的部落民均因任职萨法维王朝地方长官而掌权得势。杜兰尼帝国扩张时期也常常重新委任当地统治者为帝国地方长官。该体制顾及社会的延续性与稳定性，对落败的统治者而言，非但保全了性命，若时移世易亦留有重新掌权的可能。

251

正如穆罕默德·侯赛因·赫拉特表述："海浪般的英格兰军队此起彼伏向前推进，他们昭告天下，无论谁俘获多斯特·穆哈迈德·汗①并将他送交英方，都将获得 20 万卢比赏金。埃米尔暗自盘算：'吾国国民为 1 卢比就相互残杀，或者说为 5 卢比就能杀 5 个人。以如此高赏格取我头颅，我怎能不被出卖？'"借由驱马踏入喀布尔并且依照自己开出的条件向麦克诺滕投降，埃米尔承认博弈暂告终结，一股地区新势力就此崭露头角。埃米尔显然希冀英国人迟早让他重掌大权，或寄望英国人最终败北会为日后凭自身力量重新掌权提供机会。后来证明这确是神机妙算。[100]

迅速筹办将埃米尔送往印度的诸项事宜。他会得到一份丰厚津贴，还将与自己的女眷团聚——一众女眷当时被扣留在加兹尼堡垒。由于苏贾的女眷预计会在短期内动身前往喀布尔，各方很快一致同意将沙·苏贾在卢迪亚纳空置的住处提供给埃米尔。埃米尔逗留喀布尔的九天里，麦克诺滕与他出人意料地结为朋友，"两人秉烛夜谈，交流频密"，阿塔王子记述道。[101]为了埃米尔的利益，麦克诺滕甚至请求奥克兰出面干预。他写道："相信我方会慷慨对待多斯特。他的个案被拿来与沙·苏贾的个案相提并论，我留意到有人争辩称他不该受到比陛下更

---

① Dost Muhammad Khan，同 Dost Mohammad Khan。——译者注

优厚的待遇，但两个个案无疑不可同日而语。我们对沙并无亏欠，我们从未插手夺去沙的王国，反倒为支持我方政策将多斯特斥逐。多斯特从未冒犯我们，他亦为此举的受害者。"[102]"侠骨丹心的老埃米尔"始终对英格兰人友善相待，确实不必剥夺其王位与王国，关于此话题，这可能是麦克诺滕最接近于供认不讳的一次。

体面降顺于英国人，投诚前还能以在帕尔旺省达拉地区战场鏖战的方式证明自己的阵前之勇，这让埃米尔沾沾自喜、如释重负，他甚至有意宽恕伯恩斯。巴拉克扎伊阵营的其他人都将伯恩斯视为狡诈油滑的叛徒（namak haram，字面意思是劣质盐，一种诟詈唾骂之辞，意为背叛东道主的奸逆之徒）。正如伯恩斯给友人的信中所写：

> 我与多斯特·穆哈迈德的晤谈颇有趣，也很友善亲切。他未奚落耻笑我，称我为至交，说自己来这儿基于我写给他的一封信。这一点我深表怀疑，因为我们（遍及科希斯坦）挨家挨户追踪他，他不得不投降。不过凭那封信，我希望能为他弄到的年俸不是 10 万卢比，而是 20 万卢比。离别时，我赠他一匹阿拉伯马。你觉得他会送我什么？他将自己仅有的一把剑赠我，剑上血迹斑斑。他启程前往印度……将住在卢迪亚纳。我在科希斯坦亲眼看见我方火炮攻而不破、欧洲裔军人猛攻未果、我们的骑兵突击受挫，但上帝仍将胜利赐予我们……若就此弃过图新，我们还有可能让阿富汗成为一道壁垒。[103]

唯有一件事埃米尔拒不配合英国人。麦克诺滕屡次力劝埃米尔拜谒沙·苏贾，均遭多斯特·穆哈迈德断然拒绝，就连沙送给归降敌手的几盘食物也被退了回去，这在阿富汗荣誉体系里是极大的侮辱。据阿塔王子记述："埃米尔怒不可遏地答复麦克诺滕的恳求，称'我前来与你见面，结果要作为战俘被带往国外，这也罢了。面见给祖国带来这场滔天浩劫的始作俑者，对我有何好处？若没有那位国王，你们英格兰人绝不可能独自进驻阿富汗'。"[104]法耶兹·穆罕默德同样越俎代庖，借埃米尔之口表达类似言论。埃米尔给麦克诺滕回话："我与沙·苏贾毫无瓜葛。我来这儿不是意图宣誓效忠于他。"麦克诺滕坚称："鉴于对他治下国家的关心，你去拜会他较为妥当。"埃米尔答道："是你们拥立他登基，而非'芸芸众生'。若真如此，你就该停止为他撑腰。当你那样做的时候，你与其他智者就能了悟谁应成为国君，亦会清楚吾国诸领袖及臣民将顺从于谁。他若有什么话要对我讲，就让他站出来当着你的面讲。"[105]

英国人拒绝将多斯特·穆哈迈德移交给萨多扎伊王族正法，极大地冒犯了苏贾。苏贾一连数周敦促麦克诺滕派刺客刺杀埃米尔，现要求至少弄瞎宿敌，但麦克诺滕甚至拒绝谈论此事。穆罕默德·侯赛因·赫拉特写道："陛下颇感惊诧，无法理解多斯特·穆哈迈德·汗缘何这般粗鲁无礼，就连来宫中拜谒都不愿意。所有留在阿富汗的埃米尔的党羽和追随者以及巴拉克扎伊亲眷，都怡然自得各忙各的，仿佛是刚刚皈依了伊斯兰教的异教徒，荡涤了一切罪孽！英格兰人对多斯特·穆哈迈德·汗派系及其所属氏族极度关照偏爱，导致陛下的威望顿时荡然无存，他像是从天园狠狠坠落凡尘。"赫拉特继续写道，其时"麦克诺滕努力取悦贵客，忽视陛下的权利，最终将自己引入死亡之门。需再次重申，正如诗人所言：'若向恶人挥洒恩泽，便会伤害良善君子'"。[106]

11 月 13 日，多斯特·穆哈迈德·汗在子嗣阿夫扎勒·汗的陪同下离开喀布尔。他早前修书给阿夫扎勒·汗，告诉他"自己备受善待尊重"，规劝儿子仿效自己归降。父子二人在贾拉拉巴德与其余女眷团聚，包括多斯特·穆哈迈德的 9 名妻眷、子嗣们的 21 位配偶、102 名婢女以及另外 210 名男仆侍从，连同众多孙子孙女及其他亲属，一行共计 381 人。[107]随着埃米尔得到体面对待的消息散播开来，偕行人数急剧增加。据阿塔王子称，一行人抵达卢迪亚纳时，"埃米尔的眷属全都到达，包括 22位子嗣、13 名侄儿及另外 29 位亲属，此外还有 400 名男仆和 300 名女仆，总共有 1115 人与埃米尔一起流亡"。[108]

12 月底，巴拉克扎伊族人总算抵达卢迪亚纳，喀布尔及西姆拉方面如释重负。英国派驻阿富汗的军事指挥官威洛比·科顿爵士在任期结束时，承担了护送埃米尔前往新住处的任务。威洛比·科顿爵士甚至致函继任者，称"在此你将无所事事。天下太平"。[109]

但实际上，起义绝没有结束。多斯特·穆哈迈德最骁勇尚武的子嗣阿克巴·汗刚刚设法逃离布哈拉。事实证明，阿克巴很快就成为抵抗运动强有力的新的核心人物，他远比以往任何时候的父亲都更粗暴残忍得多，也更有战斗力。

第六章　我们败于蒙昧

　　1840 年 2 月初，艾登一家人从西姆拉南下返回加尔各答途中，与来自苏格兰的故旧威廉·埃尔芬斯通少将不期而遇。两家人是世交，威廉·埃尔芬斯通是蒙特斯图尔特·埃尔芬斯通的堂兄，他蔼然可亲却笨拙无能。这位步入暮年的少将上次见艾登一家是在自己位于苏格兰博德斯行政区（Scottish Borders）的卡斯泰尔斯（Carstairs）庄园。此时，他巧妙地从肩舆中下来，不得不恭候拜谒后生旧交奥克兰，埃尔芬斯通显得颇为局促。他告诉埃米莉："自打我们一同狩猎松鸡以来，我就未见过奥克兰（勋爵），现不得已请求觐见以谋得一官半职，这听似离奇。"[1]

　　失望的感觉是彼此共有的。如果说埃尔芬斯通对身份地位的相对变化稍感躁怒，那么只消看埃尔芬斯通一眼，艾登一家人就已忧心忡忡。自在"光荣十二节"（Glorious Twelfth）荷枪实弹跨越边区石南灌丛的岁月以来，埃尔芬斯通的身体状况就急速恶化。他目前"身患令人触目惊心的痛风，真可怜！一只胳膊

挂在吊带上，一瘸一拐、踉踉跄跄"，除非有人搀扶或借助手杖，　256
否则无法行走。事实上，他的状况太过糟糕，以致埃米莉起初都
未能认出他来。"我记得他是'埃费大公'（Elphy Bey），绝对无
法辨认出此乃同一人，直到一周前一段回忆突然袭来。"[2] 她声称，
这"几乎是我所见过最严重的（痛风病例）"。[3]

　　乔治益发担忧，但他的忧虑是职业性的，因为这是他刚选
定的在阿富汗接手统率军队的人，任命事宜待威洛比·科顿爵
士起程后就会宣布。奥克兰认为诺特将军易怒难相处、远非谦
谦君子，因此再一次将他排除在该职位之外——奥克兰称他
"咎由自取"。相应地，发现自己将被"具备所需军衔的全体
军官中所能找到的最无能的军人"取代，诺特对奥克兰勋爵
的判断力及阶级偏见的种种忧惧统统得到了印证。

　　诺特最为清楚，埃尔芬斯通的缺陷不只是医学上的。像女
王任命的许多同辈军官一样，埃尔芬斯通自 25 年前在滑铁卢
指挥第 33 步兵团（33rd Foot）之后，未再亲历战斗。他靠领半
薪过活多年，为了偿清不断累积的债务，1837 年 55 岁的埃尔芬
斯通恢复现役。菲茨罗伊·萨默塞特（Fitzroy Somerset），亦即
后来因下令发动轻骑兵自杀式进击（Charge of the Light
Brigade）而闻名于世的拉格伦男爵（Lord Raglan），是埃尔芬
斯通的赞助人，正是他负责将埃尔芬斯通遣往印度。[4] 对于拉格
伦让他投身的世界，埃尔芬斯通一无所知亦毫无兴趣。埃米莉
记述道："他讨厌来这儿，简直深恶痛绝。因为无人了解他那些
伦敦话题，也没人熟识他那帮伦敦人，他沉湎于威灵顿勋爵发
来的长函……他不会说支字片言的印度斯坦语①，其随从参谋

---

① Hindoostanee，同 Hindustani。——译者注

亦如此。'永远无法让当地仆佣明白我们的意思',（他抱怨道。）'我有个讲英语的黑佣，我却不能带他（沿该国北上）。'他好不容易才挑选到一个说印度斯坦语的毛茸茸黑乎乎的黑佣。我猜他指的是当地原住民。"[5]

纵然眼见埃尔芬斯通近乎成了伤病号，也看出他对印度抑或不得不率领的印度兵毫无悲悯之情，但奥克兰勋爵似乎不曾想要质疑或撤销其友的指挥权，反倒在一整年里都热情致函埃尔芬斯通。1840 年 12 月，就在多斯特·穆哈迈德归降后不久，埃尔芬斯通的任命终获确认，奥克兰向埃尔芬斯通吐露了对于占领阿富汗的苦恼之处，他写道："纵然迫不及待地想让我方正规部队逐步撤离该国，但仍觉得在我们能如此行事之前，新王朝政权必须比现在更坚不可摧，务必制定比目前更好的安保措施。"[6]

埃尔芬斯通像奥克兰一样，并非以决断力著称，其职业生涯的诸多时间也是依赖助手的意见度过。尽管奥克兰命中注定要落入鹰派人物科尔文和迂腐却无疑聪明机智的麦克诺滕这两个人的掌控之中，但是埃尔芬斯通更不走运，因为整支军队中最没用、最令人不快、最没人缘的一名军官被指派担任其副手。

第 44 步兵团的约翰·谢尔顿准将是个性情乖戾、鲁莽笨拙、粗鄙无礼的人。他在半岛战争中失去右臂，受到无休无止的疼痛折磨，这似乎令其个性变得怫郁阴沉、愤世嫉俗。谢尔顿是个苛刻僵化、墨守成规的人，众所周知是"全团将士眼中的暴君"。科林·麦肯齐上尉初见谢尔顿挥师挺进该国时，在日记中称他是"卑劣的准将。因缺乏起码的部署而使渡河过程发生骇人听闻的骚乱，着实丢人现眼。身处不共戴天的敌国，这将是毁灭性的"。[7]后来再次与谢尔顿邂逅，麦肯齐写道："如我所料，谢尔顿指挥强行军，全旅官兵精疲力竭……炮兵的挽马、驮马疲惫不堪，骑兵队的骑乘马差不多亦如此。驮畜、骆驼等大量死亡，而且还将继续过劳而亡……他让手下士卒蒙受不必要的磨难，引发诸多不满，尤其是在穿越开伯尔山区期间。部分马拉炮兵有一次竟真的哗变。"[8]

临时军营全体人员迅即对谢尔顿产生反感。早前曾在印度偶遇谢尔顿的军医约翰·马格拉思（John Magrath）很快就将他描述为"比以往任何时候都更加惹人嫌恶"。[9]谢尔顿与温文尔雅、彬彬有礼的埃尔芬斯通相处得也不融洽。少将后来写道："从到任那天起，他的态度就顽固至极、抗命不从。他从不给我提供情报或建议，但总是对木已成舟的一切寻弊索瑕，当着一众军官的面再三征询、非难所有指令，动辄就妨碍并拖延实施指令。似乎是对我个人的敌意驱使他如此行事。"[10]

埃尔芬斯通对不得不一起共事的政治专员和君主亦无太多好感。1841年4月，自密拉特开始的行程即将结束，埃尔芬斯通抵达冬都贾拉拉巴德。苏贾再次退避该地以躲过喀布尔冬季的暴风雪。"我认为自己的指挥权并不值得艳羡"，与麦克诺滕会面后不久，埃尔芬斯通修书给堂弟。

这是个花费高昂、责任重大、令人如坐针毡的差事……能给我提供建议的军官并不多。多数军官像我一样，不久前才踏足该国。政治专员大体都是青年军官，他们常提出有待实施的种种方案，却不负责方案实施。近来向政府呈交一份进击赫拉特的提案，该地距喀布尔600英里，要穿越充满艰难险阻的地区，还必须有赖于4000峰骆驼将补给运往当地……

（麦克诺滕）冷漠拘谨，但我认为他很机敏……两天前见到了体格壮实、神色忧劳憔悴的沙·苏贾。他在一座破败不堪的庭园接见我，他的住宅看起来残旧不舒适，这儿的大部分房屋确都如此——除了威廉·麦克诺滕爵士，大家拥有的不过都是土坯房。国王本月10号启程，我预计也会在那时动身。这颇为恼人，我本打算独自行进，国王属下衣衫褴褛（ragamuffin）的侍从一路上将十分惹人嫌厌。[11]

一周后，埃尔芬斯通终于抵达喀布尔。相较贾拉拉巴德，喀布尔益发令他沮丧。埃尔芬斯通评述道："这座城市规模庞大，污秽不堪，熙来攘往。（另一方面）没有驻扎太多士兵的临时军营不大具备防御能力，人们能从外部许多地点进入军营。一旦需要向其他地方调动兵员，将十分不便。关于目前何为良谋上策，我亦彻底茫然。"

对于在阿富汗该如何行事，并非只有埃尔芬斯通茫然失措，甚至就连英国人中最异想天开、盲目乐观的麦克诺滕现也承认，尽管多斯特·穆哈迈德归附投诚，但仍诸事不顺。

东南边的旁遮普地区日渐没落，现已陷入敌对的无政府状态，两年内有三名锡克统治者先后成为教团领袖。其结果是，一个群龙无首的军事政权就位于驻阿富汗占领军与菲罗兹布尔军需基地之间，该军事政权对于支持哪一方闪烁其词、模棱两可。1841 年 4 月，埃米莉写道："旁遮普地区持续动荡不安，闲余兵力皆被迫留守该地边境。兰吉特亡故与亚历山大大帝之死这般相似，一若我们过去时常读到的古代史中半数伟大的征服者谢世。兰吉特密切监管时，麾下军队精锐无比，王国国富民强，而他故去后，举国上下陷入混乱，其手下战士现已杀害军中法裔及英格兰裔军官，四处流窜掳掠。这其实并不关我们的事，但妨碍了我们与阿富汗的交通联络……"[12]

这是一种轻描淡写的说法。非但沿山口北上向阿富汗进发的补给车队时常被迫在伏击和拦路劫掠辎重驮畜的频繁尝试中杀出一条血路，而且越来越多的可靠报告称拉合尔及拉瓦尔品第（Rawalpindi）位高权重的锡克将领积极庇护犯上作乱的巴拉克扎伊和杜兰尼部族首领以及其他阿富汗叛军领袖，在旁遮普地区和白沙瓦周围丘陵地带为其提供基地，叛乱分子能由该地越过阿富汗边境反击英军官兵。如此一来，印度的英国当局发觉自己深陷困厄境地。锡克诸将领仍是名义上的盟友，但实际上许多人正尽其所能慢慢削弱英国人在阿富汗的地位。不久后，奥克兰开始贸然思量科尔文提议的鹰派计划：吞并旁遮普，以肃清叛乱分子的基地，缓解北上前线补给通道的运输压力。奥克兰写道："我的看法是，理应进一步瓦解锡克权力机构，其复辟不被看作切实可行之举。情势尚未发展到千钧一发的紧要关头，不过似已迫在眉睫。"[13]

与此同时，阿富汗西部事态令人焦虑，德黑兰方面正忙着在波斯边界附近挑起事端。军官达西·托德受命承担设法延揽赫拉特的维齐尔亚尔·穆罕默德·阿里库扎伊的艰巨任务。赫拉特人与波斯人日趋和解，达西·托德未能阻止两者重修旧好，任务不可避免地惨遭挫败，这正应验了伯恩斯的预言。托德给予亚尔·穆罕默德大笔钱财，以资助其向波斯占领的塞上堡垒古里安发动攻击，而亚尔·穆罕默德索性私吞钱款，这给英国人造成致命一击。愈发确信无疑的是，亚尔·穆罕默德打算与波斯结盟，领导伊斯兰联盟对抗沙·苏贾及其英国靠山。1841年2月10日，托德擅离职守折返坎大哈，实际上就断绝了双方的外交关系。亚尔·穆罕默德适时拘捕并绞杀了苏贾的堂侄①卡姆兰·沙·萨多扎伊，不仅在名义上而且在形式上接管了赫拉特城，他随即与波斯的穆罕默德·沙结成反英同盟。[14]

坎大哈以南、以西的局势愈发具有威胁性。该地的杜兰尼族人和棘手可怖的吉勒扎伊图海子部落（Tokhi）及霍塔克子部落已揭竿而起，对抗驻守赫尔曼德省（Helmand）和卡拉特的英国人。虽然表面上是向因袭惯例免税的图海子部落征税的决定引发了叛乱，但是抵抗组织的豪言壮语再度集中了伊斯兰教徒一系列特定怨愤——叛乱者使用"圣战"的言辞，自称为"伊斯兰的战士"。[15]与几乎所有驻阿富汗的其他英国军官不同的是，诺特将军在抗击叛军的战争中，用实际行动证明自己是极具战斗实力的军事将领。他发展了一支拥有5000兵力、移动迅速的反暴动纵队，纵队可向四面八方快速部署。但是，一个地方的起义一经受挫，另一场暴动旋即于异地骤然爆发。他认为这是由于"仇恨，我们作为异教徒和征服者，杜兰尼族人②对我们恨之入骨。阿克塔尔（即阿克塔尔·汗·杜兰尼[Akhtar Khan Durrani]，赫尔曼德省起义军首领）将自己的伙

---

① 原文 cousin，疑为 nephew。——译者注
② Dooranee，同 Durrani。——译者注

伴描述为'穆斯林和乌理玛①群贤毕集'，把自己的大业说成是'伊斯兰的荣耀（Glory of Islam）'。他相信'洋人执意将全体伊斯兰教信众斩草除根，逐出国门'。"[16]

诺特现让聪明能干的亨利·罗林森担任自己的政治助理，四年前，正是亨利·罗林森最先看到向阿富汗边界地区进发的维特科维奇，也正是他以惊人的速度跃马扬鞭奔回德黑兰，引发连串事件，导致战争爆发。亨利·罗林森新近获得皇家地理学会颁授的奠基者奖章（Founder's Medal），以表彰他在波斯的探险考察活动以及对贝希斯敦（Behistun）三种语言的铭文中的古波斯楔形文字进行的翻译工作。罗林森现被调派至坎大哈，在当地的工作越来越多的是围绕着翻译坎大哈及赫尔曼德省的勇士们几乎每天都会发出的"圣战"呼吁而展开的。罗林森转呈麦克诺滕的一份此类文书开篇言道：

> 所有圣人与忠实信徒，愿真主赐福于你们。我必须得通知你们，穆斯林（Mussulman）和乌理玛已召集5000名火绳枪兵和步兵，以及2000名全副武装且装备精良的骑士。蒙真主庇佑，我们将维护"伊斯兰的荣耀"。不过，我们必当和衷共济、统筹兼顾。接获此函后，你们务必立即集合自己及其他勇士麾下军队，前来与我们会合。德高望重的维齐尔（指亚尔·穆罕默德）已从赫拉特修书给我们，但愿真主开恩，比及我们的军队团结一致向前推进时，维齐尔将抵达并已夺取格里什克镇（Girishk）。切莫庸碌无为，募集你们的属下，笃信我们的神圣事业，即刻

---

① 'ulama，同'Ulema。——译者注

开赴前线进攻英格兰人。[17]

262　随着越来越多此类文书从线人那儿逐渐积聚而来，罗林森首次意识到对阿富汗的占领现正面临全面抵抗。他心急火燎地致函诺特："你若率第 43 团（43rd Regiment）重返此城，我将不胜感激。因为目睹反政府的风气甚嚣尘上、弥漫整个管区，深感无论如何都不可能动用武力捍卫皇权（除非你归来），这绝非赏心悦事。"一天后，他愈发心急如焚地修书给诺特："我遗憾告知，西面方向的情势现正呈现出甚为堪忧的表象。我日渐担心，欲捍卫政府权威势必要紧急调用正规部队。"[18]然而，麦克诺滕阅读罗林森焦虑不安的急件后屈尊俯就的回应，就好似这实属冥顽不化。他指责罗林森"毫无道理地对我方处境抱持悲观看法，还采纳并散播支持该观点的谣传。我们已有足够多的难题，不必徒增不必要的麻烦……我了解有关该国这一地区的（此类传闻）完全虚假不实，亦无理由相信有关你身处的王国那一地区的谣传确凿属实"。[19]在随后的一封信中，麦克诺滕再次对罗林森所谓的起义迫在眉睫的评判提出异议。他写道：

> 你声称我方处境艰难，我不敢苟同，恰恰相反，根据我们掌握的材料，我认为我们的前景极令人欢欣鼓舞，应鲜有或毫无困难……该国子民太容易上当受骗。基于对我们的成见，他们轻信捏造的任何事情，但很快就会知悉我们并非传言中的食人魔……我方士卒当然不会成为该城的挚爱珍宠，官兵们为解决自己的住宿问题撵走了城镇半数居民。但恕我不揣冒昧地说，在英格兰没有哪个军人驻扎的郡镇未发生过类似暴行……

> 这些民众是不折不扣的孩童，也该把他们当作孩童对
> 待。若罚一位顽皮的男孩站墙角，其他人就会惶恐不安。
> 我们从杜兰尼诺首领手中夺走了玩具（权力），他们因此
> 求之若渴。他们不知道如何运用权力，权力在他们手中毫
> 无用武之地，还会一直危害他们的主子，我们有责任将权
> 力移交给已方学者。他们教唆毛拉，毛拉接着向民众布
> 道，不过这将如电光石火。[20]

263

喀布尔以北的科希斯坦的情势同样岌岌可危。1841 年夏，昔
日的"赫拉特英雄"埃尔德雷德·砵甸乍偕廓尔喀人
（Gurkha）组成的卫戍部队抵达恰里卡尔，砵甸乍发觉英军阵
地与毫无防御能力的喀布尔临时军营别无二致。廓尔喀兵不得
不搭帐宿营，咫尺之隔的稍高的高地上另一座坚固得多的堡垒
瞭望、俯临选址不当、泥墙围筑、尚缺营门的英军兵营。此外，
他们还没有火炮，但四下里弥漫着动乱愈演愈烈的迹象。砵甸
乍属下的一名助理被自己布施过的托钵僧叫到一旁，托钵僧警
告称人们在集市中明目张胆地讨论屠杀英军士兵，"极力劝说我
去喀布尔过冬"。此时，砵甸乍开始确信另一场大起义行将爆
发。[21]他认为若要坚守阵地，援军和火炮必不可少，然而，麦克
诺滕既拒绝听取他的烦忧，亦不肯向他增派援军和火炮。故此，
砵甸乍花数周时间搜集更多情报，随后将另一份更详尽的评估
报告转呈麦克诺滕。砵甸乍写道，科希斯坦众部族首领起初拥
护沙·苏贾，但发觉盎格鲁－萨多扎伊政权施政严苛，"有损他
们的利益和权力。该政权给了他们一位有能力逼迫他们服从的
主子，而非一个有义务对他们的种种恶行视而不见的统治者"。
导致叛乱的其他原因是，"痛恨外国势力的控制、盲信以及我方

士卒的放荡不羁，尤其是在这样一个本地人以极度警觉善妒著称的国度，诱奸并掳走妇女却免受责罚……"他继续写道：

264 　　英国人的仇敌殚精竭虑地诋毁我们的人格，俾使黎民百姓对我们抱有偏见，还煽动不法之徒作乱。七八月间，农作物仍在田间地头时，焚毁草垛、阻断灌溉渠堤岸的事件频有发生，一伙伙不法之徒还时常进犯。没有能将他们缉拿归案的皇家管治机构，尽管许多人显然察知到不法之徒来来去去……几乎每时每刻都有传闻称大规模谋反业已成形……我觉得自己有责任建议，向科希斯坦诸部族首领索要人质。[22]

实际情形是反抗英国人的抵抗力量正在各地发展壮大，只剩喀布尔本地仍对益格鲁－萨多扎伊政权有几分支持，可即便在那儿，苏贾的人望亦正消退。据克什米尔毛拉称：

　　　民众惨遭洋人暴力压迫
　　　饱尝洋人嚣张气焰之苦

　　　城中尊严荡然无存
　　　纲纪国法无处立足

　　　诸汗羞辱难当
　　　好似土里掺水

　　　如此这般，喀布尔人心惶惶

灾祸连连血迹斑斑，都城任人践踏

家家户户忆念埃米尔真正的正义
朝期暮盼埃米尔[23]

大多数英国官员此时都觉察到盍格鲁－萨多扎伊政权日渐衰败，当然也有少数人像麦克诺滕一样，抱持轻蔑鄙夷、目空一切的态度。但是，对于扭转局势所需采取的对策，一众官员所持见解各不相同。伦敦方面，管理委员会（Board of Control）主席约翰·卡姆·霍布豪斯（John Cam Hobhouse）青春年少时曾是拜伦勋爵（Lord Byron）的密友兼旅伴，他辩称真正需要的是从根本上增加部队人数——要么彻底放弃阿富汗，要么就该加强兵力、严防死守。多斯特·穆哈迈德·汗归降后，驻军人数被裁减得少到不能再少，霍布豪斯主张大幅增加现有地面部队数量。他写道，该国的开支和投资应有所增加，还要加强对阿富汗政府的掌控力度。"英国人是该国的主宰者"，这一基本事实应得到公认，应让苏贾对所下达的一切指令唯命是听。绝不可能撤军。[24]

伯恩斯同样热衷于将苏贾边缘化，切盼改革贪腐的政府。1840 年 8 月，就在多斯特·穆哈迈德投诚前，伯恩斯在写给麦克诺滕的长篇备忘录中表述自己的观点，称沙执政的政府低效无能、不得人心、开销高昂，还表示英国更多地干预施政是挽救该政权的唯一方法。就个人而言，伯恩斯并不赞同完全吞并阿富汗，确信"绝不该使阿富汗处于武力威逼之下"，但他留意到许多同僚现正逐渐相信，将旁遮普和阿富汗一起并入东印度公司治下的印度帝国方为上策。[25]

在私人书函中，伯恩斯的言辞更尖锐，他将谴责的矛头指向奥克兰和麦克诺滕。"这里除了彻头彻尾的痴愚，别无其他"，他致函姻兄霍兰如是言道。[26]大约在同一时期，伯恩斯告知兄长："我们占领了一座座城市，但未拥有整个国家，亦未赢得民众（支持）。到目前为止仍无任何充分巩固阿富汗政权的作为。奥克兰勋爵现有能力夺取白沙瓦和赫拉特并恢复君主统治，使帝国能够自给自足，进而免除印度承担的各种开销，但他什么都不会做。'我死后任它洪水滔天'（*Après moi le déluge*）是他的座右铭。他希望达到目的，却又为自己做过的事踽高踽厚。"[27]

其间，麦克诺滕着手推行第三种途径。他在心里仍盘算着真正巩固强化苏贾的权力，或许只是为了激怒伯恩斯。不过像其副手一样，麦克诺滕希图扩张该政权的疆界并对赫拉特发动进攻。他本着实事求是的态度相信，亚尔·穆罕默德正在煽动众部族反抗英国人。他既希望兼并旁遮普，给该地区"铺上碎石路"，又想要越过巴米扬向北推进，侵占米尔·瓦利的乌兹别克领地，以便将苏贾的国境界定在阿姆河河岸，严阵以待俄国跨越中亚展开的任何进击。[28]

但是话说回来，就算有这些抽调更多军人、大幅扩大英国控制权的野心勃勃的图谋，无可辩驳的事实依然摆在面前——加尔各答国库几乎完全枯竭。占领阿富汗始终是件非常耗钱的事，到了1841年，占领期间数额庞大的综合开支每年高达200万英镑，数倍于最初预期，亦远非东印度公司的鸦片和茶叶贸易利润所能支撑的。

时至1841年2月，负责核算金额的加尔各答会计处主管迫不得已修书给奥克兰，委婉告知坏消息："时光荏苒，不出半载，印度的财富将消耗罄尽。"[29]到了3月，奥克兰渐渐憬悟问题的方方面面，他致函麦克诺滕："钱，钱，钱，是我们的首要、次要及终极需要。我无法断定以目前的支出速度我们能继续供养你们多久。加重负担只会令我们旋踵而亡。"

账务报告呈递总司令约翰·基恩爵士时，他同样懊丧。1841 年 3 月 26 日，他在日记中记载："我们显然是作茧自缚。该国每年消耗我们 100 万英磅或更多资金。而事实上，仅能确保我方枪炮射程内和骑兵所及范围内的民众忠于我们……整件事将土崩瓦解。我们承受不起兵员及金钱的沉重负担，这一巨大消耗甚至还与日俱增。"他数日后补充道："为一个岩石嶙峋的前沿阵地，让印度每年耗费 125 万英磅（实际数字其实远高于此），另需要约 2.5 万名士卒以及开支高昂的机构加以防守，此事绝对行不通。"[30]

尽管政策杂乱无章，钱款也快耗尽，但是英方对阿富汗疆土占领的想法变得日益根深蒂固。随之而来的是贵妇人们首次展开的最为艰苦、时下颇危险的旅程——穿越旁遮普地区前往喀布尔军营。首批抵达人员中包括一心想要出人头地的麦克诺滕夫人弗朗西丝，外加她的猫、长尾小鹦鹉以及五名随行女仆。这至少让西姆拉的艾登姐妹有所解脱——自从其夫君将其丢给她们，艾登姐妹就一直设法避免与弗朗西丝做伴。同期抵达的还有"好斗的鲍勃"的妻子弗洛伦蒂娅·塞尔（Florentia Sale）。1841 年夏，印度出生、傲雪欺霜的塞尔夫人携一架三角钢琴和她那魅力四射的小女儿亚历山德里娜（Alexandrina）一同到来。

并非所有人都倾心于女眷的到来。性情乖戾的驻地军医约翰·马格拉思觉得塞尔夫人和麦克诺滕夫人"同是鄙俚之人，一样丢人现眼"（遗憾的是，他并未透露更多详情）。他同样鄙夷麦克诺滕夫人糟糕透顶的家务技能。1841 年 5 月，马格拉思写道:"数日前在麦克诺滕家中用餐,为此劳神费力驱马行进6英里,换来的却是一顿可怜巴巴的晚餐。"他补充道,亚历山德里娜·塞尔(Alexandrina Sale)"愚昧无知、目不识丁",但他承认她至少还算是"好脾气"。

尽管被说成目不识丁,但亚历山德里娜很快就获得临时军营中半数军官的求爱。马格拉思将这归因于她"是此地唯一的未婚女子并且……决意出嫁……有利于她的一件事是,天下莫能与之争"。[31]塞尔夫人不认可大多数满口甜言蜜语的追求者。"甘言妙语,无济于事",她明察秋毫。但她欣赏英俊的工程师约翰·斯特尔特中尉,正是他设计了这座毫无防御能力的兵营。不久之后,众人普遍认为斯特尔特在这群人中脱颖而出,这让单身同僚大为羡妒。

塞尔夫人颇有先见之明地从卡尔纳尔的庭园带来足够多的种子,让英格兰的花朵在喀布尔的狭长花坛满园绽放。没过多久塞尔夫人写道:"我栽培的花受到阿富汗绅士的倾慕。我的香豌豆和天竺葵大受赞赏,他们全都渴望得到枝繁叶茂的食荚豌豆的种子。厨房菜园的马铃薯长势尤为好。"[32]

268

此时到来的不仅是贵妇人们。眼见麦克诺滕与妻子团聚,苏贾现决意遣人护送盲兄沙·扎曼及弟兄俩的女眷自卢迪亚纳北上。揣度其意,部分原因在于惦念他们,还因为苏贾想必盘算着此举势在必行——在旁遮普地区变得更危险乃至完全封闭,从而切断他与家人的联系之前将他们迁移。

两名苏格兰青年军官奉命护送一众女眷从卢迪亚纳前往喀

布尔。在较安定时期，这段行程本可以在两到三周内轻易完成，但时下教团纷乱频起，教团属下许多团处于公然哗变状态，这段旅程遂成为惊险万分、前景未卜的艰难征途。令所托之事愈发艰难的是，苏贾决定将自己的大量积蓄和名闻遐迩的莫卧儿珠宝箱随女眷一同被护送，很快就走漏了风声。

乔治·布罗德富特（George Broadfoot）奉派负责旅行队事宜，他是个务实的红发奥克尼大汉，其父是柯克沃尔（Kirkwall）圣马格努斯大教堂（St Magnus Cathedral）的牧师。布罗德富特的朋友，留八字须、锐气十足的科林·麦肯齐担任其助手。麦肯齐的家乡在佩思郡，他被誉为印度军队中最帅气的青年军官。抵达加尔各答后，麦肯齐很快就与城中最负盛名的美人阿德琳·帕特尔（Adeline Pattle）喜结良缘。阿德琳·帕特尔是混合了英格兰、孟加拉及法国血统的六姊妹中的一位，她遗传了来自金德讷格尔（Chandernagore）的外祖母那眩惑动人的黑眼睛和深色皮肤。姊妹们穿梭于孟加拉和凡尔赛（Versailles），在两地长大。她们的法裔外祖父舍瓦利耶·德·莱唐（Chevalier de L'Etang）曾在凡尔赛做过玛丽·安托瓦妮特（Marie Antoinette）的小听差。姊妹们彼此间用印度斯坦语、孟加拉语及法语交流。阿德琳的一位妹妹嫁给了奥克兰勋爵手下顾问亨利·索比·普林塞普（Henry Thoby Prinsep）。尽管埃米莉·艾登将普林塞普描述为"有史以来上苍创造的最乏味的人"，但这意味着麦肯齐有一条跨过埃尔芬斯通和麦克诺滕、直接向奥克兰勋爵的委员会越级呈情的纽带，后来证明这极为有用。

二人自阿里格尔（Aligarh）的兵营出发，经过泰姬陵，在马图拉（Mathura）附近的丛林稍做停留，猎杀猎豹，然后一路向着沙·苏贾的女眷驻地前行。到达卢迪亚纳后，他们发

269

现旅行队如今已包括"年迈眼瞎的沙·扎曼、一大群世子以及数目庞大、拥有各种头衔、老少不一的女士。这些女士来自（两个）后宫（zenana），（约）600人，偕同为数众多的侍从，外加大量金银财宝和行李"，组成一支拢共近6000人的队伍，连同行李共需1.5万峰骆驼才能运送。两名青年军官却只能指望为数戋戋的500名士兵来保卫这支珍贵诱人、易受攻击的车队。令事态更加严峻的是，他们在锡克边境与另一支"由锡克军队精兵组成的护卫队会合，这些人受当时四下流传的反叛精神影响，与其说是提供保护，倒不如称之为危险之源"，布罗德富特写道。"我们启程时旁遮普地区渐渐趋于无政府状态，随着我们向前推进，混乱状态与日俱增。叛乱部队从四面八方逼近拉合尔，间或与我们相遇。他们动身前已杀害或驱逐自己的军官……"[33]旅行队缓缓前进，不过凭借细致的侦察和缜密的情报工作，他们设法安全通过前三分之二的锡克领地。

怎奈事态急转直下，他们在阿塔克准备横渡印度河前收到消息，称白沙瓦已爆发大规模叛乱。更糟的是，叛逆不忠的四个营（约5000名士卒）已得悉他们到临，现正封锁正前方的道路，所有火炮严阵以待，"打算劫掠大篷车队"。为避免被迫两线作战，横渡印度河后，麦肯齐随即毁坏舟桥，以确保他们免遭己方锡克护卫队侵袭。在接下来的几天里，局面陷入僵持，直到布罗德富特设法诱使叛乱分子首领遭受伏击。凭借俘获并拘押众首领，他们成功谈妥一条安全通道。随后绕行白沙瓦，在贾姆鲁德镇遭遇了更为反叛的边防哨兵，他们"攫取诸多财物并试图搜查女王的轿子（palkee）"。在又一场对峙中，布罗德富特降服了敌手，最终登上开伯尔山口，自始至终未费一枪一弹。[34]

当他们穿过贾拉拉巴德继续向喀布尔行进时，阿富汗的现状令二人不寒而栗，他们迅即意识到该国行将爆发一场大起义。布罗德富特很快就看出英国人变得如何不得人心，他知晓现有卫戍部队根本不足以坚守该国。布罗德富特写道："占领军人数缩减，部分已奉派返回印度，留守的驻军不是被集中在一两个重要地点，而是遍及幅员辽阔的国家、小撮小撮地散布各地。"[35]彰彰在目的是，英国人对自己试图统治的阿富汗完全缺乏认识，这让布罗德富特深感惊悸。他大声疾呼：

> 我们在这方面的冷漠有失体面，我们对该国制度礼俗的无知同样丢人现眼。一国被侵略时，国家资源从来都是为占领军所用，占领军领导人承担施政职责。威灵顿公爵掌管法国南部公民政府，征收岁入并委任各官吏。而在占领阿富汗四年后，我们仍像 1838 年一样，几乎一点儿都没准备好在当地有效地依此行事，因求知欲遭贬抑，甚至还远不及彼时。所有人都认为我们将迅即离开该国……似乎不曾认为有必要获知如下精确情报：该国实际资源、征收模式、国家与各阶级以及各阶级间相对的阶级权利……其结果是，我们终败于蒙昧。[36]

到达喀布尔后，两名军官很快获邀会见麦克诺滕和伯恩斯，他们诉说了若干个人感想。麦肯齐写道，但是"公使对这些警告一概置若罔闻，伯恩斯也不愿进一步干涉，除庶务琐事外，麦克诺滕的见解即为他的见解。对于周遭正在发生的事，他近乎视而不见"。[37]始终热衷于典礼的麦克诺滕，反倒在巴拉希萨尔城堡筹办了一场盛大的招待会，以示苏贾对他们的

271

欢迎。麦克诺滕称，他们护送女眷及金银财宝安全归来，苏贾
想予以答谢。二人各获苏贾赐授的"一匹马、一把剑和一件
朝服"。[38]

麦肯齐震惊于整场闹剧，他修书给加尔各答的姻亲索比·
普林塞普，称他相信占领就其目前形式而言已不堪一击，整体
局势"令人惶惶不可终日……我们在阿富汗的英勇同伴必须
即刻得到增援，否则将暴毙他乡"。[39]

等候后妃到来时，沙·苏贾决定向另一位年轻女子施展其
个人魅力。大约同一时间，苏贾修书给维多利亚女王："最神
圣的女王，您的旌幡就是太阳。我那仁慈辉煌的姐妹，愿全能
的真主庇佑您！我有幸收到贺函，陛下出于无垠无尽的仁厚善
心和友好情谊致函于我，传达令人欣喜的言辞，尽述您的健康
富足。情感园地会由此结出更丰硕的果实。"

沙写道，喜获女王来函让他感受到对不列颠前所未有的钟
爱。"那一瞬间，斑驳芬芳的和谐蔷薇与馥郁馨香的爱之花在
我深情款款的心中花圃明媚绽放。"沙接着向女王倾诉，如今
在喀布尔宝座上有了一位怎样的仰慕者，他这般爱慕女王那
"灿若骄阳的心灵。不世出的陛下意气昂扬凌霄汉，高高在上
似明月，睿智贤明如水星。欢畅怡悦若金星，太阳是它的旗
帜。洪福吉运如木星，火星是其左膀右臂。辉煌壮丽似土星，
为正义与胜利之殿增光添彩，令公正与庇护之宝座荣耀光辉。
是集欢欣美誉于一身的天园璀璨盈月，亦是光芒万丈的国家主
权与命运之星"。[40]

　　无论沙·苏贾对年轻的女王有怎样的感情，他对女王派驻喀布尔的官吏的好感却日渐消退。尽管沙·苏贾在信中将麦克诺滕描述为"身份显赫尊贵，是卓越勇猛的憩息处、智慧审慎的萌生所，是一位拥有崇高价值和显贵地位、卓绝群伦又正直可敬的顾问官"，但是，正如麦克诺滕属下军事秘书乔治·劳伦斯特别提及的，沙反倒"认为自己的地位比先前更稳固，觉得自己不必仰仗我们亦能在朝当政，渐渐对我们的存在显得有些不耐烦。他表示，在他全面行使职权时公使无可避免地强加制约，实在令人腻烦……明示自己何等企盼摆脱公使独断专行的监管"。[41]

　　与此同时，伯恩斯正要赢得英国行政机构内部的一场争论——有关是否有必要以更温驯的亲英人选取代忠心耿耿、权势赫赫的沙库尔毛拉，以增强对苏贾的掌控。两年来英国一直稳步加大对苏贾施政的干涉力度，现拍板决定解任沙库尔毛拉，阿富汗政府的实权总算彻底握于英国掌中。[42]穆罕默德·侯赛因·赫拉特写道，伯恩斯偏爱与沙库尔毛拉可堪匹敌的奥斯曼·汗（'Uthman Khan），尽人皆知他之前对巴拉克扎伊氏族死忠不渝。"此人纯粹出于一己私利，才与英格兰人休戚与共，他决不会拥护陛下，纷争不睦的烈焰必然升腾得更加猛烈。奥斯曼·汗的父亲先于他出任（苏贾的兄长）沙·扎曼朝中大臣，出于对杜兰尼王朝诸汗的敌意，竭力促成了当朝君主的垮台。只因该官职曾由其父担任，麦克诺滕就坚持委任奥斯曼·汗，却未考核该候选人的资质和个性。"他继续写道：

　　　　其时，伊玛目维尔迪王子（Mirza Imamverdi）返回喀布尔。他是多斯特·穆哈迈德·汗的至交之一，因善掩饰、喜操纵而声名狼藉。他通过佯狂并以牙齿撕咬自己的皮肉逃出布哈拉。眼见不可能成功加入以沙库尔毛拉为首的当权派，伊玛目维尔迪王子只得联络在陛下的政府机构底层任职的奥斯曼·汗，没几天就掀起一场毁谤沙库尔毛拉的宣传战。此番宣传卓有成效，杜兰尼诸汗和百姓皆向陛下复述怨言。麦克诺滕和伯恩斯断定："毛拉不能胜任该职，他务必离开！"无论陛下如何极力反驳，称沙库尔毛拉是个虔诚耿直、大公至正的人，几乎无从觅得更好的行政长官，但无济于事。于是，奥斯曼·汗获委任，被授予当朝尼扎姆（Nizam al-Daula）的头衔与官职，拥有裁决整个王国种种事务的职权。沙库尔毛拉遭革职且被彻底软禁。

麦克诺滕对当朝尼扎姆"内心的腐朽"非但视而不见，还过度偏袒，以致数月内"他变得妄自尊大。不论尊卑贵贱，对所有人都飞扬跋扈、粗蛮无礼"。赫拉特补充道："纵使当着陛下的面，他也未能恪守礼仪、举止得体。当朝尼扎姆借由向麦克诺滕呈送对众朝臣不利的报告，进而决计减少或止付恩俸，逐渐动摇了德高望重的杜兰尼或非杜兰尼朝臣的地位。无论群臣百官怎样强烈抗议，也不管陛下如何大力支持臣僚提出的异议，一切都徒劳无益。"[43]

当朝尼扎姆与苏贾相处得并不融洽，他担任尼扎姆一职完全取决于英国人。因此，就连最亲萨多扎伊的权贵显宦都以此最终证实心存的一切猜疑，坚信沙·苏贾不再掌管治下政府，英国人现掌握所有实权。正如法耶兹·穆罕默德后来记述的："不经当朝尼扎姆同意，沙的意愿将化为乌有。假使一名蒙受了冤屈被迫害的战士或农民来找沙讨要公道，而当朝尼扎姆若未

予恩准，得到的只会是空头支票。这成为巴拉克扎伊族人有意 274
告知民众的另一佐证，'暂置不论其尊衔，沙在国事上毫无话
语权'。"[44]

对沙·苏贾而言，这标志着自己公然蒙受的羞辱上升到了
一个新高度。苏贾不断意识到亏欠英国人恩债，他想要感恩戴
德，也希望成为英国人的忠诚盟友，怎奈为人太过自傲，无法
接受被贬为无能的傀儡。"今天下午我再次被国王传召"，在
沙库尔毛拉遭革职后不久，伯恩斯写道。他特别提到，沙显然
"对（新任）维齐尔怀有一种根深蒂固的妒忌之情"。

> 国王巨细无遗地述说自己的感受和痛苦。说在祖国没
> 一个信得过的人，每个人都致力于让他与我们对抗、让我
> 们与他反目。他的仇敌获准继续当权；留作岁入分成之用
> 的款项仍未募集，亦未支付给他；其党徒心怀不满；他在
> 大情小事上均遭受我们压制，这些事情进展得不尽如人
> 意。他表示赴麦加（Mecca）朝觐是自己唯一的选择（换
> 言之，他该逊位），还称自己在治下疆土与在卢迪亚纳拥
> 有的权力不相上下。[45]

伯恩斯从未对苏贾产生过好感，也不曾看好其才干，现在更无
闲情逸致开始对其施以同情。再者，伯恩斯的上司迟至今日才
渐渐与其达成共识。伯恩斯在信中写道："麦克诺滕本日措辞
如下，直言沙·苏贾乃苍苍老妪，不宜统治属下子民，还伴有
其他种种谴责。唉，参阅我的著作《布哈拉游记》①，追溯到

---

① *Bokara*，同 *Bukhara*。——译者注

遥远的 1831 年，那已是十年前。尽管如此，我仍认为他胜任与否完全无关紧要。我们在此代他治国，该国务必由我们统辖。"[46]

嗣后不久，当朝尼扎姆究竟何等拙劣地统御阿富汗贵族这一事实逐渐显露无遗。1841 年 8 月底，麦克诺滕收到奥克兰发来的急件，告知现已触及财政转折点：只为继续支付薪俸，东印度公司已被迫向印度商人借贷 500 万英镑高利贷。[47]麦克诺滕被责令立即大规模削减开支。伦敦方面，以一票优势胜出的保守党政府刚刚上台执政，新任首相罗伯特·皮尔爵士未表露继续资助这场战争的意愿。首相及其同僚将这场战争视为巴麦尊子爵主导、辉格党（Whig）参与的诸多代价高昂、无谓无益的战争中的一场。[48]奥克兰身为一名辉格党政治任命官员，现正郑重斟酌自己是否有必要请辞。麦克诺滕惊骇万分，"他们（保守党人）若令沙彻底丧失我方支援，我毫不犹豫地说，他们将犯下空前政治暴行"。这非但违反协定，亦是"罪恶滔天的诳骗欺蒙"。[49]

麦克诺滕在致奥克兰的一封罕有的抗议书中写道："继我三番五次阐释该国恶劣的财务状况，以及不得不加以应对的错综复杂、不胜枚举的重重困难之后，我不禁对这些三令五申的传话（要求进一步削减开支）感到几分惊诧……我已殚精毕力、无计可施。"麦克诺滕接着概述了驾驭方寸渐乱的苏贾现正面临的困难。"近来，我与陛下有过几次令人懊丧至极的会晤。我可以有把握地说，我不辞辛劳削减公共支出，非但是陛下精神大为苦闷的诱因，而且确使该国有权有势的人都敌视我们。"不过身为优秀公仆，麦克诺滕终归了悟须听天由命。"阁下持续不断的劝诫让我别无选择，唯有建议推行严苛紧缩政策。我觉察到所担负的庞大开支，厉行节约、克勤克俭是必要举措，但是对于一个年净收入总额仅为 150 万卢比的王国，我们该如何是好？"[50]

麦克诺滕决定大体上保持苏贾已遭缩减的家庭预算不变，也不触及调拨至沙麾下重新组编的阿富汗国民军各团军费，反倒宁愿将削减开支的矛头对准边区而非核心腹地。麦克诺滕传召吉勒扎伊部落及开伯尔山区诸首领来喀布尔朝中谒见。他在那儿宣告，众首领的津贴将减少 8000 英镑，最严重的削减落到了东部吉勒扎伊部落及其首领穆罕默德·沙·汗头上。穆罕默德·沙·汗是阿克巴·汗的岳父，他倒戈投诚听命于沙·苏贾时，曾被授予令人闻风丧胆的"首席行刑官"头衔。对麦克诺滕而言，这完全合情合理。他相信就像在印度一样，旧贵族的时代时日无多，他只不过加速了封建制度必然消亡的进程，揭穿更野蛮凶残的游牧部落虚张声势的伎俩。这些部落无所作为，不应得到喀布尔政府惯常慷慨给予的保护费。

到头来却证明，这是麦克诺滕整个职业生涯中最大的一次误判，数周内就导致占领体系坍塌殆尽。在吉勒扎伊部落民看来，自己为所获津贴忙碌劳顿，本以为是因拥护沙的政权而被传召至喀布尔论功行赏。亨利·哈夫洛克写道："他们避免我方哨所、信使和不堪一击的分遣队遭受任何一点伤害。形形色色的车队在这般骇人可怖的隘路通行，穿越世上最雄壮的高山屏障，鲜有甚至从未受到掠夺成性的诸部族搅扰。我们定期向家乡传递书信，就如同加尔各答与孟加拉各驻地之间的书信往来一样规律。"科林·麦肯齐同意这种看法并强调事件的严重程度，称吉勒扎伊部落将这视为彻头彻尾的背叛。"威廉爵士禀报称众部族首领'默认削减是公道之举'，但恰恰相反，他们认为此举是直截了当的弃信忘义。亏空总额共计不过 4 万卢比，此番尝试却成为暴动和继之而起的所有恐怖事件的主要诱因。"[51]莫罕·拉尔更是一语中的："我们为削减几十万卢比，唤起举国上下与我们对抗。"[52]

277　　部分问题在于，时至 1841 年秋，各部族首领及其眷属扈从根本承受不起削减津贴。军事改革早已侵蚀他们的收入。咎因于恶性通货膨胀，收入的实际价值正迅速下降。居留在喀布尔的 4500 名士兵和 1.5 万名随营人员给一体化程度低的阿富汗经济带来巨大负担，大量银卢比和信用证骤然涌入该国，招致的后果是物价急剧上升。据麦克诺滕称，到 1841 年 6 月，若干基础产品的价格增长了 500%。[53]* 谷物价格增长尤甚，阿富汗贫民被迫挣扎在饥饿边缘。莫罕·拉尔对这累累恶果了然于心，他试图警告伯恩斯："我方军需部门军官采购谷物，抬高了价格，涨幅过高的物价完全超出普通居民的承受能力。畜牧草、肉类及蔬菜，总之所有生活必需品的价格都大幅攀升。全民发出饥饿的哀号，许多人就算沿街乞讨几已无法得到一块面包。要不是我方采购，一切本该绰有余裕。"[54]

　　雪上加霜的是，麦克诺滕让个性鲁钝、不够圆滑、不得人心的当朝尼扎姆拟定削减措施的具体细节和实施办法。当朝尼扎姆缩减津贴的方式不仅侮慢羞辱了沙·苏贾属下许多赤胆忠

---

* 2002 年美国领导的联军到达喀布尔时也产生类似影响，数月内就导致房价上涨十倍。

心的臣僚，甚至还在 9 月 1 日强迫资深元老重新申请所任军职并再次宣誓效忠沙。权贵显宦言明此举亘古未有、有失尊严，称"国王猜疑属下官吏并且强令他们签订此类性质的一纸契约有悖习俗"。他们拒绝依此行事时，即刻受到流放威胁。随后一次上朝觐见，首次严重对抗昭然显现。其时身在巴拉希萨尔城堡的穆罕默德·侯赛因·赫拉特回忆道：

> 一日，朝臣依照各人的官阶高低悉数来到国王谒见厅，扎尔·贝格·汗·杜兰尼·巴杜扎伊（Zal Beg Khan Durrani Baduzai）的孙子萨马德·汗（Samad Khan）陈情道："我的恩俸未予支付。"陛下示意当朝维齐尔作答，他却只是答说："你信口雌黄！"萨马德·汗反驳道："你一簧两舌！你羞辱了所有爱戴、效忠皇族的人。"当朝尼扎姆听闻这段肺腑之言，怒气冲冲叫嚷道："我会命人挖出你双眼！"当着国王的面听到此番粗野言辞，萨马德·汗答说："若非陛下在场，我该用利剑割去你嘴里的舌头！陛下归来前，你我二人均在吾国生活得够久了，众人皆知，我的家族在本国从未间断地尊享高官显爵。我们权倾朝野之时，你只是在给穆罕默德·扎曼·汗·巴拉克扎伊（Mohammad Zaman Khan Barakzai）拎夜壶、听差打杂而已！"

赫拉特继续写道，此时沙起身离开谒见厅，他承认萨马德·汗的确是出身最高贵的杜兰尼王族成员之一。当朝尼扎姆"溜之大吉，以个人的一面之词向麦克诺滕讲述事件始末。麦克诺滕当即致函陛下，称'萨马德·汗不配继续留任朝中，他务必离开'。陛下将英格兰人的一切指令都视为上天的旨意，遂将萨马德·汗罢官削职、逐出朝廷。杜兰尼族人一片哗然，巴拉克扎伊族人则得意地欢呼胜利"，狂喜于沙如此这般展示自身的软弱无能。

麦克诺滕采纳当朝尼扎姆的建议，特地削减吉勒扎伊诸汗的津贴，理由是"他们耗尽的数以千计的卢比，皆为毫无必要的虚掷浪费，即便停付这些款项，亦无人敢提出异议！"但是"吉勒扎伊各部落的确敢提出异议，而且还是高声抗议"，赫拉特记述道。"从来没有统治者削减或取消我们的津贴。我们为此劳心劳力，我们守护道路和安全哨所，我们将赃物物归原主，绝非白白地得到津贴，我们决不会接受一分一毫的削减！"吉勒扎伊各部落言之有理。自莫卧儿王朝统治时代以来，统治者一直分别向吉勒扎伊各部落以及开伯尔和白沙瓦各部族支付买路钱，用以维护道路、保护途经该地前往印度的军队和商人。哈塔克部落民（Khattak）维持印度河至白沙瓦的道路畅通，白沙瓦至贾姆鲁德镇路段则由阿夫里迪部落民负责。每位国王都要支付此项津贴，麦克诺滕现却告知部族首领们将擅自废除协定。此举触犯了约定俗成的部落法，也违背了麦克诺滕亲自做出的书面承诺。正如赫拉特记载，加剧事态恶化的是"当朝尼扎姆愚蠢地拒不听取部族首领的怨言，还粗暴无礼地责备他们。于是，他们弃他而去，连夜逃离喀布尔，返回自己所在的山丘冈峦。他们开启了叛乱之门，揭竿而起，劫掠骆驼商队，封锁道路"。[56]

克什米尔毛拉的著作《阿克巴本记》中呈现的诸汗启程离开喀布尔，不那么像愤怒的抗议，倒像是经过深思熟虑的战略。据他称，阿富汗众长老担心薪俸减损后随之而来的是被迫流亡印度乃至伦敦，遂决定采取行动。他们聚首晤谈并以《古兰经》① 起誓，立誓起兵发难，以便诱使大部分英军官兵离开喀布尔，待少数军人留守喀布尔疏于防范之际，再向英国诸首领发起猛烈攻击。

> 夜幕降临，喀布尔诸汗齐聚一堂
> 在阿卜杜拉·汗·阿查克扎伊的宅院座谈磋议
>
> 他们声言，消弭祸患的良方握于自己手中
> 剑拔弩张，蓄势待发
>
> 须趁暴风骤雨未降临
> 盛食厉兵，枕戈以待
>
> 铁血沙场，剑下亡魂
> 胜过在洋人的牢狱苟且偷生
>
> 伯恩斯恰似魔鬼易卜劣斯，万恶由他一手制造
> 隐而不露周流四方，窃窃低语勾魂夺魄
>
> 是故，穆罕默德·沙·汗·吉勒扎伊今夜务必一往直前
> 偕同旗下英勇雕悍的部族成员
>
> 点燃战火

---

① Qu'ran，同 Qur'an。——译者注

激荡燎原圣火

280　　　　坐守幽谷山间，遁形千岩万壑
悉数俘获旅人商贾

好让沙调兵遣将前来开战
待军队离城再处置伯恩斯……[57]

好似天意如此，吉勒扎伊部落举事之始，恰逢病魔缠身的埃尔芬斯通将军的痛风再一次发作。

一个月前，埃尔芬斯通的军医坎贝尔医生（Dr Campbell）对他进行检查，震怖于自己的发现。按其秘密报告所载："自从到达此地，埃尔芬斯通将军遂抱膏肓之疾。痼疾侵袭四肢，他的身体完全垮了。此前不久见到他，我深深惊愕于其外貌天翻地覆的变化。他骨瘦如柴，双手敷以粉末与水调制的糊剂，双腿包裹法兰绒，整个人衰弱颓萎、意志消沉。我深信无疑，他已无力对任何要务给予丝毫关注。依管见所及，他形同枯槁，恐已无药可救。"[58]埃尔芬斯通将报告呈送奥克兰，请求解除自己手中的指挥权。埃尔芬斯通正着手落实重返印度的计划，进而退隐于其钟爱的苏格兰松鸡猎场。

作为削减开支的部分举措，麦克诺滕还决定进一步缩减留守阿富汗的小规模英国驻军人数，将"好斗的鲍勃"塞尔及其麾下旅调回印度。塞尔奉命在归途中迂回绕行，以便在撤离

该国途中打垮几座吉勒扎伊城堡，将即将遭遇的任何起义迹象扼杀在摇篮里。麦克诺滕心平气和地写道，各部族"此时爆发叛乱实属善举。对我们来说，这恰恰是最合宜的时刻，部队官兵会在开赴印度途中收服他们"。[59]

塞尔属下奥克尼籍军事工程师乔治·布罗德富特谒见埃尔芬斯通，以收集情报并最终敲定"严惩"东部吉勒扎伊部落的计划，他发觉将军"健康状况令人心生悲悯，完全无法胜任公职"，他如此"茫然若失、罔知所措"，布罗德富特最终不禁自问，将军的神志是否依然清醒。[60]

> 他一定要起身，在搀扶下来到客厅，这番努力让他精疲力竭，乃至过了半小时方能处理公务。岂止如此，为此所做的数番徒劳尝试令他心潮翻滚，我竟后悔自己前来……他自言不知（吉勒扎伊）城堡数目及兵力部署，（还）悻悻然抱怨（麦克诺滕）剥夺他所有权力的做法，牢骚满腹地称自己被贬低成小喽啰……（继后）我回去找将军，发现他恹恹卧床，有气无力……他再次向我讲述自己如何自一开始就被麦克诺滕戏弄贬低，用他自己的话说就是从将军沦为捕头。他要求我在采取行动前拜谒他，不过他直言："如果发生什么事，看在上帝的分上，迅速清理通道，俾使我脱身。因为任何突发状况，我皆无力应付。我身心俱疲，我亦如是告知奥克兰勋爵。"他如此这般重复两三次，补充说即便真能逃脱，也深深怀疑究竟能否看到家乡。[61]

离别之际，布罗德富特向将军诉说了心中的忧虑。他设法让城里的铁匠和兵器工匠制造一些用于围攻吉勒扎伊城堡的挖掘工

具，这些人却"拒绝为洋人效劳，因为正忙着锻造武器。我
们后来获悉这些武器作何用途，但伯恩斯声称那是即将迁徙的
游牧部族所需"。[62]

与此同时，对于军队指挥官的辞任、集市中紧锣密鼓制造
武器的情报，甚至是吉勒扎伊部落首领愤然离去，麦克诺滕一
如既往安之若素。他致函奥克兰，称他们不过是"为扣减一
些薪俸而大吵大闹"，他们"就算殚精毕力，亦将彻底溃
败……这些家伙仍需多加鞭笞，方能安心成为温厚平和的
公民"。[63]

10月9日上午，塞尔麾下旅的前卫约1000名士兵离开喀
布尔，开赴距贾拉拉巴德路临时军营15英里的布特恰克。当
晚夜幕初降时，众士卒在隘路山口附近扎营，此时哨兵听闻上
方影影绰绰的山坡和光秃秃的峭壁上回荡着一种奇怪的声响。
托马斯·西顿是较年轻的军官中的一位，他切盼重返印度形形
色色的享乐之中。

我们的野战晚餐刚结束，指挥营舍步哨的印度军官就
派印度兵前来禀报上校，称我们将见到满坑满谷的人聚集
在上方山丘，还称听到他们正在给杰撒伊步枪[①]装填弹
药……置入杰撒伊步枪的裸弹丸需用铁通条大力捶打多次
才能被推进到位，如此捶打发出的铿锵声响在一段颇远的

---

① juzzail，同jezail。——译者注

距离外都能听到。响声有别具一格的特质，人的双耳一旦受到此般生疏声响的惊吓，便会刻骨难忘。上校说道："先生们，你们最好即刻集合各自连队，尽可能悄无声息。他们马上就会攻击你们。"

上校遣派几个小队绕营地熄灭所有灯火，西顿奉命带领两个连赶往阿富汗人聚集的山丘脚下，"收到指示要让士兵死寂般悄然无声，令他们或跪或坐一枪不发"，直至敌军从山丘上下来。"我一马当先率众士卒出发，甫抵我的哨位，整个山顶就看似烧了起来，这缘于数百支杰撒伊步枪同时射击。'安拉啊（Yelli，为 Ya Allah 的简称），安拉啊，安拉啊'的吼叫嘶喊声同时响彻云霄，伴着本该是 1000 只豺狗才能发出的狂噪怒吼。"这场猛攻持续了一个多小时。

我方营地长时间持续的黑暗寂静让阿富汗人大惑不解，尤其是我们未试图还击。他们猜测我们要么已遁逃，要么就是猛烈的枪击"已将受焚如之刑的先父之子通通送至炼狱（Jehunnum）"。阿富汗人兵分两路沿山丘而下，欲劫掠营地、屠杀伤员，他们怒不可遏地呐喊叫嚷着前进……

（最终）我们勉强能在深沉的暮色中见到他们若隐若现。我手下两个连士兵一直静坐地上，火枪置于双膝之间，不过一句简短的口令"预备"就使他们变为跪姿。只听"举枪"令一下，170 名士兵枪弹齐鸣，炮火在敌军中轰隆隆炸开，效果骇人……我方约有 40 名死伤者。要不是上校沉着冷静、深谋远虑，我们的伤亡人数会是目前的三倍。[64]

283

麦克诺滕得悉这场伏击战，勃然大怒写道："想象一下，这群恶棍如此恬不知耻，占领距都城不足 15 英里的库尔德喀布尔山口①一个有四五百名士兵的阵地。"10 月 12 日，"好斗的鲍勃"塞尔奉派带领麾下旅的其余将士（总共约 1600 人）迅即前去解救前卫部队并重新开放山口。

在隘路山口度过的首个夜晚平安无事。翌日清晨拂晓时分，他们挺进库尔德喀布尔山口狭窄蜿蜒的高地，"直到完全身陷山口，才有叛匪与他们会战"，正打算与全旅官兵一道返回印度的随军牧师 G. R. 格莱格牧师回忆道：

284

> 自两侧岩石峭壁对我们展开火力强攻，如此弹如雨下，不言而喻的是，敌军以压倒性兵力占据上方高地。加之阿富汗人极为精通遭遇战战术，若不是借着火绳枪发出的闪光，根本无从判断狙击手身处何方。岩石和石块看起来为他们提供了绝好的掩护，其中一些岩块并不比一枚 13 英寸的炮弹大。他们蹲踞着，只有轻型燧发枪的长枪管和包头巾顶端高出绝壁危崖露了出来。他们精准瞄射、弹无虚发，我方前卫及纵队主力官兵纷纷倒下。[65]

正如一名官员向加尔各答方面汇报指出的，洞然明晰的是，身处高海拔山口，"我方欧洲裔及印度斯坦裔②正规部队与阿富汗人在阿富汗本土丘陵作战极为不利。阿富汗人机敏过人，能轻易逃避追捕。他们的杰撒伊步枪或长枪在长射程内穿杨射

---

① Khoord-Kabul Pass, 同 Khord Kabul Pass。——译者注

② Hindoostanee, 同 Hindustani。——译者注

柳，我方火枪在同等距离却不会对其造成任何伤害"。[66] 阿富汗人能踪影全无地隐没在景致中，这本领也让英国人震恐。如同塞尔报知妻子所言："他们开枪射击前，我们浑然不觉那儿有人。"[67] "好斗的鲍勃"本人也是伤员之一，遭遇伏击还不到一分钟，他的腿部就被杰撒伊步枪子弹击中。据塞尔属下旅长称："我不禁钦佩老塞尔的镇定自若。他转向我说了句'韦德，我中弹了'。随后继续骑在马上指挥散兵，直至失血过多被迫将指挥权移交给丹尼。"[68]

尽管如此，塞尔仍率军沿库尔德喀布尔山口继续向下推进。喀布尔方面额外增派兵员，随着一路前行，伤亡日渐惨重。塞尔再次指挥作战，这次是在肩舆中。最大重创发生在另一次夜袭期间，那是一周后的10月17日。约莫下午5点，特金部族的一位首领给英国人送来短笺，"自称已到达羊肠小道①，还说将在两小时内向我们发起攻击。我方递送一封礼节性回函，大意是说我们很乐意接见众部族首领，也会尽力给予适当欢迎"。[69] 事实证明那封短笺是个阴谋。告知英国人自己打算发动正面攻击，开始发起进攻之际，吉勒扎伊部落主力军突然出现在殿后部队面前，成功奇袭英国人。殿后部队中沙·苏贾麾下新近征募的骑兵警卫队的一些被收买的队员让敌军进入英军营地。"他们属于同一个部族，其余将士鏖战时，这些应急预备队的先生们干了些私活——砍杀骆驼驭手（surwans），还割断骆驼肌腱。"[70]

当晚，塞尔麾下旅又损失了89人以及由东印度公司的90峰骆驼驮运至特金的吉勒扎伊堡垒的大量辎重弹药。结果与预

285

---

① Tung-i-Tareekhi，长长的峡谷中通往鞍部的小道。——译者注

期大相径庭，理应是惩戒吉勒扎伊部落民的远征有了截然不同的受害者：在由山隘险关交织而成的狭窄蛛网中，蜘蛛已然变为苍蝇，猎人惊诧不安地发现自己现已成为猎物。

10月23日上午，四面楚歌之下，纵队再次向前推进，穿越临近特金的一条尤为狭窄的山口隘路。绕着两块磐石拐过弯来，"霍然见到环绕山谷四周的丘陵挤满了阿富汗人"。凭借相得益彰的掩蔽处狙击和适时突击辎重队及后卫部队，"他们今日再度杀害的我军将士指不胜偻，还带走相当大部分战利品。关于这些战利品，很难说我方人员最舍不得的是九顶新的医用帐篷（连同被他们悉据为己有的设备器具），还是若干装有不少于三万发火枪子弹的火药箱"。[71]那批弹药后来给喀布尔驻军残部带来致命恶果。

翌日，英国人又一次发现自己被包围，不过这次还有骑兵重兵封锁前方通道，阻止他们进逼特金。短暂僵持后塞尔做出妥协，准许打着休战旗到来的代表团进入自己的营帐。在吉勒扎伊营地重启谈判，派驻纵队的政治专员乔治·麦格雷戈（George MacGregor）自谈判地禀报称，"众部族首领极其彬彬有礼地接待了他，因他仅在一名骑兵（suwar）的陪同下前去晤谈，他们对于他给予的信任感到高兴。他们众口一词、人多势众，召集了700名党羽，而人数还在逐日递增"。[72]

286　　麦格雷戈最终同意支付该部落索要的全部款项。塞尔夫人报告称："他们将得到引发争端的四万卢比，允诺悉数退还可寻获的我方财物，俾便我们偃旗息鼓、鸣金收兵。这当中自然不包括我方死伤者、费用、遗失的弹药辎重，以及驿递邮件（dak）。那些邮件若非丢失，则是恼人地被他们全数扣押。"[73]情势却比塞尔夫人认识到的更危急。眼下几乎所有人都相信谈判无非是在拖延时间，包括亨利·杜兰德在内的一些人则认为此举大谬不然，他称"该是采取行动的时刻"，他认为"好斗的鲍勃"本该"展开攻击而非谈判"。[74]不过，赔款的确让塞尔得以差遣武装卫队护送伤员回喀布尔，以便警告喀布尔当局此番起义的规模。纵队其余官兵继续南下，向贾拉拉巴德全速进发。此外，正如性情乖僻的军医约翰·马格拉思所写："我很高兴我们将不再有战事，因为塞尔和丹尼必定搞砸他们插手的每一件事。"[75]

为期两天的短暂平静之后，袭击再度频发，这实属凶兆。周末，塞尔禀报称"后卫日日受攻击，露营地夜夜开火"。[76]每天早上"军号召集步哨之际，许多阿富汗人神乎其神从天而降。敌人从距营地半英里范围内的每块岩石巨砾、每座山冈、每片灌木丛或草丛后突然出现，排成一个巨大的半圆形"。[77]阿富汗人的人数持续增长。塞尔夫人在临时军营记述道："喀布尔附近的城堡全都空荡荡的，小伙子们（Juwan）已离去，（据说）是去特金施以援手，与我方作战。"11月2日，塞尔麾下旅总算走出山口步入平原地带，抵达小片膏腴之地甘达玛克（Gandamak）村。沙·贾汗的内姆拉花园就在附近，沙·苏贾麾下分遣队在该地保有一座小型兵营。

塞尔及属下军官在此逗留十天，稍做休整以恢复元气。正如随军牧师即刻强调的，这是清醒的时刻，"无人放任自己过量享用烈酒"。麦克诺滕新招募的阿富汗老兵团残余将士正是在这儿"公然哗变并试图杀害英格兰军官……如今彰彰在目的是，举国上下皆奋起反抗我们，并非只有吉勒扎伊部落首领为讨还津贴犯上作乱"。[78]区区数日，全旅迄今已损失250多名将士，官兵们的处境显然正急速恶化。谣传随之纷纷扬

287

扬，称他们身后及喀布尔周遭诸山口战事激烈。是故，塞尔及其属下军官召开作战会议（Council of War），拟定最佳作战方略。他们非但不是前往印度或折返喀布尔，反倒决定继续走完余下的 35 英里山路开赴贾拉拉巴德，再强化城镇防御工事，静观其变、伺机而动。不过，尚无人觉察此决定将改变战争进程。

11 月 12 日塞尔麾下旅到达贾拉拉巴德，未遇严重抵抗就设法夺取了城镇。低矮的泥墙日渐破损坍塌，士兵们发觉贾拉拉巴德"是个肮脏的小城镇"，但至少喀布尔河河畔一侧物产丰饶、水源充足。饥肠辘辘的士兵发现河中满是美味的鳟鱼和本地奶鱼（shirmaheh），他们用木炭烤鱼果腹。正如格莱格评述："这座破败不堪的城市在普通旅人眼中可能毫无动人之处，但在英勇无畏、疲顿已极的士兵看来……它尽现诱惑、魅力无穷。"[79]

抵达贾拉拉巴德当天下午，布罗德富特就着手重修防御工事：填补护墙上的裂罅，修筑胸墙和枪眼，吊装十门火炮立于棱堡之上，随时准备开火。派出粮草征收队搜集粮秣，拆除阻挡壁垒火力线的障碍物。修缮工程实施得颇及时，次日上午，混杂了吉勒扎伊及辛瓦里部落民的大规模武装力量就出现在"城镇以南的冈峦上。随着时间推移，他们爬上岩石嶙峋的高地，直逼城下"。[80]

城门紧闭，不过此前塞尔刚派遣最后一位专差信使，以期信使平安穿越开伯尔山区，抵达英国驻白沙瓦代表处。塞尔在碎纸片上草草写道：

乐于告知总司令，我们遭叛乱分子全面包围。两个团及一队工程兵最多够完成延伸甚广的偌多围墙的防御部署，这就要求我们全力以赴。眼下急需财宝，此外还需两万发火枪①子弹。我们其实需要兵员、财宝、给养、弹药等各种援助，刻不容缓。务必采取立竿见影的措施。我们将士兵配给减半，稻米仅够维持六天，小麦面粉已耗尽。[81]

贾拉拉巴德围城战已拉开序幕。

一场遍及阿富汗南部的民变显然已近在眉睫。

身处坎大哈的罗林森相信，"对我们的抵触情绪与日俱增，我担心会有连串骚乱……他们的毛拉正踏遍全国各地讲经布道，与我们唱反调"。[82]其军事搭档诺特将军持相同意见，他绝望地给女儿们写信："该国情状悲凄……威廉·麦克诺滕爵士的错误和脆弱的体制逐渐显露出糟糕透顶的影响。务必有所改变，否则这一方天地间想必不会有我们的一席之地……麦克诺滕的所作所为也许要经年累月才能覆水重收。奥克兰勋爵岂能允许这样的人继续在此把持权柄，让与英格兰人之名有关的万事万物蒙耻受辱？"[83]

加兹尼卫戍部队指挥官托马斯·帕尔默上校（Colonel Thomas Palmer）同样焦虑，他致函诺特称"这片地区日益动荡不安……我不明白塞尔将军将如何率全旅官兵离开该国。当然，他们或许能冲出一条路，但敌军会包围后方，彻底切断我

---

①　musquet，同 musket。——译者注

们与印度的通讯，那将与过去两周的行径如出一辙。"[84]众人之中最惶恐忐忑的当属恰里卡尔的埃尔德雷德·砰甸乍，他确信手下廓尔喀人组成的小规模卫戍部队即将遭屠戮。砰甸乍策马奔回喀布尔，亲自以理规劝埃尔芬斯通和麦克诺滕。埃尔芬斯通坐在那儿神色张皇，继而踌躇慌乱，但未能给予任何实际帮助，还断然拒绝调派砰甸乍死告活央的骑兵和火炮，直言所有官兵皆需留守喀布尔。同时，麦克诺滕言明没时间会见砰甸乍，并嘲讽其书面报告："砰甸乍亲书所见，仿若行将遭（米尔·马斯吉迪手下）尼杰若人（Nijrowee）侵袭。不过可想而知，这般惊恐几乎无凭无据。这些家伙听闻吉勒扎伊部落民复归平静，遂会再次潜入洞穴。"[85]

时至今日，无论消息多么严峻可怖，麦克诺滕似乎铁了心肠，不允许任何消息搅扰自己意得志满的心境。骚乱显然正蔓延至喀布尔，这就益发不寻常。如今店主们在喀布尔街头公然凌辱英国人，正如科林·麦肯齐特别指出的，"民众的一切言行举止尽显预将成功毁灭英格兰人之霸气风范"。有数起谋杀事件发生：一名骑兵在帐中熟睡时被阿富汗人用手枪击毙；在壕沟中发现一名遭割喉的列兵；沃勒上尉（Captain Waller）被刺客弄伤；梅特卡夫博士（Dr Metcalfe）驱马自城镇回临时军营时遭剑客劈砍。深感惊骇的塞尔夫人在日记中记述道："普遍的感觉是，公使正设法瞒心昧己地担保该国处于波澜不惊的状态。他肩负艰巨职责，但缺乏足够的道义上的勇气单枪匹马遏止这场风潮。"[86]

麦克诺滕这般固执己见的部分原因在于刚刚收到消息，奥克兰勋爵因麦克诺滕在阿富汗劳苦功高而奖赏他东印度公司能提供给文官的最惬意的职位——孟买总督，附带马拉巴尔山上美丽的帕拉第奥风格官邸（Palladian Residence）。是故，为个人利益考量，麦克诺滕要尽快脱身，以营造工作圆满完成的假象，继而就能将接下来发生的事咎罪于任何继任者。麦克诺滕曲意逢迎地致函奥克兰勋爵："此乃出人意料的荣誉。这份荣誉此刻到来更令人欣喜，我能本着良心说，离任之际举国将下安上谧、励精图治、快速发展。"[87]

麦克诺滕离任后，最有可能奉派接掌权柄的人就是亚历山 290 大·伯恩斯。数月来，愈来愈受公使排挤而置身局外的伯恩斯几乎无所事事，唯有埋头研读他最喜爱的诸作者的论著。他8月曾写家书："这无疑是我人生中的一段闲散期。除了提建议外，我不为公众做任何事，不过原因在于我没有需履行的职责，除非是去领取3500卢比月俸……（在此期间）研读塔西佗的著作就像写急件一样令人愉悦。"[88]得悉公使被委以新职，伯恩斯称"自己希望高涨"，以期接任麦克诺滕的职位。谋求已久的奖赏几近唾手可得，他却发现自己不禁自问究竟有多想得到这个职位。伯恩斯在最后一封信中向兄弟詹姆斯讲述："我对权力地位的渴望似乎分分秒秒在流失。我一直自问，自己是否如理应坚信的那样完全契合掌握此地的最高控制权。我有时认为非也。不过每每摆脱桎梏，我发觉自己总能成功掌权……希望这个疑问得到解答，因为焦虑着实恼人。我的性格的一大特质就是谨严持重、一丝不苟，我对自己承担的任何事都不会漠然置之。事实上，倘若接手一件事，我就无法置身事外。"[89]

但真实情形是，占领期间伯恩斯的偌多才能大都被荒废。他比除马森外的其他任何英国官员和旅行家都更了解阿富汗。他喜爱阿富汗，通晓这个国家的方方面面。他的政治直觉和判断力通常都敏锐得无可挑剔。伯恩斯的阿喀琉斯之踵①是自己的勃勃野心。这份野心促使他卷入一场毫无必要的侵略和一段措置失当的占领，两者皆受一位规行矩步的愚笨之人指挥，此人既不听从他的见解，亦不尊重他的想法。如同差堪比拟的对手维特科维奇，伯恩斯是位英勇无畏、足智多谋的青年。他像维特科维奇一样是个局外人，凭借埋头苦干踏足那个年代最重要的地缘政治斗争的核心，但是二人以各自不同的方式发现，在更宽泛的帝国博弈中，他们到头来还是卒子。维特科维奇认识到自己毕生的工作成果被束之高阁、废弃不用时，出于一时的沮丧憎恶吞枪自戕。伯恩斯的回应判然不同，他一头栽进温柔乡，整日寻欢作乐。就这样，伯恩斯令自己成为阿富汗神憎鬼厌的人物，时至今日依旧如是。据阿富汗方面史料记载，这也最终成为喀布尔爆发毁灭性暴乱的导火索。在阿富汗史料中，阿塔王子以精妙的笔触记述了伯恩斯激发那场暴动的始末。

他写道，喀布尔权贵显宦对英国侵占阿富汗的满腔义愤与日俱增，尤其是以那样的方式削减吉勒扎伊部落首领津贴，迫使沙·苏贾出局，还将维齐尔沙尔毛拉革职。正是苏贾对自身有心无力的怨怼最终"激起保皇党众长老拊膺切齿，将之提升到败坏名誉、触犯尊严、违背宗教信仰的高度"群起反抗占领军。据阿塔王子称，"于是他们各自归家。薄暮时分，日落西山、皓月当空之时齐齐聚首商酌，以《古兰经》起誓团结一致"。由于此时塞尔部下军队离城滞留库尔德喀布尔山口，哈米德·克什米尔毛拉让若干首领敦促速即采取行动：

---

① Achilles heel，意为致命弱点，典故出自荷马史诗《伊利亚特》（*The Iliad*），传说阿喀琉斯除脚踵外全身刀枪不入。——译者注

国王麾下无兵，穷兵黩武的海大人（Laat Hay Jangi，指麦克诺腾）酩酊烂醉

纵歌酣饮，酒瓶不离手

伯恩斯养尊处优，目无余子
这般天赐良机，何时重现？

时不我待，刻不容缓
不能作壁上观，我们务必巧谋划细思量

以免打草惊蛇
令猎物从指缝中溜走

让我们步步进逼恶灵伯恩斯
破晓前了断此事[90]

不过，他们最终一致认定要伺机而动，待占领方的不端行为引发纠纷，名正言顺地仗义举事。斋月第一周的 11 月 1 日晚，众渠魁寻得翘首以盼的引爆点。阿塔王子写道："按照真主的旨意，偏巧那夜阿卜杜拉·汗·阿查克扎伊的一名婢女逃离主人宅院，经打听得悉她投奔亚历山大·伯恩斯宅邸。其时，怒不可遏的汗派手下侍从接回那愚蠢的婢女。这位快然自足的英格兰男子边咒骂边命人毒打汗的侍从，还将其撵出门外。"这实属过度挑衅。据莫罕·拉尔称，"阿卜杜拉·汗·阿查克扎伊偕同亲眷一道去找阿米努拉·汗·洛伽尔，手持《古兰经》恳请他与自己并肩作战，在都城掀起叛乱。阿米努拉·汗·洛

292

伽尔表示赞同，当即遣人请另一些心怀不满的部族首领齐聚阿查克扎伊部落首领家中。"[91]支尔格族长大会（jirga）一经召集，阿卜杜拉·汗遂向众权贵显宦发表讲话：

> "眼下我们有正当理由挣脱英格兰人的枷锁，其暴政之手伸展甚广，不择贵贱高下，恣意羞辱平民百姓。不值得因与婢女鬼混就施以洗礼，但我们迫不得已要在此时此地给此事画上句号。否则，这些英格兰人将骑着欲望的驴子进入愚蠢之境，甚至于不久即会命人将我们全数缉拿，驱逐至外国拘禁。我笃信真主，高举我们的先知穆罕默德①的战旗就此去战斗。若回报以胜利，则惬快私愿。但若捐躯疆场，仍有甚于屈辱潦倒地活着！"其余长老，他的儿时伙伴皆摩拳擦掌、整装待发，随时准备投入圣战。[92]

莫罕·拉尔透过自己的线人渐有耳闻谋叛者集会的消息，他立即赶往伯恩斯家中，警告正在酝酿之事。伯恩斯一整天都在为自己的前途烦忧，当天是其初次踏足印度20周年纪念日，他觉得这必将是改写自己命运的一天。伯恩斯的最后一篇日志写道："今日会发生些什么？我想，本日将决定我个人的成败。日落前我定会知晓。"[93]但是吉勒扎伊部落起义封锁了关隘，那天无邮件送达喀布尔。

莫罕·拉尔写道：

> 1841年11月1日晚，我拜见亚历山大·伯恩斯爵

---

① Prophet Muhammad，同 Prophet Mohammad。——译者注

士，告知（正在酝酿之事）……他答说不愿干涉公使安排好的事宜，既然公使不日将赴孟买，届时他（伯恩斯）会通过提升津贴至先前金额来安抚众部族首领。我再次细诉，听任此般不祥祸殃滋长壮大，不在遭受重创前想方设法采取措施彻底歼敌，有悖军队行事准则。他闻此言，登时从椅中站起身来，深深嗟叹，而后坐了回去。他对我言道，时辰已到，我们应撤离该国，怅然痛惜就此失去它。[94]

莫罕·拉尔折返家中之际，谋叛者正在更远处的普尔伊齐斯提巴扎（Pul-i-Khishti Bazaar）紧锣密鼓地准备行动。阿塔王子写道：

> 就在那夜，黎明破晓前，他们奔赴伯恩斯的宅院，以无情刀剑杀死在那儿站岗的军人。战斗的消息传遍都城，喀布尔的男儿、彪悍的战士欣然接受真主赐予的礼物，将这视为长久祈求所得。他们以木板封住自家店铺，操戈赶赴现场，高声呐喊（杜兰尼和吉勒扎伊部落的战斗口号）："真主啊，以四大哈里发之名（Ya Chahar Yar）！四友啊，'被正确引导'的伊斯兰哈里发（Caliph）！"随着天渐渐破晓，他们如蝗虫般涌入街道，聚集在亚历山大·伯恩斯的宅院周围。[95]

第七章　秩序荡然无存

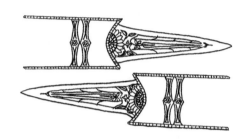

294　　　1841 年 11 月 2 日清晨，破晓时天气晴朗而寒冷，冬日斜阳洒落在喀布尔城墙外园林中的阿富汗松柏上，投射出清晰悠长的影子。园林另一边新近竣工的临时军营里，沙·苏贾麾下部队军需官休·约翰逊上尉（Captain Hugh Johnson）早早醒来。头天晚上出席团里的晚宴，鉴于日渐恶化的安全态势，尽管其阿富汗情妇在市中心绍尔集市（Shor Bazaar）的香榻上等他归来，但他还是听从同僚军官规劝在临时军营过夜。

　　那夜约翰逊在日记中写道："约莫日出时分，我尚未起身，手下一位仆佣前来禀告，称近几日受雇在我于传教区（Mission Compound）购置的宅院中做活的工匠，今天都不肯离开自家居所，生恐家产遭洗劫。夜间一则甚嚣尘上的传闻称城内行将发生骚乱。"[1] 约翰逊认为这不大可能。头晚离城前未
295　有蛛丝马迹显示出动乱的苗头，况且他的宅子就在亚历山大·伯恩斯府邸对面，约翰逊深信，若有骚乱的一星半点儿情报，友人早就加以警告。然而，"仆佣离我而去返回城内，大概过

了半小时，三名信差①前来禀报，称一伙暴徒聚集在我的宅院和公库门前。暴民企图强行闯入，伯恩斯正设法安抚他们。"约翰逊继续记述道：

> 我起身并下令备马，准备持缰上马前去禀报公使的军事秘书劳伦斯上尉我所听闻之事。但此前公使已收到伯恩斯论及此事的短笺，正在赶往将军官邸途中。另一位仆佣随后赶来，称我和伯恩斯居住的那条街完全被暴徒占领。其中一些人正试图砸开我家大门，我所掌管的公库的警卫持续以重火力压制暴民。见马已备鞍，他告诉我根本无法到达我家宅院，因为起义者分秒俱增，路逢欧洲人或印度斯坦人一律诛杀。揣度将军会立即下达命令，派分遣队拯救我所掌管的公库和常驻代表亚历山大·伯恩斯爵士的性命，同时镇压暴动。收到伯恩斯爵士发来的另一封函件，"恳请紧急支援"。或要随分遣队同行，我早已砺戈秣马。我登上壁垒查看都城方向是否有任何迹象表明骚乱发生。到那儿不足五分钟就见到一股浓烟升起，从方位判断，我即刻确信叛乱分子放火烧了我的宅子，我还听到火枪密集齐射、弹雨纷飞之声。

"骇人可怖的报告……关于凶杀和劫掠"纷至沓来。

> 但令我们惊讶的是，到目前为止仍未下令调派分遣队。数小时悄然逝去，仍未采取任何措施平息叛乱。谣言

---

① chaprasse，同 chaprassi。——译者注

296

四起，后来不幸得到证实。风传起义者通过布雷炸墙夺取了我所掌管的公库，凭借纵火烧门占领了我的宅院，还说他们杀害了全体警卫，其中不但有我方（欧洲裔）委任军官，还有 1 名印裔尉官①及 28 名印度兵。我手下仆佣（男仆、女仆及仆童）合伙洗劫了整个公库，总计损失约 17 万卢比。他们将我过去三年的公务记录统统焚毁，其中包含近 100 万英镑未校对的账目，还将我的私人财产悉数据为己有，共计超过 1 万卢比。[2]

约翰逊无法相信，时下用以援救伯恩斯和公库抑或诸僚属的措施少之又少，他再三查询己方作何打算。渐趋明朗的是，问题的责任在于埃尔芬斯通将军。收到报告称老城区开始爆发骚乱的时候，身体抱恙的将军到任以来首次尝试扶鞍上马，却狠狠摔了一跤，反遭马儿踩踏。据文森特·艾尔上尉（Captain Vincent Eyre）称，"我料想埃尔芬斯通从来就不是个强健坚毅、思想独立的人，尔后更沦落得与老耄昏聩仅差毫厘"。[3]

临时军营里设法鼓动部队采取行动的人是麦克诺滕属下精力充沛的年轻军事秘书乔治·劳伦斯。像约翰逊一样，早早起来的劳伦斯也发现骚乱正在酝酿之中。他记述道："受我差遣进城采办些琐碎物品的信差气喘吁吁归来，口沸目赤地禀报称店铺全都停业，一群群持械武装人员挤满街巷……我立刻起身去找公使。上午 8 点左右找到他，他正与埃尔芬斯通将军认真磋商……"[4]

劳伦斯提议应即刻调派临时军营的 5000 名英军士兵挺进

① Subadar, 同 Subahdar。——译者注

都城，开赴伯恩斯宅邸，还应将两名公认的起义首领阿米努拉·汗·洛伽尔和阿卜杜拉·汗·阿查克扎伊一并拘捕。"刻不容缓！"正如他后来所写，但"我的提议立时遭扼杀，长官认为那是彻头彻尾的荒谬之举，事到如今完全不可行"。不过另一项提议获采纳——刚刚完婚的卫成部队工程师斯特尔特中尉将快马加鞭奔赴谢尔顿准将驻地。远在都城另一边的赛雅桑（Siyah Sang）安营扎寨的准将，守卫着自动荡不安的库尔德喀布尔山口隘路进城的道路。斯特尔特将向准将细述暴徒在普尔伊齐斯提集市周围袭击掳掠的相关情况，策勉他开赴巴拉希萨尔城堡。自城堡可以一眼尽览城郭高筑的都城，并采取恰当的行动。与此同时，劳伦斯将直接前往巴拉希萨尔城堡向沙·苏贾确认此计划。

上午 9 点左右，在四名骑兵组成的小型护卫队的陪同下，劳伦斯自临时军营出发，他指示护卫队"跬步不离地靠拢我，必要时使用马刺，不过切莫勒马停蹄"。

> 在马哈迈德·汗的城堡附近，一个挥舞着巨大双手剑的阿富汗人从壕沟中跃身而出，冲上道路，猛刺向我。我把手杖朝他砸去，拔剑出鞘，驱马俯冲向他，借此躲避开来。我手下一名护卫用卡宾枪将这家伙一枪击毙……正当走出这条路时，一声呐喊掠过耳畔，我们遭遇藏匿在壕沟中的另一伙男子的步枪速射。我们纵马狂奔，他们射得过高，凭此我们才幸免于难。

赶到巴拉希萨尔城堡时，劳伦斯被引去觐见沙。"沙正焦灼不安地在朝堂踱来踱去"。

陛下高声叫嚷："我一再告诫公使，若不听从我的忠告会有怎样的后果，这不正是我所言明的恶果？"我随后告知国王此次拜觐的目的，恳请陛下恩准我下令调派谢尔顿准将麾下一旅前来占据巴拉希萨尔城堡。国王答道："稍安毋躁。我的子嗣法特赫·宗和首相奥斯曼·汗①已偕同我手下一些部卒突入城内。他们会镇压骚乱，我对此坚信不疑。"[5]

正如劳伦斯觉察到的，这其中包蕴着不小的讽刺。数月来苏贾一直被英国人描述为慵懒无能，大难临头之际却只有他孤军作战，在事态一发不可收拾前立即采取行动镇压城内起义。苏贾遣派披肝沥胆、效忠已久的英印混血御前禁卫军指挥官威廉·坎贝尔率1000名士卒、携两门大炮投入战斗抗击暴徒，法特赫·宗结伴同行，为其壮威助势。确切说来，试图采取行动援救亚历山大·伯恩斯的人唯有苏贾，尽管事实上，十多年来伯恩斯一直是沙最强烈的批判者。劳伦斯和苏贾一同静候时捷报陆续传来，称法特赫·宗成功开进都城，接连平定多个城区。

但到了上午10点左右，情势急转直下。先是斯特尔特中尉抵达谒见室，"手中持剑，血流如注，大声抱怨方才险遭诛杀。他述说就在门口翻身下马时，一名男子猛冲出人群，在他面部与喉咙连刺三下"。然后传来凶讯称坎贝尔和法特赫·宗手下那些征募而来的兵士在都城深街窄巷遭遇起义者伏击，藏匿于绍尔巴扎屋舍内的狙击手致百余人死伤。他们损失两门大炮，目前被牵制于相去伯恩斯宅院不远处。苏贾愈发忧心其子

① Usman Khan，同 Uthman Khan，即当朝尼扎姆。——译者注

安危，尽管劳伦斯苦苦恳求，但"受父爱左右，犹豫再三后，终将子嗣与首相召回。首相是个果敢鲁莽、坦诚直率、倔强不屈的人。他最终进来，因混战而气喘吁吁。激愤不已的首相以恼怒的口吻对国王说道：'恰于胜利在握的一刻将我们召回，因此举，你麾下部队将挫败，灾殃会降临到我们每个人身上。'"[6]

仅睡了三个钟头后，天将破晓前莫罕·拉尔被侍婢唤醒，她大惊失色地向莫罕·拉尔讲述大群人聚集在伯恩斯宅门外的事。事发地就在相隔几座宅院的集市尽头。她说道："大官人，你酣然沉睡，都城却乱作一团。"

莫罕·拉尔走出房门步入自家庭园，看见人们正在将个人财物搬至远离邻近地区的安全地点。

  商贾正将各种商品转移出店铺，整座城市显得风雨飘摇。苏丹·贾恩（Sultan Jan，巴拉克扎伊叛乱分子渠魁之一，曾与多斯特·穆哈迈德一起被羁留在布哈拉）手下大臣库达德王子（Mirza Khodad）登门造访。因我留守家中，亦未将个人财产送往别处，身为旧交，他提醒这会使我身陷危险境地。内布谢里夫（Naib Sharif，奇兹巴什部族首领之一，伯恩斯相识已久的肉朋酒友）也派自己的岳父来将我连同我所有的贵重家当接去波斯人聚居区。我婉言谢绝，未听取他们友善的建议，担心离开家或会加剧对迫近的危险的忧惧。于是，我打发手下仆佣给亚历山

299

大·伯恩斯爵士送去短笺。伯恩斯的府邸与我家宅院只相隔几栋建筑。我将收到的消息转达给他……他答复说我务必留于自己家中，还说已派人去请救兵，援军很快就会进城。半小时后，我手下仆佣禀报称，当朝尼扎姆正在劝告那位军官离开自家宅院，一同前往巴拉希萨尔城堡，因其人身安全面临极大风险。[7]

对自身安全及人望一直信心满满的伯恩斯仅有 12 名侍卫，他刚拿定主意与维齐尔一同离去，最后一刻却被手下老侍卫总领（Jamadar）说服留了下来。侍卫总领提醒伯恩斯，方才向麦克诺滕送去消息，的确该静候公使答复。是故，当朝尼扎姆独自离去，承诺会偕沙·苏贾麾下一营兵卒归来。纵马归去时，暴民自屋顶向他开火，但他设法杀出重围返回巴拉希萨尔城堡。

此时，叛匪首领们到达绍尔巴扎偏隅处的阿什川瓦阿里藩。这群人种种色色，其中包括心怀不满的保皇派、巴拉克扎伊长老、对军事改革拊膺切齿的恼怒贵族、未受任用的前官僚以及未效力于沙的中层乌理玛。阿卜杜拉·汗·阿查克扎伊迅即僭取了起义的军事指挥权，在其指挥下，叛乱者占据了紧邻伯恩斯宅院的庭园以作阵地。正如科林·麦肯齐在日记中讲述的，叛匪首领"憎恶伯恩斯，公认是他引领英国人进入阿富汗。他们言之凿凿，声称他未以得体的谦敬之礼相待。伯恩斯自视深受草根阶层爱戴，但是否果真如此值得怀疑。众部族首领认为他是推行遭他们全然厌弃的秩序体系的首席代理人"。[8]因此，当伯恩斯差遣两名信使询问犯上作乱的部族首领有何怨愤并诚请他们商妥协议时，众部族首领只是将第一位信使斩首，留另一位信使回去禀复伯恩斯。继后，部族首领的手下部卒奉命登上屋顶，想方设法进入伯恩斯家后院。伯恩斯不会得到饶恕悲悯。莫罕·拉尔写道："其时四面楚歌、八方受敌，有约200人聚集，亚历山大·伯恩斯爵士自楼上房间窗口要求叛乱者保持镇静，允诺给予所有人丰厚赏报。"一同出现在露台上的还有塞尔将军手下红发工程师的弟弟威廉·布罗德富特上尉（Captain William Broadfoot），以及甫抵喀布尔的伯恩斯的亲弟弟查尔斯。

> 正当他慷慨陈词规劝暴民之时，布罗德富特上尉胸部正下方中了（火枪）弹，亚历山大爵士与弟弟查尔斯将他抬了下去，安置于楼下房间。其时，遭受叛军猛烈火力攻击的（印度兵）侍卫阻遏叛匪推进。亚历山大爵士手下一些仆佣希望他同意被包藏于帐中，如此一来他们就能将帐篷扛在肩上运走——其他许多人正以此方式运走赃物。但他说自己既不会离弃亲弟弟，也不能抛下负伤的友人布罗德富特上尉。

301

此刻，暴民设法纵火焚烧伯恩斯宅院的门廊，"烈焰蔓延至亚历山大爵士及其弟身处的房间。他们站在那儿谛视人群，恳请众人手下留情。房中的布罗德富特上尉被大火吞噬。查尔斯·伯恩斯中尉（Lt Charles Burnes）随后走出房间进入庭园，杀死约六人，直至鳞伤遍体、死无完尸"。

伯恩斯的宅院中火枪弹穿来梭往，他周围的墙壁凹洞累累，玻璃窗纷纷碎裂。此时莫罕·拉尔就站在自家屋顶上心惊胆战地留神观察，不料却被屋顶上的火枪手认了出来，只得急速离开。莫罕·拉尔穿过自家庭院外墙上的一个洞口得以成功

脱身，墙洞是早前命人专为逃生预备的。他打算火速奔往穆拉
德汗尼（Murad Khani）防守森严、围墙高筑的奇兹巴什居住
区，请亲英的什叶派领袖汗·希林·汗前来援救伯恩斯。正当
他步履匆匆穿街越巷时，被一群来自相反方向的叛乱分子俘
获。他们围住他，刚要以异教徒间谍之罪名将他斩首，幸好巧
遇年长的巴拉克扎伊部族首领穆罕默德·扎曼·汗。扎曼·汗
是多斯特·穆哈迈德的嫡堂兄弟，一年前莫罕·拉尔促其归
降，并提供便利让其融入苏贾朝廷：

> 　　纳瓦布走出家门，斥责那些缉捕我的人。一把将我从
> 他们手中夺了过来，把我带走，安置于他的女眷当中。众
> 女眷前阵子得到过我的帮助，她们拿来一道盛馔——
> "扑劳炒饭"（pulav）作为我的早餐。在其他场合享受出
> 自阿富汗美人之手的此般殷勤款待本应是种难以奢望、珍
> 贵至极的滋养，但在目前的灾难性时刻，每粒米似乎都梗
> 喉难咽。我现被锁于暗室之中，良善的纳瓦布要我脱下手
> 指上的数枚戒指，将它们藏匿他处，这样其子或许就不会
> 在贪婪的诱使下斩断我戴戒指的手指。其间，我家被劫掠
> 一空。[9]

距离最近的直接目击者莫罕·拉尔此刻隐匿于闺房内，故此，
关于伯恩斯生命的最后时刻，没有任何残存的目击记录。留存
下来的相去霄壤的种种说法皆为不同程度的道听途说。阿塔王
子的说法尽管无疑最具想象力，可能性却最小。依他陈说，勇
士们冲入庭院时的景象如下：

302

据说那一刻伯恩斯正在家中私室与情妇热浴，恣情纵欲、极尽欢愉……这时游击队勇士们闯了进来，把他们拖出那改写生命的更衣室。勇士挥舞刀剑将他们砍死，把尸体抛入死亡灰坑。宅院中的一切悉遭掳掠。战士们撬开财宝箱，衣服下摆兜满东印度公司硬币，硬币相互碰撞叮当作响，发出喧嚣的"咥令、咥令声！"战士们接着袭击了军需官（Bakhshi）（休·）约翰逊上尉的宅子，洗劫了存放所有储备物资和金银财宝的仓库。不知不觉被困于喀布尔城内的每个英格兰人都尽可能设法逃遁，向着临时军营艰难前行。[10]

门士阿卜杜勒·卡里姆（Munshi Abdul Karim）的著作《喀布尔与坎大哈的战斗》（*Muharaba Kabul wa Kandahar*）提供了关于此事的不同说法。像阿塔王子一样，门士阿卜杜勒·卡里姆所持观点是，很大程度上是伯恩斯据传的性欲亢进促使危机早现。在门士看来，引爆点并非阿卜杜拉·汗·阿查克扎伊的婢女，而是"伯恩斯对一名阿富汗女子起了淫心而将其夫囚禁"。

据说，一日他在都城信步巡视，乍然望见一位秀色无双的阿富汗年轻女子站在自家平屋顶上。伯恩斯一见她，顿时心荡神迷。他忘却了自身职责，将虔敬心和羞耻感统统抛诸脑后，返回办公室后旋即召见警察局长（Kotwal），命其将那特定街区特定房舍的户主带来。警员跑去执行命令，带回一名正直虔诚的阿富汗青年战士。他正是那栋房子的主人，那位绝代佳人的夫君。伯恩斯言道："我有活

303

儿要你去做。你若听从我吩咐，我会提拔你为军官，使你发大财，让你成为我的密友之一！"

"那是什么活计？我能奋勉何为，以满足你的愿望？"青年战士问道。

"你有位娇妻瑰丽似盈月，我瞧见她站在你家屋顶上，我无法将她从脑海中抹去。把她给我，让我一解思恋之情，你要什么都行！"

青年战士羞辱难当、浑身战栗，他勃然大怒，义愤填膺地嘶声呵斥道："你这污秽下流的衣冠禽兽！难道对真主没有丝毫敬畏？我是为了一金半银就将妻卖予你的皮条客吗？当心点儿！你再多言，我会以剑刃答复！"为了掩饰自己的慌乱，伯恩斯下令给此人带上镣铐，像对待普通杀人犯一样，将其投入地牢。

依照门士阿卜杜勒·卡里姆的说法，是这名战士的亲眷给了伯恩斯致命一击：

> 青年战士的 12 名亲眷涌入伯恩斯的房间。2 人抓住伯恩斯，将他强行按倒，坐在他胸膛上叫嚷道："你个畜生！胆敢亵渎名门闺秀？假若你是法院院长，只管告诉我们，等待此类人渣的将是什么惩罚？犹太教徒、基督徒、琐罗亚斯德教教徒（Zoroastrian）的律法书有何说法？"伯恩斯恳请饶命、乞求宽恕，但阿富汗人不为所动。他们洗劫并纵火焚烧了他的宅院，将前来援助的人斩尽杀绝，随后杀死伯恩斯，将他千刀万剐、碎尸万段，剃去他的胡须，在都城的大街小巷展示其头颅。暴徒奔向监牢，制服

并杀害看守，释放了青年战士及其他囚犯。另一群人袭击 304
了军需官的公库，挥刀舞剑将在那儿发现的警卫和官员诛
杀殆尽，而后攫夺了公库的库存财物。[11]

维多利亚时代杰出的阿富汗战争编年史家约翰·凯爵士倾向于
另一种说法，其称烈焰吞噬宅院之际，一位"神秘的克什米
尔伊斯兰教徒"自告奋勇解救伯恩斯。据说这个在其他记事
中未曾出现过的神秘人物想方设法到达露台，伯恩斯兄弟俩正
在那儿公然对抗群众。这人以《古兰经》起誓，主动提出带
他们穿过后花园去往安全处所。此刻既已彰明较著的是，麦克
诺滕无意援救其年轻副手，伯恩斯兄弟俩遂"穿上当地人的
服装"，跟随向导下楼步入庭园，希望或能逃脱。但刚走出几
步，"克什米尔的犹大（Judas）就声嘶力竭嚷道：'看啊，朋
友们！这便是斯干达·伯恩斯[①]！'不消一分钟，暴民就结果
了他们"。[12]

　　莫罕·拉尔又给出的一种说法，大概最可信，无疑也最感
人。据他陈说，被锁于闺房私室苦度一小时后，他再三恳求穆
罕默德·扎曼·汗，主人家总算同意让他登上屋顶。此时一切
都已结束。十载的旅伴兼挚友伯恩斯惨遭杀害，家中余物皆被
大火烧毁。纳瓦布手下卫兵在胸墙上目击了最后一幕，不过据
他们说：

　　查尔斯·伯恩斯遇害后，大火吞噬了整个房间，亚历
山大·伯恩斯爵士被迫来到通往庭园的一扇门前，在此乞

---

　　① Sikunder Burnes，同 Sikander Burnes。——译者注

求群众留他一条性命，但（反而）遭到连珠炮似的叱骂……全身而退的希望既已破灭，他遂解下黑色颈巾，将它紧紧蒙住双眼，这样就不会目睹致命一击自何方袭来。此举过后，他踏出房门，不到一分钟就被怒不可遏的暴民碎尸万段。[13]

305 "200名英勇无畏的阿富汗人用利刃将其尸首斩为碎骨"，克什米尔毛拉写道。

> 他们高悬残尸示众
> 每个角落都血流成河
>
> 他们将财帛悉数掳走以作战利品
> 恰似秋风扫落叶[14]

此后不久，叛乱分子向全国各地的部族首领发送公告："伊斯兰神圣斋月（Ramadan）的第三个周二上午时分爆发起义，随着其他英勇斗士如雄狮般奋起反抗，我们以迅猛之势一举攻陷斯干达·伯恩斯府邸。承蒙至尊至圣、至高至上的真主的恩典，虎贲们自伏击点分左右两路展开突击，将斯干达·伯恩斯和其他各路的显要洋人以及近500名军营官兵一并斩杀，无一子遗，令他们置身万劫不复之境。"[15]

伯恩斯的无头尸被弃于街头，任由城中恶犬撕咬吞食。将近一周时间，甚至无人想要多少保留些被砍得血肉模糊的残骸。友人内布谢里夫曾与伯恩斯共度偌多热闹之夜，最终是他差遣一名仆佣捡起腐烂的遗骸，将之葬于伯恩斯家中庭园。[16]

军人、间谍、旅行家、外交官及受挫的副公使亚历山大·伯恩斯爵士，溘然长逝时年仅 36 岁。

随着伯恩斯的宅院和约翰逊掌管的公库陷入火海、两座宅子的住户惨遭屠戮，愤怒的暴民自逊尼派据点阿什川瓦阿里藩和绍尔巴扎前仆后继奔涌而出，途经沙·扎曼的普尔伊齐斯提清真寺（Pul-i-Khishti Masjid），跨过桥梁搜寻其他目标。与此同时，劫掠获利的消息不胫而走，持械部族成员开始从穷乡僻壤涌入城镇。法耶兹·穆罕默德写道："周边地区民众得知伯恩斯遇刺的消息。沙·苏贾和英格兰军官还在运筹帷幄之际，短时间内就有许多人聚集在城内……加兹尼人即刻奋勇投身战斗，没有片刻迟疑，甚至未卸下行囊。步兵还背着一袋袋食物，骑兵的干粮仍在鞍囊中。"[17]

头天深夜，塞尔夫人已在自家屋顶上目睹为数众多、披坚执锐的科希斯坦骑士向城内进发；眼下，天南地北的各种族持械部族成员正向喀布尔涌入，浩浩荡荡如怒潮奔涌。阿塔王子写道："阿卜杜拉·汗·阿查克扎伊和阿米努拉·汗·洛伽尔欢迎从四面八方欢呼雀跃而来的义勇军，战士们全副武装，擂响战鼓。城郭之外，两位首领将众人集结在伊斯兰战旗下，发令进攻。"[18]

上午向伯恩斯的庭园发起攻击时，约有 300 名叛乱分子，但在 48 小时之内，大概有 3000 名战士聚集于城内。三周后，由于动机大相径庭、怨愤迥然有别的形形色色的群体都被动员

306

起来与英国人一决高下，起义人数壮大为几乎前所未有的 5 万人。间或敌对的不同群体分别到达，各自安营下寨。其实，尤其是在起义之初，武装起义者绝非英国人想象的那般勠力同心。巴拉克扎伊支持者接管了沙的花园（Shah Bagh），那片摇摇欲坠的遗址是沙·贾汗昔日的御花园之一。科希斯坦的塔吉克人以德赫马奘区（Deh Mazang）为根据地，东部吉勒扎伊人投宿于马哈茂德·汗（Mahmud Khan）的城堡，像阿米努拉·汗·洛伽尔这样的亲萨多扎伊保皇派则控制旧城。大部分初来乍到者并非来自杜兰尼精英阶层，而是由相对边缘化的群体召集而来，一些是来自喀布尔以南以东的谷地和山口、达曼山及洛伽尔省不安分守己的普什图人，不过最初到来的似乎大多是亘古未变、桀骜不驯的科希斯坦塔吉克人。头一年伯恩斯和塞尔暴戾恣睢的惩罚性征战令他们深受其害，他们受所属的纳克什班迪教团导师，尤其是米尔·马斯吉迪的亲戚米尔·阿夫塔布（Mir Aftab）鼓动而来。11 月 3 日晚，米尔·阿夫塔布偕大队人马长驱直入。包括洛伽尔人在内的一些人跟随首领一同抵达，另一些人则以个人身份到来，他们受激进的逊尼派乌理玛召唤而投身战斗，因为传闻会有丰富的劫掠物，他们受此激励跃跃欲试。苏贾后来写道，相信"这些人的行动动机并非受宗教思想感化，他们舍生忘死不过是为世间财富卖命"。[19]但是叛乱分子无疑利用宗教战争冠冕堂皇的言辞，为革命募集兵员、提供辩护。相对而言，这是阿富汗国内各民族发展史上的创新，正如早先穆斯林间的多数冲突一样。* "全体

307

* 该地区近代有两次使用圣战言辞的先例。苏贾的祖父艾哈迈德·沙·杜兰尼（Ahmad Shah Durrani）曾以圣战作为自己武装入侵旁遮普地区的正当理由，多斯特·穆哈迈德试图从兰吉特·辛格手中收复白沙瓦时亦如此。

国民，无论贵贱高下、穷达贫富、平民或军人，都被迫以神圣《古兰经》起誓，拥护这场斗争"，穆罕默德·侯赛因·赫拉特补充道。[20]

叛乱分子的实力新近得以强化，其首批攻击目标是城镇与临时军营之间一系列边远小型城堡和塔楼——英国军事官僚早前将它们强征作仓库。赫拉特写道："这些城堡都临近都城，位于果园围墙与灌溉渠道交织而成的绵延不断的网络之中，密林遮蔽使得游击队员能轻松逼近。"[21]择此为攻击目标绝非偶然，叛军渠魁非常清楚英国人未能做出妥善安排以切当看守补给品，军队物资未储备在临时军营内，而是贮藏于扎法尔·汗（Jafar Khan）、尼尚·汗（Nishan Khan）及穆罕默德·谢里夫（Mohammad Sharif）的城堡中。

> 他们了悟若能摧毁或夺取这些城堡，英国人将不是饿死，就是因弹尽援绝而投降，或两者兼而有之。是故，伯恩斯暴毙后，他们遂向城外进发，意图捣毁城堡并洗劫那儿的仓库。数分钟内就摧毁了扎法尔·汗城堡，将它付之一炬，而后又向毗邻临时军营的穆罕默德·谢里夫①城堡推进。勇士们继而将注意力转回到拆墙倒壁上，犹如老鼠般掘地三尺、撼动地基。[22]

当天早晨，科林·麦肯齐上尉在被定为第三个攻击目标的围墙高筑的院落中醒来。这座储存军需物资的尼尚·汗城堡（Qal'a Nishan Khan）专供沙麾下军队补给之用，里面不仅贮

308

---

① Mohammad Shareef，同 Mohammad Sharif。——译者注

有英军全部的医疗物资，还有九个月的粮秣补给。城堡处于距英军指挥部不过 1 英里开外的地方，一侧是沟渠和穆拉德汗尼的奇兹巴什人聚居区，另一侧毗连沙的花园。麦肯齐早就听说城内发生骚乱的传闻，但仍全神贯注合计全团账目，打算在翌日陪同公使赶赴白沙瓦前完成此项工作。

　　猛然间，一名裸身男子站在我面前，头部两处遭马刀深砍，手臂和躯干有五处火枪枪伤，浑身是血。经证实，他是威廉·麦克诺滕爵士手下骑兵（sawar），奉派前来向我们报信，但遭起义者截击。这就十分强有力地暗示了事态作何进展，我即刻下令严守各座大门，同时命人在特鲁普上尉（Captain Troup）的住宅顶壁上挖掘射击孔。其宅院相去一矢之地，屯驻着一名下士（naik）及十名印度兵。正忙于此，持械的德赫阿富汗安区（Deh-i-Afghanan）居民一拥而下，穿过庭园接踵而至，开始向我们射击……我手下一名士卒遇害，另一名身受重伤。

袭击者随后占领了整座沙的花园，尽管麦肯齐手下士卒自城堡屡次出击、不断蒙受伤亡，仍无法驱离袭击者。

309　　　　日间，沟渠遭截流，敌匪昼警暮巡，我的一名属下试图汲些水来却中弹而还。不过我们有幸寻得一口古井，井水可饮用。临近下午，除了战士子弹袋中装有的弹药外，已弹尽援绝。我联系特雷弗上尉，恳求至少征调弹药，他迅速呈报但未调遣增援。劳伦斯上尉侠肝义胆主动请缨，提议借调两个连兵力前来襄助，却（遭埃尔芬斯通和麦克诺滕）拒绝。晚上我从政府库存物资中分发口粮。夜间继续时不时地遭受袭击。我们极为不悦地暗生疑窦，隐约觉得敌军正在我方西北塔楼下挖地道。[23]

当天下午麦肯齐殊死战斗之际，都城内的叛军渠魁正在审度取舍。直至午后不久，他们的坐骑还都一直备好鞍，以防预料中英方发起的反击直捣黄龙，攻破其指挥部。[24]但是，变得愈发彰明较著的是，英国人震恐得无法有条不紊地应对。起初自荐为英方效力的数位部族首领亲眼看见临时军营里丢魂丧胆的惨状，现已渐行渐远，转而开始将触角伸向叛乱分子。[25]正如文森特·艾尔评述的："在临时军营一英里范围内，恰在巴拉希萨尔城堡城墙下，屠戮吾国同胞、掠夺公私财产，如此为非作歹仍能逍遥法外。我方怯懦展露如斯，让敌军领悟到自己的强大威力。对于那些不论多有意参加叛乱但迄今仍置身事外的人来说，这无疑坚定了他们悖逆我们的决心，最终激励全体国民齐心协力让我们巢倾卵破。"[26]作为达成宏图大志的第一步，叛军渠魁拿定主意：与其准备匆促撤离，倒不如转而组建一个临时政府并且推选一位领袖，非此不能合法宣布圣战。

举事之初领导起义的权贵显宦多为保皇派，因此他们的第一个想法是给沙·苏贾机会驱逐其异教徒靠山。众人皆知苏贾在英国人那儿碰了一鼻子灰，满心懊丧。不过据赫拉特所载，尽管如此，反水倒戈的提议却遭到沙的严厉斥责。

> 起义领袖向陛下派遣代表团，他们言道："你是我们的君主，我们谋求你的支持，携手为反对外国占领而战。请与这伙外国人脱离干系！"陛下答说："我们的统治与

310

英格兰人休戚与共、密不可分，30 年来我们一直是他们的座上客，即便他们强行任命一无是处的奥斯曼·汗为当朝尼扎姆兼维齐尔，激起我们千愁万恨，但我们仍对英格兰人毫无芥蒂。就让降临至他们头上的一切同样落于我们身上吧！"叛乱分子力图拉拢陛下终告失败，遂宣布他为异教徒。[27]

因没有萨多扎伊族人愿领导他们，起义者便求助于巴拉克扎伊族人。数周来一直有传闻称多斯特·穆哈迈德机敏凶戾的子嗣阿克巴·汗终于逃出布哈拉。不过阿克巴·汗仍未现身，叛乱分子被迫将目光转向城中最德高望重的巴拉克扎伊族人——阿克巴·汗的堂兄弟穆罕默德·扎曼·汗。正是此人在当天早些时候救了莫罕·拉尔一命。扎曼·汗最初得知暴动的消息时，曾打发其子苏贾（亦为沙的教子）去找特雷弗上尉，自愿请命予以襄助。[28]扎曼·汗现在见风转舵，应允承担叛乱领导权。他委婉致函麦克诺滕，称自己接受提议"并非出于个人意愿，而是为了防止出现更大的不幸"。他说自己准备升任苏贾的维齐尔，还打算多方磋议以使英国通过和平方式撤兵。不以为然的赫拉特记述道："他们推选穆罕默德·扎曼·汗·巴拉克扎伊为首领，被俗称为'游民款爷'的这样一位乡巴佬，如今摇身一变成为喀布尔最具权势之人。"[29]

两位起义真正的首领并未被遗忘。阿米努拉·汗·洛伽尔被推举为扎曼·汗的内布（他余生皆引以为荣地保留此头衔），阿卜杜拉·汗·阿查克扎伊充任叛军总司令。发布宣言称"立誓与异教徒战斗的伊斯兰勇士纳瓦布穆罕默德·扎曼·汗·巴拉克扎伊，仁慈如诸时代奇葩，诚笃若当世异卉。

经各部族穆斯林一致推选，享有'信士的埃米尔'（Amir of the Faithful）及'神圣武士的伊玛目'（Imam of the Holy Warriors）封号。以上封号得到公认"。[30]嗣后不久，众毛拉和托钵僧（malang）蜂拥进都城，穿街越巷擂动战鼓，正式宣布发动圣战。

如火如荼的起义渐呈燎原之势，立即禁暴诛乱至关重要，身处巴拉希萨尔城堡的沙·苏贾对此洞若观火。他越来越不解麦克诺滕因何反击不力，这非但是在自取灭亡，而且与麦克诺滕在和平时期治理阿富汗时事无巨细、总揽无遗的活跃作风形成鲜明对比。但是与城内一派狂乱激昂相对应的是，临时军营里英军领导层依旧不可思议地静默无声，似乎被吓呆了。正如赫拉特所述："陛下最终遣派首席大臣去临时军营向麦克诺滕传话：'现在没时间怠惰不前、贻误军机！即刻兴兵诛讨，从四面八方包围都城，在这场暴乱的规模壮大到不可收拾的地步前将其平息，在叛匪整编完竣、有序推进前逮捕渠魁。这仍有可为！'"赫拉特继续说道：

只可叹，麦克诺滕认为陛下紧张过度，仅派一个排的印度兵（Tilinga）携火炮前往巴拉希萨尔城堡，俾使王室安神定魄。陛下再次紧急传话，称"目前我们在巴拉希萨尔城堡颇为安全，不过当务之急是城内安保，务必立即恢复治安，否则这些蛮横狂暴的城镇居民绝不会被驯服！"麦克诺滕唯一的答复是"缘何如此匆忙？"要是麦克诺滕听从陛下劝告，速即调遣适当数量的英格兰士兵从各个方向包围都城，焚毁渠凶宅院以儆效尤，他们本可以令暴徒对真主心生敬畏，并能恢复秩序！照当时的情况来看，麦克诺滕优柔寡断，而陛下麾下仅有一支小型御前卫队，不得不屈从于麦克诺滕的意志。[31]

312　临时军营里的英方目击者也记述了麦克诺滕何等荒谬地误读正在发生之事的严重性。文森特·艾尔写道，尽管副手惨遭杀害令人触目惊心，"但麦克诺滕起初仍对起义轻描淡写。敷陈民众对我们的普遍看法，不仅掩耳盗铃，还误导了将军。怎奈我们很快就被迫接受那讨人嫌的真相"。[32]岂止如此，午后不久，麦克诺滕非但未奋起反击，反倒决定撤退。他离弃所处的边远传教区，将行政总部撤至临时军营内。其间，埃尔芬斯通下令以加倍兵力沿临时军营壁垒严密守御。除此之外，英军指挥官未采取任何行动，尽管任其支配的有 5000 名全副武装的军人、绰有余裕的马拉炮兵以及可供一年战斗的弹药储备。埃尔芬斯通致函麦克诺滕："我们必须看清这一上午带来了些什么，进而思索还能做些什么。"[33]傲雪凌霜的塞尔夫人心惊胆寒地写道："一切皆七颠八倒、悬而未决。公使翻身上马，策马行至大门口，而后驱马折返……"

不过很快就有其他事让塞尔夫人忙个不停。其新婚女婿斯特尔特中尉被人用担架从巴拉希萨尔城堡抬了回来，他"浑身是血，言语不清；从面部和肩部的伤口判断，神经受到损伤；嘴巴张不开，舌头肿胀麻痹，面色苍白，且因失血过多晕厥；由于血壅塞于喉而无法平躺。颇为艰难、煞费苦心地将他搀扶到楼上，置于床榻之上。大约 10 点钟负伤，待到哈考特医生（Dr Harcourt）为他敷裹伤口时已是 1 点钟，伤口冰凉发硬并伴有凝结血块"。[34]

临时军营上演这一幕时，谢尔顿准将已挥师绕行城市后方，姗姗来迟开进巴拉希萨尔城堡，但他一直拿不准一旦到那儿该做些什么。下午3点左右，乔治·劳伦斯返回沙·苏贾的谒见室，禀告称：

（刻板的谢尔顿）指挥两门炮杂乱无章地炮轰都城。 313
在此危急关头，谢尔顿准将的行为惊得我无以言喻……
（他）近乎魂不附体、六神无主、手足无措，面部五官刻
有无能的烙印。准将直接问我该做些什么，我答说"即
刻进城"，他遂厉声斥责道："我手下兵力不足，看来你
并不了解巷战为何物……"此时，国王不止一次地询问
我，部队因何不采取行动。我们坐以待毙似乎令国王深为
恼火——他本该如此。谢尔顿非常清楚国王切望他采取积
极措施镇压骚乱，但事实上他完全被惊得呆若木鸡……[35]

正是这种瘫痪状态，促使若干牢骚满腹的部族首领的自发抗议活动迅速将民众团结在伊斯兰教的旗帜下，发展为19世纪英国人在大英帝国的四方诸地面临的最危险挑战之一。英方原本猜想抗议是发泄愤怒的绝望之举，想不到竟是大革命发轫。劳伦斯总结道："寡断无能束缚了我方军事顾问，麻痹了那些本该干劲十足、果断行事的心灵。借由那最堪悲叹的怯懦，让一场小规模及时用兵就能立刻平息的偶发暴动，演变成势不可挡的起义。一支威武雄壮之师终受此牵连而覆灭。"[36]

傍晚时分，目睹盟友益发深陷颓丧消沉，沙·苏贾打算举办晚宴，设法让心灰意懒的诸军官振作起来。军官们以愁云满面做回应，声言既已将军礼服留在临时军营，焉能举办晚

宴？[37] 纵然正值烈焰焚烧喀布尔之际，就算处境每时每刻愈发窘促，英国人仍决意要将得体的军团着装礼仪奉行到底。

314 　　11 月 3 日上午，埃尔德雷德·砩甸乍逐渐忐忑不安起来。他仅偕 100 名士兵屯驻于拉格曼①的一座筑有防御工事的小型围场内（实为改造过的驿站 [caravanserai]）。围场位于喀布尔以北 60 英里的山丘顶上，俯瞰咫尺之隔的英军恰里卡尔兵营，管治科希斯坦的行政部门就设于此。眼下越来越多披坚执锐的科希斯坦人聚集在砩甸乍的塔楼周围，部族成员表面上是在那儿调停砩甸乍执掌的行政部门与来自尼杰若河谷区②某些心怀不满的部族首领间的争端。诸首领被迫卷入 1840 年的叛乱，塞尔那年秋季的诛讨令他们蒙受重创。砩甸乍强烈预感到有什么地方不对劲儿，后来他写道：

　　　　他们人数不断增加，渐渐令我大为警觉，他们拒绝进攻（叛乱）部族首领的城堡，亦令我惶惶不安。（科希斯坦叛乱渠魁）米尔·马斯吉迪麾下军队由那些首领组成。这种预感驱策我采取种种防范措施保障自身处境安全，以防遭受奇袭。但流露出一丝半点儿疑心似乎并不明智，是以受限采取折中办法……3 号那天，居所周围的持械人员数目急剧增长，密密麻麻甚为惊人，促使我部署兵力于

---

① Laghman，同 Laghmanat。——译者注
② Nijrao，同 Nijrow。——译者注

（城堡）诸塔楼。上午，领来尼杰若人的部族首领延颈企踵，切盼我接纳其友。先前已来过的那些尼杰若人求取礼物但一无所获，故而愤愤不平。我给这些尼杰若人捎去数条消息，称若立下我所指明的汗马功劳，非但会赠予礼物，还将为他们求得国王赐授的朝服。

砵甸乍的副手查尔斯·拉特雷中尉（Lieutenant Charles Rattray）* 随后去迎接新来乍到者，那时他们坐于相距 30 码左右的毗连的留茬地中。据廓尔喀营士官长（havildar，即 NCO）莫迪·罗摩（Moti Ram）记述："指挥其中一支阿富汗军团的拉特雷先生受引诱外出察看自己带来服役的新征募兵员。这些骑马的武士一字排开接受拉特雷中尉检阅，突然间他们转向，分左右两路围拢上来，遭围困的拉特雷先生被手枪击中。"[38] 其间，砵甸乍正与若干位尼杰若部族首领晤谈，手下一名阿富汗新兵"跑上前来，禀报称有人倒戈"。

315

　　因用暗语表述，我几乎无法理解他的意思，这时我们被阵阵枪声惊扰，众部族首领遂同我一道起身逃遁。我穿过后门逃入城堡，锁紧后门，奔上壁垒顶部，自那儿望见身负重伤的拉特雷先生横卧于相距 300 码左右的地方。应征入伍的新兵拿着从国王警卫中队分遣队营地劫掠而来的赃物四散逃窜。穿越该地的一伙敌匪注意到了拉特雷先生，他们跑上前去，一人拿枪顶着他的头将他击毙，其他

---

*　查尔斯·拉特雷是艺术家詹姆斯·拉特雷的兄弟。詹姆斯·拉特雷接连创作出一批最负盛名的战争题材石版画。

几人各自用枪向他身体的不同部位射击。此时卫队进入高度戒备状态，火枪子弹已上膛，他们举枪开火，迅速将匪寇逐出空地。但在比比皆是的水道和墙壁掩蔽下，敌匪持续用火力紧紧压制我们。[39]

由于砷甸乍带领廓尔喀护卫队"轻装简囊"从位于恰里卡尔的主基地行军北上，次日晚弹药行将告罄，他们在夜色掩护下，冲出深陷重围的阵地，将己方军械库和金库，外加从科希斯坦部族首领那儿扣押来的所有阿富汗人质弃于身后。砷甸乍率军设法杀出一条血路，到达谷底的英军主兵营。该地屯驻着由750名廓尔喀兵组成的一整支分遣队，另约有200名妇孺家眷，还有3门炮，但无骑兵。砷甸乍在此面临一个新问题。尚未完工、仍无营门的兵营还没请人建水井。没过多久，四面楚歌的守备部队就供水短缺。* 夜间，每当一队人奉派前往附近水渠打水时，自告奋勇者屡屡或被击毙在水渠边，或遭生擒，带回来的极少量的水"立即就被能拿得到的人夺去喝掉"。

316

士官长莫迪·罗摩回忆道：

兵卒过去一向是在夜里偷偷溜出去前往近旁的一口泉。阿富汗人已将泉水改道至另一方向。有军用水壶的人就将水壶灌满，仅有球形铜水罐（lota）的人则拿着用衣物包裹的水罐，唯恐金属闪光招致行踪败露。既无球形铜水罐亦无军用水壶的人遂借助布块，他们将布块浸入泉水，把浸透水分的布块带回来。这些敢于冒险的人无论谁

---

* 该兵营仍矗立在巴格兰美国空军（US Air Force）基地不远处。

返回城堡，所有人皆争先恐后簇拥上前，只为求取弥足珍贵的一滴水。不过获悉这一惯常做法的阿富汗人，嗣后将走近那口泉的人统统击毙。城堡城墙之内滴水不剩，士兵们渴得发狂。[40]

在此期间，科希斯坦部落民蜂拥而至。48 小时内集结的约两万名塔吉克人，围攻未竣工兵营内的砵甸乍和廓尔喀兵。生于都柏林的约翰·霍顿中尉（Lieutenant John Haughton）是砵甸乍的同僚，他写道："的确看似全体男性国民都聚集而来对抗我们。"[41]次日，围攻者攻占了俯瞰兵营的邻近城堡，"渐渐弹如雨下，纷纷落入我方广场"。没多久，砵甸乍的大腿就被火枪弹击中，伤势严重，其属下军事指挥官克里斯托弗·科德林顿上尉（Captain Christopher Codrington）胸部亦受致命伤。

随后数日，守军逐渐变得绝望。霍顿报告称"（我们的最后一点儿）水仅分发给战士，每人约有整整半茶杯，大都不过是泥浆……许多人吮吸生（绵羊）肉解渴。战斗始终是令人口干舌燥的活儿，离开水几乎不可能进行。我们苦不堪言……很快就声音嘶哑、嘴唇干裂，沾满灰尘的面庞经烟熏火燎污秽不堪，双眼布满血丝"。到了周末，守备部队全体人员渐渐开始产生幻觉。霍顿写道：

317

> 正午前后，我接报称，见到一群兵卒自喀布尔方向而来。我速即出外看个究竟，千真万确望见他们。那是切盼已久的援军，还是敌匪？无疑是援军。我能用望远镜清清楚楚地辨认出他们，最前面的是我方第 5 骑兵队（5 th Cavalry）的骑士，仅凭其白色头饰，便可确保这一事实

确凿无疑。我们相互道贺，我眼中涌出喜悦的泪水。呜呼哀哉！怎奈很快真相大白，看来我们受到蒙骗。海市蜃楼荒诞离奇上演，如此不可思议地作用于放牧中的牛群，彻底蒙蔽了我们。[42]

阿富汗东部各地情况类似，一夜之间各村各落皆翻脸为敌。

在开伯尔山口，英国驻白什布拉奇（Peshbulaq）警戒哨遭攻击，部队被迫撤退至白沙瓦。[43]在喀布尔以南，11月3日，克劳福德中尉①手下一小队印度兵将擒获的一批阿富汗逆贼渠魁由坎大哈押解至加兹尼。其中一名印度兵希马德·班尼雅（Himat Baniah），后来在军事法庭受审期间，受盘问时回忆道：

> 我们整夜行军，天亮前抵达穆士奇（Mooshky），上午8点前后，穆士奇及邻近村落的村民聚集而来，霍然间约有500名男子突降我们面前。他们手持火绳枪和刀剑，喧嚷叫嚣着冲上来，大量屠杀我方人员。残余人员溃退逃窜。我们风流云散，各自遁入不同城堡。我听闻克劳福德中尉（Lieutenant Crawford）继续前行，一直逃遁至摩尼（Monee）。那500名男子突袭我们时，我的一切都被抢光，甚至被剥得只剩衣服，而后我逃至一箭之地。下午5点左右，见我溃逃的两名骑士将我俘获，把我带去一座名

318

---

① 原文 Captain Crawford，疑为 hieutenout Crawford。——译者注

叫伽尔德（Ghardeh）的城堡囚禁起来。[44]

稍后，一支由吉勒扎伊部落民组成的大型武装力量将加兹尼团团围住并展开围攻。唯有处在诺特将军机警监管之下的坎大哈，继续保持着和平安宁。诺特写道："绝不会撞见我像喀布尔诸友一般安枕而卧，我为确保该国这一地区安全做足一切准备。"[45]

在此时的喀布尔，对两座贮有军需物资的至关重要的城堡展开的围攻战愈演愈烈。特雷弗上尉的塔楼位于沙储存军需物资的城堡对面。11 月 3 日，特雷弗偕家眷乘着夜色从后门逃出，嗣后不久塔楼就遭叛乱分子猛攻。尽管两座城堡贮有英军为安度漫长的阿富汗冬季而收集来的全部粮食补给，但是埃尔芬斯通和麦克诺滕仍未派出一兵一卒，甚至没有另外送去弹药补给，以援助守军镇守的任何一座前哨站。抵抗组织的两个核心据点距离临时军营都不足 1.5 英里，而临时军营里有 5000名荷枪实弹的印度兵原地待命、无所事事。日益灰心丧气的塞尔夫人在日记中写道："一旦发生围攻，这是我们唯一的活路。我方尚未采取任何军事措施加以保卫。这座城堡（遭鼠患而破败混乱）贮存着孟加拉部队军需处的全部储备物资。军需处城堡若遭攻占，非但会失去所有给养，亦会切断我们与都城的联系。公使和将军仍被惊得呆若泥塑木雕。"[46]

谢尔顿准将并非更有作为。莫罕·拉尔写道："谢尔顿似乎自始就对赢得胜利不抱任何希望，这对每位战士都造成致命危害。"[47]乔治·劳伦斯与其意见一致，"虽已提供一支兵力占优的军队任其差遣，人数远胜于前不久借开放日发动猛攻、攻陷固若金汤的卡拉特城堡的叛军，谢尔顿依旧怠惰不前、毫无作为。即便像是保卫（昔日莫卧儿王朝）沙的花园和（俯瞰临时军营的）穆罕默德·谢里夫的城堡这样昭昭在目的行动也被彻底罔顾，尽管这两处就位于我们的驻所与贮存军需储备物资的城堡之间。军队的生死存亡正仰赖于军需物资储备"。[48]

11月4日，沙·苏贾麾下军队军需官休·约翰逊谒见埃尔芬斯通。他将当前局势阐释得一清二楚，禀告将军称"临时军营内仅剩两天的给养……我们无法从周边地区获取补给，因为军营外毗邻的多座城堡有大批敌军。匮饿将（不可避免地）使我方军队蒙受毁灭性打击，除非悍然不顾，冒险占领军需处城堡"。埃尔芬斯通勉强同意约翰逊的分析。驻守城堡的第5本土步兵团（5th Native Infantry）步兵少尉沃伦（Ensign Warren）是个"沉着果决的人，他一身是胆、少言寡语，四处走动时总有两三只斗牛犬紧随身后"。埃尔芬斯通传话给沃伦少尉，告知会在凌晨2点派出一支援军，但嗣后并未采取任何举措兑现承诺。沃伦接二连三捎信作答，恳请紧急支援，并直言不讳地表示，除非立即予以解救，否则他将不得不像手下诸多卫兵那样离弃阵地。起初只有70名精兵猛将的卫队，今已四散溃逃。次日清晨5点钟，储存军需物资的城堡终遭遗弃。沃伦及手下屈指可数的士卒临危不惧苦苦等待，已经超出埃尔芬斯通承诺施以援救的时限整整三个钟头。塞尔夫人写道："敌军随即直接占据城堡，（近乎是）我们唯一的活路遂被剥夺。"

如此一来，英军仅剩一个补给中心安然无恙。科林·麦肯齐统辖的尼尚汗城堡仍贮有为沙·苏贾麾下军队收集而来的充足补给。叛军洗劫特雷弗的财物时，守军自胸墙悒悒不乐地观望"在特雷弗住宅上演的大肆劫掠的一幕"，麦肯齐写道。"敌军占领了俯瞰我方防御工事的塔楼顶部，他们的重型杰撒

伊步枪射出的子弹弹无虚发，将位于守军西侧的障碍一扫而光。"他继续记述道，

　　甚至唯有靠四肢着地、沿一小段台阶匍匐而上，而后 320
猛蹿过门去，才得以巡察正遭暗中破坏的塔楼。在一次巡
视中，哨兵禀报称一名阿富汗人正从对面枪眼瞄准，但我
未能望见他。我将头挪开时，哨兵急忙用一只眼凑近狭
缝，怎料被一颗子弹射穿前额，倒毙在我脚边……下午，
敌军击垮了紧靠我们的一大段墙体，我方一座塔楼上部在
枪弹威力之下摇撼不休。我们仅存的弹药罄尽无余，由此
加剧了心灰意懒的倾向……阿富汗人还拿来大量末端带有
易燃物的柴薪和长竿置于墙下，随时准备焚毁我方大门。

麦肯齐手下一些骑兵现着手谋划"某种局部哗变"，他们打算
骑马逃遁。"我携一支双筒枪下到他们中间，由此平息了事
件。我扣上扳机，命令他们关闭大门，恫吓称违命者杀无赦。
因我早已抱定必死的决心，他们见我毅然决然，遂俯首听
命。"到了晚上，"不眠不休地战斗劳作了近 40 小时"后，麦
肯齐和手下士卒都已精疲力竭。

　　显然正如我所经历的，自己的同胞弃绝我于不顾，覆
灭几已成定局。尽管出卖我有蛊惑至极的报偿，但我的阿
富汗部下直至最后关头仍坚贞不渝。最终我方弹药勉强够
一轮次射击所需时，哈桑·汗（Hasan Khan，麦肯齐手下
阿富汗杰撒伊步枪兵指挥官）来找我，他言道："我想我
们已恪尽职守。你要是认为有必要丧命于此，我们愿舍生

取义，但我觉得我们已尽忠竭力。"[49]

继后，麦肯齐同意安排撤兵事宜。正值斋月，是故他们打算黄昏后速速遁逃，那刚巧是围攻者忙于开斋晚餐（iftar dinner）的时间。从哈桑·汗手下杰撒伊步枪兵中择选阿富汗狙击兵做开路前锋，以临时担架运送伤员，妇孺跟随其后，麦肯齐亲自断后。他们计划避开各个村落，循水道而行，直到望得见临时军营，遂强行穿越战场向军营进发。粮秣辎重一概舍弃。[50]

下令容易执行难。麦肯齐写道：

> 夜间撤退通常糟糕透顶，事实证明此次亦不例外。原因在于，尽管我严令将行李悉数留下，许多贫困妇女仍设法把少得可怜的家当大包小包掮在肩上偷溜出去，她们让孩子步行，孩童的哭喊声增加了被发现的危险。我走到妇女当中，查看她们是否遵从命令将一切统统丢弃，这时一个 16 岁或 18 岁的廓尔喀少女来到我身边。她磨砺以须，宽腰带上插着一把利剑。她把自己的全副家当扔在我脚边，说道："大人，你是对的，生命高于财物。"她是个有着白皙肤色、大大黑眸的美丽可人儿。她将衣服缠裹于身上，空出四肢站在那儿，活脱脱就是生命、朝气与活力的写照。我再也没见过她，恐怕她已在夜行军时被杀或被俘。

一队人马前行未超过半英里就爆发枪战，麦肯齐等一行人很快就与居前引领众人撤退的杰撒伊步枪手走散。不知不觉间，麦肯齐发现自己独自置身于炮火下，"与其相伴的是一名信差和两名骑兵①，他们身处一群哀号的妇孺当中"。此后不久麦肯齐便遭包围。他起先以为那是自己手下兵卒，但"他们扬嚷着'洋人在这里'（Feringhee hast），挥刀舞剑袭击我，令我登时醒悟"。

麦肯齐用马刺驱马疾驰，然后突然转身，从右至左砍将过去。蒙上帝垂怜，我的连番猛击格挡开他们大部分击打，我也委实幸运，竟能砍下最骇人的袭击者的一只手。我一剑下去，干净利落地斩断那人的手臂。不过紧接着，我的后脑勺就遭狠狠一击。尽管马刀在敌人手中转向，我还是险些被打下马去。一只脚挂在马镫上……接下来只记得，不觉间发现自己端坐在马鞍上，处于敌军前方，跟在后面的一整支前哨部队频频向我开火。遭受两轮步枪齐射，我毫发未损。前哨部队紧追不舍，但我飞快穿越数片田野，很快就将他们远远甩开……我小心翼翼继续前行，发现去路再次被密密匝匝一大群阿富汗人阻挡，这令我深感恐惧。不可能后退，故此唯有全心信赖上帝。我猛冲入他们当中，希望马匹的重量能替我扫清道路，刀劈剑砍则被留作最后殊死一搏。幸好如此行事，因为等我撞倒一堆小伙子后，这才发现他们是己方杰撒伊步枪手。

他们最终抵达临时军营。麦肯齐记述道："我方许多掉队散兵（主要是随营人员）夜间被收容。从头至尾，我大概令 12 人

---

① sowar，同 sawar。——译者注

被杀。导致我们垮台的千差万错中，疏于稳固强化我所在的哨所乃最大失误。每个有才智的阿富汗人皆承认，我若得到几个团援兵增援，我们原本依旧是都城的主宰者。"[51]

休·约翰逊早已震怖于诸位将军的愚钝乖谬，居然听任他所掌管的公库落入叛乱分子手中。粮秣供给尽失无遗，让休·约翰逊愈发惊骇。这一切都发生在起义爆发仅36小时之内。次日，他在日记中写道：

> 未曾奋起反击敌匪，就被迫放弃价值40万卢比的小麦、大麦、葡萄酒、啤酒等一切必需品。许多人迄今仍冷眼旁观这场斗争，尤其是为数众多、颇具影响力的奇兹巴什部落民。对我们这一两天的怠惰无为以及表面上漠然以待公库失守和常驻代表遇害，虽会愕异非常，但是对于一支拥有5000精兵的英国武装力量，他们总是听闻其士卒训练有素、纪律严明、胆魄过人，其领袖睿智贤明的褒颂之辞，这些人即便在黄粱梦中也不曾想到，这般威武之师会乖乖坐以待毙，眼看着一些狼突鸱张、可悲可耻的野蛮人在军营大门口与其公然对抗。
>
> 然而，阿富汗举国上下现已看在眼里、明在心里。人人都以我们为敌。我们此前一直具有的崇高地位荡然无存，取而代之的是，他们将我们视若草芥、嗤之以鼻。用作仓库的城堡今朝有几分类似大蚂蚁窝。到中午时，千千万万人从四方八面聚集而来，争先恐后地，瓜分从英格兰无赖手中缴获的战利品。众人各显其能、能拿就拿，我们则束手无策地亲眼看着这一切。[52]

据阿富汗方面的史料称，叛军在 24 小时内就夺取了相当于三年供应量的军用物资和粮秣供给，尽数搬入城垣之内。门士阿卜杜勒·卡里姆写道："他们将战利品顶在头上带走，把数千莫恩德的谷物分发给阿富汗村民及游牧民，俾使这些填饱肚子的民众也投身起义。凡被断定重得带不走的东西，他们就毁掉。"[53]

塞尔夫人很清楚所发生之事的严重性。"既让敌军信心大增，也让他们得到大量劫掠物。欧洲人的朗姆酒遗失罄尽，窝心至极。更糟的是损失了病患所需的一切医疗用品、西米、木薯、葡萄酒等。"[54]乔治·布罗德富特身处受围困的贾拉拉巴德城内。数周后，有关所发生之事的消息传到他那儿，他将愤慨之情记录在日记中：

> 科林·麦肯齐在市郊的一座旧城堡中奋战两日，随后杀出血路回归大部队，而大部队似乎没有办法冲开血路奔向他。麦肯齐安全带来手下所有兵卒和一群妇孺，他本人身负两处马刀伤，上演前所未有的果敢壮举。自那以后，那些凄苦的妇孺或死于非命，或委身为奴，因为 5000 名士兵未能恪尽麦肯齐偕 50 人所尽之职守。[55]

临时军营被围困，饥饿很快开始蔓延。

士兵的口粮配给减半，但与两年前穿越波伦山口出生入死的行军一样，最先受苦的是随营人员和驮畜。一周后约翰逊在

324

日记中写道："过去几天牛儿一直忍饥挨饿，得不到一片草叶，也没有一点点秣草或谷物。* 库存的大麦作为口粮被分发给随营人员，他们只能得到四分之一西尔的大麦作为每日食物。牛儿靠细枝嫩杈、树枝树皮勉强活命。几乎没有一头牲畜适宜驮载重物。"[56]一周后处境愈发严峻。"过去两天里，除了因缺少食物而饿毙的骆驼和马匹尸体外，随营人员没其他东西吃。已无从获得细枝和树皮，临时军营里的树都被剥得光秃秃的。"[57]

约翰逊不久便查明唯一行得通的食物来源是比比马赫卢（Bibi Mahru，意为圆脸女士）山的苏菲圣祠村，比比马赫卢即英国人所熟知的贝马鲁（Bemaroo）。这座村落位于北边半英里处的一条低矮山脊上，俯瞰临时军营后部。** 约翰逊最终与头领完成交涉，少量小麦现已送达临时军营，不过仅够几日之需。[58]更添苦难的是，如今气温下降，冬日初雪逐渐飘洒一地。大约同一时间，起义者开始用从城内及储存军需物资的城堡缴获的大炮轰炸临时军营。连番炮击几乎无技巧方法可言，整场战争中，阿富汗人一直很难找到训练有素的炮手，但是对临时军营壁垒的狂轰滥炸仍渐渐让遭围困的士兵神丧胆落。

叛军次日攻占穆罕默德·谢里夫的城堡，不久，大炮射击就辅以来自城堡的步枪连番齐射。城堡正对着临时军营正门，就位于通往城内的道路一侧。阿富汗人如入无人之境，步入城

---

* 分派给吉勒扎伊部落的其中一项任务是向临时军营提供粮秣。麦克诺滕削减津贴，部落民遂拒不提供给养以作报复。

** 村落和圣祠至今仍在那里，就在机场路上方，俯瞰喀布尔国际安全援助部队（ISAF）的大型基地以及用大量沙袋重重防护的美国大使馆（American Embassy）院落。

堡将其据为已有。他们迅速在墙上挖枪眼，以便用火力全面遏制英军自前门突围的图谋。11 月 6 日埃尔芬斯通明令禁止自壁垒还击，进一步阻挠英军抵抗，理由是"火药短缺！"满腹狐疑的塞尔夫人写道："当时火药充足，足以应付 12 个月的围困。"[59]

目前人尽皆知埃尔芬斯通是个累赘。塞尔夫人在日记中记述道："人们毫不犹豫地说，应将我们的长官束之高阁。可怜的将军被各方提出的纷繁主张弄得六神无主。他痼疾缠身，体力日渐衰弱。他满腹该受谴责的牢骚，他谈及撤退，继而提及遗弃我方信奉伊斯兰教的士兵。这一切给众士卒留下恶劣印象。"[60]事实的确如此。埃尔芬斯通非但缺乏领导才能，而且霎时间信心全无，这令士卒困惑气馁。印度兵悉达·罗摩写道："军队士气低迷、委顿不振。日日有战斗。因无从获得美食，欧洲裔战士丧失斗志，不像过去那样骁勇奋战。"更糟糕的是：

> 彻骨严寒让军中印度兵几已成为不舞之鹤……我们日夜遭受大炮炮击搅扰。故军人数看似以千计增加，他们手中长长的火绳枪射程远过我们的火枪射程。虽然他们根本不可能抵挡正规冲锋，但只要能在墙后屋后等地找到隐蔽处，他们的射击就令人苦不堪言……全军陷入悲惨困境……食物的价格实在高得离谱，人人创巨痛深。我见到诸多大人垂泪忧恼，他们怪罪己方将军和首领令自己蒙羞。他们说自己的首领老气横秋，简直一无是处……[61]

在痛风致残和接连败北的轮番煎熬下，埃尔芬斯通现已沉入心灰意懒的深渊。11 月 9 日，麦克诺滕决定从巴拉希萨尔城堡驻地请来谢尔顿，以便为取代埃尔芬斯通做准备。这是另一个失误。谢尔顿的消极委顿与埃尔芬斯通别无二致，要说有什么区别的话，就是他更坚信英国深陷山穷水尽的绝境。科林·麦肯齐写道："他既未带来帮助，亦未给予抚慰。他公开谈及撤退。"谢尔顿到达之时，麦肯齐兴高采烈地询问一切可好，谢尔顿答说："身强体健。"麦肯齐说道："哟，在这艰难岁月那总是件聊以自慰的事。""准将接着转向他，神色悲戚至极地说出三个字：'尘归尘。'"[62]

谢尔顿的到来还起到分裂英军统帅部的作用。麦克诺滕认为卫戍部队的职责是"不惧任何危险严防死守我方驻地"，谢尔顿却"极力主张立即撤退至贾拉拉巴德"。文森特·艾尔记述道："在此等生死攸关的重大问题上的意见分歧带来不幸恶果。将军有难之际，全体一致推波助澜，使其一蹶不振。"[63]

召请谢尔顿回归临时军营就意味着遗弃喀布尔那座名副其实坚不可摧、补给充足的堡垒中的英军阵地。临时军营所在位置的薄弱之处，众人有目共睹。更安妥的良策本该是离弃临时军营，英军移师巴拉希萨尔城堡。麦肯齐认为："尽管我们全都饥肠辘辘且以马匹和骆驼为食，但是本可以挺进巴拉希萨尔城堡坚持一年。各部族原本会在两周内渐渐散去。有一座固若金汤的堡垒居高临下俯瞰城镇，堡垒能够容纳全军将士，指挥官却说什么都不愿为己所用。"[64]

没人比设计者斯特尔特中尉更清楚临时军营易攻难守的根本性缺陷。"诸事不顺，急得他半疯半癫"，斯特尔特穿着睡衣从病榻上撑起身子，一再报信力劝指挥官搬入而非迁出苏贾的古堡。塞尔夫人在日记中记述道："若是听从斯特尔特的劝告，我们本应连夜将弹药送到那儿，运送完足量弹药时，所有人就轻装简囊地来一次大胆的夜行军。行军装备要以马匹能驮载的量为准。我们可以寄宿在当地居民家中（我承认那并不舒适）。他们储备了充足的过冬物资，我们无论如何都能购得，进而便可在或长或短的时间内对抗整个阿富汗。"[65]对于斯特尔特的计划，诸位指挥官的答复却是："临时军营既已花费了那么多钱，我们焉能离弃？"

谢尔顿起程后，苏贾孤立无援地留守堡垒，相伴的是沙的分队残余将士以及屈指可数的几名配属给该分队的英国军官。据塞尔夫人记述：

> （他）住在后宫门口，围城期间余下的时间里一直留在那儿。他一整天都坐在窗口，从窗口俯视临时军营，将一切尽收眼底。他手持望远镜眼巴巴地观望该地正在发生的种种事件的进展，悠悠忽忽、怅怅若失。他一度将皇室徽章统统取下，让诸军官坐在自己身边的椅子上，有一段时间看似失魂落魄（gobrowed）——一种东方表达用语，用来表示介乎目瞪口呆与计穷虑极间的某种状态。[66]

到了11月的第二周，随着英军在巴拉希萨尔城堡、都城以及临时军营周围所有城堡的诸阵地或失守或遭遗弃，战斗转而渐渐集中于比比马赫卢山。比比马赫卢山现已成为日益绝望的英国人仅存的补给来源地，这儿的众多城堡俯视村落、远眺临时军营，在这些城堡周围发生了连串的胜负未决的小规模交火。11 月 10 日起义者占领两侧高地，收紧对英国人的包围圈，他们"人数庞大，更胜蚂蚁与蝗虫"，迅速夺取了正对面山丘顶上一座名为利加布·巴什（Rikab Bashee）城堡的塔楼。[67]

三天后，叛军用人力将两门缴获的野战炮搬至高地上。谢尔顿陈说战败的诸多风险，照旧拒绝采取行动。怒不可遏的麦克诺滕最终言道："准将，你若听任敌军公然与你对抗，到今晚还不进击夺回这两门炮，那么你务必做好准备面对我们可能蒙受的种种奇耻大辱。"[68]翌日清晨拂晓时分，谢尔顿总算率步兵大规模出击，不料却立即遭阿富汗骑兵队袭击。这支人强马壮的骑兵队奋蹄径直追下来，穿过谢尔顿的队伍。阿塔王子记述道："阿富汗人集中兵力向山下冲锋，如刈草般屠戮数百名英格兰战士。双方英勇鏖战，各有伤亡。"[69]

直至 80 名士卒捐躯疆场，还有近 200 人负伤，英军这才成功塞住一门炮的火门，还硬生生将另一门炮拽回临时军营壁垒之内。[70]惊恐失据的卫戍部队欲行之有效地对抗信心日渐高涨、益发有恃无恐的围攻者，这并非范例。

11 月 15 日，两个衣衫褴褛的身影冲破围攻者的包围圈带来凶讯，英军的士气又一次遭受打击。埃尔德雷德·砕甸乍和约翰·霍顿看来是恰里卡尔卫戍部队 750 人中仅存的 2 名生还者。

被围困十日后，官兵们要渴疯了，越来越多的人接二连三当了逃兵，与日俱增的塔吉克及萨菲（Safi）部落民蜂拥加入兵营包围战，焦炙万分的砵甸乍断定唯一的出路是试着疾速奔赴喀布尔。他后来写道："军团备尝艰辛，完全是组织涣散、纪律松懈；本地军官根本控制不了手下战士，彻头彻尾低效；连轴转的士卒精疲力竭；总体上缺水缺给养。故此，我认为多多少少拯救我团将士的唯一希望是向喀布尔撤退。此举虽然危机四伏，但我怀抱希望，只盼无妻孥拖累，矫捷过人的勇士们能披荆斩棘、安度险关。" 329

不过就像麦肯齐夜间撤离储存军需物资的城堡一样，几乎从砵甸乍手下士卒冲出建筑物的那一刻起就一片混乱。砵甸乍在正式报告中承认："我发现迈出大门后完全不可能维持丝毫秩序，试图引领众人亦是徒劳。"[71] 仓皇逃遁的战士疯跑着努力找水喝时被击毙。留下的 300 名伤员，连同被活捉的印度兵及其妻眷，一个不剩地遭塔吉克部落首领瓜分，即刻被卖为奴。[72]

有坐骑相助的砵甸乍和霍顿，最终勇闯难关到达喀布尔。二人夜间远离大路循着达曼山西侧策马赶路，日间藏匿起来。只有寥寥可数的印度兵随后跋行而至。遭俘获并沦为奴隶的人当中就有士官长莫迪·罗摩，唯有他留下了记述被俘经历的文字。比大多数人走得远的莫迪·罗摩，在放眼可见目的地时被擒。他写道："战事突起时，城堡中有两名前来参访的廓尔喀托钵僧，他们来朝觐阿富汗的各个印度教圣地。"

托钵僧索要武器弹药，我方军官遵从他们的要求。两位强健的虔诚人士身怀绝技、骁勇善战，一切都让人惊叹，我们中无人比他们更擅长与阿富汗人作战。夜间我们皆一起向前推进，在到达伽拉花园（Kara Bagh）附近的一座村落前一直未受骚扰。在此，我们开始遭遇抵抗，小规模战斗持续进行至凌晨3点钟左右。那时我们的行踪已尽人皆知，敌匪朝我们围拢过来，人数每分钟都在激增，着实令人绝望。道路从伽拉花园中部穿过，两旁围墙林立，到处都有葡萄园。阿富汗人沿此排开泼弹如雨，密密稠稠枪枪致命。许多人被杀，我们被打得落花流水。路的一边有个入口通往葡萄园，我飞奔着穿过去，一个阿富汗人抓住我的衣服阻止我前行，不过我挣脱开来继续奔逃。我小心地将火枪带在身边，子弹袋中只剩五发火枪子弹。

330

黎明时分，莫迪·罗摩逼近英军临时军营，他意识到自己误打误撞闯入阿富汗围攻军当中。"我顿时明白进一步脱逃的希望全都破灭。我的腹带中有100卢比，这笔钱是在沙手下做事时积攒而来的。我取出钱把它们埋藏起来并摆上石块，觉得这样日后便能一眼认出来。我默默坐下，静候天崩地坼。此后不久，一伙骑兵靠近我所在地点，总共25人左右。一些人抓住我的脚，一些人攫住我的肩膀。"[73]阿富汗人试图用莫迪·罗摩自己的火枪射杀他，不过三次发射均失败，这时士官长告诉他们自己是名穆斯林，还说自己未被杀死是真主的旨意。他们要求莫迪·罗摩背诵穆斯林清真言（Kalima），他遂遵照要求吟诵。

他们接着将马刀从我喉部拿开，将我带到（他们的首领）巴赫乌德丁（Baha-ud-Din）面前，即刻夺去我的外衣、裤子、丝质手帕、手枪、鞋子以及若干其他物品，只给我留下一套睡衣裤。村民不断恫吓要处死我，但巴赫乌德丁终将我释放。我前行了一古斯，此时一名在路边耕作的男子捉住我，威胁说若不为他耕犁就取我性命。我与他一起时，夜间苦不堪言。天寒彻骨，我除了有袖短袍（chogah）别无他物蔽体。日间我仔细检查屋顶，在我看来只要移去烟囱的几块砖，就能神不知鬼不觉地逃出去。夜里我依此行事，成功脱逃。

不过为时不久，"我循路向贾拉拉巴德又前行了五古斯，其时一名正在喀布尔作战的将领之子派若干骑士前来捉拿我，骑士将我带去见他。所有村民，不分男女老幼皆聚拢过来，高声喊叫'不是异教徒就是洋鬼子，杀了他，杀了他'，但是年轻的首领保护了我，使我免遭暴力袭击。他吩咐我照料他的马匹"。莫迪·罗摩补充道："这位青年不断用望远镜向喀布尔方向瞭望，他说望远镜是亚历山大·伯恩斯爵士赠予自己父亲的礼物。"[74]

331

11 月 20 日，叛军的枪炮戛然而止，接下来三天均未对临时军营发起任何攻击。直至 23 号早晨才真相大白，原来叛军酌留数日停火，是在制造弹药和火药。是日清晨，黎明前，米尔·马斯吉迪手下大批科希斯坦人在临时军营上方高地集结，他们挖堑壕、筑胸墙，彻底切断英国人来自比比马赫卢山的粮秣补给，随后开始用火炮轰炸临时军营。谢尔顿不久就奉派前往高地悉力清剿敌匪。

阿塔王子写道："火炮的炮击声如惊雷隆隆。勇士阿卜杜拉·汗·阿查克扎伊听闻激战的喧嚣声，赶忙奔赴战场增援比比马赫卢山的圣战武士。他们将英格兰战士踩踏于马蹄之下，以利剑逐一砍杀，而后缴获英格兰人的一门炮，他们高呼着'真主至大'猛冲向英格兰人。"

谢尔顿为防御骑兵并实施自卫，遂在山丘丘顶将步兵排成两个方阵。这是英军抗御骑乘攻击的常规做法，在滑铁卢曾颇为有效地抵御拿破仑的枪骑兵。不过事实证明，该战术在阿富汗招致惨重损失。阿富汗人无非是撤退隐蔽，让杰撒伊步枪射手走上前来，在石头和岩石的掩护下朝密集排列的英军队伍射击，自己安然置身于英军火枪射程之外。射杀英国人如探囊取物，英军接连数小时一动不动地站着，密密匝匝的猩红色军服在山脊上呈现清晰轮廓。100名坑道工兵随军同行，"专为建起一段散兵壕（sangar，浅堑壕和胸墙）。在散兵壕的屏障之下，我方官兵本可以完全免受杰撒伊步枪的火力威胁而充满安全感……但不曾建起此类防御工事"。[75]官兵们反而暴露于山脊上，一排又一排士兵在驻足处倒下。谢尔顿在遭受火力攻击时仍不为所动，此举异常英勇，但致命的蹈常袭故。谢尔顿显然计无所出，手下步兵团唯有骈首就戮。

祸不单行的是，谢尔顿的一门炮因身管过热而无法回击阿富汗人的杰撒伊步枪。此刻文森特·艾尔就在伤员之列，一颗子弹射穿其左手，"暂时令我无法投身战斗"。科林·麦肯齐左肩中弹，他事后写道：

> 方阵前列不得不三度才被拼集齐整，毫不夸张地说，前排队伍被全部射杀……我们弹药殆尽。到下午1点，士卒因干渴疲惫而昏厥，但无从获取饮水，伤亡人数每一刻

都在增加。我试图劝说谢尔顿实施战术撤退，不料竟被告知：“我们誓不退却，要坚守山丘更长一段时间。”对于谢尔顿的拒不后退，虎背熊腰的奥利弗上校（Colonel Oliver）评述称，此举必然会以全体官兵向临时军营溃窜收场。他说自己太笨拙不便奔跑，所以越早中弹越好，接着就将自己暴露于敌军炮火之下，身受致命伤而一头倒下。[76]

塞尔夫人和其他旁观者自临时军营屋顶留神观察。“我对战场一览无余。我一直隐匿于烟囱后，借此躲避不停从身边飕飕飞过的子弹。”令众旁观者愈渐震怖的是，阿卜杜拉·汗现正亲率大批阿富汗勇士慢慢爬上靠近方阵的隐秘隘谷。他们避开了步兵部队视线，女士们却将一切尽收眼底。[77] 片刻之后，他们从隐蔽处窜出，猛扑向英军。据《苏丹传记》所载，“以骁勇著称的阿卜杜拉·汗·阿查克扎伊在自己的清晨祈祷词中加入殉道的祈愿。那一刻他吼道：‘承蒙真主恩典，胜利指日可待！’他似猛狮又似栖居于馨香草丛的巨蛇一般，率麾下部队发起一轮猛攻——缴获英格兰人的大炮，逼退英军步兵战士。遭驱散的英军战士难以招架此轮强攻，掉头鼠窜。”[78]

333

　　最近处的方阵在数分钟内土崩瓦解，阿富汗人开始将缴获的炮强行拖走。塞尔夫人写道：“像极了人们描述中的十字军之战的场景。敌军猛扑上来，驱赶自己面前的我方将士，恰似恶狼紧追猛赶羊群。他们抢夺那门炮时，我方炮兵英勇抗争。两人捐躯于炮旁，军士马尔霍尔（Sergeant Mulhall）身负三处伤，可怜的莱恩（Laing）在炮上挥舞利剑鼓舞士气时中弹。景象惨不忍睹，令我们心惊胆落。”[79]

不过，谢尔顿设法让剩余的一支方阵毫发未损。他命令司号兵吹响停止前进的号角，随后用刺刀反击夺回那门炮，在白刃战中将米尔·马斯吉迪和叛军军事指挥官阿卜杜拉·汗·阿查克扎伊杀死。苏丹·穆罕默德·汗·杜兰尼（Sultan Mohammad Khan Durrani）写道：“勇士之死的噩耗传来，每位穆斯林都如丧考妣，阿富汗各部族成员尤甚。若非他驾鹤西归，众勇士本可以当日攻下英军临时军营。”[80]

英国人暂时看似占了上风。但在阿富汗人撤退以及两个方阵残部重组之际，杰撒伊步枪射手重新开始射击，更多排的印度兵纷纷倒在驻足处。乔治·劳伦斯自临时军营壁垒惊恐观望，他写道：“随后苦苦恳求准将把握生死攸关的向敌军冲锋的决定性时机，但出于某种莫名的原因，根本无法劝诱他离开山丘。”[81]

继后又有一批叛军剑客聚集在隐秘的隘谷，准备发起最后的猛攻。这次全体官兵阵形大乱，在阿富汗骑兵的追赶下逃回临时军营。乔治·劳伦斯记述道：

334 　　　一切秩序荡然无存。我从自己的岗位可见己方兵卒飞奔逃遁，故军夹杂其中穷追不舍，他们多方夹击、大肆屠戮我军官兵，场面骇人、刻骨镂心。逃命者不断涌入临时军营之际，我们决然料定阿富汗人会随同进入。值得庆幸又颇出人意料的是，阿富汗骑兵突然向右疾驰而去，我们事后听闻，是受穆罕默德·奥斯曼·汗·巴拉克扎伊（Mahommad Osman Khan Barakzai）指挥，他是当时仍与威廉·麦克诺滕爵士保持联系的其中一位部族首领。然而谁又能描绘出当晚的惊栗惨状以及深感自己在劫难逃的张皇无措？我军士兵的行为自是无可宽宥，但是谢尔顿准将

的彻底无能亦彰显无遗。他鲁莽灭裂地让手下士卒置身高
山脊顶部、暴露于毁灭性炮火之下长达数小时，他一整天
顽固地怠忽职守，不善加利用赐予他的数次机会，不把握
敌匪短暂逃窜之机予以彻底驱散。谢尔顿准将离经叛道地
傲睨众将士，以行动证明自己毫无帅才，战士们对这样一
位主帅信心全无。[82]

这是战争的转折点，也是灾难深重的一天。上午谢尔顿率
1100 名士兵浩浩荡荡出发，其中远不止 300 人被杀，被遗弃
在外的伤员遭开膛破肚，山脚下的伤员妻小只能无助旁观。更
多受封堵未能重返临时军营壁垒内的人，当天夜里遭穷追猛打。
法耶兹·穆罕默德写道："那些朝着英格兰人的基地逃回来但迷
了路的战后生还者，虽想方设法隐匿于偏僻小径和犄角旮旯，
却被逐一围捕处决。对英格兰人而言，诸事件原本可控，这一
日的兵燹战祸将控制权尽数剥夺，他们简直被逼得走投无路。"[83]
　　尔后，英国人当然不再试图采取主动。麦肯齐写道："谢
尔顿的无能泯灭了诸军官的英雄气概。他们锐气尽失，军纪几
已化为乌有。"[84] "就连迄今仍沉溺于枯木逢春的冀望之中的军
官，对于我们未来的命运，亦渐渐心存令人沮丧的不祥预
感，"那晚艾尔在日记中毫不讳言，"我们的军队好似一艘船，
因缺乏一位干练的引航员指引它安度险关，而处于触礁搁浅、
船毁人亡的危险当中。即便在这最后时刻，诸事务的舵柄若由
称职的船员掌控，我们或许还能躲过覆灭的厄运，但在力挽狂
澜的救星渺无影踪的情况下，再明显不过的是，唯有上苍能拯
救我们。"[85]
　　那天夜里反倒有更糟的凶讯传至临时军营。都城枪炮齐

335

鸣，民众夹道欢迎，宣告阿克巴·汗驾临。阿克巴是多斯特·穆哈迈德的子嗣里性情最暴烈、最有军事实战能力的，他亲率米尔·瓦利旗下6000名乌兹别克骑兵从巴米扬动身前来，刚进城旋即全权接管抵抗组织。

抵城的头几天，阿克巴·汗在部下的谀媚逢迎中度过。克什米尔毛拉写道：

> 宛如春天给花园带来勃勃生机
> 权贵显宦、部族首领纷纷前来敬拜
> 男女老少万头攒动、交口颂扬

> 他们对他言道："我们大家的保护神啊！
> 你是我们的捍卫者、避风港和坚固基石！"

> 世间传来响遏行云的齐声祷告
> 天国里，众人叩问耶稣（Jesus）四海鼎沸为哪
> 般……[86]

阿克巴很快就以行动证明自己的确不愧为让英国人始终提心吊胆的劲敌。凭借首度有效封锁临时军营，数日之内就让起义面貌一新。毛拉奉派深入附近各村各落，阻止农民向英方售卖补给品。[87]后方村落皆被占领并由士兵驻守，众头领受到恫吓，称若向洋人出售哪怕一袋粮秣也会被立即处死。旨在连接

临时军营与巴拉希萨尔城堡及贾拉拉巴德路而新建的横跨喀布尔河的木桥遭焚毁。让麦克诺滕怒火中烧的是，尽管摧毁桥梁的阿富汗人无疑在射程之内，卫戍部队却未试图阻止破坏者的肆意恶行，只是在胸墙后敛手旁观。随着两名显赫的保皇派首领战死在比比马赫卢高地，先前有所分裂的叛军部队如今坚定不移地团结在阿克巴·汗及其麾下巴拉克扎伊族人周围。"他们（叛乱分子）如何做到和衷共济，简直神妙至极"，灰心丧气的麦克诺滕如是写道。[88]

阿克巴·汗与穆罕默德·沙·汗之女联姻，穆罕默德·沙·汗是吉勒扎伊部落最具权势的酋长之一，这亦开始改变抵抗组织的种族组成。阿卜杜拉·汗·阿查克扎伊毙命，米尔·马斯吉迪离世后其党羽一同起程安葬导师，嗣后科希斯坦的塔吉克人日渐受排挤出局，胸无城府却难对付的吉勒扎伊部落民现正逐渐操纵起义。都城城垣之外马哈茂德·汗的城堡成了吉勒扎伊部落民的根据地，谷底沙的花园则是巴拉克扎伊族人的根据地。吉勒扎伊众兵士在巴拉克扎伊武装力量的支援下，逐步里三层外三层地包围了噤若寒蝉的临时军营周围的小山顶。

冰冷暴风雪和饥饿导致士气不断下降，临时军营壁垒之内现面临强大压力。众人发现马饿得啃咬帐篷桩，来回来去地吃自己的粪便。塞尔夫人亲眼看见一匹饿慌了的马咬下近旁马儿的尾巴，狼吞虎咽地吃掉，塞尔夫人的母马也格格地啃食马车轮。像许多阿富汗人一样，阿塔王子幸灾乐祸于昔日傲慢的英国人今日的狼狈，他写道："方今之时，偏巧大雪纷飞，英格兰士兵从未见过银装素裹的呼罗珊，他们变得像渐渐消融的雪人一般。许多人死于饥饿，其他人杀死用作运输工具的骆驼和牛，穆斯林信众吃肉，印度教徒（Hindu）吃皮！在这些如堕十八层地狱的极端境遇之下，宗教实践及禁忌的千差万异皆被抛诸九霄云外。"[89] 眼见无法得到死马和死骆驼的随营人员正将街上的流浪狗烤得噼啪作响。

历经长达一年的监禁折磨，阿克巴·汗一个月前才被放出布哈拉的牢洞。据克什米尔毛拉称，获释前不久一名苏菲派圣人托梦给阿克巴，嘱咐阿克巴裹上包头巾、腰挂利剑前去保家卫国，称此乃真主赋予的使命。[90] 渐渐拜服于这位巴拉克扎伊后嗣的阿塔王子，从阿克巴的部下那儿得知关于此事的一种说法，他写道："高贵之城布哈拉的乌理玛向统治者纳西尔·艾尔道拉（Nasir al-Daula）求情，斡旋释放穆罕默德·阿克巴·汗将军①及其同伴一事。喀布尔众部族首领致函阿克巴欢迎他前来，表达了对其获释的喜悦之情，解释说近来战事之后英格兰军队的战斗力被大大削弱，根本无力抵抗，故将军此时到来切合时宜。现在正是替父报仇的时候，一雪盖世无双的埃米尔蒙受的榆次之辱！"阿克巴·汗直奔喀布尔，齐聚于此的部族首领和达官显要向他陈说英格兰人的种种不义恶行，恳请他伸张正义。将军遂修书求见麦克诺滕，商妥了会面一事。

次日，穆罕默德·阿克巴·汗将军偕若干丹诚相许的同伴从喀布尔策马奔赴约定地点，自临时军营出发的麦克诺滕亦如此。他们晤面并衷心拥抱，而后相引屏语。据报有此番话语：将军告知英格兰公使，他不再适宜滞留喀布尔，应移交一名属下军官作人质，而后动身前往

---

① Sardar Muhammad Akbar Khan，同 Sardar Mohammad Akbar Khan。——译者注

印度。将军之父——处尊居显、盖世无双的埃米尔何时摆脱异国监禁生活获释返回呼罗珊，就何时允许英格兰人质荣归故里。麦克诺滕表示同意，协议以书面形式被记录在案。英格兰人异口同声主张，达成协议后不应再有进一步冲突。[91]

而现实情况稍复杂一些。自起义伊始，麦克诺滕就透过仍活跃在城内的莫罕·拉尔与数位叛军指挥官接洽，一连数周探讨如下可能性：以收买的方式获得军事支援；分裂阿富汗各派系；精心筹谋以某种体面的方式光荣身退。谢尔顿遭遇惨败两日后，叛乱分子首派代表团前来要求英国无条件投降，公使予以接见。麦克诺滕亡故后，在其书桌上发现一封短笺，正如他本人在短笺中所述：

> 在我发起之下，叛乱分子派来的代表 25 日那天进入了临时军营，我收到他们提请的以我方撤离该国为前提的带有和平性质的建议。我向他们提出若干条件，依我看来唯有这些条件可被出于尊重地接受。次日上午他们以一封挑衅的回函作答，大意是说除非我同意缴械投降并且听任陛下自生自灭，否则我们务必做好准备应对一触即发的战事。对此我答复称，与其忍耻苟活，不如从容就死。在我们之间做抉择，归神灵主宰。[92]

麦克诺滕拒绝将苏贾及其家眷移交给阿克巴·汗，更与其不相闻问。对英国人来说，接下来又得有两周时间在饥饿焦灼中坐以待毙。麦克诺滕现正把策略的顺利实施寄托于渺茫的希望，

338

指望来自贾拉拉巴德、加兹尼或坎大哈的援军或能解救临时军营内士气低迷的部队官兵。政治军官麦格雷戈隶属于驻贾拉拉巴德的塞尔将军麾下旅，麦克诺滕再三求助于麦格雷戈，称"叠叠信函大书特书，敦促你偕塞尔麾下旅即刻返回喀布尔。倘使获接此函时仍未动身，我恳请你们速即启程。我们的处境岌岌可危，不过有你们襄助，我们就能勠力同心、扭转乾坤。你若对我们的性命抑或祖国的荣誉尚有丝毫尊重，请务必向我们伸出援手"。[93]

但是千辛万苦穿越库尔德喀布尔山口的最后一位信差带来消息，称塞尔本人被彻底围困在贾拉拉巴德，敌众我寡，无法脱身营救喀布尔。信差还禀告说失守的开伯尔山区现已封闭，从而断绝了援军试图从白沙瓦北上前行的一切可能。12 月 7 日，在厚厚的积雪阻塞道路之后，日趋明朗的是，至少在春季雪融冰消前救兵不大可能从坎大哈披荆斩棘而来。8 号上午麦克诺滕收到加兹尼卫戍部队仅余残部发来的消息，称他们亦受围攻，无法向身处喀布尔的同胞施以援手。[94] 眼下仅存一天的给养，委实是穷途末路、万念俱灰。濒于饿毙，危境迫在眉睫，军事领导层却持续陷入瘫痪。埃尔芬斯通和谢尔顿似乎都沉浸在绝望中。吃了败仗、忍饥挨饿的部队官兵行将哗变。阿富汗抵抗组织人数现估计已超 5 万，在兵力数量上以约 10 : 1 的比例远胜英国卫戍部队。

12 月 8 日晚，英军指挥官在会议上争吵激烈，所有焦虑在此次会议中达到顶点。事到如今，埃尔芬斯通、谢尔顿和麦克诺滕几乎互不搭腔，幼稚任性的谢尔顿对公使尤其贬损有加，他声言："我将嗤之以鼻。我要讥诮他。"[95] 谢尔顿在作战会议上公然侮慢将军，他把身体裹进被褥里躺于地上，征询其

339

意见时，他就以响亮的鼾声作答。

埃尔芬斯通在会上出示了应麦克诺滕要求撰写的书面信函，形式上为展开投降谈判承担责任，他辩口利辞：

> 我们深陷重围，在此坚守阵地三个多星期。粮秣给养匮乏；我军官兵状态每况愈下；伤病员众多；我们据守的临时军营延伸甚广、选址不当、易攻难守；寒冬渐渐迫近；我们与外界的联系已被切断；得到救援的希望渺茫；举国上下皆武装起来与我们对抗。鉴于以上原因，依我看来，我们在该国的地位不可能再维持下去，理应利用已有的提议，乘时乘势交涉磋商。[96]

其余诸军官亦正式宣告英军处境危如累卵，"传达了铁板钉钉的无保留意见，称在目前的境况之下，各部队不得再采取军事行动，故此要刻不容缓地就安全撤返印度斯坦议题进行交涉，完全无须论及沙·苏贾及其利益，因为英方的首要职责是保证麾下英军将士的荣誉与福利"。[97]军方欣然应允弃苏贾于不顾，这与沙对英国人异乎寻常的忠诚判若霄壤——尽管叛乱分子的诱人提议纷至沓来，恳请沙背弃不得人心的异教徒盟友，但沙依然故我。麦克诺滕再三警告称，企图离弃苏贾的任何尝试都会令英国人蒙羞受耻、"遗臭万年"，但他的意见遭批驳，他本人则奉命与阿克巴·汗会晤，弄清楚能谈妥何种条件，在英方立即从阿富汗撤兵期间确保英国人的安全。

二人的初次会议就在烧焦的木桥残骸另一边的喀布尔河冰封的河岸举行。麦克诺滕在劳伦斯、特雷弗及麦肯齐的陪同下出席，阿克巴则带着举事中起主导作用的诸部族首领一道前

340

来。[98]麦克诺滕一如既往地以趾高气扬、言不由衷的开场白拉
开会议序幕，他用流利的宫廷波斯语宣读道："基于近来诸事
件，渐渐昭然若揭的是，英国军队继续留在阿富汗为沙·苏
贾·乌尔木尔克①做后盾冒犯了大多数的阿富汗国民。鉴于英
国政府向此国家派兵旨在维护阿富汗人的统一、幸福和安宁，
除此之外别无他图，故此，该目标已然失败之际不可能再有意
逗留。"接下来是麦克诺滕拟定的条约草案的关键内容："首
先，现驻喀布尔的英军各部队将十万火速地前往白沙瓦，再从
那儿返回印度。其次，众将领②须承诺，英军官兵在旅途中不
受阻遏，尽享礼遇，在运输和给养方面获得一切可能的协
助。"[99]麦克诺滕在最后一份备忘录中记述称，就在这个时候，
"穆罕默德·阿克巴打断我问道，英方次日上午行军并无任何
阻碍，缘何未要求补给。我谈及上述事实只为说明该青年性情
急躁。穆罕默德·阿克巴遂遭其他部族首领数落，他本人亦自
责一番，但除这一次外，他的举止皆谦恭有礼，不过显然为自
己陡然扭转乾坤而神采飞扬"。[100]

341

　　两小时后，协议达成。英国人将于三天后，即 12 月 14 日
撤退，其安全会得到保障。英方移交特雷弗上尉作为人质，同
时将撤离贾拉拉巴德、加兹尼和坎大哈。英方支付大笔首付款，
阿方须送来食品、谷物及驮畜作为交换，以襄助英国人途中所
需。沙·苏贾有权选择与英国人一道离开或以白身留在喀布尔。
巴拉希萨尔城堡内为数不多的残余英国军官将首先撤离，把城
堡移交给阿克巴·汗。与此同时，卢迪亚纳的多斯特·穆哈迈

---

① Shah Shuja-ool-Moolk，同 Shah Shuja ul-Mulk。——译者注
② Sirdar，同 Sardar。——译者注

德将被解除软禁，亦被允许重掌王权。阿富汗人保证，未经英国人同意不与任何外国势力结盟。作为回报，英国人承诺"若非应阿富汗领导人之邀，英格兰军队不会越境进入阿富汗领土"。

麦克诺滕认为这些是自己可能争取到的最佳条款，他的天真和痴思妄想一如往昔。麦克诺滕致函奥克兰称："我们将以朋友的身份与阿富汗人挥手道别。令我心满意足的是，此后或会建立的任何政府将始终有意与我们的互信互谅。"[101]

当然，此事从头至尾都未征询沙·苏贾本人的意见，尽管这场战争是以他的名义发动，占领期间也以他的名义进行治理的。麦克诺滕一度是沙的拥护者。为沙·苏贾作传的穆罕默德·侯赛因·赫拉特描述了沙得闻麦克诺滕提出的诸条款时的反应，这是唯一留存下来述说当时情景的文字：

> 陛下在得悉有关该协议的情报后致函麦克诺滕，内容如下："你把我们带回这个国家，只是为了将我们交予仇敌？难道你仍不知晓巴拉克扎伊族人和吾国子民的不忠不信？向这些睚眦必报的人抛金洒银，只会令你本人更快地跨鹤西归，也加速了我们的死亡与毁灭！那明智否？"麦克诺滕仅仅反驳称"变更已达成的协议为时已晚"。陛下忧心如焚，像水银珠一般东溜西窜，昼夜绞扭双手。他言道："麦克诺滕发疯了。这会让我们俩都命丧黄泉！"

麦克诺滕命令残存的英军官兵撤出巴拉希萨尔城堡，送信通知

342

阿克巴·汗称英方已撤离，他可以派遣自己的部队驻守城堡。

> 穆罕默德·阿克巴·汗立即遣派 2000 名携带杰撒伊
> 步枪的吉勒扎伊部落民。正派的喀布尔居民不寒而栗，他
> 们惊呼道："倘若阿克巴·汗接管城堡，何等灾祸会降临
> 到沙·苏贾的女眷、子嗣及眷属身上？愿真主保佑
> 他们！"
>
> 一想到近在眼前的奸淫掳掠，陛下就陷入颓丧的旋
> 涡。不过，巴拉希萨尔城堡的居民大多是在高墙院落出生
> 的老家臣、在王室的保护及资助下长大成人的忠贞不二的
> 仆佣，至少这些人在日暮穷途时未懦弱屈服。最后一批英
> 格兰军队大步走出城堡后，他们旋即果敢地禁闭其身后大
> 门，将已潜入城堡的叛军战士尽数杀死，迫使阿克巴·汗
> 麾下部队败兴而退。[102]

阿克巴·汗麾下部队又试着向巴拉希萨尔城堡正门发起两轮猛
攻，但是沙·苏贾的王室禁卫军将他们成功逐退，令其蒙受重
创，而这支禁卫军长久以来一直被英国人贬损为"一无是处
的乌合之众"。劳伦斯写道："我们不由得钦佩他（苏贾）在
这千钧一发的危急时刻所展现出的机敏与胆魄。我们由衷切望
自己的领导者能表现出类似活力，因为他们仍看似束手无策，
未能采取任何措施确保我们的荣誉和安全。"[103]

英国人对苏贾的警告一概充耳不闻，在他们奴颜婢膝、屈
节辱命之际，沙依然负险固守，成功捍卫巴拉希萨尔城堡，直
到多个月后，初春冰雪消融伊始，他自愿毅然走出给养充足的
堡垒。

就在麦克诺滕暗中将沙·苏贾当作牺牲品之时，加尔各答的奥克兰勋爵多少有些出人意料地举办了舞会以款待苏贾的老对手多斯特·穆哈迈德。

　　呼吸过西姆拉"令人神清气爽"的空气后，加尔各答整个夏季的炎热潮湿让艾登一家人心有余悸。埃米莉在给友人的信中写道："我们从阿富汗政治事务的利益纷争中有所喘息，遂陷入日常难题，严防自己被活活烤死。可以说，我们已上升到这一更高追求，因为两者当中这更重要，也更难实现……"[104]酷热坚定了埃米莉的看法，觉得他们是时候摆脱亚洲的恐怖惨状，速速折返肯辛顿的安全处所。"我们的乔治在印度成绩斐然，不是吗？你是知道的，我们始终对他钦佩有加，即便在他混沌潦倒、怪里怪气的日子里亦如是……我认为他现已尽足本分，不妨归家，但是家乡无人会对此有所耳闻。本月的急件令我深感绝望。"[105]

　　但是职责所在，责无旁贷。置身于孟加拉六月湿漉漉的潮热之中，"在印度从未感受过比这更让人无望的天气"，姊妹俩决定在维多利亚女王生日当天举办舞会。埃米莉继而写道："我们女王的舞会颇为盛大。我痴想着这是我们最后一场舞会，故此很高兴舞会进行得这般顺利。我佩戴了钻石首饰！"嘉宾中的主角是埃米尔本人，向众人公开展示的不仅是位奇人异士，而且也为奥克兰勋爵外交政策的丰硕成果做宣传。埃米莉继续写道：

344 　　　多斯特·穆哈迈德、其子嗣及一众扈从出席了我们的
舞会，他破天荒地目睹欧洲女士身着伤风败俗的礼服，但
没见到我们起舞，乔治带他去了另一个房间。他是那种极
具王者风范的人，沉机观变、八面圆通地应对自己半俘虏
半名流的身份。为了让乔治在晚上部分时间得解脱，我邀
请埃米尔下棋，我们玩了一局又一局。这是颇为巨大的成
就，有鉴于本地象棋并不像我们的西洋棋，下棋过程中他
又不断创造新规则。假若他不是多斯特，这实在不太公平。[106]

嗣后，埃米莉询问自己的这位棋搭子自己能否为他及其随员画
肖像。他同意摆姿势让她提笔勾画，之后未知会一声也未等她
完成画作，就动身北上返回卢迪亚纳。埃米莉对此错愕的程度
丝毫不亚于对加尔各答潮湿天气的惊诧。有几分愤懑的埃米莉
报知英格兰的姊妹："我一直在为多斯特·穆哈迈德及其家人
画素描，他今天上午起程前往北部诸省，给我留下一位甥侄辈
亲戚，我没为他画过素描。于是，今早我神采奕奕地早早起
身，早餐前科尔文就将那位甥侄从蒸汽室中提溜出来，带他来
摆好姿势让我作画。这位甥侄与画作中出卖耶稣的加略人犹大
（Judas Iscariot）模样十分相似，不过他是个好题材。考虑到
科尔文未用早餐，他波斯语却似乎说得劲头十足。"[107]

　　多斯特·穆哈迈德从加尔各答起程后不久，阿富汗国内形
势就开始急剧恶化。两周后消息传来，称伦敦方面选举产生了
一个保守党政府。斟酌损益后，奥克兰勋爵辞去了总督一职。
埃伦伯勒勋爵受命接任其职务，十年前正是他别出心裁地写下
遣派伯恩斯循印度河逆流而上的备忘录。

　　一周后信使抵达孟加拉，带来伯恩斯遇害以及奥克兰勋爵

的阿富汗总体战略迅速土崩瓦解的消息。第一封送达总督府（Government House）的急件是塞尔将军三周前写于贾拉拉巴德的短笺。塞尔向奥克兰讲述了喀布尔大难临头的最初传闻以及自己受围困的情况。那夜，奥克兰致函总司令贾斯珀·尼科尔斯爵士（Sir Jasper Nicholls）："毋庸告知这些消息和情报令我何等忧心如捣。言中有意、玄外有音，可想而知情势尤为严峻可畏，但我并非要谈及自己的感受。问题是，该怎么办？"

他接着阐述了各种不同选择。像驻喀布尔的属下诸将军一样，接二连三令人沮丧的消息似乎让他丧失了行动能力。奥克兰从一开始就反对立即给予军事回应的想法，他写道："我提议明天召开特别会议，不过在我看来，我们不会考虑增兵阿富汗，无须再次征服很可能相失交臂的异邦……阿富汗的民族精神恐已广受鼓舞。"[108]

实情是，奥克兰早在数月前就认识到自己的阿富汗政策大谬不然、难逃劫数，因为该政策让整个印度政府面临破产的危险。如今随着灾祸迫在眉睫，外加国库空虚，奥克兰毫不犹豫地痛下决心，要简简单单地将整个计划一笔勾销，不再向一场必败无疑的战斗进一步投入任何资源。

对沙·苏贾、麦克诺滕，甚至是狩猎松鸡的昔日同伴"埃费大公"，奥克兰一概弃之不顾，留他们自行收拾烂摊子。加尔各答方面不会施以任何援助。

12月的第二周，喀布尔大雪纷飞。暴雪从兴都库什山区滚滚而来、一泻而下，顷刻就使都城四周土灰色的丘陵变成白晃晃一片。积雪厚厚地堆在临时军营的胸墙上，喀布尔河已封冻。阿塔王子写道："大雪未给众将领和勇士带来不便，他们如鱼得水。但是来自印度的军队不习惯雪天，很多人死去，其他许多人因严寒而逐渐丧失作战能力。"[109]

对麦克诺滕而言，雪是最不足道的烦心事。他已遵照协定移交剩余的两座俯瞰临时军营的堡垒，此外还交付了众将领索要的大笔首付款，其中包括给阿克巴·汗的两万卢比。但是，阿方承诺的粮秣仍只是零零星星地被送达，英军官兵及军中驮畜依旧濒临饿毙。[110]阿富汗人承诺的运货马车和辎重驮畜亦不见踪影，英格兰人需要用它们将己方物品运回印度。结果，撤兵的最后期限 12 月 14 日就这么过去了，英军纹丝未动。与此同时，临时军营内残存的任何公然抗争都衰退为威吓之下的焦虑恐惧。麦肯齐写道：

> 极度缺乏常识，听任数以百计、武装到牙齿的敌匪迂回潜入临时军营，他们四处走动、窥探一切。一名吉勒扎伊部落民在距离装有炮弹、能发射六磅重炮弹的大炮几码远的地方，拔剑直指斯特尔特中尉，只因该军官竭力阻挡那人豪横跋扈的同伴。严令禁止哨兵开火，致使我方随营人员和友善的阿富汗人常遭抢劫，甚至在距营地围墙十几码处遇害。第 5 骑兵队的一群乱哄哄的绵羊在离壁垒不足 150 码的地方遭捕获，这一切就发生在卫戍部队全体官兵的眼皮底下。[111]

认识到英国人陷入穷途末路，阿克巴·汗现增加要求，要英国人额外交出几门大炮，还要扣押更多人质。眼见英国人逐渐堕入无底深渊，阿富汗人既已放松警惕，麦克诺滕遂再次向指挥官提出撤退到巴拉希萨尔城堡，乃至与阿富汗人重开战事的想法。"（用劳伦斯的话说）就是立即以战斗队形开拔，或开进喀布尔，或与城垣下的敌军交战。麦克诺滕表达了自己的热望，称既已得到来自巴拉希萨尔城堡的生力军增援，将军或应采纳这一清楚明了的行动方针"。[112]谢尔顿和埃尔芬斯通又一次全盘否决了麦克诺滕的计划，二人似乎比以往任何时候都更毅然决然地让英军尽快撤离阿富汗。劳伦斯补充道："诸城堡在我们拱手出让的当天晚上即被阿富汗人占据。在我方官兵撤离腾空城堡之际，我和公使就站在清真寺附近的土墩上。我不羞于承认，当时确因悲愤交加而泪湿双眼。我们见证了偌多将士抛头颅洒热血夺取过来严防死守的诸要塞，我们摇摇欲坠的喀布尔政权最后的支柱，一个接一个地转让给揣奸把猾、大喜若狂的仇敌。"[113]

347

　　事态毫无征兆地显现出细丝微缕的光明与希望。麦克诺滕早前曾强迫苏贾任命奥斯曼·汗为当朝尼扎姆，11 月 20 日首相奥斯曼·汗送来消息，称自己昔日的庇护人、初时承担起义领导权的巴拉克扎伊首领纳瓦布扎曼·汗，"由于民众团结在穆罕默德·阿克巴周围而受冒犯，传话说想成为英格兰人的盟友。试图在阿富汗的刀光剑影、血雨腥风下存身保命的英格兰人将当朝尼扎姆的来函视为天赐佳音"。[114]同时有消息传来，称许多叛军兵士因食物价格高昂而对阿克巴·汗心存不满。[115]

　　麦克诺滕随即开始另辟蹊径，企图分而治之。为避免隆冬时节穿越敌方崇山峻岭撤退所潜在的被灾蒙祸之险，他孤注一掷地多方尝试各种鬼蜮伎俩，"抓住每个看似有可能比上一次带来更多希望的新联盟"。他透过莫罕·拉尔，分别向奇兹巴什和吉勒扎伊众首领提供数目可观的两万卢比钱款，俾使他们与叛乱分子决裂，团结一致支持英国人。麦克诺滕声称，"若有任何一部分阿富汗人希望我方部队驻留该国，我理当认为自己有权违约，废弃已订立的盟约。当初定约只因坚信这秉承全体阿富汗国民的意愿"。

怎奈麦克诺滕一筹莫展。"很难知晓如何是好"，其时他狼狈万状地修书给莫罕·拉尔。[116] 麦克诺滕不了解紧系吉勒扎伊部落民与阿克巴·汗的这种姻娅关系牢不可破，犹未领悟大多数阿富汗人对异教徒占领者憎恶到何种程度。再者，莫罕·拉尔受到监视，阿克巴手下密探已将公使蹩脚的诡诈图谋巨细无遗地一一传禀。此外，还有推波助澜的谣言在叛乱分子中流传，称麦克诺滕广募刺客、悬赏行刺阿克巴及其他敌对的部族首领。据阿塔王子称，"麦克诺滕致密函给众部族首领，大意是说无论谁将穆罕默德·阿克巴·汗将军斩首，都会得到一笔一万卢比的赏金并获任公使助理一职。诸汗阅此函，速即将原件转交给阿克巴·汗。阿克巴·汗保留密函"。[117] 传闻大有可能属实，莫罕·拉尔的往来书函无疑可提供佐证。一位名叫阿卜杜勒·阿齐兹（Abdul Aziz）的受雇刺客向莫罕·拉尔呈送票据，索要缉杀阿卜杜拉·汗·阿查克扎伊的赏金，他声称自己在 11 月 23 日与谢尔顿交战时以一枚毒弹击中阿卜杜拉·汗·阿查克扎伊的背部。这就暗示了莫罕·拉尔确曾悬赏缉杀叛军渠魁。[118] 若未得到公使某种形式的授权，莫罕·拉尔绝不可能如此胆大妄为。

闻知此事，阿克巴·汗决定设圈套揭露麦克诺滕两面三刀的丑行。12 月 22 日晚，阿克巴·汗派两名堂表兄弟在詹姆斯·斯金纳上尉的陪同下前往临时军营。年轻的英印混血骑兵指挥官詹姆斯·斯金纳是斯金纳骑兵团的创立者之子。起义首日，他穿着女式罩袍试图逃离都城时被俘并遭拘押。

晚宴期间，巴拉克扎伊特使向麦克诺滕提出一项惊人的新提议。他们宣称，倘若英国人支持阿克巴·汗，努力为其争取维齐尔一职，助其攫获真正的权柄，英国人就能留在阿富汗直至开春，苏贾亦能继续为沙。麦克诺滕要是肯做出书面承诺保证予以襄助，并支付数目惊人的 30 万英镑首付款和 4 万英镑年金，那么阿克巴·汗就乐意献上阿米努拉·汗·洛伽尔的头颅。这显然向麦克诺滕提供了撕毁新近谈妥的盟约并与阿克巴·汗达成秘密协议的机会。鉴于英国人自身处境颓败不堪，这些条款慷慨得让人疑窦丛生，但是麦克诺滕最终败给了妄自尊大。看来他是说服了自己，坚信近来的阴谋诡计卓有成效，致使阿克巴为捍卫自身地位被迫妥协。麦克诺滕拒绝了将阿米努拉斩首的提议，表示只需拘捕阿米努拉·汗，以战俘身份将其移交给英国人就已足矣。不过，麦克诺滕进了其余圈套，还签署了一份波斯语文件，白纸黑字地写下自己的承诺。据莫罕·拉尔称，"公使接受提议时并非全无疑窦，但因无望获得军事援助，又考虑到撤军构想有损英国名誉，他就似溺水之人抓住了救命稻草"。[119]

对阿克巴·汗而言，这正是证明公使表里不一的决定性证据。阿克巴·汗向阿米努拉·汗展示了这份文件，还告诫其余部族首领，称麦克诺滕自愿背弃与他们谈妥的协议，背地里达成秘密交易。而后，阿克巴·汗捎信给麦克诺滕，相约次日上午再次会晤，以定妥秘密计划的具体事宜。麦克诺滕慨然应允。

拂晓时分，公使召见乔治·劳伦斯、麦肯齐和特雷弗，告

349

知该提议的相关情况。据劳伦斯讲述，麦克诺滕言称：

> 他合情合理地寄予一切厚望，这将提早圆满终结我们当前的困境。他还说阿克巴会将阿米努拉·汗①以战俘身份送交我方。威廉爵士接着提醒我，准备好携情报纵马奔去觐见国王，禀告阿克巴提议之事。我再次谈到此计谋似乎有风险，询问他是否毫未察觉其中有诈，他立即答道："这的确危险，不过若能成功，不惜一切代价铤而走险亦值得。叛乱分子尚未履行哪怕一条协约条款，我不信任他们，但只要能借此保全我们的名誉，一切皆会好转。不管怎样，我宁愿丧命百回，也不愿再度经历刚刚过去的六个星期的劫难。"

哈桑·汗是麦肯齐手下杰撒伊步枪手的头领，他曾忠于职守地指挥众官兵撤离储存军需物资的城堡。此刻，哈桑·汗插话，"再三警告威廉爵士，称冒险与阿富汗部族首领晤谈，很可能以命丧黄泉收场。他争辩说自己无疑比威廉爵士更准确地领会本国同胞的意图，还说这个群体完全不以我们所谓的背信弃义为耻"。麦肯齐也指出，提议听来十分可疑，不过麦克诺滕答说："阴谋！莫加干涉，此事全包在我身上！"埃尔芬斯通同样提出反对意见，麦克诺滕洋洋自得回敬道："这交由我来处理，我比你深谙这些事的门道。"

谢尔顿本应派军方护卫队与麦克诺滕偕行，不过骑兵队一如既往地组织混乱，未做好出发准备。等待片刻后，急不可耐

---

① Aminoollah Khan，同 Aminullah Khan。——译者注

的麦克诺滕决定仅偕一支小型贴身卫队动身赴约，其三名助理劳伦斯、特雷弗和麦肯齐随行。阿克巴·汗已在约定的会晤地点等候，相携同来的有亲戚苏丹·贾恩·巴拉克扎伊（Sultan Jan Barakzai）、阿克巴·汗的岳父吉勒扎伊部落首领穆罕默德·沙·汗，还有一位英国人未能认出的部族首领，实为阿米努拉·汗的弟弟，他前来见证麦克诺滕的悖逆之举。

晤谈在足够亲切有礼的氛围中展开。公使将阿克巴先前赞不绝口的珍贵骏马赠予他。公使头天还送来自己的四轮马车及一对马，此外还有数把双管手枪，年轻的叛军领袖为此向麦克诺滕礼貌言谢。一行人下马，马鞍褥在一座小山冈上铺开。阿富汗人解释说，这里没有积雪，所处方位又恰好遮蔽来自临时军营的部分视线。公使随后在阿克巴·汗身旁坐下，特雷弗和麦肯齐挨着公使相伴而坐。劳伦斯站于麦克诺滕身后，在阿克巴的竭力劝说下才单膝跪地。接着劳伦斯指出，越来越多阿富汗人聚集在这一地点，此次会议的主题若具机密性，其余人员最好还是撤离。麦克诺滕将此番话转述给阿克巴，阿克巴答称"他们都知晓内情"。劳伦斯后来写道："他语音刚落，我就发现自己的双臂被人揪住、动弹不得，我的手枪和宝剑被从腰带上猛拽下来，我本人被强行从地面拎起拖走。穆罕默德·沙·汗·吉勒扎伊①擒住我大声喊道：'你若珍视自己的性命就跟我走！'我转身看见公使倒在地上，他的头在脚踵方才所处位置，双手卡在阿克巴手中，脸上现出骇愕恐慌的表情。"[120]

据阿塔王子所述：

<hr/>

① Mahomed Shah Khan Ghilzai，同 Mohammad Shah Khan Ghilzai。——译者注

（劳伦斯被生拉硬拽带走时，阿克巴）将军对麦克诺滕叱喝道："你身为伟大国王的大臣，辉煌之师的首领，异国他邦的达官显贵皆称颂你的学识与成就。恕我万万不敢苟同，我认为你不过是个言而无信的愚人莽汉，你亲笔书写凭据暴露自己秘而不宣的悖逆之举！你始终未能在交战中占据上风，现却力图通过诡计摧毁我们。你这个不忠不信、招摇撞骗的无赖！这么快就背弃我们的协议！你认为我信任的会是你而非喀布尔的同胞？你认为这般轻易就能让我们悉听尊便地自相残杀？你意识到自己出了多么大的洋相吗？真不害臊，你就是个笑柄！我意在让你于前呼后拥之下体面离开喀布尔、撤返印度，你的阴谋却是让我遭暗杀。你的心萦绕着黑烟和痴念妄想，黑魆魆一片！你现在最好随我进喀布尔城！"

惊慌失措的麦克诺滕试着逃跑，"好似鸽子振翅飞翔，欲匆匆摆脱老鹰的抓捕"。阿克巴"一把逮住他，拔出嗜血的利剑，将公使开膛破肚并斩首。显赫卓绝的首席大臣麦克诺滕大人[1]的无头尸，如疯狗的死尸一般，遭肢解并被拖进城。继后，连同他的头颅和高顶礼帽一起，在四房顶巴扎（Four-Roofed Bazaar）被高悬示众"。[121]

作为一位目击者，科林·麦肯齐讲述的事件始末略有不同。他写道，当一伙持械的阿富汗人走近就座的一行人时，阿克巴·汗请求麦克诺滕移坐一边，称有秘事相告。麦克诺滕倾身靠近时，阿克巴·汗突然高呼"抓住（Bigir）他！抓住

352

---

① Saheb，同 Sahib。——译者注

他！"随即拧住公使的双臂使其动弹不得。阿克巴面露"穷凶极恶"的神情，麦克诺滕的脸上则"挂满恐惧惊愕"。阿克巴抓着麦克诺滕的腰，用枪指着他，试图逼他上马随自己一道进城，麦克诺滕大声吼叫"看在真主的份上（Az barae Khooda）！"眼见"公使拒绝进城，言称'你欲奈我何？'"苏丹·贾恩遂对阿克巴说道："士兵正从临时军营赶来。速速行动，不然我们都会被抓获。"闻此言，阿克巴·汗立即用刚获赠的双管手枪射杀公使。麦克诺滕尚得一息残喘，阿克巴命仆从用杰撒伊步枪将其击毙，这才了结了英国公使的性命。阿克巴随后命人砍下其头颅，下令将公使和特雷弗上尉的尸首一道拖拽着穿街越巷——特雷弗上尉是被苏丹·贾恩杀害的。[122]

麦克诺滕的贴身卫队由16名骑兵组成，暴力事件发生之初，他们就都逃之夭夭，未做任何努力营救诸军官。[123]他们扬鞭奋蹄奔向临时军营，途中碰到延迟出发的骑兵护卫队，护卫队随后也掉头鼠窜。劳伦斯写道：

　　没有（从临时军营）调遣一兵一卒，也没有派出任何一队人马侦察敌情。部队未有出击，甚至一枪未发，尽管目睹一群群敌军骑兵和步兵从会议地点匆促赶往马哈迈德·汗的城堡，数名军官声称透过双筒望远镜能清楚望见举行会晤的地方地上横卧两具尸首。未做任何尝试寻回他们。是故，几乎就在我方以壕沟防护的阵地火枪射程之内，一名英国公使在光天化日之下遭残忍杀害，其面目全非的尸体一连数小时留在倒毙处，最终被一伙暴戾恣睢的暴徒抢走。他们无所不用其极地横加凌辱，在整座都城游街示众。我方未试图搭救一行人中的任何一人，亦未对此次空前暴行施以报复。[124]

353 　　其间，麦肯齐和劳伦斯遭劫持。两人"被一群吉勒扎伊部落民团团围住，他们利剑出鞘，将杰撒伊步枪扳上扳机，'杀死异教徒'的呼喊声变得越来越激越……"不过，阿克巴·汗保护了他们。正如麦肯齐满怀感激的记述道，他拔出剑"极为英勇果决地亲自奋力拼杀。在认为我已安全后，他秉性中的自命不凡战胜了谦恭有礼，他继而转身面向我，以一种得意扬扬的嘲弄口吻重复说道：'你们不是要夺取我的祖国吗（Shuma mulk-i-ma me-girid）？'"[125]与此同时，劳伦斯也在枪口威胁下被匆匆带走，穿过一群群愤怒的吉勒扎伊部落民，民众向着位于马哈茂德·汗的城堡的吉勒扎伊总部叫嚷着要求以战俘"献祭"（Koorban）。两名俘虏被推进城堡中的一间牢房。就在牢门关闭前，一名部族男子挥剑猛击麦肯齐。站于近旁的穆罕默德·沙·汗·吉勒扎伊用一只手臂搂住麦肯齐加以保护，自己的肩部却被砍伤。[126]

　　嗣后不久，麦克诺滕的阴谋中假定的受害者阿米努拉·汗·洛伽尔突然闯到两名俘虏面前，告知说他们很快就会被从大炮炮口轰出去。吉勒扎伊部落民聚集在牢房外，奚落两名被俘的异教徒。他们吐唾于地，把刀剑和枪支戳过栅栏，还试图砸开牢门。看守只是勉强阻遏住群众残杀俘虏。几分钟后又有一阵骚动，俘虏们向外张望，只见一只人手被钉在杆上。吉勒扎伊部落民尖声叫嚷："看好了！你们自己的身躯行将蒙受同样的苦难。"

　　那是公使的手。麦克诺滕和特雷弗的头颅随后被顶在长矛矛尖上游街示众，他们的躯干被拖过大街小巷，而后遭剥皮，人皮就垂挂在集市的挂肉钩上。[127]就连麦克诺滕的蓝色大眼镜也被拿来展示。[128]阿塔王子评述道：

众人皆来此目睹暴露于光天化日之下的残骸，嫌恶地加以唾弃。坦诚正直、审慎守约的金币是通行四海的货币，即便在最动荡的情势下，亦能保护其拥有者免于蒙羞受耻。"若忠诚守信，民众将爱戴你。狡诈诓骗只会令大众回避、憎恶！"一如现在，穆罕默德·阿克巴·汗将军美名远扬，人人交口相传英格兰人所有的成就缘何只是将野心落空、饥火烧肠的蠢驴们驱赶回印度，迫使印度妇女穿上寡妇的丧服为夫服丧！昭昭在目的是，一度吹嘘自己老谋深算、骁勇善战的英格兰男子，与呼罗珊众将领相比一文不值。他们其实不过是陷落泥潭的骡子！[129]

354

第八章 号角哀鸣

1842 年 1 月 6 日上午 9 时刚过，英军就开始从喀布尔撤退。

前一天夜里，现已几乎痊愈的斯特尔特中尉在后门左侧的部分围墙布设地雷，为的是炸开个宽阔的豁口，俾使残余的 3800 名印度兵、700 名欧洲裔骑兵和步兵，以及 1.4 万名随营人员穿行无阻。拂晓时分，地雷砰的一声炸开，围墙向外爆裂，以便在壕沟上形成一道桥。

幕墙上新炸开一道犬牙交错的裂口，透过这道裂口看过去，旭日正从环绕喀布尔四周的白雪皑皑的群山上升起，揭示这一天"晴朗清丽又严寒彻骨，地面上的积雪近乎一英尺深"。[1] 不过，一列列士兵等待撤离相对安全的临时军营壁垒，向着前途未卜的阿富汗崇山峻岭进发，绝非那么振奋人心的景象。"一支卑躬屈膝、萎靡不振、意志消沉的军队，与前些时候那群看上去眼明手捷、无忧无虑的兵卒相去万里"，懊丧的

乔治·劳伦斯如此认为。他与科林·麦肯齐早前一同获释，以 356
协助监督撤兵。众人列队出发，一迈入未经踩踏的雪地，"士
卒们（立刻）就步步深陷一英尺厚的积雪……毋庸置疑，我
们是一支在劫难逃的军队。在此念头支配下，我的内心万念
俱灰"。[2]

自英国人确切得知其政治领袖威廉·海·麦克诺滕爵士被
阿克巴·汗杀害之时算起，现已过去两周。在相互矛盾的传闻
中焦灼等待两天后，英军最忧惧的事得到证实：英国人的确失
去了自己的领袖，麦克诺滕夫人失去了丈夫。

妄自尊大的洋人侵略者蒙受匪夷所思的彻底逆转，阿富汗
人流露出欢欣鼓舞的情绪，但也多多少少对麦克诺滕夫人怀有
侠义的恻隐之心，至少诗人群体如此。在《阿克巴本记》中，
当麦克诺滕夫人得悉夫君一去不返时，哈米德·克什米尔毛拉
借她之口道出一首哀哀欲绝的挽歌：

> ……穷兵黩武的海大人之妻撕扯着衣领
> 柔肠寸断、五内俱崩，悲吟哀歌倾吐丧夫之痛……

> 她泣诉道："洋人国度的王子啊！
> 你在罗马（Rum，亦泛指欧洲）受敬仰，在埃塞俄
> 比亚享美誉！

> 怎奈在这一方异土劫数难逃
> 在此，你难遁一死

> 归来吧！有你相伴，瓮牖桑枢亦可幸

家徒壁立胜过这般权倾朝野……

……此刻，穷街顽童与陋巷鼠辈
玩弄着那滚动的头颅，好似皮球一般……

……骄傲的征服者啊，归来吧！
你高举的王冠和宝座现属于你

今日，喀布尔尘埃密布的路上
躺着你无头的尸体和无冕的头颅"[3]

357 但是，毛拉所表露的任何同情都被一种笃信不疑的信念缓解——一度有权有势的英国人以异乎寻常的速度垮台，最关键的原因在于触怒了天神，满口谎言、狡诈多端的异教徒是罪有应得。对克什米尔毛拉而言，这种信念的终极佐证是喀布尔当时遭遇前所未有的暴风雪，进一步令受诅咒的不信者狼狈万状：

纵然遭逢这般苦难不幸，悲切切惨凄凄
上苍却未停止再度施以苦刑

天神揎袖揎拳，决意让遍野疮痍
隆冬严寒笼罩喀布尔大地

天降灾殃，神威浩荡
大雪让庭院与屋顶浑然一体……

> 滔滔江河，再也无水涌动
> 皓晃乌阳，早就没了热度
>
> 屋外，牲畜哀鸣长嚎
> 狂风的致命利刃将身躯撕碎
>
> 迁徙中的大群洋人，招灾揽祸已受重创
> 这呼啸的暴风雪和从天而降的积雪是另一场浩劫
>
> 战士众多，食物稀少
> 是非功过留身后，死神立面前
>
> 留守不明智，脱逃亦枉然
> 和平无望，宣战更似水中月[4]

到了这个阶段，英国人也慢慢觉得自己仿佛在上苍的诅咒下受苦受难。就连不屈不挠、刚毅果决的塞尔夫人也承认，目前看来情势对受困官兵十分不利。她在日记中以特有的轻描淡写的风格写道：

> 一个悲凉的圣诞节，我们的处境远非乐观。劳伦斯已抵达，因焦虑而形容枯槁，看起来老了十岁……内布谢里夫支付了亚历山大·伯恩斯爵士的遗体安葬费，但其尸身不曾被埋葬，遭肢割的部分尸首仍悬挂于他家庭园的树上。（目前）公使的头颅被保存在集市（chouk）的一个干稻草（bhoosa）囊中。阿克巴宣称会将头颅送往布哈

358

拉，向那儿的国王展示如何在此擒捉洋人，并证明自己打算怎样处置洋人……无论是否依照协定行事，我们当中恐怕也只有少数人能活着抵达诸省……⁵

她补充说，在挑选撤退途中随身携带的财物时，找到一本托马斯·坎贝尔（Thomas Campbell）的《诗集》（Poems）：

> 开篇是《霍恩林登》（Hohenlinden），其中一节诗句日夜萦绕在我心间：

> 很少、很少人别离，很多人聚首，
> 白雪是他们的裹尸布。
> 脚下每寸草坪
> 必是一位战士的葬身地。⁶

雪上加霜的是，英军士兵现已知悉，麦克诺滕是在试图违背与阿富汗部族首领签订的协议条款时遭杀害。英国人非但忍饥挨饿、智逊一筹、后路被断，如今还了解到自己已尽失残存的道德制高点。此外，事实证明，文韬武略、大智大勇的阿富汗人并非英国人臆想中的来自山区的精锐部队，（至少部分）不过是"喀布尔的商人和工匠。故此，甚至就连确信自己在与该国诸战士部族斗智斗勇的悲凉宽慰感亦荡然无存"。⁷

麦克诺滕殒命后，身负重伤的埃尔德雷德·砵甸乍现成为活下来的最资深的英国政治官员。尽管砵甸乍告诫埃尔芬斯通和谢尔顿不要信赖阿克巴，极力主张唯一的希望在于动身前往巴拉希萨尔城堡，但谢尔顿仍继续力主撤军。被抬上担架的砵甸乍奉派前去交涉投降事宜及撤退条件，他事后写道：
"将我从病室拖出来。一群蠢材不遗余力地自掘坟墓，我被
迫就他们的安全问题进行磋商。"[8] 阿克巴现强令英方既要交
出金银财宝，又要将剩余火炮尽数移交，以换取补给和安全
通行权。

等待阿方送交食物和辎重驮畜之际，英国人继续受到骚
扰。最恶劣的冒犯者当属日益增多的勇士。他们愈发频繁地
成群结伴聚集在临时军营大门周围，欺凌、侮谩、抢劫现已
孤立无援的侵略者和仍与侵略者交好的阿富汗人。文森特·
艾尔写道：

> 每天从这些人身上获取的体验，令人发指眦裂，他们
> 习惯于劫掠带着粮秣从都城蜂拥而来的温顺商贩，商贩一
> 涌出临时军营就遭抢劫。他们甚至还频频袭击我方印度
> 兵。每逢这种时候，恳请下令向他们开火的尝试均是徒
> 劳，尽管众人皆知部族首领本身就建议我们这样做……结
> 果是，我方战士被迫日复一日忍受这些家伙无礼至极的嘲
> 讽苛待，一次刺刀冲杀本就能让他们散若糠秕，但是我方
> 官兵表面上的驯顺给他们壮了胆，他们无疑将我们的表现
> 归因于缺乏寻常的勇气。[9]

最令人痛心疾首的是，英国人深知，仍与自己有接触的阿富汗
人都确信卫戍部队陷入计中。1841 年 12 月 29 日，休·约翰
逊在日记中记述道：

> 城内几位本地友人每天都来看望我，他们一致认为，

凭着暴动之初展现出的漠然和愚痴，我们的种种不幸皆由
自己招惹而来。

360　　　他们还告诉我，我们在撤退期间的安全完全要靠自
己，不应将信赖寄托于任何部族首领的承诺。这些首领统
统知晓自己在某种程度上已被预先收买，要不遗余力将我
们斩尽杀绝。[10]

旷世奇才莫罕·拉尔在喀布尔各处都能搭上关系，他发来一连
串各种各样的警告，称英国人正径直落入埋伏，还转交了来自
奇兹巴什部落首领的直言不讳的情报，称英国人都将被屠戮，
但都未被理会。[11]耸人听闻的传言渐渐甚嚣尘上，称阿富汗人
会将英国女子悉数俘获，将英国男子尽数杀害，独留一人，将
此人带到开伯尔山口的入口处，把他留在那儿，砍去四肢，胸
前别上短笺，以告诫英国人永远别再试图踏足阿富汗半步。撤
退前夜，始终乐于直视真相的塞尔夫人在日记中沮丧写道：
"阿富汗人告诉我们，我们在劫难逃。"[12]

众人之中当属沙·苏贾本人最殚心竭力地警告英国人，在
诸山口等待他们的将是怎样的厄运。穆罕默德·侯赛因·赫拉
特记载称："陛下致函麦克纳顿：'在这严酷难耐的隆冬时节离
开临时军营，是愚蠢至极的举动。务必当心，切莫考虑奔赴贾
拉拉巴德！如果你们一定要离开临时军营，那就来巴拉希萨尔
城堡与我们一起过冬，我们将在城堡内一同等待冬去春来。若
补给罄尽无余，为了生存，我们就出击劫掠四邻。'此提议未
被采纳……"[13]

莫罕·拉尔指出，英国人决意遗弃苏贾无疑是严重的背信
弃义。他写道："毫不顾及《三方协议》条款，离弃沙·苏

-支孟加拉团的行军队列诸场景。这几幅维多利亚时代的画是连环漫画的前身，描绘
的或许是"印度河之师"穿越信德进逼阿富汗的情景。

1839 年春，拥有 12000 兵力的英印军队"印度河之师"在约翰·基恩爵士的率领下，强行从达杜进入波伦山口并且夺取坎大哈。这次武装入侵旨在以沙·苏贾取代多斯特·穆哈迈德。英方认为沙·苏贾更亲英。

"印度河之师"横穿俾路支省的峻险山道。其时极易遭受躲在深谷沟壑中的俾路支人
犬击，小规模战斗和狙击偷袭时有发生。印度兵悉达·罗摩回忆道："这是地狱之口。
俾路支人现在开始夜间偷袭，还驱赶成群的驼队，以此骚扰我们。只要有机会，他们
就大开杀戒并将巨砾滚下山腰。"

1839年4月，"印度河之师"不战而胜，占领坎大哈城。沙·苏贾在此举行正式谒见其祖父艾哈迈德·沙·阿布达里的陵冢的圆顶放眼可见。

攻陷加兹尼 。强行进入波伦山口并夺取坎大哈后，"印度河之师"进击加兹尼固若金汤的城池。加兹尼有六十英尺高的厚城墙防护，英国人的主要问题是将重型火炮留在了坎大哈。伯恩斯手下的宝贵人才——情报首脑莫罕·拉尔·克什米尔发现，有座城门没用砖堵住，施以奇袭便可攻陷。

少·苏贾·乌尔木尔克在喀布尔的宫榭 (Durbar-Khaneh)。英军强夺加兹尼后,多斯特·穆哈迈德逃离喀布尔。1839 年 8 月,苏贾重被扶上王位,登基称沙。巴拉希萨尔城堡中这座莫卧儿风格的谒见厅是苏贾举行朝会的地方,他让属下权贵显宦和英国军官一站就是数小时,从而惹恼了他们。正如身为英军前军官的艺术家洛克耶·威利斯·哈特指出:"让阿富汗人此般深恶痛绝的这种礼节与仪式是国王的怪癖,有时达到荒诞的地步。"

喀布尔人

英国占领期间的喀布尔集市

事实证明，对占据该地的英军官兵而言，喀布尔女子具有不可抗拒的诱惑力，这带来灾难性恶果。

少·苏贾·乌尔木尔克的扈从。这幅图中有阿克巴·汗的岳父穆罕默德·沙·吉勒扎伊(左侧),他被盎格鲁–萨多扎伊政权收揽,获授令人闻风丧胆的荣誉头衔"首席行刑官"。他会成为主要的反叛者之一,也是 1842 年在吉勒扎伊部落盘踞的高海拔山口屠戮撤退的英军卫戍部队的罪魁祸首。

拉特雷的素描描绘了英军占领初期尚未建造临时军营时的一排排营帐。图中左后方耸立的是巴拉希萨尔城堡的岩石。

1840 年 11 月，埃米尔多斯特·穆哈迈德向英国公使威廉·海·麦克诺滕爵士投降。麦克诺滕及副官外出至喀布尔附近的卡齐城堡 (Qila-Qazi)，在山谷中驱马前行时发生归降一幕。

年事已高、庸碌无能、痛风缠身的英国驻阿富汗军事指挥官威廉·埃尔芬斯通将军。起义爆发时他彻底崩溃，举棋不定、方寸大乱。

反抗英国占领的叛乱。阿富汗步兵用精准的长筒杰撒伊步枪向下方易攻难守的英军临时军营射击。

阿富汗叛乱分子准备向喀布尔城外的英军临时军营发起攻击。这张图展现出造型优雅、具有优美殖民地时代风格的临时军营因何几乎不可能防守。左边是传教区，四周被绵绵山丘环绕。

科林·麦肯齐上尉指挥了保卫储存军需物资的城堡、抗击阿富汗叛乱分子的防卫战。归来后，他和劳伦斯都成为名流，他们喜欢身着阿富汗传统装束摆姿势入画。

被囚期间包裹头巾的塞尔夫人

少将罗伯特·亨利·塞尔爵士，其部下之所以称他为"好斗的鲍勃"，是因为他总是投身于最激烈的战斗中。

亚历山德里娜·斯特尔特（出嫁前姓"塞尔"），库尔德喀布尔山口大屠杀后，她被阿克巴·汗扣作人质。

艺术家艾尔的自画像

斯金纳上尉。英国撤兵前在
当地被扣作人质，1842年撤
退期间在贾格达拉克山口的
战斗中牺牲。

乔治·劳伦斯

关押英国人质的城堡内景

英国驻贾拉拉巴德卫戍部队。一名目光锐利的参谋从贾拉拉巴德城堡顶层塔楼望见布赖登医生向城堡行进，随即派救援人员出城援救。

第四十四步兵团的最后残存者拂晓时分站在甘达玛克山丘顶上，此时遭暴露并被包围。敌匪人数占压倒性优势，众将士负险固守、血战到底。他们排成一个方阵进行自卫，"数次将阿富汗人驱赶下山丘"，直至耗尽最后一发弹药，然后用刺刀继续战斗，继而一个接一个惨遭残杀。

巴特勒夫人的著名油画《残兵败将》描绘出精疲力竭的布赖登医生骑乘行将倒下的驽马到达贾拉拉巴德城垣前的情景。

FIELD-MARSHAL SIR G. POLLOCK, G.C.B., THE NEW CONSTABLE OF THE TOWER OF LONDON.

一丝不苟但冷酷无情的乔治·泼
洛克少将。身为"惩戒之师"指
挥官，率军摧毁阿富汗东南部并
将喀布尔焚为平地。

威廉·诺特将军是英属东印度公
司派驻印度的最资深的将军之一。
这位杰出的战略家对帐下印度兵
丹诚相许，他与那些"精壮的优
等兵"极为投缘。后来证明，诺
特差不多是英国军事指挥官中最
具实战能力的一位。1842 年 8 月，
他横扫阿富汗，挫败所有奉派前
来阻击的武装力量。9 月 17 日，
即成功收复城池两天后，诺特抵
达喀布尔。

1842 年 9 月，"惩戒之师"到达喀布尔。在释放英国人质后，他们摧毁了查尔查塔巴扎。阿富汗人为庆祝英国战败而新建的一座清真寺也被夷为平地，整座城市逐渐火光冲天。"喀布尔哭声一片，英军狼奔豕突、纵情抢掠……"

复归喀布尔途中，多斯特·穆哈迈德（围成一圈的舞者左侧端坐者）在拉合尔受到款待。1842 年英国最终撤兵，沙·苏贾被忤逆不忠的教子意外刺杀，此后多斯特·穆哈迈德重登王位。他将统治阿富汗二十余载，直至 1863 年谢世。

贾·乌尔木尔克，任由其被仇敌处置。在苏贾执政的过去两年间，我们一直为其宿敌提供庇护。若不是因为我们，作为独立自治君主的苏贾早就将巴拉克扎伊族人斩草除根，从而令我们和他本人免于蒙受这些致命恶果。"[14]

　　苏贾本人似乎不那么烦闷愤慨于英国人的背叛，反倒纯粹是对盟友的惊人愚钝大惑不解。身处卢迪亚纳的那些年，尽管时常与英国主子意见相左，苏贾却逐渐对东印度公司施政管理的圆通高效钦佩有加。然而，过去六个星期的所见所闻让他难以置信——英国人，尤其是一度指挥若定的麦克诺滕，行为焉能憨痴至此？"威廉·麦克诺滕爵士不听我的"，深感绝望的苏贾修书给奥克兰，陈说自己如何三番五次地向公使解释：

> 除非诛戮或让这些人披枷戴锁，此外别无他法。我对他们知之甚深。不过，我的言语无济于事……
>
> 我屡次言明自己有意离开吾国，因为必将爆发起义，公使却叫我高枕而卧，告诉我说他将用几个团的兵力使吾国国泰民安。我再次声言"当心遭欺蒙诓骗，我将撤离故土"。但我拖家带口，加上冬季来临，遂未成行。继而，事件濒临危急关头。这些是何等卑鄙的小人！我本希望令呼罗珊与波斯之间的整个地区长治久安，谁人会与我作对？他们却使之成为异教徒与伊斯兰教徒之间的事，基于此，举国上下皆弃我而去。[15]

苏贾尤为恼火的是，麦克诺滕长时间削减苏贾本人的预算，却在最后的谈判中以那样的方式交付给阿克巴·汗如此巨额款项，到头来未给苏贾留下任何资源以恰当地展开防御。

> 穆罕默德·阿克巴①及其他人等正濒于饿毙，而你们用自己的钱款让他们站住了脚。你们向敌人抛金撒银，将他武装起来以诛戮你们自己的同胞。他目前妄作胡为，用的正是你们的钱。若没有那些钱，仅凭自食其力，他不可能坚持十天。

> 未经威廉·麦克诺滕爵士许可，我甚至连水都不敢喝。我再三告诫他，我们将被灾蒙祸。劳伦斯上尉还活着，我时常在他面前这么说。伯恩斯上尉已亡故，他本人随心而为，被众人的言辞蒙骗。我曾告诉他，人们对你不满，意欲指认你邪恶不祥，你切莫上当受骗，但徒费唇舌……我千谋万策坚持至今，他们现却派人来见我，宣称沙让伊斯兰教沉沦。人们说我与你们（英国人）为伍，由此之故，他们离弃了我。

苏贾以一贯的风格作结，称"凡是真主的旨意，必将发生"。[16]

乔治·劳伦斯是活下来的唯一一名与苏贾关系亲密的军官，苏贾给他捎去最后的紧急口信，再次恳请他警告将军莫要离开临时军营。苏贾强调，无论如何绝不能相信阿克巴·汗的承诺。劳伦斯写道："国王义正词严地说，只要坚守阵地，他们就无法伤害我们，但若弃阵而逃，则必死无疑。我及时将这些劝诫之辞禀告砵甸乍，他带我面见埃尔芬斯通将军，我向将军复述此番话……却被告知，现在要做的不是留守原地，我们

---

① Mahomed Akbar，同 Mohammad Akbar。——译者注

必须行军开拔。"[17]

未能就安全撤军的议题说服临时军营里的当权者，苏贾遂不遗余力拯救仅活着的几位熟人。正如文森特·艾尔所述：

> （他）殚精竭虑劝告麦克诺滕夫人和所有能够相伴偕行的女士脱离军队，他说英军将全军覆没，劝她们趁机来巴拉希萨尔城堡接受他的保护。他还哀恳统率沙麾下军队的安克蒂尔准将（Brigadier Anquetil），称"迄今一直弭耳受教应将之视为自己的军队。在危急时刻弃他不顾，让他丧失军队援助，是否为适切之举"？不过一切皆徒劳。将军及其作战委员会已铁了心，称我们必须离开，我们必将依此行事。[18]

据塞尔夫人记述，1月5日深夜，苏贾向英国盟友发出最后一次呼吁，他潦草"留言，询问麾下军队是否连一位愿意支持自己的军官都没有"。[19]

然而，苏贾属下军官已将他抛弃，对他的忠告一概置若罔闻。他们正忙着为即将开拔打点行装，连答复也不屑转告。

363

1月6日上午9点，伴着号角声声、鼓声阵阵，首批英军官兵离开临时军营，步履艰难地在齐膝高的积雪中穿行，向位于贾拉拉巴德路的库尔德喀布尔山口进发。尽管朝阳闪耀，塞尔夫人的温度表却显示气温"大大低于零度"。[20]

也有一些乐观迹象。约100名阿富汗人齐聚，见证自称自诩的征服者起程，经常出没于临时军营门口的勇士则诡秘无踪，纵队前卫列队离开时未遭遇丝毫抵抗，甚至连周围城堡的包围圈也阒寂无声，之前六周临时军营一直遭受来自这些城堡的密集扫射。"墙垣之上未见一人"，正如若释重负的休·约翰逊所述。

前卫部队为此兴高采烈：

> 过去的两个月零三天一直被禁锢在临时军营。在此期间，数次交战令我方损失一大部分将士，士兵还因匮缺必需的食物、挨冷受冻、过度操劳而饱尝艰辛。喀布尔这一季节的气候酷寒难耐，印度兵一想到能免受这般恶劣气候的侵袭就喜不自禁。特为尤甚的是，应过冬之需储备的柴薪早就全部耗尽，临时军营内的果树也几乎都被砍伐烧光。[21]

塞尔夫人临行前的早餐是用自家餐厅餐桌的木料煮熟的。接着，她披上头巾、穿上阿富汗友人建议她穿着的普什图毛里羊皮袄（pustin），然后带着有孕在身、年方 20 的女儿上路。塞尔夫人婉拒了劳伦斯上尉予以保护的提议，反倒选择混杂在衣着光鲜的斯金纳的骑兵团的骑兵中出行——前卫部队正是由该骑兵团组成。

部族首领承诺遣派的偕英国人同行的护卫队渺无踪影。为横跨冰封的喀布尔河仓促建造的浮桥亦未及时准备就绪以迎接士兵到来，尽管塞尔夫人受伤的女婿斯特尔特中尉花了整晚时间将炮架沉入河中、上面盖以厚木板，"直至臀部没入水中"。众人不得不排上一个小时的队渡河。从一开始，虽然在桥畔有所耽搁，为自身安全起见故意与行进中的印度兵混在一起的数千名担惊受怕、饥肠辘辘、反应迟钝的随营人员也添了不少乱，但是对撤退部队威胁更大的看来仍是大雪，而非阿富汗人的刀剑。乔治·劳伦斯记述道："严寒刺骨、雪窖冰天，我自灵魂深处悲悯这些可怜的本土战士和随营人员，他们在齐膝深的积雪和泥浆中行走。将所有受我照管的人聚拢到一起绝非易事，一些扛夫匆匆赶路，另一些扛着载有妇孺的肩舆和轿式担架落在后面。"[22]

　　刚过 11 点就出现第一个问题，纳瓦布扎曼·汗·巴拉克扎伊此时传话来称英国人应停止前进，因为仍未完成必要的安保准备工作。到这时，英国人终于开始横渡斯特尔特临时搭建的便桥向前推进，易受攻击的士兵大排长龙，伫候在喀布尔河与临时军营间的寒冷雪地。一如曩昔优柔寡断的埃尔芬斯通下令停止行进，之后便踌躇不决，不知下一步该如何是好。大约同一时间，包括早前潜踪蹑迹的勇士在内的一大群阿富汗人奔下比比马赫卢村，"大喜若狂的呐喊声划破长空"，动手洗劫、焚烧紧邻临时军营主营地北边已遭遗弃的传教区。嘈杂的射击声和缕缕浓烟近在咫尺，人人悬心吊胆。眼下一些脚夫和随营人员开始冲出队列奔向大门，丢下理应由他们搬运的辎重，"混入士兵当中，令整个纵队乱作一团"。[23]

　　一小时后，约莫中午时分，众勇士爬上传教区围墙并开始向下方等候前行的士兵开火，殿军自临时军营兵道还击。到 1 点钟，雪地里有 50 名欧洲裔步兵或倒毙或受伤。科林·麦肯齐意识到行将发生大屠杀。此刻临时军营内外士兵各半，他留意到埃尔芬斯通依然举棋不定，遂抗命驱驰而去。将军虚弱无力地朝他喊叫"麦肯齐莫可为之"。麦肯齐策马至桥畔，嘱咐谢尔顿继续行进。尽管麦肯齐果断采取行动，也幸亏天色迟迟未暗，但将近 5 点钟，殿后的最后一批印度兵才最终离开临时军营，他们粒米未进地在冰冷的壁垒上苦守了11 个钟头。[24] 他们撤离的同时，众勇士径直冲入空荡荡的临时军营，登上兵道，旋即开始用长长的杰撒伊步枪从城垛上向纵队射击。

巴格兰被指定为第一晚的宿营地。至此阶段，尽管大多数士兵已安然无恙踏上前往巴格兰的征途，但是军队的大部分辎重和全部弹药仍待横渡便桥。因处于勇士们的杰撒伊步枪射程之内，随营人员以及殿军最后一批士兵纷纷在立身之地阵亡。众人起先推推搡搡，而后仓皇失措地争先恐后渡河。在这惊魂动魄的景象中：

> 屈辱的那一天让（科林·）麦肯齐镂心刻骨的最令人心碎的景象之一，是偶然定睛望见的一名印度斯坦幼童。她全身赤裸着坐在雪地上，父母均不在近旁相伴。这个两岁左右、娇小漂亮的小女孩刚壮实得足以盘腿端坐，一绺绺波浪状的卷发绕在小巧柔嫩的颈前，大大的黑眼睛张得足有平常的两倍大，目不转睛地盯着披坚执锐的士兵、过往的骑兵以及目光能及的一切奇怪景象……在途中，麦肯齐目睹其他许多同样年幼纯真的儿童遭残杀，女人们长长的黑发被自己的鲜血浸湿……（不久）就见到阿富汗人（在雪地里兜来绕去，杀死垂死之人），持刀刺戳受伤的掷弹兵。[25]

尽管斯特尔特向将军指出，骆驼和马匹可以循着便桥逆流而

上，安全涉水渡河，但是这则生死攸关的情报似乎未为人共
享。不顾来自临时军营壁垒的扫射愈益频密，胆战心惊的印度
兵纵队残余兵员与随营人员的妻孥及女性亲眷争抢着登上以炮
架新建成的便桥过河。结果傍晚时分，随着太阳沉落到群山背
后，残阳下的影子迅速被拉长，河岸变成"结了一层冰壳的
沼泽地"，辎重驼队甚至无法靠近滑溜溜的河岸。由于来自壁
垒的火力益发猛烈、射击愈加精准，营帐、一桶桶火药、一箱
箱火枪子弹、一包包衣物和食物全都被大堆大堆地遗弃在喀布
尔河两岸。临时军营现正熊熊燃烧，来自营地的火光照亮了遭
丢弃的麻袋和马鞍袋。殿军还被迫用钉钉牢英国人获准带走的
九门炮中的两门炮的火门，因为他们发现根本不可能拖拽着沉
重的大炮在雪地中穿行。末了恐慌万状，辎重几乎均未被运送
过便桥。就这样，重现了埃尔芬斯通在遭围困之初犯下的最大
错误，军粮补给再次失守。

艾尔回忆道："现已在夜色包围下，但是众勇士火烧常驻
代表处和临时军营里的几乎每座建筑，大火照亮了周围方圆数
英里乡野，呈现出一派肃穆可怖的壮观景象。"[26]日落后气温持
续下降，主力部队至今仍在前方 7 英里的宿营地巴格兰①徒然
地等待食物、木柴和营帐送达。朝去暮来，夜色渐深，寒冷加
剧，消息慢慢传开，称辎重和食物已遗失。撤退开始的数小时
之内，军队再次将补给丢得一干二净。

巴格兰的那一夜乱作一团。殿军最后一批官兵直至凌晨 2
点才到达宿营地，他们"不得不一路拼杀，毫不夸张地说是
穿过连串凄苦的可怜人。男男女女老老少少因严寒和重伤，或

367

---

①　Bagramee，同 Bagram。——译者注

命丧黄泉，或奄奄一息，那些动弹不得的人哀求同伴了断自己的性命，以脱离苦海"。[27]直至营地入口，殿军还发现"大量力倦神疲的印度兵和随营人员在路上一字排开，他们万念俱灰地坐下，遂猝死在雪地里"。

当晚仅少数幸运者有东西吃。乔治·劳伦斯成功觅得麦克诺滕夫人施予的"少量冷肉和雪利酒"——她随身带着自己的日用物资。其他所有人几乎都断了炊，"只得躺倒在光秃秃的雪地上，既无遮蔽和篝火，亦无食物……士兵的缄默泄露自身的绝望颓丧，人人静默无声"。[28]

塞尔夫人比大部分人幸运。虽然她的个人财物尽失无遗，亦无食物果腹，但她早先将被褥给了女儿的保姆（ayah）骑坐，因此在第一夜，塞尔夫人及其家眷与众不同地有些铺盖蔽体。另外几人也很走运，譬如生性急躁的马格拉思医生（Dr Magrath）寻得一顶空轿子入睡。不过渐渐清楚的是，对于在雪地里如何妥善应对，孟加拉印度兵茫无头绪。这与麦肯齐手下忠心耿耿的阿富汗杰撒伊步枪兵有天冠地屦之别，他们展示了何为可行之举。对此印象颇深的艾尔回忆道："他们甫抵（营）地，第一步就是将一小块空地的积雪清扫干净，然后围成一圈躺下，严丝合缝地紧紧挤在一起，双脚聚集在圆圈中央。他们将同伴所有的御寒衣物集中起来，摊开来均匀覆盖在每个人身上。凭借这些简单办法，血肉之躯产生出充足热气，保护他们免受冻伤之苦。麦肯齐上尉亲自分享了他们居家般舒适的床铺，声言自己几乎未因寒冷感到丝毫不便。"[29]

次日上午，众人大彻大悟此类技巧究竟多么必要，因为确有很多士兵在夜间冻死。乔治·劳伦斯回忆道："发现一位白发苍苍的长者躺在我的营帐附近，冰凉僵硬、长眠不起。这位名叫麦格雷戈的后勤士官长精疲力竭地躺下，在那儿静静死去。"[30] 许多人找来沙·苏贾分队寡言少语的 30 岁苏格兰裔助理军医威廉·布赖登（William Brydon），他裹着保暖的羊皮袄过夜。此刻正值拂晓，他在营地东奔西跑，想方设法鼓动还活着的人跳上跳下暖暖身子。他在日记中写道："我呼唤一直躺在近旁的本地人站起身，只有几个人能够做到。其中一些人竟笑我催促他们起身，还指着看起来像烧焦的原木般的双脚。可怜的家伙们已被冻伤，我们不得已要将他们抛下。"[31]

事实证明，撤退第二日甚至比首日更混乱。

文森特·艾尔写道："至此阶段，不足半数印度兵能胜任职责。酷寒刺骨，就连最健壮的士兵也被冻伤手脚，他们彻底颓堕萎靡，不适宜在役。"即便是骑兵也"不得不被抬到马上……大块大块的硬实雪块牢牢附着在马儿马蹄上，本需用凿子和锤子才能去除。吸入的空气在从口腔和鼻孔呼出的过程中就凝固了，在我们的胡须上形成一层小冰茬……仅剩数百名有战斗力的战士"。[32]

战士的身体机能若严重衰退，他们的果断力与自制力会受到更加严重的影响。休·约翰逊在日记中记述道："上午 7 点半左右，未下达任何命令，亦未吹响号角，前卫就出发了。纪律化为乌有。"[33] 甚至还没来得及将剩余辎重抬到骆驼及牛背上，大批阿富汗人就开始沿山坡猛冲下来，把能抢走的一切洗劫一空。骡拉的三门大炮经过野营地附近的一座小型泥砖城堡时，一伙阿富汗人直接出击将之俘获。理应守卫火炮的印度兵

369

即刻望风而逃。随着士兵一路向前推进，周围骑马的阿富汗人的人数不断增加。阿富汗人在纵队两侧与英国人齐头并进，将难民驱赶至他们之间，然后向挤挤攘攘逃难的乌合之众随意射击，好似羊倌娴熟地控制一群惊慌失措的绵羊。有如惊弓之鸟的印度兵早已完全丧失反击斗志。

那天上午，沙·苏贾属下第29团全团印度斯坦将士一并归降阿克巴·汗。早就被冻得伤痕累累、无法继续前行的其他诸多印度兵，现抛戈弃甲逃回喀布尔，只希望鳞伤遍体能使自己免受城内奴隶贩子的注意，而且不管怎样，"宁愿沦为那儿的阶下囚，也不愿丧命。他们一清二楚，再与主力部队继续同行定将死于非命"。几个月后仍能见到数百名受伤致残的前印度兵，拖着残肢跛行于喀布尔集市四处乞讨。

尽管目前几乎没剩下什么食物和弹药，无以维持主力军直抵贾拉拉巴德，但第二天下午3点左右，在军队勉强前行5英里抵达宏伟的库尔德喀布尔山口入口处的布特恰克后，埃尔芬斯通仍下令停止行进，"从而又浪费了一天时间"，正如约翰逊所述：

> 离开喀布尔前往贾拉拉巴德①，我们只带了五又四分之一天的口粮，未携带亦无望得到一星半点儿刍秣以喂养牲畜。
>
> 我方倒霉的士兵早就冷得几乎动弹不得。如此一来，无疑是让众兵卒在雪地里无遮无蔽地再经受一夜的煎熬。没再为士兵划分专属营地，全体人员乱作一团。四分之三

---

① Jellalabad，同Jalalabad。——译者注

的印度兵当中混杂着随营人员，他们不知去何处找寻自己所属军团的指挥部。[34]

塞尔夫人同样鄙夷将军的领导才能，逐渐比以往任何时候都坚信一场大规模屠杀近在眼前。她写道：

370

> 这些不必要的停顿休整减损了我方给养，无遮无盖的官兵因寒冷而完全瘫痪……
>
> 积雪仍超过一英尺深。人和牲畜都无以果腹，甚至从近在咫尺的河中取水也十分困难，因为我方人员在汲水时会遭射击。然而我方统领如此顽固不化，仍告知我们说叛军将领忠实守信，阿克巴·汗是我们的朋友，如此云云。还说希望我们有所耽搁的原因在于，他们或会派兵为我们扫清山路隘口的障碍！他们无疑会向那儿出兵，怎奈一切正如我们动身前预言的那样发生了。[35]

于是就这样又过了一夜，众士卒再次饿着肚子在厚厚的积雪中安歇。* 不过这一次，阿富汗人挤满四周的山坡，透过夜色朝下方射击。传言散播开来，称阿克巴·汗亲自指挥射击。艾尔写道："这一夜饥寒交迫、力倦神疲、死神相伴，在我能想象得出的所有死法中，没有一种比丧生此地更苦不堪言。刺骨严寒折磨着敏感的四肢，直至不屈不挠的斗志在刀山火海的人间

---

* 撤退的军队夜间行进本会好得多，那时积雪被冻硬，吉勒扎伊部落民也完全做不到精准射击。正是出于这些原因，20 世纪 80 年代，阿富汗圣战者组织在同一地带行进时始终是夜里赶路。怎奈这支军队未经过山地作战和冬季作战训练，装备也不良。

炼狱里暗自消沉下去。"[36]

然而，头两天的磨难与翌日上午接踵发生的事比起来，简直是小巫见大巫。

371　　布特恰克位于库尔德喀布尔山口耸峙的绝壁另一边不远处。* 两个多月前，"好斗的鲍勃"塞尔麾下旅就是在这附近的山隘口寝息时首次遇袭。同一片危崖现成为一场血腥得多的黎明伏击的见证。杀戮前的序曲照旧是看不见的杰撒伊步枪装填弹药时瘆人可怖的响声。[37]

临近日出，大批阿富汗人摸黑集结到英军营地后方。印度兵起身时在剩余的几座营帐周围地上又发现更多横七竖八的冻僵尸首，战斗就在此时此地拉开序幕。休·约翰逊写道：

> 日出时分景象怵然惊心，军队完全组织混乱。每个人都看似冷得不能动弹，几乎无法握住火枪，亦寸步难移。若干敌匪出现在临时宿营地（bivouack）后方。全体随营人员，男男女女老老少少，挨肩迭背匆匆涌向前方……地上散布着一箱箱弹药和各种财物。敌兵很快就成群结伙聚集而来。他们当时若猛冲至我们中间，我们本不可能予以

---

* 军队本可以选取远非这般艰险的路线，穿越劳塔班德山口（Lautaband Pass）。他们为什么不那么做，仍是未解之谜。在第二次英国阿富汗战争中，英军采用的就是这条路线，从而绕开了大部分杀戮的骇人发生地——库尔德喀布尔山口和特金山口。

抵抗，所有人都会被斩尽杀绝。[38]

最前方的士兵和随员反倒巧妙地被一起赶进库尔德喀布尔山口入口。塞尔夫人带领一众女子，"我对那一杯雪利酒铭感五内。在其他任何时候，这本会令我觉得尽失淑女之风。"与此同时，埃尔芬斯通将军的僚属发现一群阿富汗骑士立于后方不远处的幡旗之下，显然在指挥一系列行动——猜测准确无误，那正是阿克巴·汗。麦肯齐和劳伦斯奉派前去重新谈判在喀布尔已获承诺的安全通行权。阿克巴·汗允诺称，若再次移交其友麦肯齐和劳伦斯作为人质，他将差遣最具影响力的属下在前方"扫清障碍，解除吉勒扎伊部落民对山口的占领"。[39]英方接受诸条件。

劳伦斯后来写道："我们在阿克巴手下两名侍从护送下行进，穿过成群结队的敌兵，直抵将军所在地。我们发现（阿克巴）坐在小山腰上吃早餐，他谦恭有礼地邀请我们共进早餐，还命属下拿走我们的枪械……我们随后落座，与最近刚谋杀了公使的凶手共享同样的菜肴，不由得不寒而栗。"[40]此后不久，阿克巴温和地责备这两名青年军官，称自己还未来得及安排妥当安保措施，他们就离开了喀布尔。恰在此时，两名军官听闻山口内传来步枪齐射的巨响。前卫部队方才被引入伏击地，整场伏击完满实施。

嗣后渐渐明朗的是，吉勒扎伊部落民一连数日都在为这一刻做准备。他们筑起路堤，挖掘浅堑壕，以瓦砾建造胸墙。这些工事缜密地建于英军火枪射程外，但足够靠近谷底，而谷底恰好处于阿富汗人的杰撒伊步枪射程内。英军纵队前锋一旦深入山口突兀的峭壁陡崖，吉勒扎伊部落民就出其不意展开伏

372

击。英军未试图调派侧卫部队占据高地，而乘高居险至今仍是步兵部队经认可的必然做法。那夜塞尔夫人写道："我们继续行进不足半英里，便遭重火力袭击。"骑马与先头部队一道向前推进的部族首领希望我们寸步不离其左右。他们无疑想让部下大声叫嚷着令高地上的人停止射击，却徒劳无功。这些部族首领肯定冒着同样的危险，如我们一般临深履薄，但我的确相信，就个人而言，他们中有许多人不惜取义成仁将我们驱离祖国。"* 她继续写道：

373　　穿过一片来势汹汹的硝云弹雨后，我们偶遇塞恩少校（Major Thain）的坐骑，它被子弹射穿腰部。我们本处于相对安全之地，可怜的斯特尔特骑马折返以照拂塞恩少校，不料坐骑自他身下中弹，他还没来得及从地上起身，腹部就受重伤。他被抬上一匹小马，两人将他抓牢，费了很大劲儿才把他送入库尔德喀布尔山口的营地。

　　斯特尔特夫人骑乘的小马的耳朵及脖颈受伤。我有幸只是手臂中了一弹，其余三枚子弹贴近肩部穿过我的普什图毛里羊皮袄（poshteen，即 posting，意为长毛皮，亦即羊皮袄），未令我受伤。开枪射击的那伙人离我们不足50码远，我们之所以能侥幸脱逃，归因于循着山路尽可能快地催马向前冲。其他任何时候途经此地，我们本会小心翼翼地牵马前行……

---

* 事实上，在这些山口巡逻的吉勒扎伊部落贾巴尔海勒次部落（Jabbar Khel）和卡洛蒂次部落（Kharoti）对于违抗巴拉克扎伊部族首领之命不会有愧于心。吉勒扎伊部落民对巴拉克扎伊族人的藐视，在程度上几乎等同于对萨多扎伊族人的仇恨。麦克诺滕之前拒不支付报酬，他们现在打算以牙还牙。

山口很快就变得壅塞难行，"在相当长的一段时间里，我们在枪林弹雨下滞留不前……第37团（37 th Regiment）继续不发一枪一弹地缓缓前行，冷得动弹不得的兵卒眉低眼慢，诸军官好说歹说都不能说服他们做出任何驱离敌军的努力。敌匪不仅拿走他们当中一些人的燧发枪，甚至还夺去他们身上穿着的衣物。第44步兵团的数名士兵从本团印度兵（sipahee）的子弹袋中为自己补充弹药……其间一直遭受来自高地的侧翼火力夹击，我方兵卒连续不断倒下……我方（至少）500名正规部队官兵以及约2500名随营人员遇害……"[41]

不过据跟随在后的人记述，塞尔夫人所在的第一批人流中的众官兵相对而言轻易逃过一劫。"先头部队虽然"受尽苦头，但与殿后部队相比仍幸运十足，休·约翰逊写道。

> 那儿的杀戮场面触目惊心。我们不得不在凌厉夹击下冲过全程约5英里的整条骇人隘路，辎重全遭遗弃。敌兵不仅从两侧高地的每块岩石、每个洞穴悍怒地泼撒弹雨，而且还下山进入山口残杀男女老幼。全程5英里的整条路 374 上满是亡者和垂死者。第37本土步兵团（37th Native Infantry）兵员损失过半，其他军团也有同等比例的伤亡。即便是留下来的人，也因手脚冻伤几乎无法挪动半步。更添苦难的是，我们一抵达库尔德喀布尔山口①就开始飘雪。[42]

整个上午，劳伦斯和麦肯齐都不得不与阿克巴坐在一起闲谈。阵阵步枪射击声在下方回荡，二人留神细听。精通多国语言的

---

① Khoord Cabul，同 Khord Kabul。——译者注

麦肯齐听见阿克巴用达里语向属下大声叫喊"饶恕"英国人，同时却用部族语言普什图语（Pashtu）吩咐手下"将他们斩尽杀绝"。许多英国人通晓达里语，但英方只有麦肯齐和寥寥可数的其他几人懂普什图语。傍晚时分，两名人质获准随行，就像麦克诺滕遇害那天一样，二人再次成为俘虏，不过这次受到阿克巴的堂表兄弟苏丹·贾恩·巴拉克扎伊的保护。一行人经过令人骨寒毛竖的无可比拟的现场。正如劳伦斯的描述：

> 随处都是被剥去衣服遭抢劫的印度兵和随营人员，拒不交出钱财及贵重物品的如是人等，即刻被刺伤或砍倒……见到我们，可怜的家伙们立即大声呼救，他们中有许多人认出我来，呼喊着我的名字，但我们又能做什么……吉勒扎伊部落民现已尝到甜头，真切展示出暴虐狞恶的天性，对待我们本人的态度变得穷凶极虐，竟要求将我们送交他们作祭品。他们在我们面前挥舞着血迹斑斑的长刀，叫我们"纵目观望周围堆积如山的尸体，因为我们很快就会身处其中"。他们吼叫道："你们不是来喀布尔讨好果子吃吗？现在觉得怎么样？"

望见一名英格兰男子伸直身子躺在路边，劳伦斯骑马上前，发现那位战士还活着：

> 可怜的家伙抬起头认出了我，他大声呼喊："劳伦斯上尉，看在上帝的分上，别把我丢在这儿！"我从马上一跃而下走上前去，苏丹·贾恩的两名部属也奉命下马，我在他俩的协助下将这人扶起身。他是第 44 步兵团的一名

375

中士，起初看来只是失去左手，但令我悲痛惶怖的是，一扶起他就见到从颈背至脊梁骨，他已被切成碎片。阿富汗人喊道："把他抬起，何功之有哉？他活不过几分钟。"我不太情愿地同意，告诉那可怜的家伙我们无法为他做任何事。他即刻回言："那么看在上帝的份上将我击毙吧。""就连此事我亦做不到"，我神色悲恸地答道。"那就丢下我等死吧。"他直言。我们迫不得已如此为之……

继续前行，我们碰到许多返回喀布尔的敌军骑兵和步兵，他们满载着五花八门的劫掠物。一个歹徒让一名印度小女孩坐于自己身后共乘一匹马……[43]

那夜，登上山口顶端的英国人发现自己身处比前一夜愈发寒冷的宿营地。在此，他们依旧暴露于冰天雪地。傍晚时分开始飘雪，到了晚上9点演变成一场铺天盖地的暴风雪。全军仅剩四顶营帐，其中一顶分配给塞尔夫人母女。没有燃料，也没有食物，好在一些医生至少还有医药包。布赖登医生的友人兼苏格兰同胞亚历山大·布赖斯医生（Dr Alexander Bryce）"前来诊察斯特尔特的伤势"。塞尔夫人写道："他敷裹了伤口，但由他脸上的表情看出康复无望。之后，他体贴地将我手腕里的子弹切取出来，还包扎好我的两处伤口……（那夜）冻得半僵的印度兵和随营人员，不但试图强行闯入我们的营帐，还要挤上我们的床……夜间很多不幸的可怜人死在营帐周围……许多妇孺遭绑架。"[44]

艾尔写道："积雪是所有人唯一的卧榻。事实证明，清晨来临前积雪就成为许多人的裹尸布。我们当中任何一人，经历那可怖的一夜居然能存活下来，委实不可思议！"哈米德·克什米尔毛拉在著作《阿克巴本记》中对此想法颇有共鸣：

> 寒冬，以其特有的冷酷无情
> 向勇敢的喀布尔人民撒落慈爱

376
> 因为，异教徒若非丧生于冰寒雪冷
> 就是绝命于强取豪夺的劫掠者刀剑之下

> 狐狸的嗥叫亦会传遍四方
> 召唤鬣狗、恶狼和豺狗共享肉食盛宴

> 上空盘旋的鸢群，嘶喊声划破云天
> 慷慨邀请一切猎食猛兽

> 那路上，谁人死里逃生？
> 人人都被抛下，卧毙雪中[45]

　　1月9日，即撤退第四日上午，英军置身于零度以下高海拔地区的暴风雪中，孤注一掷的绝望最终被万念俱灰取代。沙·苏贾分遣队最后的幸存者之一威廉·安德森上尉（Captain William Anderson）记述道："士兵脚上的肉呈碎片状剥落。夜里众多将士被冻死。"[46]

　　暴风雪比以往任何时候都更猛烈地肆虐逞威，整整一天队伍只前进了 1 英里。门士阿卜杜勒·卡里姆记述道：

> 大雪飘满四面八方的天空，地平线隐匿不见，一阵狂风卷地而来，将树木连根拔起。骇人的电闪雷鸣划破密布的乌云。随着降雪量增多，霜冻更加凛冽，一切皆覆盖在樟脑般的白色粉末中。英格兰士兵都冻僵了，指尖一节节脱落，软组织脱离骨头，甚至连双脚也与脚踝分离。他们在冻土荒野上一动不动，很难分辨是死是活。习惯于此类恶劣环境的阿富汗各部族民众挤满山丘，猛冲下来劫掠无助的英格兰士兵。阿富汗人发现士兵们或半死不活，或被冻得硬如石块，他们已不关心自己的武器、黄金和财物，几乎神志不清，每个人只勉强留意到自身的悲惨境遇。[47]

377

那天晚上，埃尔芬斯通实际上已确认手下士卒难逃一死，他将全体英军女眷（或至少是军官职级者的女眷）移交至阿克巴·汗手中。* 阿克巴终日尾随紧迫，徘徊于纵队后。他强调自己正竭力制止吉勒扎伊部落民，声称这些部落民既已尝到甜头，就连他们自己的部族首领亦无法加以管束，但他表示愿意援救妇孺以及有意归降的任何受伤军官。最终，19 人在护送下离开，其中包括 2 个男人、8 个女人和 9 名孩童。塞尔夫人和女儿亚历山德里娜方才眼睁睁看着被用带子绑在瑟瑟发抖的小马背上的斯特尔特离世。塞尔夫人写道："颠来簸去增添了

---

* 英军低于军官职级者的女眷均遭遗弃，必须自谋生计。我在这些山口与一些部族成员交谈，据他们称，许多人最终被本地豪强纳为妻妾，而没那么楚楚可人的女子则被卖做奴隶。

他的苦难，也加速了他的死亡，不过他仍能感受到我和其妻与他同在。我们心如刀割，如愿为他举办了一场基督教葬礼……"随后，正如她细述：

> 家庭的苦难让人不知所措，斯特尔特夫人和我都不适宜自行决定是否该接受那位将领的保护。能否平安抵达贾拉拉巴德，只有渺茫的希望。故此，我们随波逐流……颇为迂回曲折的路线将我们带到库尔德喀布尔的城堡，在此碰见穆罕默德·阿克巴·汗①和其余人质。对方为我们清理出三个房间，每个房间除一扇小门外并无其他通风口，房间当然都黑漆漆脏兮兮……午夜时分，他们给我们送来一些羊骨头和油腻腻的米饭。我和斯特尔特夫人拥有的所有财物是背上的衣物，我们离开喀布尔时穿着的就是这些衣服……[48]

英国人已渐渐将阿富汗人视为残暴的野蛮之徒，对英国人而言，把女眷移交至这些男人手中，是蒙受奇耻大辱的一刻。相较之下，对阿富汗人来说，向英国贵妇人提供保护则被看作骑士精神的标志。门士阿卜杜勒·卡里姆写道：

> 统帅阿克巴·汗尽管全力以赴投身残酷的战斗，但是目睹妇孺糟糕透顶的境遇，遂心生怜悯，基于真主的慈爱和起码的礼仪，他下令将生者与死者分开，把生者带到暖和的地方，盖上绵羊皮和黑貂皮上衣。严霜酷寒几乎阻止

---

① Mahomed Akbar Khan，同 Mohammad Akbar Khan。——译者注

了血液在血管中循环，他继而将他们安置在火盆旁，让他们恢复元气。这就是阿富汗人的殷勤款待！即便是如火如荼的战斗过后，他们仍愿救助陷入水深火热的弱者，仿佛这些人是自己的家人。倘若真主的旨意如此，就连异教徒亦可成为行善的动因。[49]

但对仍在撤退途中的人来说，惨状依旧。到了翌日，即1月10日上午，在无遮无蔽的库尔德喀布尔高地上度过又一夜后，休·约翰逊简明扼要地记述道："整支喀布尔军队现在没剩下一名印度兵。我们的辎重丢得一干二净。大伙儿认定大势已去，遂束手待毙……我们中的每个人都认为，自己在过去的多个小时前本就命定难逃一死，不是死于严寒饥饿，就是遭敌匪屠杀……积雪反射的强光，令我的双眼渐渐红肿发炎，乃至近乎全盲，还伴有剧烈疼痛。数名军官完全看不见东西。"[50]

那天上午，布赖登医生有幸寻获若干贮藏食物，麦克诺滕夫人在被移交给阿克巴·汗时留下了这些食物。曾与乔治·劳伦斯分享的肉和雪利酒现已耗尽，但仍有"一些鸡蛋和一瓶葡萄酒……鸡蛋未烹煮，不过冻得很硬。葡萄酒亦如此，冻得稠若蜂蜜……"幸好布赖登有些维系生命的食物，因为接下来是撤退途中最糟糕的一天。雪盲且受冻伤的士兵跟跟跄跄通过特金山口隘路，此时此地，另一场精心布置的伏击正等待着他们。当晚布赖登在日记中记述道：

这是一次骇人可怖的行军，敌军火力无休无止，为数众多因雪盲不知何去何从的官兵悉遭歼灭。我领着希腊商人班尼斯先生（Mr Banness），大部分道路在高地之上，379

我自己常常感觉目眩，要不时抓一把雪涂抹双眼，我劝告其他人也这样做，因为此举可大大缓解症状。朝特金走下来，地上白得没那么强烈刺眼，随着日渐西沉，敌军的雪盲症状消失。但是敌军的火力有所增强，我们现在再次进入山口，在山口中敌兵能够迫临咫尺之遥，他们的炮火对我们极具毁灭性。

故军自始至终以猛烈火力压制我军侧翼和后方，临近傍晚抵达特金山谷之时，撤离喀布尔的本土诸团仅剩寥寥数人……布赖斯医生刚进入山口，即遭子弹射穿胸部。气息奄奄之际，他将自己的遗嘱交与马歇尔上尉（Captain Marshall）。[51]

埃尔芬斯通在给政府的官方备忘录中指出："印度兵鲜有或根本不予抵抗，大部分印度兵失去手指或脚趾，火枪被冻雪覆盖，即便士兵能够持枪，这些枪也只是摆设。屠戮令人骨寒毛竖，我们到达喀奇贾巴尔地区（Kubber Jubber，实为 Khak-i-Jabar）时，已很难将战士与随营人员区分开来。大多数人丢弃了自己的武器和装备，沦为暴戾恣睢、嗜血成性的强敌囊中的猎物。"[52] 一如往昔，埃尔芬斯通的命令只会把事情弄得更糟。劳伦斯写道："事实证明我们的军事当局没有能力指挥撤退，这与早先在撤退前的军事行动中显露出的无能如出一辙。出于令人匪夷所思的刚愎乖张，军事当局严令禁止我军将士以任何理由实施还击。结果是，他们的队伍遭强行闯入，敌匪不分青红皂白地滥杀不抵抗的士兵，一路伴随至特金……"[53] 疲惫不堪、万念俱灰的约翰逊写道："我们密密麻麻聚成一团，每一枪都会对纵队的某一部分造成恶劣影响。"[54]

　　到了 1 月 11 日傍晚，经历又一整天的大屠杀后，规模不断缩减的纵队跌跌撞撞走出特金山口，向着谷底的膏腴之地贾格达拉克（Jagdalak）村行进，此时伤亡人数已超过 1.2 万人，只剩 200 名士兵仍在蹒跚前行。小型殿军由谢尔顿指挥，头一回展现出钢铁般意志的谢尔顿立于纵队后牵制敌军，不让阿富汗人逼近半步。约翰逊写道："谢尔顿的飒爽英姿盖世无双。他犹如一只遭受偌多恶犬袭击的斗牛犬，恶犬从四方八面夹击，试图猛咬其头部、尾巴及体侧。谢尔顿麾下小队人马遭受骑兵和步兵攻击，虽然敌我双方人数比是 50∶1，但没有一人胆敢靠近……尽管我们那时正充当山丘上敌军狙击兵的靶子，但当谢尔顿走下山谷时，我们仍以地地道道的英格兰方式为他喝彩。"

　　那天夜里，被包围的残部官兵饥肠辘辘地躺卧在贾格达拉克的一座筑有泥墙、破败不堪的小型围场里。此时，阿克巴·汗把埃尔芬斯通将军及谢尔顿准将召去展开谈判。随行的休·约翰逊写道："我们发现将领等一行人在户外露营。这位部族首领以一种无比蔼然、显然又满怀同情的态度接见了我们。得知我们又饥又渴，立即命人将一块桌布在我们落座处铺展开来。"[55] 阿克巴将他们迎到炽烈燃烧的营火旁，提供了晚餐，而后拒不准许他们返回己方部队。谢尔顿勃然大怒，身为一名军官兼战士，他提出强烈要求，称自己有权回去亲率部下血战沙场，马革裹尸。谢尔顿碰了钉子。

　　到了次日晚上 9 点，在连续不断的炮火攻击下度过一天后，显然所有残存领袖不是被俘就是被杀，大多数生还者"经过 24 小时不间断地行军，更确切地说，如野兽般遭猎杀，现在几乎饿疯了，尤其渴得七窍生烟"。他们断定自己唯一的希望是摸黑加紧赶路，却发现去路被一个庞大棘手的障碍物挡住。"交横绸缪、高约 6 英尺、多刺的冬青栎"横跨山口最狭窄部分，刚被竖了起来。[56]试图徒手将其拆毁或设法抓住它费力向上爬的人，即遭击毙。寥寥数人成功越过障碍物。印度兵悉达·罗摩未能得偿所愿，他细述了何以至此：

381
> 将军阁下离开，军纪遂化为乌有。结果，阿富汗人得以愈发频繁地搅扰我们……若干印度兵和随营人员叛变投敌，企图保全性命。我所在的团已不复存在，于是我依附欧洲团残部。我以为紧跟他们，或有一线希望逃离这个让人深恶痛绝的国家。怎奈呜呼哀哉！呜呼哀哉！人算终不如天算！我们继续奋勇作战，但一路上每前进一步都有人丧命。我们腹背受敌，还要遭受来自山丘顶部的攻击。事实上，这本身就是地狱苦境，骇人惨状无以言表。我们最终来到一堵阻塞去路的高墙前，在设法强行闯过障碍物的过程中，一行人悉遭歼灭。官兵打起仗来好似神灵而非凡人，但寡不敌众。一颗杰撒伊步枪子弹打中我头侧，我被击倒在地。

悉达·罗摩被打得不省人事，苏醒过来时发现自己：

> 被交叉绑于马上，马儿由人牵着疾速远离战场赶赴喀布尔。其时得知自己要被带往该地卖作奴隶，我苦求那人将我击毙或割喉，还用普什图语和母语辱骂阿富汗人……俘获我的人却威胁说，若不保持安静，当场就让我成为一名穆斯林。我在那条路上目睹了何等惊世骇俗的大屠杀，

欧洲人和印度斯坦人半埋于雪中，腿和胳膊伸出积雪……
这景象我将永生难忘。[57]

成功翻越冬青树路障的人屈指可数，活下来的最后一名军医布
赖登医生就是其中之一。他回忆道：

> 骚乱变得糟透了，"立定，立定，阻止骑兵前进"的
> 叫喊声不绝于耳。我想尽办法，好不容易才挤上前去。脱
> 离山口后，趁着夜色没走出多远，就发现自己陷入包围。
> 此刻，我的侍餐男仆（Khidmutgar）冲上前来，称自己受
> 了伤，还遗失了小马，恳求我带上他。我还没来得及这样
> 做就被拽下马来，一个阿富汗人用刀当头一击将我击倒。 382
> 若不是在军便帽中放了一叠《布莱克伍德杂志》
> (*Blackwood's Magazine*)，这一击定会致命。因为颅骨被砍
> 下约圣饼一般大小的一块骨头，我险些被打昏过去。我设
> 法站起身来，眼见又一击迎面而来，我遂以剑刃迎击。估
> 计是砍下了袭击者的几根手指，因为他的刀跌落到地上，
> 他沿一条路逃窜，我脱下军帽沿另一条路奔逃。我的侍餐
> 男仆命丧黄泉，那些一直与我偕行的人，我再也未见到。
> 我与己方部队重新会合，我敏捷地爬过由树木横跨山口设
> 置而成的路障。一个阿富汗人冲下山丘横穿道路，我的肩
> 部遭他重重一击。[58]

身负重伤的布赖登紧紧抓住一名军官的坐骑马镫，就这样被拖
拽着摆脱混战（mêlée），借此获救。月色中，布赖登被更多具
尸首绊倒，继而偶遇一位受了致命伤的骑兵。骑兵的胸部遭射

穿，体内大出血，鲜血染遍了其猩红色的军服。那人抓住布赖登的手，恳请他抢在其他人之前带走自己的小马，接着便向后倒下，一命呜呼。布赖登对这位不具名的恩人满怀感激，不顾一切想要寻觅其他的最终幸存者。他攀鞍上马，策马绝尘而去，奔入茫茫夜色中。

另有几人奇迹般地死里逃生。士官长莫迪·罗摩是恰里卡尔廓尔喀卫戍部队最后几个幸存者之一。甫抵喀布尔，莫迪·罗摩就沦为奴隶。获悉卫戍部队正要离开喀布尔临时军营，1月6日晚，他费尽心机地又一次从俘获他的人那儿成功脱逃。

向拦截他的阿富汗人伪称自己是赶驼的役夫，先前为沙·苏贾效力，现获准离役。他设法找到下方埋藏有自己毕383 生积蓄的那块石头，随后与同僚重聚，正好赶上亲历两天后库尔德喀布尔山口的那场大屠杀。他后来记述道：

> 在贾格达拉克，阿克巴·汗手下骑士将英军团团包围，能杀的一个也不放过。我摸黑摆脱大屠杀现场，再次在小山顶上逃灾躲难。我在山丘高处逗留一日。从最近一次吃到可怜巴巴的餐食算起，我已一连 26 个小时粒米未进。我被冻僵了……我渴求一死了之，遂能将我从现已变得不堪忍受的苦难中解脱出来。我下山来到路旁，铁了心要向靠近我的第一批阿富汗人表明身份，求得某把大慈大悲的利剑绝命一击。眼见一伙人走近，我料定自己死期将至。

不过事实证明，一行人是五位信奉印度教的噶帝利①：*

> 这些噶帝利言道："既然你是印度教徒②，我们会救你一命，但在搭救你之前，你务必向我们支付报酬。"他们搜我的身，从我的腰封中取出那 100 卢比，将其中 10 卢比退还给我。他们领我去了一间达兰萨拉（dharamasala，印度教朝圣者歇脚的客栈），那儿有一名印度教托钵僧，我向他寻求保护，还把剩余的 10 卢比给了他。他将我乔装改扮一番，让我穿上托钵僧的红衣服，在我脸上涂满木灰，要我假扮他的门徒（chela）。他打算去赫尔德瓦尔（Hardwar）朝觐，说我要扮演伴他朝圣的门徒。不多时，一群水果商到来，托钵僧、噶帝利和我本人加入其中。我们沿着颇靠近白沙瓦左侧的大道向下走。我一路乞讨，直至到达贾斯珀·尼科尔斯爵士的营地，那儿距卢迪亚纳这一侧边界仅一程。[59]

最不幸的当属数以百计的印度兵和随营人员，他们既未逃脱，亦未沦为奴隶或被杀。单单在特金山口，就有 1500 名此类人员被阿富汗人抢去个人财物并被剥光衣服，而后被丢

---

① Khatri，北印度的一个种姓，由婆罗门与刹帝利结合而产生，多来自旁遮普地区。——译者注

* 他们是来自木尔坦及希卡布尔县的噶帝利商人。噶帝利商人主宰着布哈拉与信德之间的中亚贸易。参阅 Arup Banerji, *Old Routes：North Indian Nomads and Bankers in Afghan, Uzbek and Russian Lands*, New Delhi, 2011, p.2。

② Hindoo，同 Hindu。——译者注

384 在雪窖冰天里饿死冻死。他们被英国雇主遗弃，又遭阿富汗掳掠者轻蔑对待。[60]随后几天里，塞尔夫人和其他战俘在掉头返回喀布尔时，目睹了诸多此般人间惨剧。塞尔夫人在日记中写道：

> 路上随处都是被砍得面目全非的尸体，且皆赤身裸体，我们经过大约 200 具死尸，他们中有许多欧洲人，全都一丝不挂、千疮百孔……我们发现若干随营人员还活着，他们被冻伤且饥火燎肠，一些人神志恍惚、痴痴愣愣……景象触目惊心，血腥味令人作呕，尸首横七竖八、密密匝匝，我们不可能对他们视若无睹，因为我要小心引着马，以免踩踏尸体。

他们偶遇数名随营人员。这些人从洞穴中或岩石后出来，"他们在那些地方躲避阿富汗人杀人不眨眼的尖刀和严酷的气候"。

> 他们拥有的一切都被夺走，双脚冻伤，几乎没人能匍匐爬行超过几码远。约翰逊在此发现自己的两名仆佣，一人手脚生冻疮，一只手被横砍出一道可怕的剑伤，腹部遭一枚火枪子弹射中；另一人右臂骨头彻底被砍穿。二人完全无遮无盖，已有五日粒米未进……他们身负重伤又饥肠辘辘，点燃灌木和草，挤作一团相互取暖。我们嗣后听闻，这些不幸的可怜人几乎没有一个逃出那条隘路，还听说他们饥焰中烧，被逼得走投无路时，便以逝去的同志为食维持生命。[61]

1 月 12 日晚，纵队仅有 80 名幸存者设法活着越过贾格达拉克的冬青栎路障。

　　其中大多数人，包括谢尔顿麾下第 44 步兵团的大约 20 名　　385
军官和 45 名列兵以及两三名炮兵和印度兵，拂晓时分暴露并
被包围。他们当时立于前方 10 英里处的甘达玛克山丘顶上，
拿不准哪条是正确的路。敌匪人数占压倒性优势，"间间棚屋
的住户蜂拥而出，杂沓而至又抢又杀"。由于只有 20 支火枪，
人均两发弹药，官兵们决心负险固守、血战到底。弃甲投戈本
可获赦不死，但他们拒不屈从。很多人觉得 11 月 23 日晚逃离
比比马赫卢山小山顶之后，自己所属的团名誉扫地，此刻决计
浴血奋战、死而后已，以此挽回第 44 步兵团的荣誉。他们排
成一个方阵进行自卫，"数次将阿富汗人驱赶下山丘"，直至
耗尽最后一发弹药，随后用刺刀继续战斗，[62]继而一个接一个
惨遭残杀。* 阿富汗人只俘虏了九人，其中一人是托马斯·苏
特上尉（Captain Thomas Souter），他将第 44 步兵团的军旗围
在腰间，由此被吉勒扎伊部落民活捉。部落民想当然认为穿得
如此花里胡哨的人谅必值得劫持以勒取赎金。苏特写道："由
于我看起来这般浮华体面，他们认为我是某位大人物。我的肩
部遭重重一砍，剑从手中跌落，手枪也哑了火，之后便被两个
家伙捉住。他们匆促将我带离该地奔向远方，脱掉我的衣服，

---

　　* 作家南希·杜普瑞（Nancy Dupree）和刘易斯·杜普瑞（Louis Dupree）20
　　世纪 70 年代参访甘达玛克时，发现骸骨、维多利亚时代的武器及军事装备
　　的碎片依然散落在村落上方的岩屑堆中。

只给我留下裤子和军帽，把我带至远处村落。"[63]

还有 15 名骑兵成功远逃至法塔赫巴德（Fattehabad）。落座领受一些村民提供的早餐时，10 人被杀，4 人试图重新上马，驱马离开村落时被屋顶的枪手击毙。另有一人是埃尔德雷德·砵甸乍的年轻甥侄托马斯。托马斯藏匿于沙·贾汗的内姆拉花园秀丽的柏树林和涓涓细流间，他遭追捕、被俘获并被斩首。1809 年苏贾正是在内姆拉花园首次落败而失去王位的。

唯有一人成功越过此处。布赖登医生距安全地贾拉拉巴德仍有 15 英里远。他后来写道：

386

> 我独自前行，接着见到 20 人左右的一队人马列队挡住我的去路，当我走近时，他们开始捡起硌石……于是，我费力地策马疾驰，把缰绳叼在口中穿过他们，挥舞利剑左劈右砍。他们的刀无法触及我，我只被一两块石头击中。继续前行稍远的距离，我遭逢类似的另一队人马，我试着像先前那样与他们擦身而过，不过我被迫用剑尖刺痛可怜的小马，直至能够纵马飞驰。这伙人中有一人拿着枪站在路那边的土丘上，他朝下方近距离射击，打断了我的剑，剑柄上只留下一截 6 英寸左右的剑身。

布赖登设法摆脱了这些袭击者，不料竟发现"子弹击中可怜的小马。马儿腰部受伤，现在几乎不能驮载我"。

> 而后见到约五位身着红衣裳的骑士，料想那是我方若干非正规骑兵，我便朝他们走去，走近才发觉他们是阿富

汗人，还发现他们牵着科利尔上尉（Captain Collyer）的马。我试着抽身而逃，我的小马却几乎不能挪动半步。一行人中有一人奉派追击我，那人朝我猛砍过来，我用剑的那一小段剑身防卫，剑身从剑柄上掉落下来。他与我擦身而过，但转身再次纵马奔向我。这一次，正值他攻击之际，我将剑柄掷向其头部，他因突然转向躲避剑柄，只砍在我的左手手背上。我感觉左手残废了，遂向下伸展右手以提起缰绳。我猜想敌兵认为那是为了掏取手枪，他立刻转身，尽可能快地逃走。我随后摸索着寻找之前放入口袋的手枪，却寻它不见。是故，我手无寸铁，骑乘的可怜巴巴的坐骑恐怕也无法将我驮运至贾拉拉巴德。

军医霍然间深感心力交瘁。"我渐渐焦躁不安，草木皆兵。我真的认为若没有马鞍前舌，我早就从马上摔下来了……"不过，一名目光锐利的参谋从贾拉拉巴德城堡顶层塔楼上认出他来，救援人员迅速前来救助。 387

辛克莱上尉身处第一批救援人员当中，其仆佣将自己的一只鞋给我，裹住我的一只脚。我被带到工兵会所（Sappers' Mess），福赛思医生（Dr Forsyth）为我包扎了伤口。饱饱享用一顿美餐后，我铭感五内地酣然入梦，这种享受对我来说是一种奢侈……接受诊察时发现，除头部和左手外，我的左膝亦有一处轻微剑伤，一颗射高了些许的子弹穿过裤子稍稍擦破皮肤……可怜的小马被径直纳入马厩，躺倒在地就未再起来。我告知情势如何，塞尔将军遂遣派一队人马搜遍平原旷野……但他们只寻获霍普金斯

上尉（Captain Hopkins）、科利尔上尉和哈珀医生（Dr Harper）的尸体……[64]

那夜，贾拉拉巴德诸门上高挂盏盏灯火，吹响号角为最后所剩的任何落伍散兵引路，但无人蹒跚入城。托马斯·西顿上尉回忆道："南方刮来一阵疾风，将号角声传遍城镇每个角落。那些号角凄切可怖的哀鸣声，令我终生难忘。这是为我军遭屠戮的战士献上的一曲挽歌，彻夜聆听有种难以言喻的哀婉凄绝之感，让人惆怅忧思。布赖登医生叙述之事，凡听闻者皆心惊胆裂……全军覆没，唯有一人逃脱，前来述说那骇人的故事。"[65]

随后数日，另有几名幸存者癫狼渴疾地进城，其中包括布赖登医生的朋友、希腊商人班尼斯先生和多名吃苦耐劳的廓尔喀兵。一段时间后，传奇故事甚嚣尘上，称阿富汗的整支英国驻军遭赶尽杀绝。事实当然并非如此，驻坎大哈和贾拉拉巴德的大规模卫戍部队幸免于难，即便是喀布尔驻军也有 2000 名印度兵最终归家，连同 35 名英国军官、51 名列兵、12 名妻眷以及 22 名孩童。所有这些人要么被扣作人质（就欧洲人而言），要么设法跌跌撞撞回到喀布尔，在街头行乞（就印度斯坦人而言）。尽管如此，对英国人来说，这都是非同寻常的挫败，对阿富汗抵抗组织而言却几乎是奇迹般的胜利。在大英帝国如日中天的鼎盛时期，在英国人对世界经济掌控的深度和广度空前绝后的巅峰期，在世界各地的传统武装力量被工业化的殖民地军队夷戮的年代，此番挫败是世所罕见的让殖民主义者彻底蒙羞的一刻。

这个故事登时为阿富汗诗人和歌者一再传诵，伤亡人数和胜利规模随着每次传述而一同增长。阿塔王子写道："据说有

6万名英格兰士兵奔赴阿富汗，他们半数来自孟加拉，半数来自其他省份，仆佣和随营人员不算在内。"

仅一小撮人活着归来，他们伤痕累累、一贫如洗。其余人阵亡，既无坟冢掩埋尸首，亦无寿衣蔽体，像腐烂的驴子一般七零八落散卧于那片土地。英格兰人对黄金和钱财一往情深，情不自禁要对每一块膏腴之地狠下毒手。然而，他们在阿富汗一方面耗尽金库，另一方面让军队颜面尽失，除此之外，寻获怎样的报赏？据说喀布尔的4万名英格兰驻兵当中，偌多人在途中被活捉，偌多人成为残障者和乞丐继续滞留喀布尔，其余人员消亡于崇山峻岭，如船只沉没般杳无踪迹。侵略或统治呼罗珊王国绝非易事！[66]

第九章　王之驾崩

　　整支英军惨遭屠戮的消息迅速在这一地区四散蔓延。

　　在布哈拉，埃米尔下令处死两名英国俘虏查尔斯·康诺利（Charles Conolly）和阿瑟·斯托达特（Arthur Stoddart），借此欢庆佳音。在赫拉特，维齐尔亚尔·穆罕默德乘机扼死了君主卡姆兰·沙·萨多扎伊，心知肚明英国人和沙·苏贾如今都没资格阻止他。这则消息在印度引发的躁动尤甚。在德里，月光集市（Chandni Chowk）的银行家比殖民当局提前了整整两天听闻消息。与嘎吱作响的殖民地信差（harkara）传讯方式相比，传统贸易的书函通信网运作得更快，也更高效。[1] 比及消息传至加尔各答，它早已带给遍布印度斯坦各地的东印度公司治下的偌多敌手冀望与鼓励。印度民族大起义（Great Rebellion）果真于1857年爆发时，它同样赋予曾被英国军官遗弃在库尔德喀布尔山口雪窖冰天的印度兵诸团的希望与激励，亦绝非偶然。在诸如勒克瑙、阿格拉和坎普尔这样的平民聚居区，波斯出版社孜孜汲汲地重印描写英国战败的阿富汗史诗和纪实散文。[2]

奥克兰勋爵几乎是最后一个知悉惨败消息的人。传送布赖登医生口述之事的快件花了整整两周时间，最终在 1842 年 1 月 30 日送达总督府。正如埃米莉·艾登记述，这则消息在十小时内让"可怜的乔治"老了十岁。他大发雷霆、尖声叫嚷，接着卧病在床，出现局部瘫痪症状，据信是患上某类中风。[3] 随后几天姊妹们愈发忧心如焚，眼睁睁看着亲哥哥日间面色惨白地在游廊踱来踱去，夜里四仰八叉地趴在草坪上，脸紧贴着凉爽的草皮以求抚慰。仅在数周前，备受信赖的顾问麦克诺滕还一直从喀布尔修书给奥克兰，劝告他切莫相信那些爱唱反调的人，向他保证诸事安然。如今，奥克兰的整个帝国战略和所有"为谋求公共利益与公共安全的计划，在这般境况之下都化为泡影。我将如此种种押于其上，孤注一掷，怎奈遭逢惨绝人寰的空前劫难"。[4] 确切说来，对奥克兰本人而言，整场灭顶之灾"骇人听闻，亦莫名其妙"。更糟的是，继而传来消息称阿克巴和其他抵抗组织领袖现正采取行动彻底剿灭英国驻贾拉拉巴德、加兹尼和坎大哈的三支残存的卫戍部队。谣传不胫而走，遍及印度各地，称由于印度军队大量兵力被外派到中国参与奥克兰发动的鸦片战争，阿富汗人很快就会如平昔屡屡所为那般，沿开伯尔山口蜂拥而下洗劫印度斯坦平原。

又花了一周时间，伦敦方面才获悉所发生之事。《泰晤士报》（The Times）将这则消息委婉告知全体国民："我们遗憾宣布，这封快信给我们带来令人哀痛欲绝的灾难性情报。"数日后刊载的一篇典型的恐俄社论，完全失实地强烈暗示俄国插手诸事件。文章指出俄国首个暗杀目标不是别人，正是维特科维奇最大的竞争对手、"俄国间谍最机敏犀利的敌手"亚历山大·伯恩斯爵士。[5]

391 　　由罗伯特·皮尔爵士领导的保守党新政府一切准备就绪以撤离阿富汗，从而与辉格党前任造成的狼狈处境彻底脱离干系。不过内阁目前一致认为，当务之急是挽回国家的军事声望。埃伦伯勒勋爵是一手缔造印度河政策的空想家，保守党人派他接替奥克兰担任总督一职。2 月 21 日，所搭乘的船只从马德拉斯（Madras）出坞之际，埃伦伯勒勋爵得闻这场劫难。他立刻自总督府致函皮尔，声言希图教训阿富汗人一顿，让他们永生难忘。"务必在阿富汗重新建立我方武力尊严……为保全印度，就要迎战千难万险、克服重重困难。"[6]比及埃伦伯勒 28 日抵达加尔各答，他与名誉扫地、饱受非议的前任及其姊妹几乎没有交流一言半语。其时消息传来，称加兹尼亦落入吉勒扎伊部落手中，与喀布尔如出一辙，驻防该地的卫戍部队官兵不是被俘被杀，就是沦为奴隶。

　　此刻，一支全副武装、拥有六个团兵力的援军已从密拉特和菲罗兹布尔兵站被紧急派出，冠以给人不祥预兆的名称——"惩戒之师"。这支军队秉承指令横渡萨特累季河朝白沙瓦进发，随时准备实施武力报复。奥克兰属下将军一职的第一人选是另一位像埃尔芬斯通一样上了年纪的老兵，不过对众官兵来说幸运的是，遵从医嘱，这位身体虚弱、老态龙钟的哈里·拉姆利爵士（Sir Harry Lumley）被排除在外，转而将指挥权授予乔治·波洛克少将。身处阿格拉的波洛克是在平房凉台上用着早餐、抽着方头雪茄烟时接获命令的。波洛克是个一丝不苟、通情达理、锲而不舍、雷厉风行的伦敦人，身为东印度公司军官，已在印度度过三十余载。他是参加过尼泊尔和缅甸战争的老兵，诚如乔治·劳伦斯的弟弟亨利所述，他"不逊色于能获委派的任何指挥官"。在贾拉拉巴德被围城垣之内的乔治·

布罗德富特得知消息亦表示赞同。他写道，尽管绝非拿破仑，但波洛克是"迄今为止，我在这些地区邂逅的最出类拔萃的军官"。[7]

波洛克接获任命的同时，饬令下达至多斯特·穆哈迈德的看守人尼科尔森上尉（Captain Nicholson），要他将俘虏从阿富汗边境转移，让其与外界隔绝，并将其置于监视之下。效力于西北边境（North West Frontier）的政治专员乔治·克拉克（George Clerk）指示尼科尔森："一俟收获此函，决计要刻不容缓地采取最严格的制度拘禁多斯特·穆哈迈德·汗，令其成为秘密人犯，除非经你许可，否则须阻止阿富汗人或印度斯坦人①与他及其扈从的一切交流。"[8]

数日之内，多斯特·穆哈迈德就被迁往穆索里（Mussoorie）另一边山丘高处的一处独立的居所。尼科尔森为严密监禁俘虏所采取的措施透露出的是，悬心吊胆、疑神疑鬼的极端情绪裹袭着那时身处印度的英国人。小型印度兵守卫队被新来乍到的女王陛下的团中至少 110 名英格兰男子取代。斯金纳的骑兵团中一个营的将士在从喀布尔撤退途中刚遭剿灭，一同丧生的有斯金纳的亲生儿子詹姆斯。就连该团也被遣离这一地区，因为"骑兵中队（Rissalah）中伊斯兰教徒②的比例过大，看似更审慎明智的做法是不任用这些人员，因为无论他们多么彻底地倾向于我们，敌匪或会以宗教信仰作为诱使他们玩忽职守的手段"。

采取严密周详的措施，务使多斯特·穆哈迈德插翅难逃，

①　Hindoostani，同 Hindustani。——译者注
②　Mohammadan，同 Mahommedan。——译者注

392

亦无法与阿富汗叛乱分子建立通信联系。尼科尔森写道："埃米尔的宅院昼夜由哨兵看守，从兰多乌尔镇（Landour）通往该处的诸条道路一直受到哨兵监视，拉杰普尔①方向的道路亦如此。埃米尔的属下均不准踏出哨兵所戒范围，谢绝一切陌生人进入哨兵扼守的范围之内，除非持有必要时方可获准的由我亲自签发的通行证。个人外出要有一名欧洲裔卫兵陪同。"采取进一步防范措施以阻止通信往来：

> ……我在山丘脚下设置了一个小警亭（thannah），监视来自西部的所有陌生人，尤其是阿富汗人和克什米尔人。任何可疑人物到来，我都会即刻接到通知……在最前方，我提议安插当前机构中的一人，这个人要会说印度河流经诸国的种种语言。另有一名信奉印度教的兵士（chupprussie）和四名山地居民将与他联手协作。他们遵奉指示暗中跟随每位登上山丘的可疑人员，直至到达最近的哨兵所在地，进而将可疑人员移交给卫兵。卫兵将被部署在埃米尔住宅近旁。

作为一项额外措施，尼科尔森建议禁止任何克什米尔人出现在穆索里山区，除非持有特别通行证。

> （因为）像多斯特·穆哈迈德·汗这样受严密监视的俘虏，阿富汗信差大概不会亲自尝试与之取得联系，但会求助于不那么易受怀疑的人，十之八九是借助克什

---

① Rajpoor，同 Rajpur。——译者注

米尔人。

　　他们充任信差（Cossid）的角色人尽皆知而无须多言，我格外忧惧的正是他们。因此，我想建议在卢迪亚纳和安巴拉①发布命令，没有你本人签发的通行证，任何克什米尔人均不应获准造访多恩山谷②和山丘。或能令我的努力事半功倍的是，任何克什米尔旅人的到访记录皆通过驿站由安巴拉管区警官交予我，这也是对警亭③我自己部下的监督核查。

克拉克赞同尼科尔森采取的所有措施，此外还授予尼科尔森特权，以"拘捕并掘地三尺严密搜查任何可疑人员"。[9]

　　其间，人人都调转"枪口"向奥克兰"开火"。布赖登骑马进入贾拉拉巴德城当晚，托马斯·西顿在日记中写道："毋庸置疑的是，那位埃尔芬斯通的愚痴低能是这般丢人现眼和这些骇人灾殃的直接原因，但真正的始作俑者是奥克兰，他为如此艰巨而任重道悠的岗位选拔了一个因四肢痛风而残疾的人。那人的意志力屈从于躯体的煎熬，亦绝非以才能著称。"[10]不久，包括英国新闻界和诸多议会议员在内的其他所有人都得出相同结论，特别是一位名为本杰明·迪斯雷利（Benjamin Disraeli）的保守党议员④，这个聪明伶俐的年轻人在议会发起了一场持续的反奥克兰运动。

　　抵达加尔各答时，埃伦伯勒对其前任粗鲁无礼，以致乔治

---

①　Amballah，同 Ambala。——译者注
②　Dhoon，为西瓦利克山脉的一条峡谷。——译者注
③　thanna，同 thannah。——译者注
④　MP，即 Member of Parliament。——译者注

修书给伦敦的友人霍布豪斯，询问埃伦伯勒的心智是否完全健全。[11] 奥克兰几乎别无选择，唯有担下大部分责任蒙羞归国。可想而知，他此时的信札充满绝望。奥克兰致函霍布豪斯："我懊丧之至。我认为在阿富汗[①]的大小事务已无可补救，但是竭力从这场灭顶之灾中挽救所能挽救的一切，我们必将遭遇进一步的危险……我担心冥冥之中我们注定还要得悉更多的惨事和祸殃。"[12]

奥克兰茫然不解的是，他在喀布尔建立的政权其实根本没有终结。

英国人始终忽视并低估了沙·苏贾，如今伯恩斯和麦克诺滕均殒身灭命，驻喀布尔英军官兵冻硬的尸体遗落在吉勒扎伊部落掌控的遭大雪封阻的山口，成为秃鹫的盘中餐，但苏贾本人依旧稳稳当当置身于巴拉希萨尔城堡的高墙内。确切说来，英国盟友既已不复存在，沙在喀布尔民众及部族首领中的个人威望显著提升。没了麦克诺滕出馊主意，在大灾大难面前始终毅然决断的苏贾展现出自己的八面玲珑，驾轻就熟地操纵起阿富汗部族政治。

叛军最初的领袖阿米努拉·汗·洛伽尔和纳瓦布扎曼·汗·巴拉克扎伊挫败了英国人，之后阿克巴·汗却夺取了叛乱领导权。苏贾现在正是利用此二人对新来乍到的阿克巴·汗的嫉妒之情离间叛军。这段时间阿克巴远离喀布尔，先是将手中

---

① Affghanistan，同 Afghanistan。——译者注

的英国战俘押送至拉格曼省的一座牢固堡垒，然后赶去围攻贾
拉拉巴德。沙趁机展开谈判，数日内就设法将一个新同盟紧密
团结起来，希望这能令他继续掌权，令阿克巴·汗孤立无援。　395

　　苏贾主动接触的这两个人拿得出手的本钱迥然有别。纳瓦
布扎曼·汗身为阿克巴·汗的堂兄弟①，是对巴拉克扎伊继承
权拥有优先权的继承人，控制着留滞喀布尔的所有英国伤病员
这一宝贵财富，但几乎没有什么财力和智力资源，也没什么武
略。相比之下，上了年纪但仍机敏狡黠的内布阿米努拉·汗·
洛伽尔，通过最近增添的交易大赚了一笔——作为投降协议的
一部分，撤退的英国人给了他些票据，他设法据此从喀布尔信
奉印度教的银行家那儿提取大笔钱款，用这笔钱征募了一支印
度兵军队，还给来自洛伽尔省的本部族成员支付酬劳。身为致
使喀布尔的英国人彻底土崩瓦解的两名军事领袖之一，他声威
赫赫。不过，出身相对寒微的内布阿米努拉既非萨多扎伊族人
亦非巴拉克扎伊族人，要是没有两个主要氏族中的任何一方支
持，显然无法上台掌权。凭借与纳瓦布扎曼·汗和沙·苏贾结
盟，他就能赢得两个氏族的支持。[13]内布阿米努拉一直都是坚
决拥护萨多扎伊王族的保皇派，纳瓦布扎曼·汗对有超凡魅力
的堂兄弟阿克巴的憎恶之情则是野心勃勃的平庸之辈对真才实
学之人时而抱有的满腔怨愤。这个同盟看上去稳固持久，因为
参与的三方皆从中受益，每一方又为其余两方带来所需。

　　据为苏贾作传的穆罕默德·侯赛因·赫拉特记载，苏贾的
整个策略谋划得天衣无缝。他写道：

---

　　①　原文 uncle，疑为 cousin。——译者注

巴拉克扎伊族人宣称陛下变得与英格兰侵略者别无二致，这一宣传扎根于大小人物心中，为了反驳这种言论，陛下听从建议，欲摆脱目前这场恐有摧毁君主制之虞的叛乱，唯一出路是讨得阿米努拉·汗·洛伽尔的欢心。陛下决定将最受自己宠爱也最具禀赋的子嗣沙普尔王子遣往阿米努拉府邸，还允诺礼赠纳瓦布扎曼·汗·巴拉克扎伊20万卢比。于是就这样，阿米努拉和其他大多数汗现已渐渐拥护陛下。他们声言，陛下看似屈从于外国异教徒利益之时，纳瓦布被推举为埃米尔。不过陛下既已重获独立，再度成为真正的穆斯林君主，则无须拥立埃米尔，扎曼·汗谅必也对足够位高权重的维齐尔一职心满意足。阿克巴·汗未参与新同盟。

为了赋予这些协议正式的形式，1842年1月17日，苏贾的子嗣沙普尔王子、阿米努拉·汗·洛伽尔和扎曼·汗·巴拉克扎伊在巴拉希萨尔城堡上朝，"连同他们的幡旗与骑士，以及杜兰尼王族、吉勒扎伊部落、科希斯坦及喀布尔以波斯语（Farsi）为母语的诸汗的幡旗与骑士，向陛下致敬并听奉诏命"。赫拉特补充道："从那时起，朝朝暮暮都举行同样的仪式，陛下对官爵、俸禄及金钱酬赏的种种承诺，让这些新近被笼络的叛乱分子应接不暇。与此同时，陛下修书给贾拉拉巴德的乔治·麦格雷戈和英国指挥官，称局势总算逐步得到控制。"[14]

时至2月的第一个周末，尽管前三个月历尽千灾百难，但情势日趋明朗，阿克巴·汗表面上的胜利绝非大局已定，苏贾仍有锦囊妙计以操控局面。确切来说，这是在苏贾毕生留有烙印的其中一次不可思议的时来运转，相比苏贾统治时期的其他任何时刻，他目前可以说是最直接地掌控着先祖传下的国土。杜兰尼王族和奇兹巴什部落的其余部族首领，许多人现已见风转舵，要与沙休戚与共。他们开始一个接一个地来到苏贾朝中，主动表示愿意效忠，乞求沙原谅。克什米尔毛拉写道：

他随着新同盟日渐稳固　　　　　　　　　　397
沙上朝诏见诸位汗

将高高在上的大人们捧得更高
他向军人展现深仁厚泽

喀布尔渐渐摒绝暴行，无人煽动叛乱
统治再次成为沙的分内事

但未给阿克巴留一席之地
沙心中的仇怨不曾淡去……[15]

局势依然微妙。苏贾尚不敢离开巴拉希萨尔城堡，仍有赖于两位新盟友扶持，尤其要依靠阿米努拉·汗的权威。据阿塔王子记载，沙心存些许"狐疑，因为这两位喀布尔部族首领一度是埃米尔多斯特·穆哈迈德·汗的党羽，他们会否密谋取其性命？据传英格兰人现又一次迫近，很可能试图再度征服呼罗珊。苏贾骑虎难下、进退维谷。虽然如此，但国王当时有约1万名兵卒、12门大炮、不计其数的珍宝以及充裕的火药储备"。[16]上述数字或许有些乐观。尽管难题成堆，此刻沙的前途却是数月以来最光明的。[17]

2月7日，苏贾亲笔书写一封发自肺腑的短笺给"我的爱子"帖木儿王子。其时，帖木儿王子与诺特将军一同驻守坎大哈。莫罕·拉尔·克什米尔一直留在喀布尔，方得以躲过大屠杀，他答应运用自己的密探及信差网，将这封信顺利送达英国驻坎大哈卫成部队。苏贾开篇提到，他承认神明不可思议的运作由命运体现，叙述了对所发生诸事颇感羞辱悲伤。他写道："我们这儿一直重现那些场景，本地子民一而再、再而三地加以表演。我屡次告诫英格兰人行将发生之事，他们却置若罔闻。我希望永远不再见到的那些场景命中注定会再现。喀布尔民众发出战斗的呐喊来抗击不信此者，甚至对我避而远之，声称沙与英格兰人朋比为奸。"他接着向爱子解释说，自己为了生存迫不得已矫情饰诈。"我告诉他们：'对我而言，英格兰人能算什么？他们无疑对我友善相待，很长一段时间我是该国的座上客，除此之外还有什么？'此言甚至辱没了我自己，愿真主免我蒙羞受辱。（声明与吾友脱离关系）我为此深感羞愧。承蒙真主庇佑，我若真能与你再会，我将向你袒露心中的秘密。我命该如我所为这般行事。"

苏贾随后继续向帖木儿王子讲述自己的冀望。他写道："莫悲伤，情势正向更好的状态发展。你要怡然自得，我们仍将达成曾令我们黯然神伤的种种目标，我会密切关注你。未可如我所愿向你传达详情，因为路途险阻、危机四伏。有千言万语想与你长谈，倘若事态终圆满落幕，顺应吾心所愿，你很快便知其详！"[18]

到目前为止，叛军的阿富汗领导层仍四分五裂、分歧不断，苏贾的书函遂展现出越来越强的信心。他修书给贾拉拉巴德的麦格雷戈，敦促英军迅速进逼喀布尔，他承诺"你们豢养的猫都不会受伤害"，然后回到老生常谈的话题，谴责巴拉克扎伊族人的不忠无信。苏贾尤其强烈反对那般重视埃米尔多斯特·穆哈迈德，他料想英国人依旧对其宿敌保有敬意。苏贾训诫麦格雷戈称：

> 我认为你们没有恰如其分的荣誉感，发生这一切之后，多斯特·穆哈迈德①及其家人缘何继续在该地锦衣玉食？你们一直如何对待那卑鄙小人，从这个背信弃义的无赖穆罕默德·阿克巴②那儿又得到怎样的回报？为了给阵亡吾国的大人们复仇雪耻，就该令多斯特·穆哈迈德及其妻孥穷困潦倒地徘徊穿行于印度斯坦的集市街巷。愿真主成全吾心之所愿！要是阿克巴落入我手，他将遭我严处不怠！[19]

英国人未以苏贾提议的方式向多斯特·穆哈迈德实施报复，原因之一是阿克巴·汗现扣押着数目庞大的战俘。 399

一些是被遗弃在喀布尔的伤员，一些是依据协议移交的人质，另一些或是投降人员，或是被从藏身的洞穴村落生拖死拽出来的俘虏。现被驱集到一起的欧洲人共约120人，阿克巴搜罗到其中约40人，包括麦克诺滕夫人和她的猫（长尾小鹦鹉似乎未能在撤离喀布尔的过程中存活下来）、孀妇特雷弗夫

---

① Dost Mahommed，同 Dost Mohammad。——译者注

② Mahommed Akbar，同 Mohammad Akbar。——译者注

人，以及凛然可畏的塞尔夫人和其有孕在身、新近丧偶的女儿亚历山德里娜。

头几日糟糕透顶。阿克巴的俘虏被押解着穿越大雪封阻的诸山口，被扣留在污秽的山顶城堡和偏远的塔楼。一连数日身处"寒冷彻骨的"狂风中，人质被迫骑马跨过己方同志血淋淋、面目全非的尸首。他们间或认出密友，譬如麦肯齐在贾格达拉克附近见到"绅士吉姆"（Gentleman Jim）詹姆斯·斯金纳的遗骸躺在一堆尸体中，麦肯齐不得不征得许可，停下来为战友挖座浅坟。他们还经过三五成群、"赤身裸体、身负战伤和冻伤的"印度兵，诸兵士"挤作一团……呜呼哀哉！对这些不幸的可怜人，我们爱莫能助，他们中无人能活过接下来的几天"。[20]难以评估被俘的英国军官是否确能做出更大努力拯救手下印度兵，但谣传很快就循着诸山口一路南下传至印度，称英国军官阶层脱险保命，却抛弃手下士卒，听任他们为奴受死。

一座城堡拒不接纳俘虏，"言明我们是异教徒"，迫使俘虏们安身于"一间肮脏的牛舍"。[21]他们涉过"深且湍急"的潘杰希尔河（Panjshir River）数条冰冻支流，在其中一次横渡过程中遭阿富汗人伏击，"这群阿富汗抢掠者袭击所有留在岸上的人……许多人绝望投河，溺水而亡"。[22]接着是一座陡峭山口的上坡路，塞尔夫人称"在此，我发觉有必要揪牢马鬃，以免与马鞍一同滑落"。他们随后在山顶卷入一场部族间的械斗，不过刚刚在库尔德喀布尔山口经历枪林弹雨，就猛烈程度而言这看似微不足道，至少对塞尔夫人来说如此。"几支杰撒伊步枪开火，人声鼎沸、喧嚣嘈杂，继而争斗结束。"很快，就连微乎其微的乐事，在人质看来似乎都是穷奢极欲的享受。一日上午塞尔夫人写道："我们非常乐于洗脸，还享用了有木豆羹和小萝卜的绝妙早餐。"[23]

不过，在到达阿克巴·汗岳父的堡垒后，境况遂获改善。阿富汗方面的所有史料，外加几份印度穆斯林的资料，都记述称阿克巴·汗对俘虏的仁至义尽堪称楷模。史诗中的阿克巴是骑士精神的典范，可谓阿富汗的萨拉丁①。时至今日，喀布尔民众依旧如此缅怀他。门士阿卜杜勒·卡里姆的叙述具有代表性，他写道：

> 司令官阿克巴的宾客稍稍恢复元气，能够再次站起身，活动冻僵的四肢，司令官便返回城堡，礼节性地拜望他们。
>
> 全体人质怯生生、颤巍巍排队站好以表谢忱。司令官阿克巴抚慰他们，向埃尔芬斯通将军和公使遗孀示以满腔敬意，赠予她俩紫貂皮衬里、金线织成的斗篷，亲自披裹住她们的双肩。他送给每位人质一件暖和的普什图毛里羊皮袄，眼噙热泪言道："无人能未卜先知，无人能改变命运的裁决和神的旨意！我军中诸位喀布尔尊长告诉我，据在世者记忆，这一带未曾有过这般极端冰雪天气。莫要怕，我会保护你们，把你们送往气候更暖和的拉格曼地区休养生息，直待太阳到双鱼宫（Pisces），积雪融化，通往印度斯坦的道路再次开通。"司令官阿克巴的模范行为、优雅举止、谦恭为人及殷切关怀，赢得全体来宾一致钦佩，他们立誓终身感激。被扣作人质的诸宾客甫抵拉格曼省，就专为女士留出宽敞寓所，婢女侍奉左右。食物慷

401

① Saladin，中世纪伊斯兰世界著名的军事家和政治家，埃及阿尤布王朝首任苏丹，1174～1193年在位。——译者注

慨供应，包括谷物和肉类、肥羊尾、雏鸡、鸡蛋，还有各种各样的果干和新鲜水果。[24]

或许更出人意料的是，尽管英国方面的若干史料的确专注于战俘蒙受的千难万险，但许多人还是交口赞誉阿克巴对他们的照顾。砵甸乍正式致函波洛克将军，叫他安心落意，称"以阿富汗的方式，我们得到了俘房指望享有的百般关照。我们蒙受的来自下级事务官的无礼对待皆有悖于穆罕默德·阿克巴·汗的意愿，只要力所能及，他均依据投诉为我们洗雪冤屈"。[25]劳伦斯进一步陈说，并特别提到"阿克巴将自己的肩舆让给塞尔夫人和麦克诺滕夫人"，说他"总是谦恭至极"，尤其是对麦克诺滕夫人，说他向女士们保证："她们是他的'贵宾，他会向她们提供一切所需，一旦道路足够安全，他立即把她们转送到贾拉拉巴德。在此期间，她们可以不受限制地给友人写信'。"劳伦斯告知阿克巴，俘房需要点儿钱，阿克巴马上拿出1000卢比，"我给他写了张借据，他立刻撕个粉碎，说只有商人才需要这些东西，谦谦君子之间无须立字据"。随后，劳伦斯抱怨说自己遭一位仆佣侮慢，"这位将领下令将那人狠狠鞭笞一通，言称'如果那还不够，我可凭己意割下他的双耳'"。[26]

人质普遍认为阿富汗人具有更多值得肯定的优良品德，这同样出乎意料。科林·麦肯齐在被俘期间写道："毫无疑问的是，比起欧洲人与印度斯坦人相处，阿富汗人与欧洲人相处要融洽得多。阿富汗人是极其吃苦耐劳、果敢无畏、独立自主的民族，百伶百俐善谐谑，随时乐于天南海北娓娓而谈，这令他们成为非常讨人喜欢的同伴……阿富汗绅士克己复礼，人人举止优雅。"[27]文森特·艾尔持相同见，"我们发觉阿富汗士绅阶层人士是甚悦人意的旅伴"。经过进一步接触，劳伦斯认识到，不过一个月前才杀害了战友特雷弗上尉的苏丹·贾恩"是个天生好脾气的人，十分宠爱孩子"。[28]*

俘虏对己方某些成员远没那么赞许。麦克诺滕夫人不知用什么方法设法保全了私人行李，却拒绝分享任何衣物或哪怕一滴雪利酒，她依旧为众人嫌恶。英印混血儿韦德夫人更不受欢迎。到达拉格曼省后不久，她便与英格兰夫君离婚，还跟一位俘获者私奔。她皈依伊斯兰教，"换上伊斯兰教徒装束，自称已改变宗教信仰……若干俘虏拟定脱逃计划，她却通风报信，险乎导致那些人皆被割喉……她向阿富汗情夫告发丈夫在长袍内私藏金莫赫①之事，韦德的金币当然被抢光"。[29]最令人憎恶的当属性情乖戾的谢尔顿准将。谢尔顿几乎与每一位俘虏都发生口角，即便是在全体人员险些在 2 月 19 日的地震中丧命之际，谢尔顿还是有办法借端理论一番。地震来袭时，他碰巧与麦肯齐坐在城堡平屋顶的长椅上：

　　　　他怒气冲冲地环顾四周，想看看谁在摇晃长椅。麦

---

* 对这些见解不应特别惊诧，也不该将其当作斯德哥尔摩综合征（Stockholm Syndrome）的案例。英国人对阿富汗人约定俗成的看法一向是既正面又钦佩。蒙特斯图尔特·埃尔芬斯通认为阿富汗人类似于苏格兰高地人（参阅 Ben Hopkins, *The Making of Modern Afghanistan*, London, 2008 对此鞭辟入里的分析）。19 世纪末 20 世纪初，英国军官对阿富汗人感同身受，他们以学校运动场田径运动的角度看待边境战斗。这些看法渐渐渗入吉卜林（Kipling）的作品。这种"高贵的普什图人"的观念依然存在，在最近的占领中这一观念在英国驻阿富汗军队广为盛行，英军倾向于将阿富汗人视为"天生的战士"。对这种措辞格外媚俗的实例，可参看西尔维斯特·史泰龙（Sylvester Stallone）主演的电影《第一滴血 3》（*Rambo III*, 1988）。

① mohur，印度旧金币名，1 莫赫值 15 卢比。——译者注

肯齐高喊："准将，这是地震！"随后一边大声呼喊塞尔夫人，一边冲向楼梯。楼梯持续断裂，纷纷坍塌在他们周围。承蒙上帝垂怜，全体人员安全到达底层。晚上，谢尔顿走上前言道："麦肯齐，我想跟你谈谈。""好的，准将。"为了让麦肯齐感受到过错的严重性，谢尔顿语调郑重地（说）："麦肯齐，你今天第一个下楼。"麦肯齐泰然自若答道："准将，这是地震中逃生的方法。我从马尼拉（Manila）的西班牙人那里习得的。"[30]

其时，塞尔夫人以一贯的气魄面对地震。"伴着一声骇人巨响，我们房间的房顶塌陷下来。下楼时楼梯顶部倒塌，但我未受伤。我的全部担忧都在斯特尔特夫人身上，却只望见一堆废物。近乎茫然无措时听到令人欣喜的声音：'塞尔夫人，来这儿，大家都安然无恙。'我发现大伙儿都毫发无损地聚在院子里……麦克诺滕夫人的猫，"塞尔夫人补充道，"被埋在废墟里，但又给挖了出来。"[31]

同样是 2 月 19 日，上午托马斯·西顿奉派带着一把鹤嘴镐、率领一个作业队离开贾拉拉巴德南门。

西顿及手下士卒奉命摧毁城市外围若干荒废的泥墙。阿富汗骑兵一直骚扰英军每日外遣搜集饲料的粮草征收队，那些泥墙为成群结队的阿富汗人提供了掩护。西顿遵照指示拆毁泥墙，以便为城门上的大炮提供畅通无阻的射击线路，俾使整个军事防御区更适宜割草的马倌（syce）和割晒牧草的随营人员作业。这项工作有几分火急火燎，西顿收到指令要在当天日落前完成，因为英国人从密探那儿获悉，阿克巴·汗率军进逼，距贾拉拉巴德仅一天骑程。阿克巴已把手中战俘安置于英军无法营救、竞争对手亦无法劫持的僻远之地，现正赶来将国内残余的英国驻军斩尽杀绝。

404

刚过 11 点钟，正当西顿放下鹤嘴镐欣赏山谷下的风景时，感到脚下微微晃动，伴有一阵低沉的隆隆声。稍有停顿，接着：

> 转瞬间隆隆声加大，增强为震耳欲聋的雷鸣般轰响，好似 1000 驾笨重的四轮运货马车被驱赶着快速穿过崎岖不平的硬路面。我颇为不适，感觉万分恐惧骤然袭来。地面如海洋般起伏下沉，整个平原看似呈波浪状向我翻滚而来。地动山摇得如此猛烈，我险些被抛下山去，预计每个瞬间都可能目睹整座城镇遭吞没。我的注意力被城堡吸引，放眼望去只见屋舍、墙壁和棱堡均以最骇人可怖的方式摇晃震动，而后彻底坍塌。一路沿着南面和西面，我们苦干狠干、千辛万苦修筑起来的胸墙逐渐崩裂，碎若细沙。无边无际、密不透风的滚滚尘埃笼罩整座城堡，尘雾之中传出城堡内许许多多人丧魂落魄的呼喊声。

"可怕的声响和震动"停了下来，周围一片死寂。"士兵们完全被吓得脸色铁青，我也感到自己面如死灰。骋目四顾，只见山谷处处是骇人天罚的征候。一座座村落、城镇和城堡皆笼罩在浓密的尘雾中。尘埃从一些地方飘散开来，那些地方看似着了火。尘埃从另一些地方密密稠稠呈柱状腾入天际，仿佛引爆了矿井。"显然没有一座村落、城镇或城堡幸免于难。

> 微风吹散贾拉拉巴德的尘埃时，该地呈现出一派断壁残垣、疮痍满目的可怖景象。几分钟前还齐齐整整、优美如画地高耸于壁垒前的一座座屋舍，现在上部楼层荡然无遗，所剩的只是混杂在一起的梁、柱、门、厚木板、窗户、墙体碎片、屋顶残片、泥土和灰尘，它们全都七颠八倒地积成一堆。墙壁呈现同样可怖的景象。四周的胸墙均已倒塌，一堆堆碎块积在墙脚下。很多地方的墙壁完全断裂，许多棱堡的外表面已变形。东墙上被震出一道裂口，大得足以让两个连并肩穿行……100 门重型火炮持续猛烈炮轰一个月，也不可能造成这场地震数秒内产生的破坏。[32]

在随后数小时里，总工程师乔治·布罗德富特带着塞尔将军巡视遭损毁的防御工事。眼前的一切让塞尔深感震怖，他致函加尔各答方面，称两个月前初次抵达这座城市时，"我发觉贾拉拉巴德城垣的状态就防卫的可能性而论，或有理由令人绝望"。他们凭借彻头彻尾辛辛苦苦的体力劳动，已将堡垒修得牢固安全。"众官兵的不懈努力和几乎难以置信的艰辛劳作，外加布罗德富特上尉的热忱和他掌握的科学知识，让城镇处于高效的防御状态。"眼下守军不得不从头再来，因为地震摧毁了"我们所有的胸墙，破坏了三分之一的城镇，在壁垒上震出相当大的裂口。这些壁垒是面向白沙瓦的一道屏障。此外，地震还将喀布尔门①夷为一大堆不成样的废墟"。[33]

别无选择，唯有将整个卫戍部队分编成若干作业小队，即刻开始修补裂口。正当工作取得一些初步进展，"日暮之际阿克巴阵营的一小群骑士前来侦伺敌情。瞭望台上的炮兵奥古斯塔斯·阿博特（Augustus Abbott）发射一枚（大炮）炮弹，炮弹径直射入这队人马中，令他们四散奔逃"。[34]布罗德富特喃喃低语道："现在该轮到阿克巴了！"[35]

对守军而言幸运的是，地震看来对围攻者和被围者造成同样惨重的影响，因为在至关重要的五天里没再见到其他阿富汗人。那段时间，卫戍部队几乎昼夜无眠。西顿写道，拂晓时分"卫戍部队人人都站着，准备天足够亮就开工。对于指派给自己的任务，将士们劲头十足地埋头苦干……到了 24 日晚，棱堡修缮完毕，周围筑起胸墙，许多地方的强固程度比之前加倍。劳作甚为严酷，每逢夜晚，我的双手都肿得几乎不能收拢握持刀叉。在那四天里，没有官兵解衣而眠，人人都睡在壁垒各自的岗位上，时刻准备着遇袭时展开防御或者天破晓就干活"。[36]

阿克巴·汗最终在 2 月 25 日上午渡河，亲率乌兹别克骑兵登上城镇南边的笛手岭（Piper's Hill）时，守军望见骑兵羽饰现出的轮廓，他们"皆华服翩翩骑于马上，举着军旗招摇过市"。数分钟后，骑兵策马穷追逃遁的牧草收割者和粮秣征收员。城门紧闭，"大批阿富汗人围着我们转，步兵人数随之越来越多"。围城之战郑重其事重新展开，不过卫戍部队已挥别最不堪一击的时刻。

406

———————————

① Cabool Gate，同 Kabul Gate。——译者注

就像在喀布尔一样，阿克巴·汗马上采取有效措施阻止补给被运送进城，他恫吓当地众村民称，若向洋人出售食物、硫黄、硝石或弹药将被立即处死。不久，西顿就在日记中记下自己与日俱增的饥饿感："3月2日，我们所有的慰藉物正迅速消失。茶早就没了，咖啡今天无影无踪，糖朝不保夕，黄油荡然无存，无牧草喂牛，不再有蜡烛，葡萄酒和烈性酒已成为记忆中的事。几天之内，我们的每日配给将被减至半磅咸牛肉和半磅粗糖，预计还会进一步缩减。"数日后，所载事项读来愈发不祥："今天没午餐，肉食渐渐稀缺。"[37] 到了3月23日，塞尔捎信给白沙瓦的波洛克将军，称自己坚持不了太久，已把所有的运输骆驼人道毁灭，以便将所有秣料供给骑兵，估算剩余的咸肉将于4月4日耗尽。[38] 更加危险的是，火枪弹药也将很快告罄。

阿克巴再次将自己定位成伊斯兰教的捍卫者，利用自己身为圣战勇士新斩获的声誉招揽支持者和盟友，甚至游说那些以别的方式对其领导才能表示怀疑的人。正如麦格雷戈三月中旬致波洛克的信函所言："他将自己描绘成现已无亲无故、了无羁绊、无所依归的人，唯愿复兴真正的宗教，将伊斯兰教的大敌斩草除根。"[39] 从拉格曼省前往贾拉拉巴德途中停止行进的夜晚，阿克巴利用在营地的时间发出连串颇具外交手腕的文告，试图将阿富汗达官贵要团结到自己旗下。他本人或其他任何阿富汗人之前从未以如此直截了当、革新立异的方式使用圣战言辞。[40] 他暗示，与沙·苏贾结盟者都应被当作弃教者对待，不允许任何人采取骑墙态度。赛耶德·阿海乌德丁（Saiyed Ahai-ud-Din）一直是沙的亲密盟友，阿克巴修书给这位贵族：

你尽可放心。倘若因迫不得已与洋人建立种种关系而有任何忧惧，我恳请你将心存的恐忧统统抛诸脑后，因为你不过是顺时而为。出于自身利益考量，无论贵贱高下，人人都被迫或多或少地与洋人发生联系。不过，既然那惹人憎恶的民族的账簿已被吹散在凄风落叶中，既然伊斯兰军（Army of Islam）全体成员坚定不移地团结在一起，你又有何理由只身退缩？我来函向你发出恳求，请你摒弃一切疏离之感，将我的宅第看作你的家，即刻归来，你我双方可以会面，我们之间的友谊纽带会被拉得愈加紧密。我坚信你会即刻起程，朝我方进发。[41]

阿克巴向另一位贵族图拉巴兹·汗（Turabaz Khan）写了一封益发直言不讳，甚至故弄玄虚的虔诚的呼吁书，恳请他务必弃异教徒于不顾，重返真信士队伍。阿克巴写道：

收到情报称你已离开拉尔布尔（Lalpoora）地区去丘陵里避难，由此看来，你意图把自己与伊斯兰民族分割开来。我尊贵的朋友，真主的福音现已实现。这个国度英明虔诚的人们在过去幸福的四个月里怀揣美妙梦想，眼见神迹显现我们的神圣先知及"四友"（Four Friends，即最初的四大哈里发，又称四兄弟 [Charyar]）磨砺以须、剑拔弩张卫护伊斯兰教。整个伊斯兰教国家团结一心，致力于一场反异教徒战争，征服并彻底歼灭不信者民族。这不是一个由人类评判的问题，这是真主的审判。你应将目光牢牢锁定在自己的宗教信仰的利益上……你自己判断怎样更好，你我是在穆斯林中尊贵地生活，还是在异教徒中枉度

408

此生？若渴望维护伊斯兰教的利益，请将我个人的宅第和财富看作你自己所有，但若仍愿与异教徒为伍，我们就不能往来。盼早日惠赐佳音。[42]

该呼吁策无遗算地激起大众共鸣。风传孤注一掷投身圣战的阿克巴连连告捷，威望与日俱增。随着消息传遍山区，阿克巴·汗麾下军队迅速壮大。众多摇旗呐喊者中就有阿塔王子：

> 立誓与异教徒战斗的伊斯兰勇士穆罕默德·阿克巴·汗将军着手围攻英格兰卫戍部队，他让公告员踏遍郊野大声疾呼："凡真正的穆斯林必须遵奉《古兰经》诗句：'用个人财富和血肉之躯为真主之道而战，对你们而言是至上善举，要明悟于心。'"阿克巴鼓动所有人加入反抗基督教徒的斗争，借此宣言，最终有2000名满腔热血的青年战士加入其麾下军队。这位曾被扣押在布哈拉的年轻英雄获释甫抵喀布尔之时，既无地位亦无财富，如今，从英格兰人那儿夺取的掠夺物让他盆满钵盈，他的军械库满是英格兰人的火枪及火药储备。数千名英勇的武士鞍前马后相随，一路高奏凯歌。阿克巴打算像先前在喀布尔所为那般活捉英格兰军官并接管金库，以便确保被囚于印度的父亲埃米尔多斯特·穆哈迈德·汗获释。一连两个月，他留在贾拉拉巴德城外围攻卫戍部队，挖堑壕、筑胸墙。[43]

到了3月底，围城军顺利地一点点地向前推进，攻城器械和栅栏被移至距城垣80码的范围内。目前根本无食物被运进城内，补给日渐枯竭。阿克巴·汗缺乏的只是训练有素的炮兵，使他无法成功攻破城池。不过，相较阿克巴在喀布尔面对的任何敌手，塞尔意气风发得多。城墙之内每位随军仆役现都被武装起来，连马倌和驼倌都被配发了自制的矛，以便襄助值守城郭，尤其是在卫戍部队出击之际。守军若是缺少弹药，便会将一个真人般大小、头戴卷边三角帽的假人举过胸墙以吸引火力。到了晚上，当围城军退回营地时，守军就出城搜集所有用过的子弹，接着将它们熔解并注入铸模，供卫戍部队使用。西顿写道："我们全都睡在各自的岗位上。军官仅仅解下佩剑，或会更换一下靴子。我们无人穿着军服，那些衣服被小心翼翼地收起来。我们身穿由驼绒布料制成的衣服，挖掘、砍伐、湿气、灰尘和泥浆都无法损坏它们，也看不出脏来……没多久阿克巴似乎就领悟到这样一个事实——他唯一的胜算是令我们因饥饿而投降。"[44]

4月1日，守军凭借成功从围城军那儿窃取给养，增添了食物补给，围攻因此蒙受重挫。临近3月末，阿克巴·汗决定尽量把卫戍部队所剩无几的秣料统统夺走。在骑兵戒护下，他们驱赶一群群羊穿过守军搜寻刍秣的牧草地，力图将残余牧草清除得一干二净。随着围攻逐日收紧包围圈，羊倌变得胆大妄为，3月31日甚至将自己的羊群赶至距斜堤顶部400码的范围内。日落时分，饥火烧肠的守军官兵被迫"看着这些羊排和羊腿溜溜达达消失在远方"。不过，次日塞尔做好准备迎接它们到来。

拂晓时分骑兵奉命上马，偕650名步兵、若干自告奋勇的长枪兵以及由布罗德富特手下坑道工兵组成的牵制部队一同静候。羊群一进入可及范围，坑道工兵立即奉派由北门出城，开

410

始向敌军胸墙开火，吸引围城军注意力。与此同时，南门突然悄悄打开，骑兵猛冲出去。阿富汗羊倌及其护卫队皆抱头鼠窜，骑兵迅速兜抄羊群，赶着羊儿穿过开合式吊桥入城。整场机动伏击不过用了十分钟。等到阿富汗骑兵现身，羊群和战士都安然无恙地返回城内。当晚的烤羔羊肉庆功宴结束后，西顿在日记中写道："众人皆神采飞扬。敌军怒不可遏上蹿下跳之时，沿城垣传出语笑喧阗和'咩咩'的叫声向他们致敬。我们捕获了 481 只绵羊和几只山羊。以四分之三的配给量发放，就为卫戍部队提供了 16 天的肉食……3 号那天，密探前来通风报信，称阿克巴得知羊群被掠走后勃然大怒、暴跳如雷，部下都不敢靠近他。"[45]

　　嗣后不久，阿克巴遭受更严重的挫折。他花了一整天时间指挥进攻城郭，晚间退至营地欢迎一批新来的卡兰利[①]部落所征兵员。这群人刚刚现身，就毛遂自荐要为阿克巴效力。据一位相投合的阿富汗首领转呈给英军的报告所载：

　　　　迎接完新来乍到者，日间未进食的阿克巴·汗将军站起身，向一旁挪动几步，想一边享用端来的晚餐，一边在卡兰利部落民近距离袭击贾拉拉巴德防御工事时从旁观察。阿克巴起身时中弹负重伤，双筒枪击中阿克巴手臂肌肉且子弹穿透胸部。两名男子被抓获，被指控实施暗杀，其中一人早前是沙（·苏贾的）宫中侍餐男仆（Pishkhidmat）。不过二人诬称枪支意外走火。将领长坐不起，除（其岳父）穆罕默德·沙·汗·吉勒扎伊外，任

411

———————

　　① Khajrani，同 Karlanri。——译者注

何人不得靠近。麾下将士意甚颓丧。[46]

阿富汗方面的史料皆认定枪击事件是行刺未遂。阿塔王子报告称，传闻英国人是幕后指使。他写道："塞尔将军不择手段要把将领撵下台，但未果。于是最终设法以 20 万卢比的赏格，让将领信任的贴身侍从谋杀主公。那恶棍出卖自己的信仰和尊严，收下钱款伺机射杀将领。这次枪击伤到阿克巴·汗肩部，但是真主庇佑勇士，他大难不死。"[47]

不过大多数旁观者都怪罪萨多扎伊族人。据法耶兹·穆罕默德所述：

一些在场的人立即抓住对此事负有责任的背恩弃义之徒。包扎好阿克巴的伤口后，他们将这名仆从带到受伤的将领面前。阿克巴斥责了他，要他讲清楚道明白。那名男子俯伏在地悔过自惭，出示了一封沙·苏贾的来函，函中言明出价 5 万卢比行刺阿克巴。据他透露，沙和英格兰人预付给他 2.5 万卢比，允诺事成之后再给他 2.5 万卢比。将领保留沙·苏贾的书函，那人既已如实交代，遂饶恕了他。不过，众勇士传唤凶徒及其同谋，将二人一并处死。[48]

实情看似如此。据狱卒送交给人质的报告所载，暗杀未遂者"因自己的罪行被施以烤刑"。[49]

三四月交替之际，如负重轭的并非只有阿克巴一人。在喀
412 布尔，苏贾的新盟友受到威胁——新近拉拢的两位盟友阿米努
拉·汗·洛伽尔和纳瓦布扎曼·汗开始争权夺利、拼抢城市资
源的控制权。到了 3 月中旬，为了篡夺从海关（Customs
House）及都城造币厂征税的权力，二人的亲军在街头展开
激战。[50]

更具威胁性的是，苏贾作为穆斯林领袖的资格现正遭质
疑，这归因于阿克巴·汗公然发出的伊斯兰战斗号召成果斐
然。法耶兹·穆罕默德写道：

> 阿克巴·汗向周边地区民众发送信函，以如下讯息
> 煽动他们："如果沙对伊斯兰国家的人民群众真诚相待
> 而非对英格兰人心怀爱戴，如果沙正在为你们的最大利
> 益履行国家义务和宗教义务，你们就该要求他宣布圣战，
> 俾使全民团结一致，或能勠力同心痛击英格兰人，令其
> 绝迹于吾国。"将领向人民大众反复申明圣战号令，直
> 至学者及其门生遵从训令，把存放在圣者陵墓中的数本
> 《古兰经》置于头顶，挨村挨户深入人民群众当中，让
> 领拜师和宣礼吏着手劝勉教众投身圣战。民众聚集在沙
> 的宫门口，或成群结队或三三两两，叫嚣着要沙宣布展
> 开神圣的斗争。他们呐喊："让我们把英格兰人逐出
> 国门！"[51]

这让沙深陷尴尬境地。在公开场合，他被迫否认与英国庇护人
有任何瓜葛，还在朝堂言明会为歼灭异教徒而努力。[52]私下里，
他仍因蒙恩于英国人而铭感于心，认为需要他们襄助方能挫败

巴拉克扎伊族人。是故，沙接二连三给麦格雷戈去信，恳请他
尽快向喀布尔调派英军官兵，日益绝望地询问何时能盼来救
兵。正如穆罕默德·侯赛因·赫拉特所述：

> 陛下迁延敷衍，允诺遣信使劝说英格兰人自觉自愿离
> 开，实则千方百计打消英格兰人的疑虑，坦言自己仍忠于
> 他们。陛下先遣私人秘书伊纳亚图拉·汗·巴米扎伊
> (Inayatullah Khan Bamizai)，再派贴身仆役丁穆罕默德·
> 汗 (Din Muhammad Khan)。第三次，陛下暗中写道："我
> 们何以逃过诡诈多端、曲心矫肚的巴拉克扎伊族人及喀布
> 尔狂暴黎民的重压？"麦格雷戈回信说，陛下要在喀布尔
> 再坚守两周，从白沙瓦出发的援军正在途中。陛下编造了
> 一个又一个借口，就这样坚持了整整两个月，却仍未得到
> 任何援助。[53]

有鉴于苏贾的过去，喀布尔的人们仍普遍怀疑他所持的亲英立
场犹在，诸多部族首领实事求是地认定他在东遮西掩。《历史
之光》记载称"因他采取缓兵之计，巴拉克扎伊族人开始公
开断言：'沙·苏贾是个英格兰迷。莫被他的言辞误导，他说
一套做一套。事实若非如此，他因何还未动身前往贾拉拉巴
德，英格兰人缘何仍未遵从他传达的敕谕离开？'"[54]进入3月
后，随着时间慢慢推移，阿克巴在贾拉拉巴德的英勇事迹渐渐
传遍喀布尔的街头巷尾，包括沙的首要盟友内布阿米努拉·
汗·洛伽尔在内的越来越多的苏贾支持者，都敦促苏贾立即挺
进贾拉拉巴德，让其展示投身该项事业的决心，不然最起码要
派一名子嗣代他出征。[55]

413

　　这将苏贾置于跋前疐后的绝境。不希望给英国人产生怀疑的理由，苏贾买通数位部族首领先于他挥师东向。3 月 2 日，帖木儿王子奉命动身开赴贾拉拉巴德，不过始终未越过库尔德喀布尔山口的布特恰克半步。[56]18 号那天，阿米努拉·汗及巴拉克扎伊族人来到巴拉希萨尔城堡，在朝廷上公然呼吁沙离开堡垒，亲率 8000 士卒与阿克巴·汗会合，一道抗击异教徒。[57]哈米德·克什米尔毛拉记述了巴拉克扎伊族人如何将苏贾两面三刀的外交手腕与阿克巴·汗舍生忘死的奋战做比较：

> 一日，一帮部族首领和将帅
> 获准进入沙的觐见厅

414

> 他们言道："享誉盛名的皇帝啊！
> 意欲何为？万望见告！
>
> 你身为一国之君，兵权在握
> 我们赤心报国，矢志不移
>
> 我们相信你会保国安民
> 依法治国，捍卫法治尊严
>
> 是故请明言，阿克巴犯下何等重罪？
> 你磨砺以须，要毁灭他？
>
> 他之所为，不过是让你在这片土地上称王
> 让罪恶之师成了孤弱无援的残军败将

不把他高高捧起

却挖空心思将他低低抛下

你委派密任行刺于他

差使若干心腹和弃信忘义的恶棍

你不舍昼夜奋笔挥毫

给我们的仇敌亲书信札……"[58]

4月3日，施加给苏贾的压力更进一步增大。其时，开始从事圣战呼吁的喀布尔乌理玛领袖米尔·哈吉，在星期五布道中驱策苏贾亲率伊斯兰军反抗异教徒。米尔·哈吉是最近丧命的米尔·马斯吉迪的兄长。正如莫罕·拉尔所言："阴险狡诈的伪君子米尔·哈吉在前往贾拉拉巴德的路上搭起营帐，差遣公告员在城内宣布称，他正赴战场投身宗教战争，凡不与他相偕前行的伊斯兰教徒都将被视为异教徒。"[59]随后他带领一支长长的队伍起程，队伍中的"狂热的托钵僧扛着什叶派战旗（alam），带着神圣《古兰经》和取自圣陵的圣髑，吟诵着祈祷文，整队人马浩浩荡荡向贾拉拉巴德进发"。赫拉特评述道："这或许是最微不足道的政治操纵，但陛下了悟，除非随他们同行，否则喀布尔将爆发新的叛乱。"[60]

目前局势危如累卵。那天夜里，纳瓦布扎曼·汗派妻子带一本加盖印章的《古兰经》前往王宫，向苏贾保证其忠心不二。"其妻恳求沙义无反顾地偕同巴拉克扎伊族人开赴贾拉拉巴德，称其夫将推进这项事业并以忠心耿耿的仆臣身份支持陛下。鉴于米尔·哈吉发表的宣言，全体部族首领又坚决要求沙

出兵攻打贾拉拉巴德，陛下最终不得不送去营帐，同意与他们
一道前行。"[61]

国王的御营被适时地搭建在贾拉拉巴德路上的赛雅桑高
地。焦虑不安的莫罕·拉尔致函贾拉拉巴德方面，称"我决
不相信他会进军。若真如此，他会被巴拉克扎伊族人杀害或致
盲"。[62]沙在巴拉希萨尔城堡眼巴巴苦等一个多星期，想知道波
洛克将军是否已挥师沿开伯尔山区一路进逼。苏贾绝望地修书
给麦格雷戈："我拖延了将近一个月时间，迟迟未向贾拉拉巴德
派兵，其间却一直未收到你的来函。我对你的意旨几乎一无所
知。英军若在接下来的10~15天内赶来，则事可圆满，不过越快
越好。如若不然，该当如何？此事不可视同儿戏。凡你认为的明
智之举，请直截了当来信告知，以便达成共识并做相应安排。"

苏贾补充道："因为你们，我让自己在全体伊斯兰教徒①
中大失人望，你们却仍未有所领悟。万望体谅。有人说我想毁
灭真正的信仰。这是生死攸关之事……愿真主拯救我。"[63]

乔治·波洛克少将不喜欢仓促行事，他的声誉建立在沉谋
研虑和缜密部署的基础之上。由于喀布尔军队在1月蒙受大屠
杀厄运，他遂益发铁心铁意，准备妥当前决不在威迫下提早一
时一刻行动。加尔各答的总司令贾斯珀·尼科尔斯爵士在这一
点上完全支持波洛克，他致函伦敦方面称"东印度公司军中
这位谨慎沉着的军官"掌握统率权"亦是幸事。若将官贪功

---

① Mahomedan，同 Mahometan。——译者注

求名而轻举妄动，现或将带来最坏恶果”。[64]

　　波洛克于 2 月 5 日抵达白沙瓦，发现军中士气跌至谷底，许多印度兵住院治疗，病员名单上至少有 1800 人。随着稀稀落落被冻伤的生还者跟跟跄跄、跌跌爬爬撤退至白沙瓦，细述战败的故事和遭军官遗弃的经历，气氛变得越来越反叛。波洛克深知必须扭转这一切，要立即着手消除印度兵的疑虑。他的第一项举措是配发精纺毛手套和长裤，让他们不再受冻。波洛克向尼科尔斯解释道：“我要经常探访医院，千方百计对他们加以安慰，表明我对他们知疼着痒。”不久，病员数量逐日减少，军营里的气氛明显改善。

　　接下来的两个月里，随着更多团的兵员和补给马车到来，波洛克稳扎稳打地聚集兵力和给养。他每天都带着小型双筒望远镜骑马外出，研究阿夫里迪部落民为阻挡他向前推进，横跨开伯尔山口精心修筑的防御工事和石砌散兵壕。他估算需要 27.5 万发子弹，以便使军中官兵的弹药配给提升至每人 200 发。到 3 月中旬，这些弹药悉数到达。赶驼役夫擅离职守后，他又耽搁了两周时间，直至拥有所需运输能力。他还致函菲罗兹布尔方面，要求增派一个团的骑兵和多几驾马拉炮兵用的双轮轻便马车。其间，波洛克修书给日渐绝望地据守贾拉拉巴德的塞尔：“你的处境一直令我牵肠挂肚……我迫不得已滞留此地。故此，请开诚布公地告知，你最迟能坚守到哪一天。”塞尔用粥水书写短笺作答，笺上内容只有涂碘方可见，称己方最后所剩咸肉补给将于 4 月 4 日告罄。[65]

　　驼队、骑兵和火炮最终在 3 月 29 日到达。当晚，波洛克下令拔营，部队推进至开伯尔山口的贾姆鲁德堡垒。一周后，4 月 5 日凌晨 3 点半，他命手下士兵成三路纵队，穿过夜色悄

417

无声息地沿开伯尔山口隘路鱼贯而上。日出时分，阿夫里迪部落民发现波洛克手下印度兵正登上石砌散兵壕两侧高地顶峰。上午 10 点左右，部落民离弃所有精心修筑的防御工事，仓皇溃退。到了下午 2 点，波洛克麾下中央纵队已夺取阿里清真寺堡垒，正重新整编，随时可以继续前进为贾拉拉巴德解围。[66]

波洛克麾下印度兵沿开伯尔山口鱼贯而上发起猛攻的同一天上午，沙·苏贾终于不再对英国盟友抱任何希望。沙的上一封绝望至极的短笺发出后，未收到麦格雷戈回函。沙判定目前别无他法，唯有离开堡垒庇护所，动身前往贾拉拉巴德。

沙度过一个不眠夜，"焦躁不安地踱来踱去，呼唤真主的圣名，不停询问宦官到了几更天"。随后，陛下行净身礼并与妻眷道别，在所剩的钻石、红宝石及绿宝石珍藏中精选若干，打点好一小袋行囊。"破晓时分，伴着晨曦第一缕微光，陛下在城堡内殿礼完例行五番拜中的两番。至于必须履行的剩余两番拜，他打算在赛雅桑营地行礼。陛下登上肩舆，催促轿夫速速赶路，唯恐赶不上营地的晌礼。只有一支由贴身侍从组成的极小型护卫队随陛下同行。"[67]

头天是 4 月 4 日，自去年 11 月 2 日叛乱爆发以来，这是苏贾首次离开巴拉希萨尔城堡。他驱马出巡至赛雅桑高地御营，在那儿举行阅兵式，公开接见喀布尔的权贵显宦。在此次接见仪式上，他正式宣布动身奔赴贾拉拉巴德，委任深受宠信的子嗣沙普尔王子在他离城期间担任喀布尔总督一职。阿米努拉·汗·洛伽尔的长子纳斯努拉被任命为沙普尔的代理首席大臣。据阿塔王子记述，沙随身携带 "20 万卢比现金和数匹双层披肩布料，依照喀布尔各部族首领的官阶和勋绩，分别予以表彰。沙尤为青睐内布阿米努拉·汗·洛伽尔，已然将其视为心腹。继后，苏贾与子嗣登上肩舆。沙返回巴拉希萨尔城堡与女眷度过最后一夜"。[68]

但是苏贾懵然不知，当众给予阿米努拉·汗殊荣的举动，被解读为对另一位主要盟友纳瓦布扎曼·汗·巴拉克扎伊的蓄意侮辱。纳瓦布现几乎与内布阿米努拉·汗陷入冷战，赛雅桑高地举行的正式接见公然展示了沙和阿米努拉的密切关系，这是在纳瓦布阵营捅马蜂窝。纳瓦布出自显赫得多的名门望族。阿塔王子写道：

> 扎曼·汗是位尊显的贵族，侍从中有诸多斗士，阿米努拉·汗·洛伽尔不久前还不过是其随从之一。正式接见时，纳瓦布扎曼·汗和其他与埃米尔多斯特·穆哈迈德·汗关系亲密的人皆未获国王御赐斗篷。确切说来，皇家恩宠的目光完全将他们排除在外。对于失时落势，纳瓦布未能安之若素。要是国王雨露均沾、广施恩泽的话，暗藏的不睦怒火本可救熄而非被引燃。怎奈纳瓦布及其党羽雷嗔电怒，国王的漠视令他们恨海难填。

众人之中最怅然若失的当属扎曼·汗的长子苏贾·乌德道拉①，"他……的教父（沙·苏贾）亲口为他命名"，他降生时沙一直在场。

----

① Shuja'al-Daula，同 Shuja ud-Daula。——译者注

他的名字意为英勇无畏、骁勇善战，这个名字对其个性产生影响。苏贾·乌德道拉向父亲如此抱怨："那个阿米努拉·汗·洛伽尔只不过是我们的侍从。他和其余那些二流部族首领在社会上并无牢固根基，如今国王的恩泽统统施予其身，他们皆成高爵显位之人。与此同时，我们一直遭漠然相待，我们效忠王权劳苦功高，为这项事业克己奉公，这些一概被遗忘。我们焦唇干舌地旁观，连感恩戴德的影儿都没见到，其余人等却尽享休声美誉。我若能扑杀此獠的话，定将其杀死！"尽管其父劝诫说现在不是时候，眼下要专心致力于抗击英格兰人，但这小伙子不以为意，他谋划着在国王一早出城堡前往军队营地之际予以伏击。黎明前，他偕15名枪手埋伏好，直待皇家骑兵卫队靠近。

沙·苏贾等一行人从巴拉希萨尔城堡出发，循着螺旋状道路向下行进。此时，纳瓦布之子现身唤停教父的肩舆。轿夫停下脚步，放下肩舆。沙朝窗帘外一窥究竟，就在那一刻，待时而动的枪手开火射击。苏贾全身血淋淋地颤巍巍地走出轿子，试着一瘸一拐横穿现场离去。众刺客已从犯罪现场匆匆逃走，其中一人发现沙，他大声呼唤雇主来彻底做个了断。"于是，苏贾·乌德道拉跟踪追击，猛扑向虚弱伏地的君主，毫不留情地用剑刺杀，大声叫着'现在将那御赐斗篷给我'！他抢去驾崩国王的珠宝饰物、金臂环、金腰带和金剑，总价值约100万卢比。温文尔雅的国王从小到大都在上等羊毛及天鹅绒制成的软垫上歇憩，现遭人扯着双脚拖行在崎岖多石的地面上，贵体被弃置于壕沟。"[69]

赫拉特评述道：

> 那清清白白的君主在两番拜之间殉难。他在晨礼连
> 祷中一直复诵真主的圣名，以及卑鄙龌龊的凶手必遭天
> 谴、永坠地狱！陛下的一位侍从沙赫纳瓦兹
> （Shahnawaz）试图抵抗，他击伤其中两名刺客，随后见
> 遭离弃的事发地空无一人，装有珠宝的旅行箱亦无人看
> 管，遂抓起箱子冲向城堡。他把箱子藏于古旧墙壁的一
> 道裂罅中，打算稍后再取回箱子，变卖箱内物品。不过，
> 他的一举一动都被看在眼里，珠宝就这样落入杀害沙·苏
> 贾的凶徒及其父纳瓦布扎曼·汗手中。

420

> 可嗟可叹那君主，一度漫步于御花园林荫道，却不曾
> 摘取希望与宏愿之花！反倒久久横尸血泊与尘埃中，遗体
> 被弃于开阔平原，迟迟未下葬。他卒于萨法尔月①第二十
> 三日，永远安住天园。"我们来自真主，我们必将归于
> 真主！"[70]

沙普尔王子立即赶往巴拉希萨尔城堡保护皇室妇孥。其父的尸体被弃于倒毙之地 24 小时之久。萨多扎伊族人由年迈、眼盲的沙·扎曼②接管，他们闩上城堡诸城门，聚在一起运筹画策，以期力挽狂澜并寻机报复凶手。"其间，巴拉克扎伊族人大声喊出欢欣鼓舞的贺词。米尔·哈吉扛着战旗，追风逐电般从自己号称的圣战中归来，宣称'我们已将大霸主（沙·苏

---

① Safar，即回历二月。——译者注
② 原文 Zaman Shah，疑为 Shah Zaman。——译者注

贾）送去与小霸主（麦克诺滕）相会'。众人相互道贺，言称：'现已将这些洋人异教徒从我们的祖国诛锄殆尽！'"[71]

唯有一人将看护遭袭杀的沙的尸首视为己任。苏贾赤胆忠心的驮水人梅赫塔尔·贾恩·汗·伊沙克扎伊（Mehtar Jan Khan Ishaqzai）早前跟随苏贾在卢迪亚纳流亡，那天深夜，他返回事发地，留在尸首旁严加守护，以免尸体遭损毁。翌日上午，他和沙手下另一位老家臣阿尔贝吉①阿齐姆·古尔·汗（'Azim Gol Khan）拾掇尸首准备下葬。二人亲自动手，在靠近遇害地点的一座荒废的清真寺内挖了座浅坟，以泥土覆满坟穴，将国王的肩舆置于坟墓上方。他们还立起一小堆石冢，用以标记遇害地点。

那年夏末，这些石头和血迹斑斑的肩舆依然在两名忠心耿耿的家臣留置之处。[72]

20 世纪初，历史学家法耶兹·穆罕默德获悉沙·苏贾·萨多扎伊最终被安葬在其父帖木儿·沙宏伟瑰丽的莫卧儿风格的陵寝中。情况或许的确属实。那座建筑的地下室内有三座男性墓，其中一座看来有可能是苏贾墓。若真如此，那依旧是座无名墓，这正是沙在当今阿富汗所处地位的写照。

即便在沙的时代，奏凯的巴拉克扎伊族人对两大氏族间的斗争所持的观点，亦左右着阿富汗人叙述战争的角度。相当重要的原因是，舞弄文墨的诗人受巴拉克扎伊族人资助。譬如

421

---

① 'Arz-begi，向国王呈递诉状的官员。——译者注

说，哈米德·克什米尔毛拉就借刺客之口，对奄奄垂绝的苏贾
道出一段叱喝之辞，表达了巴拉克扎伊族人斥责苏贾遗罪千古
的立场。刺客奚落道："残酷的暴君啊！你何曾是傲然自诩的
沙？"接着补充道：

> 全国人民赐你这顶沙的冕冠
> 你却投下末日的阴影，国破家亦亡
>
> 你醉醺醺好似狂怒的大象
> 伙同洋人的军队纵兵殃民
>
> 加兹尼和喀布尔惨遭踩躏
> 暴虐的毒手伸进千家万户
>
> 你把伊斯兰教徒的乐土变成异教徒的荒蛮之地
> 你让骄恣不忠的市集兴旺蓬勃
>
> 外表装束一如麦加圣洁的朝觐者
> 内心竟渴求穆斯林的鲜血
>
> 你戕害了多少同胞
> 现在却说我加害于你？
>
> 血海深仇要以血来偿，这有法可依
> 我要用你喉咙喷涌的鲜血，涤清你欠下的累累
> 血债。[73]

422

沙有严重的性格缺陷，也有很多误判，这的确属实。在战争中，他难以称得上是位令人叹服的领袖。贯穿整个执政生涯，沙的妄自尊大、傲世轻物让潜在的拥护者避而远之。威廉·弗雷泽于 1816 年首次穿越边境进入英属印度，此后不久他特别提及，沙果真"在愿望和期许方面十分'超皇家'"。[74] 该信念源自苏贾对其本人君主身份的看法，这种看法本质上承袭自帖木儿帝国。正如沙在 1834 年致函本廷克勋爵所言，他笃信自己"处于真主的特别庇护下"。[75]

尽管如此，苏贾仍是个卓尔不群的人，他博学多闻、聪明睿智、百折不挠，最重要的是坚不可摧。纵观苏贾的一生，他命中注定要经受的绝望和连连逆运，常常出于其本人根本无法控制的原因，但他永不言弃，亦未曾一蹶不振。在他的青年时代，兄长遭致盲且被废黜，而后他亡命天涯。苏贾那时写道："面对坎坷不气馁，乌云即将散去，清净的雨水终将降临。"[76] 终其一生，这种乐观心态一直是他可凭恃的力量。旁观者时常论及他的"优雅和威仪"，即便在运蹇时乖时亦然。[77] 英国人讥笑他庸碌无能，尤以伯恩斯为甚，他奚落苏贾让先祖缔造的王国沦亡。但是，1841 年 11 月叛乱爆发的危急时刻，喀布尔诸要人唯有苏贾做出了有效军事回应，也唯有他多多少少尝试解救伯恩斯，尽管伯恩斯总是不遗余力地羞辱他。

在一个并非以忠诚守信而著称的地区，苏贾的举动实属异乎寻常，他始终刚正不阿地忠于盟友、信守协定。他决不宽恕巴拉克扎伊族人的一个原因，就是他们违背了他的祖父艾哈迈德·沙·阿布达里与多斯特·穆哈迈德的祖父哈吉·贾迈勒·汗缔结的协议。该协议规定萨多扎伊族人以一国之君身份统治江山，巴拉克扎伊族人担任忠实仆臣。苏贾将自己视为以波斯

语为母语、文化高度繁荣的萨法维文明和帖木儿文明的真正传
人。此外，身为杰出的韵文及散文作者，他还是诗人与学者的
慷慨赞助人。1809 年，在苏贾宫中消磨时光的蒙特斯图尔
特·埃尔芬斯通发现此事，同样大吃一惊。苏贾憧憬中的治下
王国，并非孤立多山的穷乡僻壤，而是经同盟国与更广阔的世
界紧密相连，凭借共通的波斯化（Persianate）文明，在外交、
文化和经济上与该地区其他国家整合为一体。令人遗憾的是，
即便今日，仍未有迹象表明这一憧憬被实现，尽管这一理念从
未彻底消亡。

　　苏贾的统治并非因其本人的过失垮台，而是由英国侵略、
占领阿富汗过程中灾难性的处理失当造成——先是奥克兰和麦
克诺滕管理不当，进而毁在埃尔芬斯通将军手里。这让苏贾陷
入尴尬窘境，不被英国人信任却受其利用，举国上下又视他为
异教徒的傀儡。不过，1841 年爆发的起义并不是一场反沙·
苏贾的叛乱，而只局限于反抗英国人。不仅如此，据阿富汗方
面的史料清晰记载，很多参与者都认为自己在将沙从镀金牢笼
里解救出来，人们相信英国人为了一己私利将沙锁在笼中。叛
乱分子甚至主动提出把斗争的领导权赋予苏贾，苏贾拒不与英
国赞助人断绝关系，他们这才开始反对他。颇为后期，随着阿
克巴·汗的到来，叛乱才演变成萨多扎伊氏族与巴拉克扎伊氏
族间的权力斗争。阿克巴·汗离开喀布尔前往贾拉拉巴德时，
许多权贵显宦重返朝廷效忠于沙。出人意料的是，苏贾自始至
终受人爱戴，他几乎比所有卷入这场惨败的人都长命，不单是
伯恩斯、麦克诺滕以及喀布尔军队残部，甚至比夺走他最珍贵
财产的兰吉特·辛格都活得久。

　　苏贾最大的错误在于任由自己过度依赖不称职的英国赞助

人的部队。1839 年就任后，他本该坚持让英军速即尽数返回。英国最具洞察力的阿富汗观察员查尔斯·马森当时特别指出，"阿富汗人并不抵触这场'联姻'，只是对谄媚逢迎的做法有异议"。[78] 1842 年英国人撤离喀布尔，沙重新挽回人望，这表明仍有大量后援势力支持萨多扎伊君主统治，要是他敢于仗恃于此则诸事圆满，而沙反倒始终不渝地心系不得人心的盟友，不愿与英国人一刀两断正是最终招致他薪尽火灭的祸根。

于是乎，苏贾动荡的一生就像偌多壮志难酬的日日夜夜一样，终以失败落幕。他过早离世，没给接班人留下泽被后世的遗产。正如哈米德·克什米尔毛拉所述，他的后嗣现在"宛如一群无牧羊人看管就奔向牧场的羊"。喀布尔军队被屠戮之后，尽管暂时看似萨多扎伊皇族复兴有望，怎奈苏贾撒手人寰，遂令诸子和盲兄沙·扎曼深陷绝境，几乎不可能巩固王朝权柄。赫拉特指出，对萨多扎伊族人而言，"白昼现已变成最黑暗的夜晚……陛下遇害身亡，享年 56 岁[①]。其漫长的一生饱尝大悲大喜，学会对朝秦暮楚的臣民疑而不信。拥有高贵血统的沙·苏贾·乌尔木尔克，对于英国人多年的殷勤款待，决不会恩将仇报令自己蒙羞。但是，麦克诺滕一再做出的错误选择污损了沙的声誉，无望复原"。[79]

不过，苏贾驾崩既未平息腥风血雨，亦未终结战争。正当苏贾横尸喀布尔的尘埃中，波洛克麾下"惩戒之师"渐渐进逼贾拉拉巴德。塞尔夫人早就从焦虑的狱卒口中听闻，"惩戒之师"誓将叛匪诛戮殆尽，一概杀无赦。[80]

---

① 原文 65 岁，疑为 56 岁。——译者注

第十章 浑噩之战

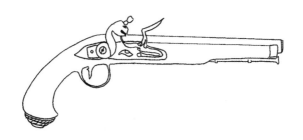

1842 年 4 月 6 日晚，阿克巴·汗部署在贾拉拉巴德周围 的火炮齐射，迸射出连串轰鸣的礼炮。滚滚如雷的炮声彻夜不断，伴着载歌载舞的欢庆声，从围城工事远侧传至另一边，是故卫戍部队官兵可从城墙上亲耳听闻。

阿克巴·汗下令鸣放礼炮，是为了庆祝苏贾之死，为巴拉克扎伊族人刚刚给萨多扎伊竞争对手兼血敌造成的致命打击庆功。然而，在被围城池的城垣之内，将士们认定礼炮具有大不相同的含义。卫戍部队官兵知悉波洛克行将尝试以武力强行攻占开伯尔山口的艰难壮举，推测胜利的礼炮是为庆祝波洛克遭挫败。一名英方情报人员的不实报告坐实了这一错误认识，还误导性地附言称阿克巴·汗方才向山口增派援军，以协助彻底歼灭波洛克麾下军队残部。

坚信波洛克即将前来救援，塞尔据此做出种种估算，于贾拉拉巴德严防死守。如今，随着弹药行将告罄，只剩 500 只羊 供养守军，塞尔相信自己能做出的选择所剩无几。顿陷愁云惨雾的塞尔听信属下青年军官劝说，决定破釜沉舟，不惜一切代价突围，尽管其时阿克巴麾下由吉勒扎伊部落及辛瓦里部落征募兵员组成的庞大军队相较卫戍部队，至少以 3∶1 的比例在人数上占优。正如 G. R. 格莱格牧师所述，召开作战会议，"人人皆发表意见，称若必死无疑，莫如像大丈夫般手握钢枪慷慨赴死。他们打算孤注一掷，收合余烬、背城借一，殊死一战见分晓。那将不会留下足够的火枪弹药让他们再次突围碰运气，故此迫不得已的是，非但要必胜而且要全胜。高奏凯歌，以便为他们打开一条自由通往开伯尔山口顶端的道路，或许还能越过山口"。[1]

当晚，经反复筹议，一个简单的策略被拟定出来。负伤军人和随营人员携自制矛镇守防御工事，每一位体格健全的军人都被分别归入三路纵队中的一路。各路纵队"径直进逼阿克巴的营地，火烧营地，将其赶入河中，设法将其枪炮运走"。[2]万一失败，亦无备选方案应对。

翌日，即 4 月 7 日，阵阵寒意弥漫，趁着黎明前的微光，诸城门猛然打开。自去年 12 月底抵达驻地以来，整支卫戍部队首次倾巢而出。塞尔本打算奇袭敌方守军，但是将军孤注一掷突围的消息不知怎的走漏了风声，太阳从贾拉拉巴德以东的群山上升起时，官兵们看到阿克巴·汗非但没有猝不及防，反而将整支军队编成战斗队形，"成千上万的敌兵出动应战"。[3]

即刻开始交火。首先蒙受人员伤亡的是最西侧纵队，该纵队由长胡髯、滴酒不沾的浸信会信徒亨利·哈夫洛克指挥。阿克巴调动全体骑兵向哈夫洛克发起猛攻。当"铺天盖地的骑兵"逼近时，哈夫洛克泰然自若地命令纵队排成方阵，击退

进攻，令围攻的骑士遭受重创。"我感到主耶稣自始至终伴在 　427
身旁"，哈夫洛克后来写道。围城期间，哈夫洛克的布道训诫
渐渐让手下士卒颇感厌倦，但是指挥官在战斗中近乎神奇的沉
着令众士卒深深震撼。"在炮火的攻击下，他犹如站在挤满女
士的客厅一般镇静。"一人事后如此写道。[4]

　　在整场战斗中，该纵队得到城墙上炮兵的巧妙火力支援。
这正是喀布尔守军不曾得当实施之处，但在此地，就像这场战
役的初期战斗一般，对抗由阿富汗部落民组成的不习惯葡萄弹
及新式榴弹的军队，精准有效的炮火打击产生至关重要的影
响。此外，贾拉拉巴德地势平坦的平原有利于英军训练有素的
步兵战作战风格，阿富汗人却无法发挥山地游击战术的威力。
事实证明，游击战术在诸山口颇具毁灭性。几乎立刻彰彰在目
的是，六个月后，局势现正向着有利于英国人的方向逆转。

　　塞尔命其副手威廉·丹尼猛攻位于贾拉拉巴德城与阿克巴
营地间的一座小型泥堡，丹尼身先士卒冲过泥堡城门，在混乱
中中弹身亡，官兵暂时停止向前推进。1839 年率兵突击坎大
哈，一年后在巴米扬挫败多斯特·穆哈迈德的正是这名指挥
官。不过，英军未受阻遏地继续前行。阿克巴的队伍越靠越
近，阿富汗人的枪炮向各纵队密集开火，英军步兵遂拔腿狂
奔，旋即装上刺刀冲锋。带头冲锋陷阵的人当中有托马斯·西
顿，他写道：

　　　各纵队很快涌上营地，我们勇往直前，未遇阻碍就将
　　之攻陷，敌兵飞奔穿过营地另一边的一片树林。我们见到
　　大量敌匪自投于河。河水暴涨、急湍甚箭，很大一部分人
　　被河水吞没。有一阵子，敌军骑兵踯躅不去，我方骑兵用

428

枪炮予以打击，大显神威，他们遂沿河畔离去。阿克巴的整座营地落入我们手中，他随军带来的枪炮、弹药、军旗及劫掠物悉数被缴。我方散兵很快被号角声召回，我偕一队人马火烧了营帐和由粗大树枝及茅草搭成的棚屋茅舍。数不胜数的屋舍熊熊燃烧、浓烟滚滚，好似向整个山谷宣告我们的胜利。若干峰骆驼和一堆堆谷物落入我们手中……尽管进攻敌军前哨阵地（丹尼在那儿遇害）时犯下可悲错误，但是我方伤亡人数少得惊人，总共仅11人阵亡。[5]

早上7点，一切就都结束了。败阵受创的阿富汗围攻军很快便一窝蜂地朝甘达玛克溃退而去。正午时分，英国军需人员忙着将缴获的数量庞大的谷物、火药、炮弹和子弹搬进城，此外还有"大量无拘无束、四散飞蹿的家禽"。格莱格欢欣鼓舞地写道："从未有一场胜利如此彻底。阿克巴偕残兵败将向喀布尔落荒而逃，另一方向各区的所有部族首领皆拱手而降。"[6]

九天后波洛克率援军最终长驱直入、映现眼帘，其时卫成部队已能骑马外出护送他们进城。"惩戒之师"本预料会看到"枯槁长须、面憔容悴、破衣烂衫"，反倒望见守军官兵"个个胖乎乎红扑扑，身强体壮，胡子刮得一干二净，衣着整洁得好似驻扎在印度管理最完善的兵站。前来解围的军队恰恰相反，呈现出与之判若云泥的面貌……我们的衣裤脏兮兮、破破烂烂，双唇及面部被太阳晒出水泡"。[7]

波洛克麾下军队鱼贯入城之际，卫成部队刻意为他们吹奏雅各比派（Jacobite）古老曲调的管乐，旋律道出："啊，汝等姗姗来迟（Ye've Been Lang a'Coming）。"

波洛克将军仍旧不会迫于压力仓促行事。他前进的步伐一如既往地有条不紊、霜悍凛然。

波洛克不断巩固自己对开伯尔山区的掌控。其间，其手下印度兵着手对阿富汗人先前的暴行实施报复，他们屠弑阿夫里迪部落民并将之斩首，携带"头颅进入营地，耀武扬威地将头颅戳在刺刀尖上"，借此报仇雪恨。死者当中也有一些阿夫里迪部落女子。* 当波洛克属下军官格林伍德中尉（Lieutenant Greenwood）劝诫对此负有责任的印度兵时，其中一人直言道："大人，在这倒霉的山口，我已失去 12 名弟兄。我会乐意用刺刀刺杀在母亲胸前嗷嗷待哺、刚刚满月的开伯尔人（Kyberee）。"[8]

几乎没有迹象表明波洛克意欲遏止这类倾向。随着麾下军队继续朝贾拉拉巴德行进，凡经过被认定为敌对的村落，"惩戒之师"皆付诸一炬。在一座小村庄发现一些遭劫掠的英军财物和若干遇害军人的军服，"惩戒之师"遂有板有眼地将整座村庄夷为平地。波洛克在下一封急件中无动于衷地解释称："摧毁阿里伯干①之举是由一次情绪突然爆发所致，此类发作完全出乎意料，我认为没有必要采取措施加以预防。"[9]

到达贾拉拉巴德后，波洛克又暂作停顿。尽管卫戍部队中许多人希望他片刻不缓地朝喀布尔方向追击溃逃的阿克巴·汗，但是波洛克执意四平八稳行事，不留任何漏洞。卫戍部队

429

---

* 这些女子或许是运水人（saqau），交战期间普什图女子的传统角色即为此。

① Ali Boghan，贾拉拉巴德东边约 10 英里处的一个小镇。——译者注

既已吃掉所有骆驼，波洛克觉得没有足够的辎重驮畜向前方载运充足补给，依他之见，至少需新添 9000 峰骆驼，而后方能向前挺进，克复喀布尔。[10]

再者，仍不明朗新任总督批准波洛克继续前进多远。越来越多迹象显示，曾是鹰派的埃伦伯勒现正打退堂鼓。埃伦伯勒为加尔各答空虚的国库忧心如捣，他开始向波洛克和诺特传话，坚称贾拉拉巴德已获解围，阿克巴·汗亦已落败，他们务必着手让军事行动煞尾，为返回印度做准备，必要时听任人质和战俘自生自灭。贾拉拉巴德及坎大哈卫戍部队简直无法相信，既已令阿克巴落荒而逃，却禁止他们夺回喀布尔。布罗德富特得悉消息时写道："在该国，似乎有某种易谬性[①]附随而至。当下轰轰烈烈进逼首都必然高奏凯歌，几乎同样确定无疑的是，这将导致举国上下俯首称降……（但）将军压根没从政府那儿得到任何形式的指令，即便能够继续前行，也必须停下脚步，因为不知晓最高当局的意愿。"[11]

坎大哈的罗林森仍在鼓动将整个阿富汗并吞入英属印度，他得知坎大哈连同该国其他地区将被离弃的消息时，惊得目瞪口呆。"不容置辩的退兵命令，犹如晴天霹雳"，罗林森写道。诺特将军愈加懊恼，他获胜的契机将被夺走。诺特修书给女儿们，称：

> 当权者全都疯了，要么如此，要么是上苍出于某种高妙的意图蒙蔽了他们的双眼。我非常、非常厌倦这份差事，厌倦这个国家，也颇腻烦自己同胞的荒唐……拖欠我

---

① 原文 falability，疑为 fallibility。——译者注

手下战士四个月薪俸。坎大哈公库一文不名，也无钱可借。没有药物医治伤病员。既没有牲口为部队拉车，也没钱买没钱租。只有一点点儿弹药。半年来，我一直要求得到种种物资，却一直未获丝毫援助……我是多么渴望置身澳大利亚某处宜人之地！[12]

波洛克和诺特都不愿撤退，二位将军迟迟按兵不动。为了辩驳缘何不能撤兵，他们向埃伦伯勒呈报一长串理由，诸如天气恶劣、缺乏运输工具、资金不足等。同时，他们让印度及国内的鹰派人物进行游说，俾使埃伦伯勒回心转意。威灵顿公爵对此求之不得，他致函总督："关于意图在东方恢复声誉的重要性，无论如何强烈地逼迫你接受此观点都不为过。"[13]波洛克接二连三修书给加尔各答方面，阐述同样的观点，强调称"此时此刻撤兵，我担心将产生最恶劣影响。此举会被解读为败北，我们将完全丧失在世界这一地区的强国地位"。[14]认识到会因白白丢掉解救阿克巴·汗手中人质以及挽回不列颠军事声誉的良机而遭口诛笔伐，埃伦伯勒开始摸索门径，让自己化险为夷。

431

波洛克等待埃伦伯勒不再对他束手缚脚之际，一直忙于向触手可及的阿富汗人复仇。波洛克遣派一队队惩罚性人马，前去威吓贾拉拉巴德山谷诸部族，"掀掉几座村落的屋顶……焚烧一切易燃物"。[15]一个旅奉派南下，进入辛瓦里部落的村寨，尽数焚毁城堡和村庄，砍伐树木。仅一天时间，便有35座城堡陷入火海。炮手奥古斯塔斯·阿博特领导下的另一个旅奉遣前往甘达玛克方向惩办村民——那些村民曾屠戮第44步兵团最后的残存者。奥古斯塔斯·阿博特后来记述称："我们摧毁了所有葡萄园，在生长了两个世纪的树木上砍出深环。* 他们的城堡和屋舍遭毁坏，墙壁被炸毁，美丽的树木枯败而亡。惩戒行动的影响彻底而持久。蒙受兵燹之祸而满目疮痍，的确令人扼腕喟叹，但是十分有必要惩一儆百。"16

随军政治军官麦格雷戈赞许地写到这些暴虐行径和肆意摧残，称虽然遭拆毁的墙壁很快就能得到重新修葺，但是破坏树木的"措施，在心性文明的人看来，起初或觉得野蛮残暴"，就阿富汗人而论却是唯一的方法——逼迫他们"感受我们手中权力的分量，因为在树下蔽荫是他们的赏心乐事"。凡被认定伙同阿克巴·汗助桀为恶的村落，英军皆秉承命令"即刻着手展开摧毁工作，为的是不给他们剩下城堡、屋舍、树木及谷物，也不为他们余留草料（boosa）"。17

其间暑热袭来，疾病随之爆发，这给留候在贾拉拉巴德的
432 部队更添沮丧。格林伍德中尉写道：

军官们大失所望，士兵们怨声鼎沸。起初数日，而后数周消逝而去，我们依旧无所作为……每天都有大批骆驼和辎重驮畜处于弥留状态。动物死尸散发出的恶臭和巨大营地的肮脏污秽，让人无法忍受。随处都是大堆腐烂的残尸，不计其数的苍蝇在其中繁衍生息。空中黑压压一片满是苍蝇，蝇患变成非人的折磨，几乎不可能给人片刻喘息。给养匮乏且粗劣。疾病渐渐在士兵中蔓延。士兵们愤愤不平地抱怨称，自己被带至此地，在瘟宅中如懦夫般死

---

* 20世纪90年代，塔利班最终对帕尔旺省的主要塔吉克村落失去耐心，他们使用同样的战术打击舒马里平原的果园和葡萄园。

去，而非即刻被引领着抗击敌匪。[18]

气温很快升至43摄氏度。很多军官不见了踪影，纷纷潜入在老宅地下室发现的纳凉室。

城堡之内，一人看上去尤为悲凄。每逢部队官兵享用晚餐，塞尔将军总是悄无声息地溜走。托马斯·西顿写道："表面上他是安静地四下看看我方作业进展情况，但实际上是前思后想妻女的绝望境遇，心中盘算实施营救行动的可能性。"西顿了悟，围攻既已结束，围困期间所挂虑诸事亦都过去，塞尔的心思越来越多地沉浸于家人的厄运，尤其是埃伦伯勒似乎正思量着从阿富汗撤兵，弃被囚的战俘和人质于不顾。围城期间就一直流传的传闻称，阿克巴或会将塞尔夫人带至城垣前，在塞尔目所能及处折磨她，以便逼迫塞尔投降。一晚，塞尔只身一人巡视，西顿本人正在站岗执勤。西顿鼓起勇气询问将军，若传闻属实，他欲何为。"他转身面向我，脸色苍白，神情严峻，因百感丛生而战栗。他答称'我……我会发令让所有枪炮对准她。我这把老骨头或会葬身城堡的颓壁残垣之下，但我决不投降'。"[19]

433

结果证明，对塞尔夫人和人质难友而言，塞尔挫败阿克巴·汗是件盘根错节的幸事。

像早先的贾拉拉巴德卫戍部队一样，诸人质听闻波洛克战败的虚假传闻，一想到遥遥无期的囚禁，就深陷沮丧。不过，塞尔获胜以及波洛克成功穿越开伯尔山口的消息传来，随之而来的是新一轮的动荡期。11周的枕稳衾温后，他们衔命回到马背上，被向北遣送，以避开英国人为营救人质或会做出的任何尝试。他们后来得知，贾拉拉巴德战役后，许多部族首领，尤其是东部吉勒扎伊部落诸首领，曾要求处死他们，阿克巴·汗出面干涉，这才救了他们的命。[20]

人质启程踏上漂泊征途前，私人财物中的精品遭狱吏穆罕默德·沙·汗掠夺。这位拉格曼省吉勒扎伊部落巴布拉克海勒次部落①的首领，是阿克巴的岳父。塞尔夫人报告称，他"夺走了麦克诺滕夫人所有的珠宝，价值超过十万卢比，还有她的数条披巾，估价介于三万到四万卢比之间"。不过，塞尔夫人不打算如此轻易被抢。"他们兴高采烈将我的抽屉柜据为己有，我在其中留了些垃圾和若干对我而言一文不值的小瓶子。我希望阿富汗人将瓶里的东西作为药物试用，定会发现它们灵验有效——一个瓶子装着硝酸，另一个瓶子贮有硝酸银浓缩液。"[21]

数日后，由战俘组成的大篷车队与护送负伤的阿克巴·汗回喀布尔的车队交错而行。乔治·劳伦斯望见阿克巴乘肩舆经过，他写道：

434 　　　阿克巴看上去面色苍白，病怏怏的，受伤的手悬在吊腕带里。他十分谦恭有礼地回应了我们的问候。我与他擦身而过时，他微笑着招手示意，邀我加入其行列。他气宇英武而又不失潇洒地谈及塞尔的胜利和他自己的溃败，称赞我军士兵的英勇气概，赞叹塞尔惹人注目地骑着白色战马奋勇当先。他承认麾下军队仓皇逃遁，他本人也不得已步出肩舆骑马逃走。倘若我方官兵再走远几英里追至河

---

① Babrkhel Ghilzai，同 Babrak Khel Ghilzai。——译者注

畔，他定会被俘。因为他不得不逗留若干小时，直到木筏备好载他渡河。[22]

两队人马挥手道别，阿克巴·汗继续向喀布尔行进，战俘在押解下取道不同路线前往特金山口顶端的堡垒。途中再次穿过1月的撤退路径，行经的阴森可怖之境，频频提醒众人撤军时的骇人惨状。劳伦斯记述道："被埋嵌于雪地的尸体，许多几乎未有改变，不过大部分都成为骷髅。"[23]惨绝人寰的是依然在荒野求生的印度兵军队残部，其中一些人仍藏匿于高海拔山口的洞穴中。塞尔夫人见到一个洞穴前面垒着一大堆骸骨，"从紧挨洞穴入口的淋淋血迹来看，有理由相信栖居者靠自相吞食维持体力。途经该处时，我眼见三个幽灵般的身影在洞内匍匐而行，耳闻他们大声呼救"。[24]

接下来的几天，人质冒着倾盆大雨穿过厚厚的烂泥地进行强行军。在苏罗比地区（Sarobi）附近，一场异乎寻常的滂沱暴雨最终彻底摧毁了身体抱恙的埃尔芬斯通将军。正如他长久以来所预言的，自己绝不会成功返回钟爱的博德斯行政区松鸡猎场。不过，埃尔芬斯通具有某种程度的个人魅力，尽管几乎是他一手造成这场大灾难，才导致战俘陷入当前困境，但其他战俘仍诚心诚意地照料他，直至他生命终结。麦肯齐和劳伦斯格外体贴入微，他俩与将军的勤务兵摩尔（Moore）共同承担轮班照望老将军的任务。随着将军日渐衰弱，虽然没有任何药物，麦肯齐还是"能用一种由石榴皮制成的补药，多多少少缓解①他最后的苦难"。[25]劳伦斯写道：

① 原文 sooth，疑为 soothe。——译者注

"他再三告诉我，他欲求一死，甚至还为此祷告。他说无论沉睡还是清醒，可怖撤军的种种惨状始终浮现眼前。众人对他深怀恻隐，人人都设法宽慰安抚这位老者，却无济于事。因为他身心俱疲，所发生的一切显然让他心碎肠断。他的伤持久不愈，但他毫不在意。内心的悲苦太强烈，以至于就连肉体的煎熬亦无法令他分心……"[26]

在生命的最后一夜，埃尔芬斯通请摩尔给他拿来一钵水和一件干净的衬衫。净身更衣后，他让麦肯齐诵读临终祈祷文，还让悲泣不止的摩尔抬起他的头。劳伦斯写道：

> 我在可怜的将军近旁光秃秃的地板上躺下，（他）看来似乎彻夜未合眼，疼痛如此剧烈难耐。
>
> 我数次同他讲话，他却只是言谢，说我对他无能为力，称一切很快将已矣……他创巨痛深，但意志坚强、屈从隐忍地承受这一切。他屡次三番向我表达深深的遗憾，说自己该在撤退中倒下。他和蔼可亲、性情温良、谦恭超然，这令他受到大伙儿的敬重。我们不禁痛惜他离我们而去，尽管死亡对他而言是种无比幸福的解脱。[27]

阿克巴·汗得悉将军之死，他侠义授命，称该在摩尔的护送下将遗体送往贾拉拉巴德。然而，埃尔芬斯通命中注定厄运不断，即便长眠于世亦如此。途中，一伙过路的勇士发现正在运送何物，他们打开棺材，把将军的遗体剥得一丝不挂，还向遗体投掷石块。阿克巴遣派另一队骑士营救尸首及护卫者，而后命人以筏载送两者沿喀布尔河顺流而下，直抵贾拉拉巴德城门前。

　　4 月 30 日，波洛克和塞尔终以最隆重的军礼将命运多舛　436
的将军安葬于该地。*

　　阿克巴·汗一败涂地的消息传至喀布尔。4 月 8 日晚，随
着阿克巴麾下蒙受重创的伤兵陆续跌跌撞撞进城，恐慌情绪四
处弥漫，许多巴拉克扎伊氏族的支持者开始逃往丘陵地区。[28]

　　自沙·苏贾驾崩后，法特赫·宗及萨多扎伊诸王子一直悬
心吊胆地龟缩在巴拉希萨尔城堡，现发觉希望再次升起。他们
着手搜集食物、武器和弹药，还在关键盟友阿米努拉·汗·洛
伽尔的鼓动下，开始与科希斯坦的塔吉克人进行交涉，力求征
募更多兵士为其事业而战。一如往昔数见不鲜的情形，喀布尔
分化为分别由巴拉克扎伊势力和萨多扎伊势力支配的诸敌对
区。纳瓦布扎曼·汗手下的巴拉克扎伊兵卒孤注一掷地保卫自
己的聚居区，以抵御阿米努拉及其萨多扎伊盟友。4 月 10 日，
莫罕·拉尔·克什米尔在发往贾拉拉巴德的急件中禀报称
"阿米努拉[①]权势日盛，他掌控着沙及法特赫·宗[②]的金库，还
在召集本部落的洛伽尔[③]部落民"。[29]

　　塞尔夫人一如既往地以开门见山的态度看待诸事件，她在
日记中写道："喀布尔各方皆有鼻端出火之概。纳瓦布扎曼·

　　* 他的遗体最终被波洛克转移，迁葬于加尔各答的公园街（Park Street）公
　　　墓，在那儿不远处便是为麦克诺滕的遗骸修筑的坟墓，内有麦克诺滕夫
　　　人设法为夫君寻回的所有残骸遗骨。
　　① Ameenoollah，同 Aminullah。——译者注
　　② Futteh Jung，同 Fatteh Jang。——译者注
　　③ Loghurree，同 Logari。——译者注

汗说自己将称王，阿克巴也如此，贾巴尔·汗①亦出此言，阿米努拉心存同样的幻想，穆罕默德·沙·汗②照样痴念满怀，世子法特赫·宗也来凑热闹。"她补充道：

437

> 部队日日外出打仗……现在是时候予以痛击，我甚怕只因我们这一小撮人在阿克巴掌控中而使行动磨磨蹭蹭。若与祖国的荣誉相比，我们几条命算什么？倒不是说我本有意遭人割喉，恰恰相反，我希望能活到我军凯旋，目睹英国国旗再度飘扬在阿富汗。厥后，我将对埃米尔多斯特·穆哈迈德·汗复位无异议。只不过让我们先向他们展示，我们能够征服他们，让那些诡诈不忠的部族首领锐挫望绝、肝脑涂地，为以卑鄙手段诱杀我军官兵报仇雪耻。莫让我们像遭鞭笞的贱狗般偷偷溜出该国，由此玷辱英国人的名声……

> 让我们的总督和主帅们负责此事吧，我负责为孙辈们织袜子。但是，身为军人之妻太久，无法在名誉受玷污时逆来顺受、坐视不理……我若掌权，定让众部族首领刻骨镂心。据说女人复仇很可怕，但就算向阿克巴、苏丹·贾恩和穆罕默德·沙·汗寻仇，也无法偿清他们欠下的血债。[30]

5月9日，阿克巴·汗回到喀布尔，打破了僵持不下、悬而未决的局面。以一贯的果决气魄和龙马精神，阿克巴立即包围堡

---

① JubbarKhan，同 Jabar Khan。——译者注
② Mahommed Shah Khan，同 Mohammad Shah Khan。——译者注

垒内的萨多扎伊族人，在最易受攻击的塔楼下方挖掘连串大型坑道。运用在贾拉拉巴德召集支持者时大获裨益的相同战术，阿克巴又一次自称为伊斯兰教的捍卫者，还将萨多扎伊族人描述成通敌卖国的异教徒之友。阿克巴致函众部族首领，称"至关重要的目标是，在与误入歧途的异教徒种族的斗争中怀有真正信仰的全体成员应勠力同心。是故，怀有真正信仰的全体忠实信徒心悦诚服地推选我为首领，并且依据我的忠告行事"。[31]

短短一周时间，阿克巴就设法收买了阿米努拉·汗，令其离弃萨多扎伊阵营。此后一周，他又收揽了米尔·哈吉以及伴其左右的喀布尔乌理玛和科希斯坦人。[32]阿克巴·汗还招募、武装起一支由撤退期间从英国人身边开小差逃走的印度兵组成的步兵及炮兵团。到了5月底，1.2万名士兵集结在阿克巴的军旗下，阿克巴麾下军队以3∶1的比例在人数上远超萨多扎伊守军。[33]遭受一个月的持续炮轰和埋设地雷爆破，守军火药及炮弹储备殚竭，法特赫·宗最终迫不得已投降。6月7日，阿克巴·汗获准进入巴拉希萨尔城堡。

到了6月末，法特赫·宗被迫将权力悉数移交给阿克巴。阿克巴正式任命自己为维齐尔，随后迅速攫取了法特赫·宗的全部财产。法特赫·宗在逼迫下修书给波洛克，解释称"我交托穆罕默德·阿克巴·汗[①]将军全权管理我的所有财产和林林总总的各项事务，我永久委托他全权评判解决涉及各方面的种种问题。无论他与英格兰政府达成何种协议，我都持相同意见并予以核准，无须做任何更改"。[34]

起初看来，阿克巴·汗觉得仍需要一名萨多扎伊傀儡领袖

438

---

① Mahomad Akbar Khan，同 Mohammad Akbar Khan。——译者注

令其统治合法化。尽管该王朝因与神憎鬼厌的异教徒结盟而蒙受污名，但是艾哈迈德·沙·杜兰尼的血统就是具有如此大的感召力，即便到现在，阿克巴还认为有必要继续让萨多扎伊族人担任国家元首。[35]不过时至7月，阿克巴就厌腻了这种幻想。7月中旬，他截获法特赫·宗与波洛克间的一封信函，阿克巴即刻命人尽数围捕萨多扎伊诸世子及年迈眼盲的沙·扎曼，并将他们监禁在巴拉希萨尔城堡顶部。法耶兹·穆罕默德写道："阿克巴认为这封信违背了所有道义传统，违反了沙与他缔结的协定。阿克巴随即羁押沙，把法特赫·宗搜藏的珠宝和好物件尽数没收。依旧欲壑难填的维齐尔打算以笞刑惩罚沙，查抄沙所拥有的一切。"[36]

适逢任职维齐尔的阿克巴权势鼎盛之际，巴拉希萨尔城堡既已成为其私人官邸，他决定宴请加兹尼沦陷时被俘的英国军官，以及奉他之命最近被押送至喀布尔与其余人质会合的英国军官。约翰·尼科尔森上尉（Captain John Nicholson）在受邀军官之列，这位寡言少语的阿尔斯特青年稍后将继续改写印度历史进程。尼科尔森不是个容易大惊小怪的人，他随后致函母亲，称自己"从未与如此有绅士派头又知书达理的男士做伴。他们一表人才、美如冠玉（阿富汗将领确也总是如此），拥有贵不可言的大家风范……环视一周，我既看到弑亲者，又看到弑君者。杀害我方公使的凶手或许是这伙人中沾染血腥最少的一位"。[37]阿克巴·汗得体的言行举止，也让尼科尔森的同僚克劳福德中尉大吃一惊。克劳福德后来写道：

439

> 我们受到最体贴入微的友善接待，我无法让自己相信，这位看起来壮壮实实、好脾气、与人坦诚相见的青年

会是杀害麦克诺滕的凶徒、大肆诛戮我军将士的渠魁。他
这般蔼然可亲地打听我们的健康状况，询问我们如何忍受
旅途劳顿……他安排了晚宴，还派人请特鲁普和砵甸乍来
与我们见面。他们到来时，我们大家都入席享用佳肴盛
馔。这是许多个月来我吃过的最好的晚餐。席间，维齐
尔①一直就各类话题闲谈戏谑……次日上午，这位大恶魔
给我们送来妙不可言的早餐……他还让我们将所需物品列
个清单，可以写上衣服被褥等相关内容，他将为我们提供
这些物品。[38]

新任维齐尔没那么以礼善待的一个人，是伯恩斯的前任门士兼
情报首脑莫罕·拉尔·克什米尔。阿克巴·汗截获了莫罕·拉
尔与英国人的若干往来书函，发现门士一直积极地为法特赫·
宗搜集武器弹药。与给予英国战俘的待遇形成鲜明对比的是，
莫罕·拉尔立即银铛入狱，遭单独监禁和毒打，而后被施以酷
刑。莫罕·拉尔疾书一封信，设法让人偷偷带出去送往贾拉拉
巴德。他在这封字迹潦草、不合文法的信中禀报称："我被逼
迫着躺倒，一张卧榻搭于我身上，那些人在榻上连蹦带跳，还
用棍棒打我，以一种非常粗暴残忍的方式折磨我。阿克巴要我
拿出 3 万卢比，如若不然，将挖去我的双眼。我全身上下被狠
狠毒打。未获政府②指示，我不能做出任何承诺，只得眼睁睁
看着自己遭摧残。我的双脚因笞蹠刑而鳞伤遍布。"[39]
　　一周后莫罕·拉尔放出消息，称自己的处境恶化。"有时

---

① Wuzeer，同 Wazir。——译者注
② 原文 governments，疑为 government's。——译者注

我被捆绑得动弹不得，一块重石压在我的背上，他们还在我的鼻子和双眼前熏灼红辣椒。有时我被施以笞蹠刑。我饱受可以 **440** 想象得到的千般痛苦、万般煎熬。他想要3万卢比。被穷凶极恶相待后，到目前为止他已得到其中的1.2万卢比。他说十日内若不支付余款，就会挖出我的双眼并以烙铁灼烧我的身体。"莫罕·拉尔接着提出请求，称自己若罹难，政府应当照望他在德里的妻子、两个孩子及年迈的父亲。

又经历几日的酷刑折磨后，莫罕·拉尔深陷绝望，他开始用第三人称记述个人经历，仿佛已经没救了。"莫罕·拉尔①被狠狠毒打三次，遭受极为屈身辱志的凌虐。到目前为止，他已被迫支付1.8万卢比。天知道除此之外还会有什么降临到他头上。劳驾为他做些什么，将他从这般苦痛中解脱出来。"[40]但是没了伯恩斯庇护，莫罕·拉尔在波洛克阵营无朋无友，他未从贾拉拉巴德的雇主那儿收到一纸半字，亦未得到任何保证。唯有韦德的门士沙哈迈德·阿里试图筹措钱款赎回他。沙哈迈德·阿里与莫罕·拉尔既是德里学院（Delhi College）的老校友，也是"情报员"同事。他在印多尔运筹帷幄，试着直接向喀布尔信奉印度教的银行家贷款，以促成莫罕·拉尔获释。[41]波洛克向阿克巴·汗发出抗议信，借助这封迟来的信函，沙哈迈德·阿里终得偿所愿，但在获释前，莫罕·拉尔显然已被迫皈依伊斯兰教。[42]

在此期间，阿克巴·汗下令整修改建巴拉希萨尔城堡的防御工事，重新挖掘壕沟，贮备食物及弹药——万一英国人试图夺回喀布尔，他们准备实施自卫反击。[43]阿克巴还派兵去特金

---

① Mohun Lall，同 Mohan Lal。——译者注

山口和库尔德喀布尔山口设防，在山口最狭窄处修筑散兵壕和胸墙。他此举甚为及时。

苦等三个月后，波洛克和诺特总算在 7 月 22 日接到日盼夜盼的命令。埃伦伯勒勋爵以一种将所有责任推卸至将军身上的方式做出指示，批准二位将军"取道喀布尔撤兵"，如果他们做此选择的话。他还命令他们"留下证明英军实力的关键性证据"。[44] 二位将军之间现展开一场竞赛，看谁先到达喀布尔。相较波洛克的 100 英里行军路，诺特要走的路程显然更远，约有 300 英里。

当晚，诺特激动万分地给女儿们写信："他们给我的双手松了绑，竟还留意到我。我不再尸位素餐、浪掷光阴。我信心十足地坐在这儿写信，坚信我帐下出类拔萃、高风亮节的诸团官兵会将敌匪打得落花流水。"[45]

唯有一人更为欣喜。挺进喀布尔的消息一经宣布，塞尔将军就在信中记述道："我心潮澎湃，几乎无法落笔写字。"

441

8 月 8 日，在"熙来攘往、人喧马啸"中，诺特将军总算偕旗下 6000 名士兵，最后一次自坎大哈行军出征。[46]

诺特抛下坎大哈城，将之交托给沙·苏贾的幼子萨夫达尔宗王子掌管。这位年轻英俊的王子据说是卢迪亚纳舞女所生，他立誓要为萨多扎伊族人坚守城池。不过，诺特拿不准自己起程后王子能撑多久，他私下认为"我们抽身而退，继而会天下大乱，流血事件频发"。[47] 尽管如此，年轻的王子仍下决心尽己所能殊死抵抗。诺特动身后不久，萨夫达尔宗修书给他，称

"我们应该知晓，没有一种情绪比得上替国王报血仇那般焚舟破釜、无畏无惧。目前，我本人热血沸腾，脑海中除了琢磨报仇雪耻的绝佳手段外，别无他想。我向真主起誓，只要一息尚存，我就心无旁骛地投身此事。要么蒙受与父王相同的厄运，要么为他之死复仇"。

11 天后，波洛克偕一支拥有 8000 兵力的稍大规模军队，自贾拉拉巴德出征，他的行程凄怆恼人得多。"惩戒之师"越是向前推进，就经过越多尸体，旅程也变得越发骇人可怖。他们首先见到"60 具骸骨散落在"甘达玛克的"山丘上。凭借依然附着于颅骨的长发，可清晰辨认出诸军官"。比及军队到达贾格达拉克，"山口遭死尸阻塞，我们不得不搬开尸体，使后方能将炮运过山口"，托马斯·西顿写道。"景象惨不忍睹。因想到无论如何都不足以洗雪此般祸殃的血海深仇，我们益发创巨痛深……整条路的每道沟壑、每个角落，都能发现喀布尔亡命者的尸体和骸骨。他们或遭砍杀卧毙，或因疲劳倒地而殒命于雪窖冰天。"[48]格林伍德中尉记述道：

> 一些只不过是堆骸髅，另一些则保存较好。尽管变了色，但面貌完好。他们的眼睛显然是被鸷鸟啄了出来。这些猛禽周而复始地在我头顶上空盘旋，似乎将我视为私闯其领地的入侵者。转过一块磐石拐角，立即见到堆积在一起的五六具尸体，在尸体上大快朵颐的秃鹫漫不经心地跳开短短一段距离，懒洋洋地扑棱着巨大的翅膀，却怠惰得不愿起飞。我心如刀绞地转过脸去，不忍看那令人作呕的景象。我铁了心要复仇，要倾尽全力向阿富汗人索偿血债。[49]

更糟的景象就要出现。在贾格达拉克附近的冬青树路障前，"惩戒之师"碰上数百具被钉刺在树篱上的尸首。那些人试图摸黑连抓带爬翻越带刺的灌木时遭射杀，他们仍倒在骤然跌毙处。就在路障另一边的贾格达拉克泥堡低矮的泥墙内，"惩戒之师"见到"骸骨被丢弃成80～100堆"。撤退期间，该纵队在当地驻足一天两夜，两侧均暴露于吉勒扎伊部落民的杰撒伊步枪火力之下，徒然等候前去与阿克巴·汗谈判的谢尔顿和埃尔芬斯通归来。西顿写道："他们一队队遇害，我们一队队发现他们。皮肉仍在尸体上，在相识的人看来，每张面孔完全清晰可辨。"在附近山谷顶端的一座小型圆形瞭望塔里，"惩戒之师"发现了密密匝匝的尸体。那是被阿富汗人掳获的数以百计的印度兵和随营人员，他们被扒光衣服，还被撵到冰天雪地里活活冻死。

　　整间屋子满满当当尽是骸骨和腐烂的尸体，一直堆至屋顶。屋外还有一堆残尸败蜕，堆至门的一半高，从墙边延伸了27英尺的距离，完全遮盖住台阶。这景象让人不寒而栗。可怜的亡命者看来是悄悄溜进这儿避难，末后一批来者踩踏居先的避难者，令他们窒息而亡，接着将尸体扔出去，不料自己竟也遭同样的方式对待。他们也被乱践乱踏、活活闷死，而后被继来者丢了出去。

　　战争带来的恶果滋生了一种糟糕透顶的弊害——酿成并培育了复仇情绪，将人们内心潜伏的阴恶之气统统挑拨起来，驱策人切合恶魔之举行事，摒弃以上帝的形象创造的人应有的作风……如今，印度兵尽可能地随处向活着的人实施报复。若不能报复生者，便向死者寻仇。[50]

443

凡被认定与阿克巴·汗有关系的地方，均遭格外严酷对待。官兵们认为一座四周环绕着果园和花园的迷人村落是维齐尔最喜爱的避暑居所之一，尽管村民不战而降，但是"每座屋舍都被摧毁，每株树木皆被剥去树皮或砍倒。随后，分遣队搜罗一批数量可观的战利品，赶着犍牛、绵羊和山羊，从容自若返回营地"。[51]

比起波洛克，诺特起军之初更守纪律，也没那么暴戾恣睢。但是，吉勒扎伊部落长老正式投降后，仍有几名士兵在一座村落遇害，于是乎，一场鸡犬不留的大屠杀随之展开。年及舞勺的全体男性都被刺刀刺杀，妇女被强暴，私人财物遭掠夺。内维尔·张伯伦写道："涕泗流涟苦苦哀求皆是枉然，我们从容不迫地举起火枪，扣动扳机，庆幸倒毙者为彼非己。这些骇人杀戮（单就惊天暴行而论，上帝必定看在眼里）委实邪恶……这是阿富汗最美丽的山谷之一，我们却留下满目疮痍。印度斯坦人对阿富汗人怒不可遏，他们绝不会放过任何可摧毁之物，可及范围内的所有城堡、各处各地很快都陷入火海。"[52]

诺特属下随军牧师 I. N. 艾伦（Rev. I. N. Allen）惊愕更甚，言称牧师不得不目睹此般景象实属世间罕有。他写道："每扇门都被强行撞开，能寻获的每个人皆遭残杀，逐个院落、逐座塔楼追捕，幸免于难者寥寥无几……一户人家拒不应召开门，官兵们遂以一枚 6 磅炮弹破门而入，一家人都遭刺刀刺杀。"[53]翌日巡视村寨城堡的一位军人描述称，见到"约100具死尸四处横卧，发现 6~8 名儿童被烤焦。这些孩童一直藏匿在一堆堆被切碎的秣草下，秣草燃烧，将他们活活烧死。一位妇人是城堡内唯一的活物，她把家人的尸体全都拖拽到一处，而后在当中就座。她坐在那儿，父亲、兄弟、丈夫及子女横尸在其周围，俨然绝望的写照"。[54]

甫抵加兹尼城外，诺特就与该省巴拉克扎伊总督治下的
1.2万名杜兰尼族人展开了一场短暂激烈的战斗。守军撤退至
城垣之内，诺特随即在火炮射程之外安营扎寨。次日上午，英
国人发现整座城邑遭彻底离弃。尽管最近刚得到喀布尔的苏
丹·贾恩麾下援军增援，但是吉勒扎伊部落民仍"灰心丧气"
地连夜撤离加兹尼。拂晓时分，诺特炸毁诸城门。正如他在正
式报告中寥寥数语所言："我直捣加兹尼城①，护城堡垒及整
个防御工事悉遭摧毁。"[55]

唯独遗留最后一个祭礼。《印度史》（*History of India*）的
作者詹姆斯·米尔（James Mill）甚至懒得造访印度，未结识
任何印度人亦未习得任一种印度语言，就写下这部闻名遐迩的
著作。通过阅读这部书，埃伦伯勒接受了一种完全谬误的观
念：加兹尼王朝马哈茂德（998~1030年在位）陵寝的数扇传
奇性的檀香木门，依其申述是苏丹洗劫著名的印度教神庙——
古吉拉特（Gujarat）的苏摩纳德神庙（Somnath）时窃取而
来。这数扇门实则采用11世纪的塞尔柱（Seljuk）工艺，与
墓本身成为一个整体。仅凭木制品上的阿拉伯铭文，罗林森就
一目了然。铭文刻在明显貌似伊斯兰教的六芒星内，周围饰以
繁复精致的阿拉伯式花饰。但这无关紧要，埃伦伯勒要求找到
这几扇门，他定将得到这几扇门。

埃伦伯勒适时地向北印度和西印度的部族首领及王公诸侯
发布公告。总督在公告中谈及800年的耻辱何以终得洗雪，前
殖民地时期印度人屈从于阿富汗人长达几个世纪的历史已被逆

445

---

① Ghuznee，同 Ghazni。——译者注

转。多亏英国人，数扇象征着印度教徒屈辱过往的纪念物，如
今反倒成为印度人在武力上优于印度河另一边诸民族的记载。
这几扇门理所当然在印度各地展览，一支雄姿英发的护卫队随
行。英国人煞有介事地向各方各地一头雾水的围观者大肆展
示，力图让印度国民铭记英国统治如日中天的权势和仁心义
行。不过，此举未在印度王公诸侯中引起任何反响，更不用
说印度教徒，两者均未察觉自己遗失了哪扇门。[56]正如罗林森
监督拆除这些采用塞尔柱工艺的精美木制品时观察到的，这
几扇门根本不可能被复原，因为它们并非来自苏摩纳德神
庙——该庙宇成为废墟已有千年。反正印度教徒对整场闹剧
完全无动于衷。[57]

　　眼见数扇门一去不返，阿富汗人亦未特别心烦意乱。据罗
林森所述，圣祠看守人只不过耸耸肩言道："这些残梁破栋对
你们能有何用？"[58]阿塔王子的言辞更为尖刻："埃伦伯勒下
令将这几扇门送往印度，在那儿可被用来宣扬重新征服呼罗
珊，还能名正言顺地为自己辩解，缘何在一个产生那么点儿
岁入的国家实施军事行动会有如此庞大的开销。常言道，真
正的权力无需鄙俗的宣传！直至今日，恒河沙数的英格兰官
兵的腐烂尸体仍阻塞着呼罗珊的大道小径，这才是万古不朽
的丰碑。"[59]

　　整个7月，双方数次试图就交换战俘问题进行交涉。首先
是麦肯齐，然后是劳伦斯奉派前往贾拉拉巴德，争取与波洛克
达成协议，但是到头来一无所获。二人恪守向阿克巴·汗做出

的承诺，浩气凛然地回去接受囚禁。

砵甸乍特意修书告诫波洛克莫妥协，称不要为了让一众英国军官及其女眷重获自由，就任由为数众多、孤立无援的印度兵滞留阿富汗。他写道：

> 依身处印度的吾国国民和军人之见，英国人的名声与品德必受损，假若我们付款让数名欧洲人获释，却听任成千上万的我方本土军人和随营人员在该国各地陷于任人奴役的苦境。其他许多不幸的可怜人，或没了手脚，或以别的方式肢体不全、疾患缠身，以乞讨维持朝不保夕的生活。这些伤残者若不获解放，在即将来临的冬季，即便不是全部，也有很多人难逃一死。在我看来，要是偿付赎金单单让我们获释，政府会令自己人神共嫉，会因厚此薄彼而蒙受谴责。[60]

再者，就受困滞留阿富汗的印度人的处境而论，存在某种紧迫性。一名奴隶贩子造访拘禁人质的堡垒，告知塞尔夫人："400 名印度斯坦人在喀布尔遭诱捕——以将他们安全送往贾拉拉巴德为饵……一个男人售价 46 卢比，一个女人售价 22 卢比。"在阿富汗奴隶市场占主导地位的乌兹别克奴隶贩子，因习惯性地向俘虏施以惨无人道的暴行而尤令人生畏。乔赛亚·哈伦途经胡尔姆时，曾描述那"丧尽天良的发明"。毫不夸张地说，乌兹别克人借此发明将俘虏缝到马鞍上，"迫使俘虏齐肩并进。在距胸骨与锁骨交接处几英寸的地方，借助一支弯曲的长针，自锁骨下绕着锁骨穿一缕马鬃，用马鬃打成一个活结，在活结上缚一根可固定于马鞍的绳索。俘虏被迫靠近不断

远去的骑士，因双手反绑于身后而全然无助"。[61] 阿克巴警告波

447 洛克称，若试图夺回喀布尔，全体英国战俘将立即被遣往北方，在布哈拉奴隶市场被卖身为奴。其时，人质有充分理由惶悚不安。

英国战俘原本相对安逸地待在城堡里，城堡就位于喀布尔城外。阿克巴·汗听闻波洛克和诺特麾下军队从两个不同方向进逼都城，其最亲密的盟友穆罕默德·沙·汗·吉勒扎伊鼓动阿克巴做好与异教徒做好最后殊死一搏的准备，他对女婿言道："他们想要开战，就让他们得偿所愿。兵刃相接，拼你死我活。让我们将他们一举歼灭。"[62] 那个周五，维齐尔驱马前往普尔伊齐斯提清真寺，在布道坛上慷慨激昂地呼吁对英国人展开最后一场决定性的圣战。

8 月 25 日夜里，人质正准备安歇时接到不祥命令，要立即将他们向北转移至兴都库什山区。借着月光，他们被逼迫着把所剩无几的私人财物装载到阿克巴·汗遣来驮人载物的小马和骆驼上。女士头一回被吩咐穿上全身式的阿富汗罩袍。麦肯齐身体抱恙、严重高烧，料定自己命不久矣，他被放入骆驼身侧悬挂的名为驮篓（kajawah）的柳条筐内。[63] 他们步入途程，经过喀布尔近郊和巴卑尔陵墓（Babur's Tomb）的围墙，踏上科希斯坦路远去。他们获知最初目的地是阿克巴·汗最北边的堡垒，这座堡垒俯瞰历史悠久、以巨大佛像闻名于世的佛教圣地巴米扬山谷。[64]

押解人质的护卫队由 400 名非正规骑兵组成，护卫队头领名叫萨利赫·穆罕默德·汗（Saleh Mohammad Khan）。这位奇兹巴什骑兵军官早前一直为沙·苏贾效劳，直至 1840 年多斯特·穆哈迈德自布哈拉归来，他随即倒戈投诚。乔治·劳伦斯

和休·约翰逊在那一时期与他有点头之交。埃尔德雷德·砵甸乍发现护卫队中有 10 人先前是自己属下骑兵，1838 年赫拉特被围期间曾协助作战。护卫队中甚至还有两名麦肯齐手下的杰撒伊步枪兵，他们在临时军营遭围困期间曾与麦肯齐并肩作战。[65] 砵甸乍、劳伦斯、约翰逊和麦肯齐很快都意识到有机可乘，他们展开沟通，想看看是否有护卫兵乐于接受贿赂。起初护卫兵皆面露难色，但是随着一行人踏上陡峭险峻的商队路线向北行进，翻越伽鲁河谷①的荒山野岭，由此穿过哈扎拉地区的高海拔断层带，波洛克和诺特取得压倒性胜利的传闻开始纷至沓来，护卫兵的态度遂渐渐转变。

约翰逊最先取得一些进展。8 月 25 日他在日志中写道：

> 萨利赫·穆罕默德②是个好脾气、乐呵呵的家伙，对我们这些异教徒没有任何偏见。他是一名雇佣兵，不大在乎捉住的是谁。他去过布哈拉，几个月前还参与夺取科赫桑③。整段行程我都与他一道骑行，他讲述的旅人故事妙趣横生，让我忍俊不禁。他自命不凡，认为自己是最伟大的英豪。他的英勇壮举没完没了，我随时戴目倾耳，这出于两个原因：首先，我乐在其中；其次，我的洗耳恭听让他受宠若惊，我希望借此对他善加利用。

数日后，两人独处时约翰逊选择时机做出提议。他写道："由

---

① Kulu，同 Kalu。——译者注
② Salih Mahomed，同 Saleh Mohammad。——译者注
③ 原文 Coucem，疑为 kohsan，赫拉特以西 100 公里处的波阿边境堡垒。——译者注

于渐渐跟我们的指挥官亲近熟络，眼见屋内没有其他人，我趁此良机与他低声耳语，言称如果背驰于道，带我们逼近诺特将军麾下军队，而非将我们押解至巴米扬①，我们会给他堆积如山的卢比。他对印度斯坦的种种赏心乐事赞不绝口，释放我们后应该有意去那儿。起初，对我半真半假地提出有待定夺的提议，他看似相当惊诧，不知该以何种方式看待。"[66]但没过多久，萨利赫·穆罕默德牙清口白言明"想知道我们要怎么做以获解放"，还要求战俘认真开个价。[67]

一向神通广大的莫罕·拉尔，透过喀布尔的奇兹巴什友人穿针引线，送来一叠本票。得益于这些本票，一行人抵达巴米扬后，交涉继续进行。当阿克巴·汗来函命萨利赫·穆罕默德·汗将人质更进一步向北移送至胡尔姆时，劳伦斯抬高出价，主动提出让萨利赫·穆罕默德立即得到 2 万卢比现金首付款，此后终身享有 1000 卢比月钱。正如阿塔·穆哈迈德所述："黄金是天造妙物，见之悦目、闻之赏心。出价冲昏了汗的头脑，他准备让战俘获释。"[68]

约定暗号一发出，在萨利赫·穆罕默德·汗的帮助下，受关押的战俘就接管了堡垒。战俘向原先的看守提议，若协助防守堡垒直至战俘获救，将得到四个月的额外报酬。当萨利赫·穆罕默德递给战俘们一摞火枪以襄助防御时，顺从地被囚多个月后得以掌握自己命运的战俘被惊得瞠目结舌，起先无人自愿加入卫兵队伍，直至塞尔夫人介入。她后来写道："料想男士们兴许羞于履职尽责，我便对劳伦斯说：'你最好给我一支枪，我来带领大伙儿。'"[69]

---

① Bameean，同 Bamiyan。——译者注

不久之后，在塞尔夫人警觉的目光下，人质终获足够信心以在旗杆上升起英国国旗。随后，砵甸乍重拾身为驻科希斯坦政治专员的职责，约请周边地区众部族首领出席正式谒见并赐授朝服。9 月 14 日，约翰逊在日记中写道：

> 我们的阴谋继续顺遂己愿，方圆数英里内，几乎所有有权有势的部族首领都加入参谒行列……宣誓忠于我们，如有需要将在作战人员方面给予帮助。至于我军官兵正在哪儿做些什么，尽管我们依旧茫然不知，但我们推测他们谅必在喀布尔附近某处，有可能已与阿克巴打了一仗。若是那样的话，我们不该惊诧的是，随时可能见到阿克巴偕大约五六百名骑士现身这座山谷。我们已将注意力转移到加固城堡和清理射击孔上，万一他们横加干涉，我们将予以激烈抵抗。[70]

一周后，在塞尔夫人的带领下，原先的人质甚至开始向过往的骆驼商队征税。　　450

9 月 1 日清晨，一位孤零零的骑士驱马来到波洛克驻贾格达拉克营地外的警戒哨前。接受哨兵盘问时，骑马者自称是沙·法特赫·宗（Shah Fatteh Jang）。

将近 8 月底时，巴拉希萨尔城堡内已有传闻，称阿克巴·汗一直盘算着先用烧红的烙铁烫烙年轻的萨多扎伊王位继承人，而后将其杀害。随着谣言蔓延开来，城堡里的老家臣行动起来，在监禁沙的监牢泥屋顶上凿开个洞，通过城垣下的地道帮助其脱身，接着设法让沙前往奇兹巴什人聚居区钦德沃勒（Chindawal），已经有备好鞍的马在那儿等他。24 小时后，沙便与波洛克将军共进早餐。[71]

依据法耶兹·穆罕默德讲述的传说，其时，年轻的沙谴责英国人辜负其父苏贾，要求英国人兑现向该王朝所做的承诺。据说法特赫·宗告诉波洛克：

> "英格兰人为夺取阿富汗发动战役，别无其他目的，唯独在意自认最终或能禅益自身的种种事，他们不曾救助我遇害的父王，甚至从未将他放在心上……不过，我还是认为自己受英格兰政府与家父缔结的《三方协议》约束，于是我来找你。是故，你们若依然信守承诺，就该襄助我，向喀布尔进军。如若不然，就英格兰政府而言，以我的名义并无任何应履行的义务，你们的狼子野心和敌对行径将大白于天下。"沙·法特赫·宗的话语令波洛克将军面红耳赤，出于持正不阿的良知，将军准备向沙伸出援手，俾使英格兰人摆脱自民众口中得受的恶名。[72]

451　不论这段对话究竟发生与否，波洛克无疑欢迎法特赫·宗的到来，从一开始就对他青眼相待。波洛克给予法特赫·宗的荣誉，与三年前行经同一座山谷夺取王位时麦克诺滕给予苏贾的荣誉毫无二致。不过，私下里波洛克轻蔑地写道："愁眉苦脸的太子……是个身材纤细、颇为帅气的青年。但是，他既无与生俱来的智慧，由于德操方面的理由，亦无资格享有多少尊重。这显然指的是 1839～1840 年驻守坎大哈期间，沙'间或对卫成部队成员实施鸡奸自娱'这一嗜好。"[73] 波洛克还提到，他故意向沙隐瞒实情，沙懵然不知英国人打算达成埃伦伯勒为英军设定的几个有限目标后就撤离喀布尔。诸目标是：挫败阿克巴·汗；解救人质和战俘；寻回尽可能多的印度兵；根据英国人理解中的背盟败约，对阿富汗各部族施以惩罚。[74]

一周后，9 月 8 日，波洛克率军离开贾格达拉克向特金山口要隘进发，准备对喀布尔发起最后的猛攻。日间随着时间推移，来自丘陵之巅的狙击越来越激烈。尽管波洛克纤悉无遗地在四周所有山巅设置了警戒哨，夜幕降临时，暗藏不露的杰撒伊步枪仍以密集火力扫射营地。格林伍德中尉在日记中写道："官兵们自然被撵了出来，保持戒备状态。敌军继续自未完全被我军占领的各座高地向营地射击，他们的子弹如冰雹般在我们的营帐内高飞低走。山腰的四方八面均被敌方杰撒伊步枪和我方哨兵火枪持续不断发出的火光照亮。"[75] 次日清晨拂晓时分，波洛克手下斥候带来消息，称阿克巴·汗在穆罕默德·沙·汗·吉勒扎伊和阿米努拉·汗·洛伽尔的支援下，从库尔德喀布尔山口预先部署的阵地向前推进，目前正在英军前方的特金诸高地集结旗下 1.6 万名士兵。

波洛克将麾下军队分成三支纵队。穿褶裥短裙的苏格兰高地人以及身着长袍的阿富汗杰撒伊步枪兵组成的纵队登上山口两侧斜坡，前卫的大炮及骑兵则在塞尔将军指挥下小心翼翼沿谷底行进。格林伍德细述道："我们分纵队向前推进，未见敌匪任何蛛丝马迹。我们深入隘路前行大约 2 英里，蓦然间，从两侧高地冒出一片长长的火焰，无数子弹飕飕地在我们脑袋周围呼啸而过。山丘上排满敌军，他们开始施以极重火力打

452

击。"[76]此刻，虎口余生者中就有继续履行随团军医职责的布赖登医生。"他正坐在用来扛轿式担架的竿上，敌军的一门炮射来一枚6磅炮弹，劈裂了竹竿，但他毫发无损。"[77]

有别于上一次置身山口，当时布赖登的同僚因雪盲跌跌撞撞前行，对敌匪的屠戮不予抵抗，这一次波洛克帐下官兵有备而来。阿博特用大炮揭开激战序幕，与此同时，"罗伯特（·塞尔）爵士下令让第13（团）攀爬、猛攻右侧高地，第9团和第31团负责左侧高地"，格林伍德回忆道。

> 我们七手八脚、狼狈万状地向上走。山丘极高极陡，在任何时候都不易攀登。但是，敌兵的射击令我们加速行动，一小会儿功夫就爬上山来到他们近旁。敌军火力铺天盖地，四面八方射来的子弹呼啸着在我们当中飞速穿梭。敌兵人数非常庞大，看来有意为据守高地血战到底。不过，我方士兵一到山顶就上好刺刀，伴着响彻云天的呼喊声向敌军冲锋……阿富汗人高呼"万物非主，唯有真主"（Allahil Ullah）的战斗口号，还用各种污言秽语咒骂我们，诸如狗东西、异教徒等。他们要确保我们永不踏足喀布尔。尤以布罗德富特上尉手下坑道工兵最为针锋相对、以牙还牙，他们用妙不可言的粗言鄙语回敬敌人。[78]

将阿富汗人逐出阵地后，塞尔遂命士卒继续翻山越岭，循着山脊诸高地驱赶敌兵。其间，谷底的骑兵猛冲向阿克巴的大炮。那些炮都是从埃尔芬斯通麾下军队缴获而来，现由变节投敌的东印度公司印度兵操控。这些印度兵归附阿克巴·汗只为碰碰运气，随着骑兵步步进逼，倒霉的印度斯坦逃兵即刻化作"剑下亡魂"。[79]战斗持续了一整天。阿富汗人顽强抵抗、寸土不让，直到英军用刺刀将他们赶下一座又一座山峰。临近傍晚，诸山头皆被英军攻占，阿克巴·汗手下士卒别无选择，只得掉头鼠窜，渠魁和吉勒扎伊部落诸首领不屈不挠殿后。敌军一败涂地。次日，英国人沿库尔德喀布尔山口愈加险峻的高地推进时，竟无须耗费一枪一弹。

9月15日晚，波洛克麾下疲惫的军队终于长驱直入喀布尔城，却发现包括阿克巴·汗在内的几乎全体居民都已逃离都城。当天夜里，英军在三年前麦克诺滕下令建造的赛马场上安营扎寨。翌日，沙·法特赫·宗得以复归巴拉希萨尔城堡，不过这一次飘扬在旗杆上的是英国国旗。

诺特率坎大哈军队于两日后进城。9月21日消息传来，称120名战俘亦正迫近。* 波洛克遣手下青年军官里士满·莎士比亚爵士（Sir Richmond Shakespear）先行寻找战俘，一支由700名奇兹巴什骑兵组成的骑兵队随行。莎士比亚浑然不知战俘已将自己解放，望见他们自信满满地沿路而下朝他走来，原先的狱卒组成护卫队护其左右，让他错愕不已。在"我们得救了"的欢呼叫喊声中，仅有一个异议的声音。塞尔夫人写道："谢尔顿准将无法忘记自己身为纡朱曳紫的老资格军人应享有的尊重，里士满爵士未先来看望他并正式报到，大大冒犯了准将。"[80]麦肯齐目前病得厉害，烧得迷迷糊糊，根本无法从地上起身。得悉刚刚获救，他只以"啊"字作答。"他见到

---

* 奇兹巴什人在释放人质的谈判中大有助益，他们一路疏通打点确保人质获得解放。

里士满爵士与萨利赫·穆罕默德互换包头巾，懒洋洋掠过脑海

454 的唯一念头是，纳闷'在此过程中莎士比亚会否沾染一身害虫'。"[81]

　　人质成功返回喀布尔的前一日，一行人受到塞尔将军迎接，他向北进发前来欢迎他们。塞尔夫人将近一年未见夫君，她写道："对于塞尔到临，我们的心情无以言表。就女儿和我本人而言，幸福姗姗来迟，甚至几乎突如其来，这竟是恼人的。伴着一阵气哽语塞，就算潸潸泪下亦无法将这种感觉驱散。"[82]仍未退烧的麦肯齐磕磕巴巴说道："'将军，我向你道贺！'此时，这位豪侠尚义的长者转身试图作答，但心潮澎湃、百感交集，他做了连串极难看的鬼脸，而后以马刺戳马身，尽可能快地疾驰而去。"[83]

　　战俘最终抵达喀布尔时，欢迎他们的是 21 响礼炮。进入营地之际，步兵列队为全体战俘欢呼。格雷维尔·斯特普雷顿少尉（Ensign Greville Stapylton）写道："他们呈现非同寻常的模样，全身上下穿着阿富汗人的装束，蓄着髭须长髯。任何人想辨认出自己的朋友都有些困难。"[84]

　　"惩戒之师"在喀布尔仅逗留两周。头几天里，部队官兵享用喀布尔葡萄园与果园的新鲜葡萄和苹果，游览城镇的风景名胜，自娱自乐。许多人搜寻到上一个冬季种种暴行的发生地，这让那些在英国人占领喀布尔期间熟悉此地的人尤感震惊。艺术家詹姆斯·拉特雷写道："我不在这儿时发生了可怖巨变。映入我眼帘的是被夷为平地的房宇屋舍和被熏黑的墙

壁，渺无人踪。城市被弃，城中聚居地黑漆漆空荡荡。我们骑马穿行于大街小巷，没邂逅一个活物，就连一点儿声响也没听到，除了一只或许舔食过英格兰人鲜血的半野生的狗发出的猜猜吠声、我们自己的偷声细气，以及我们坐骑的蹄声透过关闭的集市那阴森幽长的大道回荡的回声。"[85]1839年亚历山大·伯恩斯举办圣诞聚会时，内维尔·张伯伦最后一次去伯恩斯的宅院。当时伯恩斯身着全套苏格兰高地民族服装出席聚会，还穿着苏格兰褶裥短裙在桌子上跳里尔舞。如今宅院全被焚毁，烧焦的屋基也被寻宝者掘起。张伯伦在日志中写道："亚历山大爵士的宅院化为一堆废墟，我曾在那儿度过许多欢乐时光。临时军营完全成了片荒地，在那儿花了那么多钱，既未留下一座屋宇兵舍，亦未剩下一棵树。"[86]

休·约翰逊愈加震愕，回到喀布尔后立即在日志中写道："经过从前居住的街角，我无法摒绝想要亲眼观瞧那座宅子的颓垣败瓦的欲望，我在那儿度过两年的幸福时光。尽管料想会见到整个地方被掀掉屋顶，但这般满目疮痍的景象还是让我猝不及防。在我的宅子或与之毗邻的亚历山大·伯恩斯爵士的宅院，没有一块砖立于另一块砖上，它们都成了覆盖在我方倒霉的人腐烂的遗骸上的一堆泥污。有人向我指明亚历山大爵士庭园中一隅，说那儿便是他的遗体埋葬处。愿逝者安息！"[87]

更令人心痛欲裂的还是亲眼看见受重伤的残障印度兵。他们靠在喀布尔街头沿街乞讨，想办法活过寒冬。较为兢兢业业的军官已将全副精力投入重新召集手下诸团残部的工作中。最有成效的是约翰·霍顿中尉，他早前与埃尔德雷德·砵甸乍一起逃离恰里卡尔，现成功寻获至少165名廓尔喀兵。在很多情况下，是将这些兵卒从奴役中解救出来，约翰·霍顿千方百计在喀布尔的田间地头、大街小巷以及奴隶市场搜寻到这些人，总共发现约 2000 名印度兵及随营人员存活于世。这些人被聚集到一起，被委派的两名军官为他们提供生活所需，让他们有权接受医疗救治，某些情况下包括截肢。[88]

此外，派出一队队人马着手挖掘坟墓，掩埋依然横七竖八散卧于都城各处、数以千计的英国人和印度人的尸首。逝者长已矣，"召唤生者为他们洗雪冤仇"，正如莫罕·拉尔所述。[89]不久，部队官兵就敦促波洛克对喀布尔民众大张挞伐。波洛克几乎无须激励。

阿克巴·汗铩羽后立即向北逃至胡尔姆，目前完全遥不可及。但是内布阿米努拉·汗·洛伽尔及本部族成员，连同帕尔旺省的勇士们，决定在喀布尔以北 35 英里处的游乐胜地伊斯塔立夫养精蓄锐。

伊斯塔立夫一直被誉为阿富汗最美的地方之一。16 世纪，为之倾心的皇帝巴卑尔常常待在这儿的避暑行宫并在玫瑰园举办酒会。300 年后，伯恩斯也来这儿放松身心，摆脱喀布尔错综复杂的外交事务，置身悬铃木和胡桃树林、满是鱼儿的山涧以及"最丰饶的果园和葡萄园"中。波洛克决意在此集中实施报复。

波洛克帐下士卒离开喀布尔，行经舒马里平原的葡萄园，山区小镇周围的"清澈溪流和绿色田野"亦令他们心醉神怡，这美景也曾让先于他们经过的偌多旅人陶醉，但这并不能阻止他们将此地夷为废墟。城镇遭包围袭击，继而被有条不紊地洗劫。官兵们在地下室找到被上了链锁、境况可悲的 500 名沦为奴隶的印度兵，阿富汗伤员随即被聚成堆，"印度兵点燃了受害者的棉布衣裳"，将他们活活烧死。而后，士兵们通过掷骰子将伊斯塔立夫女子瓜分。[90]

内维尔·张伯伦手下骑兵是殿军的一分子。比及张伯伦到达伊斯塔立夫，那景象"难以名状……帐篷、辎重、形形色色的东西散落在街头巷尾，此外还有倒霉的男儿汉的尸体。他们或拖延太久迟迟未动身，或浑身是胆不愿逃走，在自卫还击、以身殉家前决不会听任妻小受我们肆意摆布"。张伯伦继续写道：

> 我想我不必告诉你，年满 14 岁的男性无人幸免于难……数人在我面前遭戕杀。有时只是受伤，但另一颗子弹送他们归西……一些士兵（简直是衣冠禽兽）想要向女人报仇泄愤……得悉我们进逼都城，喀布尔的绝大部分货物以及显要部族首领的女眷立即被迁移至伊斯塔立夫，因为此地一直被阿富汗人视为金城汤池……劫掠场面一团糟。每座屋宇都挤满了人，既有欧洲裔军人又有本土军人，屋宇内部完全被损毁。家具、衣物和林林总总的货物被从窗口狂抛猛掷到街上……有些人夺武器，有些人抢珠宝，其他人搬书籍……军人的恶行告一段落，遂放任随营人员进入该处所，由他们给强取豪夺之暴行画上句号……这一整天，坑道工兵忙着焚毁城镇，军人和随营人员忙着带走遗留下的任何值得拥有的东西。

伊斯塔立夫无辜妇孺的苦境给人留下尤为深刻的印象：

457

　　夺取这座城镇时，我们见到一个脸蛋胖嘟嘟的可怜男童坐在路边哭得死去活来。这个不幸的小家伙或遭遗弃，或在匆忙中被双亲丢下……在一处地方，眼前的情景刿心怵目。一名三四个月大的小婴儿在一位倒毙的可怜妇人身旁，两条娇小的大腿被一枚火枪子弹射穿而血肉模糊。孩子被移送至营地，但死神很快就止息了小家伙的苦难。继续向前是另一位受伤痛折磨的妇人①，她无遮无掩地暴露于大庭广众之下一整夜，怀里紧紧搂着一个孩子，饱受煎熬似乎只令她的舐犊温情有增无减……尸体横陈大街小巷，不分黄发垂髫、贫富贵贱……我黯然神伤地返回营地时，看见一位可怜的瘦弱老妪。她估摸我们已离开，便冒险离开藏身处，拖着沉重的脚步，努力走向一条小溪取水解渴……我帮她装满取水的器皿，她只说了句："洋畜生不得好死！"我返回住所，对我本人、对这个世界，尤其对我那暴虐无道的职业深感嫌恶。我们其实无非是特许的刺客。[91]

　　离开伊斯塔立夫，"惩戒之师"下山洗劫并焚毁了帕尔旺省省会恰里卡尔。将近一年前，砓甸乍和霍顿及属下廓尔喀兵就是在此遭围攻。如苏丹·穆罕默德·汗·杜兰尼在著作《苏丹传记》中所述："他们让整个地区熊熊燃烧。"[92]而后，"惩戒之师"满载着战利品跟跟跄跄地回到喀布尔。

　　他们发现，自己不在喀布尔时，诸同僚也一直埋头苦干。

---

① 原文 women，疑为 woman。——译者注

布罗德富特手下坑道工兵在查尔查塔①大巴扎拱肩内布设了炸药。这座巴扎最初兴建于沙·贾汗统治时期，不仅被誉为莫卧儿建筑风格登峰造极的奇观之一，而且作为整个中亚最伟大的建筑之一而闻名遐迩。这座瑰丽堂皇的建筑有彩绘的木制拱形穹顶和巧夺天工的贴砖工艺，据有些人称，它是阿富汗最美的单体建筑。波洛克之所以将它选作摧毁对象，是因为麦克诺滕的遗体被挂在这儿的肉铺吊钩上示众并遭大肆羞辱。对阿塔王子而言，此番破坏不过是英国人表里不一、暗弱无断的另一征兆。"踏足喀布尔后，英格兰人用他们的大炮炸毁了都城所有规模较大的建筑物，包括美丽的四房顶巴扎，终为麦克诺滕复仇。谚语有云：'当你不够强壮，惩罚不了骆驼的时候，那么就去敲打毛驴的驮篓！'"[93]这正是这场战争诸多颇具讽刺意味的地方之一。尽管促进印度与阿富汗之间的贸易往来是英国遣派伯恩斯沿印度河逆流而上展开首次旅行的最初动机之一，但是整串灾难性事件的最终一幕是报复性地摧毁该地区的主要商业中心。[94]大吹大擂的印度河通航方案（Indus Navigation Scheme）自是化为泡影。如今，在英国人撤退至萨特累季河后方之前，中亚最大的集市将被夷为瓦砾。

　　炸毁大巴扎之举在喀布尔掀起一股奸淫掳掠、大肆诛戮的狂潮，这与毁灭伊斯塔立夫的种种暴行如出一辙。10月7日归来后，张伯伦立即写道："来自（贾拉拉巴德和坎大哈）两座营地的军人及随营人员正在洗劫城镇。此起彼伏升腾而起的滚滚黑烟，表明火把已投向某位部族首领的宅院……部分城镇亦在燃烧。"[95]火光冲天绝非偶然。格林伍德中尉在日记中记

459

---

　　① Char Chatta，意为四房顶。——译者注

述道：

> 我们在喀布尔待了大约两周后，一天晚上接到命令，
> 要做好准备翌日开进城去。虽未言明目的，不过我们可以
> 想见自己将要做什么。果然不出我们所料。次日上午，我
> 们沿既定路线行进，尽数炸毁主要十字路口和集市，还在
> 诸多地方放火烧城。房宇屋舍内部自然霎时被损毁，倾箱
> 倒箧翻出的一捆捆布料、平纹细布、毛皮斗篷、毛毯，以
> 及形形色色的服装悉遭销毁……一些士兵寻获英格兰人的
> 若干个箱子，内装密封的松鸡及其他肉类，可以想象得
> 出，他们遂大快朵颐……

此番焚巢荡穴一直持续到夜幕降临，疲劳随之袭来。

> 我方许多士兵看起来就像刚从烈焰浓烟中出来的烟囱
> 清扫工。随后几天，另遣派一队队人马进城。整座喀布尔
> 城，除巴拉希萨尔城堡和奇兹巴什人聚居区外，悉遭彻底
> 摧毁并被烧为平地……房宇屋舍皆由轻质干燥木材建造而
> 成，火一旦被引燃，就不可能止住这吞噬一切的焱焰。我
> 们于左近扎营，其间大火自始至终烧个不停……阿富汗人
> 为纪念战胜埃尔芬斯通麾下军队的丰功伟绩而建造的名为
> "洋人的清真寺"的大型清真寺，也遭炸毁并被夷为一片
> 废墟。[96]

460

格林伍德得意扬扬的叙述未讲清楚的是，除了捣毁所谓的敌人
的空屋空铺外，四下劫掠的英军官兵也对奇兹巴什以及信奉印

度教的盟友犯下罪愆，若在今日则可被列为战争罪行。岂止如此，正如官方调查后来予以确认的，喀布尔信奉印度教的贸易界人士秉持息事宁人的态度，几个世纪来被各种各样、一门心思要敲诈勒索钱财的阿富汗统治者横行霸道地拘捕拷打都幸免于难，但英国人只花了48个小时就将其洗劫得一干二净。奥古斯塔斯·阿博特后来向埃伦伯勒承认：

> 遗憾的是，在喀布尔犯下偌多暴行确是事实，我们到那儿之前，阿富汗人皆弃城而逃，只有印度教徒和波斯人留了下来。喀布尔英军覆没后，印度教徒向我方数百名时乖运蹇的军人提供食物和庇护所，这些印度教徒理所当然指望得到我们的保护。印度教徒聚居区尽管几乎无遮无蔽，但依然住满居民，他们的家人及财产都在那儿。波斯人（指奇兹巴什人）协助我们寻回被俘官兵，也被看作朋友。他们的聚居区钦德沃勒太过坚固，任何违抗命令的乌合之众都难以危及该处。于是，1842年10月9日，工程兵南下捣毁市场。营地内似乎形成一种普遍观念，认为喀布尔可任人宰割、任人掳掠。印度兵、诸多欧洲裔军人和数千名随营人员蜂拥而下，没费多大劲儿就进入被马马虎虎筑以围墙的闹市区。奉派为工程兵提供保护的掩护部队官兵，被集合在邻近市场的一两个出入口处，他们对于在印度教徒聚居区内犯下的暴行一无所知。那儿的屋舍遭破门而入，我方人员打家劫舍、奸淫妇女、虐杀屋主……[97]

1837年，正是亨利·罗林森在阿富汗边境见到维特科维奇， 461

启动了迈向战争的最初行动。时至此刻，他刚要开始坚信英国人的统治是施仁布恩的。但是，占领喀布尔的最后数日，英国人鄙俗不堪、出尽洋相，这让亨利·罗林森尤感憎恶。当晚，他在日志中写道：

> 许多民众仰仗我方承诺返回了喀布尔，深信我们会提供保护，他们当中许多人的商铺重新开业。这些人现已倾家荡产，货物被洗劫，屋宇遭恣意焚毁。尤以印度教徒为甚，共计约 500 个信奉印度教的家庭失去所拥有的一切。前往印度途中，他们将不得不跟随在我军各纵队后一路行乞。钦德沃勒虎口余生。我怀疑若不是萨多扎伊皇家卫队（Gholam Khana, 即奇兹巴什皇室精锐卫队）奋起反抗，昭昭然表露誓死捍卫个人财产的决心，我方一队队抢掠者早就强行闯入聚居区。[98]

诺特同样大失所望，他于 10 月 9 日写道："我彻底迷惑不解，我们逗留此地目的何在，难道是为了被阿富汗人乃至全人类耻笑？"[99]

10 号那天，英国人一觉醒来，发现冬季初雪洒落喀布尔周围丘陵。埃尔芬斯通麾下军队被打得只轮无反，暴风雪助益匪浅。英国人切望避免受困于那般暴风雪，既已几乎将城镇的一切烧为平地，波洛克遂于当日上午发号布令，称英国人将于两天后撤退。

英国人对于行将撤离阿富汗、班师回朝一事始终守口如瓶，许多喀布尔权贵都曾顺道造访英军营地，他们想当然地认为英国人会像从前那样继续侵占喀布尔。在很多情况下一直作为中间人从中斡旋的莫罕·拉尔尤感惊心吊魄，他将此举视为明目张胆的背叛。莫罕·拉尔后来写道："我们起程之际，我简直不能在他们面前抛头露脸。他们全都来了，泪眼汪汪言道：'我们诓骗、惩罚自己的朋友，俾使他们反抗本国同胞，继而将他们丢在虎窟龙潭。'"莫罕·拉尔就像其他所有人一样了然于心，几乎可以肯定的是，英国人一旦离去，阿克巴必将重返喀布尔，他会"拷打、监禁所有站在我们这一边的人，向他们讹诈钱财，将他们贬黜"。[100]沙·法特赫·宗也了悟情况必将如此。波洛克宣布撤军，一日之内法特赫便逊位，宣称自己将随盲眼伯父沙·扎曼一道返回印度。法特赫的弟弟、苏贾最宠爱的子嗣沙普尔自告奋勇继位，替兄长继续留守喀布尔。不过，几乎所有人都相信他的统治撑不过几周。

波洛克煞费苦心地让沙普尔的统治有机会存活下来。10月11日，他迫使喀布尔残余的权贵前往巴拉希萨尔城堡宣誓效忠。英方匆促草拟了一份立誓勤王的文书，权贵们均在文书上加盖印章，然后挨个儿手按《古兰经》确认："苏丹的苏丹之子沙普尔·沙（Shahpur Shah）是我们的君主，值此可喜可贺的时刻，真主和他的先知以及众先知作证，我们宣誓……我们不会推选除了这位杰出的统治者之外的任何人为沙；我们全心全意效忠于他，赤心奉国、鞠躬尽瘁；我们乃至举国上下、军队将士、黎民百姓皆责无旁贷地对他唯命是听。"[101]不过，尽管众人死告活央，波洛克仍拒绝向集聚而来的权贵提供任何武器弹药，令他们的誓约几乎不可能被持守。[102]英军迅速开拔，非但使亲英权贵在劫难逃，而且让诸多隶属东印度公司的印度兵沦为阶下囚。科林·麦肯齐对此痛心疾首，他写道："我们理应停留久一点儿，以便寻回更多我方被俘人员。数百人遭遗弃，任人奴役。"[103] 多年后，麦肯齐遇到一位沦为奴隶的印度兵，这名印度兵成功逃脱囚禁，想方设法回到了印度。麦肯齐从他那儿得知，果不其然，"当时千山万壑满是我方战俘，其中许多人（随后）被遣往巴里黑做奴隶。他们当中有若干英格兰人。要是我军官兵能获准多停留数日，他们本可以都被找回来。"[104]

1842 年 10 月 12 日日出时分，英国人缓缓降下巴拉希萨尔城堡上的英国国旗，用 I. N. 艾伦牧师的话说就是："我们将早前蒙羞受辱、现今祸盈恶稔的场景置诸身后，实属悲凄可耻的一幕。"[105] 在英国人身后，内维尔·张伯伦可以见到"整个天空红似火，呈现万丈光芒"。喀布尔最后残存的聚居区仍屹立不倒，这是千园之城仅余之物。伯恩斯一度认为这座城是该地区最美之地。如今，仅存的聚居区也有可能在烟熏火燎下变成一座废墟。门士阿卜杜勒·卡里姆写道："肆意毁坏和复仇行动让千家万户流离失所。几乎没留下贵显的市民，集市已被摧毁，死尸和污物堆满空地、臭气熏天。曾经的精美庭园现已是食腐动物和鸦鸟经常出没之地，只留下苦命的行乞者在尘土中乱翻乱扒。"[106]

纵然很多士兵乐于动身归家，重返印度兵站，离城的队伍却呈现出一幅悲壮景象，因为与英国人一道跋山涉水的有各种各样的团体。奥克兰此番探虎穴折戟沉沙、铩羽而归，毁掉了他们的生活，也让他们无家可归，这些人包括：站在英国人这边的阿富汗权贵，尤其是更亲英的奇兹巴什人，眼下几乎别无选择，只能匆忙打点行囊跟随班师回朝的盟友远去；重伤致残、一瘸一拐的印度兵排成的一条条长龙，1842 年撤退时被埃尔芬斯通属下军官离弃、听凭命运宰割，其中许多人生坏疽遭截肢，不得不被置于晃晃悠悠的担架（dhoolie）和驼篓里运回家；500 个信奉印度教、赤贫如洗的家庭，英军摧毁了喀布尔印度教徒聚居区，大肆奸淫掳掠，这些印度教徒不但破产而且无家可归；殿后的是残存的萨多扎伊王朝成员以及沙·苏贾、沙·扎曼和沙·法特赫·宗的女眷，占领期间英国人粥粥无能、不得人心，令他们复辟王朝的全部希望受挫，如今再次流落异国他乡、前途未卜。正如穆罕默德·侯赛因·赫拉特在著作《沙·苏贾实录》后记结尾总结的："如此一来，英格兰人成功将阿富汗萨多扎伊王室推入万劫不复之境。"[107]

464

波洛克率劳倦的官兵循着满地骸骨的库尔德喀布尔山口"苦伤道"（Via Dolorosa）回师，所经之地会看到令人惊心惨目的埃尔芬斯通麾下军队残余物，"手套和短袜、印度兵的发梳、破碎的瓷器，皆足以让我们想起我军将士蒙受的苦难与羞辱"，马拉炮兵的车轮将阵亡将士的颅骨碾压成碎片。此时消息传来，称埃伦伯勒已秉旄仗钺，最后一次背叛了萨多扎伊王朝——英国人早前正是以萨多扎伊王朝的名义武装入侵阿富汗。[108]两周前的 10 月 1 日，总督自西姆拉发布宣言书，正式宣告英国政府与萨多扎伊族人保持距离。此举基于完全站不住脚的理由，称沙·苏贾的行为已"令他对于助其重祚的政府的忠诚受到质疑"。这是大言不惭的谎言。无论苏贾有多少不足之处，但他一直对英国人惊人地忠诚，甚至在 1841 年 12 月英国人单方面撕毁盟约、任他自生自灭之后，苏贾还是对英国人一片丹心。埃伦伯勒继续说道：从今以后，"总督会将此事交由阿富汗人自行处理，让他们在无政府状态中创建一个政府。这种无政府的混乱状态是他们的累累罪行引发的恶果"。这份宣言以相得益彰的奥威尔式（Orwellian）的浮华辞藻收尾："将一位君主强加于一个心不甘情不愿的民族，非但不符合英国政府的方针政策，亦与其原则操守相悖。总督将欣然承认经阿富汗本国人民认可的任何政府，这个政府务必展现出与邻邦保持睦邻友好关系的渴望与能力。"[109]

然而事实上，埃伦伯勒相信唯有一人能让阿富汗恢复秩序。发布《西姆拉宣言》的同时，被软禁在穆索里的埃米尔多斯特·穆哈迈德悄然获释。阿塔王子写道：

动身奔赴菲罗兹布尔前，埃米尔举行盛宴款待各色人等，庆祝自己重获自由，他在那儿拜谒了总督，而后告辞离去，官方派出一支由500名骑兵和步兵组成的护卫队随行，此外还有象群、驼队和牛车驮运行李。埃米尔之子海德尔·汗（在攻占加兹尼期间被俘）和哈吉·汗·卡卡尔（曾拖住乌特勒姆的搜捕队，让埃米尔有时间逃往布哈拉）皆被送往卢迪亚纳，以便与埃米尔的随行人员会合。两个月后，埃米尔等一行人起程前往阿富汗。埃伦伯勒勋爵赐授给埃米尔一件华贵的斗篷，并与他进行了长达四小时的闭门会议，强烈要求埃米尔绝不与英格兰政府邻而不睦、蛮争触斗，与锡克人维持和平关系、避免敌对行动。总督劝告埃米尔管束其子阿克巴·汗。二人随后辞别，总督下令将埃米尔的日津贴支付到他进入开伯尔山区为止。[110]

英军第二次从喀布尔撤退开始得十分波澜不惊。

军人、难民和随营人员排成一条条长队，穿越库尔德喀布尔山口和特金山口阔步前行，几乎未开一枪。只是临到贾格达拉克，接近东部吉勒扎伊部落腹地的时候，他们才开始遭遇狙击。

命中注定内维尔·张伯伦要在纵队队尾殿后：

> 我与勤务兵走在大队人马后方，手持步枪向流寇恶匪射击。这时，勤务兵的坐骑颈部被子弹射穿，子弹来自我一直开火的方向。没走出几步，我本人就被击中。我原地打转，接着跌倒在地，不过很快就再次站起身，强忍剧痛继续蹒跚前行。我铁了心，就连自认已将我干掉的满足感也不让阿富汗人得到。我把手放在背上一摸，料想自己完蛋了。但是进入营地后，我们发现子弹未穿透皮肤，医生轻轻一碰，子弹就滚落下来。[111]

其他人则没那么幸运。张伯伦讲述了何以重现第一次撤退的情景。随营人员和难民现正纷纷倒在路边，不得不被丢在那儿，"任由吉勒扎伊部落民残杀。我们对此束手无策，根本无法运送他们。我本人已让出战马，还命众士卒下马，以便捎上那些不幸的家伙。不过，当伤员虚弱得不能骑乘或悬于马上时，遂不得已将他们弃于狼心狗肺的恶棍的刀下。那些恶棍顾盼自雄于将瘦瘠骨立、孤弱无助的可怜众生割喉取命。每段行程都经

466

过被先于我们的诸纵队遗弃的己方人员的尸体"。[112]

张伯伦及时赶到贾拉拉巴德，得以目睹布罗德富特手下工程兵用地雷炸毁堡垒围墙。他们早先两次重修这些围墙，继而成功地守住了它。在各座棱堡下放置巨大的炸药包，循着幕墙分段布设小一些的炸药包。[113]10 月 27 日波洛克开拔离城，旋即就有震天撼地的爆炸。留于身后的贾拉拉巴德成了一堆冒烟的碎瓦颓垣，与先前被荡为寒烟的喀布尔别无二致。[114]

撤退的下一个阶段，就在开伯尔山区的下坡路上，英国人遭遇最确固不拔的抵抗。阿夫里迪部落民照常从自己居住的山村蜂拥而出，狙击、割取内脏、抢掠过路的各纵队官兵，英国人再次实施血腥报复。29 号夜里，张伯伦字迹潦草地写道："我们毫不留情。杀死 150～200 人……所有堆垛物、各村各寨悉遭洗劫并被付之一炬。"11 月 1 日，约翰·尼科尔森在山口顶端与弟弟亚历山大短暂团聚，而后奉派与张伯伦会合加入殿军。

次日，张伯伦和约翰·尼科尔森沿着阿里清真寺正下方的小路，以螺旋状向下推进，随军牧师艾伦偕行。转过一个急弯，三人发现路上密密匝匝散布同僚的尸体，他们头天下午才与这些人分开。阿夫里迪部落民实施伏击，整队人马落入圈套，被打得片甲不留。目前遗骸"散布各处，被剥光衣服且被砍得面目全非。一些人的部分尸首已被恶狗和鸷鸟吞食。当中有两名本地女子，其中一人年轻貌美"。[115]尼科尔森的弟弟在死者之列。他的尸体寸丝不挂，被砍得支离破碎。秉承阿夫里迪部落习俗，亚历山大的外生殖器被人切下并塞入口中。[116]这起事件给尼科尔森留下刻骨镂心的烙印，让他发自肺腑、几乎病态地憎恶全体穆斯林。怀着毁灭穆斯林的强烈渴望，在随后几年里他会间歇性地沉溺其中。1857 年印度民族大起义（Great Uprising）期间，这种欲求得到彻底满足。[117]

第二天上午，身处阿富汗的最后一天，轮到张伯伦中埋伏。作为殿军断后的张伯伦等一行人，沿着最后一段路向下奔赴贾姆鲁德镇的城堡时，被一阵暴风疾雨般的子弹困住。弹雨来自高高藏匿于他们上方沟壑的杰撒伊步枪狙击手。张伯伦写道：

> 我正在军团前方几步远处驱马行进，子弹打得颇近。我转身对一名军官言道："那些家伙枪打得不赖。"不过确实如此，因为话音刚落，我就被击中。子弹重重地打在我身上，我的同伴回应道："你中弹了，老兄。"然而用不着别人告知，我就能意识到这一点。全团官兵冒着枪林弹雨继续纵马奔逃。我不得不下马，更确切地说差不多是从马上摔下来。我的马夫和一名印度兵连搀带拽地把我带到一块岩石后让我躺下，岩石的掩蔽让我免受火力攻击。过了一段时间，他们为我拿来一副担架，这才将我运送至贾姆鲁德镇营地。[118]

张伯伦被这场战争最后几颗飞射的枪弹击中。贾姆鲁德镇标示出一道无形的分界线，跨越此地后，阿富汗的凶残暴行遂骤然而止。到了晚上，I. N. 艾伦牧师到达白沙瓦郊外，这是一个完全不同的世界。他惊愕地写道："人们坐在路边售卖谷物和蜜饯。对我们来说，这些皆是奇景。我们数月来未见过一个外人，以仇敌身份现身者除外。"[119]

随后是为期五周的长途行军，穿过旁遮普，到达菲罗兹布尔附近的萨特累季河沿岸，这是东印度公司领地边界。一路上

468　张伯伦都被担架抬运，"病得太厉害，不能欣然自乐，亦无力赏游这个国家……我们行军期间，数以百计的人或因伤离世，或因心力交瘁而亡。相对而言，我是幸运儿之一。不过，我希望自己再也不用蒙受当时的千难万苦"。[120]

　　就在圣诞节前的 12 月 23 日，首批官兵抵达菲罗兹布尔。他们走过横跨河流架设的舟桥时，埃伦伯勒勋爵伴着团部军乐团演奏的《英雄今日得胜归》（*See the Conquering Hero Comes*），亲自迎接将士归来。正如科林·麦肯齐的妻妹、先驱摄影师朱丽亚·玛格丽特·卡梅隆（Julia Margaret Cameron）料事如神的描述，埃伦伯勒"在所有分内事上反复无常、无所措手……（但是）强烈热衷于一切军事问题，单单这些事似乎就吸引了他全部的注意力，让他兴会淋漓"。

　　一座仪式性的大型竹拱门已被竖起，门上挂有五色幡旆和彩带。麦肯齐写道："这般酷似一个硕大无比的绞刑架，军人在下方行进时发出阵阵响亮的笑声。"[121]在竹拱门的另一边，250 头装饰华丽的大象排成一列，足足有 2 英里长。总督之前亲自协助彩绘象鼻，[122]还组织了一支庆典游行马车队以示纪念，总督称之为大军奏凯而还。英军三年前正是自同一场地出征。为塞尔、波洛克和诺特鸣 21 响礼炮，甚至还为所谓的苏摩纳德神庙数扇门鸣一响礼炮。诸扇门覆着用金盏花编织成的花环，被运进军营。随后在巨大的布天篷（shamiana）下摆设了一场又一场筵席，尽管许多人在刚刚经历了那一切之后，对此类庆祝活动鲜有兴趣。麦肯齐退避至自己的营帐，他写道，几乎无人"体会到些许类似欢悦的感受，这本是意料中的事……全体（前）战俘均受精神抑郁折磨——其中一些人，像艾尔那样，到了一种可怖的严重程度。获释后数月以来，一些女士一夜又一夜梦见曾目睹的骇人惨状"。[123]

　　总司令贾斯珀·尼科尔斯爵士同样从一切嬉游宴饮的黄粱梦中清醒过来。他观看了一会儿官兵进城，遂返回书桌前，着手起草一份正式报告，论及麾下军队何以蒙受如此空前的灾难。"我本不该商酌那场武装入侵是否有任何荣誉可言，我本可以荣誉加身。"他写道。[124]归根结底，一场合法性存疑、开支高昂的不必要的战争徒耗人力物力财力、破壁毁珪，让英国军队的荣誉和声望蒙污，让英国的权威受到动摇。这场战争花费1500万英镑（换算成现代货币则远超500亿英镑），耗尽印度国库，将印度的信用贷款网络推向崩溃的边缘，永久性地毁掉了东印度公司的偿付能力；失去大约4万条人命，此外还有约5万峰骆驼丧生；离间大批孟加拉军队官兵，使之随时有可能哗变。此后，英国人撒手不管的阿富汗几乎与初被发现时并无二致。他总结道：部族间兵戈扰攘，多斯特·穆哈迈德就要流亡归来，行将重夺王位。就在官兵进城前，专使刚刚急送消息，称坎大哈的萨夫达尔宗王子和喀布尔的沙普尔王子都在巴拉克扎伊宿敌的威逼下被迫出局。

　　事实上，除了夸夸其谈的总督本人，没人信服埃伦伯勒所声称的胜利，尤其是全体阿富汗人。正如阿塔王子所述："英军残部平安踏出阿富汗国门之际，受到总督致辞欢迎。常言道，阿富汗是鹰之国度，印度是食腐乌鸦之邦……"他继续写道：

　　　　据说英格兰人再次进入阿富汗只为解救英格兰战俘。他们花费数十万乃至数百万卢比行贿阿富汗人以获得通行权，将新增的数千名死者弃于身后，进而摧毁喀布尔

469

的集市并迅即返归印度，暴露了自己的本性。英格兰人希望立足阿富汗，阻断俄国推进阿富汗的任何企图。英国格兰人尽管耗尽金银财宝、牺牲偌多生命，唯一的结局却是割须弃袍、颜面尽失。要是能够征服呼罗珊、侵占阿富汗，英格兰人怎会离开这样一个国度？这里生长着 44 种不同的葡萄，此外还有苹果、石榴、梨、大黄、桑葚、甘甜的西瓜和香瓜、杏和桃等其他水果，以及印度各平原遍寻不获的冰水。

470　阿塔王子称"英属印度入侵阿富汗"白白浪费了金钱、军事装备以及"肤色或黑或白"的军人的性命。

　　　　这一直是诡诈的印度乌鸦与英勇的阿富汗雄鹰之间的一场强弱悬殊的斗争。每当他们夺取一座山，下一座山上总还是有人揭竿而起、公然反抗。事实上，即便经年累月、费尽心思，英格兰人也永远无法平定呼罗珊。英格兰人与手下乌鸦般的印度士兵一起留了下来，他们未下葬的骸骨散落在阿富汗的山坡上。勇敢无畏的阿富汗战士渴求以身殉教，今生来世若高奏凯歌，祈求安拉赐福真正品尝殉教圣酒的人们！[125]

　　不管阿塔王子笔下的勇士是否在战后的阿富汗抑或天园得到他们期盼的福报，但千真万确的是，参与这场战争的人，尤其是站在盎格鲁－萨多扎伊这一边的人，人生际遇在任何方面顺心遂愿者寥寥。甚至在这场战争之前，许多阿富汗人就告诫英国人，称倒霉蛋沙·苏贾恶咒附身，总是亲历天衣无缝的计划，但最终仍一败涂地。[126]如今，苏贾登遐很久之后，这种厄运似乎转嫁给了被卷入废黜多斯特·穆哈迈德的图谋中的每一个人。

兰吉特·辛格、伯恩斯、维特科维奇和麦克诺滕早已溘然长逝，韦德也在教团的请求下遭解雇，离开他小心翼翼守护的边境地区岗位，被遣往印度中部没那么重要的驻印多尔代表处。伯恩斯早前费力劳神地沿印度河逆流而上护送来的萨福克郡挽马也已死去——清楚认识到挽马不能冲锋陷阵，兰吉特·辛格旋即对它们失去兴趣。那些不幸的马儿被关进马圈，不久就一命呜呼，因为在拉合尔无人知晓如何养挽马。

战前喀布尔的另一位幸存者查尔斯·马森亦落得悲惨下场。1837～1838年伯恩斯使命失败、东印度公司准备与阿富汗开战之际，马森发现自己被排挤出局，尽管他比其他任何英格兰人都更谙熟阿富汗。嗣后，1840年马森沿着英军行军路线穿越阿富汗，想方设法尝试重返喀布尔。马森声言"印度河之师"的通行蹂躏戕害了这个国家。他的行迹远至卡拉特，恰逢英国人猛攻城池。马森遭擒获，以叛徒和间谍罪名被拘留入狱。他花了六个多月的时间证明自己的清白并得以获释。亨利·罗林森后来撞见隐遁于卡拉奇的马森，震惊于这位仁兄遭逢的际遇——长久以来，罗林森一直将马森遵奉为这一地区最伟大的考古学家。亨利·罗林森在日记中写道：

471

　　派驻卡拉奇①军营时，一日骑马进城，见到马森，我曾听闻阅悉偌多他的事迹，我撞见他在一间破败不堪的棚舍里与一些俾路支人②交谈。他近乎赤身裸体，半醉半醒。我逗留了数小时，与他共处时所目睹的一切令我痛心切骨。他的言辞起初粗蛮张狂得让我以为他已变得癫头癫脑。不过他最终告诉我，他熬夜写作时喝了一瓶酒，天亮起身时酒气上头，久久不散。不管怎样，我几乎认为，他的心智果真垮掉了。他给我几页纸来读，纸上的内容以含糊沉闷的风格书写，这与他讲话的风格一模一样。在我看来，凭他所用的归纳方式，他所要传达的信息已统统丢失。他极其强烈地反对伯恩斯、韦德和奥克兰勋爵……他已写完两卷书，内容涉及他在阿富汗的游历经历和研究工作，现正忙于第三卷。他给我看的这卷书，许多篇章实属神来之笔，但是经不起公开出版的考验——书中有某种浮言虚论和暗昧难明、妙想天开的一闪之念，那是这个时代的审美绝不会接纳的。若砟甸乍任凭手稿③照现在的样子印行于世，马森会被误以为是妄自尊大、浑噩无知的家伙，而非一个兢兢业业、孜孜不怠的人——后者才是真实的马森。我希望有人能做些什么将他带回孟买。[127]

472　但什么都没做。麦克诺滕在阿富汗各处瞎闯乱撞、犯下致命错误之时，马森被迫旁观，能做的只是向新闻界发去一封封怨气

---

① Kurrachee，同 Karachi。——译者注
② Belochee，同 Balochi。——译者注
③ MSS，即 manuscripts。——译者注

冲天的匿名信。他在提呈的一封文书中写道："翻阅贵社今日的报纸，我注意到一众蠢驴将到阿富汗任职。这一招棋动机何在？这个国家的骆驼都死绝了吗？眼见蠢驴们长期受雇于政治部，这难道是一种体制的开端？将他们引入军事部，为的是在部队确立整齐划一的标准？"[128]马森最终想方设法回到英格兰。一如罗林森的预言，他所出版的著作在那儿受到嘲弄，他作为古文物研究者的声誉也遭到当地不爱出远门的敌手贬抑。1853年，在波特斯巴①附近，马森"因一种病因不明的脑部疾病"于贫困潦倒中辞世。他不得而知的是，160年后，自己会被尊奉为阿富汗考古学之父。

埃尔德雷德·砵甸乍未因在阿富汗的工作得到任何酬赏，他从东印度公司辞职，动身前往香港与叔叔亨利·砵甸乍爵士团聚。老砵甸乍刚刚威迫中国人将香港岛移交给他，这位"大博弈"的前特工适才委任自己出任第一任香港总督。1843年，埃尔德雷德在"伤势、辛劳和身心抑郁的共同作用下"于香港长逝。[129]

英军因对起义措置乖方而招致灭顶之灾，谢尔顿准将也因对此负有责任而在军事法庭受审，不过颇出人意料地他被判无罪，但仍一如既往地不得人心。1844年他被从坐骑上甩落，卒于都柏林，帐下士卒倾巢而出，在练兵场上欢呼三声庆祝他一命归西。

在阿斯特利马戏团（Astley's Circus），塞尔夫人和夫君的阿富汗历险记的一个版本被改编成一幕大受欢迎的戏，这个戏名为《战俘们在喀布尔》（*The Captives at Cabod*）。不过现实中的

---

① 原文 Potter's Bar，疑为 Potters Bar。——译者注

"好斗的鲍勃"塞尔，于三年后的 1845 年英国－锡克战争期间，在木旗之战（Battle of Moodki）中与乔治·布罗德富特一道血染沙场。当时，东印度公司总算抓住机会吞并了膏腴之壤旁遮普。遗孀塞尔夫人移居南非，1853 年长眠于开普敦。她的墓刻有墓志铭："这块石头下安息着塞尔夫人所能逝去的一切。"[130]

从喀布尔撤退期间，布赖登医生是受雇于东印度公司的唯一一位成功直达贾拉拉巴德的欧洲人，他继续存活于世，在该地区的下一场大英帝国灭顶之灾中幸免于难。15 年后的 1857 年印度民族大起义期间，在乔治·劳伦斯的弟弟亨利属下任职的布赖登医生，协助保卫了勒克瑙代表处（Lucknow Residency）。布赖登医生后来退隐至苏格兰高地黑岛（Black Isle）对面的尼格（Nigg）平静度日。1873 年寿终正寝。

奥克兰继续在肯辛顿忍垢偷生。他卒于 1849 年，享年仅 65 岁。三个月后，妹妹范妮随他而去。[131]事实证明，扩张疆域并非这个家族的才能所在。下一位一试身手的艾登家族成员安东尼·艾登（Anthony Eden），对 114 年后苏伊士运河危机的惨败负有责任。*

气冲霄汉、沉机观变的莫罕·拉尔在英军被围期间以个人名义借了大笔款项，以为麦克诺滕谋福利，其中部分用于提高赏金，以悬赏暗杀阿富汗渠魁。1842 年莫罕·拉尔再次举债，筹集更多钱款来确保人质获释。他算出的欠款额高达 79496 卢

---

* 不过艾登家族成员的确令自己在新西兰千古留名。新西兰那时的首都随乔治的名字命名，现在的板球场则被命名为艾登公园（Eden Park）。当时的英国首相墨尔本子爵反倒让自己留名于澳大利亚地图（墨尔本[Melbourne]是英国首相威廉·拉姆[William Lamb]的爵名。1847 年，英国女王将澳大利亚城市 Bearbrass 改名为 Melbourne。——译者注）。

比，这笔钱不曾获偿，结果他余生都债务缠身。为了讨还公道，他最终在自己的同胞、门士沙哈迈德·阿里的陪伴下奔赴不列颠。置身于不列颠尝试游说东印度公司董事的间隙，莫罕·拉尔在怀特岛受到新近退役的韦德上校及其年轻新娘的款待，他还参访了苏格兰，把留存下来的伯恩斯的信札和日志送交蒙特罗斯市的伯恩斯家人。在爱丁堡，苏格兰先驱摄影师戴维·奥克塔维厄斯·希尔（David Octavius Hill）和罗伯特·亚当森（Robert Adamson）给莫罕·拉尔拍了照，照片上的莫罕·拉尔身着一套极具异域风情、做工精细考究、融合了阿富汗与克什米尔风格的盛装，《泰晤士报》称之为"华丽瑰奇的印度教徒装束"。[132]在不列颠期间，莫罕·拉尔出版了两部著作：一部英文回忆录，讲述他和伯恩斯游历中亚的经历；另一部卷帙浩繁的英文巨著是厚达 900 页、两卷本的多斯特·穆哈迈德传记。他甚至还觐谒了维多利亚女王和阿尔伯特亲王（Prince Albert）。然而，阿富汗战争困扰了他一生，实际上也断送了他的事业。

474

从伦敦返回德里时，他申请担任颇负盛名的勒克瑙及海得拉巴常驻代表处波斯语秘书，却未获委任。英国官员不信任他，屡次写到他的"僭越妄为"和"越俎代庖"。他非但依旧未受政府雇用，而且还被自己所属的克什米尔班智达团体贬为贱民。1857 年印度民族大起义期间，莫罕·拉尔身为鼎鼎有名的英国人的同情者，招致哗变的印度兵的穷追猛打。死里逃生后，穷愁潦倒的莫罕·拉尔于 1877 年默默无闻地谢世。受殖者和殖民者的社会皆对他避而远之。[133]

相似的命运降临在萨多扎伊诸王子身上。时至 1843 年 3 月，他们皆被困在拉合尔，既不能回归阿富汗，也不能进入英属印度。像 30 年前的父亲一样，他们每天都在恐惧中度日，担心自己剩余的财富遭锡克东道主抢去。[134]诸王子最终获准跨越边界，返回童年的故乡卢迪亚纳。他们接受明确的附加条件才得以回归，相较曾给予沙·苏贾的待遇，他们得到更低的津贴和更小的宅院。[135]所有世子最终都负债累累。印度国家档案馆（National Archives of India）存放着大量往来于政府与诸王子的债主之间连篇累牍的书函，可追溯到 19 世纪 60 年代，债主们试图起诉诸王子，要求清偿未偿付贷款。无一例外，诸王子均在贫困中辞世。

科林·麦肯齐被调派至卢迪亚纳，以招募边防旅（Frontier Brigade）。1847 年，新近再婚的麦肯齐抵达卢迪亚纳，发现当地大规模的阿富汗难民团体在挣扎中求生，他动情地讲述了阿富汗难民所处的苦境。麦肯齐在回忆录中写道："因我方干涉，强加给我们妄称加以扶持的人种种苦难，这不该被遗忘。眼见锦衣玉带加身的人沦落到一贫如洗的窘境，令人触目伤怀。在一个个案中，与沙·苏贾有近亲关系的一对父子，从未一起造访，因为他们只有一件有袖礼服供二人共享。另一位青紫被体之人，甚至不得不把剑卖了换食物。沙·苏贾的一位老家臣悲叹道：'我靠斋戒活下来，哪日在家烹煮一点儿木豆羹，那日便是开斋节。'"[136]

迟暮之年的盲眼沙·扎曼提请恩准他以一名可怜托钵僧的身份退隐至锡尔欣的苏菲圣祠，伯蒂亚拉①大君对此予以否决。[137]1844 年沙·扎曼命赴黄泉，大君终于大发慈悲。皓首苍颜的沙在该地入土为安，葬于弟妇瓦法女王的墓旁。瓦法女王

① Patiala，现位于北印度旁遮普省。——译者注

是苏贾的嫡妻、多斯特·穆哈迈德的姊妹。[138]

　　罗伯特·沃伯顿的回忆录让我们得以对萨多扎伊诸王子有最后一瞥。他是一名英国军官与多斯特·穆哈迈德的外甥女沙·贾汗女王的婚生子，在卢迪亚纳的阿富汗流亡团体中长大成人。

　　　　不论他们可能有什么众所周知的过失，但在那段日子里，我年岁尚幼，无从下判断。不过，他们中的一些人对我友善相待，经年累月，始终如一。他们不禁止我进入后宫，我精通波斯语，这就让我有可能与所有世子的妻眷交谈……我尤为中意世子沙普尔和纳迪尔，这兄弟俩是时乖命蹇的沙·苏贾·乌尔木尔克[①]最小的两个儿子。他们在苦难中恬淡隐忍，温文尔雅地对待生活中所接触的任何人，清风高节地顾及他人的感受和愿望。兄弟二人是真正的谦谦君子，我很少见到比他们更完美无瑕的典范。年长的一位每月从印度政府领取 500 卢比津贴，年幼的一位领取 100 卢比。津贴数额的确微小，他们要用这一小笔钱扶养家人、赡养一定数量的高龄老仆从。那些仆从被驱离喀布尔的家舍，与该王室同舟共命，追随他们进入炎热的印度平原。[139]

这场战争的阿富汗胜利者也几乎没有美满结局。纳瓦布扎曼·汗·巴拉克扎伊被多斯特·穆哈迈德迅速边缘化，再未出任任何政府要职。[140]阿米努拉·汗·洛伽尔被认为过于野心勃勃，

---

　　①　Shah Shujah-ul-Mulk，同 Shah Shuja ul-Mulk。——译者注

被控指瑕造隙，战争结束后不久便遭幽囚终身。据法耶兹·穆罕默德称，他之所以被囚是由于偏好"煽动爱好和平的人民为非作歹"。[141]阿米努拉的兄弟到头来逃难至卢迪亚纳，他后来告知麦肯齐，称多斯特·穆哈迈德"迎娶了阿米努拉之女，随后亲手杀害了阿米努拉，用一只枕头将他活活闷死"。[142]

英国人离开后，维齐尔阿克巴·汗大权在握，快活了一年。1843 年其父归来，他随即被委任为贾拉拉巴德和拉格曼省总督。不久，阿克巴的谒见室渐渐被视为对抗多斯特·穆哈迈德的中心。1847 年阿克巴·汗被人下毒，坊间哄传是其父下的命令。[143]就在命赴黄泉之前，阿克巴给麦肯齐写了最后一封信，"饱含深情地嗔怪麦肯齐在这段友情中疏于尽责，未报知康宁与否的任何消息"。政府严禁麦肯齐回信，"因为信来自敌人"。[144]不过，麦肯齐确也回复了穆罕默德·沙·汗·吉勒扎伊的来函。权势过盛的穆罕默德·沙·汗成为多斯特·穆哈迈德的眼中钉，女婿丧命后不久他便失宠，前途尽毁。他迫不得已出逃，随努尔斯坦省的卡菲尔斯坦人（Kafirstani）流亡。穆罕默德·沙·汗修书给卢迪亚纳的麦肯齐，提醒他"莫忘昔日友情，询问他情谊是否依旧"。

一位赛义德①带来这封信。穆罕默德·沙·汗向赛义德提供一个凭据，或能借以判断麦肯齐对他有何倾向。赛义德开言称："穆罕默德·沙·汗托我给你带话：'（麦克诺滕遇害后）在马哈茂德·汗的城堡旁，当你有生命危险时我是怎么做的？'"麦肯齐答道："有人举剑攻击我

---

① Sayad，即圣裔。——译者注

时，他伸出手臂搂住我的脖子，那一剑砍在他自己肩上。"赛义德遂知晓可以呈送书函。麦肯齐回函称"会永远认他为友"。[145]

筹划第一次英阿战争时欲以罢黜之人，显然是唯一从这场战争中获益的人。1843 年 4 月，作为锡克教团的贵宾客居拉合尔数月后，多斯特·穆哈迈德驱马前往白沙瓦，登上开伯尔山区的蜿蜒山路，在阿里清真寺受到阿克巴·汗的迎接，在其护送下复归喀布尔。法耶兹·穆罕默德写道："那座城的居民夹道欢迎，不分老少皆为他的到来纵情欢呼。支持者一见到他，遂目眩神驰、豪情满怀。随着喜悦之情逐渐高涨，他们盛赞着他，欣喜若狂地一道迈入喀布尔城。欢天喜地的庆典持续了七天七夜。夜晚灯火通明，白天民众吟诵的抒情诗（ghazal）和歌唱声袅袅传来。欢声笑语不绝于耳，处处载欢载笑、喜气云腾。"[146]

1843 年，继续驻留阿富汗的间谍和同情者送来情报，英国人由此整理出情报报告，称"埃米尔及其家族的权威有名无实，他们不会从科希斯坦人、吉勒扎伊部落民、库纳尔省① 民众以及开伯尔人②那儿征收到一针一线。多斯特·穆哈迈德花费时间和金钱竭力征募训练有素的部队，却徒劳无功，他还愚蠢地仿效印度王公的派头"。[147]

英国人的情报照旧低估了多斯特·穆哈迈德。埃米尔稳扎稳打地在阿富汗东部攘权夺势、扩张领土，为继后的丰功伟业

---

① Koonur，同 Kunar，阿富汗的 34 个省之一。——译者注

② Khyburee，同 Khyberi。——译者注

奠定基础。他首先攻克巴米扬和巴达克山，其次征服胡尔姆及整个阿富汗北部。时至 19 世纪 50 年代早期，他降服了加兹尼周围的吉勒扎伊诸部落。1855 年，他将同父异母诸兄弟从坎大哈赶下台。对于与英国人达成的协议，多斯特·穆哈迈德始终恪守不渝。到 1863 年亡故时，他已将每年的税收从 250 万卢比增至 700 万卢比，还统辖着现代阿富汗民族国家的几乎所有疆域。正是多斯特·穆哈迈德的征服地界线，逐渐形成现代阿富汗国境（包含赫拉特，但少了白沙瓦）。对阿富汗民族主义者，尤其是普什图民族主义者而言，这仍是不满情绪的根源。

令人啼笑皆非的是，麦克诺滕出台的行政改革措施——削弱杜兰尼部族首领的权力，创建一支更专业的军队和一套可行的税收体系，这一切旨在强化沙·苏贾的统治，可最终的受惠者却是埃米尔。[148]确切说来，这只是英国殖民主义在阿富汗国家的创建与塑造过程中，起到强有力的启蒙作用的诸多方面之一。相较占领前，阿富汗国家已历历可辨地诞生了。然而，纵观历史长河，方今由多斯特·穆哈迈德统治的更团结一致的阿富汗，也是一个比以往任何时候都更贫困孤立的国家。阿富汗不再是富饶文明的丝绸之路的十字路口，高度发达的帖木儿帝国波斯化文明的伟大岁月也一去不复返。从某种程度上来说，巴拉克扎伊族人治下的阿富汗，有史以来第一次成为穷山恶水的荒蛮之地。

埃米尔收入囊中的最后一座城镇是赫拉特，围城战刚结束他便晏驾。多斯特·穆哈迈德被安葬在阿富汗最美丽的苏菲派圣地加沙尔格赫（Gazur Gah）。敌手沙·苏贾身后的境遇与其有霄壤之别——前者之父帖木儿·沙的陵寝地下室中发现的一座无名墓可能是沙·苏贾之墓，而多斯特·穆哈迈德则长眠于荣誉之地的一座被精雕细琢的大型大理石纪念碑下，旁边安葬着该地区最受尊崇的苏菲派圣人兼诗人阿卜杜拉·安萨里大师①。统一的阿富汗继续由多斯特·穆哈迈德的后嗣统治，直至20世纪70年代爆发革命。

现今的赫拉特是阿富汗最和平繁荣的城镇，加沙尔格赫仍是备受欢迎的朝觐地。罗伯特·拜伦于20世纪30年代写道："人人都去加沙尔格赫，巴卑尔去过，胡马雍去过。沙·阿巴斯改善了供水系统。这儿依然是赫拉特人最喜爱的胜地。"80年后依旧如此。圣地位于环绕赫拉特城的丘陵脊顶上。高高的帖木儿帝国风格拱形门楼，通往一座宁静凉爽的庭院，墓碑和纪念碑充牣其中，碑刻书法笔精墨妙。家燕穿过松树及冬青属植物猝然飞下。长者以白色包头巾为枕，睡卧于阴凉处。其他人伴着周围鸽子的咕咕叫声，用手轻轻拨弄念珠。

在阿富汗和巴基斯坦的其他地方，塔利班归来就意味着许多地方温和的苏菲派祷告将被视为异端行为而遭取缔，圣祠被关闭或炸毁，乐师的乐器遭毁坏。但在加沙尔格赫，苏菲派信徒毫发无损、幸免于难。2009年我在该地时，一群信徒开始赞念齐克尔（zikr），他们就在多斯特·穆哈迈德陵寝后面跪成一圈，一名长发领诵者以尖锐的男高音吟诵大师阁下（Khwaja sahib）的一首诗，众弟子击掌咏唱"真理（Haq）！真理！"。他们赞念的语速越来越快，音调越升越高，最终达至玄而又玄、神魂荡扬的状态，这才向后倒靠在地毯和垫枕上，发出欣喜若狂的长叹。多斯特·穆哈迈德不可能有比这儿更荣耀的安息处。

479

---

① 原文 Khwaja 'Abd Allah Ansari，疑为 Khwaja Abdullah Ansari。——译者注

1844 年夏，就在多斯特·穆哈迈德归来重获王权，着手统一并重建治下千疮百孔、惨遭洗劫的王国后不久，在世界的另一边，俄国沙皇尼古拉不请自来，到维多利亚女王及阿尔伯特亲王的行宫温莎城堡（Windsor Castle）做客。

外相内塞尔罗德伯爵随沙皇一道前来，1837 年，正是他急派肩负特殊使命的维特科维奇面见多斯特·穆哈迈德。如果说英俄的较量与疑忌最终导致了阿富汗战争这场大灾难，眼下无疑是敦睦融融的让那场冲突的梦魇烟消云散的最理想机会。

为了躲避波兰恐怖分子潜在的暗杀企图，沙皇一直用奥尔洛夫伯爵（Count Orlov）这个名字偕侍臣微服私行。事先未有知会，沙皇于 6 月 1 日到达伍尔维奇（Woolwich）码头，登上一艘荷兰蒸汽船。在威斯敏斯特阿什伯纳姆宫（Ashburnham House）的俄国大使馆度过一晚后，沙皇乘火车前往温莎镇。

其时，25 岁的维多利亚临盆在即，她多少预料会见到某类野蛮的鞑靼人。沙皇抵达后立即派人去马厩取一些稻草，以填充充当床垫的革囊，这位访客始终在军用行军床上入眠。此时，英国人忧惧尤甚。然而到头来，女王被来客深深迷住。6 月 4 日女王修书给舅父：

> 他确实是逸群绝伦之人，颇为英俊。他的侧面轮廓很美，举止优雅、威仪十足，极其彬彬有礼。的确如此，众人皆惊，因他这般殷勤恳挚、谦恭有礼（politesse）。但他眼中的神情令人望而生畏，我之前不曾见过类似的神

色。他给我和阿尔伯特留下的印象是郁郁寡欢，至高权力和无上地位的千钧重负压身，让他苦不堪言。他难得一笑，笑的时候神情亦非愉悦。不过，他非常容易相处。[149]

在此次访问的尾声，阿尔伯特亲王带沙皇去奇斯威克庄园（Chiswick House）的乡间别墅。那是威尼托的帕拉第奥风格的别墅（Palladian Veneto）的一部分。奇离古怪地孑然矗立于泰晤士河河岸的帕拉第奥风格的别墅，就位于伦敦以西的乡村及种植供出售蔬果的农圃当中。辉格党当权派轴心人物德文郡公爵（Duke of Devonshire），以沙皇的名义在此主办一场盛大的正式早宴。获邀出席早宴的有英国所有权重望崇的政客以及外交使团全体人员。就在摩登的河滨大道"奇斯威克林荫路"（Chiswick Mall）的另一边，在这个不大可能的地点，磋议此次访问的真正要务。

6月8日，一个阳光明媚的夏日，午后1点55分，伴着科德斯特里姆禁卫团（Coldstream Guards）和皇家骑兵卫队（Horse Guards）乐队演奏的俄国国歌声，王室马车队进入奇斯威克庄园大门，身着仪式用制服的骑从在前开道。夏日会客厅（Summer Parlour）上方升起大英帝国的旗帜，拱廊之上飘扬着王旗（Royal Standard）。这时，设置于乡间别墅庭院内的排炮鸣21响礼炮。随后，沙皇在引导下经过公爵的四只长颈鹿，到达夏日会客厅。会客厅已专门依照中世纪凉亭的风格被装点一新。招待会期间，沙皇主要与威灵顿公爵谈话，但也与墨尔本子爵和首相罗伯特·皮尔爵士聊天。内塞尔罗德伯爵径直走向英国前任外相巴麦尊子爵——在任时因推行强硬的反俄路线而闻名。下午大部分时间，二人一直

481

娓娓而谈。[150]

这次访问意在加强两大强国间的关系，旨在避免刚在中亚引发诸多不必要流血事件的此类误解与猜忌。正如沙皇向皮尔表述的："我希望通过敦睦邦交，彻底消除我们两国间的成见。"[151]作为一次公关活动，沙皇的出访无疑大获成功。伦敦上流社会名媛尤其迷醉于他的堂堂仪表和彬彬有礼的举止。斯托克马男爵（Baron Stockmar）记述道："他仍深嗜笃好女性之美，对英格兰旧情人殷勤得无以复加。"然而，尽管善意到访，奇斯威克早宴（Chiswick Breakfast）上的非正式会谈反而无意中为日后的冲突埋下祸根。

对于英国议会和反对党对政府的影响，沙皇鲜有了解。他离开英格兰时，深信自己与女王及其手下资深大臣，尤其是罗伯特·皮尔爵士及其属下外交大臣阿伯丁勋爵进行的私下会谈，能被解读为政府政策的明示。换句话说，他相信不列颠现会加入分裂奥斯曼帝国（Ottoman Empire）的活动。但是，英国人只不过将此次非正式会谈看作私下交换意见，而非像沙皇笃信的那样，将之视为某种具有约束力的君子协定。[152]

寓意深刻的是，早宴在荒唐混乱中结束。为了巡视德文郡长颈鹿，公爵的船夫用篙撑船，载运包括萨克森（Saxony）国王在内的若干宾客渡河。此时，对岸的长颈鹿非要蹚水过河，之后便在奇斯威克庄园的草坪上撒欢狂奔，这让正在另一侧河畔等候的沙皇等一行人四散惊逃。长颈鹿最终被身着仪式用制服的庄园看管人牵走。但从这一刻起，意外事件、失态行为和外交误会接二连三地发生。

482 　　最终在九年后的 1853 年，俄罗斯与不列颠不可避免地在克里米亚（Crimea）兵戎相见。

这一次，英俄角逐将导致 80 万人殒命。

《基姆》结尾处，吉卜林让笔下与书同名的主人公言道："众人皆亡，'大博弈'方能终结。一息残存，博弈不止。"

20 世纪 80 年代，俄国人试图占领阿富汗未果。正是此次从阿富汗撤军，引发苏联走向灭亡。不到 20 年后，2001 年英军与美军士兵抵达阿富汗，他们继续在阿富汗节节败退。对不列颠来说，这是第四次在该国作战。一如往昔，尽管挥金如土、豪掷数十亿美元，训练了一整支由阿富汗士兵组成的军队，且占领军有极其尖端的武器装备，但是阿富汗抵抗组织最终再次得手。他们首先成功实施包围，接着使神憎鬼厌的异教徒灰溜溜撤兵。在这两个个案中，占领军皆失去斗志，不愿得不偿失、血本无归地继续战斗下去。

21 世纪对阿富汗的侵占与 1839～1842 年的占领，尽管有诸多差别，但两者显然也有着惊人的相似之处——就政治地理格局对两场冲突的演进产生的影响而论，确实存在延续性。喀布尔地理位置的重要性是首要问题，一侧毗邻科希斯坦的塔吉克居民，另一侧与东部吉勒扎伊部落民相邻。其次是部族争端。另一位普帕扎伊统治者哈米德·卡尔扎伊（Hamid Karzai）缺乏真正的权力基础，协同作战的游击队在东部吉勒扎伊部落带领下，将攻击的矛头对准他。令人惊讶的是，哈米德·卡尔扎伊与沙·苏贾来自同样的子部落，而当今的塔利班步兵则是由吉勒扎伊部落民组成，他们受另一位来自霍塔克子部落掌权氏族

的吉勒扎伊部落首领指挥，在此个案中是毛拉奥马尔。[153] *

483   2009 年和 2010 年，长期参访阿富汗为本书做调研的时候，我为自己设定了两个目标。首先，我想尽力查找杳杳无踪的谈及这场战争的阿富汗方面史料，我确信这些资料一定存在，而它们也确被及时用于撰写本书。其次，国际安全援助部队**对阿富汗的控制力显然日趋收缩，我渴望在这样的环境中尽可能多地参观与第一次英阿战争有关的场所和景观。时至 2010 年，塔利班强有力地进占超过 70% 的国土，卡尔扎伊政府仅牢牢掌控着 121 个关键战略区中的 29 个。而那 70% 的国土涵盖 1842 年 1 月英军的大部分撤退路线。我心知肚明，若要对即将写到的地形有所了解，就必须亲自游历。我尤其想去甘达玛克瞻仰英军背水一战的遗址。

1842 年的撤军路线背对着通往托拉博拉山区和巴基斯坦边境的山脉，那儿是吉勒扎伊部落的腹地。该地区连同奎达，一直都是塔利班主要的募兵地。我被劝告说没有本地人保护不要试图造访这一地区，最终在一位本地区部族首领陪同下前往。这位膀阔腰圆的彪形大汉名叫安瓦尔·汗·贾格达拉克（Anwar Khan Jagdalak），在卡尔扎伊政府担任部长，早年是乡村摔跤冠军，后来是阿富汗的奥运会摔跤队队长。20 世纪 80 年代，他在抗击苏联人的圣战中担任伊斯兰大会圣战勇士团（Jami'at-Islami Mujehedin）指挥官，赢得赫赫威名。

正是贾格达拉克所属的吉勒扎伊部落的先祖们，在 1842

---

    * 毛拉奥马尔是阿富汗南部地区首位阿富汗统治者米尔·维兹·霍塔克（Mir Waiz Hotaki）的远亲。

  ** 国际安全援助部队（ISAF, International Security Assistance Force）2001 年由联合国创建，2003 年被北大西洋公约组织接管。

年令英军蒙受若干次最惨重的人员伤亡。我们驱车穿过相同隘道时，他无比自豪地多次复述此事。他言道："他们迫使我们拿枪持炮捍卫自己的尊严，于是乎，我们把那些狗杂种一个不落地统统杀死。"顺便提一句，这一点儿都不妨碍贾格达拉克将家人从喀布尔送往更安全的北伦敦诺索尔特（Northolt）。

要驾车前往甘达玛克的那一天，我被告知早上 7 点到贾格达拉克所属的政府部门报到。该部门位于现名为"维齐尔阿克巴·汗"的行政区中心地带。我左弯右绕、小心翼翼地穿过该部门周围的诸多检查站和带刺铁丝网，到达时发现贾格达拉克被前簇后拥、无时不在的大群保镖推挤着送入由重型装甲 SUV组成的护卫车队。步话机噼啪作响，突击步枪也上好了子弹。

贾格达拉克亲自驾车，载满全副武装的阿富汗保镖的数辆皮卡紧随其后。驱车穿越首都时，我们周围到处是当前占领失败的证据。喀布尔依然是世界上最贫穷、最杂乱无章的都城之一。尽管美国向阿富汗投入大约 800 亿美元，但那笔钱几乎都消耗在防御和安保上，喀布尔的道路仍比巴基斯坦乡野小镇最疏于维护①的道路还辙痕累累。没有路灯照明，看来也没有垃圾收集站。据贾格达拉克称，这只是冰山一角。自 2001 年以来，尽管有十多个国家和上千个机构历时十余载付出种种努力，但这个国家还是一团糟。阿富汗全体教师中有四分之一是文盲。许多地区几乎谈不上管治，半数地方长官没有办公室，能用上电的人则更少。公务员缺乏最基本的培训和专业技能。

我们颠簸穿行于喀布尔坑坑洼洼的道路上，经过美国大使馆的防爆墙和北大西洋公约组织的兵营。这座兵营正是修筑在

484

---

① 原文 negelected，疑为 neglected。——译者注

170 年前英军临时军营的旧址上。我们途经布特恰克，之后沿着绵亘蜿蜒的道路向下走，进入连接喀布尔和开伯尔山口的一排阴森森的山隘——首先是库尔德喀布尔，其次是特金。

正如所料，景色撼人心魄，极具冲击力。两侧岩壁耸立，被压扁扭曲的地层断层线在火药色的岩壁上蜿蜿蜒蜒、哀哀切切。空中，参差不齐的山顶笼罩在一团不祥的雾霭中。我们驱车行进时，贾格达拉克悻悻然抱怨西方列强对待阿富汗政府的方式。我们走下第一座山口时，他咕咕哝哝地发牢骚："20 世纪 80 年代，我们为他们杀俄国人的时候，美国人称我们为自由斗士，如今只是将我们视为军阀予以遣散。"在苏罗比地区，绵绵群山延伸至一片高海拔的赭色沙漠，吉勒扎伊游牧民的营地错落其间。我们在此脱离干道，驶入塔利班领地，另有五辆皮卡载满贾格达拉克手下圣战者组织的老战士，前来护送我们。这些战士均以包头巾遮面，他们挥舞着火箭助推榴弹，从一条岔道上现身。

在贾格达拉克家乡的那座村落，1842 年 1 月 12 日，仅活着的 200 名有冻伤在身的英国军人发现自己被数千名吉勒扎伊部落民包围，最终只有寥寥数人成功越过冬青树篱。谢天谢地，那个四月迎接我们的是稍稍暖和的天气。这是我的这位东道主自当上部长以来初次探访家乡。自豪的村民领着自己的老指挥官穿山越岭展开怀旧之旅，山丘上弥漫着野生百里香和苦艾的气息，我们穿过布满蜀葵和桑树、白杨树荫翳蔽日的山坡向上爬。登上群峰环绕的山巅，靠近岗楼处便是贾格达拉克麾下圣战者组织昔日的掩体及堑壕残迹，他正是自该地抗击苏联军队。赤身裸体、饥冻交切的印度兵也曾试图在那座岗楼躲灾避难。巡游完毕，村民们立即在谷底的一座杏树园以莫卧儿方式设宴款待我们。攀绕着藤蔓植物和石榴花的棚架下，我们在地毯上席地而坐，村民将一道又一道烤肉串和葡萄干炒饭（pullao）摆放在我们面前。

午餐期间，东道主们漫不经心地向我指出1842年英国人遭残杀的冬青树路障设置地以及村里其他屠戮地原址。我们比较了各自家族的战争记忆，我谈起曾在附近被扣作人质的曾祖舅老爷科林·麦肯齐，我问他们是否看出那场战争与当前局势有任何相似之处。贾格达拉克说道："这两次战争毫无二致。外国人都是为一己私利而来，并非为我们的利益着想。他们言称'我们是你们的朋友，我们想施以援手'。那是弥天大谎。"

"即便是现在，不管谁来阿富汗，都将面临与伯恩斯、麦克诺滕和布赖登医生相同的宿命"，穆哈迈德·汗深表赞同。他是承担接待工作的村民，也是我们身处的这座果园的主人。在座的每个人都煞有介事地对着自己面前的米饭频频点头。1842年的阵亡者姓甚名谁，在其祖国早被遗忘，在这儿显然仍广为流传。

我右方的一位长者言道："自英国人离开后，我们迎来了俄国人，我们也把他们送出国门。但在此之前，他们炸毁了村里许多间房舍。"他指向我们身后丘陵上的一道山脊，那儿满是坍塌的泥砖屋。

汗说道："这儿是世界屋脊，由此你能控制和观望任何方。"

贾格达拉克附和道："阿富汗就像是登台掌权的每个国家必经的十字路口。不过我们没实力掌控自己的命运，我们的命运由邻邦决定。"

将近下午5点，最后几张馕饼（naan）才被从餐桌上清走。我们清醒地认识到，天色过晚，不便继续前往甘达玛克。取而代之，当晚我们顺着干线公路径直去往相对安全的贾拉拉巴德，抵达后才发现自己侥幸躲过一劫。原来就在那天上午，政府军与获塔利班支持的一帮村民在甘达玛克展开了一场小规模战斗。多亏午宴规模太大、拖得太久，我们自己又饕口馋舌，这才让我们免于直接走进埋伏圈。那场战斗的交战地恰恰就是1842年英军背水一战之地。

第二天上午，我们在贾拉拉巴德参加吉勒扎伊部落长老的支尔格族长大会。甘达玛克诸长老打着休战旗前来参会，商讨头天发生的事件。在我所听闻的许多关于卡尔扎伊政府的事当中，这件事的内情颇具代表性，揭示出政府的贪腐无能与麻木不仁如何交相作用，推波助澜地为一度像过街老鼠似的塔利班卷土重来创造良机。

伴着捕食者无人机（Predator Drone）不停地在附近机场起飞降落，吉勒扎伊部落诸长老讲述了上一年政府军士兵如何来破坏罂粟收割的。士兵们允诺给予村民全面赔偿，遂获准用犁翻起农作物，但这笔钱连影儿都没见着。种植时节来临前，甘达玛克村民再次赶赴贾拉拉巴德，询问政府能否提供援助以种植其他农作物，政府做出承诺，但又一次成了空头支票。村民种植了罂粟，告知地方当局，称他们要是再次试图摧毁农作物，整座村落将别无选择，唯有奋起反抗。那日我们到达贾格达拉克附近时，政府军士兵大约同一时间现身甘达玛克，村民们正等着他们，还找来当地塔利班助战。在接下来的战斗中，9名警员遇害，6辆车被毁，还有10名警察被扣作人质。

支尔格族长大会结束后，两位甘达玛克部族长老顺便来访。我们就着一壶绿茶，闲谈了一会儿。

487

一人说道："上个月，一些美国军官召集我们去贾拉拉巴德的一家旅馆开会，其中一人问我：'你们为何憎恨我们？'我答道：'因为你们炸塌我们的家门，闯进我们的屋舍，撕扯女人的头发，蹬踹我们的孩子。我们不甘忍受这一切。我们将奋起反击，会把你们打得满地找牙，到那时你们就会割须弃袍，逃之夭夭，就像先于你们离开的英国人一样。这只是时间早晚的问题。'"

"他以何作答？"

"他转向自己的朋友，说道：'迟暮长者尚且如此，青涩少年又会怎样？'事实上，这儿的美国人都知道木已成舟、回天乏术。只有那些政客矢口否认。"

另一位长老言道："美国人已日薄西山。"

作者按语

　　驻贾拉拉巴德随军牧师 G. R. 格莱格牧师作为这场灾难性远征的劫后余生者之一，1843 年自第一次英阿战争的杀戮场归来后不久就写了一部回忆录。他写道："发动这场战争的目标并不明智，战争进程中鲁莽与慑怯匪夷所思地缠夹不清，英方蒙灾受难后罢战息兵。对于指挥作战的政府抑或参战的主力部队而言，没有多少荣耀加身。无论从政治上还是军事上，英方都没有从这场战争中得到任何好处。我们最终撤离该国，无异于败军溃退。"[1]

　　威廉·巴恩斯·沃伦（William Barnes Wollen）闻名遐迩的画作《第 44 步兵团的背水一战》（*Last Stand of the 44th Foot*）描绘的是随着普什图部落民步步逼近，甘达玛克山丘顶上的一群衣衫褴褛却顽强不屈的军人在一排稀疏的刺刀后站成一圈。这成为那个时代最著名的形象之一。与之齐名的有巴特勒夫人（Lady Butler）的油画《残兵败将》（*Remnants of an Army*），描绘出所谓的最后幸存者布赖登医生，骑着行将倒地的驽马到达贾拉拉巴德城垣前的情景。

　　2006 年冬，正值西方列强对阿富汗的最新武装入侵的形势渐趋恶化之际，我萌生了撰写一部新史书的念头，旨在讲述不列颠意图掌控阿富汗的首次失败尝试。轻易征服异邦、成功扶植亲西方的傀儡统治者之后，傀儡政权面临日益广泛的抵抗。历史开始重演。

在前期调研工作中，我参访了与这场战争相关的许多地方。在阿富汗的第一天，我驱车穿过舒马里平原，参观了埃尔德雷德·砵甸乍的恰里卡尔驻兵营地遗址，现在的美军驻巴格兰空军基地就位于不远处。在赫拉特，我瞻仰了苏菲派圣地加沙尔格赫的多斯特·穆哈迈德·汗陵寝。在贾拉拉巴德，我坐在喀布尔河河畔享用了碳烤奶鱼。170 年前，同样鲜美的河鱼养活了受困于此的英军官兵，这种鱼深受"好斗的鲍勃"塞尔青睐。甫抵坎大哈，来接我的汽车一靠近机场周边就被狙击手射穿后窗。坐落于城镇边缘的瓦里老爹（Baba Wali）圣祠是亨利·罗林森最喜爱的地点之一，我站在圣祠亲眼所见简易爆炸装置①炸掉了一支横渡阿尔甘德河的美军巡逻队——过去和现在一样，那儿都是占领区与阿富汗抵抗组织控制区之间的边界。在喀布尔，我设法获许参观巴拉希萨尔城堡——昔时沙·苏贾的大本营，现在的阿富汗军队情报部队总部，在这里，从 1842 年残余的七颠八倒、堆成锥形的英军大炮以及 20 世纪 80 年代遗留下来的翻倒的苏联 T–72 坦克中找到的来自前线的报告得以被评估。

越是近观细察，就越发觉在我们身处的时代，新殖民主义的轻举冒进似乎清晰重现了西方世界在阿富汗的初次灾难性纠葛。1839 年的战争是根据经篡改的情报发动的，情报论及的威胁事实上并不存在。有关俄国使臣只身前往喀布尔的消息，被一群野心勃勃、受意识形态驱使的鹰派人物夸大并操纵，在

490

---

① IED, Improvised Explosive Device。——译者注

这件事上，造成对捕风捉影的俄国入侵的恐慌。正如恐俄的英国大使约翰·麦克尼尔 1838 年自德黑兰所写："我们应当声明，不与我们为伍便是与我们为敌……我们必须保卫阿富汗。"[2] 由此引发一场徒劳无益、代价高昂、完全可以避免的战争。

491　　我渐渐意识到，这两次武装入侵的大同小异并非只是逸话趣谈，而是凿凿有据的事实。170 年后，在新的旗帜、新的意识形态以及新的政治傀儡操纵者的幌子下，相同的部族抗争和诸多战役继续在同样的地方展开，敌对双方斗个你死我活。相同的城市由说着同一种语言的外国士兵驻守，遭受来自同一片绵绵丘陵和高海拔山口的袭击。

　　在这两起事件中，侵略者都认为自己能够轻而易举入侵，实现政权更迭，而后会在两三年内全身而退。在两起事件里，他们均未能避免自己卷入更广泛的冲突。英国人无力应对1841 年爆发的起义，不仅由于英国阵营内部领导失败，而且是麦克诺滕与沙·苏贾之间战略关系破裂的产物。如出一辙的是，国际安全援助部队领导层与阿富汗总统卡尔扎伊之间不稳定的关系，一直是最近兵戈扰攘、局势失控的关键诱因。从某种程度上来说，美国特使理查德·霍尔布鲁克（Richard Holbrooke）在阿富汗扮演着麦克诺滕的角色。2010 年我参访喀布尔时，当时的英国特别代表谢拉德·考珀科尔斯爵士评述称，霍尔布鲁克是"一头蛮牛，走到哪儿就把自己的瓷器店带到哪儿"。这段描述完全可以用来概括 174 年前麦克诺滕的作风。谢拉德在回忆录《来自喀布尔的电报》（Cables from Kabul）中，对当前占领失败的原因做出分析，读起来惊人地类似于解析奥克兰和麦克诺滕缘何折戟沉沙。"对于如何抽身而出没有任何实际想法就搅和进来；几乎蓄意误判挑战的性质；频繁更换目标，没有环环相扣、协调一致的计划；大规模任务蠕变；政治与军事指挥不统一，各执己见、一盘散沙；劳师袭远的军事行动的关键阶段，将注意力和资源转移到另一场战争（当前情形下是伊拉克战争，当年是鸦片战争）；本地盟友选择不当；软弱的政治领导层。"[3]

过去和现在一样，阿富汗的贫瘠不毛就意味着不可能向阿富汗人征税，以资助占领者的侵占行动。在如此难以抵达的领地维持治安代价高昂，反倒耗尽占领国的资源。现今，美国每年在阿富汗的支出超过1000亿美元。在赫尔曼德省的两个辖区保留海军陆战营的开支，比美国给埃及全国提供军事和发展援助的费用还要高。在这两起事件中，定夺撤兵与否的决定性因素几乎与阿富汗无关，换句话说，取决于侵略国本土的经济状况和变幻莫测的政局。

随着我的调研工作继续进行，令人着迷的是，看到当今社论专栏中唇枪舌剑热议的同一类道德问题，如何在第一次英阿战争的来往书函中以同等篇幅加以讨论。何为占领国的伦理责任？正如一名英国官员1840年所述，是应当殚精竭虑"为人类谋福利"，拥护社会革新和性别变革，取缔诸如以石击毙通奸妇人一类的陈规陋习，还是应当心无旁骛地坐稳江山，莫兴风生浪？倘若盟友开始生烤活煮仇敌，是否予以干涉？是否尝试推行西方政治制度？正如间谍组织首脑克劳德·韦德爵士于1839年武装入侵前夕的警告所言："我认为最为可怕并需有所警惕的莫过于妄自尊大。我们如此目中无人，往往习以为常地将自己的制度习俗视为佼佼不群，一心想把它们引入未经开垦的处女地。如此干涉即便未促其诉诸暴力，也总会引发激烈争议。"[4]

对现今身处阿富汗的西方人来说，第一次英阿战争的灭顶之灾提供了令人忐忑不安的先例。绝非偶然的是，驻喀布尔的外国通讯员最喜爱的酒舍叫作甘达玛克小屋（Gandamak Lodge），阿富汗南部的一座主要英军基地依照第 44 步兵团背水一战的唯一幸存者的名字被命名为苏特营（Camp Souter）。

与之相反，对阿富汗人而言，1842 年挫败英国人已成为从外国侵略中获得解放的象征，标志着阿富汗人拒绝再一次被任何外国列强奴役的坚定意志。毕竟，喀布尔使馆区仍以维齐尔阿克巴·汗的名字命名。如今在巴拉克扎伊的民族主义宣传中，阿克巴·汗作为 1841～1842 年首屈一指的阿富汗自由斗士而被世人铭记。

这段历史的种种细节让阿富汗人对外国统治深恶痛绝，西方国家的人们或许早已忘记，阿富汗人却刻骨崩心、千古不忘。具体说来，在阿富汗，沙·苏贾依旧是通敌叛国的象征。2001 年塔利班诘问手下青年："你们想作为沙·苏贾的后人遗臭万年，还是想作为多斯特·穆哈迈德的子孙流芳百世？"奥马尔毛拉上台掌权时刻意效法多斯特·穆哈迈德，像多斯特·穆哈迈德一样，他从坎大哈圣祠取来先知穆罕默德的神圣斗篷披裹在自己身上，宣称将师法自己的楷模"信士的领袖"。此举有意直接重现第一次英阿战争中的诸事件，全体阿富汗人即刻了悟其中的特殊寓意。

历史绝不会毫厘不差地重现。当今阿富汗经历的一切，相较 19 世纪 40 年代发生的事件，的确有一些重大差异。抵抗组织核心领导层缺乏被全体阿富汗人公认的合法正义而又有能力一统天下的人物。奥马尔毛拉不是多斯特·穆哈迈德，也不是维齐尔阿克巴·汗，各部族尚未如 1842 年那般团结在他旗下。
显著的重要差异将两起事件区分开来。殖民地时期的部族起义
是保守部族为了自卫揭竿而起，让盎格鲁－萨多扎伊的统治宣
告终结，而塔利班领导的伊赫万徒众①武装革命，希望将舶来
的极端瓦哈比（ultra-Wahhabi）意识形态重新强加于阿富汗百
花齐放的宗教文化中。最重要的是，卡尔扎伊试图建立一个有
广泛基础、经民主选举产生的政府，尽管该政府劣迹斑斑、贪
腐无度，但始终比沙·苏贾领导的萨多扎伊政权更具代表性，
也更有人望得多。

　　然而，由于该地区在地形概貌、经济状况、宗教抱负及
社会结构上具有延续性，170 年前的败绩，对于今天的我们
来说，的确仍是不容忽视的前车之鉴。从 1842 年英国人犯
下的错误中汲取一些教训为时未晚；如若不然，西方国家在
阿富汗的第四次战争看来无疑会未果而终。鲜有政治收益不
说，结局必将与前三次毫无二致：蒙羞溃败后狼狈撤兵，又
一次让阿富汗陷入兵荒马乱的部族纷争，阿富汗很可能再由
同一个政府统治，而这场战争原本是为了推翻该政府而战。

　　30 年后，不列颠行将稀里糊涂陷入第二次英阿战争之际，
就像乔治·劳伦斯致函伦敦《泰晤士报》所言："冉冉升起的
新一代非但没有从悲壮的覆舟之戒中受益，反而心甘情愿，甚
至迫不及待地让我们卷入那动荡不幸的国度的纷乱事务中……
即使有可能避免军事灾难，但现在大军推进，无论从军事角度
来看何等成功，其结果必然是政治上的徒劳无功……撤离喀布

494

---

　　①　Ikhwanist, Ikhwan 即一神论兄弟会，为伊斯兰教瓦哈比派宗教社团组
　　　　织。——译者注

尔蒙受的无妄之灾，应永远作为对未来政治家的一种警示——警告他们不要重蹈覆辙，切莫再贸然实施 1839～1842 年结出那般苦果的政策。"

尽管这一地区具有核心战略意义，但是论及阿富汗历史的好作品出乎意料地寥寥无几。存世的文章无不采用印刷的英文报告，抑或遭严重歪曲的伦敦印度事务部档案（India Office Archives）。虽然第一次英阿战争的故事已被讲述多次，叙事方式涵盖伟大的维多利亚时代三卷本史书以及弗莱什曼①的滑稽动作等多种形式，但是已出版的有关这场战争的资料几乎没有采用 19 世纪早期阿富汗方面的同期原始史料，未呈现被侵略占领的阿富汗方面的记事，亦未使用反殖民主义的阿富汗抵抗组织的记载，甚至在最专业的学术刊物中也几无可寻。[5]

第一次英阿战争是一场独树一帜、记载翔实的冲突。书写这段历史的过程中，我使用了来自诸条战线各个方面的种种新的原始资料。过去数年间，伦敦周围各郡（Home Counties）阁楼箱子里数以百计的破破烂烂的信札和血迹斑斑的日记现身于世，它们属于参与那场战争的英国人。我在林林总总的家族收藏品、切尔西国家陆军博物馆以及大英图书馆中查阅到这些新素材。

在德里的过去四年间，我彻底查阅了印度国家档案馆

---

① Flashman，即哈里·佩吉特·弗莱什曼爵士（Sir Harry Paget Flashman），是乔治·麦当劳·弗雷泽（George MacDonald Fraser）系列小说中的虚构人物。——译者注

（Indian National Archives）馆藏的车载斗量的 1839～1842 年占领时期的卷宗，这些材料几乎囊括所有往来信函、备忘录和手写批注，论及奥克兰勋爵治下加尔各答行政部门和其麾下军队提出的问题。其中的亮点有：发现先前未公开的亚历山大·伯恩斯的若干封私人信件，伯恩斯是这段史话中英方的一个主要角色；对英军种种暴行展开的调查，读起来就像维多利亚时代版本的维基解密；一些非常感人的受审讯的印度兵在军事法庭上的庭审记录，这些印度兵曾沦为奴隶，设法脱逃并最终成功返回所属诸团，接着就面临擅离职守的指控。

495

印度国家档案馆还藏有之前未经引用、未作翻译的波斯语战争记事《喀布尔和坎大哈的战斗》，作者是门士阿卜杜勒·卡里姆。这位还乡的波斯秘书曾在卷入那场战争的一位英国官员手下当差。门士阿卜杜勒·卡里姆称，着手展开撰写 19 世纪 50 年代初那段历史的计划，"希望排遣暮年的孤寂，教导身处这个无奇不有的大千世界的子子孙孙"。不过他补充道："那些事件现在看似与印度斯坦特别有关联。"[6] 字里行间之意，可被当作隐讳号召在印度掀起反抗东印度公司的起义。这样一场起义的确在 1857 年继之而来，首先爆发于 1842 年撤离喀布尔期间遭英国军官离弃的印度兵所在诸团。

在巴基斯坦拉合尔的旁遮普档案馆（Punjab Archives），我挖掘出几乎未被使用的克劳德·韦德爵士的案卷。克劳德·韦德是"大博弈"的首位间谍组织首脑，1835 年在他的监管下创建了西北边境代表处（North West Frontier Agency）。在旁遮普档案馆能找到韦德的"情报员"网络的所有报告，这些情报员星罗棋布地分散于旁遮普地区、喜马拉雅山脉，越过兴都库什山区远至布哈拉。旁遮普档案馆还藏有涉及沙·苏贾在卢迪亚纳的流亡生活以及他千方百计返回喀布尔重祚的所有往来信札。

在俄国方面的史料中，我设法获取了打印的佩罗夫斯基伯爵及其门徒伊万·维特科维奇的案卷。佩罗夫斯基伯爵是沙皇时代与韦德差堪比拟的人物。此前外界一直臆测，维特科维奇在圣彼得堡旅舍房间内举枪自戕前，销毁了所持的文件资料。但事实证明，仍有一些情报报告留存了下来，其中包括论及伯恩斯的书面报告、揭示布哈拉的整个英国谍报网的报告。这些报告在本书中首次呈现。

然而，真正的突破是该时期包罗万象的阿富汗史料如雨后春笋般出现在喀布尔。2009 年，我在阿富汗国家档案馆展开调研工作时，借宿于罗里·斯图尔特的泥堡。泥堡在遭焚毁的寇松时代①英国大使馆的废墟附近。档案馆位于喀布尔市中心一座 19 世纪奥斯曼风格的宫殿中，这座瑰丽的宫殿出奇地完好无损。结果令人沮丧，档案馆鲜有沙·苏贾和多斯特·穆哈迈德时代的资料。但就是在那儿东翻西找的时候，我与加旺·希尔·拉西赫——这位阿富汗青年历史学家是富布莱特学者②——成为朋友。一日午餐时间，加旺·希尔带我去见一位二手书商，书商在老城区的朱伊希尔租了个看起来风雨飘摇的摊位。结果发现，20 世纪七八十年代很多阿富汗显达家族移居国外时，这名书商曾大量买进名门望族的私人藏书。不到一小时，我就成功购得八卷先前未使用过的第一次英

---

① Curzon，即乔治·寇松（George Curzon），1899 ~ 1905 年任印度总督。——译者注

② Fulbright scholar，富布莱特项目始于 1946 年，以发起人美国参议员富布莱特命名。——译者注

阿战争同期波斯语史料，它们全都是在英国战败期或战后余波期写于阿富汗的，不过有些史料刊载于印度的波斯语出版物，于 1857 年印度民族大起义的酝酿阶段供本国印度人阅读。

这些史料包括两部隽绝的英雄史诗：哈米德·克什米尔毛拉的《阿克巴本记》和穆罕默德·古拉姆·科希斯坦·古拉姆（Mohammad Ghulam Kohistani Ghulami）的《战地书》。两部史诗读起来就像阿富汗版本的《罗兰之歌》（*The Song of Roland*），是在 19 世纪 40 年代仿效古波斯菲尔多西（Ferdowsi）的《列王纪》（*Shahnameh*），用堂皇铿锵的波斯语写成，以歌颂阿富汗抵抗组织诸领袖。当年献给胜利的诗歌或许比比皆是，最后遗存下来的似乎只有这些史诗。大部分诗歌经歌者和吟游诗人代代口耳相传。毕竟，对阿富汗人而言，战胜英国人几乎奇迹般地拯救了自己的祖国，那既是他们的特拉法尔加（Trafalgar）海战，又是他们的滑铁卢战役，还是他们的不列颠之战（Battle of Britain）。[7]

1951 年，《战地书》为人所知的唯一誊抄本在帕尔旺省现身——被誊写于东印度公司纸张上，缺少扉页和尾页，显然是从英国驻恰里卡尔指挥部被抢掠而来的。该书聚焦于科希斯坦抵抗组织首领米尔·马斯吉迪的事迹。尽人皆知，这位纳克什班迪教团的苏菲派导师一直在起义中扮演重要角色，但这份手稿提到他是抵抗组织核心人物。《阿克巴本记》也于 1951 年重新露面，这次是在白沙瓦。与前书形成对比的是，该书赞颂了维齐尔阿克巴·汗。克什米尔毛拉写道："在本书中，就像鲁斯坦大帝（Rustam the Great，菲尔多西的波斯史诗《列王纪》中人物）一样，阿克巴的赫赫英名将千秋不朽、万古流芳。这部史诗现已完结，它将在世界各国流传，为伟人的集会

497

增光添彩；它将从喀布尔云游至每一场聚会，犹如春风拂过一座座花园。"[8]

《编年史》立足于阿富汗西部与波斯交界的赫拉特，滞后一步地概观了这场起义。19 世纪末的两部史书《苏丹传记》和《历史之光》则是讲述阿富汗列王的官方宫廷史，从多斯特·穆哈迈德继任者的角度为我们提供了新视角。[9]一位主要的抵抗组织首领阿米努拉·汗·洛伽尔的残存波斯语信札，在塔利班大肆抢掠前一直留存于喀布尔的国家博物馆。不久前，这些书信由其后裔付梓，名为《独一无二的勇士、赤胆忠心的首席侍从阿米努拉·汗·洛伽尔的复仇》（*Paadash-e-Khidmatguzaari-ye-Saadiqaane Ghazi Nayab Aminullah Khan Logari*）。[10]

义愤填膺、怒火难平的阿塔·穆哈迈德王子著有《战斗之歌》。作为来自希卡布尔县（现位于巴基斯坦境内，当时名义上归属喀布尔统辖）的卑官下吏，阿塔王子以独特的视角鞭辟入里地讲述了战争故事。他最初在沙·苏贾手下当差，但后来逐渐对主公依赖异教徒支持的举动大失所望，在书中对抵抗组织表露出越来越多的同情。阿塔王子的波斯语因袭了华丽迁腐的莫卧儿风格，不过相比那一时期其他任何作家，他的措辞最为机智明快。这部著作对英国人的失败大放厥词，更不乏恶言怨语，但出人意料的是，竟有可能是受希卡布尔县首位英格兰收藏家爱华德·巴克豪斯·伊斯特威克（E. B. Eastwick）之托撰写。阿塔王子在序言中颇为忐忑地寄语资助人，恳恳悱悱写道："恰如俗语所云，'讲真话是要付出代价的'。尽管力求用千般婉言、万般讳语道出诸事件的是非功过，但仍要祈祷切莫冒犯那些君临天下、坐拥江山的人们。"他补充道："不管怎样，这个不忠不信的尘世，千载有如白驹过隙，苦乐悲喜皆是过眼云烟。'世事如梦，不管如何在心头描绘，一切终将伴你而去。'"[11]

所有史料中最具启发性的大概是合乎沙·苏贾本人心意的回忆录《沙·苏贾实录》。这部内容颇为丰富的回忆录为他战前流亡卢迪亚纳时撰写，1842 年苏贾遇刺后由一名臣子更新相关内容。苏贾在序言中开宗明义："聪明睿达的学者皆知，杰出的帝王——记载当政时期的重大事件。一些天赋异禀的人亲自书写，大多数人则交由史官和文人撰写。随着时光流转，著作得以在历史长卷中留下永恒不朽的印记。是故，苏丹苏贾·乌尔木尔克·沙·杜兰尼（Sultan Shuja al–Mulk Shah Durrani），仁慈真主朝堂上的这位谦卑祈请者萌生此想法，记载在位期间的战役和大事件，俾使呼罗珊（Khurasan）的历史学者知悉这些事件的真实始末，善于思辨的读者亦能由这些先例鉴往知来。"[12]在这部回忆录中，我们得以对阿富汗方面的首要局中人的期望和忧惧有所了解，这是对文献资料至关重要的补充。

令人惊讶的是，尽管这些原始资料大都为讲达里语的阿富汗历史学家所熟知，他们将这些史料运用在 20 世纪 50 年代至 70 年代撰写的弥漫着民族主义情绪的达里语史书中，但此类记载似乎未被用于任何用英语写就的战争史，在英语译本中也完全没有现成可用的素材，尽管从《沙·苏贾实录》中摘译的若干篇章确曾登载于 19 世纪 40 年代加尔各答的一本杂志上。哥伦比亚大学的罗伯特·麦克切斯尼目前正在筹备《历史之光》全译本，他慷慨地任我使用手头资料。

这些丰富翔实的阿富汗史料告诉我们许多欧洲方面的史料疏于提及或不知情的事。譬如，英国方面史料谈及己方军队不

499　同派系时消息灵通，然而阿富汗一方亦由不同叛乱团体组成，英方却似乎在很大程度上对分裂这些团体的紧张局势浑然不觉。阿富汗方面的史料有清晰记载，称阿富汗抵抗组织实则四分五裂、离心离德，不同指挥官旗下的不同团体在不同地点安营扎寨，通常只能勉强维持最低限度的协同合作。此外，相互竞争的诸团体目标不同，为一己私利还会不断改弦易辙、更换盟友。令人尤感意外的是，起初偌多叛乱者希望沙·苏贾留任国王，他们只想将苏贾的英国靠山赶出去。英军起程踏上不归路，在库尔德喀布尔山口全军尽没，同一批亲保皇派武装力量中的勤王者立即就复归沙·苏贾旗下。正如20世纪80年代苏联军队撤离后，谁都没料到，苏联扶植的傀儡纳吉布拉（Najibullah）能苟延残喘那么久。因此，若不是大逆不忠的教子妒火中烧并在一怒之下刺杀了他，沙·苏贾或许能长时间在阿富汗称王。

相较英国方面的史料记载，阿富汗史料中抵抗组织的剧中人略有不同。米尔·马斯吉迪及旗下科希斯坦人，阿米努拉·汗及麾下洛伽尔人，均比英国方面史料乃至稍晚的阿富汗方面的记载卓尔不凡得多。后期史料受巴拉克扎伊族人赞助撰写，着意强调获胜王朝在起义中起到的核心作用，这种说法实则仅对革命的最后阶段而言是成立的。

更重要的是，多亏有阿富汗方面的史料，阿富汗抵抗组织众领袖丰满的形象才一下子得以跃然眼前，他们才成了有着多彩感情生活和个人动机观点的活生生的人。而英国方面的史料所呈现的只是一道由奸诈的大胡子"盲信者"和"狂热分子"堆砌成的毫无差别的人墙。幸亏有这些新资料，现在才有可能从个体角度理解，缘何许多忠诚拥护沙·苏贾的阿富汗首领会选择奋不顾身拿起武器，与貌似所向披靡的东印度公司军队兵

戎相见；德高望重的阿米努拉·汗·洛伽尔受到一名英军基层
军官凌辱，因拒绝向王国政府缴纳有所增加的赋税而失去领地；
年轻气盛的阿卜杜拉·汗·阿查克扎伊的情妇被亚历山大·伯
恩斯勾引，试图寻回她时遭嘲弄；米尔·马斯吉迪正打算向朝廷
自首时，英国人袭击其城堡、残杀其家人，此举有悖双方达成的
所有共识，其城堡随后被攻占并变成英国地方政府办公中心，其
领地遭仇敌瓜分。众人之中最着笔墨、被细针密缕加以描绘的当
属老谋深算、性格复杂的人物阿克巴·汗。他喜爱希腊化的犍陀
罗雕刻，想引进西方教育模式，在喀布尔被看作抵抗组织领袖中
最具锋芒的一位。《阿克巴本记》甚至还绘声绘色讲述他洞房花
烛、鱼水相欢的情景。英国方面的史料以夸张讽刺手法描绘的这
位"揣奸把猾的穆斯林"，在我们眼前一跃成为阿富汗的万人迷。

　　阿富汗方面的史料还向我们呈现出一面镜子，用亚历山
大·伯恩斯的堂兄弟拉比·彭斯的话说，就是让我们能够
"用别人的眼睛看自己"。[13] 依照阿富汗咏史诗人的描述，伯恩斯
远非西方史料所载的浪漫探险家，而是一个魅力超凡的欺诈者、
阿谀奉承与背信弃义的能手、腐蚀喀布尔达官显贵心灵的魔鬼。
"外表好似谦谦君子，内心暗藏恶魔"，一名贵族如是告知多斯
特·穆哈迈德。[14] 在阿富汗人看来，西方军队以丧尽天良、匮乏
骑士精神的基本价值观，尤其以对平民伤亡漠不关心著称。在
《阿克巴本记》中，多斯特·穆哈迈德警告阿克巴·汗，称：

因睚眦必报
他们的毒燎虐焰会让屋宇墙垣深陷火海

他们借此耀武扬威

　　　震慑斗胆反抗之人

　　　日以为常这般降伏苍生
　　　便无人分庭抗礼[15]

此外，阿富汗方面的史料一致抱怨的是英国人不尊重女性，所到之处强奸凌辱事件频发，"不舍昼夜地乘着欲望的骐骥恣意驰骋"。换句话说，在阿富汗方面的史料中，英国人被描述成诡诈多端、暴虐无道、蹂躏女性的恐怖分子。料想不到阿富汗人竟以这种方式看待我们。

　　阿富汗方面所有史料的焦点是谜一般的人物沙·苏贾。透过苏贾本人及其拥护者的描绘，浮现出的是一个八面莹澈、聪明绝顶、将往昔帖木儿帝国诸君主奉为楷模的人。《沙·苏贾实录》中的自我描述，在其他作家的作品中得到证实，称他展露出勇敢决绝、不屈不挠的气魄，经受住命运的千锤百炼。这般描画与遭自高自大的英国行政官员废弃的堕落懦夫形象判若天渊，英国官员起初辅佐这位杜兰尼帝国继承人重祚，而后设法将其边缘化，这也与经巴拉克扎伊族人170年宣传灌输后，在现代阿富汗被妖魔化的卑怯卖国贼形象大相径庭。苏贾在自己周围营造出极其知书知礼的波斯化天地，没有迹象显示沙到底懂不懂普什图语，但可以肯定的是，他不曾用普什图语写作。就像昔日的莫卧儿人一样，贵为天子的沙·苏贾过着颠沛流离的生活。作为帖木儿帝国的末代国王，他在许多方面脱颖而出——他治国施政时，阿富汗仍处于伊朗、中亚、中国及印度斯坦的十字路口上，而非后来的穷山恶水荒蛮之境。

　　追溯起来，沙·苏贾当政标志着一个时代终结，另一个时代开始。尽管有许多代价高昂的失败，但第一次英阿战争仍产生了持久的重大影响。对英国人来说，这场战争设定出一道稳固的边界。几年之内，英国人就吞并了锡克教团盘踞的旁遮普地区以及早先由信德诸埃米尔掌控的印度河下游领地。不过，有前辙可鉴的英国人心中有数，白沙瓦是英属印度的西北边境。

对阿富汗人而言，这场战争永远改变了自己的国家。多斯特·穆哈迈德复归后承袭英国人实施的改革，这些变革有助于巩固阿富汗的统一，使该国较战前有了愈发明确的界定。确切说来，苏贾及大多数同时代的人从不使用"阿富汗"这个字眼——对苏贾来说，有一个喀布尔王国，它是破碎的杜兰尼帝国硕果仅存的部分，处在所称的"呼罗珊"地理空间边缘。短短一代人的时间里，"阿富汗"的说法就被广泛标识在国内外的地图上，那一地理空间内的民众也渐渐开始将自己称为阿富汗人。沙·苏贾的归来，以及旨在令他复政厥辟而发动的殖民远征告败，最终摧毁了萨多扎伊王朝的势力，终结了由萨多扎伊族人创建的杜兰尼帝国的最后追忆。第一次英阿战争以这种方式，对界定现代阿富汗国界立下汗马功劳，一劳永逸地强化了存在一个名为"阿富汗"的国家之理念。

502

如果说第一次英阿战争有助于巩固阿富汗这个国家，那么现在的问题是，当前西方的干涉会否促其消亡。撰写本书之际，西方部队再次随时准备弃阿富汗于不顾，将之交由普帕扎伊族人执政的软弱政府掌控。无法预知该政权的命运，亦不可能预言阿富汗会否陷入支离破碎、分崩离析的状态。不过，阿塔王子于1842年战后写下的一段话，现仍确切不移："毋庸置疑的是，侵略或统治呼罗珊王国绝非易事。"

注 释

缩略语列表

BL（British Library）
OIOC（Oriental and India Office Collections）
NAI（National Archives of India）
PRO（Public Records Office）
NAM（National Army Musuem）

第一章 桀骜难驯之邦

1 Alexander Burnes, *Cabool: A Personal Narrative of a Journey to, and Residence in that City in the Years 1836, 7 and 8*, London, 1843, p. 273, for details of the Kabul spring.

2 Sultan Mohammad Khanibn Musa Khan Durrani, *Tarikb-i-Sultani*, p. 219.

3 呼罗珊还包括伊朗东部大部分地区，但通常被认为不包括阿富汗北部。

4 *Waqi'at-i-Shah Shuja*, The Eighteenth Event.

5 Sultan Mohammad Khan Durrani, *Tarikb-i-Sultani*, p. 226.

6 *Waqi'at-i-Sbab Shuja*, The Eighteenth Event.

7 Dominic Lieven, *Russia against Napoleon*, London, 2009, pp. 45 – 47.

8 Quoted in Sir John Malcolm, *Political History of India*, 2 vols, London, 1826, vol. I, p. 310.

9 Iradj Amini, *Napoleon and Persia*, Washington, DC, 1999, p. 112; Muriel Atkin, Russia and Iran 1780 – 1828, Minneapolis, 1980, p. 125.

10 OIOC, Board's Collections: SecDesp to India, vol. III, Draft to Governor General-in-Council, 24 September 1807, no. 31; J. B. Kelly, *Britain and the Persian Gulf, 1795 – 1880*, Oxford, 1968, pp. 82 – 83. 关于藏匿于驳船下的俄国贵族，参见 Peter Hopkirk, *The Great*

Game, London, 1990, p. 33。

11　Amini, *Napoleon and Persia*, p. 129.

12　Sir John William Kaye, *Lives of Indian Officers*, London, 1867, vol. I, p. 234.

13　爱德华的后裔巴巴拉·斯特雷奇（Barbara Strachey）在其著作 *The Strachey Line: An English Family in America, India and at Home from 1570 to 1902*, London, 1985, pp. 100 – 105 中，精彩记述了这两个人的旅行。两人的日记留存于印度事务部图书馆（India Office Library），不过埃尔芬斯通的笔迹凌乱不堪，部分难以被辨认。Mountstuart Elphinstone's is in BL, OIOC, Mss Eur F88 Box 13/16 [b] and Edward Strachey's at Mss Eur F128/196.

14　Fayz Mohammad, *Siraj ul-Tawarikh*, vol. I, p. 40. 1791 年的巴尼伯德战役是在该地点的第五次征战。

15　Mirza 'Ata, *Naway Ma'arek*, Introduction, pp. 1 – 9.

16　Fayz Mohammad, *Siraj ul-Tawarikh*, vol. I, p. 63.

17　Olaf Caroe, *The Patbans*, London, 1958, p. 262; Syad Muhammad Latif, *History of the Punjab*, New Delhi, 1964, p. 299; Robert Nichols, *Settling the Frontier: Land, Law and Society in the Peshawar Valley, 1500 – 1900*, Oxford, 2001, p. 90.

18　H. T. Prinsep, *History of the Punjab, and of the rise, progress, & present condition of the sect and nation of the Sikhs [Based in part on the 'Origin of the Sikh Power in the Punjab and political life of Muha-Raja Runjeet Singh']*, London, 1846, vol. I, p. 260; Fayz Mohammad, *Siraj ul-Tawarikh*, vol. I, p. 84; Mountstuart Elphinstone, *An Account of the Kingdom of Caubul, and its dependencies in Persia, Tartary, and India; comprising a view of the Afghaun nation, and a history of the Dooraunee monarchy*, London, 1819, vol. I, p. 317.

19　Mirza 'Ata, *Naway Ma'arek*, pp. 57 – 75.

20　Ibid., *Waqi'at-i-Shah Shuja*, Introduction.

21　Sultan Mohammad Khan Durrani, *Tarikh-i-Sultani*, p. 212.

22　*Waqi'at-i-Shah Shuja*, Introduction.

23　Ibid., The Seventh Event.

24　Fayz Mohammad, *Siraj ul-Tawarikh*, vol. I, p. 95.

25　Sultan Mohammad Khan Durrani, *Tarikh-i-Sultani*, p. 217.

26　Ibid., p. 215.

27　Ibid., pp. 244 – 269. 阿富汗人仍倾向于以这种方式谈论印度人乃至巴基斯坦人。身为吃米食肉之人，他们自视为人中龙凤。

28　Robert Johnson, *The Afghan Way of War-Culture and Pragmatism: A Critical History*, London, 2011, p. 48.

29　B. D. Hopkins, *The Making of Modern Afghanistan*, London, 2008, pp. 129, 159; Noelle, *State and Tribe in Nineteenth-Century Afghanistan*, p. 281.

30　Noelle, *State and Tribe in Nineteenth-Century Afghanistan*, p. 288.

31　Elphinstone, *Kingdom of Caubul*, vol. I, pp. 2 – 7.

32　Ibid. , p. 13.

33　Ibid. , p. 21.

34　Ibid. , pp. 52 – 54.

35　BL, OIOC, Forster Papers, MssEur B 14/Mss Eur K 115, 12 July 1785.

36　Adapted from Caroe, *The Pathans*, p. 244.

37　尽管普遍认为是胡沙尔的作品，但许多学者对此著名对句的真实性存疑。

38　Elphinstone, *Kingdom of Caubul*, vol. I, pp. 67 – 68.

39　Private Collection, Fraser Papers, Inverness, vol. 30, p. 171, WF to his father, 6 March 1809.

40　*Waqi'at-i-Shah Shuja*, The Twenty-Sixth Event.

41　Sayed Qassem Reshtia, *Between Two Giants: Political History of Afghanistan in the Nineteenth Century*, Peshawar, 1990, p. 18; Noelle, *State and Tribe in Nineteenth-Century Afghanistan*, p. 8.

42　Fayz Mohammad, *Siraj ul-Tawarikh*, vol. I, p. 86.

43　Elphinstone, *Kingdom of Caubul*, vol. I, pp. 82 – 83, 282.

44　Ibid. , pp. 80 – 81.

45　Ibid. , p. 399.

46　Ibid. , vol. II, p. 276.

47　Private Collection, Fraser Papers, Inverness, vol. 30, p. 149, WF to his father, 22 April 1809.

48　Johnson, *The Afghan Way of War*, p. 44.

49　Ibid. , p. 42.

50　Elphinstone, *Kingdom of Caubul*, vol. II, p. 276.

51　Hopkins, *The Making of Modern Afghanistan*, p. 1.

52　Noelle, *State and Tribe in Nineteenth-Century Afghanistan*, pp. 164 – 165.

53　Johnson, *The Afghan Way of War*, p. 43.

54　Private Collection, Fraser Papers, Inverness, vol. 30, p. 177, WF to his father, 7 May 1809.

55　Elphinstone, *Kingdom of Caubul*, vol. I, p. 87.

56　Ibid. , p. 89.

57　Sultan Mohammad Khan Durrani, *Tarikh-i-Sultani*, p. 223.

58　Private Collection, Fraser Papers, Inverness, vol. 30, pp. 201 - 206, WF to his father, 19 June and 6 July 1809.

59　Fayz Mohammad, *Siraj ul-Tawarikh*, vol. I, p. 115.

60　Sultan Mohammad Khan Durrani, *Tarikh-i-Sultani*, p. 229.

61　*Waqi'at-i-Shab Shuja*, The Twenty-Sixth Event.

第二章　心意未决

1　Mirza ' Ata, *Naway Ma' arek*, pp. 10 - 12.

2　Khuswant Singh, *Ranjit Singh*: *Maharaja of the Punjab*, London, 1962.

3　*Waqi'at-i-Shah Shuja*, The Twenty-Sixth Event.

4　Ibid. ; Mirza ' Ata, *Naway Ma' arek*, pp. 13 - 15. 锡克方面的史料记载提供了一个迥然不同的说法。

5　Prinsep, *History of the Sikhs*, vol. II, pp. 14 - 15.

6　*Waqi'at-i-Shah Shuja*, The Twenty-Sixth Event.

7　Turk Ali Shah TurkQalandar, *Tadhkira-i Sukhunwaran-Chashm-Didah*, n. d.

8　*Waqi'at-i-Shah Shuja*, The Twenty-Sixth Event.

9　Fayz Mohammad, *Siraj ul-Tawarikh*, vol. I, p. 135.

10　*Waqi'at-i-Shab Shuja*, The Twenty-Seventh Event.

11　Private Collection, Fraser Papers, Inverness, vol. 30, pp. 171 - 172, WF to his father, 9 May 1809.

12　Fayz Mohammad, *Siraj ul-Tawarikh*, vol. I, p. 136.

13　*Waqi'at-i-Shah Shuja*, The Twenty-Eighth Event; Fayz Mohammad, *Siraj ul-Tawarikh*, vol. I, pp. 136 - 137; Prinsep, *History of the Sikhs*, vol. II, p. 22.

14　Arthur Conolly, *Journey to the North of India*, *1829 - 31*, London, 1838, vol. II, pp. 272, 301.

15　*Waqi'at-i-Shah Shuja*, The Twenty-Ninth Event.

16　Eruch Rustam Kapadia, ' The Diplomatic Career of Sir Claude Wade: A Study of British Relations with the Sikhs and Afghans, July 1823 - March 1840 ', unpublished PhD thesis, SOAS, c. 1930, p. 18. 韦德尽心竭力肃除这种现象: Sir C. M. Wade, *A Narrative of the Services*, *Military and Political*, *of Lt. -Col. Sir C. M. Wade*, Ryde, 1847, p. 33。

17　Jean-Marie Lafont, *La presence frangaise dans le royaume sikh du Penjab 1822 - 1849*, Paris, 1992, p. 107.

18　Ibid. , p. 110.

19　Punjab Archives, Lahore, from Metcalfe, Resident in Delhi, to Ochterlony in Ludhiana, 6 January 1813, book 8, no. 2, pp. 5 - 8.

20　遗憾的是，这则广为流传、妙趣横生的故事很可能真伪不明，当然已无法进一步追溯，我仅止步于爱德华·汤普森（Edward Thompson）的著作 *The Life of Charles Lord Metcalfe*，London，1937，p.101，书中将此事描述为"当地习俗……这听起来像民间传说"。那很有可能受到印度事务部图书馆藏的著名奥克特洛尼细密画启发。在遗嘱中（BL，OIOC L/AG/34/29/37），奥克特洛尼只提到一位印裔女伴（bibi，合法妻子或情妇）"马赫卢敦（Mahruttun），她被授予穆巴拉克·乌尔·丽莎女王（Moobaruckul Nissa Begum）尊衔，通常被称为奥克特洛尼女王（Begum Ochterlony）"，她与奥克特洛尼育有两个女儿，虽则奥克特洛尼之子罗德里克·佩里格林·奥克特洛尼（Roderick Peregrine Ochterlony）显然由另一位印裔女伴所生。尽管如此，这则故事很有可能是真实的：经由调研，我屡屡发现关于这类事情的老德里传说获证实，数名那一时期的东印度公司雇员这般妻妾成群。由希伯主教（Bishop Heber）对奥克特洛尼的精彩描述来判断，奥克特洛尼显然被印度化得足以如此而为。

21 Punjab Archives, Lahore, from Ochterlony in Ludhiana to John Adam, Calcutta, 9 July 1815, book 14, no. 226, pp. 5 – 8.

22 Punjab Archives, Lahore, Captain Birch to Adam, Ludhiana, 2 December 1814, book 15, no. 6.

23 Punjab Archives, Lahore, vol. 18, part II, Letters 117 and 118, p. 535. In Urdu the address reads: Banam-i Farang Akhtar Looni Sahib. Ochterlony's name-or rather its Urduised rendering, Akhtar Looni-translates as Crazy Star.

24 Punjab Archives, Lahore, Fraser, Ramgurh to Ochterlony, Ludhiana, 3 September 1816, vol. 18, part II, Case 118, pp. 538 – 539.

25 Punjab Archives, Lahore, Captain Murray to Sir D. Ochterlony Bart. K. C. B. , vol j 8, part II, Case 150, pp. 653 – 658.

26 Mirza ' Ata, *Natvay Ma ' arek*, p. 39; *Waqi'at-i-Shah Shuja*, Introduction.

27 Punjab Archives, Lahore, Adam to Ochterlony, 5 October 1816, book 9, no. 98, pp. 637 – 639.

28 Punjab Archives, Lahore, Ludhiana Agency, Murray to Ochterlony, 20 January 1817, book 92, Case 17.

29 Punjab Archives, Lahore, Adam toOchterlony, 5 October 1816, book 9, no. 98, pp. 637 – 639.

30 Mohan Lai Kashmiri, *Life of Amir Dost Mohammad of Kabul*, London, 1846, vol. I, pp. 104 – 105. 这想必是强奸的委婉说法。

31 Mirza 'Ata, *Natvay Ma' arek*, pp. 29 – 39.

32 Patrick Macrory, *Signal Catastrophe*: *The Retreat from Kabul 1842*, London, 1966, p. 35.

33 Fayz Mohammad, *Siraj ul-Tawarikh*, vol. I, p. 140.

34 Punjab Archives, Lahore, R. Ross, Subhatu to Sir D. Ochterlony, Kurnal, 2 September 1816, book 18, Serial no. 116. 罗斯禀称："我乔装成廓尔喀人（Goorkhalee libas）致函给你，这形象天衣无缝，汇报完毕后，我将以这种形象经旁径溜出我的宅子，潜入恒河河床地带。自那儿，我将与一名印裔尉官以及廓尔喀附属营（*Nusseeree*）的一名印度兵（Sipahi）继续前进。他们卸下戎装，像我本人一样穿着廓尔喀人的服装，以窥察王室一行人。"

35 Charles Masson, *Narrative of Various Journeys in Baluchistan, Afghanistan and the Panjab, 1826 to 1838*, London, 1842, vol. III, p. 51.

36 *Waqi'at-i-Shah Shuja*, The Thirtieth Event.

37 Mirza 'Ata, *Naway Ma' arek*, pp. 39 – 56.

38 Josiah Harlan, 'Oriental Sketches', insert at p. 42a, mss in Chester Country Archives, Pennsylvania, quoted in Ben Macincyre, *Josiah the Great: The True Story of the Man Who Would be King*, London, 2004, p. 18.

39 Harlan's 'Sketches', p. 37a, quoted in Macintyre, *Josiah the Great*, pp. 22 – 23.

40 Godfrey Vigne, *A Personal Narrative of a Visit to Ghazni, Kabul and Afghanistan and a Residence at the Court of Dost Mohamed with Notices of Runjit Singh, Khiva, and the Russian Expedition*, London, 1840, p. 4.

41 Punjab Archives, Lahore, Ludhiana Agency papers, Wade to Macnaghten, Press List VI, Book 142, serial no. 44, 9 July 1836. Shah Mahmood Hanifi, 'Shah Shuja's "Hidden History" and its Implications for the Historiography of Afghanistan', *South Asia Multidisciplinary Academic Journal* [online], Free-Standing Articles, online since 14 May 2012, connection on 21 June 2012, http: // samaj. revues. org/ 3384.

42 例如，关于一系列的婢女传奇故事，请见 Punjab Archives, Lahore, Captain C. M. Wade, Pol. Assistant, Loudhianuh to J. E. Colebrooke, Bart., Resident, Delhi, 1 June 1828, Ludhiana Agency Records, book 96, Case 67, pp. 92 – 94, for one round of the slave-girl saga。See also Kapadia, 'The Diplomatic Career of Sir Claude Wade', p. 6。

43 VictorJacquemont, *Letters from India (1829 – 1832)*, London, 1936, p. 162.

44 Jean-Marie Lafont, *Indika: Essays in Indo-French Relations 1630 – 1976*, New Delhi, 2000, p. 343.

45 Ibid.

46 Public Records Office (now The National Archives, Kew), PRO 30/ 12, Ellenborough, Political Diary, 3 September 1829.

47 M. E. Yapp, *Strategies of British India: Britain, Iran and Afghanistan, 1798 – 1850*, Oxford, 1980, pp. 247, 111 – 112; Mark Bence-Jones, *The Viceroys of India*, London, 1982, p. 15.

48 Macrory, *Signal Catastrophe*, p. 39.

49 Norris, *The First Afghan War 1838 – 1842*, p. 15.

50 Laurence Kelly, *Diplomacy and Murder in Tehran: Alexander Griboyedov and Imperial Russia's Mission to the Shah of Persia*, London, 2002, ch. XIX, pp. 153 – 161.

51 Edward Ingram, *The Beginning of the Great Game in Asia, 1828 – 1834*, Oxford, 1979, p. 49, Wellington to Aberdeen, 11 October 1829, Arthur Wellesley, Duke of Wellington, *Supplementary Despatches and Memoranda of Field Marshall Arthur Duke of Wellington*, ed. by his son, the 2nd Duke of Wellington, London, 1858 – 1872, vol. VI, pp. 212 – 219.

52 Kelly, *Diplomacy and Murder*, p. 54.

53 Orlando Figes, *Crimea: The Last Crusade*, London, 2010, p. 5.

54 Peter Hopkirk, The Great Game, London, 1990, p. 117.

55 Ibid. , p. 117; PRO, Ellenborough, Political Diary, II, 122 – 123, 29 October 1829.

56 BL, OIOC, Secret Committee to Governor General, 12 January 1830, IOR/L/PS/5/543.

57 Hopkirk, *The Great Game*, p. 119.

58 Cobden, quoted by Norrisin *First Afghan War*, p. 38.

59 National Archives of India (NAI), Foreign, Political, 5 September 1836, nos 9 – 19, Minute of Charles Trevelyan.

60 Ingram, *Beginning of the Great Game*, p. 169.

61 James Lunt, *Bokhara Burnes*, London, 1969, p. 39.

62 尽管这两位堂兄弟对自己的姓氏拼写有异，但其实是近亲。

63 幸亏克雷格·默里指出，伯恩斯并不像凯断言的那样就读于中等职业学校。

64 Alexander Burnes, *Travels into Bokhara, Being the Account of a Journey from India to Cabool, Tartary and Persia, also a Narrative of a Voyage on the Indus from the Sea to Lahore*, London, 1834, vol. I, p. 127.

65 Hopkins, *The Making of Modem Afghanistan*, p. 51.

66 Jacquemont, *Letters from India*, pp. 171 – 173.

67　Burnes, *Travels into Bokhara*, vol. I, p. 132.

68　Ibid. , p. 143.

69　Ibid. , p. 144.

70　Lunt, *Bokhara Burnes*, p. 49. 到 1843 年，挽马皆已死去。据诺里斯（Norris）所述，它们"奢华谢世，远离肯特郡（Kentish）牧场，远非肚满肠肥"。*First Afghan War*, p. 47. See also Yapp, *Strategies*, pp. 247, 208.

71　Sir John William Kaye, *Lives of Indian Officers*, vol. II, pp. 231 – 233.

72　Burnes, *Travels into Bokhara*, vol. II, p. 334.

73　Lafont, *Indika*, p. 343.

74　Burnes, *Travels into Bokhara*, vol. II, pp. 313, 341; vol. III, p. 185.

75　Ibid. , vol. II, pp. 330 – 302.

76　Quoted in Norris, *First Afghan War*, p. 57.

77　BL, OIOC, Enclosures to SecretLetters（ESL）3: no. 69 of no. 8 of 2 July 1832（IOR/L/PS/5/122）, Wade to Macnaghten, 11 May 1832.

78　Ibid.

79　Ibid. , attached letter, 'Translation of a note from Shah Shoojah ool Moolk to Hajee Moolah Mahomed Hussein, the Shah's Agent with Capt. Wade' .

80　BL, OIOC, F/4/1466/5766, Extract Fort William Political Consultations of 12 February 1833: Shah Shuja to the Secretary and Deputy Secretary to Govt, received 18 December 1833, and F/4/1466/57660, Macnaghten to Fraser, 8 December 1832.

81　BL, OIOC, Board's Collections, F/4/1466/57660, no. 52479.

82　BL, OIOC, IOR/P/BRN/SEC/372, Item 34 of Bengal Secret Consultations, 19 March 1833, From the Governor General to DostMahomed, written 28 February 1833.

83　*Waqi'at-i-Shah Shuja*, The Thirty-Second Event.

84　Lafont, *Indika*, p. 351.

85　Cited in Kapadia, ' The Diplomatic Career of Sir Claude Wade ', pp. 178 – 179.

86　Mirza ' Ata, *Naway Ma' arek*, p. 146.

87　*Waqi'a t-i-Shah Shuja*, The Thirty-Third Event.

88　NAI, Foreign, Secret Consultations, 10 April 1834, no. 20.

89　Ibid.

90　Mirza ' Ata, *Naway Ma' arek*, p. 148.

91　Ibid. , pp. 148 – 162.

92　NAI, Foreign, Political Consultations, 5 September 1836, nos 9 – 19, Minute of Charles Trevelyan. 特里维廉（Trevelyan）与阿瑟·康诺利

其实是使埃伦伯勒勋爵和奥克兰勋爵的印度河政策成形的人。

93 Macintyre, *Josiah the Great*, p. 18.

第三章 "大博弈"发轫

1 Elizabeth Errington and Vesta Sarkhosh Curtis, *From Persepolis to the Punjab: Exploring Ancient Iran, Afghanistan and Pakistan*, London, 2007, p. 5.

2 George Rawlinson, *A Memoir of Major-General Sir Henry Creswicke Rawlinson*, London, 1898, p. 67.

3 Royal Geographical Society, Rawlinson Papers, HC$_2$, Private Journal Commenced from 14 June 1834, entry for 24 October 1834.

4 Ivan Fedorovitch Blaramberg, *Vospominania*, Moscow, 1978, p. 64.

5 Yapp, *Strategies*, pp. 138 – 139.

6 I. O. Simonitch, *Precis historque de l'avenement de Mahomed-Schah au trone de Perse par le Comte Simonitch, ex-Ministre Plenipotentiaire de Russie a la Cour de Teheran*, Moscow, 1967, quoted by Alexander Morrison, *Twin Imperial Disasters: The Invasion of Khiva and Afghanistan in the Russian and British Official Mind*, 1839 – 1842 (forthcoming).

7 Sir John MacNeill, *The Progress and Present Position of Russia in the East*, London, 1836, p. 151.

8 Rawlinson, *Memoir*, p. 67.

9 Ibid. , p. 68.

10 NAI, Foreign, Secret Consultations, 17 October 1838, nos 33 – 4.

11 Rawlinson, *Memoir*, p. 68.

12 NAI, Foreign, Secret Consultations, 17 October 1838, nos 33 – 4.

13 Errington and Curtis, *From Persepolis to the Punjab*, p. 5.

14 NAI, Foreign, Secret Consultations, 17 October 1838, nos 33 – 4.

15 Blaramberg, *Vospominania*, p. 60; Melvin Kessler, *Ivan Viktorovitch Vitkevich 1806 – 39: A Tsarist Agent in Central Asia*, Central Asia Collectanea, no. 4, Washington, DC, 1960, pp. 5 – 8; V. A. Perovsky, *A Narrative of the Russian Military Expedition to Khiva under General Perofski in 1839*, trans. from the Russian for the Foreign Department of the Government of India, Calcutta, 1867; Mikhail Volodarsky, 'The Russians in Afghanistan in the 1830s', *Central Asian Survey*, vol. 3, no. 1 (1984), p. 72.

16 'Peslyak's Notes', *Istoricbesky Vestnik*, no. 9, 1883, p. 584.

17 Letter from V. A. Perovsky, Military Governor of Orenburg, to K. K. Rodofinikin, head of the Asian Department at the Ministry of the

Foreign Affairs, 14 June 1836, quoted by N. A. Khalfin, predislovie k sb. *Zapiski o Bukharskom Khanstve* (preface to Notes on the Khanate of Bukhara), Moscow, 1983.

18　Blaramberg, *Vospominania*, p. 60.

19　Perovsky, *A Narrative of the Russian Military Expedition to Khiva*, pp. 73 – 75. 莫里森（Morrison）在 *Twin Imperial Disasters* 中指出此段文字实则由伊万宁撰写，而非佩罗夫斯基。

20　Khalfin, *Zapiski o Bukharskom Khanstve* (Notes on the Khanate of Bukhara).

21　Blaramberg, *Vospominania*, p. 60.

22　Khalfin, *Zapiski o Bukharskom Khanstve* (Notes on the Khanate of Bukhara).

23　Volodarsky, 'The Russians in Afghanistan in the 1830s', p. 70.

24　Khalfin, *Zapiski o Bukharskom Kbanstve* (Notes on the Khanate of Bukhara).

25　Volodarsky, 'The Russians in Afghanistan in the 1830s', pp. 73 – 74.

26　Ibid. , p. 70; Morrison, *Twin Imperial Disasters.* , pp. 16 – 17.

27　Khalfin, *Zapiski o Bukbarskom Kbanstve* (Notes on the Khanate of Bukhara).

28　Cited by Morrison in *Twin Imperial Disasters*, p. 16.

29　Volodarsky, 'The Russians in Afghanistan in the 1830s', p. 72.

30　N. A. Khalfin, *Vozmezdie ozbidaet v Dzhagda* (Drama in a Boarding House), *Voprosy Istorii*, 1966, No. 10; 另见 Yapp, *Strategies*, p. 234, 关于此事的原始资料是迪阿梅尔的回忆录。

31　Kessler, *Ivan Viktorovitcb Vitkevich*, p. 12.

32　Volodarsky, 'The Russians in Afghanistan in the 1830s', p. 74.

33　Ibid.

34　Blaramberg, *Vospominania*, p. 60.

35　Ibid. , p. 64.

36　Burnes, *Cabool*, p. 104.

37　Volodarsky, 'The Russians in Afghanistan in the 1830s', p. 70.

38　参见 Fayz Mohammad, *Siraj ul-Tawarikh*, vol. I, pp. 184 – 188; Masson, *Narrative of Various Journeys*, vol. III, pp. 307 – 309; Hopkins, *The Making of Modem Afghanistan*, pp. 101 – 107; Noelle, *State and Tribe in Nineteenth-Century Afghanistan*, pp. 15 – 17; Kapadia, 'The Diplomatic Career of Sir Claude Wade', p. 203。

39　NAI, Foreign, Secret Consultations, 15 May 1837, no. 08, Masson to Wade, 25 February 1837.

40　Ibid.

41　Fayz Mohammad, *Siraj ul-Tawarikh*, vol. I, p. 186. 委托创作《历史之光》的埃米尔在手稿上留下旁注："我听一些长者说，哈里·辛格骑着象加入混战，突然间一颗子弹击中了他的要害部位，他当场毙命。不知是谁杀了他。"无论真相如何，阿富汗文学作品始终认为阿克巴·汗亲手处决了哈里·辛格，在克什米尔的著作《阿克巴本记》以及其他几部史诗中，都将此壮举归功于他。

42　Norris, *First Afghan War*, p. 114.

43　Burnes, Cabool, p. 139, and his letter to Calcutta, 9 October 1837, NAI, Foreign, Political Consultations, letters from Secretary of State, 28 September 1842, no. 21.

44　Masson, *Narrative of Various Journeys*, vol. III, p. 445.

45　Ibid. , pp. 447 – 449.

46　See for example Maulana Hamid Kashmiri, *Akbarnama*.

47　Ibid.

48　Ibid. , ch. 9.

49　Masson, *Narrative of Various Journeys*, vol. III, p. 97.

50　Vlgne, *Visits to Afghanistan*, pp. 176 – 177.

51　Burnes, *Cabool*, p. 140.

52　Ibid.

53　Ibid. , pp. 142 – 143.

54　Mirza 'Ata, *Naway Ma' arek*, pp. 162 – 172.

55　Kashmiri, *Akbarnama*, ch. 10.

56　Fayz Mohammad, *Siraj ul-Tawarikh*, vol. I, p. 192.

57　Kashmiri, *Akbamama*, ch. 11.

58　Masson, *Narrative of Various Journeys*, vol. III, pp. 452 – 453.

59　Ibid. 关于"Garib Nawaz"一词，更准确的译法是"珍爱贫民之人"。

60　NAI, Foreign, Secret Consultations, 19 August 1825, Burnes to Holland, nos 3 – 4.

61　Sir Penderel Moon, *The British Conquest and Dominion of India*, London, 1989, p. 492.

62　当然是同一位麦考利，他在其著作《教育备忘录》(*Minute on Education*) 中无知地评述道："单单一书架欧洲优秀藏书，其价值等同于印度及阿拉伯半岛整个本土文学……从用梵文撰写的所有书籍中搜集到的历史资料，不及在英格兰预科学校使用的最不足道的节本中找到的东西有价值"。在随后"英国通"与"东方通"的争论中，麦考利与麦克诺滕立场对立。关于队伍的描述，参见 Emily Eden, *Up the Country*: *Letters written to her Sister from the Upper Provinces of India*, Oxford, 1930, p. 1。

63 Emily Eden, *Miss Eden's Letters*, ed. by her great-niece, Violet Dickinson, London, 1927, p. 293.

64 W. G. Osborne, *The Court and Camp of Runjeet Sing*, London, 1840, pp. 209 – 210. 先前贸易帝国的霸主威尼斯人采用类似方法。

65 Eden, *Miss Eden's Letters*, p. 263.

66 Ibid.

67 Eden, Up the Country, p. 18.

68 Fanny Eden, *Tigers, Durbars and Kings: Fanny Eden's Indian journals*, 1837 – 1838, transcribed and ed. by Janet Dunbar, London, 1988, p. 72.

69 Eden, *Miss Eden's Letters*, p. 299; Eden, *Up the Country*, p. 3.

70 Eden, *Up the Country*, p. 156.

71 Eden, *Tigers, Durbars and Kings*, pp. 77 – 80.

72 Eden, *Up the Country*, pp. 4, 46.

73 Eden, *Tigers, Durbars and Kings*, p. 124.

74 Ibid. , p. 60.

75 Mohan Lai, *Life of Amir Dost Mohammad*, vol. I, pp. 249 – 250.

76 Yapp, *Strategies*, p. 245; A. C. Banerjee, *Anglo-Sikh Relations: Chapters from J. D. Cunningham's History of the Sikhs*, Calcutta, 1949, p. 53.

77 Mohan Lal, *Life of Amir Dost Mohammad*, vol. I, pp. 250 – 252.

78 BL, OIOC, ESL 48: no. 87 of no. 1 of 8 February 1838 (IOR/L/PS/5/ 129), Extract of a letter from Wade to Macnaghten, 1 January 1838.

79 BL, OIOC, ESL 50: no. 18; Kapadia, 'The Diplomatic Career of Sir Claude Wade', p. 385.

80 BL, OIOC, ESL 48: no. 87 of no. 1 of 8 February 1838 (IOR/L/PS/5/ 129), Extract of a letter from Wade to Macnaghten, 1 January 1838.

81 NAI, Foreign, Political Consultations, 11 September 1837, no. 4.

82 Volodarsky, 'The Russians in Afghanistan in the 1830s', p. 76.

83 NAI, Foreign, Political Consultations, 6 June 1838, nos 21 – 2.

84 BL, Broughton Papers, Add Mss 37692, fol. 71, Auckland to Hobhouse, 6 January 1838; Norris, *First Afghan War*, p. 139.

85 Johnson, *The Afghan Way of War*, p. 42.

86 Herawi, '*Ayn al-Waqayi*, p. 29; Fayz Mohammad, *Siraj ul-Tawarikb*, vol. I, pp. 189 – 190.

87 Norris, *First Afghan War*, pp. 129 – 130.

88 NAI, Foreign, Secret Consultations, 19 August 1825, nos 3 – 4, 1, 11 – 14. Extracts from private letters from the late Sir Alex Burnes to Major Holland between the years 1837 and 1841 relating to affairs in

Afghanistan.

89　Burnes, *Cabool*, pp. 261 – 262.

90　BL, OTOC, L/PS/5/130, Burnes to Macnaghten, 18 February 1838.

91　BL, OIOC, ESL 48: no. 100 of no. 1 of 8 February 1838 (IOR/L/PS/5/129), Burnes to Auckland, 23 December 1837.

92　NAI, Foreign, Secret Consultations, 19 August 1825, nos 3 – 4, 1, 11 – 14.

93　Norris, *First Afghan War*, p. 141.

94　Volodarsky, 'The Russians in Afghanistan in the 1830s', p. 76.

95　Masson, *Narrative of Various Journeys*, vol. III, p. 465.

96　Mirza 'Ata, *Naway Ma' arek*, pp. 162 – 172.

97　Norris, *First Afghan War*, p. 151.

98　NAI, Foreign, Secret Consultations, 22 August to 3 October 1838, no. 60, Pottinger to Burnes.

99　Mohan Lal, *Life of Amir Dost Mohammad*, vol. I, p. 281.

100　Michael H. Fisher, 'An Initial Student of Delhi English College: Mohan Lai Kashmiri (1812 – 1877)', in Margrit Pernau (ed.), *The Delhi College: Traditional Elites, the Colonial State and Education before 1857*, New Delhi, 2006, p. 248.

101　Mohan Lal, *Life of Amir Dost Mohammad*, vol. I, pp. 307 – 309.

102　Burnes to Macnaghten, 24 March 1838, Parliamentary Papers [PP] 1839, Indian Papers 5。关于更完整文本，参见 PP 1859。

103　NAI, Foreign, Secret Consultations, 22 August to 3 October 1838, no. 602, Burnes to Macnaghten.

104　Kashmiri, *Akbamama*, ch. 11.

105　Volodarsky, 'The Russians in Afghanistan in the 1830s', p. 77.

106　Morrison, *Twin Imperial Disasters*, p. 22.

107　NAI, Foreign, Secret Consultations, 19 August 1825, nos 3 – 4, no. 04, Burnes to Holland, Peshawar, 6 May 1838.

108　BL, OIOC, ESL 49: no. 12 of no. 11 of 22 May 1838 (IOR/L/PS/5/130), Auckland's Minute of 12 May 1838.

109　Eden, *Up the Country*, p. 125.

110　Norris, *First Afghan War*, p. 161.

111　Eden, *Miss Eden's Letters*, p. 293.

112　BL, OIOC, ESL 49: no. 12 of no. 11 of 22 May 1838 (IOR/L/PS/5/130), Auckland's Minute of 12 May 1838.

113　Eden, *Miss Eden's Letters*, pp. 299 – 300.

114　Eden, *Up the Country*, p. 186,

115　Osborne, *The Court and Camp of Runjeet Sing*, pp. 70 – 89.

116 Ibid. , p. 90.

117 Ibid. , p. 190.

118 Major W. Broadfoot, *The Career of Major George Broadfoot*, C. B. , London, 1888, p. 121; also Henry Lawrence, in Yapp, *Strategies*, p. 247.

119 BL, OIOC, Mss Eur E359, Diary of Colvin, entry for 1 June 1838.

120 Norris, *First Afghan War*, p. 182.

121 *Calendar of Persian Correspondence of the Punjab Archives abstracted into English*, Lahore, 1972 – 2004 vol. 2, p. 158. Mirza Haidar Ali, an attendant to Shah Shuja ul-Mulk, to the Political Agent, Ludhiana, 15 September 1837.

122 Maulana Mohammad-Ghulam Akhund-zada Kohistani, b. Mulla Thnur-shah, *mutakballis ba* ' Gulam ' (or Gulami Mohammad Ghulam), *Jangnama. Dar wasfi-i mujahidat-i Mir Masjidi-khan Gazi wa sair-i mudjakidin rashid-i milli-i aliya-i mutajawizin-i ajnabi dar salha-yi 1839 – 1842 i. Asar*: *Maulina* [sic] *Muhammad-Gulam Kuhistani mutakballis ba* ' *Gulami* ', Kabul 1336 AH/1957 (*Anjuman-i tarikb-i Afghanistan*, No. 48) [preface by Ahmad-Ali Kohzad, without index], pp. 184 – 186.

123 Osborne, *The Court and Camp of Runject Sing*, pp. 207 – 208.

124 *Waqi'at-i-Shah Shuja*, The Thirty-Fifth Event.

125 Eden, *Miss Eden's Letters*, p. 290.

126 Ibid. , p. 311.

127 Moon, *The British Conquest and Dominion of India*, p. 505.

128 NAI, Foreign, Secret Consultations, 21 November 1838, no. 104, Mackeson to Macnaghten, 16 August 1838.

129 Masson, *Narrative of Various Journeys*, vol. III, p. 495.

130 亚普（Yapp）颇具说服力地辩称，麦克诺滕是武装入侵背后的主要驱动者。参见 *Strategies*, pp. 246 – 247。

131 Colonel William H. Dennie, *Personal Narrative of the Campaigns in Afghanistan*, ed. W. E. Steele, Dublin, 1843, p. 30.

132 Sir John William Kaye, *Lives of Indian Officers*, vol. 2, p. 254.

133 Yapp, *Strategies*, p. 253.

134 Sir John William Kaye, *History of the War in Afghanistan*: *From the unpublished letters and journals of political and military officers employed in Afghanistan*, London, 1851, vol. I, p. 375.

135 Henry Marion Durand, *The First Afghan War and its Causes*, London, 1879, p. 81.

第四章 地狱之口

1 BL, Broughton Papers, Add Mss 36474, Wade to Auckland, 31 January 1839.

2 Yapp, *Strategies*, p. 263.

3 Dennie, *Personal Narrative of the Campaigns in Afghanistan*, p. 51.

4 Norris, *First Afghan War*, p. 254.

5 Ibid. , p. 248.

6 Ibid.

7 *Calendar of Persian Conespondence*, vol. 2, p. 1119, 11 December 183 S, Shah Shuja ul Mulk to Political Agent, Ludhiana.

8 Eden, *Miss Eden's Letters*, p. 305.

9 Eden, *Tigers, Durbars and Kings*, p. 162.

10 Ibid. , p. 159.

11 J. H. Stocqueler, *The Memoirs and Correspondence of Sir William Nott, GCB*, London, 1854, vol. I, p. 79.

12 Osborne, *The Court and Camp of Runjeet Singh* pp. 213 – 214.

13 Eden, *Up the Country*, pp. 205 – 206.

14 HenryFlavelock, *Narrative of the War in Affghanistan in 1838 – 1839*, London, 1840, vol. I, p. 72; Kaye, *History of the War in Afghanistan*, vol. I, p. 392.

15 Eden, *Tigers, Durbars and Kings*, p. 182.

16 Ibid. , p. 175.

17 Kaye, *History of the War in Afghanistan*, vol. I, p. 393.

18 Saul David, *Victoria's Wars: The Rise of Empire*, London, 2006, p. 27.

19 Stocqueler, *The Memoirs and Correspondence of Sir William Nott*, vol. I, p. 91.

20 Mirza 'Ata, *Naway Ma'arek*, p. 162, The English in Sindh and the Bolan Pass.

21 Ibid.

22 Kaye, *History of the War in Afghanistan*, vol. I, p. 419.

23 Ibid. , p. 415.

24 NAI, Foreign, Secret Consultations, Burnes to Holland (pte), 21 March 1839, 8/43, 28 September 1842.

25 Kashmiri, *Akbamama*, ch. 11.

26 Major-General Sir Thomas Seaton, *From Cadet to Colonel: The Record of a Life of Active Service*, London 1873, p. 74.

27 Broadfoot, *The Career of Major George Broadfoot*, p. 7.

28　Mirza 'Ata, *Naway Ma' arek*, p. 162, The English in Sindh and the Bolan Pass.

29　Seaton, *From Cadet to Colonel*, p. 85.

30　G. W. Forrest, *Life of Field Marshal Sir Neville Chamberlain GCB*, Edinburgh, 1909, pp. 31 – 32.

31　*Calendar of Persian Correspondence*, vols. 2 and no. 3, 包含沙·苏贾和韦德发出的偌多信函，力图为萨多扎伊复辟召募阿富汗诸部落，例如参见 vol. 3, no. 206, 19 February 1839, p. 30。

32　Kaye, *Lives of Indian Officers*, vol. I, pp. 262 – 263.

33　Mohan Lal, *Life of Dost Mohammad*, vol. II, p. 198.

34　Major William Hough, *A Narrative of the March and Operations of the Army of the Indus 1838 – 1839*, London, 1841, pp. 83 – 84.

35　Seaton, *From Cadet to Colonel*, p. 89.

36　Stocqueler, *The Memoirs and Correspondence of Sir William Nott*, vol. I, p. 122.

37　Hough, *March and Operations of the Army of the Indus*, p. 68.

38　George Lawrence, *Reminiscences of Forty Three Years in India*, London, 1875, p. 7

39　Sita Ram Panday, From *Sepoy to Subedar*, trans. Lt. Col. J. T. Norgate, London, 1873, pp. 88 – 89. 这是一份极为诱人的文献，但也是一份多多少少存在问题的文献。据推测由告老还乡的悉达·罗摩以天城体写成的印度斯坦语原著不曾浮出水面，19 世纪 70 年代以英文版面世的是最早的版本，而后被翻译回以阿拉伯字母书写的印度斯坦语（像《梦想与想象》（*Khwab o Khiyal*）一样），用作印度文官机构（ICS, Indian Civil Service）考试课本。始终有可能的是不存在原著，它其实由首次发表该文献的英国军官撰写。然而，翻阅了据称是印度兵写给德里新闻界的许多其他书函后，发现它们实则显然出自英国军官之手，我倾向于认同此文献说法的真实性。

40　Mirza 'Ata, *Naway Ma' arek*, p. 170, The English in Sindh and the Bolan Pass.

41　*Calendar of Persian Correspondence*, Vol. 3, p. 155, no. 1000, 9 June 1839, Shah Shuja to Colonel Wade.

42　Mirza 'Ata, *Naway Ma' arek*, p. 171, The English in Sindh and the Bolan Pass.

43　National Army Museum, NAM 2008 – 1839, Gaisford Letters, p. 1, Camp Artillery Brigade Near Kabool, 20 August 1839.

44　Stocqueler, *The Memoirs and Correspondence of Sir William Nott*, vol. I, p. 101.

45　National Army Museum, NAM 1983 – 11 – 28 – 1, Gaisford Diary,

p. 1.

46 Lawrence, *Reminiscences of Forty Three Years in India*, pp. 12 – 13.

47 Stocqueler, *The Memoirs and Correspondence of Sir William Nott*, vol. I, p. 115.

48 National Army Museum, NAM 1983 – 11 – 28 – 1, Gaisford Diary, p. 1.

49 Mohan Lal, *Life of Dost Mohammad*, vol. II, p. 206.

50 哈吉·汗·卡卡尔早就给沙·苏贾捎去口信，但这才初露端倪地表明他打算言行不二。参见 NAI, Foreign, Secret Consultations, 16 October 1839, no. 70, Abstract of letters received by Shah Shooja from different Chiefs West of Indus in reply to communications addressed to them by His Majesty; sent for the perusal of Captain Wade。

51 Kashmiri, *Akharnama.*

52 Letter of AlexanderBurnes quoted by Emily Eden, *Up the Country*, p. 291.

53 National Army Museum, NAM 2008 – 1839, Gaisford Letter, p. 1, Camp Artillery Brigade Near Kabool, 20 August 1839.

54 BL, Broughton Papers, Add Mss 36474, Macnaghten to Auckland, 6 May 1839.

55 William Taylor, *Scenes and A dventures in Afghanistan*, London, 1842, p. 95.

56 *Waqi'at-i-Shah Shuja*, p. 104, The Thirty-Fifth Event.

57 Ibid.

58 Fayz Mohammad, *Siraj ul-Tawarikh*, vol. I, p. 225.

59 Amini, *Paadash-e-Khidmatguzaari-ye-Saadiqaane Ghazi Nayab Aminullah Khan Logari*, p. 4.

60 Rev. G. R. Gleig, *Sale's Brigade in Afghanistan*, London, 1843, p. 39.

61 Sita Ram, *From Sepoy to Suhedar*, London, 1843, pp. 91 – 92.

62 Forrest, *Life of Field Marshal Sir Neville Chamberlain GCB*, p. 35.

63 BL, Broughton Papers, Add Mss 36474, fols 63 – 8, Auckland to Hobhouse, 18 June 1839.

64 *Calendar of Persian Correspondence*, vol. 3, p. 111, no. 762, 16 May 1839, Political Agent, Ludhiana to Shah Dad Khan; Noelle, *State and Tribe in Nineteenth-Century Afghanistan*, p. 169.

65 Mohan Lai, *Life of Dost Mohammad*, vol. II, p. 259; Noelle, *State and Tribe in Nineteenth-Century Afghanistan*, p. 43.

66 NAI, Foreign, Secret Consultations, 16 October 1839, no. 70, Abstract of letters received by Shah Shooja from different Chiefs West of Indus in reply to communications addressed to them by His Majesty; sent for the

perusal of Captain Wade.

67 William Barr, *Journal of a March from Delhi to Peshawar and thence to Cabal*, London, 1844, pp. 134 – 135.

68 *Calendar of Persian Correspondence*, vol. 3, p. 50, no. 334, 19 March 1839, Political Agent, Ludhiana to Maharajah Ranjit Singh.

69 Ibid., p. 52, no. 356, 21 March 1839, Political Agent, Ludhiana to Maharajah Ranjit Singh.

70 Ibid., p. 56, no. 382, 27 March 1839; p. 58, no. 399, 1 April 1839; p. 60, no. 410, 3 April 1839; p. 64, nos 443 and 444, 8 April 1839; all Political Agent, Ludhiana to Maharajah Ranjit Singh.

71 Ibid., p. 57, no. 394, 31 March 1839, Khalsa sarkar to General Avitabile.

72 Ibid., p. 87, no. 604, 1 May 1839, Political Agent, Ludhiana to Maharajah Ranjit Singh.

73 Ibid., p. 29, no. 200 and p. 104, no. 716, 13 May (for demands of the Khyber chiefs) and p. 107, no. 735, 15 and 21 May 1839, Maharajah Ranjit Singh to Political Agent, Ludhiana.

74 Osborne, *The Court and Camp of Runjeet Sing*, pp. 223 – 224.

75 Eden, *Up the Country*, pp. 292, 310.

76 Yapp, *Strategies*, pp. 363 – 365.

77 Kaye, *Lives of Indian Officers*, vol. II, p. 264.

78 BL, OIOC, ESL 79: no. 5 of Appendix VI in no. 3 of no. 71 of 20 August 1840 (IOR/L/PS/5/160), Extract from a demi-officialletter from Todd to Macnaghten, 15 June 1840.

79 BL, Broughton Papers, Add Mss 36474, Wade to the. Governor General, 31 January 1839.

80 NAI, Foreign, Secret Consultations, 12 June 1839, no. 75, Wade to Maddock, 18 July 1839.

81 Taylor, *Scenes and Adventures in Afghanistan*, pp. 101 – 102.

82 Durand, *The First Afghan War and its Causes*, p. 171.

83 BL, OIOC, MssEur D1 118, Nicholls letters, Keane to Nicholls, August 1839.

84 Sita Ram, *From Sepoy to Subedar*, p. 97.

85 Mirza 'Ata, *Naway Ma' arek*, pp. 39 – 56.

86 Fayz Mohammad, *Siraj ul-Tawarikh*, vol. I, pp. 226 – 267.

87 Mohan Lal, *Life of Dost Mohammad*, vol. II, pp. 238 – 242.

88 Durand, *The First Afghan War arid its Causes*, p. 174.

89 *Waqi'at-i-Shah Shuja*, The Thirty-Fifth Event.

90 Sita Ram, *From Sepoy to Subedar*, p. 98.

91   Durand, *The First Afghan War and its Causes*, pp. 178 – 179.

92   *Waqi'at-i-Shah Shuja*, The Thirty-Fifth Event.

93   Mirza 'Ata, *Naway Ma' arek*, pp. 173 – 176.

94   Lawrence, *Reminiscences of Forty Three Years in India*, p. 17.

95   Forrest, *Life of Field Marshal Sir Neville Chamberlain*, p. 46.

96   National Army Museum, NAM 1983 – 11 – 28 – 1, Gaisford Diary, pp. 71ff.

97   Mirza 'Ata, *Naway Ma' arek*, pp. 173 – 176.

98   Johnson, *The Afghan Way of War*, p. 53.

99   Durand, *The First Afghan War and its Causes*, pp. 166 – 167.

100 Mirza 'Ata, *Naway Ma' arek*, pp. 173 – 176.

101 Ibid.

102 Fayz Mohammad, *Siraj ul-Tawarikh*, vol. I, p. 228.

103 Mohan Lal, *Life of Dost Mohammad*, vol. II, p. 307.

104 Havelock, *Narrative of the War in Affghanistan*, vol. II, p. 97.

105 Mohan Lal, *Life of Dost Mohammad*, voL II, pp. 236 – 237.

106 Johnson, *The Afghan Way of War*, p. 53.

107 Kashmiri, *Akbarnama*, ch. 14.

108 Lawrence, *Reminiscences of Forty Three Years in India*, p. 25.

109 Kaye, *History of the War in Afghanistan*, vol. I, p. 461.

110 Hough, *March and Operations of the Army of the Indus*, pp. 251 – 252.

第五章　圣战的旗帜

1   Khalfin, *Vozmezdie ozhidaet v Dzhagda* (Drama in a Boarding House).

2   BL, Add Mss 48535, Clanricarde to Palmerston, 25 May 1839.

3   Kaye, *History of the War in Afghanistan*, vol. I, p. 209n.

4   NAI, Foreign, Secret Consultations, 18 December 1839, no. 6, Translation of a letter from Nazir Kban Ullah at-Bokhara to the address of the British Envoy and Minister at Kabul dated 15th Rajab / 24 September 1839.

5   Perovsky, *A Narrative of the Russian Military Expedition to Khiva*, pp. 73 – 75. 莫里森的著作 *Twin Imperial Disasters*, pp. 22 – 24 亦援引此段，译文稍有不同。莫里森称俄国档案馆的维特科维奇卷宗仅留存四封维特科维奇发自喀布尔的书函。

6   Kbalfin, *Vozmezdie ozhidaet v Dzhagda* (Drama in a Boarding House); also Morrison, *Twin Imperial Disasters*, p. 23.

7   Kbalfin, *Vozmezdie ozhidaet v Dzhagda* (Drama in a Boarding House), pp. 194 – 206.

8 孙古罗夫的笔记被其堂表兄弟 I. A. 波尔费罗夫（I. A. Polferov）收集整理成一本传记，参见 'Predated'（The Traitor）, *Istoricheskij vestnik*, St Petersburg, vol. 100（1905）, p. 498 and note。另见 Kessler, *Ivan Viktorovitch Vitkevitch*, pp. 16 – 18。

9 Blaramberg, *Vospominania*, p. 64.

10 Morrison, *Twin Imperial Disasters*, p. 32.

11 George Pottinger and Patrick Macrory, *The Ten-Rupee Jezail: Figures in the First Afghan War 1838 – 42*, London, 1993, p. 7.

12 Yapp, *Strategies*, p. 268; David, *Victoria's Wars*, p. 35.

13 Eden, *Up the Country*, pp. 205 – 256.

14 *Waqi'at-i-Shah Shuja*, p. 126, The Thirty-Fifth Event.

15 Gleig, *Sale's Brigade in Afghanistan*, p. 69.

16 Hopkins, *The Making of Modern Afghanistan*, pp. 144 – 148.

17 JamesRattray, *The Costumes of the Various Tribes, Portraits of Ladies of Rank, Celebrated Princes and Chiefs, Views of the Principal Fortresses and Cities, and Interior of the Cities and Temples of Afghaunistan*, London, 1848, p. 16.

18 Mirza 'Ata, *Naway Ma' arek*, pp. 211 – 224.

19 Gleig, *Sale's Brigade in Afghanistan*, pp. 69 – 70.

20 Ibid. , pp. 71 – 72.

21 Rattray, *The Costumes of the Various Tribes*, p. 16.

22 十分感谢克雷格·默里让我注意到这一点。亚历山大·伯恩斯和詹姆斯·伯恩斯，还有莫罕·拉尔·克什米尔，都是狂热的共济会会员。

23 Lawrence, *Reminiscences of Forty Three Years in India*, p. 27.

24 Eden, *Miss Eden's Letters*, p. 315.

25 Fayz Mohammad, *Siraj ul-Tawarikh*, vol. I, p. 228.

26 Mohammad Ghulam Kohistani, *Jangnama*, p. 70.

27 Lawrence, *Reminiscences of Forty Three Years in India*, p. 20.

28 J. H. Stocqueler, *Memorials of Afghanistan: State Papers, Official Documents, Dispatches, Authentic Nanadves etc Illustrative of the British Expedition to, and Occupation of, Affghanistan and Scinde, between the years 1838 and 1842*, Calcutta, 1843, Appendix I, 'The Pursuit of Dost Mohammad Khan by Major Outram of the Bombay Army', p. iv.

29 Ibid. , p. ix.

30 Ibid.

31 Mirza 'Ata, *Naway Ma' arek*, pp. 211 – 224.

32 Fayz Mohammad, *Siraj ul-Tawarikh*, vol. I, pp. 228 – 231.

33　BL, OIOC, Elphinstone Papers, MssEur F89/3/7; Yapp, *Strategies*, p. 332.

34　Forrest, *Life of Field Marshal Sir Neville Chamberlain*, pp. 54 – 55.

35　MacIntyre, *Josiah the Great*, pp. 264, 308.

36　Gleig, *Sale's Brigade in Afghanistan*, p. 71.

37　Mohan Lai, *Life of Dost Mohammad*, vol. II, pp. 305 – 312; Noelle, *State and Tribe in Nineteenth-Century Afghanistan*, p. 226; Mirza 'Ata, *Naway Ma' arek*, p. 197.

38　Thomas J. Barfield, ' Problems of Establishing Legitimacy in Afghanistan', *Iranian Studies*, vol. 37, no. 2, June 2004, p. 273.

39　BL, Broughton Papers, Add Mss 36474, fol. 188, Auckland to Hobhouse, 21 December 1839.

40　*Waqi'at-i-Shah Shuja*, p. 127, The Thirty-Fifth Event.

41　Lawrence, *Reminiscences of Forty Three Years in India*, p. 32.

42　Seaton, *From Cadet to Colonel*, p. 109.

43　Sultan Mohammad Khan Durrani, *Tarikh-i-Sultani*, p. 258.

44　NAI, Foreign, Secret Consultations, 18 December 1839, no. 6, Translation of a letter from Nazir Khan Ullah at Bokhara to the address of the British Envoy and Minister at Kabul dated 15th Rajab ／ 24 September 1839.

45　Ibid.

46　NAI, Foreign, Secret Consultations, 8 September 1842, no. 37 – 38, Sir A. Burnes Cabool to Captain G. L. Jacob, Rajcote, Private, Cabool, 19 September 1839.

47　Yapp, *Strategies*, p. 339.

48　Eden, *Miss Eden's Letters*, p. 323.

49　Quoted in Yapp, *Strategies*, p. 344.

50　Gleig, *Sale's Brigade in Afghanistan*, pp. 49 – 50.

51　Ibid. , p. 50.

52　National Army Museum, NAM 7101 – 24 – 3, Roberts to Sturt, to May 1840.

53　Yapp, *Strategies*, pp. 322 – 323.

54　Mirza 'Ata, *Naway Ma' arek*, pp. 211 – 224.

55　Kaye, *Lives of Indian Officers*, vol. II, pp. 282 – 283.

56　Mohan Lai, *Life of Dost Mohammad*, vol. II, p. 399.

57　National Army Museum, NAM 7101 – 24 – 3, Roberts to Sturt, to May 1840.

58　Jules Stewart, *Crimson Snow: Britain's First Disaster in Afghanistan*, London, 2008, p. 64.

59　*Waqi ' at-i-Shah Shuja*, p. 124, The Thirty-Fifth Event.

60　Fayz Mohammad, *Siraj ul-Tawarikh*, vol. I, pp. 235 – 236.

61　NAI, Foreign, Secret Consultations, 5 October 1840, no. 66, Macnaghten to Auckland.

62　Mohan Lal, *Life of Dost Mohammad*, vol. II, pp. 314 – 315.

63　BL, Broughton Papers, Add Mss 36474, fol. 188, Auckland to Hobhouse, 21 December 1839.

64　NAI, Foreign, Secret Consultations, 8 June 1840, no. 95 – 6, Auckland to Shah Shuja.

65　M. E. Yapp, ' The Revolutions of 1841 – 1842 in Afghanistan ', *Bulletin of the School of Oriental and African Studies*, vol. 27, no. 2 (1964), p. 342。另见 Thomas Barfield, *Afghanistan: A Cultural and Political History*, Princeton, 2010, pp. 118 – 120。

66　BL, OIOC, ESL, 88, no. 24 of no. 32 of 17 August 1842, Lal, Memorandum, 29 June 1842.

67　Mohan Lal, *Life of Dost Mohammad*, vol. II, pp. 380 – 381.

68　Noelle, *State and Tribe in Nineteenth-Century Afghanistan*, p. 50.

69　NAI, Foreign, Secret Consultations, 15 January 1840, no. 75 – 77, Shah Shuja to Auckland.

70　Durand, *The First Afghan War and its Causes*, p. 245.

71　NAI, Foreign, Secret Consultations, 24 August 1840, covering letter of Macnaghten of 22 July 1840.

72　NAI, Foreign, Secret Consultations, 15 January 1840, no. 75 – 77, Shah Shuja to Auckland.

73　Mohan Lal, *Life of Dost Mohammad*, vol. II, pp. 314 – 315.

74　*Waqi'at-i-Shah Shuja*, pp. 124 – 5, The Thirty-Fifth Event.

75　Rattray, *The Costumes of the Various Tribes*, p. 3, *and Lockyer Willis Hart, Character and Costumes of Afghanistan*, London, 1843, p. 1.

76　Shahmat Ali, *The Sikhs and Afghans in Connexion with India and Persia*, London, 1847, p. 479.

77　NAI, Foreign, Secret Consultations, 24 August 1840, Sir A. Burncs' report of an interview with Shah Shooja with some notes of Sir Wm Macnaghten to GG. Capt. Lawrence accompanied Burnes.

78　NAI, Foreign, Secret Consultations, 5 October 1840, no. 66, Macnaghten to Auckland.

79　Fayz Mohammad, *Siraj ul-Tawarikh*, vol. I, p. 245.

80　BL, OIOC, IORL/PS/5/162.

81　BL, OIOC, ESL 74: no. 5 of no. 24 of no. 13, 19 February 1841.

82　BL, OIOC, ESL 70: no. 35 of no. 99 of 13 September 1840, Burnes

Memo of a conversation with Shah Shuja, 12 July 1840.

83 National Army Museum, NAM 7101 – 24 – 3, Roberts to Osborne, 18 February 1840.

84 Stocqueler, *The Memoirs and Correspondence of Sir William Nott*, vol. I, pp. 256 – 257.

85 Kaye, *Lives of Indian Officers*, vol. I, p. 272.

86 Kaslimiri, *Akbarnama*, ch. 17.

87 Mohan Lai, *Life of Dost Mohammad*, vol. II, pp. 314 – 315.

88 Fayz Mohammad, *Siraj ul-Tawarikh*, vol. I, p. 237.

89 Kashmiri, *Akbarnama*, ch. 17.

90 Ibid.

91 Mirza 'Ata, *Naway Ma' arek*, p. 197; BL, OIOC, no. 7 of no. 122 of 16 October 1840 (L/PS/5/152), Macnaghten to Torrens, 22 August 1840.

92 Dennie, *Personal Nairative*, p. 126.

93 Mohammad Ghulam Kohistani, *Jangnama*, pp. 184 – 186.

94 Ibid, pp. 157 – 158.

95 Mohan Lai, *Life of Dost Mohammad*, vol. II, pp. 349 – 350.

96 Mirza 'Ata, *Naway Ma' arek*, pp. 205 – 210.

97 Mohan Lai, *Life of Dost Mohammad*, vol. II, p. 360.

98 Mohammad Ghulam Kohistani, *Jangnama*, pp. 193 – 195.

99 Lawrence, *Reminiscences of Forty Three Years in India*, pp. 49 – 52.

100 *Waqi'at-i-Shah Shuja*, p. 126, The Thirty-Fifth Event. 关于统治者拱手而降的传统，参见巴菲尔德（Barfield）在 *Afghanistan: A Cultural and Political History*, pp. 117 – 118 中颇有洞见的分析。

101 Mirza 'Ata, *Naway Ma' arek*, p. 209.

102 Kaye, *History of the War in Afghanistan*, vol. II, p. 98.

103 Kaye, *Lives of Indian Officers*, vol. II, pp. 280 – 281.

104 Mirza 'Ata, *Naway Ma' arek*, p. 210.

105 Fayz Mohammad, *Siraj ul-Tawarikh*, vol. I, p. 240.

106 *Waqi'at-i-Shah Shuja*, pp. 126 – 127, The Thirty-Fifth Event.

107 Stewart, *Crimson Snow*, p. 71.

108 Mirza 'Ata, *Naway Ma' arek*, p. 211.

109 Lawrence, *Reminiscences of Forty Three Years in India*, p. 53.

第六章　我们败于蒙昧

1 Eden, *Up the Country*, p. 389.

2 Ibid.

3 Eden, *Miss Eden's Letters*, p. 334.

4 Karl Meyer and Shareen Brysac, *Tournament of Shadows*: *The Great Game and the Race for Empire in Europe*, London, 1999, p. 93.

5 Eden, *Up the Country*, p. 390.

6 BL, Broughton Papers, Add Mss 37703, Auckland to Elphinstone, 18 December 1840.

7 Helen Mackenzie, *Storms and Sunshine of a Soldier's Life*: *Lt. General Colin Mackenzie CB 1825 – 1881*, 2 vols, Edinburgh, 1884, vol. I, p. 65.

8 Ibid. , p. 75.

9 National Army Museum, NAM 1999 – 02 – 116 – 9 – 1, Magrath Letters, Letter 9, Cantonment Caubul, 22 June 1841.

10 BL, OIOC, ESL 86: no. 38 of no. 14, 17 May 1842, Elphinstone Memo, December 1841.

11 BL, OIOC, MssEur F89/54, Major-General William Elphinstone to James D. Buller Elphinstone, 5 April 1841.

12 Eden, *Miss Eden's Letters*, p. 343.

13 BL, Broughton Papers, Add Mss 37705, Auckland to George Clerk, 23 May 1841. 另见 Hopkins, *The Making of Modern Afghanistan*, p. 67。

14 Fayz Mohammad, *Siraj ul-Tawarikh*, vol. I, p. 291; Mohan Lal, *Life of Dost Mohammad*, vol. II, p. 382; see also Yapp, *Strategies*, p. 366.

15 例如，可参见加兹尼的马利克·穆罕默德·汗（Malik Mohamad Khan）和阿布德赫·苏丹（Abdah Sultan）致内布阿米努拉·汗·洛伽尔书函，未注明日期，但约为 1841 年，在 Amini, *Paadash-e-Khidmatguzaari-ye-Saadiqaane Ghazi Nayab Aminullah Khan Logari*, p. 167 中被翻印。原件在喀布尔博物馆（Kabul museum）的一册书信集中（似乎现已不知去向）。

17 BL, OIOC, ESL 75: no. 37 of no. 34 of 22 April 1841 (IOR/L/PS/5/156), Aktar Khan's address to Naboo Khan Populzye, and forwarded by that Chief to Ata Mahomed Khan (Sirdar), who transmitted it to Candahar. Translated by H. Rawlinson, February 1841.

18 Stocqueler, *The Memoirs and Correspondence of Sir William Nott*, vol. I, pp. 272 – 273.

19 Rawlinson, *A Memoir of Major-General Sir Henry Creswicke Rawlinson*, p. 81.

20 BL, OIOC, ESL 81: no. 64a of no. 109/ (IOR/L/PS/5/i62), Extract from a letter from Macnaghtcn to Rawlinson dated about 2 August 1841.

21 Colonel (John) Haughton, *Char-ee-Kar and Service Therewith the 4th Goorkba Regiment*, *ShahShooja's Force*, in 1841, London, 1878, pp. 5 – 6; George Porringer, *The Afghan Connection*: *The*

Extraordinary Adventures of Eldred Pottinger, Edinburgh, 1983, p. 117.

22 BL, OIOC, ESL 88: no. 47aof no. 32 of 17 August 1842 (IOR/L/PS/5/169), Pottinger to Maddock, 1 February 1842.

23 Kashmiri, *Akharnama*, ch. 21.

24 BL, OIOC, Board's Collections of Secret Letters to India, 13, Secret Committee to Governor General in Council, 694/31 December 1840.

25 Burnes to Wood, February 1841, in John Wood, *A Personal Narrative of a Journey to the Source of the River Oxus by the Route of the Indus, Kabul and Badakshan, Performed under the Sanction of the Supreme Government of India, in the Years 1836, 1837 and 1838*, London, 1841, pp. ix – x.

26 NAI, Foreign, Secret Consultations, 28 September 1842, nos 43, Burnes to Holland, 6 September 1840.

27 NAI, Foreign, Secret Consultations, 28 September 1842, no. 37 – 38, A. Burnes to J. Burnes.

28 Norris, *First Afghan War*, p. 317. 关于阿富汗战争给东印度公司经济损耗，另见 Yapp, *Strategies*, pp. 339 – 342; Shah Mahmood Hanifi, 'Impoverishing a Colonial Frontier: Cash, Credit, and Debt in Nineteenth-Century Afghanistan', *Iranian Studies*, vol. 37, no. 2 (June 2004); and Shah Mahmood Hanifi, *Connecting Histories in Afghanistan: Market Relations and State Formation on a Colonial Frontier*, Stanford, 2011。另见 Hopkins, *The Making of Modem Afghanistan*, pp. 25 – 30。

29 Yapp, *Strategies*, p. 341.

30 BL, OIOC, IOR/HM/534 – 45, Papers Connected to Sale's Brigade, vol. 39, Nicholls Papers and Nicholls's Journal, 26 March 1841.

31 National Army Museum, NAM, 1999 – 02 – 116 – 9 – 1, Magrath Letters, Letter 8 and 9, Cantonment Caubul, 21 May and 22 June 1841.

32 LadyFlorentia Sale, *A Journal of the Disasters in Affghanistan 1841 – 1842*, London 1843. P. 29.

33 Broadfoot, *The Career of Major George Broadfoot*, p. 14.

34 Ibid. , pp. 15 – 17.

35 Ibid. , p. 8.

36 Ibid. , p. 121.

37 Mackenzie, *Storms and Sunshine*, vol. I, p. 99.

38 Broadfoot, *The Career of Major George Broadfoot*, p. 20.

39 Mackenzie, *Storms and Sunshine*, vol. I, p. 99.

40　NAI, Foreign, Secret Consultations, 25 January 1841, nos 80 – 82, Translation of a letter from His Majesty Shah Shoojaool Moolk to Her Majesty the Queen of England.

41　Lawrence, *Reminiscences of Forty Three Years in India*, p. 54.

42　Yapp, *Strategies*, p. 315.

43　*Waqi'at-i-Sbab Shuja*, pp. 124 – 125, The Thirty-Fifth Event.

44　Fayz Mohammad, *Siraj ul-Tawarikh*, vol. I, pp. 244 – 245.

45　Mohan Lai, *Life of Dost Mohammad*, vol. II, p. 387.

46　Kaye, *Lives of Indian Officers*, vol. II, p. 286.

47　关于阿富汗的债务危及东印度公司的财务基础至何种程度，参见 Hanifi, *Connecting Histories in Afghanistan*, 以及 Shah Mahmoud Hanifi, ' Inter-regional Trade and Colonial State Formationin Nineteenth Century Afghanistan ', unpublished PhD dissertation, University of Michigan, 2001。

48　David, *Victoria's Wars*, p. 45.

49　Quoted inMacrory, *Signal Catastrophe*, p. 138.

50　BL, OIOC, ESL 81 (IOR/L/PS/5/162), Extract from a letter from Macnaghten to Auckland, dated Cabool, 28 August 1841.

51　Mackenzie, *Storms and Sunshine*, vol. I, p. 96.

52　BL, OIOC, ESL 88: no. 24 of no. 32, dated 17 August 1842 (IOR/L/PS/5/169), Mohan Lal's Memo.

53　Barfield, ' Problems of Establishing Legitimacy in Afghanistan ', p. 273; also Barfield, *Afghanistan: A Cultural and Political History*, p. 120; Hanifi, ' InterRegional Trade and Colonial State Formation in Nineteenth Century Afghanistan ', p. 58.

54　Mohan Lal, *Life of Dost Mohammad*, vol. II, p. 319.

55　Ibid. , p. 381.

56　*Waqi'at-i-Shah Sbuja*, pp. 131 – 132, The Thirty-Fifth Event.

57　Kashmiri, *Akbamama*, ch. 21.

58　BL, OIOC, MssEur F89/54, Extract of a letter from Asst. Surgeon Campbell in Medical Charge of the 54th N. L, dated Cabool, 26 July 1841.

59　Pottinger, *The Afghan Connection*, p. 120.

60　BL, OIOC, MssEur F89/3/7, Broadfoot to W. Elphinstone.

61　Broadfoot, *The Career of Major George Broadfoot*, pp. 26 – 28.

62　BL, OIOC, MssEur F89/54, Captain Broadfoot's Report.

63　Macrory, *Signal Catastrophe*, pp. 141 – 142.

64　Seaton, *From Cadet to Colonel*, p. 138.

65　Gleig, *Sale's Brigade in Afghanistan*, p. 80.

66　BL, OIOC, ESL 81: no. 10 of no. 109 of 22 December 1841 (IOR/L/ PS/5/162), Macnaghten to Maddock, 26 October 1841.

67　Sale, *A Journal of the Disasters in Afghanistan*, p. 11.

68　Quoted in Macrory, *Signal Catastrophe*, p. 149.

69　Seaton, *From Cadet to Colonel*, p. 149.

70　Sale, *A Journal of the Disasters in Afghanistan*, p. 15.

71　Gleig, *Sale's Brigade in Afghanistan*, p. 93.

72　Sale, *A Journal of the Disasters in Afghanistan*, p. 20.

73　Ibid. , p. 24.

74　Durand, *The First Afghan War and its Causes*, p. 338.

75　National Army Museum, NAM 1999 – 02 – 116 – 10 – 4, Magrath Letters, Camp Tezeen 25 October 1841.

76　Sale, *A Journal of the Disasters in Afghanistan*, p. 25.

77　Seaton, *From Cadet to Colonel*, p. 157.

78　Ibid. , pp. 156 – 157.

79　Gleig, *Sale's Brigade in Afghanistan*, p. 118.

80　Seaton, *From Cadet to Colonel*, p. 165.

81　NAI, Foreign, Secret Consultations, 13 December 1841, nos 1 – 2, Sale to Nicholls, 13 November 1841.

82　Quoted in Hopkirk, *The Great Game*, p. 238.

83　Stocqueler, *The Memoirs and Correspondence of Sir William Nott*, vol. I, pp. 35 – 39.

84　Ibid. , vol. I, pp. 350, 360.

85　Kaye, *History of the War in Afghanistan*, vol. II, p. 161.

86　Sale, *A Journal of the Disasters in Afghanistan*, p. 22.

87　BL, OIOC, ESL 81: no. 64a of no. 109 (IOR/L/PS/5/162), Extract from a letter from Macnaghten to Auckland, dated Cabool, 29 September 1841.

88　Kaye, *Lives of Indian Officers*, vol. II, p. 286.

89　Ibid. , p. 287.

90　Kashmiri, *Akbamama*, ch. 22, The killing of Burnes.

91　Mohan Lal, *Life of Dost Mohammad*, vol. II, pp. 390 – 391.

92　Mirza 'Ata, *Naway Ma' arek*, pp. 215 – 220.

93　Kaye, *Lives of Indian Officers*, vol. II, p. 289.

94　BL, OJOC, ESL88: no. 24 of no. 32, dated 17 August 1842 (TOR/L/ PS/5/169), Mohan Lal's Memo.

95　Mirza 'Ata, *Naway Ma' arek*, pp. 215 – 220.

第七章　秩序荡然无存

1　Private Collection, The Mss Journal of Captain Hugh Johnson, Paymaster to Shah Soojah's Force, p. 1, entry for 2 November 1841.

2 Ibid. , pp. 1 – 2.

3 Porringer, *The Afghan Connection*, p. 141.

4 Lawrence, *Reminiscences of Fony Three Years in India*, p. 62.

5 Ibid. , pp. 63 – 64.

6 Ibid. , p. 65.

7 Mohan Lal, *Life of Dost Mohammad*, vol. II, pp. 401 – 402.

8 Mackenzie, *Storms and Sunshine*, vol. I, p. 105.

9 Mohan Lal, *Life of Dost Mohammad*, vol. II, p. 407.

10 Mirza 'Ata, *Naway Ma' arek*, pp. 211 – 224, Events leading to the murder of Burnes and the great revolt.

11 Karim, *Muharaba Kabul wa Kandahar*, pp. 54 – 57.

12 Kaye, *History of the War in Afghanistan*, vol. II, pp. 163ff.

13 Mohan Lal, *Life of Dost Mohammad*, vol. II, pp. 408 – 409.

14 Kashmiri, *Akbarnama*, ch. 22, The killing of Burnes.

15 BL, Wellesley Papers, Add Mss 37313, James Burnes to James Carnac, 1 February 1842, Extract of a Persian Letter in exhortation from the Khans of Cabaul to the Chiefs of the Afreedees, a copy of which was received from Captain Mackinnon by Mr. Robertson at Agra on 20 December.

16 Macrory, *Signal Catastrophe*, p. 155.

17 Fayz Mohammad, *Siraj ul-Tawarikh*, vol. I, p. 249.

18 Sale, *A Journal of the Disasters in Afghanistan*, p. 29; Mirza 'Ata, *Naway Ma' arek*, pp. 211 – 224, Events leading to the murder of Burnes and the great revolt.

19 Quoted by Yapp, 'The Revolutions of 1841 – 1842 in Afghanistan', p. 380.

20 *Waqi'at-i-Shah Shuja*, p. 132, The Thirty-Fifth Event.

21 Ibid. , p. 137.

22 Ibid.

23 Mackenzie, *Storms and Sunshine*, vol. I, pp. 106 – 107.

24 Lawrence, *Reminiscences of Forty Three Years in India*, p. 75.

25 Sale, *A Journal of the Disasters in Afghanistan*, p. 39.

26 Major-General Sir Vincent Eyre, *The Kabul Insurrection of 1841 – 1842*, London, 1879, p. 87.

27 *Waqi'at-i-Shah Shuja*, p. 133, The Thirty-Fifth Event.

28 Safe, *A Journal of the Disasters in Afghanistan*, p. 39.

29 *Waqi'at-i-Shah Shuja*, p. 133, The Thirty-Fifth Event.

30 Stocqueler, *The Memoirs and Correspondence of Sir William Nott*,

vol. I, p. 369.

31　*Waqi'at-i-Shah Shuja*, p. 133, The Thirty-Fifth Event.

32　Eyre, *The Kabul Insurrection of 1841 – 1842*, p. 89.

33　Kaye, *History of the War in Afghanistan*, vol. II, p. 187.

34　Sale, *A Journal of the Disasters in Afghanistan*, pp. 29 – 32.

35　Lawrence, *Reminiscences of Forty Three Years in India*, pp. 67 – 69.

36　Ibid. , p. 69.

37　Sale, *A Journal of the Disasters in Afghanistan*, p. 35.

38　'Personal Narrative of the Havildar Motee Ram of the Shah's 4th or Ghoorkha Regiment of Light Infantry, Destroyed at Char-ee-kar', appendix to Haughton, *Char-ee-Kar and Service There with the 4th Goorkha Regiment*, pp. 47 – 48.

39　BL, OIOC, ESL88: no. 47a of no. 32 of 17 August 1842 (IOR/L/PS/ 5/169), Pottinger to Maddock, 1 February 1842.

40　'Personal Narrative of the HavildarMotee Ram of the Shah's 4th or Ghoorkha Regiment of Light Infantry, Destroyed at Char-ee-kar', appendix to Haughton, *Char-ee-Kar and Service There with the 4th Goorkha Regiment*, pp. 47 – 48, 51.

41　Haughton, *Char-ee-Kar and Service There with the 4th Goorkha Regiment*, P. 15.

42　Ibid. , pp. 21 – 24.

43　Yapp, *Strategies*, p. 179.

44　BL, OIOC, ESL88: no. 74 of no. 32 of 17 August 1842 (IOR L/PS/5/ 169), Court Martial of Himmat Bunneah, 'An European Special Court of Inquiry held at Candahar by order of Major Genl. Nott commanding Lower Afghanistan for the purpose of enquiring into such matter as may be brought before it', Candahar, 15 June 1842.

45　Stocqueler, *The Memoirs and Correspondence of Sir William Nott*, vol. I, PP. 394 – 395.

46　Sale, *A Journal of the Disasters in Afghanistan*, p. 38.

47　Mohan Lal, *Life of Dost Mohammad*, vol. II, p. 413.

48　Lawrence, *Reminiscences of Forty Three Years in India*, pp. 74 – 75.

49　Mackenzie, *Storms and Sunshine*, vol. I, pp. 106 – 107.

50　Ibid. , p. 107.

51　Ibid. , pp. 108 – 110.

52　Private Collection, Journal of Captain Hugh Johnson, Paymaster to Shah Soojah's Force, p. 8, entry for 3 November 1841.

53　Karim, *Muharaba Kabul wa Kandahar*, pp. 57 – 58.

54　Sale, *A Journal of the Disasters in Afghanistan*, p. 46.

55　Mackenzie, *Storms and Sunshine*, vol. I, p. 109.

56　Private Collection, Journal of Captain Hugh Johnson, Pay-master to Shah Soojah's Force, p. 15, entry for 2 December 1841.

57　Ibid. , p. 16.

58　Ibid. , p. 15.

59　Sale, *A Journal of the Disasters in Afghanistan*, p. 47.

60　Ibid. , p. 82.

61　Sita Ram, *From Sepoy to Subedar*, pp. 110 – 113.

62　Mackenzie, *Storms and Sunshine*, vol. I, pp. 108 – 110.

63　Eyre, *The Kabul Insurrection of 1841 – 1842*, p. 116.

64　Mackenzie, *Storms and Sunshine*, vol. I, p. 133.

65　Sale, *A Journal of the Disasters in Afghanistan*, p. 66.

66　Ibid. , p. 47.

67　*Waqi ' at-i-Shah Shuja*, p. 137, The Thirty-Fifth Event.

68　Lawrence, *Reminiscences of Forty Three Years in India*, p. 84.

69　Mirza ' Ata, *Naway Ma' arek*, pp. 211 – 224, Events leading to the murder of Burnes and the great revolt.

70　Eyre, *The Kabul Insurrection of 1841 – 1842*, p. 124.

71　BL, OIOC, ESL88: no. 47a of no. 32 of 17 August 1842 (IOR/L/PS/5/169), Pottinger to Maddock, 1 February 1842.

72　Mohan Lal, *Life of Dost Mohammad*, vol. II, p. 416; ' Personal Narrative of the Havildar Motee Ram of the Shah's 4th or Ghoorkha Regiment of Light Infantry, Destroyed at Char-ec-kar ', appendix to Haughton, *Char-ee-Kar and Service There with the 4th Goorkha Regiment*, pp. 47 – 48, 54.

73　' Personal Narrative of the Havildar Motee Ram of the Shah's 4th or Ghoorkha Regiment of Light Infantry, Destroyed at Char-ee-kar ', appendix to Haughton, *Char-ee-Kar and Service There with the 4th Goorkha Regiment*, p. 55.

74　Ibid. , p. 56.

75　Eyre, *The Kabul Insurrection of 1841 – 1842*, p. 176.

76　Ibid. , p. 162; Mackenzie, *Storms and Sunshine*, vol. I, p. 121.

77　Sale, *A Journal of the Disasters in Afghanistan*, p. 85.

78　Sultan Mohammad Khan Durrani, *Tarikh-i-Sultani*, p. 271.

79　Sale, *A Journal of the Disasters in Afghanistan*, p. 86.

80　Sultan Mohammad Khan Durrani, *Tarikh-i-Sultani*, p. 271.

81　Lawrence, *Reminiscences of Forty Three Years in India*, p. 93.

82　Ibid.

83　Fayz Mohammad, *Siraj al-Tawarikh*, vol. I, pp. 251 – 253.

84　Mackenzie, *Storms and Sunshine*, vol. I, p. 123.

85　Eyre, *The Kabul Insurrection of 1841 – 1842*, p. 182.

86　Kashmiri, *Akbarnama*, ch. 25, Akbar Khan returns to Kabul.

87　Sale, *A Journal of the Disasters in Afghanistan*, p. 120.

88　Yapp, 'The Revolutions of 1841 – 1842 in Afghanistan', p. 347.

89　Mirza 'Ata, *Naway Ma' arek*, pp. 224 – 229, Sardar Muhammad Akbar Khan arrives back in Kabul after being detained in Bukhara, and kills Macnaghten.

90　Kashmiri, *Akbarnama*, ch. 25, Akbar Khan returns to Kabul.

91　Mirza 'Ata, *Naway Ma' arek*, pp. 224 – 249, Sardar Muhammad Akbar Khan arrives back in Kabul after being detained in Bukhara, and kills Macnaghten.

92　BL, OIOC, ESL 88: no. 47a of no. 32 of 17 August 1842 (IOR/L/PS/5/169), Enclosure AA: Macnaghten to Maddock, n. d.

93　Macrory, *Signal Catastrophe*, p. 178.

94　BL, OIOC, ESL88: no. 47a of no. 32 of 17 August 1842 (IOR/L/PS/5/169), Enclosure AA: Macnaghten to Maddock, n. d.

95　Mackenzie, *Storms and Sunshine*, vol. I, p. 123.

96　Macrory, *Signal Catastrophe*, p. 180.

97　Lawrence, *Reminiscences of Forty Three Years in India*, pp. 100 – 101.

98　BL, OIOC, ESL SS: no. 47a of no. 32 of 17 August 1842 (IOR/L/PS/5/169), Enclosure AA: Macnaghten to Maddock, n. d.

99　Macrory, *Signal Catastrophe*, p. 188.

100　BL, OIOC, ESL88: no. 47a of no. 32 of 17 August 1842 (IOR/L/PS/5/169), Enclosure AA: Macnaghten to Maddock, n. d.

101　Ibid. , Macnaghten to Auckland, Encl with Lawrence to Pottinger, 10 May 1842.

102　*Waqi'at-i-Shah Shttja*, pp. 138, The Thirty-Fifth Event, The death of Macnaghten.

103　Lawrence, *Reminiscences of Forty Three Years in India*, p. 110.

104　Eden, *Miss Eden's Letters*, p. 323.

105　Ibid. , p. 329.

106　Ibid.

107　Ibid. , p. 355.

108　BL, Broughton Papers, Add Mss 37706, fol. 197, Auckland to Nicholls, 1 December 1841.

109　Mirza 'Ata, *Naway Ma' arek*, pp. 224 – 229, Sardar Muhammad Akbar Khan arrives back in Kabul after being detained in Bukhara, and kills Macnaghten.

110 Lawrence, *Reminiscences of Forty Three Years in India*, p. 111.

111 Mackenzie, *Storms and Sunshine*, vol. I, p. 124.

112 Lawrence, *Reminiscences of Forty Three Years in India*, p. 111.

113 Ibid. , pp. 111 – 112.

114 Fayz Mohammad, *Siraj ul-Tawarikh*, vol. I, pp. 253 – 257.

115 Yapp, 'The Revolutions of 1841 – 1842 in Afghanistan', p. 349.

116 NAI, Foreign, Secret Consultations, 28 December 1842, no. 480 – 82, quoted in Mohan Lal's Memo.

117 Mirza 'Ata, *Naway Ma' arek*, pp. 224 – 229, Sardar Muhammad Akbar Khan arrives back in Kabul after being detained in Bukhara, and kills Macnaghten.

118 Hari Ram Gupta, *Panjab*, *Central Asia and the First Afghan War*, *Based on Mohan Lal's Observations*, Chandigarh, 1940, p. 246。莫罕·拉尔看似怀疑阿卜杜勒·阿齐兹声称之事的真实性。

119 Mohan Lal, *Life of Dost Mohammad*, vol. II, pp. 421 – 422.

120 BL, OIOC, ESL 88：no. 47a of no. 32 of 17 August 1842（IOR/L/PS/5/169）, Macnaghten to Auckland, Enel. with Lawrence to Pottinger, 10 May 1842.

121 Mirza 'Ata, *Naway Ma' arek*, pp. 224 – 249, Sardar Muhammad Akbar Khan arrives back in Kabul after being detained in Bukhara, and kills Macnaghten.

122 NAI, Foreign, Secret Consultations, 28 December 1842, no. 480 – 82, Mohan Lal's Memo.

123 Eyre, *The Kabul Insurrection of 1841 – 1842*, p. 216.

124 Lawrence, *Reminiscences of Forty Three Years in India*, p. 139.

125 Mackenzie, *Storms and Sunshine*, vol. I, p. 127.

126 BL, OIOC, ESL 88：no. 47a of no. 32 of 17 August 1842（IOR/L/PS/5/169）, Macnaghten to Auckland, Enel with Lawrence to Pottinger, 10 May 1842; Mackenzie, *Storms and Sunshine*, vol. II, p. 32.

127 Karim, *Muharaba Kabul wa Kandahar*, pp. 66 – 72.

128 BL, OIOC, ESL 82：Agra Letter, 22 January 1842,（IOR/L/PS/5/163）, Pottinger to MacGregor（date unclear）.

129 Mirza 'Ata, *Naway Ma' arek*, pp. 224 – 249, Sardar Muhammad Akbar Khan arrives back in Kabul after being detained in Bukhara, and kills Macnaghten.

第八章　号角哀鸣

1 Private Collection, The Mss Journal of Captain Hugh Johnson, Paymaster

to Shah Soojah's Force, p. 30, entry for 6 January 1842.

2　Lawrence, *Reminiscences of Forty Three Years in India*, p. 143.

3　Kashmiri, *Akbamama*, ch. 28.

4　Ibid.

5　Sale, *A Journal of the Disasters in Afghanistan*, pp. 132 – 134.

6　Ibid. , p. 147.

7　Lawrence, *Reminiscences of Forty Three Years in India*, p. 96.

8　Quoted by PeterHopkirk in *The Great Game*, p. 258.

9　Eyre, *The Kabul Insurrection of 1841 – 2*, pp. 247 – 248.

10　Private Collection, Journal of Captain Hugh Johnson, Paymaster to ShahSoojah's Force, p. 30, entry for 29 December 1841.

11　Gupta, *Punjab, Central Asia and the First Afghan War, Based on Mohan Lal's Observations*, pp. 176 – 178.

12　Sale, *A Journal of the Disasters in Afghanistan*, p. 141.

13　*Waqi'at-i-Shah Sbuja*, p. 138, The Thirty-Fifth Event, The death of Macnaghten.

14　Mohan Lal, *Life of Dost Mohammad*, vol. II, pp. 428 – 429.

15　NAI, Foreign, Secret Consultations, 1 June 1842, no. 19, Shuja's letter to the Governor General on the causes which led to the murder of Sir Wm Macnaghten (free translation).

16　Ibid.

17　Lawrence, *Reminiscences of Forty Three Years in India*, p. 142.

18　Eyre, *The Kabul Insurrection of 1841 – 1842*, p. 249.

19　Sale, *A Journal of the Disasters in Afghanistan*, p. 142.

20　Ibid. , p. 143.

21　Private Collection, Journal of Captain Hugh Johnson, Paymaster to ShahSoojah's Force, pp. 30 – 31, entry for 6 January 1842.

22　Lawrence, *Reminiscences of Forty Three Years in India*, p. 144.

23　Eyre, *The Kabul Insurrection of 1841 – 1842*, p. 258.

24　Mackenzie, *Storms and Sunshine*, vol. I, p. 135.

25　Ibid.

26　Eyre, *The Kabul Insurrection of 1841 – 1842*, p. 259.

27　Lawrence, *Reminiscences of Forty Three Years in India*, pp. 145 – 146.

28　Ibid. , p. 146.

29　Eyre, *The Kabul Insurrection of 1841 – 1842*, p. 261.

30　Ibid.

31　Brydon Diary, quoted in John C. Cunningham, *The Last Man: The Life and Times of Surgeon Major William Brydon CB*, Oxford, 2003,

p. 88.

32 Eyre, *The Kabul Insurrection of 1841 – 1842*, pp. 261, 265.

33 Private Collection, Journal of Captain Hugh Johnson, Paymaster to Shah Soojah's Force, p. 31, entry for 7 January 1842.

34 Ibid.

35 Sale, *A Journal of the Disasters in Afghanistan*, p. 149.

36 Eyre, *The Kabul Insurrection of 1841 – 1842*, p. 264.

37 Seaton, *From Cadet to Colonel*, p. 138.

38 Private Collection, Journal of Captain Hugh Johnson, Paymaster to ShahSoojah's Force, p. 33, entry for 8 January 1842.

39 Eyre, *The Kabul Insurrection of 1841 – 1842*, p. 265.

40 Lawrence, *Reminiscences of Forty Three Years in India*, p. 151.

41 Sale, *A Journal of the Disasters in Afghanistan*, p. 155.

42 Private Collection, Journal of Captain Hugh Johnson, Paymaster to ShahSoojah's Force, p. 34, entry for 8 January 1842.

43 Lawrence, *Reminiscences of Forty Three Years in India*, pp. 154 – 155.

44 Sale, *A Journal of the Disasters in Afghanistan 1841 – 1842*, p. 155.

45 Kashmiri, *Akbarnama*, ch. 28.

46 BL, OIOC, MssEur C703, Diary of Captain William Anderson, entry for 9 January 1842.

47 Karim, *Muharaba Kabul wa Kandahar*, pp. 66 – 72.

48 Sale, *A Journal of the Disasters in Afghanistan 1841 – 1842*, p. 158.

49 Karim, *Muharaba Kabul wa Kandahar*, pp. 66 – 71.

50 Private Collection, Journal of Captain Hugh Johnson, Paymaster to Shah Soojah's Force, p. 41, entry for 9 January 1842.

51 National Army Museum, Diary of Surgeon-Major WilliamBrydon, NAM 8301/60, entry for 10 January 1842.

52 BL, OIOC, MssEur F 89/54, First Elphinstone Memorandum, n. d.

53 Lawrence, *Reminiscences of Forty Three Years in India*, p. 163.

54 Private Collection, Journal of Captain Hugh Johnson, Paymaster to Shah Soojah's Force, p. 36, entry for 10 January 1842.

55 Ibid.

56 Mackenzie, *Storms and Sunshine*, vol. I, p. 142.

57 Sita Ram, *From Sepoy to Subedar*, pp. 114 – 115.

58 National Army Museum, Diary of Surgeon-Major William Brydon, NAM 8301/60, entry for 13 January 1842.

59 'Personal Narrative of the Havildar Motee Ram of the Shah's 4th or Ghoorkha Regiment of Light Infantry, Destroyed at Char-ee-car', appendix to Haughton, *Char-ee-Kar and Service There with the 4th*

Goorkha Regiment, pp. 57 – 58.

60 Seaton, *From Cadet to Colonel*, p. 188; Pottinger and Macrory, *The Ten-Rupee Jezail*, p. 197.

61 Sale, *A Journal of the Disasters in Afghanistan*, p. 160.

62 National Army Museum, NAM 6912 – 6, Souter Letter, Lieutenant Thomas Souter to his Wife.

63 Ibid. The colours were later returned ' though divested of the tassels and most of its tinsel ' .

64 National Army Museum, NAM 8301/60, Diary, of Surgeon-Major William Brydon, entry for 13 January 1842.

65 Seaton, *From Cadet to Colonel*, p. 186.

66 Mirza ' Ata, *Naway Ma ' arek*, pp. 230 – 232, Pottinger succeeds Macnaghten, leaves Kabul and is plundered.

第九章　王之驾崩

1 *Delhi Gazette*, 2 February 1842.

2 例如，门士阿卜杜勒·卡里姆的著作 *Muharaba Kabulwa Kandahar*，1849 年在勒克瑙出版，并在伊斯兰历 1268 年，即公历 1851 年在坎普尔出版；"卡西姆"卡西姆阿里汗·阿克巴阿巴迪（Qasim-Ali-khan ' Qasim ' Akbarabadi）的作品 *Zafar-nama-i Akbari*（如见施普伦格 [Sprenger] 目录），亦即 *Akbar-nama*（如见白沙瓦目录，伊斯兰历 1260 年即公历 1844 年完稿），在伊斯兰历 1272 年，即公历 1855 ~ 1856 年于阿格拉出版。

3 Charles Allen, *Soldier Sahibs*: *The Men Who Made the North-West Frontier*, London, 2000, p. 43.

4 BL, Broughton Papers, Add Mss 37707, fols 187 – 8, Auckland to Hobhouse, 18 February 1842.

5 Hopkirk, *The Great Game*, pp. 270 – 271.

6 PRO, Ellenborough Papers, 30/12/89, Ellenborough to Peel, 21 February 1842.

7 Pottinger and Macrory, *The Ten-Rupee Jezail*, pp. 162 – 163.

8 NAI, Foreign, Secret Consultations, 31 January 1842, no. 70a, Clerk to Captain Nicholson, i/c of Dost Mohammad Khan, camp, Saharanpore, 12 January 1842.

9 NAI, Foreign, Secret Consultations, 15 June 1842, no. 34, Captain P. Nicholson with Dost Mohammad Khan, to Clerk, Mussoorie, 2 May 1842.

10 Seaton, *From Cadet to Colonel*, p. 190.

11 BL, Hobhouse Diary, Add Mss 43744, 26 August 1842.

12 BL, Broughton Papers, Add Mss 37707, fols 187 – 8, Auckland to Hobhouse, 18 February 1842.

13 在亚普的'The Revolutions of 1841 – 1842 in Afghanistan', pp. 350 – 351 中，对此有鞭辟入里的分析。另见 Kaye, *History of the War in Afghanistan*, vol. III, p. 104。

14 *Waqi'at-i-Shah Shuja*, p. 141, The Thirty-Fifth Event, The death of Macnaghten.

15 Kashmiri, *Akbarnama*, ch. 29, Shuja-ul-Mulk sets out for Jalalabad and is killed at the hands of Shuja-ud-Daula.

16 Mirza 'Ata, *Naway Ma' arek*, pp. 236 – 239, Muhammad Akbar Khan besieges Jalalabad, Shuja al-Mulk is killed in Kabul.

17 Mohan Lai, *Life of Dost Mohammad*, vol. II, pp. 436 – 438.

18 NAI, Foreign, Secret Consultations, 8 April 1842, no. 32 – 3, MacGregor to Maddock, Translation of letters received from Captain MacGregorat Jellalabad on 22 March 1842.

19 Ibid., Trom Shah Shoojah to Captain Macgregor dated 8th Feb and written *seemingly* in H. M.'s own hand'.

20 Lawrence, *Reminiscences of Forty Three Years in India*, pp. 173 – 174, 168.

21 Sale, *A Journal of the Disasters in Afghanistan*, pp. 180 – 183.

22 Lawrence, *Reminiscences of Forty Three Years in India*, pp. 173 – 174, 170.

23 Sale, *A Journal of the Disasters in Afghanistan*, pp. 180 – 183.

24 Karim, *Muharaba Kabul wa Kandahar*, pp. 72 – 74.

25 BL, OIOC, ESL 88: no. 36 of no. 32 of 17 August 1842（IOR L/PS/5/169）, Eldred Pottinger to Pollock, 10 July 1842.

26 Lawrence, *Reminiscences of Forty Three Years in India*, pp. 173 – 174, 191.

27 Mackenzie, *Storms and Sunshine*, vol. I, pp. 146 – 147.

28 Lawrence, *Reminiscences of Forty Three Years in India*, p. 176.

29 Sale, *A Journal of the Disasters in Afghanistan*, p. 237.

30 Mackenzie, *Storms and Sunshine*, vol. I, p. 149.

31 Sale, *A Journal of the Disasters in Afghanistan*, pp. 190 – 191.

32 Seaton, *From Cadet to Colonel*, pp. 192 – 194.

33 NAI, Foreign, Secret Consultations, 29 June 1842, no. 8, To: T. A. MaddockEsq, Seer, to the Govt, Political Dept, From: R. Sale, Major General, Dated Jellalabad, 16 April 1842.

34 Seaton, *From Cadet to Colonel*, p. 195.

35 Broadfoot, *The Career of Major George Broadfoot*, p. 82.

36 Seaton, *From Cadet to Colonel*, pp. 195 – 196.

37 Ibid. , pp. 197 – 198.

38 Porringer and Macrory, *The Ten-Rupee Jezail*, p. 167.

39 BL, OIOC, ESL 85: no. 20 of no. 3. of 21 April 1842, MacGregor to Pollock, 14 March 1842.

40 参见 Hopkins, *The Making of Modern Afghanistan*, pp. 75 – 80, 98 – 102, 105 – 107。

41 BL, OIOC, ESL 83: Agra Letter, 19 February 1842 (IOR/L/PS/5/164), Mahomed Akbar Khan to Sayed Ahai-u-din.

42 Ibid. , Translation of a letter from Mahomed Akbar Khan to Turabaz Khan Ex Chief of Lalpoora.

43 Mirza ' Ata, *Naway Ma' arek*, pp. 236 – 239, Sardar Mohammad Akbar Khan besieges Jalalabad.

44 Seaton, *From Cadet to Colonel*, p. 198.

45 Ibid. , pp. 207 – 208.

46 NAI, Foreign, Secret Consultations, 8 April 1842, no. 14 – 15, n. d. , Pollock transmits letter from Captain Mackeson on the wounding of Mohammad Akbar Khan.

47 Mirza ' Ata, *Naway Ma' arek*, pp. 236 – 239, Sardar Mohammad Akbar Khan besieges Jalalabad.

48 Fayz Mohammad, *Siraj ul-Tawarikh*, vol. I, p. 272.

49 Lawrence, *Reminiscences of Forty Three Years in India*, p. 183.

50 关于这一时期喀布尔的复杂政局, 参见 Yapp, ' The Revolutions of 1841 – 1842 in Afghanistan', pp. 350 – 351。

51 Fayz Mohammad, *Siraj ul-Tawarikh*, vol. I, p. 273.

52 BL, OIOC, ESL, 86: no. 30 of no. 14 of 17 May 1842, Lal to Macgregor, 30 January 1842.

53 *Waqi'at-i-Shah Shuja*, p. 141, The Thirty-Fifth Event, The murder of the Shah.

54 Fayz Mohammad, *Siraj ul-Tawarikh*, vol. I, p. 274.

55 BL, OIOC, ESL, 86: no. 30A of no. 14 of 17 May 1842, Lal to Colvin, 29 January 1842; also ESL, 84: no. 27 of no. 25 of 22 March 1842, Conolly to Clerk, 26 January 1842.

56 BL, OIOC, ESL, 85: no. 24 of no. 3 of 21 March 1842, Shuja to MacGregor, reed 7 March 1842.

57 BL, OIOC, ESL, 86: no. 30 of no. 14 of 17 May 1842 (IOR/L/PS/5/167), Lal to MacGregor, 18 March 1842.

58 Kashmiri, *Akbamama*, ch. 29, Shuja-ul-Mulk sets out for Jalalabad and is killed at the hands of Shuja-ud-Daula.

59　NAI, Foreign, Secret Consultations, December 1842, no. 480 – 2, Mohan Lal's Memorandum of 29 June enclosed with a letter from General Pollock, Commanding in Afghanistan, to Maddock, Secretary to the Governor General, dated Jelalabad, 10 July 1842.

60　*Waqi'at-i-Shah Shuja*, p. 141, The Thirty-Fifth Event, The murder of the Shah.

61　NAI, Foreign, Secret Consultations, December 1842, no. 480 – 82, Mohan Lal's Memorandum of 29 June enclosed with a letter from General Pollock, Commanding in Afghanistan, to Maddock, Secretary to the Governor General, dated Jelalabad, 10 July 1842.

62　Kaye, *History of the War in Afghanistan*, vol. III, p. 109n.

63　NAI, Foreign, Secret Consultations, S April 1842, no. 31, Translation of a letter from His Majesty ShahSoojah ool Moolk to Captain MacGregor written by the Shah himself.

64　Pottinger and Macrory, *The Ten-Rupee Jezail*, p. 165.

65　Ibid. , pp. 166 – 167.

66　Ibid. , pp. 169 – 170.

67　*Waqi'at-i-Shah Shuja*, p. 149, The Thirty-Fifth Event, The murder of the Shah.

68　Mirza 'Ata, *Naway Ma' arek*, pp. 237 – 239, Shuja' al-Mulk is killed in Kabul.

69　Ibid.

70　*Waqi'at-i-Shah Shuja*, p. 149, The Thirty-Fifth Event, The murder of the Shah.

71　Ibid.

72　Gleig, *Sale's Brigade in Afghanistan*, pp. 303, 309.

73　Kashmiri, *Akbarnama*, ch. 29, Shuja-ul-Mulk sets out for Jalalabad and is killed at the hands of Shuja-ud-Daula.

74　Punjab Archives, Lahore, from Fraser, Ramgurh to Ochterlony, Ludhiana, 3 September 1816, vol. 18, part 2, Case 118, pp. 538 – 539.

75　NAI, Foreign, Secret Consultations, 10 April 1834, no. 20, Wade to Bentinck, Translation of a letter from Shah Shuja, 12 March 1834.

76　Sultan Mohammad Khan Durrani, *Tarikb-i-Sultani*, p. 212.

77　乔赛亚·哈伦在卢迪亚纳初次面见苏贾，这些是就此发表的言论。Josiah Harlan, ' Oriental Sketches ', insert at p. 42a, Mss in Chester Country Archives, Pennsylvania, quoted in Macintyre, *Josiah the Great*, p. 24.

78　Masson, *Narrative of Various Journeys*, vol. I, p. ix.

79　*Waqi'at-i-Shah Shuja*, p. 149, The Thirty-Fifth Event, The murder of the Shah.

80 Sale, *A Journal of the Disasters in Afghanistan*, p. 200.

第十章　浑噩之战

1 Gleig, *Sale's Brigade in Afghanistan*, pp. 158 – 159.

2 Seaton, *Front Cadet to Colonel*, p. 209.

3 Ibid. , p. 210.

4 Quoted in Stewart, *Crimson Snow*, p. 179.

5 Seaton, *From Cadet to Colonel*, pp. 210 – 211.

6 Gleig, *Sale's Brigade in Afghanistan*, p. 162.

7 CharlesRathbone Low, *The Life and Correspondence of Field Marshal Sir George Pollock*, London, 1873, p. 276.

8 Lieutenant John Greenwood, *Narrative of the Late Victorious Campaign in Afghanistan under General Pollock*, London, 1844, p. 169.

9 CharlesRathbone Low, *The Journal and Correspondence of Augustus Abbott*, London, 1879, p. 315.

10 Ibid. , p. 306.

11 BL, OIOC, MssEur F89/54, Broadfoot to Lord Elphinstone, 26 April 1842.

12 Stocqueler, *The Memoirs and Cotrespondence of Sir William Nott*, vol. II, p. 35.

13 Quoted by Hopkirk, *The Great Game*, p. 273.

14 Stocqueler, *The Memoirs and Correspondence of Sir William Nott*, vol. II, p. 57.

15 Low, *The Journal and Correspondence of Augustus Abbott*, p. 320.

16 Ibid. , p. 317.

17 Ibid. , pp. 318 – 319.

18 Greenwood, *Narrative of the Late Victorious Campaign*, pp. 173 – 174.

19 Seaton, *From Cadet to Colonel*, p. 215.

20 Lawrence, *Reminiscences of Forty Three Years in India*, p. 185.

21 Sale, *A Journal of the Disasters in Afghanistan*, p. 203.

22 Lawrence, *Reminiscences of Forty Three Years in India*, p. 187.

23 Ibid. , p. 197.

24 Sale, *A Journal of the Disasters in Afghanistan*, p. 211.

25 BL, OIOC, MssEur F89/54, Broadfoot to Lord Elphinstone, 26 April 1842.

26 Lawrence, *Reminiscences of Forty Three Years in India*, p. 190.

27 Ibid. , p. 194.

28　Gupta, *Panjab, Central Asia and the First Afghan War*, pp. 198 – 199.

29　BL, OIOC, ESL 86: no. 30 of no. 14 of 17 May 1842 (IOR/L/PS/5/167), Lal to MacGregor, 10 April 1842.

30　Sale, *A Journal of the Disasters in Afghanistan*, pp. 217, 254.

31　Kaye, *History of the War in Afghanistan*, vol. III, pp. 453 – 455.

32　Noelle, *State and Tribe in Nineteenth-Century Afghanistan*, p. 53.

33　NAI, Foreign, Secret Consultations, December 1842, no. 480 – 482, Mohan Lal's Memorandum of 29 June enclosed with a letter from General Pollock, Commanding in Afghanistan, to Maddock, Secretary to the Governor General, dated Jelalabad, 10 July 1842.

34　Ibid.

35　Barfield, *Afghanistan: A Cultural and Political History*, pp. 125 – 126.

36　Fayz Mohammad, *Sirajal-Tawarikh*, vol. I, p. 284.

37　Quoted in Allen, *Soldier Sahibs*, p. 47.

38　Stocqueler, *The Memoirs and Correspondence of Sir William Nott*, vol. II, pp. 316 – 317.

39　Gupta, *Panjab, Central Asia and the First Afghan War*, p. 186.

40　Ibid. , p. 187.

41　Fisher, 'Mohan Lai Kashmiri (1812 – 1877)', p. 249.

42　Gupta, *Panjab, Central Asia and the First Afghan War*, p. 189. 莫罕·拉尔改信伊斯兰教之事，记载在 *Siraj ul-Tawarikh*, vol. I, p. 282 中："一名印度门士因向巴拉希萨尔城堡运送小批量火药，违背此命令。当被发现时，穆罕默德·阿克巴·汗将军把该男子投入大狱。下狱后，该印度人改信伊斯兰教，而后立即获释"。莫罕·拉尔长期使用什叶派别名，他的改信想必是更长久的双重身份把戏的一部分。数年来他一直要弄这把戏。

43　BL, OIOC, ESL 88: no. 28 of no. 32 of 17 Augqst 1842 (IOR L/PS/5/169), Pollock to Maddock, 11 July 1842.

44　Stocqueler, *The Memoirs and Correspondence of Sir William Nott*, vol. II, pp. 79 – 84, 109 – 110.

45　Ibid. , p. 43.

46　The Rev. I. N. Allen, *Diary of a March through Sindhe and Afghanistan*, London, 1843, p. 216.

47　Ibid. , p. 217.

48　Seaton, *From Cadet to Colonel*, p. 209.

49　Greenwood, *Narrative of the Late Victorious Campaign in Afghanistan under General Pollock*, pp. 191 – 192.

50　Seaton, *From Cadet to Colonel*, p. 221.

51　Gleig, *Sale's Brigade in Afghanistan*, p. 169.

52 Forrest, *Life of Field Marshal Sir Neville Chamberlain*, p. 136.

53 Allen, *Diary of a March through Sindhe and Afghanistan*, pp. 241 – 242.

54 BL, OIOC, MssEur 9057. aaa. 14, 'Nort's Brigade in Afghanistan', Bombay, 1880, p. 81.

55 Stocqueler, *The Memoirs and Correspondence of Sir William Nott*, vol. II, p. 126.

56 Romila Thapar, *Somanatha: The Many Voices of a History*, New Delhi, 2004, pp. 174 – 175.

57 Yapp, *Strategies*, p. 443.

58 Rawlinson, *A Memoir of Major-General Sir Henry Creswicke Rawlinson*, p. 132.

59 Mirza 'Ala, *Navuay Ma' arek*, pp. 244 – 269, The second coming of the English to Kabul and Ghazni.

60 BL, OIOC, ESL 88: no. 36 of no. 32 of 17 August 1842 (L/PS/5/169), Pollock to Maddock, 14 July 1842.

61 Josiah Harlan, *Central Asia: Personal Narrative of General Josiah Harlan, 1823 – 41*, ed. Frank E. Ross, London, 1939, p. 228.

62 Lawrence, *Reminiscences of Forty Three Years in India*, p. 210.

63 Mackenzie, *Storms and Sunshine*, vol. I, p. 187.

64 Sale, *A Journal of the Disasters in Afghanistan*, p. 260.

65 Mackenzie, *Storms and Sunshine*, vol. I, p. 189.

66 Private Collection, The Mss Journal of Captain Hugh Johnson, Paymaster to ShahSoojah's Force, p. 98, entry for 29 August 1842.

67 Lawrence, *Reminiscences of Forty Three Years in India*, p. 220.

68 Mirza 'Ata, *Natvay Ma' arek*, pp. 348 – 354, The march to Bamiyan to release the prisoners.

69 Sale, *A Journal of the Disasters in Afghanistan*, p. 272.

70 Private Collection, The Mss Journal of Captain Hugh Johnson, Paymaster to ShahSoojah's Force, p. 111, entry for 14 September 1842.

71 *Waqi'at-i-Shah Shuja*, p. 141, The Thirty-Fifth Event, p. 147, The fate of Princes Shahpur and Timur.

72 Fayz Mohammad, *Siraj al-Tawarikh*, vol. I, p. 284.

73 Low, *The Journal and Correspondence of Augustus Abbott*, p. 349. 关于法特赫·宗所谓的鸡奸嗜好, 参见 Yapp, *Strategies*, p. 318。

74 BL, OIOC, ESL 90: no. 30 of no. 52 of 19 November 1842 (IOR/L/PS/5/171), Pollock to Maddock, 21 October 1842.

75 Greenwood, *Narrative of the Late Victorious Campaign in Afghanistan under General Pollock*, p. 212.

76 Ibid. , p. 213.

77 Ibid. , p. 222.

78 Ibid. , pp. 213 – 214.

79 Ibid. , p. 223.

80 Sale, *A Journal of the Disasters in Afghanistan*, p. 273.

81 Mackenzie, *Storms and Sunshine*, vol. I, p. 190.

82 Sale, *A Journal of the Disasters in Afghanistan*, pp. 275 – 276.

83 Mackenzie, *Storms and Sunshine*, vol. I, p. 191.

84 National Army Museum, NAM 9007 – 77, Ensign Greville G. Chetwynd Stapylton's Journal, entry for 21 September 1842.

85 Rattray, *The Costumes of the Various Tribes*, p. 16.

86 Forrest, *Life of Field Marshal Sir Neville Chamberlain*, pp. 142, 152.

87 Private Collection, Journal of Captain Hugh Johnson, Paymaster to Shah Soojah's Force, p. 116, entry for 21 September 1842.

88 Mackenzie, *Storms and Sunshine*, vol. I, p. 194.

89 Mohan Lal, *Life of Dost Mohammad*, vol. II, p. 88.

90 Joseph Pierre Ferrier, *A History of the Afghans*, London, 1858, p. 376.

91 Forrest, *Life of Field Marshal Sir Neville Chamberlain*, pp. 143 – 149.

92 Sultan Mohammad Khan Durrani, *Tarikh-i-Sultani*, p. 280.

93 Mirza ' Ata, *Naway Ma' arek*, pp. 244 – 69, The second coming of the English to Kabul and Ghazni.

94 Hopkins, *The Making of Alodem Afghanistan*, p. 69.

95 Forrest, *Life of Field Marshal Sir Neville Chamberlain*, p. 151.

96 Greenwood, *Narrative of the Late Victorious Campaign in Afghanistan under General Pollock*, p. 243.

97 NAI, Foreign, Secret Consultations, 3 May 1843, no. 20, A. Abbott to Ellenborough, 29 March 1843.

98 Low, *The Life and Correspondence of Field Marshal Sir George Pollock*, p. 415.

99 Stocqueier, *The Memoirs and Correspondence of Sir William Nott*, vol. II, p. 163.

100 Mohan Lal, *Life of Dost Mohammad*, vol. II, p. 490.

101 Mirza ' Ata, *Naway Ma' arek*, pp. 254 – 269, The return of Amir Dost Muhammad Khan to Kabul.

102 Yapp, ' The Revolutions of 1841 – 1842 in Afghanistan', p. 483.

103 Mackenzie, *Storms and Sunshine*, vol. I, p. 194.

104 Ibid. , vol. II, p. 30.

105 Allen, *Diary of a March through Sindhe and Afghanistan*, pp. 321, 325.

106 Karim, *Mubaraba Kabul wa Kandahar*, pp. 82 – 84; Forrest, *Life of Field Marshal Sir Neville Chamberlain*, p. 152.

107 *Waqi'at-i-Shah Shuja*, p. 149, The Thirty-Fifth Event, The murder of the Shah.

108 Allen, *Diary of a March through Sindhe and Afghanistan*, p. 326.

109 《西姆拉宣言》正文全文收录在 Norris, *First Afghan War*, PP. 451 – 452。

110 Mirza 'Ata, *Naway Ma' arek*, pp. 254 – 269, The return of Amir Dost Muhammad Khan to Kabul.

111 Forrest, *Life of Field Marshal Sir Neville Chamberlain*, p. 154.

112 Ibid. , p. 155.

113 Allen, *Diary of a March through Sindhe and Afghanistan*, p. 344.

114 BL, OIOC, BSL (1) 27, 873, Governor General to Secret Committee 481, 19 October 1842.

115 Allen, *Diary of a March through Sindhe and Afghanistan*, p. 352.

116 Allen, *Soldier Sahibs*, pp. 53 – 55.

117 在我的著作 The Last Mughal: The End of a Dynasty, Delhi 1857, London, 2006 中, 浓墨重彩地描写了约翰·尼科尔森在 1857 年的精神病态行为。

118 Forrest, *Life of Field Marshal Sir Neville Chamberlain*, p. 158.

119 Allen, *Diary of a March through Sindhe and Afghanistan*, p. 359.

120 Forrest, *Life of Field Marshal Sir Neville Chamberlain*, p. 158.

121 Mackenzie, *Storms and Sunshine*, vol. I, p. 198.

122 Ibid.

123 Ibid. , p. 194.

124 BL, OIOC, HM/434, Nicholls Papers, Nicholls's Journal, vol. 40, 7 January 1843. 另见 Pottinger, *The Afghan Connection*, pp. xi – xii。

125 Mirza 'Ata, *Naway Ma' arek*, pp. 244 – 69, The second coming of the English to Kabul.

126 Lawrence, *Reminiscences of Forty Three Years in India*, p. 12.

127 Royal Geographical Society, Rawlinson Papers, HC_4, Masson Diary, entry for 1 December 1839.

128 BL, OIOC, MssEur E162, letter 4.

129 Mackenzie, *Storms and Sunshine*, vol. I, p. 199.

130 Pottinger and Macrory, *The Ten-Rupee Jezail*, p. 167.

131 Eden, *Up the Country*, p. xix.

132 *The Times*, 25 October 1844.

133 参见 Michael Fisher's excellent essay 'Mohan Lal Kashmiri (1812 – 1877)', in Margrit Pernau (ed.), *The Delhi College*, pp. 231 – 266。

另见 Gupta, *Panjab, Central Asia and the First Afghan War*，该书由年轻时代的贾瓦哈拉尔·尼赫鲁（Jawaharlal Nehru）作序。

134 NAI, Foreign, Secret Consultations, 29 March 1843, no. 91, From the Envoy' to the Court of Lahore, Ambala, 4 March 1843.

135 NAI, Foreign, Secret Consultations, 23 March 1843, no. 539, From Colonel Richmond, CampRooper, 18 December 1843.

136 Mackenzie, *Storms and Sunshine*, vol. II, pp. 27, 29.

137 NAI, Foreign, Secret Consultations, 23 March 1843, no. 539, From Colonel Richmond, CampRooper, 18 December 1843.

138 Aziz ud-Din Popalzai, *Durrat uz-Zaman*, Kabul, 1959, cb. The Private Life of Zaman Shah from His Dethronement till His Death.

139 Robert Warburton, *Eighteen Years in the Khyber 1879 – 1898*, London, 1900, p. 8.

140 Noelle, *Stale and Tribe in Nineteenth-Century Afghanistan*, p. 57.

141 Fay'z Mohammad, *Siraj ul-Tawarikh*, vol. I, p. 198. 另见 NAI, Foreign, Secret Consultations, 23 March 1843, no. 531, From Colonel Richmond, Agent of the Governor General in the North West Frontier, Ludhiana, 27 November 1843。

142 Mackenzie, *Storms and Sunshine*, vol. II, p. 33.

143 BL, OIOC, ESL no. 20 of 3 March 1847（IOR L/PS/5/190），Lawrence to Curvie, 29 February 1847.

144 Mackenzie, *Storms and Sunshine*, vol. II, p. 23.

145 Ibid. , p. 32.

146 Fay'z Mohammad, *Siraj ul-Tawarikh*, vol. I, p. 297.

147 NAI, Foreign, Secret Consultations, 23 March 1844, no. 531, From Colonel Richmond, Agent of the Governor General in the North West Frontier, Ludhiana, 27 November 1843.

148 Barfield, *Afghanistan: A Cultural and Political History*, p. 127.

149 *The Letters of Queen Victoria: A Selection from Her Majesty's Correspondence between the Years 1837 and 1861*, ed. Arthur C. Benson and Viscount Esher, vol. II: 1844 – 1853, London, 1908.

150 James Howard HarrisMalmesbury, *Memoirs of an Ex-Minister: An Autobiography*, London, 2006, vol. I, entry for 6 June 1844, pp. 289 – 290.

151 Quoted by Figes, *Crimea*, p. 68.

152 Ibid. , pp. 61 – 70.

153 我要感谢迈克尔·森普尔向我指出了这一点。

作者按语

1 Gleig, *Sale's Brigade in Afghanistan*, p. 182.

2 J. A. Norris, *The First Afghan War 1838 – 1842*, Cambridge, 1967. p. 161.

3 Sherard Cowper-Coles, *Cables from Kabul: The Inside Story of the West's Afghanistan Campaign*, London, 2011, p. 289 – 290.

4 BL, Broughton Papers, Add Mss 36474, Wade to the Governor General, 31 January 1839.

5 对此，一个引人注目的例外是克里斯蒂娜·诺埃勒的非凡著作 *State and Tribe in Nineteenth-Century Afghanistan: The Reign of Amir Dost Muhammad Khan* (1826 – 1863), London, 1997，但该书对第一次英阿战争一笔带过，而且她仅择选少量现成的那一时期的达里语史料。

6 Munshi Abdul Karim, *Muharaba Kabul wa Kandahar*, Kanpur, 1851, Introduction.

7 在著作 *Chants Populaires des Afghans*, Paris, *1888 – 1890*, p. 201 中，詹姆斯·达梅斯特泰（James Darmesteter）提到了关于这场战争的一整套诗词歌赋，还补充说穆罕默德·哈亚特（Muhammad Hayat）给自己寄来搜集自战争的作品集，但这部作品集到出版时仍未被送达。

8 MaulanaHamid Kashmiri, *Akbarnama. Asar-i manzum-i Hamid-i Kashmiri*, written c. 1844, published Kabul, 1330 AH/1951, preface by Ahmad-Ak Kohzad, ch. 34.

9 MuhammadAsef Fekrat Riyazi Herawi, '*Ayn al-Waqayi: Tarikh-i Afghanistan*, written C. 1845, pub. Tehran 1369/1990; Sultan Mohammad Khan ibn Musa Khan Durrani, *Tarikk-i-Sultani*, began writing on 1 Ramzan 1281 AH (Sunday 29 January 1865) and published first on 14 Shawwal 1298 AH (Friday 8 September 1881), Bombay; Fayz Mohammad, *Siraj ul-Tawarikh*, pub. Kabul, 1913, trans. R. D. McChesney (forthcoming).

10 Muhammad Hasan Amini, *Paadask-e-Kbidmatguzaari-ye-Saadiqaane Ghazi Nayab Aminullah Khan Logari* (The Letters of Ghazi Aminullah Khan Logari), Kabul, 2010.

11 Mirza 'Ata Mohammad, *Naway Ma' arek* (The Song of Battles), pub. *as Nawa-yi ma'arik. Nuskba-i khatt-i Muza-i Kabul mushtamal bar waqi'at-i 'asr-i Sadoza'i u Barakza'i, ta'lif-i Mirza Mirza 'Ata'-Muhammad*, Kabul, 1331 AH/1952.

12 沙·苏贾·乌尔木尔克的著作《沙·苏贾实录》（*Waqi'at-i-Shah Shuja*）写于 1836 年，1861 年由穆罕默德·侯赛因·赫拉特补遗，出版的书名为 *Waqi'at-i Shah-Shuja. Daftar-i avval, duvvum: az Shah-Shuja. Daftar-i sivvum: az Muhammad-Husain Harati*, Kabul, 1333 AH/1954 (*Nashrat-i Anjuman-i tarikh-i Afganistan*, No. 29)（载于喀布尔原稿正文后，没有注释或索引，附艾哈迈德·阿里·科扎德

［Ahmad-'Ali Kohzad］所写序言）。

13　Robert Bums, 'To a Louse', *The Collected Poems*, London, 1994.

14　Kashmiri, *Akbamama*, ch. 10.

15　Ibid. , ch. 32.

参考文献

1.欧洲语言原稿史料

Oriental and India Office Collections, British Library (Formerly India Office Library), London

Mss Eur A52	*Major General Sir Herbert Edwardes Letter*
Mss Eur A186	Lady Sale Letter
Mss Eur B14	Forster Papers
and Mss Eur K115	
Mss Eur B191	Auckland Letters
Mss Eur B198	Viscount Howick Letter
Mss Eur B234	William Wilberforce Bird Letter
Mss Eur B330	Outram Journal
Mss Eur B415	Robert Sale Letter
Mss Eur C70	Beresford Journals
Mss Eur C181	Douglas Letters
Mss Eur C260	Captain Henry Fleming Letters
Mss Eur C529	General Sir Arthur Borton Letters
Mss Eur C573	Collister, unpublished book, 'Hostage in Afghanistan'
Mss Eur C634	Herries Letters
Mss Eur C703	Anderson Captivity Diary
Mss Eur C814	Lieutenant George Mein Papers
Mss Eur D160	Webb, 'Reminiscences of a Hostage at Cabul, 1841–42' (of Colonel E. A. H. Webb, compiled by his son Lieutenant Colonel E. A. H. Webb)
Mss Eur D484	Anonymous Diary, 'March from Quettah'
Mss Eur D552	Auckland Letters
Mss Eur D634	Hutchinson Family Papers, including Mss 'Journal of the Campaign in Afghanistan, a manuscript account of the

	First Afghan War compiled from letters of Captain Codrington, Bengal Army, by his widow'
Mss Eur D645	Kabul Relief Fund, Bombay Committee
Mss Eur D649	Besant Letters
Mss Eur D649 and D1118	Jasper Nicholls Letters
Mss Eur D937	Thomas Nicholl Papers
Mss Eur E161–70,	Masson Correspondence
Mss Eur E195	
Mss Eur E262	Carter Journal
Mss Eur E342	Hogg Collection
Mss Eur E359	Colvin Collection, including 'Diaries of John Russell Colvin'
Mss Eur F88–9	Elphinstone Papers, including 'Blue Book on the Disaster in Afghanistan, 1843'
Mss EurF128/196	Edward Strachey papers
Mss Eur F171	Werge Thomas Collection, including Shakespear/Todd letters and 'James Abbott's March from Candahar to Herat'
Mss Eur F213	Broughton Collection, including 'Memorandum regarding the Treaty of Lahore between Ranjit Singh, Shah Shuja, and the British Govt'
Mss Eur F33	Macnaghten Papers
Mss Eur F439	Pollock Papers, including 'Report on the Destruction of the Covered Bazaar, Cabul, 1842, Reports of Atrocities in Jelalabad, Vindication of the Conduct of Captain T. P. Walsh', and Mohan Lal/Shakespear Correspondence
Mss Eur Photo Eur 057	Dennie Letters
Mss Eur Photo Eur 353	Nott Letters
Mss Eur Photo Eur 452	East India Company Letters
IOR, Secret and Political, L/PS/5	Correspondence Relating to Persia and Afghanistan, 1839–42
IOR, Secret and Political, L/PS/20	Correspondence Relating to Persia and Afghanistan, 1834–39
F/4/1466	Extract Fort William Political Consultations
F/4/1466	Boards Collections
IOR/P/BRN/SEC/372, IOR/P/BEN/SEC/380	Bengal Secret Consultations
IOR/HM/534–45 (esp. vol. 39, Nicholls Papers and Nicholls's Journal)	Papers Connected with Sale's Brigade in Afghanistan
IOR/H/546	Letter Book of Major General Sir Willoughby Cotton

British Library, London

Add Mss 36456–83	Auckland Papers
Add Mss 37274–318	Wellesley Papers
Add Mss 37689–37718	Auckland Letter Books
Add Mss 40128	Broadfoot Papers

Add Mss 43144	Aberdeen Papers
Add Mss 43744	Broughton Diaries and Memorandum
Add Mss 46915	Broughton Papers
Add Mss 47662	Rawlinson Notebooks
Add Mss 48535	Palmerston Papers

Royal Geographical Society, London

| HC2–7 | Rawlinson Papers |

The National Archives, Public Record Office, London

PRO 30/12	Ellenborough Papers
PRO FO/705/32	Pottinger Papers
FO 30/12/62	Rawlinson to Hammersley, 3 May 1842
FO 60/58	MacNeill's reports from the Tehran Embassy – MacNeill to Palmerston
FO 65/233	Durham to Palmerston, 28 February 1837
FO 181/130	Palmerston to Durham, 16 January 1837
FO 705/32	Masson Papers

National Army Museum Library, London

NAM 6807–224	Bruce Norton Letters
NAM 8301–60	Brydon Diary
NAM 2002–07–12–2–3	Clunie Letter
NAM 6508–50	Dawes Journal
NAM 2008–1839	Gaisford Letters
NAM 8109–63	Haslock Papers
NAM 1999–02–116–1	Magrath Letters
NAM 1968–07–207–1	Milne Diary
NAM 6308–44–30	Outram Papers
NAM 7604/9	Pennycuik Papers
NAM 7101–24–3	Roberts Letters
NAM 9109–45	Rose Correspondence
NAM 6807–48	Shelton Defence
NAM 6912–6	Souter Letter
NAM 9007–77	Stapylton's 'Journal'
NAM 1968–07–128–1	Trower Journal
NAM 1965–03–65–2–6	Wade Correspondence

National Archives of India, New Delhi

Secret Consultations
Political Consultations
Foreign Consultations
Foreign Miscellaneous
Secret Letters to Court

Secret Letters from Court
Political Letters to Court
Political Letters from Court
Delhi Gazette

Punjab Archives, Lahore

Delhi Residency Papers
Ludhiana Agency Papers

Private Collections

The Fraser Papers, Inverness
Hugh Johnson Journal, Argyll
Walsh Papers, Abergavenny

2.未发表的学术论文

Hanifi, Shah Mahmood, 'Inter-regional Trade and Colonial State Formation in Nineteenth Century Afghanistan', unpublished PhD dissertation, University of Michigan, 2001
Kapadia, Eruch Rustom, 'The Diplomatic Career of Sir Claude Wade: A Study of British Relations with the Sikhs and Afghans, July 1823–March 1840', unpublished PhD thesis, SOAS

3. 波斯语和乌尔都语史料

手稿

National Archives of India, New Delhi

Karim, Munshi Abdul, *Muharaba Kabul wa Kandahar*, Kanpur, 1851

已发表的文献

Amini, Muhammad Hasan, *Paadash-e-Khidmatguzaari-ye-Saadiqaane Ghazi Nayab Aminullah Khan Logari* (The Letters of Ghazi Aminullah Khan Logari), Kabul, 2010
Azam, Muhammad, *Tarikh-Kashmir Azami*, Lahore, 1303/1885
Busse, Herbert (trans.), *History of Persia under Qajar Rule Translated from the Persian of Hasan-e-Fasai's Farsnama-ye Naseri*, New York, 1972
Durrani, Sultan Mohammad Khan ibn Musa Khan, *Tarikh-i-Sultani*, began writing on 1 Ramzan 1281 AH (Sunday 29 January 1865) and published first on 14 Shawwal 1298 AH (Friday 8 September 1881), Bombay, 1881
Herawi, Muhammad Asef Fekrat Riyazi, *Ayn al-Waqayi: Tarikh-i Afghanistan*, written c. 1845, pub. Tehran 1369/1990
Karim, Munshi Abdul, *Muharaba Kabul wa Kandahar*, Kanpur, 1851
Kashmiri, Maulana Hamid, *Akbarnama. Asar-i manzum-i Hamid-i Kashmiri*, written c. 1844, pub. Kabul, 1330 AH/1951, preface by Ahmad-Ali Kohzad
Kohistani, Maulana Muhammad-Ghulam Akhund-zada b. Mulla

Timur-shah, *mutakhallis ba 'Gulam'* (or 'Gulami' Mohammad Ghulam), *Jangnameh*, *Jang-nama. Dar wasfi-i mujahidat-i Mir Masjidi-khan Gazi wa sa ir-i mudjahidin rashid-i milli-i aliya-i mutajawizin-i ajnabi dar salha-yi 1839–1842 i. Asar: Maulina* [sic] *Muhammad-Gulam Kuhistani mutakhallis ba 'Gulami'*, Kabul 1336 AH/1957 (*Anjuman-i tarikh-i Afganistan*, No. 48) [preface by Ahmad-Ali Kohzad, without index]. Idem: *Aryana*, XXI (1333–4 AH/1955), No. 7, pp. 1–8, No. 8, pp. 1–8, No. 9, pp. 33–40, No. 10, pp. 33–40; XIV (1334–5 AH/1956), No. 1, pp. 29–32, No. 3, pp. 33–40, No. 4, pp. 37–40, No. 5, pp. 41–8, No. 6, pp. 17–24, No. 9, pp. 41–8, No. 10, pp. 41–8; XV (1335–6 AH/1957), No. 1, pp. 41–8, No. 2, pp. 33–40, No. 3, pp. 45–8, No. 5, pp. 49–56, No. 6, pp. 17–24, No. 7, pp. 49–56, No. 8, pp. 41–8, No. 9, pp. 41–8 (see Afshar, *MaQalat*, I, No. 5861)

Mohammad, Fayz, *Siraj ul-Tawarikh* (The Lamp of Histories), trans. R. D. McChesney (forthcoming) (first pub. Kabul, 1913)

Mohammad, Mirza 'Ata, *Naway Ma'arek* (The Song of Battles), pub. as *Nawa-yi ma'arik. Nuskha-i khatti-i Muza-i Kabul mushtamal bar waqi at-i asr-i Sadoza i u Barakza i, ta lif-i Mirza Mirza 'Ata'-Muhammad*, Kabul, 1331 AH/1952 (*Nashrat-i Anjuman-i tarikh*, No. 22) [with a preface by Ahmad-Ali Kohzad, without index]. Idem: *Aryana*, VIII (1328–9 AH/1950), Nos 7–10, pp. 41–8, No. 11, pp. 46–8, No. 12, pp. 49–56; IX (1329–30 AH/1951), Nos 1–12, pp. 41–8; X (1330–1 AH/1952), Nos 1–9, pp. 41–8, No. 10, pp. 49–56

Popalzai, Aziz ud-Din, *Durrat uz-Zaman*, Kabul, 1959

Priestly, Henry (trans.), *Afghanistan and its Inhabitants, Translated from the Hayat-i-Afghani of Muhammad Hayat Khan*, Lahore, 1874

Qalandar, Turk Ali Shah Turk, *Tadhkira-i Sukhunwaran-Chashm-Didah*, n.d.

Shuja, Shah, *Waqiat-i-Shah Shuja* (Memoirs of Shah Shuja), written in 1836, supplement by Mohammad Husain Herati, 1861, pub. as *Waqiat-i Shah-Shuja. Daftar-i avval, duvvum: az Shah-Shuja. Daftar-i sivvum: az Muhammad-Husain Harati*, Kabul, 1333 AH/1954 (*Nashrat-i Anjuman-i tarikh-i Afganistan*, No. 29) [pub. after the text of the Kabul manuscript, without notes or index, with a preface by Ahmad-Ali Kohzad]. Idem: *Aryana*, X (1330–1 AH/1952), No. 11, pp. 33–40, No. 12, pp. 33–40; XI (1331–2 AH/1953), Nos 1–4, pp. 49–56, No. 5, pp. 49–51, Nos 6–11, pp. 49–56

4. 同时期的欧洲语言著作和斯刊文章

Ali, Shahmat, *The Sikhs and Afghans in Connexion with India and Persia*, London, 1847

Allen, Rev. I. N., *Diary of a March through Sindhe and Afghanistan*, London, 1843

Archer, Major, *Tours in Upper India and in Parts of the Himalaya Mountains*, 2 vols, London, 1833

Argyll, Duke of (George Douglas Campbell), *The Afghan Question from 1841 to 1878*, London, 1879

Atkinson, James, *The Expedition into Afghanistan: Notes and Sketches Descriptive of the Country contained in a personal Narrative During the Campaign of 1839 and 1840 up to the Surrender of Dost Mohamed Khan*, London, 1842

Barr, William, *Journal of a March from Delhi to Peshawar and thence to Cabul*, London, 1844.

Bengal Officer, A, *Recollections of the First Campaign West of the Indus and of the Subsequent Operations of the Candahar Force*, London, 1845

Benson, Arthur C. and Esher, Viscount (eds), *The Letters of Queen Victoria: A Selection from Her Majesty's Correspondence between the Years 1837 and 1861*, 3 vols, vol. II: *1844–1853*, London, 1908

Blaramberg, Ivan Fedorovitch, *Vospominania* (Memoirs), Moscow, 1978

Broadfoot, Major W., *The Career of Major George Broadfoot, CB*, London, 1888

Buckle, Captain E., *Memoirs of the Services of the Bengal Artillery from the Formation of the Corps to the Present Time with Some Account of its Internal Organization*, London, 1852

Buist, George, *Outline of the Operations of the British Troops in Scinde and Affghanistan, betwixt Nov. 1838 and Nov. 1841; with Remarks on the Policy of the War*, Bombay, 1843

Burnes, Alexander, *Travels into Bokhara, Being the Account of a Journey from India to Cabool, Tartary and Persia, also a Narrative of a Voyage on the Indus from the Sea to Lahore*, 3 vols, London, 1834

Burnes, Alexander, *Reports and Papers, Political, Geographical and Commercial, Submitted to Government by Sir Alexander Burnes, Lt Leech, Dr Lord and Lt Wood, Employed on Missions in the Years 1835–36–37 in Scinde, Affghanistan and Adjacent Countries*, Calcutta, 1839

Burnes, Alexander, *Cabool: A Personal Narrative of a Journey to, and Residence in that City in the Years 1836, 7 and 8*, London, 1843

Burnes, James, *Sketch of the History of the Knights Templars*, Edinburgh, 1837

Calendar of Persian Correspondence of the Punjab Archives abstracted into English, 3 vols, Lahore, 1972–2004

Conolly, Arthur, *Journey to the North of India, 1829–31*, 2 vols, London, 1838

Cumming, James Slator, *A Six Year Diary*, London, 1847

Darmesteter, James, *Chants Populaires des Afghans*, Paris, 1888–90

Dennie, Colonel William H., *Personal Narrative of the Campaigns in Afghanistan*, ed. W. E. Steele, Dublin, 1843

Durand, Henry Marion, *The First Afghan War and its Causes*, London, 1879

Eastwick, E. B. (An Ex-Political), *Dry Leaves from Young Egypt, being a Glance at Sindh before the Arrival of Sir Charles Napier*, London, 1851

Eden, The Hon. Emily, *Miss Eden's Letters*, ed. by her great-niece Violet Dickinson, London, 1927

Eden, The Hon. Emily, *Up the Country: Letters written to her Sister from the Upper Provinces of India*, Oxford, 1930

Eden, Fanny, *Tigers, Durbars and Kings: Fanny Eden's Indian Journals, 1837–1838*, transcribed and ed. by Janet Dunbar, London, 1988

Ellenborough, Edward Law, Earl of, *A Political Diary*, ed. Reginald Charles Edward Abbot, London, 1881

Elphinstone, Mountstuart, *An Account of the kingdom of Caubul, and its dependencies in Persia, Tartary, and India; comprising a view of the Afghaun nation, and a history of the Dooraunee monarchy*, London, 1819

Eyre, Captain Vincent, *Journal of Imprisonment in Affghanistan*, London, 1843

Eyre, Major-General Sir Vincent, *The Kabul Insurrection of 1841–2*, London, 1879

Fane, Henry, *Five Years in India, Comprising a Narrative of Travels in the Presidency of Bengal; a visit to the court of Runjeet Sing, etc.*, London, 1842

Fane, Isabella, *Miss Fane in India*, ed. John Pemble, Gloucester, 1985

Forbes, Archibald, *The Afghan Wars – 1839–42 and 1878–80*, London, 1892

Forrest, G. W., *Life of Field Marshal Sir Neville Chamberlain, GCB, GCSI*, Edinburgh, 1909

Forster, George, *A Journey from Bengal to England through the Northern Part of India, Kashmire, Afghanistan, and Persia, and into Russia, by the Caspian Sea*, 2 vols, London, 1798

Fraser, James Baillie, *A Winter's Journey from Constantinople to Tehran with Travels through Various Parts of Persia*, 2 vols, London, 1838

Frontier and Overseas Expeditions from India, Compiled in the Intelligence Branch Division of the Chief of Staff Army Headquarters, India, vol. I: *Tribes North of the Kabul River*, Simla, 1907

Garrett, Lt-Col. H. L. O. and Chopra, G. L., *Events at the Court of Ranjit Singh 1810–1817, Translated from the Papers in the Alienation Office, Poona*, Poona, 1935

Gleig, Rev. G. R., *Sale's Brigade in Afghanistan*, London, 1843

Greenwood, Lieutenant John, *Narrative of the Late Victorious Campaign in Afghanistan under General Pollock*, London, 1844

Griffin, Lepel, *Ranjit Singh and the Sikh Barrier between our Growing Empire and Central Asia*, Oxford, 1892

Harlan, Josiah, *Central Asia: Personal Narrative of General Josiah Harlan, 1823–1841*, ed. Frank E. Ross, London, 1939

Harlan, J., *A Memoir of India and Avghanistaun, with Observations on the Present Exciting and Critical State and Future Prospects of those Countries*, Philadelphia, 1842

Haughton, Colonel (John), *Char-ee-Kar and Service There with the 4th Goorkha Regiment, Shah Shooja's Force, in 1841*, London, 1878

Havelock, Henry, *Narrative of the War in Affghanistan in 1838-9*, 2 vols, London, 1840

Holdsworth, T. W. E., *The Campaign of the Indus: A Series of Letters from an Officer of the Bombay Division*, London, 1841

Honigberger, John Martin, *Thirty Five Years in the East: Adventures, Discoveries, Experiments and Historical Sketches Relating to the Punjab and Cashmere in Connection with Medicine, Botany, Pharmacy, &c*, London, 1852

Hough, Major William, *A Narrative of the March and Operations of the Army of the Indus 1838-1839, in the expedition to Affghanistan, in the years 1838-1839: comprising also the history of the Dooranee Empire*, London, 1841

Jacquemont, Victor, *Letters From India (1829-32)*, trans. Catherine Phillips, 2 vols, London, 1936

Kashmiri, Mohan Lal, *Life of Amir Dost Mohammad of Kabul*, 2 vols, London, 1846

Kashmiri, Mohan Lal, *Travels in the Panjab, Afghanistan and Turkistan to Balk, Bokhara, and Herat and a visit to Great Britain and Germany*, London, 1846

Kaye, Sir John William, *History of the War in Afghanistan: From the unpublished letters and journals of political and military officers employed in Afghanistan, etc*, 3 vols, London, 1851

Kaye, Sir John William, *Lives of Indian Officers*, 3 vols, London, 1867

Kennedy, Richard Hartley, *Narrative of the Campaign of the Army of the Indus in Sind and Kaubool in 1838-9*, 2 vols, London, 1840

Khalfin, N. A., *Vozmezdie ozhidaet v Dzhagda* (Drama in a Boarding House), Moscow, 1973

Khalfin, N. A., predislovie k sb. *Zapiski o Bukharskom Khanstve* (preface to Notes on the Khanate of Bukhara), Moscow, 1983. This volume includes *Zapiska, sostavlennaia po rasskazam Orenburgskogo lineinogo bataliona No 10 praporshchika*

Vitkevicha otnositelno ego puti v Bukharu i obratno (Notes based on the story told by Vitkevich, ensign in the 10th Orenburg manoeuvre battalion, of his journey to Bukhara and back)

Lawrence, Sir George, *Reminiscences of Forty Three Years in India*, London, 1875

Lawrence, H. M. L., *Adventures of an Officer in the Service of Runjeet Singh*, London, 1975

Low, Charles Rathbone, *The Life and Correspondence of Field Marshal Sir George Pollock*, London, 1873

Low, Charles Rathbone, *The Journal and Correspondence of Augustus Abbott*, London, 1879

Lushington, Henry, *A Great Country's Little Wars, or England, Affghanistan and Sinde, being a Sketch, with Reference to their Morality and Policy, of Recent Transactions on the North Western Frontier of India*, London, 1844

Lutfullah, *Autobiography of Lutfullah: An Indian's Perception of the West*, ed. S. A. I. Tirmizi, London, 1857

MacAlister, Florence (Their Grand-daughter), *Sir John MacNeill, GCB and of his Second Wife Elizabeth Wilson*, London, 1910

Mackenzie, D. N. (trans.), *Poems from the Divan of Khushal Khan Khattak*, London, 1965

Mackenzie, Helen, *Storms and Sunshine of a Soldier's Life: Lt. General Colin Mackenzie CB 1825–1881*, 2 vols, Edinburgh, 1884

MacNeill, Sir John, *The Progress and Present Position of Russia in the East*, London, 1836

Malcolm, Sir John, *Political History of India*, 2 vols, London, 1826

Malleson, George Bruce, *History of Afghanistan from the Earliest Period to the Outbreak of War 1878*, London, 1878

Malmesbury, James Howard Harris, *Memoirs of an Ex-Minister: An Autobiography*, 2 vols, London, 2006

Masson, Charles, *Narrative of Various Journeys in Baluchistan, Afghanistan and the Panjab, 1826 to 1838*, 3 vols, London, 1842

Nash, Charles (ed.), *History of the War in Affghanistan from its Commencement to its Close*, London, 1843

Neill, J. Martin Bladen, *Recollections of Four Years' Service in the East with HM Fortieth Regiment under Major General Sir W. Nott GCB*, London, 1845

Osborne, W. G., *The Court and Camp of Runjeet Sing*, London, 1840

Outram, James, *Rough Notes of the Campaign in Sinde and Affghanistan in 1838–9, being extracts from a personal journal kept while serving on the staff of the Army of the Indus*, London, 1840

Panday, Sita Ram, *From Sepoy to Subedar: Being the Life and Adventures of Subedar Sita Ram, a Native Officer of the Bengal Army, Written and Related by Himself*, trans. Lt. Col. J. T. Norgate, London, 1873

Parkes, Fanny, *Wanderings of a Pilgrim in Search of the Picturesque*, London, 1850

Perovsky, Vasily Aleksyeevich, *A Narrative of the Russian Military Expedition to Khiva under General Perofski in 1839*, trans. from the Russian for the Foreign Department of the Government of India, Calcutta, 1867

Polferov, I. A., 'Predatel' (The Traitor), *Istoricheskij Vestnik*, St Petersburg, vol. 100, 1905

Prinsep, H. T., *History of the Punjab, and of the rise, progress, & present condition of the sect and nation of the Sikhs [Based in part on 'The Origin of the Sikh power in the Punjab and political life of Muha-Raja Runjeet Singh']*, London, 1846

Rattray, James, *The Costumes of the Various Tribes, Portraits of Ladies of Rank, Celebrated Princes and Chiefs, Views of the Principal Fortresses and Cities, and*

Interior of the Cities and Temples of Afghaunistan from Original Drawings, London, 1848

Raverty, Major Henry George, *Notes on Afghanistan and Baluchistan*, London, 1862

Rawlinson, George, *A Memoir of Major-General Sir Henry Creswicke Rawlinson*, London, 1898

Rawlinson, H. C., 'Notes on a March from Zohab, at the Foot of Zagros, along the Mountains to Khuzistan (Susiana), and from Thence through the Province of Luristan to Kirmanshah, in the Year 1836', *Journal of the Royal Geographical Society of London*, vol. 9 (1839), pp. 26–116

Rawlinson, H. C., 'Notes on a Journey from Tabriz, through Persian Kurdistan, to the Ruins of Takhti-Soleiman, and from Thence by Zenjan and Tarom, to Gilan, in October and November, 1838; With a Memoir on the Site of the Atropatenian Ecbatana Author', *Journal of the Royal Geographical Society of London*, vol. 10 (1840), pp. 1–64

Records of the Ludhiana Agency, Lahore, 1911

Robinson, Phil, *Cabul – The Ameer, His Country and His People*, London, 1878

Sale, Lady (Florentia), *A Journal of the Disasters in Affghanistan 1841–2*, London, 1843

Seaton, Major-General Sir Thomas, *From Cadet to Colonel: The Record of a Life of Active Service*, London, 1873

Simonitch, I. O., *Précis historique de l'avènement de Mahomed-Schah au trône de Perse par le Comte Simonich, ex-Ministre Plénipotentiaire de Russie à la cour de Téhéran*, Moscow, 1967

Sinha, N. K. and Dasgupta, A. K., *Selections from the Ochterlony Papers*, Calcutta, 1964

Sleeman, Major-General Sir W. H., *Rambles and Recollections of an Indian Official*, Oxford, 1915

Stacy, Colonel Lewis Robert, *Narrative of Services in Beloochistan and Affghanistan in the Years 1840, 1841, & 1842*, London, 1848

Stocqueler, J. H., *Memorials of Affghanistan: State Papers, Official Documents, Dispatches, Authentic Narratives etc Illustrative of the British Expedition to, and Occupation of, Affghanistan and Scinde, between the years 1838 and 1842*, Calcutta, 1843

Stocqueler, J. H., *The Memoirs and Correspondence of Sir William Nott, GCB*, 2 vols, London, 1854

Suri, V. S., *Umdat-ut-Tawarikh: An Original Source of Punjab History: Chronicles of the Reign of Maharaja Ranjit Singh 1831–1839 by Lala Sohan Lal Suri*, Delhi, 1961

Taylor, William, *Scenes and Adventures in Afghanistan*, London, 1842

Teer, Edward, *The Siege of Jellalabad 1841–42*, London, 1904

Trotter, Lionel J., *The Life of John Nicholson, Soldier and Administrator*, London, 1898

Urquhart, David, *Diplomatic Transactions in Central Asia from 1834–1839*, London, 1841

Vigne, Godfrey, *A Personal Narrative of a Visit to Ghuzni, Kabul and Afghanistan and a Residence at the Court of Dost Mohamed with Notices of Runjit Singh, Khiva, and the Russian Expedition*, London, 1840

Wade, Sir C. M., *A Narrative of the Services, Military and Political, of Lt. Col. Sir C. M. Wade*, Ryde, 1847

Warburton, Robert, *Eighteen Years in the Khyber 1879–1898*, London, 1900

Wellesley, Arthur, Duke of Wellington, *Supplementary Despatches and Memoranda of Field Marshal Arthur Duke of Wellington*, ed. by his son, the 2nd Duke of Wellington, 15 vols, London, 1858–72

Wellesley, Richard, Marquess Wellesley, *The Despatches, Minutes and Correspondence of the Marquess Wellesley KG during his Administration of India*, ed. Montgomery Martin, 5 vols, London, 1840

Wellesley, Richard, Marquess Wellesley, *Two Views of British India: The Private Correspondence of Mr Dundas and Lord Wellesley: 1798–1801*, ed. Edward Ingram, London, 1970

Wilbraham, Captain Richard, *Travels in the Transcaucasian Provinces of Russia in the Autumn and Winter of 1837*, London, 1839

Wilson, H. H., *Ariana Antiqua – A Descriptive Account of the Antiquities and Coins of Afghanistan: With a Memoir on the Buildings Called Topes by C. Masson Esq.*, London, 1841

Wolff, Joseph, *Researches and Missionary Labours among the Jews, Mohammedans and Other Sects*, London, 1835

Wood, John, *A Personal Narrative of a Journey to the Source of the River Oxus by the Route of the Indus, Kabul and Badakshan, Performed under the Sanction of the Supreme Government of India, in the Years 1836, 1837, and 1838*, London, 1841

5.二次作品和期刊文章

Alder, G. J., 'The "Garbled" Blue Books of 1839 – Myth or Reality?', *Historical Journal*, vol. 15, no. 2 (June 1972), pp. 229–59

Alder, G. J., 'The Key to India?: Britain and the Herat Problem 1830–1863 – Part 1', *Middle Eastern Studies*, vol. 10, no. 2 (May 1974), pp. 186–209

Allen, Charles, *Soldier Sahibs: The Men Who Made the North-West Frontier*, London, 2000

Amini, Iradj, *The Koh-i-Noor Diamond*, New Delhi, 1994

Amini, Iradj, *Napoleon and Persia*, Washington, DC, 1999

Anon., 'Sobrannye Kavkazskoi arkheograficheskoi komissiei (AKAK): Instruktsia por. Vitkevichu ot 14 maya 1837, No. 1218' (Acts Collected by the Caucasus Archaeographic Commission: Instruction to Lieutenant Vitkevich of 14 May 1837, No. 1218), *Akty*, vol. 8, pp. 944–5

Anon., 'Poslantsy iz Afganistana v Rossiu' (Envoys from Afghanistan to Russia), Part II, *Russkaya Starina*, no. 8 (1880), p. 789

Archer, Mildred and Falk, Toby, *India Revealed: The Art and Adventures of James and William Fraser 1801–35*, London, 1989

Atkin, Muriel, *Russia and Iran 1780–1828*, Minneapolis, 1980

Avery, Peter, Hambly, Gavin and Melville, Charles, *The Cambridge History of Iran*, vol. VII: *From Nadir Shah to the Islamic Republic*, Cambridge, 1991

Axworthy, Michael, *The Sword of Persia: Nader Shah from Tribal Warrior to Conquering Tyrant*, New York, 2006

Axworthy, Michael, *Iran: Empire of the Mind – A History from Zoroaster to the Present Day*, London, 2007

Baddeley, John F., *The Russian Conquest of the Caucasus*, New York, 1908

Banerjee, A. C., *Anglo-Sikh Relations: Chapters from J. D. Cunningham's History of the Sikhs*, Calcutta, 1949

Banerjee, A. C., *The Khalsa Raj*, New Delhi, 1985

Banerjee, Himadri, *The Sikh Khalsa and the Punjab: Studies in Sikh History, to the Nineteenth Century*, New Delhi, 2002

Bansal, Bobby Singh, *The Lion's Firanghis: Europeans at the Court of Lahore*, London, 2010

Barfield, Thomas J., 'Problems of Establishing Legitimacy in Afghanistan', *Iranian Studies*, vol. 37 (June 2004), no. 2, pp. 263–93

Barfield, Thomas, *Afghanistan: A Cultural and Political History*, Princeton, 2010

Barthorp, Michael, *Afghan Wars and the North West Frontier 1839–1947*, London, 1982

Bayly, C. A., *Imperial Meridian: The British Empire and the World 1780–1830*, London, 1989

Bayly, C. A., *Empire and Information: Intelligence Gathering and Social Communication in India 1780–1870*, Cambridge, 1996

Bell, Herbert C. F., *Lord Palmerston*, Hamden, Conn., 1966

Bence-Jones, Mark, *Palaces of the Raj*, London, 1973

Bence-Jones, Mark, *The Viceroys of India*, London, 1982

Bilgrami, Ashgar H., *Afghanistan and British India, 1793–1907*, New Delhi, 1974

Blanch, Leslie, *The Sabres of Paradise: Conquest and Vengeance in the Caucasus*, London, 2009

Bosworth, Edmund and Hillenbrand, Carole, *Qajar Iran*, Edinburgh, 1983

Bruce, George, *Retreat from Kabul*, London, 1967

Caroe, Olaf, *The Pathans*, London, 1958

Chambers, James, *Palmerston: The People's Darling*, London, 2004

Chopra, Barkat Rai, *Kingdom of the Punjab 1839–45*, Hoshiarpur, 1969

Coates, Tim, *The British War in Afghanistan: The Dreadful Retreat from Kabul in 1842*, London, 2002

Colley, Linda, 'Britain and Islam: Perspectives on Difference 1600–1800', *Yale Review*, vol. LXXXVIII (2000), pp. 1–20

Colley, Linda, 'Going Native, Telling Tales: Captivity, Collaborations and Empire', *Past & Present*, no. 168 (August 2000), pp. 170–93

Collister, Peter, *Hostage in Afghanistan*, Bishop Auckland, 1999

Cowper-Coles, Sherard, *Cables from Kabul: The Inside Story of the West's Afghanistan Campaign*, London, 2011

Cunningham, John C., *The Last Man: The Life and Times of Surgeon Major William Brydon CB*, Oxford, 2003

Dalrymple, William, *City of Djinns: A Year in Delhi*, London, 1992

Dalrymple, William, *White Mughals: Love and Betrayal in Eighteenth-Century India*, London, 2002

Dalrymple, William, *The Last Mughal: The End of a Dynasty, Delhi 1857*, London, 2006

Dalrymple, William and Sharma, Yuthika, *Princes and Poets in Mughal Delhi 1707–1857*, New Haven and London, 2012

David, Saul, *Victoria's Wars: The Rise of Empire*, London, 2006

Davis, Professor H. W. C., *The Great Game in Asia (1800–1844)*, Proceedings of the British Academy, London, 1926

Diba, Layla S. with Maryam Ekhtiar, *Royal Persian Paintings – The Qajar Epoch*, New York, 1998

Diver, Maud, *The Hero of Herat: A Frontier Biography in Romantic Form*, London, 1912

Dunbar, Janet, *Golden Interlude: The Edens in India 1836–1842*, London, 1955

Dupree, Louis, 'The First Anglo-Afghan War and the British Retreat of 1842: the Functions of History and Folklore', East and West, 26(3/4), pp. 503–29

Dupree, Louis, *Afghanistan*, Oxford, 2007

Dupree, Nancy Hatch Wolfe, *Herat: A Pictorial Guide*, Kabul, 1966

Dupree, Nancy Hatch, 'Jalalabad during the First Anglo-Afghan War', *Asian Affairs*, vol. 6, nos 1 and 2 (March and June 1975), pp. 177–89

Dupree, Nancy Hatch with Ahmad Ali Kohzad, *An Historical Guide to Kabul*, Kabul, 1972

Edwards, David B., *Heroes of the Age: Moral Fault Lines on the Afghan Frontier*, Berkeley, 1996

Errington, Elizabeth and Curtis, Vesta Sarkhosh, *From Persepolis to the Punjab: Exploring Ancient Iran, Afghanistan and Pakistan*, London, 2007

Farmanfarmaian, Roxane, *War and Peace in Qajar Persia: Implications Past and Present*, Oxford, 2008

Ferguson, Niall, *Empire: How Britain Made the Modern World*, London, 2003

Ferrier, Joseph Pierre, *A History of the Afghans*, London, 1858

Figes, Orlando, *Crimea: The Last Crusade*, London, 2010

Fisher, Michael, *Counterflows to Colonialism*, New Delhi, 2005

Fisher, Michael H., 'An Initial Student of Delhi English College: Mohan Lal Kashmiri (1812–77)', in Margrit Pernau (ed.), *The Delhi College: Traditional Elites, the Colonial State and Education before 1857*, New Delhi, 2006

Fraser-Tytler, Sir Kerr, *Afghanistan: A Study of Political Developments in Central Asia*, Oxford, 1950

Fremont-Barnes, Gregory, *The Anglo-Afghan Wars 1838–1919*, Oxford, 2009

Gaury, Gerald de and Winstone, H. V. F., *The Road to Kabul: An Anthology*, New York, 1982

Gillard, David, *The Struggle for Asia 1828–1914*, London, 1977

Gleave, Robert (ed.), *Religion and Society in Qajar Iran*, London, 2005

Goldsmid, Sir F. J., *James Outram: A Biography*, 2 vols, London, 1880

Gommans, Jos J. L., *The Rise of the Indo-Afghan Empire c. 1710–1780*, New Delhi, 1999

Goswamy, B. N., *Piety and Splendour: Sikh Heritage in Art*, New Delhi, 2000

Greaves, Rose, 'Themes in British Policy towards Afghanistan in its Relation to Indian Frontier Defence, 1798–1947', *Asian Affairs*, vol. 24, issue 1 (1993), pp. 30–46

Green, Nile, 'Tribe, Diaspora and Sainthood in Afghan History', *Journal of Asian Studies*, vol. 67, no. 1 (February 2008), pp. 171–211

Gregorian, Vartan, *The Emergence of Modern Afghanistan – Politics of Reform and Modernization, 1880–1946*, Stanford, 1969

Grey, C. and Garrett, H. L. O., *European Adventurers of Northern India 1785–1849*, Lahore, 1929

Gulzad, Zalmay A., *External Influences and the Development of the Afghan State in the Nineteenth Century*, New York, 1994

Gupta, Hari Ram, *Panjab, Central Asia and the First Afghan War, Based on Mohan Lal's Observations*, Chandigarh, 1940

Guy, Alan J. and Boyden, Peter B., *Soldiers of the Raj: The Indian Army 1600–1947*, London, 1997

Hanifi, Shah Mahmood, 'Impoverishing a Colonial Frontier: Cash, Credit, and Debt in Nineteenth-Century Afghanistan', *Iranian Studies*, vol. 37, no. 2 (June 2004), pp. 199–218

Hanifi, Shah Mahmood, *Connecting Histories in Afghanistan: Market Relations and State Formation on a Colonial Frontier*, Stanford, 2011

Hanifi, Shah Mahmood, 'Shah Shuja's "Hidden History" and its Implications for the Historiography of Afghanistan', *South Asia Multidisciplinary Academic Journal* [online], Free-Standing Articles, online since 14 May 2012, connection on 21 June 2012, http://samaj.revues.org/3384

Hanifi, Shah Mahmood, 'Quandaries of the Afghan Nation', in Shahzad Bashir (ed.), *Under the Drones*, Cambridge, Mass., 2012

Haroon, Sana, *Frontier of Faith: Islam in the Indo-Afghan Borderland*, London, 2007

Heathcote, T. A., *The Afghan Wars 1839–1919*, Staplehurst, 2003

Hopkins, B. D., *The Making of Modern Afghanistan*, London, 2008

Hopkins, Hugh Evan, *Sublime Vagabond: The Life of Joseph Wolff – Missionary Extraordinary*, Worthing, 1984

Hopkirk, Peter, *The Great Game*, London, 1990

Ingram, Edward, *The Beginning of the Great Game in Asia, 1828–1834*, Oxford, 1979

Ingram, Edward, *In Defence of British India: Great Britain in the Middle East 1775–1842*, London, 1984

Iqbal, Afzal, *Circumstances Leading to the First Afghan War*, Lahore, 1975

Jalal, Ayesha, *Partisans of Allah: Jihad in South Asia*, London, 2008

Johnson, Robert, *Spying for Empire: The Great Game in Central and South Asia, 1757–1947*, London, 2006

Johnson, Robert, *The Afghan Way of War – Culture and Pragmatism: A Critical History*, London, 2011

Keddie, Nikki R., *Qajar Iran and the Rise of Reza Khan 1796–1925*, Costa Mesa, 1999

Kelly, J. B., *Britain and the Persian Gulf, 1795–1880*, Oxford, 1968

Kelly, Laurence, *Diplomacy and Murder in Tehran: Alexander Griboyedov and Imperial Russia's Mission to the Shah of Persia*, London, 2002

Kessler, Melvin M., *Ivan Viktorovich Vitkevich 1806–39: A Tsarist Agent in Central Asia*, Central Asian Collectanea, no. 4, Washington, DC, 1960

Khalfin, N. A., 'Drama v nomerakh "Parizha"' (Drama in a Boarding House), *Voprosy Istorii*, no. 10 (1966), p. 216

Khalfin, N. A., *Predislovie k sb. Zapiski o Bukharskom Khanstve* (Preface to Notes on the Khanate of Bukhara), Moscow, 1983 (this volume includes 'Zapiska, sostavlennaia po rasskazam Orenburgskogo lineinogo bataliona No. 10 praporsh-chika Vitkevicha otnositelno ego puti v Bukharu i obratno' (Notes Based on the Story Told by Vitkevich, Ensign in the 10th Orenburg Manoeuvre Battalion, of his Journey to Bukhara and Back)

Kohzad, Ahmed Ali, *In the Highlight of Modern Afghanistan*, trans. from Persian by Prof. Iqbal Ali Shah, Kabul, 1952

Lafont, Jean-Marie, *La présence française dans le royaume sikh du Penjab 1822–1849*, Paris, 1992

Lafont, Jean-Marie, *Indika: Essays in Indo-French Relations 1630–1976*, New Delhi, 2000

Lafont, Jean-Marie, *Fauj-i-Khas: Maharaja Ranjit Singh and his French Courtiers*, Amritsar, 2002

Lafont, Jean-Marie, *Maharaja Ranjit Singh: Lord of the Five Rivers*, New Delhi, 2002

Latif, Syad Muhammad, *History of the Punjab*, New Delhi, 1964

Lee, Harold, *Brothers in the Raj: The Lives of John and Henry Lawrence*, Oxford, 2002

Lee, J. L., *The 'Ancient Supremacy': Bukhara, Afghanistan and the Battle for Balk 1731–1901*, Leiden, 1996

Lieven, Dominic, *Russia against Napoleon*, London, 2009

Lovell, Julia, *The Opium War: Drugs, Dreams and the Making of China*, London, 2011

Lunt, James, *Bokhara Burnes*, London, 1969

Macintyre, Ben, *Josiah the Great: The True Story of the Man Who Would be King*, London, 2004

Macrory, Patrick, *Signal Catastrophe: The Retreat from Kabul, 1842*, London, 1966; republished as *Retreat from Kabul: The Incredible Story of How a Savage Afghan Force Massacred the World's Most Powerful Army*, Guildford, Conn., 2002

Martin, Vanessa, *Anglo-Iranian Relations since 1800*, Oxford, 2005

Meyer, Karl and Brysac, Shareen, *Tournament of Shadows: The Great Game and the Race for Empire in Europe*, London, 1999

Miller, Charles, *Khyber – The Story of the North-West Frontier*, London, 1977

Moon, Sir Penderel, *The British Conquest and Dominion of India*, London, 1989

Morgan, Gerald, 'Myth and Reality in the Great Game', *Asian Affairs*, vol. 60 (February 1973), pp. 55–65

Morgan, Gerald, *Anglo-Russian Rivalry in Central Asia, 1810–1895*, London, 1981

Morrison, Alexander, *Russian Rule in Samarkand 1868–1910*, Oxford, 2008

Morrison, Alexander, *Twin Imperial Disasters: The Invasion of Khiva and Afghanistan in the Russian and British Official Mind, 1839–1842* (forthcoming)

Mosely, Philip E., 'Russian Policy in Asia (1838–9)', *Slavonic and East European Review*, vol. 14, no. 42 (April 1936), pp. 670–81

Nichols, Robert, *Settling the Frontier: Land, Law and Society in the Peshawar Valley, 1500–1900*, Oxford, 2001

Noelle, Christine, *State and Tribe in Nineteenth Century Afghanistan: The Reign of Amir Dost Muhammad Khan (1826–1863)*, London, 1997

Norris, J. A., *The First Afghan War 1838–1842*, Cambridge, 1967

Omrani, Bijan with Major-General Charles Vyvyan, 'Britain in the First Two Afghan Wars: What Can We Learn?', in Ceri Oeppen and Angela Schlenkhoff (eds), *Beyond the 'Wild Tribes'*, London, 2010

Pottinger, George, *The Afghan Connection: The Extraordinary Adventures of Eldred Pottinger*, Edinburgh, 1983

Pottinger, George and Macrory, Patrick, *The Ten-Rupee Jezail: Figures in the First Afghan War 1838–42*, London, 1993

Preston, Diana, *The Dark Defile: Britain's Catastrophic Invasion of Afghanistan 1838–42*, New York, 2012

Ranayagam, Angelo, *Afghanistan: A Modern History*, London, 2009

Reshtia, Sayed Qassem, *Between Two Giants: Political History of Afghanistan in the Nineteenth Century*, Peshawar, 1990

Richards, D. S., *The Savage Frontier: A History of the Anglo-Afghan Wars*, London, 1990

Roy, Olivier, *Islam and Resistance in Afghanistan*, Cambridge, 1966

Saddozai, Wing Commander Sardar Ahmad Shah Jan, *Saddozai: Saddozai Kings and Viziers of Afghanistan 1747–1842*, Peshawar, 2007

Saksena, Ram Babu, *European and Indo-European Poets of Urdu and Persian*, Lucknow, 1941

Schinasi, May, *Kaboul 1773–1948*, Naples, 2008

Shah, Agha Syed Jalal Uddin, *Khans of Paghman*, Quetta, 1997

Shah, Sirdar Ikbal Ali Shah, *Afghanistan of the Afghans*, London, 1828

Silverberg, Robert, *To the Rock of Darius: The Story of Henry Rawlinson*, New York, 1966

Singer, Andre, *Lords of the Khyber – The Story of the North-West Frontier*, London, 1984

Singh, Khushwant, *Ranjit Singh: Maharaja of the Punjab*, London, 1962

Singh, Patwant, *Empire of the Sikhs: The Life and Times of Maharajah Ranjit Singh*, New Delhi, 2008

Sinha, Narendra Krishna, *Ranjit Singh*, Calcutta, 1933

Stewart, Jules, *Spying for the Raj: The Pundits and the Mapping of the Himalaya*, Stroud, 2006

Stewart, Jules, *Crimson Snow: Britain's First Disaster in Afghanistan*, London, 2008

Stewart, Jules, *On Afghanistan's Plains: The Story of Britain's Afghan Wars*, London, 2011

Stone, Alex G., 'The First Afghan War and its Medals', *Numismatic Circular* (March–June 1967), pp. 1–11

Storey, C. A., *Persidskaya literatura: bio-bibliograficheskyi obzor* (Persian Literature: A Bio-Bibliographical Survey), ed. and trans. Yu. E. Breigel, Moscow 1976

Strachey, Barbara, *The Strachey Line: An English Family in America, India and at Home from 1570 to 1902*, London, 1985

Stronge, Susan, *The Arts of the Sikh Kingdoms*, London, 1999

Sykes, Sir Percy, *A History of Persia*, 2 vols, London, 1963

Tanner, Stephen, *Afghanistan: A Military History from Alexander the Great to the Fall of the Taliban*, Cambridge, Mass., 2002

Thapar, Romila, *Somanatha: The Many Voices of a History*, New Delhi, 2004

Thompson, Edward, *The Life of Charles Lord Metcalfe*, London, 1937

Trotter, Captain L. J., *The Earl of Auckland*, Oxford, 1893

Ure, John, *Shooting Leave: Spying Out Central Asia in the Great Game*, London, 2009

Volodarsky, Mikhail, 'The Russians in Afghanistan in the 1830s', *Central Asian Survey*, vol. 3, no. 1 (1984), pp. 63–86

Varma, Birendra, *English East India Company and the Afghans, 1757–1800*, Calcutta, 1968

Volodarsky, Mikhail, 'Persian Foreign Policy between the Two Herat Crises 1831–56', *Middle Eastern Studies*, vol. 21, no. 2 (April 1985), pp. 111–51

Wade, Stephen, *Spies in the Empire: Victorian Military Intelligence*, London, 2007

Waller, John H., *Beyond the Khyber Pass: The Road to British Disaster in the First Afghan War*, New York, 1990

Wallis Budge, Sir E. A., *The Rise and Progress of Assyriology*, London, 1925

Whitteridge, Gordon, *Charles Masson of Afghanistan: Explorer, Archaeologist, Numismatist and Intelligence Agent*, Bangkok, 1982

Wright, Denis, *The English among the Persians during the Qajar Period 1787–1921*, London, 1977

Yapp, M. E., 'Disturbances in Eastern Afghanistan, 1839–42', *Bulletin of the School of Oriental and African Studies*, vol. 25, no. 1/3 (1962), pp. 499–523

Yapp, M. E., 'Disturbances in Western Afghanistan, 1839–41', *Bulletin of the School of Oriental and African Studies*, vol. 26, no. 2 (1963), pp. 288–313

Yapp, M. E., 'The Revolutions of 1841–2 in Afghanistan', *Bulletin of the School of Oriental and African Studies*, vol. 27, no. 2 (1964), pp. 333–81

Yapp, M. E., *Strategies of British India: Britain, Iran and Afghanistan, 1798–1850*, Oxford, 1980

Yapp, M. E., 'The Legend of the Great Game', *Proceedings of the British Academy*, no. 111 (2001), pp. 197–8

图书在版编目（CIP）数据

王的归程：阿富汗战记：1839－1842／（英）威廉
·达尔林普尔（William Dalrymple）著；何畅炜，李飚
译. －－北京：社会科学文献出版社，2019.3
书名原文：Return of a King：The Battle for
Afghanistan
ISBN 978－7－5201－2999－2

Ⅰ.①王… Ⅱ.①威… ②何… ③李… Ⅲ.①阿富汗
抗英斗争－1839－1842 Ⅳ.①K372.4

中国版本图书馆 CIP 数据核字（2018）第 141704 号

王的归程
——阿富汗战记（1839－1842）

著　者／〔英〕威廉·达尔林普尔（William Dalrymple）
译　者／何畅炜　李　飚

出 版 人／谢寿光
项目统筹／董风云　　　　　责任编辑／李　洋　沈　艺　赵　薇

出　　版／社会科学文献出版社·甲骨文工作室（分社）（010）59366432
　　　　　地址：北京市北三环中路甲29号院华龙大厦　邮编：100029
　　　　　网址：www.ssap.com.cn
发　行／市场营销中心（010）59367081　59367083
印　装／三河市东方印刷有限公司

规　格／开　本：889mm×1194mm　1/32
　　　　　印　张：22.125　插页：1　字　数：501千字
版　次／2019年3月第1版　2019年3月第1次印刷
书　号／ISBN 978－7－5201－2999－2
著作权合同
登 记 号／图字01－2014－0255号
定　价／96.00元

本书如有印装质量问题，请与读者服务中心（010－59367028）联系